Eckhard Jesse
Demokratie in Deutschland

Eckhard Jesse

DEMOKRATIE IN DEUTSCHLAND

Diagnosen und Analysen

Herausgegeben und eingeleitet von

Uwe Backes und Alexander Gallus

2008

BÖHLAU VERLAG KÖLN WEIMAR WIEN

Bibliografische Information der Deutschen Nationalbibliothek:
Die Deutsche Nationalbibliothek verzeichnet diese Publikation in der Deutschen Nationalbibliografie; detaillierte bibliografische Daten sind im Internet über http://dnb.ddb.de abrufbar.

Ursulaplatz 1, D-50668 Köln, www.boehlau.de

Druck und Bindung: Druckhaus »Thomas Müntzer« GmbH, Bad Langensalza
Gedruckt auf chlor- und säurefreiem Papier
Printed in Germany

ISBN 978-3-412-20157-9

Inhalt

Einleitung

Von Uwe Backes und Alexander Gallus

I. Zwischen Politikwissenschaft und Zeitgeschichte

Wer einen Blick auf die Struktur politikwissenschaftlicher Institute oder in die einschlägigen Fachzeitschriften wirft, dürfte unschwer einen Trend hin zu einem mit den Jahren immer geschichtsferner gewordenen Fach erkennen. Auch wenn dies nur ein grober Befund ist, der Ambivalenzen ausblendet, so dominiert schon seit geraumer Zeit die vergleichende Analyse einer Vielzahl politischer Systeme anhand von mehr oder minder transparenten Indices und Indikatoren gegenüber tiefenscharfen Einzelfallstudien, die spezifische Voraussetzungen und Wandlungen historisch gewachsener Staats- und Gesellschaftsordnungen berücksichtigen. Doch das ist nicht mehr *en vogue*. Die Doppellehrstühle für Politikwissenschaft und Zeitgeschichte, wie es sie beispielsweise an den Universitäten Bonn und Mannheim über Jahrzehnte hinweg gab, sind verschwunden, obwohl gerade sie viel zur Steigerung von Renommee und Reputation der beiden jungen Universitätsfächer beigetragen hatten. Die Werke Karl Dietrich Brachers zur Weimarer Republik und ihrem Scheitern, zu Demokratie und Diktatur (in Deutschland und internationalem Maßstab), Hermann Webers Studien zur DDR und zum Kommunismus, aber auch Ernst Fraenkels Analysen zu den westlichen Demokratien mögen als prominente Beispiele dienen.

Dass diese enge Verbundenheit zweier Disziplinen nicht nur ein kurzzeitiges Intermezzo war und nunmehr gleichsam eine Rückkehr zur Normalität zu verzeichnen ist, belegt eine kurze Rückschau ins 19. Jahrhundert. Da findet sich eine ganze Reihe von Doppellehrstühlen für Politik und Geschichte. Friedrich Christoph Dahlmann, der Begründer der „Historischen Zeitschrift“ Heinrich von Sybel oder Johann Gustav Droysen beispielsweise wirkten nicht nur als Historiker, sondern lasen auch über Politik. Der für seine „Historik“ berühmte Droysen schrieb 1851: „Ich rüste mich, die Wissenschaft von der Politik zu treiben [...] – eine pragmatische Politik, will sagen die exakte Wissenschaft vom Staat und von den Staaten, Machtlehre dergleichen. [...] Die Wissenschaft von den äußeren und inneren Machtverhältnissen, Machtbedingungen, Machtstörungen – nicht wahr, das wird eine stattliche Disziplin“[1], die einer historisch fundierten Staatsformenlehre gleichen sollte.[2]

Die gegenwärtige Politikwissenschaft in Deutschland vereinigt unterschiedliche Methoden, Theorieansätze und politische Richtungen, wobei sich ein Trend hin zur

1 Zitat wiedergegeben bei Wilhelm Bleek, Geschichte der Politikwissenschaft in Deutschland, München 2001, S. 150.

2 Vgl. Alexander Gallus/Eckhard Jesse (Hrsg.), Staatsformen von der Antike bis zur Gegenwart. Ein Handbuch, 2. Aufl., Köln/Weimar 2007 (zuerst 2004).

empirischen wie theoretischen Sozialwissenschaft bei gleichzeitiger Kappung geisteswissenschaftlicher Bezüge und Traditionen ablesen lässt – nicht selten zusätzlich auf Kosten stilistischer Ästhetik und Eleganz. Brachte einst, gerade in den fünfziger Jahren, die fruchtbare Verbindung von intensivem Quellenstudium und typologisierendem Zugriff große Werke hervor, die dazu noch ein beachtliches Publikum erreichten, so kommt die Politikwissenschaft heutzutage nur sehr bedingt ihrer Verpflichtung gegenüber der Öffentlichkeit nach und vernachlässigt ihre Allgemeinbildungsfunktion. Abenteuerliche sprachliche Konstruktionen und ganze Codewortsequenzen machen politikwissenschaftliche Arbeiten mindestens gelegentlich zu geheimbündlerischen Unternehmen.

Doch eine Anklageschrift gegen die Politikwissenschaft wäre gewiss keine angemessene Festgabe für den Jubilar zu seinem sechzigsten Geburtstag. Schon aus sachlichen Gründen müsste zusätzlich die Verantwortung der Historiker für die zunehmend prekären bilateralen Beziehungen beider Fächer taxiert werden. Für eine genauere Erörterung ist hier indes nicht der Ort. Nur so viel: Kaum eine zweite Disziplin beschäftigt sich so intensiv mit der Entwicklung der Zünfte wie die Geschichtswissenschaft und versteht sich zugleich selbst als eine solche; und das bringt strenge Aufnahmebedingungen ebenso wie ausgeprägte (elitäre) Abgrenzungsbestrebungen mit sich. Galt einst der nicht der Zunft angehörende Handwerker als Bönhase und Pfuscher, so mag manch zünftiger Historiker diese Rolle heute den Politologen zuschreiben. Ungeachtet von Schuldzuweisungen dürfte die von Charles Tilly erst jüngst konstatierte Tatsache zutreffen, dass wir es mit einem dünn bevölkerten Niemandsland an den Grenzen zwischen Geschichts- und Politikwissenschaft zu tun haben.[3]

Ein persönlicher Grund ist zudem dafür zu ergänzen, weshalb der mahnende Zeigefinger hier nur einmal kurzzeitig gegenüber aktuellen Tendenzen der Politikwissenschaft erhoben werden sollte: Eckhard Jesse ist – auch dem Selbstverständnis nach – in erster Linie Politikwissenschaftler und nicht (Zeit-)Historiker, obgleich er vor einigen Jahren einen lesenswerten Band zur deutschen Geschichte seit der Reichsgründung 1871 herausgegeben hat, der in kurzer Zeit drei Auflagen erlebte.[4] Er hat sich nie zum Abhängigen enger Disziplingrenzen gemacht, wie ihm „Schubladendenken" überhaupt fremd ist. Ohne dass es eines Etiketts bedürfte, geht in seiner Person der Politikwissenschaftler mit dem Zeithistoriker eine fruchtbringende Verbindung ein, wie sie allzu selten ist. Einerseits erzählt er anschaulich und quellennah, andererseits legt er Strukturen offen, bildet Typen, verdeutlicht Funktionsmechanismen, zieht Verglei-

---

3 Charles Tilly, Why and How History Matters, in: Robert E. Goodin/ders. (Hrsg.), The Oxford Handbook of Contextual Political Analysis, Oxford 2006, S. 417–437, hier: S. 434; siehe aus deutscher Sicht auch Wolfgang Seibel, Historische Analyse und politikwissenschaftliche Institutionenforschung, in: Arthur Benz/ders. (Hrsg.), Theorieentwicklung in der Politikwissenschaft – eine Zwischenbilanz, Baden-Baden 1997, S. 357–376.

4 Vgl. Eckhard Jesse (Hrsg.), Deutsche Geschichte. Vom Kaiserreich bis heute, 3. Aufl., München 2006 (zuerst 2004).

che, bringt den in einer „szientistischen" Politikwissenschaft immer seltener anzutreffenden Mut auf, hier und da auch normative, den Maßstab freilich offenlegende Urteile zu fällen[5] – und Prognosen abzugeben.[6]

Für einen beträchtlichen Teil des beeindruckend umfassenden und thematisch weit gefächerten Werks von Eckhard Jesse trifft in positiver Weise das bekannte Diktum aus John R. Seeleys „Introduction to Political Science" von 1896 zu: „Political Science without History has no root. History without Political Science bears no fruit." Wie sehr Jesse dabei stets Politikwissenschaftler geblieben oder sogar immer stärker geworden ist, das mag allein der große Bogen seiner Berufskarriere widerspiegeln: Sie begann mit der Wahrnehmung einer Stelle als studentische Hilfskraft am Friedrich-Meinecke-Institut für Geschichtswissenschaft an der Freien Universität Berlin und fand ihr – vorläufiges – Ende in der Berufung auf den Lehrstuhl für Politische Systeme und politische Institutionen an der Technischen Universität Chemnitz (mit einer langen Zwischenetappe bei den Politologen der Trierer Universität). Außerdem ist er seit 2007 Vorsitzender der Deutschen Gesellschaft für Politikwissenschaft.

Eine abstrakte Politikwissenschaft außerhalb von Zeit und Raum, jenseits von konkreten Entstehungs-, Wandlungs- und Beharrungsbedingungen war Jesses Sache nie. Das belegen schon seine zwei großen Qualifikationsschriften: Seine Dissertation über die Wahlsystemdiskussion und Wahlrechtsänderungen in der Bundesrepublik zwischen 1949 und 1983[7] bewegte sich ebenso wie seine umfangreiche Habilitationsschrift zu Entwicklung und Diskussion der streitbaren Demokratie am Beispiel des so genannten „Radikalenerlasses" (der eigentlich ein Extremistenbeschluss war) in einem Übergangsbereich zwischen Geschichts- und Politikwissenschaft (und am Rande auch der Rechtswissenschaft). Seine Studie „Wahlrecht zwischen Kontinuität und Reform", die in rund fünfzig Rezensionen gewürdigt wurde, fand nicht nur Widerhall in den führenden politikwissenschaftlichen Fachorganen wie der „Politischen Vierteljahrschrift" oder der „Zeitschrift für Parlamentsfragen", sondern auch in der „American Historical Review", „Geschichte in Wissenschaft und Unterricht" sowie der „Historischen Zeitschrift" (um nur eine kleine Auswahl zu nennen – neben den vielen weiteren Besprechungen des Werks in Fachorganen und der überregionalen Presse). Auch seine Monographien zum politischen System der Bundesrepublik Deutschland[8] und zu bun-

---

5 Es ist daher nicht weiter verwunderlich, dass Eckhard Jesse zur nicht allzu großen Zahl von Politikwissenschaftlern gehört, die wiederholt in der „Cicero"-Liste der 500 führenden deutschsprachigen Intellektuellen auftauchte. Vgl. zuletzt: Die Liste der 500, in: Cicero v. Mai 2007, S. 50–61. Jesse selbst hält von solchen – auch methodisch fragwürdigen – Erhebungen indes nichts.

6 Da diese häufig ein hohes Maß an Zuverlässigkeit besitzen, erinnert sich einer der Autoren (A.G.) gerne daran, den Ausgang der Bundestagswahlen von 1998, die einen „ungefilterten Machtwechsel" herbeiführten, zuverlässiger als Eckhard Jesse (und die Meinungsforschungsinstitute) vorhergesagt und so eine Flasche Champagner gewonnen zu haben.

7 Eckhard Jesse, Wahlrecht zwischen Kontinuität und Reform. Eine Analyse der Wahlsystemdiskussion und der Wahlrechtsänderungen in der Bundesrepublik Deutschland 1949–1983, Düsseldorf 1985 (Beiträge zur Geschichte des Parlamentarismus und der politischen Parteien, Band 78).

8 Ders., Die Demokratie der Bundesrepublik Deutschland, 8. Aufl., Baden-Baden 1997 (zuerst 1978).

desdeutschen Ausprägungen des politischen Extremismus,[9] verschiedene einschlägige, zum Teil kontrovers diskutierte Sammelbände[10] und nicht zuletzt das seit 1989 erscheinende „Jahrbuch Extremismus & Demokratie" lassen regelmäßig sein Interesse an den historischen Grundlagen der Politik und einem symbiotischen Verhältnis von Zeitgeschichte und Politikwissenschaft erkennen. Darüber hinaus hat er als akademischer Lehrer eine ganze Reihe von Studien angeregt und vorbildlich betreut, die dieser fruchtbaren Verknüpfung Ausdruck geben.[11]

In diesem Band ausgewählter Schriften belegen vorrangig die ersten vier Themenblöcke – „Zeit- und Streitgeschichte", „Vergangenheitsbewältigung und Tabus", „DDR und deutsche Frage" sowie „alte und neue Bundesrepublik" –, wie sehr Eckhard Jesse als Brückenbauer zwischen Politik- und Geschichtswissenschaft gelten kann. Er beteiligt sich an der einst brisanten Diskussion über Handlungsspielräume Friedrich Eberts in der Deutschen Revolution von 1918/19[12] und kommt – nach sorgfältiger Abwägung der Argumente – zu dem Schluss, dass es letztlich keine demokratische Alternative zur mehrheitssozialdemokratischen Position gab. Statt stets von „verpassten Chancen" zu reden gelte es vielmehr, die „verhinderte Katastrophe" stärker zu würdigen. Wiederholt erhob Jesse auch seine Stimme in der Kontroverse um den Reichstagsbrand[13], der

---

9 Uwe Backes/ders., Politischer Extremismus in der Bundesrepublik Deutschland, 4. Aufl., Bonn 1996 (zuerst, in drei Bänden, 1989).

10 Vgl. etwa Uwe Backes/Eckhard Jesse/Rainer Zitelmann (Hrsg.), Die Schatten der Vergangenheit. Impulse zur Historisierung des Nationalsozialismus, Berlin/Frankfurt a.M. 1990; Eckhard Jesse/Konrad Löw (Hrsg.), 50 Jahre Bundesrepublik Deutschland, Berlin 1999; Eckhard Jesse (Hrsg.), Totalitarismus im 20. Jahrhundert. Eine Bilanz der internationalen Forschung, 2. Aufl., Baden-Baden 1999 (zuerst 1997); ders./Roland Sturm (Hrsg.), Demokratien des 21. Jahrhunderts im Vergleich. Historische Zugänge – Gegenwartsprobleme – Reformperspektiven, Opladen 2003; Günther Heydemann/Eckhard Jesse (Hrsg.), 15 Jahre deutsche Einheit. Deutsch-deutsche Begegnungen, deutschedeutsche Beziehungen, Berlin 2006.

11 Vgl. als Auswahl: Birgit Rätsch-Langejürgen, Das Prinzip Widerstand. Leben und Wirken von Ernst Niekisch, Bonn 1997 (Schriftenreihe Extremismus & Demokratie, Band 7); Tobias Wunschik, Baader-Meinhofs Kinder. Die zweite Generation der RAF, Opladen 1997; Alexander Gallus, Die Neutralisten. Verfechter eines vereinten Deutschland zwischen Ost und West 1945–1990, 2. Aufl., Düsseldorf 2006 (zuerst 2001; Beiträge zur Geschichte des Parlamentarismus und der politischen Parteien, Band 127); Steffen Kailitz, Die politische Deutungskultur im Spiegel des „Historikerstreits". What's right? What's left?, Wiesbaden 2001; Andreas Petersen, Radikale Jugend. Die sozialistische Jugendbewegung der Schweiz 1900–1930. Radikalisierungsanalyse und Generationentheorie, Zürich 2001; Hans-Georg Golz, Verordnete Völkerfreundschaft. Das Wirken der Freundschaftsgesellschaft DDR-Großbritannien und der Britain-GDR-Society. Möglichkeiten und Grenzen, Leipzig 2004; Lars Flemming, Das NPD-Verbotsverfahren. Vom „Aufstand der Anständigen" zum „Aufstand der Unfähigen", Baden-Baden 2005 (Extremismus und Demokratie, Band 12); Henning Hansen, Die Sozialistische Reichspartei. Aufstieg und Scheitern einer rechtsextremen Partei, Düsseldorf 2007 (Beiträge zur Geschichte des Parlamentarismus und der politischen Parteien, Band 148); Helmut Müller-Enbergs, Inoffizielle Mitarbeiter des Ministeriums für Staatssicherheit, Teil 3: Statistiken, Berlin 2008.

12 Vgl. auch schon Eckhard Jesse/Henning Köhler, Die deutsche Revolution 1918/19 im Wandel der historischen Forschung. Forschungsüberblick und Kritik an der „herrschenden Lehre", in: Aus Politik und Zeitgeschichte B 45/1978, S. 3–24.

13 Vgl. insbesondere Uwe Backes/Karl-Heinz Janßen/Eckhard Jesse/Henning Köhler/Hans Momm-

aufgrund von Quellenfälschungen sogar zum Wissenschaftsskandal mutierte, ebenso wie zu anderen heftigen gleich zeitgenössischen wie zeithistorischen Debatten.

In seiner ausführlichen Würdigung von Schieflagen im Umgang der Deutschen mit ihrer schwierigen Vergangenheit („Vergangenheitsbewältigung") interpretiert er den „Historikerstreit" der 1980er Jahre als politisch motivierte Auseinandersetzung um „kulturelle Hegemonie", die wenig mit wissenschaftlichen Streitfragen und Umgangsformen zu tun hatte. (Zeit-)Geschichte, so formulierte es der Historiker Carl E. Schorske einmal in Anlehnung an Carl Clausewitz süffisant, sei manches Mal eben die Fortsetzung der Politik mit anderen Mitteln.[14] Gerade bei der Analyse der besonders heftig ausgefochtenen Streitfälle der deutschen Zeitgeschichte gilt es daher – und das ist auch Jesses Anliegen –, die tiefer liegenden, nicht immer offen geäußerten Motive der einzelnen Streitparteien herauszufiltern. Dabei schreckt(e) er vor heiklen, ebenso tabubeladenen wie emotionsgeladenen Themen nicht zurück. Dies mag sein provokativer Beitrag über „Philosemitismus, Antisemitismus und Anti-Antisemitismus" belegen, in dem er gegen nicht aufrichtig gemeinte, ritualisierte Formen eines Philosemitismus als bloße Pflichtübung argumentiert, gerade weil es nach wie vor Tendenzen eines wenigstens latenten Antisemitismus in der Bundesrepublik gibt.

Ein weiteres großes Themenfeld der Zeitgeschichte hält, wenn auch nicht so hart umkämpfte Kontroversen wie im Falle der (Nach-)NS-Geschichte bereit: nämlich die „deutsche Frage" und die DDR(-Forschung). Eckhard Jesse hat sich zu diesen Komplexen ebenfalls wiederholt zu Wort gemeldet. In seiner Analyse von Positionen eines „dritten Weges" vor und nach der Wiedervereinigung untersucht er in erster Linie Bestrebungen für ein wiedervereinigtes Deutschland unter neutralen Vorzeichen. Er charakterisiert diese insgesamt randständige Haltung, die mit einem gesellschaftspolitischen „dritten Weg"[15] einhergehen konnte, aber nicht musste, als weder realistisch noch wünschenswert.[16] Gleichwohl warnt Jesse davor, moralisch das hohe Ross zu besteigen: „Wer national-neutralistische Verlautbarungen verwirft, muss auch Positionen kritisieren, deren Verfechter sich als Apologeten des Status quo verstanden haben. Viele von ihnen waren ebenso wenig von Realitätssinn und demokratischem Geist inspiriert, indem sie weder das Wiedervereinigungsgebot des Grundgesetzes beachte-

---

sen/Fritz Tobias, Reichstagsbrand – Aufklärung einer historischen Legende, 2. Aufl., München/Zürich 1987 (zuerst 1986); als jüngste Würdigung (die im Übrigen wie das sechsköpfige Autorenteam die These der Alleintäterschaft Marinus van der Lubbes unterstreicht) siehe: Sven Felix Kellerhoff, Der Reichstagsbrand. Die Karriere eines Kriminalfalls, Berlin 2008.

14 So Carl E. Schorske, Historical Conflict – Historical Controversy. An Afterword, in: Hartmut Lehmann (Hrsg.), Historikerkontroversen, Göttingen 2000 (Göttinger Gespräche zur Geschichtswissenschaft, Band 10), S. 186; siehe auch Martin Sabrow/Ralph Jessen/Klaus Große Kracht (Hrsg.), Zeitgeschichte als Streitgeschichte. Große Kontroversen seit 1945, München 2003.

15 Vgl. zu den verschiedenen Varianten von Dritte-Weg-Vorstellungen: Alexander Gallus/Eckhard Jesse, Was sind Dritte Wege? Eine vergleichende Bestandsaufnahme, in: Aus Politik und Zeitgeschichte B 16–17/2001, S. 6–15.

16 Siehe auch schon: Eckhard Jesse, Der „dritte Weg" in der deutschen Frage. Über die Aktualität, Problematik und Randständigkeit einer deutschlandpolitischen Position, in: Deutschland Archiv 22 (1989), S. 543–559.

ten noch auf die Lage der Menschen in der ostdeutschen Diktatur aufmerksam machten." Gefeit vor moralischer Ex-post-Überheblichkeit ist auch Jesses gleichwohl kritische Würdigung der bundesdeutschen DDR-Forschung, die – *grosso modo* – mit den Jahren den Diktaturcharakter der DDR, die Züge totalitärer wie autoritärer Systeme aufwies[17], immer weniger erkennen wollte und stattdessen mehrheitlich Wertfreiheit und Systemimmanenz auf ihre Fahnen schrieb. Auch blendete sie ganz überwiegend zwei Bereiche aus, die erst nach 1990 große Aufmerksamkeit erfuhren: den Repressionsapparat (des Ministeriums für Staatssicherheit) auf der einen Seite und die Opposition auf der anderen. Letztere hat Jesse wiederholt in den Blick genommen,[18] einerseits um ihr die lange verwehrte Anerkennung zu gewähren, andererseits um ihr nicht im Nachhinein unkritisch zu huldigen. So zeigt er, dass die – freilich keineswegs einheitliche – Opposition u.a. in die „Sozialismus-", „Antifaschismus-" oder „Dritte-Wegs-Falle" tappte. Im Ganzen habe die systemkritische Bewegung der 1970er und 1980er Jahre mitnichten eine fundamentale Systemkritik an der DDR geübt und sich in erheblicher Distanz zu westlichen Demokratie- und Gesellschaftsideen[19] befunden.

Schließlich widmete sich Eckhard Jesse wiederholt Fragen nach Kontinuität und Wandel der politischen Kultur in Deutschland und der mentalen Selbstfindung der Deutschen zwischen Selbsthass, Patriotismus und Nationalismus. So spürt er Entwicklungen der politischen Kultur zwischen alter und neuer Bundesrepublik, Bonner und Berliner Republik nach und diagnostiziert nach der – gleich empirisch belegten wie normativ begründeten – Analyse eine gefestigte politische Kultur der Deutschen, die ein hohes Maß an Liberalität und Berechenbarkeit aufweise und mittlerweile einen weltoffenen Patriotismus zulasse.

II. Politikwissenschaft als Demokratiewissenschaft

Die Gründergeneration der westdeutschen Politikwissenschaft, deren Etablierung als akademische Disziplin gegen hartnäckigen Widerstand aus benachbarten Fächern, nicht zuletzt der Geschichtswissenschaft, erfochten wurde, sah ihre zentrale Aufgabe in der Vermittlung der geistigen Grundlagen und Funktionsmechanismen des demokratischen Verfassungsstaates.[20] Die „Demokratiewissenschaft" sollte einen wichtigen Beitrag dazu leisten, dass künftige Anfechtungen autoritärer wie totalitärer Stoßrich-

17 Vgl. dazu die differenzierte Auseinandersetzung von dems., War die DDR totalitär?, in: Aus Politik und Zeitgeschichte B 40/1994, S. 12–23.

18 Vgl. insbesondere Eckhard Jesse (Hrsg.), Eine Revolution und ihre Folgen. 14 Bürgerrechtler ziehen Bilanz, Berlin 2000; ders. (Hrsg.), Friedliche Revolution und deutsche Einheit. Sächsische Bürgerrechtler ziehen Bilanz, Berlin 2006.

19 Diese sind freilich auch stets genau zu differenzieren. Vgl. dazu Axel Schildt, Westlich, demokratisch. Deutschland und die westlichen Demokratien im 20. Jahrhundert, in: Anselm Doering-Manteuffel (Hrsg.), Strukturmerkmale der deutschen Geschichte des 20. Jahrhunderts, München 2006, S. 225–239.

20 Vgl. Bleek, Geschichte der Politikwissenschaft (Anm. 1).

tung chancenlos blieben, die Ordnung des Grundgesetzes nicht ein ähnliches Schicksal ereile wie die unglückliche Weimarer Republik. In Westberlin gehörte der aus der amerikanischen Emigration zurückgekehrte Ernst Fraenkel in diesem Sinne zu den prägenden Persönlichkeiten. Mit seinen vielbeachteten Beiträgen zum „Neopluralismus" nahm er bis zu seinem Tod im Jahr 1975 maßgeblichen Einfluss auf die demokratietheoretische Diskussion in der Bundesrepublik und wirkte als akademischer Lehrer schulebildend. Eckhard Jesse zählte in dessen letzten Lebensjahren zu einem winzigen Kreis von Studenten am Otto-Suhr-Institut, die sich durch die gravierenden Veränderungen infolge der 68er-Bewegung nicht davon abhalten ließen, den Austausch mit dem bis zuletzt produktiven Gelehrten zu suchen, der die Entwicklung an seiner Universität mit Skepsis und Verbitterung betrachtete. Anders als jene Dozenten und Kommilitonen, die den ehemaligen NS-Gegner und Emigranten nun als Verfechter „monopolkapitalistischer" Interessen verächtlich machten, achtete Eckhard Jesse dessen wissenschaftliches Lebenswerk als wertvolles Vermächtnis und knüpfte an die Fraenkelschen Fragestellungen und Ansätze später in Forschung wie Lehre auf vielfältige Weise an.[21] Die ersten Seminare des Wissenschaftlichen Mitarbeiters an der Universität Trier galten Fraenkels Beiträgen zur Pluralismustheorie und den Kontroversen, die sich um sie rankten. Damit eng verbunden war das Interesse für jene politischen Gruppierungen, die den nach Fraenkel als unverzichtbar geltenden Grundkonsens der pluralistischen Demokratie nicht anerkannten, dem „kontroversen Sektor" politischer Auseinandersetzung auch fundamentale Werte und Verfahrensregeln zuordneten. Hier lebten geistige Traditionen fort, die den Untergang der ersten deutschen Demokratie und die Etablierung zweier Diktaturen begünstigt hatten und zu einer Gefahr auch für die zweite Demokratie in Deutschland zu werden drohten. Empirische Bestandsaufnahme und kritische Reflexion aus der Perspektive der westlichen, verfassungsstaatlich geprägten Freiheitstradition bildeten von Anfang an einen Arbeitsschwerpunkt, dem im Laufe der Jahre eine Vielzahl von Publikationen entsprang.

Einer der frühen Aufsätze, verfasst noch vor Beginn der Trierer Lehrtätigkeit, war dem Konzept der „streitbaren Demokratie" gewidmet[22], die nicht zuletzt wegen der Problematik der Fernhaltung von Extremisten aus dem öffentlichen Dienst zum Gegenstand heftigen Streits geworden war. Aus der Beschäftigung mit dem Thema gingen mehrere Monographien hervor, Jahre später auch die drei dickleibigen Bände der Habilitationsschrift, eine minuziöse empirische Untersuchung zur Praxis des Extremistenbeschlusses, die leider (wegen ihres stattlichen Umfangs und der chronischen Arbeitsüberlastung des Verfassers) unveröffentlicht blieb. Hinzu kamen zahllose Aufsätze zum Thema „Demokratie und Demokratieschutz", von denen sich eine kleine Auswahl in diesem Band findet.

21 Seine allererste kleinere Veröffentlichung lautete nicht zufällig: Ernst Fraenkels Beiträge zur Pluralismus-Diskussion, in: Das Parlament v. 9. März 1974, S. 11.

22 Vgl. Eckhard Jesse/Friederike Fuchs, Der Streit um die „streitbare Demokratie". Zur Kontroverse um die Beschäftigung von Extremisten im öffentlichen Dienst, in: Aus Politik und Zeitgeschichte B 3/1978, S. 17–35.

Die Breite der frühen Arbeitsschwerpunkte dokumentierte ein erster „Literaturführer“ „Parlamentarische Demokratie. Pluralismustheorie – Politisches System der Bundesrepublik Deutschland – Parlamentarismus – Wahlen – Streitbare Demokratie – Systemvergleich“ (das letzte Stichwort bezog sich auf die beiden deutschen Staaten), erschienen 1981 im Verlag Leske & Budrich. Ihm folgte 1984 ein „Literaturführer“ zu den Komplexen „Totalitarismus, Extremismus, Terrorismus“[23], gemeinsam verfasst mit dem später häufigen Koautor Uwe Backes, der bereits im ersten Studiensemester (Beginn im Oktober 1978) ein Pluralismus-Seminar des soeben aus Berlin nach Trier gekommenen Wissenschaftlichen Mitarbeiters besucht hatte. 1987 kam ein Beiheft der „Neuen Politischen Literatur“ mit Beiträgen zur Extremismusforschung, zum Rechtsextremismus und zum Komplex der streitbaren Demokratie heraus, in dem in kritischer Auseinandersetzung mit der Forschungsliteratur das weitere Arbeitsprogramm umrissen wurde. Die Extremismusforschung sollte nicht länger ein „Stiefkind der Politikwissenschaft“ bleiben.[24] 1989 erschien ein dreibändiges Werk zum politischen Extremismus in der Bundesrepublik. Es breitete den Forschungsstand aus (Band I: Literatur), zeichnete die Geschichte des politischen Extremismus in der Bundesrepublik nach, beleuchtete dessen ideologische, organisatorische wie ideologische Formenvielfalt, untersuchte Akteurskonstellationen und Interaktionen, eruierte wichtige Ursachenkomplexe und entwickelte, an das Konzept der „streitbaren Demokratie“ kritisch anknüpfend, einen Katalog von Therapien (Band II: Analyse). Der dritte Band schließlich enthielt eine Sammlung von Daten und Dokumenten.[25] Band II erschien zugleich bei der Bundeszentrale für politische Bildung, erlangte so weite Verbreitung und wurde mehrfach aktualisiert (zuletzt in vierter Auflage 1996). Noch vor dem Zusammenbruch des „real existierenden Sozialismus“ 1989 wurde das „Jahrbuch Extremismus & Demokratie“ publiziert, zunächst (von 1989 bis 1994) im Bonner Bouvier Verlag, ab 1995 in der Nomos Verlagsgesellschaft in Baden-Baden.[26] Bald danach trat der „Veldensteiner Kreis“ (benannt nach dem Ort des ersten Treffens) erstmals zusammen, eine Diskussionsrunde von Zeithistorikern, Politik- und Sozialwissenschaftlern, die sich zweimal im Jahr der Erforschung von Extremismus und Demokratie in Geschichte und Gegenwart (mit den Themenschwerpunkten NS-Diktatur, SED-Regime und extremistische Strömungen des 20. und 21. Jahrhunderts) widmen. Auch eine Schriftenreihe zur Extremismusforschung startete in dieser Zeit. Sie erschien in den neunziger Jahren im Bouvier Verlag und wird seit 2001 bei Nomos fortgeführt.

---

23 Vgl. Uwe Backes/Eckhard Jesse, Totalitarismus-Extremismus-Terrorismus. Ein Literaturführer und Wegweiser im Lichte deutscher Erfahrung, 2. Aufl., Opladen 1985 (zuerst 1984).

24 Vgl. Wolfgang Michalka (Hrsg.), Extremismus und streitbare Demokratie, Stuttgart 1987 (= Beiheft 4 der Neuen Politischen Literatur).

25 Vgl. Uwe Backes/Eckhard Jesse, Politischer Extremismus in der Bundesrepublik Deutschland. Band 1: Literatur; Band 2: Analyse; Band 3: Dokumentation, Köln 1989.

26 Vgl. dies. (Hrsg.), Jahrbuch Extremismus & Demokratie, Bonn 1989–1994 (Bände 1–6), Baden-Baden 1995–2008 (Bände 7–19), fortlaufend.

Aktivitäten diesen Umfangs wären unmöglich gewesen, hätte sich um den jungen akademischen Lehrer nicht von Anfang an ein Kreis von Studenten geschart, die von dessen lässig-unprätentiöser Seminarführung bei gleichzeitig hohem Niveau, der an Selbstaufopferung grenzenden Hilfs- und Betreuungsbereitschaft, dem pädagogischen Geschick, dem überaus freundlichen Umgang und manch liebenswerten Schrullen (Markenzeichen der frühen Jahre: üppiger Bartwuchs, Schlips-Allergie, Pullover mit aus der Hose hängendem Unterhemd) angezogen wurden. Manche Seminardiskussion fand ihre Fortsetzung in Kneipen-Sessionen, die auch aufgrund der Geselligkeit, Diskussionslust und Spendierfreude des Dozenten mitunter erst im Morgengrauen auseinandergingen. So entstanden viele enge Arbeitsbeziehungen, auch dauerhafte Freundschaften. Mit dem akademischen Werdegang des Betreuers wuchs der Kreis der Magistranden, Doktoranden, bald auch Habilitanden. Manch lesenswerte Studie wurde in solch produktiver Atmosphäre verfasst. Allein aus dem von der Hanns-Seidel-Stiftung finanzierten Promotionskolleg „Politischer Extremismus und Parteien" gingen 24 Dissertationen hervor – stets mit aktiver Unterstützung und unter kritischer Begleitung eines dem Namen alle Ehre machenden „Doktorvaters". Nicht wenige dieser Arbeiten wurden nach ihrem Erscheinen als bedeutende Forschungsbeiträge gewürdigt.

Wegen ihres Engagements auf dem Gebiet der Extremismus- und Totalitarismusforschung waren Eckhard Jesse und seine Mitstreiter Anfeindungen ausgesetzt, die in dieser Schärfe im akademischen Milieu ungewöhnlich sind. Gelegentlich war der Vorwurf zu hören, unter dem Deckmantel wissenschaftlicher Forschung werde die Stigmatisierung unliebsamer politischer Positionen betrieben. Als das Bundesverfassungsgericht den Extremismusforscher als Gutachter im NPD-Verbotsverfahren bestellte, schrieb ein bekannter Zeitungsredakteur, das Gericht habe den „Bock zum Gärtner" gemacht. Der Gutachter sei wegen der „Bagatellisierung rechtsextremer Umtriebe aufgefallen". Die „Belege" für diese scharfe Attacke stammten offenkundig aus linksextremen Postillen, die ihr Hassobjekt u.a. mit abenteuerlichen Konstruktionen und Kollagen aus dem Zusammenhang gerissener Zitate ins Zwielicht zu rücken suchten. Derartige „Informationen" kursieren bis heute im Internet; „Wikipedianer" übernehmen sie ungeprüft und tragen sie weiter. Auf diese Weise beteiligen sich gelegentlich auch Autoren am denunziatorischen „Recycling", die mit den Prinzipien des demokratischen Verfassungsstaates keineswegs auf Kriegsfuß stehen. Gewiss ist der Streit um den Extremismusbegriff legitim und notwendig, muss um Abgrenzungsfragen und die Einordnung bestimmter Gruppierungen gerungen werden, zumal aufgrund der Komplexität der Materie eindeutige Zuordnungen mitunter unmöglich sind. Mit der Gegenwehr seiner Untersuchungsobjekte muss der Extremismusforscher leben, auch wenn er sich einer auf die Person zielenden moralischen Disqualifizierung strikt enthält. Zudem verbindet sich mit dem Begriff ohne Zweifel ein Geltungsproblem. Ihm ist allerdings durch eine pauschale Ablehnung normativer Begriffe kaum zu entgehen. Dann müsste man konsequenterweise auch den wertgeladenen Gattungsbegriff „pluralistische Demokratie" ablehnen. Vielmehr kommt es darauf an, die Wertmaßstäbe offenzulegen. Dieser Verpflichtung hat sich die vergleichende Extremismusforschung, wie sie von Eckhard Jesse betrieben wird, nie entzogen. Eher müssen sich diejenigen nach ihren Urteilskriterien befragen lassen, für die Rechtsextremismus als Forschungsgegenstand selbstverständlich ist, Linksextremismus jedoch weder dem Begriff noch der Sache nach existiert. Beiden Ausprägungen des politischen Extremismus widmen sich die letzten drei Aufsätze dieser Auswahl.

Auf anderen Arbeitsgebieten hat Eckhard Jesse größere Anerkennung gefunden, auch wenn sie sich teilweise mit der Extremismusforschung berühren. So machte er sich schon mit seiner Dissertation einen Namen als intimer Kenner der deutschen Wahlsystem-Diskussionen. Sie erschien in der Schriftenreihe der Kommission für die Geschichte des Parlamentarismus und der politischen Parteien.[27] Er hat Vorschläge zur Reform des – für viele Bürger undurchsichtigen – Zweistimmensystems unterbreitet. Früh erkannte er den analytischen Nutzen der repräsentativen Wahlstatistik, die in ihrem eng umrissenen Erhebungsbereich die Fehlerquote von Wahltagsbefragungen offenbart.[28] Mit dem Interesse für den Wahlprozess eng verbunden ist die Beobachtung der Entwicklung des deutschen Parteiensystems, das daher ebenfalls einen Schwerpunkt dieser Textedition bildet. Hier gilt die besondere Aufmerksamkeit den institutionellen Rahmenbedingungen sowie den wechselnden Akteurskonstellationen und Koalitionsoptionen. Dies macht Eckhard Jesse zu einem gefragten Gesprächspartner von Journalisten.

Eingehend hat er sich mit den Besonderheiten der im östlichen Deutschland neu etablierten politischen Strukturen befasst. Dieser Aufmerksamkeitsschwerpunkt war keineswegs Folge der Berufung an die Universität Chemnitz. In der kleinen sächsischen Stadt Wurzen bei Leipzig geboren, war er vor dem Mauerbau mit den Eltern in den Westen geflohen. Die Verbindung zur Heimat riss nicht ab und begründete ein lebhaftes Interesse für die politische Entwicklung jenseits des Eisernen Vorhangs. Bereits 1980 erschien ein deutsch-deutscher Systemvergleich[29], wenig angekränkelt von der in den siebziger Jahren dominierend gewordenen Tendenz zu rein systemimmanenter Darstellung der DDR-Entwicklung. Er orientierte sich stattdessen am zeitweilig geradezu tabuisierten Totalitarismusansatz, wie er von Ernst Fraenkel, Karl Dietrich Bracher und Juan J. Linz entfaltet worden war. Die Gesellschaft für Deutschlandforschung bot ein Forum für die Erörterung von Streitfragen, die auf berufliches Fortkommen im bundesdeutschen Wissenschaftsbetrieb bedachte Nachwuchswissenschaftler in den siebziger und achtziger Jahren mieden: Opposition und Widerstand,

---

27 Vgl. Jesse, Wahlrecht zwischen Kontinuität und Reform (Anm. 7).

28 Der allererste Zeitschriftenbeitrag war diesem Thema gewidmet: Eckhard Jesse, Schlüssel zum Wählerverhalten. Die repräsentative Wahlstatistik und die Bundestagswahl, in: Frankfurter Hefte 29 (1974), Heft 4, S. 239–248. Siehe zuletzt: ders., Die Bundestagswahl 2005 im Spiegel der repräsentativen Wahlstatistik, in: Zeitschrift für Parlamentsfragen 37 (2006), Heft 3, S. 513–523. Der Beitrag findet sich weiter unten wiederabgedruckt im Themenschwerpunkt „Wahlen und Wahlsystem“.

29 Ders. (Hrsg.), Bundesrepublik Deutschland und Deutsche Demokratische Republik. Die beiden deutschen Staaten im Vergleich, 4. Aufl., Berlin 1985 (zuerst 1980).

politische Verfolgung und Repression im SED-Staat. Die Auseinandersetzung mit der Weltanschauungsdiktatur im anderen Teil Deutschlands bildete wiederum den Ausgangspunkt für historisch wie geographisch ausgreifende komparative Betrachtungen zur Typologie nicht-demokratischer Herrschaftsformen. So schließt sich der thematische Bogen zu den innerhalb des Verfassungsstaates wirkenden Extremismen, die über die Jahre hinweg ein zentraler Gegenstand der Lehr- und Forschungstätigkeit geblieben sind.

Friedrich Ebert und das Problem der Handlungsspielräume in der deutschen Revolution 1918/19

I. Vorbemerkung

Kaum ein Thema der Geschichtswissenschaft wurde und wird so kontrovers erörtert wie das der deutschen Revolution 1918/19. Durch sie habe sich eine einschneidende Weichenstellung vollzogen. Niemals wieder, so die eine Position, konnte seither ein monarchistisches Regime an die Macht kommen; aber – so die andere, die die herrschende Meinung sein dürfte – die Versäumnisse von 1918/19 erleichterten Hitler den Weg zur Macht. Oder wie es Hans-Ulrich Wehler mit einer rhetorischen Frage – pointiert und hochgradig spekulativ zugleich – zum Ausdruck brachte: „Muss man nicht den Preis, den ein Neubeginn im Jahr 1918 gekostet hätte – die Ausschaltung der alten Führungsgruppen, die Funktionsschwäche oder gar zeitweilige Funktionslähmung –, abwägen gegen die Opfer und Schrecken seit 1933? Wird nicht ein Ja zur Weimarer Lösung erkauft mit der Hinnahme ihres Endes? [...] Unter solchen Aspekten begannen daher 1933 die Kosten der Entscheidungen von 1918/19 ungeahnte, schließlich die ganze Welt umfassende Dimensionen anzunehmen.“[1] Gegen diese These, die faktisch in gewisser Weise auch die Sozialdemokraten für das Ende der Weimarer Republik verantwortlich macht, soll im Folgenden argumentiert werden. Die Auffassung von einem großen Handlungsspielraum, den die SPD nicht genutzt habe, scheint mir nicht hinreichend abgesichert zu sein.

Charakteristisch ist der diesem Thema innewohnende Perspektivenwandel. In der Weimarer Republik beklagten sich national gesinnte Historiker über die „Heimat“, die den kämpfenden Truppen in den Rücken gefallen sei.[2] Gegen die in unterschiedlicher Variierung vorgetragene Theorie vom „Dolchstoß“ wandten sich Historiker, die bürgerlichen Parteien der Mitte oder der SPD nahestanden. Die SPD habe durch ihr entschlossenes Vorgehen maßgeblich einen Umsturz nach bolschewistischem Vorbild vermieden. Im „Dritten Reich“ trat die „Dolchstoßlegende“ massiv in den Vordergrund, wiewohl Hitler für die Monarchie Wilhelms II. keine Sympathie hegte und selbst die Ergebnisse der Novemberrevolution, deren revolutionären Charakter er bestritt, würdigte er teilweise positiv, wenngleich auch bei ihm von den „Novemberverbrechern“ die Rede ist.[3]

Nach 1945 ging der Tenor, sofern man sich zunächst überhaupt mit dieser Thematik befasste, in die Richtung, es sei die große Leistung der Sozialdemokratie gewesen,

1 Hans-Ulrich Wehler, Das Deutsche Kaiserreich 1871–1918 (1973), 5. Aufl., Göttingen 1983, S. 226.

2 Vgl. etwa Karen Thiessenhusen, Politische Kommentare deutscher Historiker zur Revolution und Neuordnung 1918/19, in: Aus Politik und Zeitgeschichte B 45/69, S. 3–63.

3 Vgl. für Einzelheiten Rainer Zitelmann, Hitler. Selbstverständnis eines Revolutionärs, Hamburg u.a. 1987, S. 21–34.

Deutschland 1918/19 vor dem Bolschewismus bewahrt zu haben. Ebert wurde allgemein positiv gesehen, wenn nicht gar idealisiert. Diese Interpretation passte gut in den Zeitgeist, der sich durch strikten Antikommunismus auszeichnete. Schon vor der Studentenbewegung jedoch führten Studien den Nachweis, dass die Räte keineswegs überwiegend bolschewistisch, sondern mehrheitlich sozialdemokratisch ausgerichtet gewesen waren.[4]

Mit der Studentenbewegung und anlässlich des fünfzigsten Jahrestages der Novemberrevolution erschien eine Reihe von fachlich nicht immer fundierten Werken, die Ebert schwere Versäumnisse anlasteten. Wie der „Zeitgeist" sich gewandelt hatte, zeigt Sebastian Haffners „verratene Revolution" von 1969, aus der im Folgenden exemplarisch zitiert werden soll: „Was der Kaiser vergeblich versucht hatte – das zurückkehrende Feldheer auf die revolutionären Arbeiter loszulassen –, das versuchte von Anfang an auch Ebert. Und als dies ihm ebenso wenig gelang, zögerte er nicht, noch einen Schritt weiterzugehen und die extremsten Anhänger der militanten Gegenrevolution, die Feinde der bürgerlichen Demokratie, ja seine eigenen Feinde, die Vorläufer des Faschismus in Deutschland zu bewaffnen und gegen seine arglosen Anhänger zu mobilisieren." Nach der offenbar zustimmenden Wiedergabe eines Wortes von Gustav Landauer („In der ganzen Naturgeschichte kenne ich kein ekelhafteres Lebewesen als die Sozialdemokratische Partei") gelangt Haffner zu folgender überheblichen, intellektuell unverantwortlichen wie verräterischen Charakterisierung: „Es macht Ebert und Noske nicht sympathischer, dass sie keine Schurken großen Formats waren, sondern Biedermänner. Das Monströse ihrer historischen Tat findet keine Entsprechung im privaten Charakter. Wenn man nach ihren Motiven sucht, findet man nichts Dämonisches oder Satanisch-Großartiges, nur Banales: Ordnungsliebe und kleinbürgerliches Strebertum. [...] Tiefer aber noch als die Ordnungspanik saß wohl in ihnen der Stolz des Kleinbürgers, der sich plötzlich zur großen Welt zugelassen – mehr noch, von der großen Welt zu Hilfe gerufen sieht. Dass bürgerliche Parlamentskollegen die ‚vaterlandslosen Gesellen' von einst plötzlich mit Respekt behandelten, dass Männer wie Groener und Prinz Max ihnen eine schmeichelhafte Vertraulichkeit, dass gar der Kaiser und Hindenburg eine gnädige Herablassung bezeigten, dass alle diese einst Gefürchteten und Beneideten in ihrer Not jetzt Ebert und die Seinen als ihren letzten Rettungsanker anerkannten – das erzeugte in den so Geehrten eine warme Woge zutraulicher und stolzer Loyalität, der sie jedes Opfer brachten, auch tausendfache Menschenopfer. Sie opferten diejenigen, die ihnen folgten und vertrauten, freudig denen, von denen sie sich begönnert fanden. Das Scheußliche wurde mit treuherzig aufblickendem Biedersinn getan."[5]

---

4 Vgl. hierzu das Standardwerk von Eberhard Kolb, Die Arbeiterräte in der deutschen Innenpolitik 1918–19, Düsseldorf 1962. Eine zweite, um ein Vorwort und einen bibliographischen Anhang erweiterte Taschenbuchausgabe erschien später (Frankfurt a.M. 1978). Siehe auch bereits Walter Tormin, Zwischen Rätediktatur und sozialer Demokratie. Die Geschichte der deutschen Revolution, Düsseldorf 1954.

5 Sebastian Haffner, Die verratene Revolution in Deutschland 1918/19, Bern u.a. 1969, S. 214 f. (Der

Zugegeben, solche perfiden Urteile sind nicht repräsentativ für die seriöse Forschung gewesen, doch charakteristisch für den damaligen „Zeitgeist", dem sich Haffner glänzend anzupassen verstand. Es dauerte bis Ende der siebziger Jahre, ehe die inzwischen „herrschende Lehre" zwar nicht revidiert, wohl aber modifiziert wurde.[6] Man machte es sich nun nicht so einfach mit einer Verurteilung der Sozialdemokratie und verwies auf die Hindernisse, die einer fundamentalen Neuordnung im Wege standen. Auch in den achtziger Jahren kam es zu keinem „turning point", wenngleich die Kritik an Ebert und der Sozialdemokratie heute verhaltener ausfällt als zwei Dezennien zuvor. Inzwischen räumt auch Eberhard Kolb ein, die in der „Studentenbewegung" vorgenommene „‚Politisierung' des Themas Räte und Revolution [... habe] die ruhige, sachbezogene Erörterung der Revolutionsprobleme von 1918/19 eher erschwert als gefördert".[7] Gleichwohl überwiegen eindeutig jene Positionen, die „bei allen Unterschieden in den Akzentsetzungen und Wertungen grundsätzlich auf dem Boden der neueren Forschung argumentieren"[8], wiewohl die Frage bleibt, was unter der „neueren Forschung" zu verstehen ist. Wenn man damit meint, die Räte seien nicht kommunistisch ausgerichtet gewesen, trifft das Urteil zu. Versteht man darunter, die SPD habe 1918/19 mehr oder weniger versagt, so muss das Urteil differenzierter ausfallen. Die hektische Publikationsflut Ende der sechziger und Anfang der siebziger Jahre ist längst abgeebbt. Bezeichnenderweise kam Ende des Jahres 1988 zum 9. November 1918 lediglich ein winziger Teil der dem 9. November 1938 gewidmeten Erinnerungsartikel heraus. Dies dürfte einerseits zum Teil an der forciert betriebenen Vergangenheitsbewältigung im Zusammenhang mit der 50. Wiederkehr des Jahrestages der „Reichskristallnacht" liegen, andererseits aber auch das nachlassende Interesse an den Ereignissen 1918/19 dokumentieren.

Im Folgenden geht es um die Prüfung der Argumente jener Seite, für die es ausgemacht ist, dass die Sozialdemokratie mit Friedrich Ebert an der Spitze den vorhandenen Handlungsspielraum zu einer alternativen Politik nicht genutzt hatte. Zur Klärung dieser Frage ist es notwendig, einige allgemeine Überlegungen zum unterschiedlich

---

Band ist später unter einem unverfänglichen Titel neuaufgelegt worden: Die deutsche Revolution 1918/19. Wie war es wirklich? Ein Beitrag zur deutschen Geschichte, München 1979).

6 Vgl. beispielsweise folgende Beiträge mit unterschiedlicher Argumentationsführung: Wolfgang J. Mommsen, Die deutsche Revolution 1918–1920. Politische Revolution und soziale Protestbewegung, in: Geschichte und Gesellschaft 4 (1978), S. 362–391; Eckhard Jesse/Henning Köhler, Die deutsche Revolution 1918/19 im Wandel der historischen Forschung. Forschungsüberblick und Kritik an der „herrschenden Lehre", in: Aus Politik und Zeitgeschichte B 45/78, S. 3–23; Heinz Hürten, Die Novemberrevolution – Fragen an die Forschung, in: Geschichte in Wissenschaft und Unterricht 30 (1979), S. 158–174; Heinrich August Winkler, Die Sozialdemokratie und die Revolution von 1918/19. Ein Rückblick nach sechzig Jahren, Berlin/Bonn 1979; Susanne Miller, Die Bürde der Macht. Die deutsche Sozialdemokratie 1918–1920, Düsseldorf 1978.

7 Eberhard Kolb, Die Weimarer Republik, München/Wien 1984, S. 162. Zum Forschungsstand ebd., S. 153–163.

8 So zu Recht Reinhard Rürup, Demokratische Revolution und „dritter Weg". Die deutsche Revolution von 1918/19 in der neueren wissenschaftlichen Diskussion, in: Geschichte und Gesellschaft 9 (1983), S. 284.

interpretierbaren und interpretierten Begriff des „Handlungsspielraums“ anzustellen. Doch vorher soll in nuce die Kritik an Ebert und der Mehrheitssozialdemokratie beim Namen genannt werden.

II. Kritik an Friedrich Ebert und der Mehrheitssozialdemokratie

Die folgenden Ausführungen betreffen nicht etwa die von kommunistischer Seite geübte Kritik an Ebert und der Sozialdemokratie, sondern referieren die von der westdeutschen Revolutionsforschung zutage geförderten Ergebnisse, wie sie sich etwa bei Eberhard Kolb, Ulrich Kluge und Reinhard Rürup[9] finden, um nur die drei vielleicht markantesten Forscher zu nennen.

„Die Chancen der Demokratie in Deutschland nach 1918 – auch und gerade die in der Revolution verpassten Chancen – sind das Generalthema der neueren Revolutionsforschung.“[10] Unter diesem Leitmotiv stehen die meisten Überlegungen der einschlägigen Forschung. Bei den Ereignissen im November 1918 habe es sich keinesfalls bloß um einen Zusammenbruch des Kaiserreiches gehandelt, sondern um einen revolutionären Umbruch von tiefgreifender Bedeutung. Der Obrigkeitsstaat sei am Ende gewesen. „Dieser Handlungsspielraum hätte es der Revolutionsregierung u. a. erlaubt, gegenüber der Führung der alten kaiserlichen Armee mit Selbstbewusstsein und Entschiedenheit aufzutreten, vorbereitende Schritte zu einer Sozialisierung wenigstens des Bergbaus zu unternehmen, das Potential der Arbeiter- und Soldatenräte zugunsten einer sozialdemokratischen Reformpolitik einzusetzen.“[11] Doch wurden die Arbeiter- und Soldatenräte für die Umgestaltung der neuen Ordnung nicht genutzt. Die Sozialdemokratie mit Ebert, fixiert auf die Aufrechterhaltung der Ordnung, versäumte durchgreifende Reformen, verzichtete auf eine „demokratische Neuordnung kraft revolutionären Rechts“.[12] Es war ein Fehler, dass sich die Mehrheitssozialdemokraten auf prinzipielle Kompromisse mit den alten Gewalten einließen, statt sie weitgehend zu entmachten. In dem Maße, wie sie die Gefahr von links dramatisierten – ein an den Bolschewisten orientiertes Regime musste chancenlos bleiben –, unterschätzten sie den Einfluss der obrigkeitsstaatlich gesinnten Kräfte. Gemeinsam mit ihnen beteiligten sie sich an der Niederschlagung von Unruhen. „Die Arbeiter- und Soldatenräte wurden zurückgedrängt und schließlich politisch ausgeschaltet, ohne dass das in ihnen

---

9 Vgl. neben den bereits genannten Arbeiten insbesondere: Eberhard Kolb (Hrsg.), Vom Kaiserreich zur Weimarer Republik, Köln 1972; Ulrich Kluge, Soldatenräte und Revolution. Studien zur Militärpolitik in Deutschland 1918/19, Göttingen 1975; ders., Die deutsche Revolution 1918/1919. Staat, Politik und Gesellschaft zwischen Weltkrieg und Kapp-Putsch, Frankfurt a. M. 1985; Reinhard Rürup, Probleme der Revolution in Deutschland 1918/19, Wiesbaden 1968; ders. (Hrsg.), Arbeiter- und Soldatenräte im rheinisch-westfälischen Industriegebiet, Wuppertal 1975.

10 Rürup, Probleme (Anm. 9), S. 9.

11 Kolb, Weimarer Republik (Anm. 7), S. 158 f.

12 Reinhard Rürup, Einleitung zu ders.: Arbeiter- und Soldatenräte (Anm. 9), S. 9.

vorhandene demokratische Potential einer in die Zukunft gerichteten Politik nutzbar gemacht worden war."[13] Die Rätefeindschaft der Sozialdemokratie erscheint in dieser Perspektive „als Überreaktion auf den unerwarteten und kaum koordinierbaren Massenimpuls".[14]

Bei den Wahlen zur Nationalversammlung kam es zu keiner sozialistischen Mehrheit, so dass radikale Eingriffe nun erst recht ausbleiben mussten, nachdem man vorher auf sie verzichtet hatte. Insofern wurde, heißt es, die Demokratisierung der Verwaltung ebenso versäumt wie die Entmachtung des Militärapparates und die Sozialisierung der Großindustrie. Die antidemokratischen Kräfte von rechts konnten sich daher schnell von dem Schock der Revolution erholen. Mithin gehe die spätere Radikalisierung einer antiparlamentarischen Massenbewegung im Frühjahr 1919 maßgeblich auf die Sozialdemokratie zurück. Statt die Voraussetzung für eine stabile Demokratie zu schaffen, unterminierten sie die neue Ordnung. Insofern, dies die weit verbreitete These, könne man 1933 nicht ohne das Jahr 1918/19 sehen. Damals seien politische Entscheidungen gefallen, „die für das Schicksal der parlamentarischen Demokratie in Deutschland, der deutschen und internationalen Arbeiterbewegung und – im Hinblick auf die ‚Machtergreifung' des Nationalsozialismus – für die allgemeinen weltgeschichtlichen Entwicklungen unseres Jahrhunderts von grundlegender Bedeutung sind".[15] Die fundamentale Schwäche der gespaltenen Arbeiterbewegung in der Weimarer Zeit lasse sich mit „dem Scheitern der sozialdemokratischen Revolution und der gleichzeitigen militärischen Unterdrückung oppositioneller Arbeitermassen durch die Führung der Sozialdemokratie erklären".[16] Soweit die Position, mit der ich mich im Folgenden kritisch auseinandersetzen möchte.

III. Zum Begriff des „Handlungsspielraums"

Es versteht sich von selbst, dass jede Entscheidungssituation so lange offen ist, wie die betreffende Entscheidung noch nicht getroffen ist. Selbst danach sind viele Vorgänge reversibel. Das muss auch für 1918/19 gelten. Historiker neigen gerne dazu, der Entwicklung, so wie sie nun einmal verlaufen ist, eine Art Zwangsläufigkeit zuzusprechen und unter Umständen die Kategorie der „Tragik" einzuführen. Damit fallen in der Tat mögliche Alternativen unter den Tisch, ist doch der tatsächliche Geschichtsverlauf nicht der einzig mögliche.[17] Andererseits suggeriert die Verwendung des Begriffs

---

13 Ders., Probleme (Anm. 9), S. 42.

14 Kluge, Revolution (Anm. 9), S. 69.

15 Rürup (Anm. 12), S. 7 f.

16 Ebd., S. 8.

17 Vgl. die interessanten Überlegungen von Alexander Demandt, Ungeschehene Geschichte. Ein Traktat über die Frage: Was wäre geschehen, wenn …? (1984), 2. Aufl., Göttingen 1986. Zu Recht betont der Autor, dass das Nachdenken über unverwirklichte Alternativen zugleich die Reflexion über die tatsächlichen Ereignisse erhöht.

„Handlungsspielraum“ manchmal eine Art höheren Grad an Handlungsfreiheit, als er in der historischen Situation überhaupt bestand. Zwischen der Scylla des Geschichtsdeterminismus und der Charybdis des -voluntarismus muss ein Weg gefunden werden.

Insofern ist es nur legitim, wenn etwa das Leitmotiv des 34. Deutschen Historikertages im Jahre 1982 die „Handlungsspielräume in der Geschichte“ betraf. „Die Rekonstruktion von Alternativen und Handlungsspielräumen, die in den Köpfen, in den Gedanken und Lagebeurteilungen der Zeitgenossen tatsächlich vorhanden waren, hat [...] den Sinn, den Geschichtsprozess vom Schein eines falschen Determinismus zu befreien und die Nachwelt daran zu erinnern, dass auch die Toten ihre Entscheidungsfreiheit und ihre offene Zukunft hatten.“[18]

Meistens wollen diejenigen, die Handlungsspielräume auszuloten gedenken, nur die verpassten Chancen nachweisen. In der Frage schwingt häufig schon die Antwort mit. Dies kann man aber durch ein methodisch sauberes Vorgehen vermeiden. Hierzu bedarf es nach Detlef Junker einer zweifachen Orientierung an der Wirklichkeit: Erstens muss man nachweisen, dass die Alternative tatsächlich von den Zeitgenossen in Betracht gezogen worden ist; zweitens hat man zu überprüfen, wie realistisch diese Alternative gewesen ist. Was den ersten Punkt angeht, so versteht es sich von selbst, dass eine Entscheidung nicht nachträglich als „Alternative“ gelten kann, die den Zeitgenossen überhaupt nicht ins Blickfeld geriet. Der zweite Punkt betrifft die Frage, wie hoch der Grad an Durchsetzbarkeit für die ins Auge gefasste Alternative eigentlich gewesen ist.

Es muss nicht verwundern, dass gerade angesichts der nationalsozialistischen „Machtergreifung“ und ihrer Folgen immer wieder nach Handlungsspielräumen oder Zwangslagen gefragt wird. So steht die Diskussion zum Jahre 1918/19 in einem gewissen Zusammenhang zur Kontroverse zwischen Werner Conze und Karl Dietrich Bracher nach dem „Ende des Parteienstaates“[19], zu Knut Borchardts vieldiskutierter These von den Zwangslagen und den eingeschränkten Handlungsspielräumen in der Wirtschaftspolitik[20] oder zur Auffassung von Ferdinand A. Hermens, die relative Mehrheitswahl hätte im Jahre 1919 der Weimarer Republik eine stabile Basis verschafft.[21] Mithin lässt sich gegen eine Erörterung der Frage nach den Handlungsspielräumen in der Revolution 1918/19 nichts einwenden – vorausgesetzt, es geht um eine wirkliche Prüfung.

18 So Detlef Junker, War der Kalte Krieg unvermeidlich? Handlungsspielräume in der Entstehung des Ost-West-Gegensatzes 1945 bis 1949, in: Aus Politik und Zeitgeschichte B 25/83, S. 3.

19 Sie hat sich in zahlreichen Beiträgen der beiden Autoren niedergeschlagen. Vgl. nur: Werner Conze, Die Krise des Parteienstaates in Deutschland 1929/30 (1954), und Karl Dietrich Bracher, Parteienstaat, Präsidialsystem, Notstand (1962), jeweils in: Gotthard Jasper (Hrsg.), Von Weimar zu Hitler 1930–1933, Köln/Berlin 1968, S. 27–57 und S. 58–71.

20 Vgl. etwa den mehrfach nachgedruckten Beitrag von Knut Borchardt, Zwangslagen und Handlungsspielräume in der großen Wirtschaftskrise der frühen dreißiger Jahre: Zur Revision des überlieferten Geschichtsbildes, in: Jahrbuch der Bayerischen Akademie der Wissenschaften 1979, München 1979, S. 87–132. Zur Kritik siehe u.a. Claus-Dieter Krohn, „Ökonomische Zwangslagen“ und das Scheitern der Weimarer Republik. Zu Knut Borchardts Analyse der deutschen Wirtschaft in den zwanziger

IV. Handlungsspielraum und SPD im Jahre 1918/19

Der Frage, ob 1918/19 für die Mehrheitssozialdemokratie mit Friedrich Ebert an der Spitze ein beträchtlicher Handlungsspielraum für eine andere Politik bestanden habe, wohnt ein gewisses spekulatives Element inne. Man muss für die Klärung dieses diffizilen Problems mehrere Dimensionen unterscheiden. Folgende Fragen bedürfen der Klärung:

Erstens: Sahen die Akteure 1918/19 eine Alternative zu der von ihnen eingeschlagenen Politik?

Zweitens: Wie groß waren ihre Handlungsspielräume und wie realistisch die Alternativen?

Drittens: Wie ist eine andere Option eigentlich zu bewerten? Wäre sie überhaupt wünschbar gewesen, ihre Realisierungsmöglichkeit einmal vorausgesetzt? Es gibt ja nicht nur „verpasste Chancen", sondern auch „abgewendete Katastrophen".

1. Das Bewusstsein der Zeitgenossen

Den Akteuren des Jahres 1918/19 stellt sich naturgemäß die Situation anders dar als der Nachwelt. Doch es ist wichtig, den damaligen Bewusstseinshorizont zugrunde zu legen, weil man sonst einer unhistorischen „Was wäre gewesen, wenn"-Perspektive huldigt. Solche Konstruktionen sind aber für den analytisch operierenden Historiker nicht von Belang.

In der Tat waren die Räte 1918/19 mehrheitlich nicht bolschewistisch orientiert. Aber was besagt das für den Handlungsspielraum der Sozialdemokratie? Die Entwicklung in Russland hatte die Instrumentalisierung der Räte durch eine zentralistisch geführte Gruppierung nachhaltig vor Augen geführt. Insofern setzten Sozialdemokraten die Räte vielfach mit Chaos und Bolschewismus gleich. Die SPD war, wie wir spä-

---

Jahren, in: Geschichte und Gesellschaft 8 (1982), S. A15-A26; Carl-Ludwig Holtfrerich, Alternativen zu Brünings Wirtschaftspolitik in der Weltwirtschaftskrise, Wiesbaden 1982; Henning Köhler, Knut Borchardts „Revision des überlieferten Geschichtsbildes" der Wirtschaftspolitik in der großen Krise - eine Zwangsvorstellung, in: Internationale Wissenschaftliche Korrespondenz zur Geschichte der deutschen Arbeiterbewegung 19 (1983), S. 164–180.

21 Vgl. Ferdinand A. Hermens, Demokratie oder Anarchie? (1941), 2. Aufl., Köln/Opladen 1968 (1951). Diese Auffassung ist immer wieder als unhistorisch kritisiert worden. Vgl. etwa Thomas von der Vring, Reform oder Manipulation? Zur Diskussion einen neuen Wahlrechts, Frankfurt a.M. 1968, insbes. S. 152–164. Der linke Sozialdemokrat von der Vring vertritt die Auffassung, dass die Einführung der relativen Mehrheitswahl im Jahre 1919 zu einer sozialdemokratischen Mehrheit geführt hätte und damit zu durchgreifenden Reformen. So wäre ein Bürgerkrieg wahrscheinlich gewesen, jedenfalls keine Mäßigung eingetreten (ebd., S. 162 f.). Erst recht träfe dies wohl für Eingriffe ohne demokratische Legitimation zu.

testens seit der Studie von Peter Lösche wissen[22], geprägt von Bolschewismusfurcht, wobei diese nicht vorgeschützt, sondern tatsächlich vorhanden und wohl auch nicht so unbegründet war, wie man es heute manchmal sehen will. Gerade in Berlin spitzten sich die Auseinandersetzungen zwischen der extremen Linken, die an einer Einberufung der Nationalversammlung kein Interesse hatte, und den Mehrheitssozialdemokraten immer wieder zu. Gewiss hat man damals – die Stärkeverhältnisse sprechen eine beredte Sprache – die bolschewistische Gefahr insgesamt überschätzt, aber ebenso ist zutreffend, dass sie heute ein beträchtlicher Teil der Revolutionsforschung herunterspielt, wenn nicht gar vernachlässigt. Das unbestreitbare Faktum von der mehrheitlich sozialdemokratisch bestimmten Rätebewegung in der ersten Phase der Revolution sagt noch wenig darüber aus, dass keine Gefahr für das Reich bestand, zumal es in der linken USPD radikale Strömungen gab. Zur revolutionären Umgestaltung bedarf es bekanntlich keiner Mehrheit.

Den Zeitgenossen stand das Chaos 1918/19 in Deutschland (und z. T. auch die Entwicklung in Russland)[23] vor Augen, der Nachwelt hingegen das Jahr 1933 mit seinen Folgen. Es ist klar, dass die Fixierung auf 1933 eine andere Option nahelegt. Aber wer eine Alternative in Erwägung zieht, die den Zeitgenossen nicht bewusst war, argumentiert ahistorisch. Ein Großteil der KPD wollte eine Revolution nach russischem Muster; einer Mehrheit der USPD lag daran, die Wahl zur Nationalversammlung hinauszuschieben. Dagegen gab es in dieser Frage bei der Mehrheitssozialdemokratie keine prinzipielle Auseinandersetzung zwischen zwei Richtungen, wie das in der USPD der Fall gewesen ist.

Welche nachträgliche Konstruktion man sich zu eigen macht, zeigt etwa das Werk von Arthur Rosenberg, der als erster einen anderen Weg der deutschen Revolution für gangbar hielt. Viele der neueren Arbeiten zur Revolutionsgeschichte stehen in seiner Tradition. In der 1928 erschienenen Arbeit zur Entstehung der Weimarer Republik[24] hatte er noch darauf hingewiesen, dass es am Ausgang des Krieges bereits die „Oktoberreformen" und damit die Parlamentarisierung des Deutschen Reiches gab. „Trotzdem ist es zu der wunderlichsten aller Revolutionen im November 1918 gekommen. Die Massen, die hinter der Reichstagsmehrheit standen, rebellierten gegen die Regierung Max von Baden, das heißt eigentlich gegen sich selbst."[25] Rosenberg führt das u.a. darauf zurück, dass der Mehrheit der Bevölkerung die Bedeutung der von oben in die Wege geleiteten Reformen aufgrund der Versäumnisse der Parteien noch gar nicht bewusst geworden war. Zudem gab es weithin mehr als obrigkeitsstaatliche Relikte. Rosenberg konstatiert nicht zu Unrecht folgende Paradoxie: „Die SPD machte in

22 Vgl. Peter Lösche, Der Bolschewismus im Urteil der deutschen Sozialdemokratie 1903–1920, Berlin 1967.

23 Darauf verweist nachdrücklich Ernst Nolte, Der europäische Bürgerkrieg 1917–1945. Nationalsozialismus und Bolschewismus, Berlin u.a. 1987.

24 Vgl. Arthur Rosenberg, Entstehung der Weimarer Republik (1928), 16. Aufl., Frankfurt a.M. 1974 (Originaltitel: Die Entstehung der Deutschen Republik).

25 Ebd., S. 224.

Wirklichkeit Revolution gegen sich selbst: Sozialdemokratische und von Sozialdemokraten geführte Massen zerrissen eine gesetzliche Ordnung, an deren Spitze eine von der SPD beherrschte Regierung stand."[26] Und er beendet sein Werk mit dem Satz: „Die bürgerliche Republik hatte in Deutschland gesiegt."[27]

Erst im Jahre 1935, also nach der „Machtergreifung" Hitlers, kam Rosenberg in seiner „Geschichte der Weimarer Republik"[28] zum Ergebnis, eine grundlegende Neuordnung mit Hilfe der Räte sei versäumt worden. Allerdings, und das wird heute auch vielfach übersehen, ist die Geschichte der Revolution 1918/19 für ihn keineswegs die Geschichte der verpassten Chance. Vor allem vermeidet er eine personalistische und moralisierende Kritik an Ebert und Scheidemann: „[...] es wäre falsch, wenn man diesen beiden Männern persönlich die Schuld an [...] Fehlern der Revolutionszeit aufbürden wollte. Denn viele Hunderte, ja Tausende von angesehenen Parteifunktionären in ganz Deutschland dachten ebenso wie Ebert und Scheidemann. Diese Männer erkannten durchaus richtig gewisse Fehler und Mängel, die im Einzelnen den deutschen Arbeiter- und Soldatenräten anhafteten. Aber der konservative Geist der alten Partei war in ihnen so stark, dass sie zu den neuen Erscheinungen des politischen und gesellschaftlichen Lebens nicht unbefangen Stellung nehmen konnten. So war der offizielle Mehrheitssozialismus unbedingt für die parlamentarische Demokratie und für die Nationalversammlung. In den Räten erblickte man nur eine Übergangserscheinung. Sie waren Produkte der revolutionären Unordnung, und sie sollten so schnell wie möglich verschwinden, wenn erst die Nationalversammlung und die andern parlamentarisch-demokratischen Körperschaften in Deutschland da waren."[29]

Damit fängt Rosenberg die Haltung der Mehrheitssozialdemokratie angemessen ein, deren Auffassung sich in Jahrzehnten herausgebildet hatte. Es mutet recht verwegen an, wenn ein großer Teil der Revolutionsforschung Rosenberg für die neuere Interpretation unkritisch in Anspruch nimmt, zumal dieser einerseits immer auch gravierende Versäumnisse etwa der USPD hervorhebt – sie verließ Ende Dezember den Rat der Volksbeauftragten, begünstigte damit eine weitere Rechtsschwenkung – und andererseits die Vielzahl der damaligen Probleme nachdrücklich beim Namen nennt.

Mithin schwebte der Mehrheitssozialdemokratie gar keine andere Vorstellung von der Neuordnung vor. Es war nicht so, dass Ebert und seine Mannen andere Kräfte der eigenen Partei überfahren haben. Die angeblich ungenutzten Chancen sind den Zeitgenossen sozialdemokratischer Couleur weitgehend nicht bewusst gewesen. Die Alternativen der USPD mit ihren teilweise unausgegorenen Räteideen kamen für sie nicht in Frage.[30]

---

26 Ebd., S. 239.

27 Ebd., S. 242.

28 Vgl. Arthur Rosenberg, Geschichte der Weimarer Republik (1935), 11. Aufl., Frankfurt a.M. 1970 (Originaltitel: Die Geschichte der Deutschen Republik).

29 Ebd., S. 20 f.

30 Die Auffassung, „dass die Neuordungsprogrammatik von MSPD und USPD in einem bislang nicht wahrgenommenen Maße inhaltsreich, realitätsbezogen und trotz mancher Meinungsverschieden-

2. Eingeengter Handlungsspielraum

Wie sah der Handlungsspielraum seinerzeit aus, am Ende des Krieges, als chaotische Verhältnisse herrschten? Die Ernährungslage war angesichts von hungernden Menschen katastrophal; die Umstellung der Kriegswirtschaft erforderte Kompetenz; die Demobilmachung musste innerhalb kürzester Zeit bewältigt werden; Millionen von Soldaten hatten Anspruch auf Eingliederung in das Arbeitsleben; für einen Waffenstillstand gab es nur missliche Bedingungen; die Verwaltung stand angesichts chaotischer Umstände vor schwierigen Aufgaben; es galt, das Reich zu erhalten und separatistischen Bestrebungen zu wehren. Und es galt auch – last not least – jene nicht unbedeutenden Kräfte zu integrieren, die noch der Monarchie verhaftet und jedenfalls nicht sozialistisch eingestellt waren. Friedrich Ebert hat am 9. November in einem Aufruf an die deutschen Bürger zu Recht nachhaltig auf die Ernährungsfrage hingewiesen und sich am selben Tage an die Behörden und Beamten mit folgenden Worten gewandt: „Ich weiß, dass es vielen schwer werden wird, mit den neuen Männern zu arbeiten, die das Reich zu leiten unternommen haben, aber ich appelliere an ihre Liebe zu unserem Volke. Ein Versagen der Organisation in dieser schweren Stunde würde Deutschland der Anarchie und dem schrecklichsten Elend ausliefern.“[31] Sowohl in dem Aufruf Eberts an die deutschen Bürger als auch in dem an das deutsche Heimatheer vom 10. November[32] war davon die Rede, „Ruhe und Ordnung“ zu wahren. Diese Bemühungen dienten nicht nur „als Mittel der Machtstabilisierung der eigenen Regierung und damit indirekt auch zur Erhaltung der überkommenen Herrschaftsstrukturen in der Wirtschaft, sondern in ihnen spiegelte sich auch die zutreffende Einsicht, dass die wirtschaftliche Leistungsfähigkeit als Voraussetzung für die Verwirklichung der sozialen Demokratie ohne ein Mindestmaß an ‚Ruhe und Ordnung‘ nicht wiedergewonnen werden konnte“.[33] Im Grunde geht ein beträchtlicher Teil der Kritiker unausgesprochen von einer Art „Stunde Null“ aus, als hätte die Sozialdemokratie tabula rasa machen können. Dabei wird übersehen, dass der Obrigkeitsstaat, dessen vielfältige Wandlungsfähigkeit sich erwiesen hatte, bei großen Teilen der Bevölkerung keineswegs auf strikte Ablehnung stieß, so groß auch die Verbitterung über den verlorenen Krieg und ihre Verantwortlichen war.

Die genannten und andere Probleme ließen sich in der Tat wohl nur bei einem Verzicht der Mehrheitssozialdemokratie auf einen Konfrontationskurs gegenüber denje-

---

heiten in wesentlichen Handlungsfeldern konsensfähig war“ (so Detlef Lehnert, Sozialdemokratie und Novemberrevolution. Die Neuordnungsdebatte 1918/19 in der politischen Publizistik von SPD und USPD, Frankfurt a. M. 1983, S. 299), wird entgegen der Auffassung Lehnerts durch dessen Arbeit nicht hinlänglich bestätigt.

31 Aufruf Eberts an die Behörden und Beamten vom 9. 11. 1918, zitiert nach Gerhard A. Ritter/Susanne Miller (Hrsg.), Die deutsche Revolution 1918–1919. Dokumente, 2. Aufl., Hamburg 1975 (1968), S. 80. Der Aufruf Eberts an die deutschen Bürger findet sich ebd., S. 79 f.

32 Dieser Aufruf ist abgedruckt ebd., S. 84.

33 Peter-Christian Witt, Friedrich Ebert. Parteiführer – Reichskanzler – Volksbeauftragter – Reichspräsident, Bonn 1987, S. 94.

nigen Mächten einigermaßen lösen, die bisher die Verantwortung trugen – im Bereich der Verwaltung, des Militärs und der Wirtschaft. Ein hohes Maß an Diskontinuität hätte Deutschland unter den obwaltenden Umständen vermutlich ein hohes Maß an Chaos gebracht. Das wiederum musste die Unzufriedenheit der Massen ins nahezu Unermessliche steigern. Wie Richard Löwenthal eindringlich gezeigt hat, dominiert in hochindustrialisierten Gesellschaften angesichts der Notwendigkeit einer funktionierenden Bürokratie – zumal in besonderen Krisenzeiten – ein „Anti-Chaos-Reflex", und zwar auch bei jenen, die sich nicht als Repräsentanten des alten Regimes verstehen.[34] Bekanntlich erreichte die Sozialdemokratie niemals die absolute Mehrheit (nicht einmal mit der USPD), so dass tiefgreifende Reformen auch deshalb ausblieben. Zudem stellt sich die Frage, ob unter anderen Mehrheitsverhältnissen eine Entmachtung des ostelbischen Großgrundbesitzes oder eine Verstaatlichung von Schlüsselindustrien überhaupt möglich gewesen wäre.

Und mehr als spekulativ ist die Annahme, hierdurch hätte sich die „Machtergreifung" der Nationalsozialisten verhindern lassen. Zudem muss bedacht werden, dass im Jahre 1933 nicht eine kommunistische, sondern eine rechtsextremistische Bewegung an die Macht kam. Bei einer erfolgreichen kommunistischen Massenbewegung ließe sich mit mehr Recht das Argument zu eigen machen, fehlende strukturelle Reformen hätten die Republik nach links getrieben. Aber die den Nationalsozialismus maßgeblich unterstützenden sozialen Schichten wie etwa der Mittelstand waren gerade diejenigen, die von Eingriffen 1918/19 in besonderem Maße betroffen gewesen wären. Die Annahme ist schlechterdings nicht beweisbar, dass man durch sozialistische Strukturreformen die spätere Tendenz nach rechts hätte aufhalten können.

Selbst von der Seite, die der Sozialdemokratie 1918/19 Versagen vorwirft, konzediert man, „dass eine energische Demokratisierung des Militärs, der Bürokratie und der Wirtschaft wahrscheinlich die Übergangsprobleme verschärft und die Versorgung und Sicherheit der Bevölkerung erhöhten Belastungen ausgesetzt hätte".[35] Ist das richtig – und daran besteht kein Zweifel –, gerät die Position, die gleichwohl Eingriffe der Sozialdemokratie als nötig erachtet, in einen besonderen Rechtfertigungszwang. Wenn der Republik ein „demokratische[s] Fundament" fehlte, so muss das jedoch nicht heißen, dass dieses „*nur* während der Revolutionszeit hätte geschaffen werden können".[36]

Wie sollte sich die SPD angesichts der revolutionären Bestrebungen gegenüber jenen Kräften verhalten, die sich nicht mit der Parlamentarisierung des politischen Systems zufrieden geben wollten? Gewiss, die Räte waren nicht bolschewistisch orientiert; aber das erlaubt noch keineswegs den Umkehrschluss, es habe sich bei ihnen um ein demokratisches, für den Neuaufbau hilfreiches Potential gehandelt – übrigens eine

---

34 Vgl. Richard Löwenthal, Bonn und Weimar: Zwei deutsche Demokratien, in: Heinrich August Winkler (Hrsg.), Politische Weichenstellungen im Nachkriegsdeutschland 1945–1953, Göttingen 1979, insbes. S. 10–13.

35 Rürup (Anm. 12), S. 14.

36 Ebd., S. 14 (Hervorhebung nicht im Original).

Formel, die in ihrer Allgemeinheit im Unklaren lässt, was denn damit gemeint ist. Waren die Räte eigentlich demokratisch legitimiert? Konnte ein politisches System tatsächlich funktionieren, das sich maßgeblich auf sie gründete? Wie sollten das parlamentarische und das rätedemokratische Organisationsgefüge nebeneinander bestehen? Verfügten die Räte überhaupt über ein Programm zur Demokratisierung? Überschätzt ein beträchtlicher Teil der Forschung die Bedeutung der Ereignisse 1918/19 nicht weit, wenn der Eindruck erweckt wird, als hätten die Räte demokratische Reformen initiieren können, ohne heftige Gegenreaktionen auf den Plan zu rufen? War es nicht eher doch ein Zusammenbruch, der sich vollzog, und weniger ein Aufbruch zu neuen Ufern? Gab es wirklich ein „Programm" der „revolutionäre[n] Massenbewegung", wie manche annehmen? Und wenn ja, deckte sich dieses Programm mit den Interpretationen der Nachwelt? „Dieses Programm war die Abschaffung des Obrigkeitsstaates und eine tiefgreifende demokratische Umgestaltung der politischen, sozialen und ökonomischen Verhältnisse. Es meinte die Befreiung der großen Mehrheit des Volkes von politischen und sozialen Abhängigkeiten und die Begründung einer Verfassung der Freiheit."[37] Bei den nachfolgenden Wahlen merkte man davon wenig.

Hätte es in der Anfangsphase, als die alten Gewalten vorübergehend gelähmt schienen, gravierende Eingriffe gegen diese gegeben, so wäre es möglicherweise erst recht und schnell zu einem autoritären „backlash" gekommen. Gleichwohl sind – vom Sturz der Monarchie ganz abgesehen – bestimmte Reformen unverzüglich verkündet worden: Dies gilt für das allgemeine Frauenwahlrecht, das Verhältniswahlsystem, den Achtstundentag, die sich neben weiteren sozialpolitischen Bestimmungen bereits in dem als „Magna Charta" geltenden Aufruf des Rats der Volksbeauftragten an das Deutsche Volk vom 12. November 1918 finden.[38] Andere Reformen – so etwa der Versuch, eigene militärische Truppen aufzustellen – führten nicht viel weiter oder versandeten gänzlich.

Es gibt eine interessante Parallele, die gleichwohl bisher nicht herangezogen worden ist. Bekanntlich konnte sich die USPD nicht behaupten, war doch der von links und rechts auf ihr lastende Druck zu groß. Der in dieser Partei vorhandene Spannungsbogen zwischen den höchst unterschiedlichen, gar gegensätzlichen Richtungen ließ sich nicht zusammenhalten. Der linke Flügel ging zur KPD, der rechte zur SPD zurück, obwohl doch gerade die hier vertretenen Reformkonzeptionen die parlamentarische Demokratie fundieren sollten. Wäre eine konsistente USPD-Politik angesichts der Kritik von rechts und links überhaupt mehrheitsfähig gewesen? Viel spricht nicht dafür. Die als Alternative zur Politik gepriesene Strategie war wohl nur eine Scheinalternative.

Die äußerst eingegrenzten außenpolitischen Rahmenbedingungen werden bezeichnenderweise meist stark vernachlässigt. Die Alliierten hätten wahrscheinlich überhaupt keine Situation geduldet, in der die Chancen für eine Bolschewisierung in

37 Ders., Probleme (Anm. 9), S. 50.
38 Der Aufruf ist u.a. abgedruckt bei Ritter/Miller, Revolution (Anm. 31), S. 103 f.

greifbare Nähe rückten oder, genauer, für eine Entwicklung, die als „bolschewistisch" erscheinen konnte. Ein Teil der Revolutionsforschung, der um dieses Problem einen großen Bogen macht, erweckt den Eindruck, als habe Ebert im Ausland das Gespenst des Bolschewismus an die Wand gemalt, um von dort Unterstützung zu erhalten. Das ist nicht falsch, unterschlägt aber den Sachverhalt, dass die Alliierten ebenfalls von Bolschewismusfurcht erfüllt waren und keineswegs eine Zusammenarbeit mit den Räten in Erwägung zogen. Hingegen stellte sich die Situation für Frankreich, jedenfalls auf den ersten Blick, anders dar. Man schreckte sogar – jedenfalls zunächst – vor Geldzuwendungen an die extreme Linke nicht zurück. Zudem war man skeptisch gegenüber den von mehrheitssozialdemokratischer Seite ausgehenden Bekundungen hinsichtlich einer bolschewistischen Gefahr, da man in ihnen Propagandamanöver zwecks Erreichung eines milderen Friedens erblickte.[39] Mit einer prinzipiellen Sympathie für die Rätebewegung darf diese französische Strategie, zentrifugale Tendenzen zu fördern, aber nicht verwechselt werden. Frankreich wollte die Rätebewegung in dem Sinne instrumentalisieren, dass es auf eine Abwendung des Rheinlandes von Deutschland, dem man nach wie vor voller Misstrauen gegenüberstand, zu hoffen glaubte. Die durch die Räte hervorgerufenen Radikalisierungstendenzen – so meinte man in Frankreich – könnten solche Entwicklungen nach sich ziehen. „Das Ziel, das die Franzosen primär in Deutschland verfolgten, bestand darin, Deutschland am Rhein enden zu lassen und das linksrheinische Gebiet in selbständige, aber an Frankreich angelehnte Staaten zu organisieren. Dies konnte wesentlich erleichtert werden, wenn bürgerkriegsähnliche Zustände im übrigen Deutschland und das Bestreben, den Reparationsverpflichtungen zu entgehen, die Bevölkerung im Rheinland nach Frankreich orientierte."[40] Auch von daher waren die Grenzen des Handelns für die Mehrheitssozialdemokratie eng gezogen. Schließlich galt es, die Einheit des Reiches zu wahren. Jedenfalls hat das Ausland dem Rat der Volksbeauftragten als der Zentralregierung die Arbeit nicht erleichtert. Nach Hagen Schulze muss es als ein „Wunder" gelten, dass Deutschland nach dem Ersten Weltkrieg angesichts der Belastungen nicht zerfiel.[41] Aber Deutschland sollte wohl als eine Art Bollwerk gegenüber dem Bolschewismus dienen.

Gleichwohl gab es trotz aller Hemmnisse Handlungsspielräume für die Mehrheitssozialdemokratie. Die eigentliche Frage, um die es geht, muss lauten: War es richtig, dass die SPD sich auch in jenen Bereichen, in denen Änderungen in ihren Kräften stan-

39 Vgl. hierzu umfassend Henning Köhler, Novemberrevolution und Frankreich. Die französische Deutschland-Politik 1918–1919, Düsseldorf 1980. Dagegen Eberhard Kolb, Internationale Rahmenbedingungen einer demokratischen Neuordnung in Deutschland 1918/19, in: Lothar Albertin/Werner Link (Hrsg.), Politische Parteien auf dem Weg zur parlamentarischen Demokratie in Deutschland. Entwicklungslinien bis zur Gegenwart, Düsseldorf 1981, S. 147–176; siehe dazu wieder Henning Köhler, Frankreichs Rolle in der Novemberrevolution – ein nebensächlicher Faktor der „internationalen Rahmenbedingungen"?, in: Jürgen Heideking u.a. (Hrsg.), Wege in die Zeitgeschichte. Festschrift zum 65. Geburtstag von Gerhard Schulz, Berlin 1989, S. 398–414.

40 Köhler, Novemberrevolution (Anm. 39), S. 328.

41 Hagen Schulze, Weimar. Deutschland 1917–1933, Berlin 1982, insbes. S. 15–22.

den, Zurückhaltung auferlegte? Diese Frage betrifft also nicht die Grenzen des „Handlungsspielraums" an sich, sondern seine Ausschöpfung.

3. Zu Recht nicht ausgeschöpfter Handlungsspielraum

Nun waren, wie gezeigt, die Handlungsspielräume sehr eng. Allerdings gab es am 9. November in der Tat eine offene Situation, ließ sich doch die weitere Entwicklung nicht absehen. Man könnte es auch gerade als Verdienst der Sozialdemokratie werten, dass sie kein Wagnis einging. Denn als eine reformbewusste Partei, die bereits im Kaiserreich revolutionärer Praxis entsagt hatte, durfte sie nicht plötzlich die eigenen Ideen über Bord werfen. Die Orientierung am „Stimmzettel" war weit fortgeschritten. Gewiss akzeptierte die SPD folgende Forderung der USPD vom 10. November, um diese mit in der Regierung zu haben: „Die Frage der konstituierenden Versammlung wird erst nach einer Konsolidierung der durch die Revolution geschaffenen Zustände aktuell und soll deshalb späteren Erörterungen vorbehalten werden."[42] Aber sie drängte immer wieder auf eine möglichst schnelle Wahl der Konstituante.

Insofern konnte und wollte sich die SPD mit den Räten überhaupt nicht anfreunden, unabhängig von ihrer Zusammensetzung, zumal sie mit einem Phänomen konfrontiert wurde, „für das es weder in ihrer eigenen Tradition noch in ihren programmatischen Zielvorstellungen einen Platz gab"[43], ganz unabhängig davon, dass die Räte für die KPD – nicht nur aus sozialdemokratischer Sicht – eine instrumentelle Rolle beim Systemsturz zu spielen hatten. Wie sollten sie für die Demokratisierung überhaupt nutzbar gemacht werden? Ihre Einbeziehung in den Staatsaufbau konnte nur zur Entmachtung der parlamentarischen Körperschaften führen, abgesehen davon, dass ihre demokratische Legitimation zu wünschen übrig ließ. Räte sind eine Übergangserscheinung während eines revolutionären Umbruchs, vorübergehend geeignet zur Aufrechterhaltung lebensnotwendiger Erfordernisse (wie etwa im Bereich des Transportwesens oder der Ernährung), aber keineswegs als Dauerinstitution zur Stabilisierung des politischen Systems[44], mag auch ein Teil der USPD das anders perzipiert haben. Bezeichnenderweise gibt es auf die möglichen Aufgaben der Räte, deren Rolle in der Revolutionsliteratur merkwürdig schemenhaft bleibt[45], keine hinreichend stim-

42 Antwort des Vorstands der USPD an den Vorstand der SPD vom 10. 11. 1918, zitiert nach: Ritter/Miller, Revolution (Anm. 31), S. 90.

43 Miller, Bürde (Anm. 6), S. 124.

44 In der politikwissenschaftlichen Räteliteratur besteht hierüber weitgehend Konsens. Vgl. etwa Paul Kevenhörster, Das Rätesystem als Instrument zur Kontrolle politischer und wirtschaftlicher Macht, Opladen 1974.

45 Besonders unkritisch Horst Dähn, Rätedemokratische Modelle. Studien zur Rätediskussion in Deutschland 1918–1919, Meisenheim/Gl. 1975. Die verschiedenartigen Varianten des Rätesystems 1918/19 fasst präzise zusammen Ernst Rudolf Huber, Deutsche Verfassungsgeschichte seit 1789. Bd. V: Weltkrieg, Revolution und Reichserneuerung 1914–1919, Stuttgart u. a. 1978, S. 721–725.

mige Antwort, wie überhaupt die zunehmend defensive Argumentation eines beträchtlichen Teils der Forschung auffällt. Von der unkritischen Verherrlichung der Räte, wie sie vor zwanzig Jahren in Teilen des intellektuellen Milieus verbreitet war[46], ist heute keine Rede mehr.

Trotzdem gilt: „Ein gewisser Hang zur idealisierenden Betrachtung der Räte ist für die ‚revisionistische' Schule in der Geschichtsschreibung zur Revolution von 1918/19 kennzeichnend."[47] Diese Kritik von Heinrich A. Winkler ist ebenso berechtigt wie der Hinweis von Susanne Miller, die Rätebewegung „zur eigentlichen Kernfrage der Revolution zu erheben".[48] Gleichwohl formuliert Hans-Ulrich Wehler apodiktisch und nebulös in einem: „Wer diese Demokratisierung schaffen und damit in der Tat Zentralbedingungen der bisherigen Staats-, Gesellschafts- und Wirtschaftsverfassung aufheben wollte, für den gab es zur Veränderung mit Hilfe der Arbeiter- und Soldatenräte in Deutschland keine Alternative."[49] Abgesehen einmal von der mangelnden Praktikabilität: Wer sollte denn an Stelle der alten Bürokratie fungieren? Die SPD unter Ebert, es sei wiederholt, wollte mit den Räten[50] – aus guten Gründen – nichts zu tun haben.

Bekanntlich entwickeln Revolutionen eine Eigendynamik, und auch in Russland hat eine kleine, fest organisierte Gruppe die Macht errungen. Wären die Bolschewisten, die niemals eine auch nur annähernde Mehrheit in der Bevölkerung besaßen, nicht erfolgreich gewesen, so ließe sich argumentieren, dort hätte keine Gefahr einer bolschewistischen Machtergreifung bestanden. Die SPD – Ebert stand die Rolle von Kerenski vor Augen – sah die Räte konsequenterweise nur als eine „ephemere Erscheinung"[51] an. Das Beispiel Russland[52] war abschreckend genug. Es machten sich auch in Deutschland Radikalisierungstendenzen bei den Räten bemerkbar, als sich abzeichnete, dass die deutsche Revolution in eine parlamentarische Demokratie münden würde.

Die SPD hatte die Revolution nicht gewollt. Nachdem sie unabwendbar geworden war, setzte sie sich an die Spitze der Bewegung, um einer Radikalisierung Einhalt gebieten zu können. Ihr Hauptziel lag in einer möglichst baldigen Einberufung der demokratisch gewählten Nationalversammlung. Erst diese war zu weitreichenden

46 Typisch etwa Wilfried Gottschalch, Parlamentarismus und Rätedemokratie. Mit einem Lesebuch, Berlin 1968.

47 So zutreffend Winkler, Sozialdemokratie (Anm. 6), S. 65, Anm. 112.

48 Miller, Bürde (Anm. 6), S. 120. Eberhard Kolb räumt dies mit gewissen Abstrichen auch ein. Vgl. ders., Weimarer Republik (Anm. 7), S. 162.

49 Wehler, Kaiserreich (Anm. 1), S. 225.

50 Es hat sich im letzten Jahrzehnt eine Art stillschweigende Revision der „revisionistischen" Forschung vollzogen. Die Räte treten immer mehr in den Hintergrund. Vage Hinweise auf das demokratische Potential der Räte können nur als Rückzugsgefecht aufgefasst werden. Umgekehrt zweifeln auch entschiedene Konservative die überwiegend sozialdemokratische Ausrichtung der Räte nicht mehr an. Insofern bewegen sich in dieser Frage die Auffassungen aufeinander zu.

51 Miller, Bürde (Anm. 6), S. 123.

52 Vgl. Oskar Anweiler, Die Rätebewegung 1905–1921, Leiden 1958.

Entscheidungen legitimiert. Die parlamentarische Option der SPD zeigte ihr Verantwortungsbewusstsein, zumal sie an einer Koalition mit anderen bürgerlichen Parteien interessiert war und diese auch benötigte. Wer das kritisiert, setzt sich dem Verdacht aus, er wolle „vollendete Tatsachen“ schaffen, bevor noch die Bevölkerung ihr Votum abgegeben hat. Jene, die dauernd von „Demokratisierung“ und „Mehrheit“ des Volkes reden, unterliegen also einer gewissen Inkonsequenz.

Die Mehrheitssozialdemokratie, zunehmend von liberaldemokratischem Gedankengut durchdrungen[53], sah es als ihre Aufgabe an, die demokratischen Spielregeln einzuhalten. Dazu gehörte aber der Verzicht auf eine Legitimation durch die Revolution. So trat der Vorstand der SPD am 9. November der Forderung dcr USPD – „in dieser Republik soll die gesamte exekutive, legislative und die jurisdiktionelle Macht ausschließlich in den Händen von gewählten Vertrauensmännern der gesamten werktätigen Bevölkerung und der Soldaten sein“ – mit den Worten entgegen: „Ist mit diesem Verlangen die Diktatur eines Teils einer Klasse gemeint, hinter dem nicht die Volksmehrheit steht, so müssen wir diese Forderung ablehnen, weil sie unseren demokratischen Grundsätzen widerspricht.“[54] Die SPD war längst eine Partei geworden, in der demokratische Spielregeln Fuß gefasst hatten. Man kann die parlamentarische Demokratie in der Tat doch nicht zunächst durch eine Missachtung ihrer Prinzipien stabilisieren. Erwartete man denn allen Ernstes von der SPD, dass sie sich nicht um demokratische Grundsätze scherte?[55]

Wer Eberts Politik so vehement verurteilt, müsste erklären, ob und warum denn dessen Ziel, umgehend die Nationalversammlung einberufen zu wollen, kritikwürdig ist? Deutschland war bereits so weit demokratisiert, dass das Vorantreiben der Revolution massive soziale Kosten verursacht hätte. Und wer der SPD in den Wirren von 1918/19 Legalismus vorwirft, schuldet eine Antwort auf die Frage, wieso die Orientierung an den Prinzipien der Legalität abgewertet wird. Steckt hinter dem Vorwurf des „Legalismus“ immer eine genuin demokratische Einstellung? Oder verbirgt sich hinter ihm unterschwellig sogar eine tendenziell revolutionäre Option, die mit der parlamentarischen Demokratie schwerlich auf einen Nenner zu bringen ist? In der Tat handelt es sich um zwei unvereinbare Prinzipien – „das Prinzip der Revolution und ihrer Entwicklung und das der mehrheitslegitimierten Demokratie auf der Basis des Repräsentativ-Systems“.[56] Dem Historiker, der sich der parlamentarischen Demokratie verpflichtet weiß, dürfte die Option nicht schwerfallen. Doch Ulrich Kluge, von dem das

---

53 Vgl. in diesem Sinne Peter Steinbach, Sozialdemokratie und Verfassungsordnung. Zur Ausbildung einer liberal-demokratischen Verfassungskonzeption in der Sozialdemokratie seit der Mitte des 19. Jahrhunderts, Opladen 1983.

54 Schreiben des Vorstands der SPD an den Vorstand der USPD vom 9. 11. 1918, zitiert nach: Ritter/Miller, Revolution (Anm. 31), S. 89.

55 Übrigens wird der SPD auch vorgeworfen, dass sie am Ende der Weimarer Republik – etwa bei Papens „Preußenschlag“ oder zu Beginn des „Dritten Reiches“ – nicht auf die Barrikaden gegangen sei.

56 Kluge, Revolution (Anm. 9), S. 28.

Zitat stammt, weicht der Antwort aus: „Legitimität beanspruchten beide Prinzipien, so dass eine Entscheidung zugunsten des einen oder des anderen Prinzips die Historiographie in ihrem Urteilsvermögen überfordert."[57] Bei diesen und anderen Passagen hat man den Eindruck, dass ein Teil der Revolutionsforschung – vielleicht aus einem gewissen Romantizismus[58] – offenkundig mehr Sympathien der im Übrigen sehr heterogenen USPD-Richtung entgegenbringt, so verworren sich auch manche Konzepte ausnahmen.[59]

Gewiss, Ebert gab keine „romantisch-revolutionäre Führerfigur" ab – „ein fähiger Techniker der Massenorganisation, mit keiner anderen hervorstechenden Eigenschaft begabt als der, politische Ziele energisch und bedächtig, unter Verleugnung persönlichen Ehrgeizes anzustreben und meist auch zu erreichen".[60] Als Verantwortungsethiker reinster Prägung sah er sich seit seinem energischen Verhalten 1918/19 verleumdet – von rechts wie von links. Sieht man einmal von der marxistisch-leninistischen Position ab, die ihn schlicht als „Verräter an der Arbeiterklasse" abkanzelt, kommt auch die westdeutsche Revolutionsforschung zu wenig schmeichelhaften Beurteilungen.[61] Eigentümlicherweise befleißigt sich gerade die Position, die sonst nicht müde wird, die Rolle von sozialen Faktoren für die Entwicklung des Geschichtsverlaufs herauszustellen, einer derartigen personalistischen Kritik, ohne die Intentionen Eberts immer angemessen zu erfassen. Seine Politik war ganz auf das Bündnis mit dem Bürgertum ausgerichtet. Auch insofern hätte eine andere Politik die bürgerlichen Kräfte, die man wahrscheinlich nach der Wahl zur Nationalversammlung brauchte, brüskiert, wären vorher gravierende Eingriffe vorgenommen worden. Im Übrigen verkörperte Ebert nur die Position der Mehrheitssozialdemokraten. Zu ihr fand sich keine demokratische Alternative.

---

57 Ebd., S. 28.

58 Jedenfalls ist unübersehbar, dass diejenigen, deren Konzeptionen sich in der schnöden Praxis bewähren mussten, weit weniger Aufmerksamkeit finden als die hochgemuten und verbalradikalen Ziele von Theoretikern, die sie niemals umzusetzen hatten. Dass aber auch die praktische Reformpolitik – jenseits von großer Politik – in ihrer Nüchternheit und ihrem Pragmatismus den wissenschaftlichen Beobachter faszinieren kann, zeigt etwa folgender Beitrag: Dieter Rebentisch, „Die treuesten Söhne der deutschen Sozialdemokratie." Linksopposition und kommunale Reformpolitik in der Frankfurter Sozialdemokratie der Weimarer Epoche, in: Archiv für Frankfurts Geschichte und Kunst 61 (1987), S. 299–354.

59 Das gilt zumal für die anglo-amerikanische Forschung. Vgl. nur: Allan Mitchell, Revolution in Bayern 1918/19, München 1967; David Morgan, The Socialist Left and the German Revolution. A History of the German Independent Social Democratic Party 1917–1922, London 1975; Robert F. Wheeler, USPD und Internationale. Sozialistischer Internationalismus in der Zeit der Revolution, Frankfurt a.M. 1975.

60 So Schulze, Weimar (Anm. 41), S. 161.

61 Siehe auch folgende umstrittene Studie von Wolfram Wette, Gustav Noske. Eine politische Biographie, Düsseldorf 1987.

4. Mehrheitssozialdemokratische Versäumnisse

Gleichwohl gibt es in der Tat manche Versäumnisse der Sozialdemokratie. Sie wiegen aber gering im Vergleich zu denen, die sich andere gesellschaftliche Gruppierungen 1918/19 haben zuschulden kommen lassen. Merkwürdigerweise ist von denen meistens nicht oder nur wenig die Rede, obwohl sie erst manche sozialdemokratische Reaktionen oder Nicht-Reaktionen hervorriefen. Beispielsweise: Hätten Linksextremisten nicht zu Aufstandsversuchen Zuflucht genommen und damit eine Bürgerkriegssituation geschaffen, wäre der Mehrheitssozialdemokratie eine enge Kooperation mit der militärischen Führung erspart geblieben. Gerade antiparlamentarische Bewegungen von links haben entsprechend der bekannten „Aufschaukelungstheorie" die Rechte in der Weimarer Republik gestärkt. Oder umgekehrt: Das Militär fand sich nicht zu grundlegenden Veränderungen bereit und sah sich als „Staat im Staate" an. Insofern hat die Rechte durch die mangelnde Bereitschaft zur Demokratisierung die Linke wider Willen gestärkt. Der Radikalisierungsprozess war wechselseitiger Natur.

Eine Kooperation mit der Verwaltung, dem Militär und der Wirtschaft musste in jedem Fall – schon allein im Hinblick auf das begrenzte personelle Reservoir – als unumgänglich gelten. Was zur Debatte stand, war nicht das „Ob" der Zusammenarbeit, sondern das „Wie".[62] Wären Eingriffe in bestimmten Bereichen möglich und nötig gewesen? Das ist eine schwierig zu beantwortende Frage. Möglicherweise hätten die erforderlichen Kompromisse dann gar keine Basis gehabt.

Zu den Fehlern Eberts und der Mehrheitssozialdemokratie ist die große Vertrauensseligkeit gegenüber der militärischen Führung zu rechnen. Aber man muss differenzieren. Die Übereinkunft zwischen Ebert und Groener vom 10. November ist prinzipiell ebenso wenig tadelnswert wie das Abkommen zwischen Gewerkschaften und Unternehmerverbänden vom 15. November 1918. Dies gilt auch für Eberts Kooperationsbemühungen im Hinblick auf das Zentrum und die Linksliberalen. Die SPD ließ sich jedoch zunehmend in die Defensive drängen.

Man kann nicht dabei stehenbleiben und nur den mangelnden Gestaltungswillen der SPD konstatieren, ohne nach den Ursachen zu fragen. Ihr von Determinismus geprägtes Geschichtsbild schwächte den eigenen Aktivismus.[63] Seien erst einmal die demokratischen Spielregeln gesichert, werde sich ein sozialistisches System dank der Mehrheit der Arbeiterschaft von alleine entwickeln. Der Attentismus der sozialdemokratischen Führung beruhte mithin nicht nur auf der Respektierung des Wählerwillens, sondern dürfte auch ideologisch bedingt gewesen sein. Eine Ursache für diesen „Kautskyanismus" lag in den Verhältnissen im Kaiserreich, das konspiratives Vorgehen – im Vergleich zum Zarenreich – nicht begünstigte. Es kann daher keine Rede von einem „Verrat" der Führer an den eigenen Prinzipien sein, wie dies immer wieder die marxistisch-leninistische Forschung behauptet. Zudem wurde die Sozialdemokratie

62 Winkler, Sozialdemokratie (Anm. 6), S. 75.
63 Vgl. ausführlich ebd., S. 49–69.

von dem schlagartigen Zusammenbruch des Kaiserreiches ebenso überrascht wie andere gesellschaftliche Gruppierungen. Man hielt den Obrigkeitsstaat allgemein für weitaus gefestigter.

Viel schwerwiegender als der mangelnde Gestaltungswille 1918/19 sind spätere Fehler der Sozialdemokratie. Sie hat die Weimarer Republik nicht immer so unterstützt, wie es notwendig gewesen wäre. Bei vielen ihrer Anhänger gab es Vorbehalte gegenüber der neuen Ordnung. Die Koalitionen mit den bürgerlichen Parteien wurden nur halbherzig bejaht, wie umgekehrt diese erhebliche Reserven gegenüber der Sozialdemokratie erkennen ließen. Gerade die Mittelschichten, aber auch gewisse Teile der Arbeiterschaft wandten sich später überproportional dem Nationalsozialismus zu. Natürlich wäre es verfehlt, die Sozialdemokratie dafür verantwortlich zu machen, dass sie dort nicht reüssieren konnte. Jedenfalls zeigt das Beispiel: Entschiedene Eingriffe 1918/19 hätten die Demokratie nicht notwendigerweise auf eine breitere Basis gestellt. Die SPD, in einen „Zweifrontenkampf" zwischen KPD und bürgerlichen Parteien verwickelt, legte zuweilen Verantwortungsscheu an den Tag, so dass sie meistens mit der Oppositionsrolle vorlieb nahm. Offenbar hatte sie zum Teil noch – wie andere Parteien auch – die Formen des Konstitutionalismus nicht überwunden, indem sie vom Dualismus zwischen Reichstag und Reichsregierung ausging. Aber das ist ein anderes Thema.[64] Spätere Fehler können nicht schon auf die Anfangszeit der Weimarer Republik, als der Handlungsspielraum eng war, vordatiert werden.

V. Resümee

Der Befund zum Schlüsseljahr 1918/19 ist recht eindeutig, so sehr man bei der Erörterung von Handlungsspielräumen „in Grenzen auch hypothetisch"[65] argumentieren muss. Zu einem großen Teil war die Option für Eberts Partei durch äußere Umstände begrenzt, sei es wegen des Fehlens von Alternativen für die Zeitgenossen, sei es wegen mannigfacher Zwänge. Hinzu kommt ein weiterer Punkt: Dort, wo für die SPD ein gewisser Spielraum bestand, war es eine große Leistung, dass sie auf eine aktivistische Politik verzichtet hat. Demgegenüber fallen bestimmte Fehler – etwa die Vertrauensseligkeit gegenüber der militärischen Führung – nicht sonderlich ins Gewicht. Es hat im Jahre 1918/19 entgegen allen Legenden keine „verpasste Chance" gegeben. Aber vornehmlich darum kreist die Debatte, in der sich wissenschaftliche mit politischen Dimensionen mengen. Treffender dürfte das Bild von der „verhinderten

---

64 Vgl. dazu das dreibändige Werk von Heinrich August Winkler, Von der Revolution zur Stabilisierung. Arbeiter und Arbeiterbewegung in der Weimarer Republik 1918–1924 (1984), 2. Aufl., Berlin/Bonn 1985; Der Schein der Normalität. Arbeiter und Arbeiterbewegung in der Weimarer Republik 1924 bis 1930, Berlin/Bonn 1985; Der Weg in die Katastrophe. Arbeiter und Arbeiterbewegung in der Weimarer Republik 1930 bis 1933, Berlin/Bonn 1987.

65 So Kolb, Weimarer Republik (Anm. 7), S. 160.

Katastrophe" sein, für die ein zugegebenermaßen hoher Preis zu zahlen war. Insofern ließe sich vielleicht fragen, ob nicht zwischen der „abgewendeten Katastrophe" und der „verpassten Chance" ein Zusammenhang besteht. Muss man die beiden Topoi alternativ sehen? Oder besteht zwischen ihnen kein unaufhebbarer Gegensatz? Diesen Fragen sollte nachgegangen werden. Wer die Frage der „verpassten Chance" auszuloten sucht, ist verpflichtet, auch die der „abgewendeten Katastrophe" in die Überlegungen einzubeziehen.

Bezeichnenderweise fragt man immer wieder nach dem Handlungsspielraum der Sozialdemokratie, viel zu wenig jedoch nach dem der USPD oder der KPD, deren putschistische Haltung die junge Republik offenkundig nach rechts drängte. Unzweifelhaft hat die USPD merklich zur Radikalisierung der Arbeiterschaft beigetragen, wie Rosenberg mit Recht anmerkt.[66] Nun ist es ein verbreiteter Topos der Revolutionsforschung, die Radikalisierung etwa der Räte sei maßgeblich durch den mangelnden Gestaltungswillen der SPD verursacht worden. Allerdings bedarf es stärker der Untersuchung, ob in den Räten wirklich noch dieselben Personen tätig waren oder ob sich viele Mehrheitssozialdemokraten aus ihnen zurückgezogen hatten und damit das Feld radikalen Gruppen überließen.[67] Sicherlich bildete sich 1919/20 eine „Flutwelle sozialen Protests"[68], aber auch hier steht noch eine genauere Analyse ihrer Ursachen aus, die zweifellos mit der sozialen Notlage der Aufständischen zusammenhingen.

Die Offenheit der Situation lässt sich nicht bestreiten. Im Gegenteil: Ein großer Teil der neueren Revolutionsforschung muss sich den Vorwurf gefallen lassen, dass sie das Gewicht der politischen Kräfte links und rechts weit unterschätzt, praktisch die Momentaufnahme vom November 1918 verabsolutiert. Die Ereignisse im Gefolge der Revolution haben erst die Demokratie in Deutschland geschaffen. Nur diese von der SPD bejahte Kompromissstruktur – man denke an Friedrich Stampfers treffendes Wort über den „demokratische[n] Doktrinär"[69] Ebert – bildete überhaupt die Voraussetzung für die Entwicklung der Demokratie. Insofern war ein verheißungsvoller Anfang gemacht, als es im Februar 1919 zur „Weimarer Koalition" der „Reichsfeinde" des Kaiserreiches kam – der Sozialdemokratie, des Zentrums und der Linksliberalen. Nur Kontinuität und nicht Diskontinuität konnte die aus vielfachen Gründen ungefestigte Weimarer Republik auf eine stabilere Basis stellen. „Es gab nur *einen* Weg, die Möglichkeit einer Rechtsschwenkung breiter Wählerschichten ganz auszuschließen – und das war die Abschaffung freier Wahlen. Für die Sozialdemokratie war dicser Weg nicht gangbar. Mit der Errichtung einer parlamentarischen Demokratie war das Risiko ihres Scheiterns gegeben. Der Nationalsozialismus wäre nach 1929 auch zur Massenbewegung geworden, wenn 1918/19 die Schwerindustrie sozialisiert und der Großgrundbe-

---

66 Vgl. Rosenberg, Geschichte (Anm. 28), S. 48.

67 Hinweise auf personelle Veränderungen bei den Räten registriert Hürten, Novemberrevolution (Anm. 6), S. 166 f.

68 So Mommsen, Revolution (Anm. 6), S. 390.

69 Friedrich Stampfer, Die vierzehn Jahre der ersten deutschen Republik, Karlsbad 1936, S. 58.

sitz enteignet worden wäre“[70] – die Möglichkeit und Wünschbarkeit solcher Eingriffe einmal vorausgesetzt. Dass die Weimarer Republik scheiterte, hat nichts mit dem Ausgangsjahr 1918/19 und dem – angeblichen – Versagen der Sozialdemokratie zu tun. Zahlreiche andere Faktoren und Bedingungskonstellationen erklären den Aufstieg des Nationalsozialismus weit besser.[71] Die retrospektive Fixierung auf 1933 auch in dieser Frage ist in gewisser Weise für das politische und historische Bewusstsein in der Bundesrepublik bezeichnend – nahezu unabhängig vom Zeitablauf. Insofern dürfte die Beschäftigung mit der Revolution von 1918/19 nicht nur von historiographischem Interesse sein, sondern auch ein Beleg für die Aktualität der mitunter selbstquälerischen Vergangenheitsbewältigung. Wäre eine andere Perspektive nicht angebrachter? Schließlich wurde durch die Revolution 1918/19 die parlamentarische Demokratie errichtet sowie die Monarchie abgeschafft – und zwar ein für allemal. War also nicht „der 9. November 1918 – trotz allem, was ihm fehlte und was aus ihm folgte – ein historischer Meilenstein [...] auf dem Weg vom Obrigkeitsstaat zur Demokratie?“[72] Jedoch besitzt gerade in Deutschland die Denkfigur von der verpassten Chance kanonische Geltung.

So liegen die Parallelen zur Stalin-Note vom März 1952 im Hinblick auf die Neutralisierung Deutschlands auf der Hand. Auch hier wird von der verpassten Chance gesprochen. Seinerzeit gab es für die Zeitgenossen ebenfalls keine klare Alternative.[73] Außerdem war die Handlungsfreiheit weitgehend eingeengt, richteten sich die Noten doch gar nicht an die ohnehin nur begrenzt handlungsfähige Bundesrepublik. Und – eine weitere Parallele – es war gut, dass man den Handlungsspielraum nicht ausgeschöpft hat. Gesetzt den Fall, das sowjetische Angebot beruhte auf Ernsthaftigkeit, so lag es angesichts mannigfacher Risiken weder im Interesse der Westmächte noch in dem der Bundesrepublik, darauf einzugehen.

Offenbar erfreut sich der „dritte Weg“ in Deutschland großer Beliebtheit, sei es, dass man ihn stärker gesellschaftspolitisch interpretiert (wie im Falle 1918/19), sei es, dass man ihn vornehmlich machtpolitisch verortet (wie im Jahre 1952).[74] Gewiss hat der „Sonderweg“ in Deutschland, sofern es ihn überhaupt gegeben hat, an Bedeutung verloren; gleichwohl sind Bestrebungen in Richtung eines „dritten Weges“ – man denke nur an die „Äquidistanz“-Formel im Hinblick auf die vermeintliche Lösung der deutschen Frage oder an chiliastisches Endzeitdenken – immer wieder erkennbar, wenn

70 Zutreffend Winkler, Sozialdemokratie (Anm. 6), S. 67 (Hervorhebung im Original).

71 Vgl. etwa folgenden Band: Karl Dietrich Erdmann/Hagen Schulze (Hrsg.), Weimar. Selbstpreisgabe einer Demokratie. Eine Bilanz heute, Düsseldorf 1980. Siehe insbes. den Beitrag von Hagen Schulze, Das Scheitern der Weimarer Republik als Problem der Forschung, in: Ebd., S. 23–41.

72 So Winkler, Sozialdemokratie (Anm. 6), S. 72.

73 Vgl. die Belege bei Markus Kiefer, Die Reaktion auf die „Stalin-Noten“ in der zeitgenössischen deutschen Publizistik. Zur Widerlegung einer Legende, in: Deutschland Archiv 22 (1989), S. 56–76.

74 Einige Beispiele für den „dritten Weg“ erörtert Helmut L. Müller, Der „dritte Weg“ als deutsche Gesellschaftsidee, in: Aus Politik und Zeitgeschichte B 27/84, S. 27–38. Unter einer spezifischen Fragestellung Eckhard Jesse, Der „dritte Weg“ in der deutschen Frage. Über die Aktualität, Problematik und Randständigkeit einer deutschlandpolitischen Position, in: Deutschland Archiv 22 (1989), S. 543–559.

auch viele ihrer Anhänger sich eigens gegen diese Apostrophierung wenden.[75] Der mit Wunschdenken gekoppelte Utopismus hat in Deutschland eine größere Tradition als in anderen Ländern. Auch die anhaltende Diskussion über die angeblich folgenreichen Versäumnisse der Mehrheitssozialdemokratie 1918/19 ist dafür ein Indiz. Nicht nur Friedrich Ebert, „von der politischen Linken postum zunehmend aus dem Sozialismus ausgebürgert und nahezu zum Parteigänger der Konservativen erklärt"[76], hat darunter zu leiden.[77]

75 Dies gilt etwa für Rürup, Demokratische Revolution (Anm. 8), S. 290 f., ebenso wie für Kolb, Weimarer Republik (Anm. 7), S. 149, Anm. 6. Sie wenden sich mit denselben Argumenten gegen die Terminologie: Es sei nicht um einen „dritten Weg" gegangen, da ein bolschewistisches System keine realistische Alternative gewesen sei. Außerdem suggeriere der Begriff eine Mischung zwischen parlamentarischem und Rätesystem. – Der Streit um die Nomenklatur ist nicht entscheidend. Was zählt, ist der Vorwurf an die Mehrheitssozialdemokratie, keinen anderen Weg eingeschlagen zu haben.

76 Horst Möller, Die Weimarer Republik in der zeitgeschichtlichen Perspektive der Bundesrepublik Deutschland, in: Aus Politik und Zeitgeschichte B 22/87, S. 15. In der Tat wird Ebert von Konservativen hochgelobt. Vgl. etwa Werner Maser, Friedrich Ebert, Der erste deutsche Reichspräsident. Eine politische Biographie, München 1987. – Auf den Wandel des Ebert-Bildes bei Willy Brandt weist hin: Ralf-Georg Reuth, Ein verändertes Geschichtsbild der SPD?, in: Frankfurter Allgemeine Zeitung, 16. September 1988, S. 12; siehe dagegen Peter Glotz, „Auf ihn hätte ganz Deutschland wirklich stolz sein können", in: Die Welt, 20. August 1988.

77 Bei diesem Thema kommt ein wissenschaftsintern bedingter Bias in der Forschung hinzu. Revolutionsforschung spricht überproportional jene Richtung an, die eine gewisse Sympathie für Veränderungen erkennen lässt. Umgekehrt fühlen sich bei dem Thema Kirchenpolitik Atheisten nicht eben angesprochen. Mit der SPD befassen sich weitaus mehr Wissenschaftler, die dem linken Spektrum zuzurechnen sind, als mit der CDU. Es wäre eine interessante Untersuchung wert, in welchem Umfang die jeweilige Thematik Einseitigkeiten provoziert und das Erkenntnisinteresse präjudiziert.

Die Kontroverse zum Reichstagsbrand

Ein nicht endender Wissenschaftsskandal

Der Politikwissenschaftler Peter Haungs hat seine Verwunderung darüber geäußert, dass viele Historiker sich zur leidigen Reichstagsbrandkontroverse offenbar taub stellen, obwohl es dabei um den Vorwurf handfester Fälschungen geht.[1] Die von ihm aufgelisteten merkwürdigen Verhaltensweisen der Historikerschaft lassen sich leicht ergänzen: Der erstmals im Februar 1986 und inzwischen in einer mit einem Nachwort erweiterten Taschenbuchausgabe erschienene Piper-Band[2] von Uwe Backes, Karl-Heinz Janßen, Eckhard Jesse, Henning Köhler, Hans Mommsen und Fritz Tobias, welcher systematisch die Fälschungen des Luxemburger Komitees nachweist,[3] hat in der „Zunft" bisher kaum positive Resonanz gefunden, jedenfalls mehr scharfe Kritik, ohne dass man den Vorwurf systematischer Geschichtsfälschung überhaupt erörterte oder gar zu widerlegen suchte. Haungs nennt die Besprechungen von Andreas Hillgruber und Günther Wollstein, ebenso die der Komitee-Aktivisten Otto B. Roegele und Jürgen Schmädeke. Man könnte ferner die jüngste Reaktion von Klaus Hildebrand in seinem „Dritten Reich" erwähnen, für den die „teilweise sehr unsachlich vorgetragenen Attacken auf die von Walther Hofer vorgelegten Resultate über die nationalsozialistische Täterschaft nicht zu einer Klärung der Angelegenheit beitragen und eine detaillierte monographische Erwiderung auf die Hypothesen der von Hofer geleiteten Forschergruppe und ihrer Publikationen nach wie vor aussteht."[4] Als gäbe es von Fritz

1 Vgl. Peter Haungs, Was ist mit den deutschen Historikern los? Oder: Ist Quellen-Fälschung ein Kavaliersdelikt? Zur Kontroverse um den Reichstagsbrand, in: Geschichte und Gesellschaft 13 (1987), S. 535–541.

2 Vgl. Uwe Backes/Karl-Heinz Janßen/Eckhard Jesse/Henning Köhler/Hans Mommsen/Fritz Tobias, Reichstagsbrand. Aufklärung einer historischen Legende (1986), 2. Aufl., München 1987.

3 Vgl. Walther Hofer/Edouard Calic/Christoph Graf/Friedrich Zipfel (Hrsg.), Der Reichstagsbrand. Eine wissenschaftliche Dokumentation, Bd. 2, München 1978. Die Fälschungen sind zusammenhängend abgedruckt im „Anhang: Dokumentarischer Teil" (S. 332–471) und fließen – neben weiteren Fälschungen – selbstverständlich auch in die Darstellung ein. Ein Teil der Fälschungen wurde das erste Mal präsentiert von Walther Hofer und Christoph Graf, Neue Quellen zum Reichstagsbrand, in: Geschichte in Wissenschaft und Unterricht 27 (1976), S. 65–88.

4 Klaus Hildebrand, Das Dritte Reich, 3. Aufl., München 1987, S. 179. Zuvor hatte er eigens unter Berufung auf die (gefälschte) Hofer-Dokumentation, „die die Alleintäterschafts-These angesichts des gegenwärtigen Erkenntnisstandes nicht überzeugend erscheinen lassen", folgende Feststellung getroffen: „Alles in allem neigt die einschlägige Forschung zu der Einschätzung, dass der Brand von nationalsozialistischer Seite aus geplant und verwirklicht worden ist." So ders., Monokratie oder Polykratie? Hitlers Herrschaft und das Dritte Reich, in: Karl Dietrich Bracher u.a. (Hrsg.), Nationalsozialistische Diktatur 1933–1945. Eine Bilanz, Düsseldorf 1983, S. 75, Anm. 9. Es wäre interessant zu erfahren, was Hildebrand unter der „einschlägigen Forschung" versteht. Als Beleg beruft er sich auf Gordon Craig, der sich in seiner „Deutschen Geschichte" beiläufig auf die Forschungsergebnisse des Komitees bezogen hatte. Wieso Ulrich von Hehl, der als Historiker aus der „Bonner Schule"

Tobias und Hans Mommsen nicht längst Monographien zur Alleintäterschaft[5] – und zwar bereits seit über zwanzig Jahren! Hildebrand hält den Fälschungsvorwurf und spezifizierten -nachweis nicht einmal für erwähnenswert. (Im Jahre 1980 hatte er immerhin noch abwarten wollen, „wie die auf Hofers letzte Publikation in wissenschaftlichem Rahmen noch ausstehende Erwiderung der anderen Seite ausfallen wird". Bis dahin habe man sich „wohl in dem von Craig angeführten Sinne zu orientieren".)[6] Zu denken wäre weiter an die „Rezension" des Piper-Buches in der „Historischen Zeitschrift" ausgerechnet durch den nicht einschlägig ausgewiesenen Peter Maurer,[7] der bis vor kurzem als Assistent Hofers gewirkt, 1985 dessen Aufsatzsammlung zu seinem 65. Geburtstag herausgegeben und dabei einleitend „den profilierten Wissenschaftler und Politiker"[8] entsprechend zu würdigen gewusst hatte.

Die z. T. negative Kritik (oder auch das vielsagend-betretene Schweigen) in fachwissenschaftlichen Organen[9] steht in eigentümlichem Kontrast zur Aufnahme des

---

zugegebenermaßen in einer schwierigen Position ist, sich gegen Mommsens Einordnung von Hildebrand als einen „äußere(n) Kombattanten des Komitees" wendet (ders., Betrachtungen zur Reichstagsbrand-Kontroverse, in: Uwe Backes u. a., S. 253), ist einigermaßen unerfindlich. Schließlich hat doch auch das „Luxemburger Komitee" immer wieder dessen Stellungnahmen positiv zitiert, ohne dass von Hildebrand, der noch 1983 an einem Symposion des Komitees teilgenommen hatte, Distanzierungen bekanntgeworden sind. Vgl. Ulrich von Hehl, Die Kontroverse um den Reichstagsbrand, in: Vierteljahrshefte für Zeitgeschichte 36 (1988), S. 272, Anm. 66.

5 Vgl. Fritz Tobias, Der Reichstagsbrand. Legende und Wirklichkeit, Rastatt 1962; Hans Mommsen, Der Reichstagsbrand und seine politischen Folgen, in: Vierteljahrshefte für Zeitgeschichte 12 (1964), S. 351–413.

6 Klaus Hildebrand, Nationalsozialismus ohne Hitler? Das Dritte Reich als Forschungsgegenstand der Geschichtswissenschaft, in: Geschichte in Wissenschaft und Unterricht 31 (1980), S. 293. Dabei lag seinerzeit bereits die von Hildebrand auch erwähnte „Zeit"-Serie von Karl-Heinz Janßen vor (Geschichte aus der Dunkelkammer. Kabalen um den Reichstagsbrand. Eine unvermeidliche Enthüllung, Sonderdruck der „Zeit" aus Nr. 38–41, Hamburg 1979), die es jedem Unbefangenen ermöglichte, sich ein Urteil über Calics außerhalb der historischen Maximen verortete Arbeitsweise und die des Komitees mit Hofer an der Spitze zu bilden. Aber offenbar war die „Zeit"-Serie nicht „in wissenschaftlichem Rahmen" erschienen. Hier kommt die allzu selbstbewusste Haltung eines „Zunft"-Historikers zum Ausdruck, unter welcher der Außenseiter Fritz Tobias, der sich freilich ebenso robust wie resolut wehren konnte, jahrzehntelang zu leiden hatte.

7 Vgl. Peter Maurer, Rezension, in: Historische Zeitschrift 245 (1987), S. 476–478.

8 Ders., Einleitung, in: Walther Hofer, Mächte und Kräfte im 20. Jahrhundert. Gesammelte Aufsätze und Reden zum 65. Geburtstag, hrsg. von Peter Maurer, Düsseldorf 1985, S. 7.

9 Selbst die ostdeutsche „Zeitschrift für Geschichtswissenschaft", die zwar gemäß dem kommunistischen „Braunbuch"-Dogma von der nationalsozialistischen „Provokation gegen das Piper-Buch polemisiert, lässt gleichwohl durchblicken, was man von den „Luxemburgern" hält. Die Piper-Autoren ignorierten, „dass die Wissenschaftler, Juristen, Politiker und Publizisten, die 1933 den Kampf gegen den deutschen Faschismus und dessen Kriegsordnung führten, sich in einer objektiv und subjektiv anderen Informations- und Beweissituation befanden als die Forscher von heute". So Kurt Pätzold, in: Zeitschrift für Geschichtswissenschaft 35 (1987), S. 254. Auch der Dokumentationsband des „Luxemburger Komitees" mit den Fälschungen ist in der DDR ambivalent besprochen worden. Vgl. Klaus Drobisch, in: Deutsche Literaturzeitung für Kritik der internationalen Wissenschaft 102 (1981), Sp. 763–766.

Bandes in der Publizistik.[10] Eine eigens auf die Piper-Streitschrift gestützte Aussage wie die von Heinrich A. Winkler ist bisher eine Ausnahme: „Den Veröffentlichungen des ‚Internationalen Komitees Luxemburg' … sind so viele Fälschungen nachgewiesen worden, dass sich ihre Zitierung erübrigt."[11]

Der folgende Beitrag soll eine Antwort auf die Frage geben, warum die westdeutsche Zeitgeschichtsforschung die Fälschungen zum Reichstagsbrand weitgehend ignoriert, jedenfalls nicht deutlich genug anprangert. Eine monokausale Beantwortung ist angesichts der wissenschaftlichen, wissenschaftspolitischen, politischen, personellen und, horribile dictu, kriminellen Aspekte nicht angängig. Allzu viele, zum Teil sogar gegensätzliche Momente spielen hinein. Doch vorher soll ein Blick auf die Reaktion desjenigen Historikers geworfen werden, der für die „Forschungen" des „Luxemburger Komitees" die wissenschaftliche Verantwortung übernommen hat und mit dem der einzigartige Wissenschaftsskandal verbunden ist – Professor Dr. Walther Hofer, Direktor des Historischen Seminars Bern.

I.

Dieser hat sich seit dem Erscheinen des Piper-Bandes viermal zu Worte gemeldet, sieht man einmal von jenen schon aus den siebziger Jahren zur Genüge bekannten Interventionen hinter den Kulissen ab – z. B. gegenüber Rundfunk- und Fernsehanstalten, Hofers öffentliche Reaktionen sind höchst aufschlussreich.

---

10 Vgl. etwa die für das „Luxemburger Komitee" vernichtenden Rezensionen in der „Stuttgarter Zeitung" (1. 3. 1986, Hans-Peter Sattler), der „Welt" (5. 4. 1986, Walter Görlitz), dem „Spiegel" (14. 4. 1986, Wolfgang Malanowski), der „Frankfurter Rundschau" (19./20. 4. 1986, Klaus-Jürgen Ruhl), der „Süddeutschen Zeitung" (3./4. 5. 1986, Dirk Rumberg), dem „Deutschen Allgemeinen Sonntagsblatt" (18. 5. 1986, Jens Flemming) und dem „Parlament" (18.10.1986, Wolfgang Jäger). Auf die über zehn Besprechungen in Rundfunkanstalten innerhalb weniger Monate nach Erscheinen des Bandes sei nur summarisch hingewiesen. Die umfangreichste, vielleicht die sachkundigste und bestimmt schärfste Besprechung stammt bezeichnenderweise aus einem liberalen luxemburgischen Organ, das die Machenschaften „vor Ort" miterleben konnte: R. Thill, Der Reichstagsbrand: Aufklärung einer historischen Legende. Das „Luxemburger Komitee": ein grober Unfug, in: d'Letzeburger Land 33. 1986, Nr. 11, S. 8 f.; treffend ist Thills Fazit (ebd., S. 9): „Das ‚Luxemburger Komitee' hat schweren Schaden angerichtet. Ein Wissenschaftsskandal hat zu lange gedauert. Aber ob dem Komitee jetzt die Stunde geschlagen hat, ob ihm wirklich der Atem ausgeht, bleibt zweifelhaft. Zu oft ist es ihm schon gelungen, seinen zweifelhaften Charakter und seinen Mangel an wissenschaftlicher Kompetenz mit umso größerem Gekläff zu verdecken."

11 Heinrich August Winkler, Der Weg in die Katastrophe. Arbeiter und Arbeiterbewegung in der Weimarer Republik 1930 bis 1933, Berlin 1987, S. 880. Ferner: Hans-Ulrich Wehler, Entsorgung der deutschen Vergangenheit? Ein polemischer Essay zum „Historikerstreit", München 1988, S. 156: „Das Ergebnis: Der überzeugende Nachweis einer vielfachen Quellenfälschung." – Natürlich gibt es auch andere Historiker, die unter Berufung auf das Piper-Buch die Alleintäterschaft van der Lubbes favorisieren, gleichwohl aber vermeiden, die Fälschungen als das zu bezeichnen, was sie sind. Vgl. etwa Eberhard Jäckel, Hitlers Herrschaft. Vollzug einer Weltanschauung, Stuttgart 1986, S. 157; Gotthard Jasper, Die gescheiterte Zähmung. Wege zur Machtergreifung Hitlers 1930–1934, Frankfurt a.M. 1986, S. 132.

Erstens: Seine hektographierten Stellungnahmen,[12] auf deren schrillen Ton Haungs bereits hingewiesen hat, wurden anlässlich der Pressekonferenz des Piper-Verlages verteilt. Er habe kein Wort, kein Dokument zurückzunehmen. Immerhin erklärten Hofer und Graf entgegen vorherigen ablehnenden und vernebelnden Bekundungen zum ersten Mal, sie scheuten „auch eine Überprüfung dieser Dokumente durch eine wirklich neutrale und vertrauenswürdige Stelle in keiner Weise".[13]

Zweitens: In einem „Weltwoche"-Beitrag wenige Tage später brachte Hofer das Kunststück fertig, den schweren Vorwurf der systematischen Quellenfälschung völlig unerwähnt zu lassen, verwies stattdessen pauschal auf die eigenen Forschungen. Er beanspruchte, an der Entlarvung der „Hitler-Tagebücher" als Fälschung „maßgeblich beteiligt gewesen zu sein" und fuhr folgendermaßen fort: „Nun unternimmt es offensichtlich dieses merkwürdige Sechsergespann, uns fertigzumachen."[14]

Drittens: Eine Woche später gab Hofer der „Berner Zeitung" ein Interview, in dem er ankündigte, durch „Sachverständige eine neutrale Expertise anfertigen [zu] lassen". Auf die Frage, warum dies so spät geschehe, wartete Hofer mit einer seltsamen Erklärung auf: „Die Familie Breiting, die mir ihren Nachlass zur Verfügung stellte, tat dies mit dem ausdrücklichen Verlangen, dass nur ich und meine Mitarbeiter damit arbeiten dürfen."[15] Zu dem Artikel war als Faksimile ein Gutachten unter dem Namen des Stenographen Ludwig Krieger über die Echtheit der von Edouard Calic herausgegebenen „Hitler-Breiting-Geheimgespräche" auszugsweise abgedruckt: „Ausgefertigt in einem Original und drei Durchschlägen, die ich alle unterschreibe."[16] Doch trug das Gutachten nur eine Schreibmaschinen-Unterschrift. Kriegers Unterschrift wäre nämlich Urkundenfälschung gewesen und damit strafbar.[17]

Viertens: Es mussten fast zwei Jahre vergehen, bevor Hofer auf einen Beitrag von Hans Mommsen in der FAZ, in dem vom zu erwartenden Ende in der Reichstagsbrandkontroverse die Rede war,[18] eine Antwort gab. Hofer präsentierte nunmehr ein Gutachten des Urkundenlabors der Kantonspolizei Zürich, wonach die „Dokumente" aus dem Breiting-Nachlass doch „echt" seien. Für den Berner Historiker bricht damit Mommsens Konstruktion von der „Vernetzung" „wie ein Kartenhaus"[19] zusammen.

---

12 Vgl. Walther Hofer, Stellungnahme zur Reichstagsbrand-Kontroverse (19. 2. 1986), 3 S.; ders./Christoph Graf, Presseerklärung (26. 2. 1986), 1 S.

13 Ebd., S. 1.

14 Walther Hofer, Und die Nazis haben den Reichstag doch angezündet, in: Die Weltwoche, 6. 3. 1986.

15 „Die Nazis brauchten den Reichstagsbrand". BZ-Gespräch mit Walther Hofer zum Vorwurf, er habe mit gefälschten Dokumenten gearbeitet, in: Berner Zeitung, 12. 3. 1986, S. 9.

16 Ebd.

17 Vgl. hierzu auch den offenen Brief von Fritz Tobias an Walther Hofer, 14. 9. 1986, insbes. S. 7 f.

18 Vgl. Hans Mommsen, Vom Wuchern der Hypothesen. Anmerkungen zur Kontroverse um den Reichstagsbrand, in: Frankfurter Allgemeine Zeitung, 16. 4. 1986, S. 31.

19 Walther Hofer, Reichstagsbrand – und kein Ende? Eine Stellungnahme von Walther Hofer zu dem Vorwurf der Fälschung von Dokumenten, in: Frankfurter Allgemeine Zeitung, 16. 12. 1987, S. 30. Vgl. dazu Eckhard Jesse, Informationen aus dem Fälschernetz? Reichstagsbrand: Die fragwürdige Echtheit von Kopien. Eine Antwort auf Walther Hofer, in: Frankfurter Allgemeine Zeitung, 6. 1. 1988, S.

Tatsächlich hat Hofer lediglich Kopien von drei „Dokumenten" aus dem Breiting-Nachlass vorgelegt, nicht jedoch die anderen vier „Dokumente" von Ende der sechziger, Anfang der siebziger Jahre, deren Fälschungscharakter ebenfalls nachgewiesen worden ist. Bei Kopien kann man bekanntlich nicht überprüfen, ob es sich um echte Dokumente oder Falsifikate handelt. Im Gutachten heißt es dazu verschleiernd, bei der indirekten Altersbestimmung seien „lediglich Ausschlussbeweise geführt"[20] worden. Außerdem hatte Hofer nur eine einzige Doppelseite (9/10) im Original vorgelegt. Dabei handelt es sich um eine – bereits von Haungs kritisch erwähnte – angebliche, in Wirklichkeit Rauschnings „Gesprächen mit Hitler" „nachempfundene" Göring-Äußerung auf einem „Geheimtreffen" ausgerechnet am Tage der Verabschiedung des Ermächtigungsgesetzes,[21] die auch in Hofers bekannte Dokumentation über den Nationalsozialismus Aufnahme gefunden hat.[22]

War der inhaltliche Beweis für die Fälschung bereits mehrfach geführt worden,[23] so liefert Hofer selbst nunmehr hierfür unfreiwillig den „technischen" Beweis: Die betreffende Originalseite aus sogenannten „K-Aufzeichnungen" weist nämlich ein Wasserzeichen von 1935 auf. Wie jedoch aus einem angeblichen Schreiben Breitings vom 10. April 1934 an den nationalsozialistischen Kreisleiter Dönicke hervorgehen soll, will er die „K-Aufzeichnungen" dem Brief beigelegt haben. Hofer (oder derjenige, der den Text verfasst hat)[24] folgert in dem Dokumentationsband daher, die „K-Aufzeichnungen" müssten Breiting vor dem 10. April 1934 übergeben worden sein.[25] Insofern können die „K-Aufzeichnungen" nicht auf Papier mit einem Wasserzeichen von 1935 erstellt sein, zumal nach Auskunft der Wiener Firma Leykam Papier dieser Qua-

---

25. Siehe ferner die Leserbriefe von Fritz Tobias (Hofers angebliche „Dokumente" zum Reichstagsbrand; Skandalöses Spiel) und Hans Booms (In Koblenz keine Originale vorgelegt), jeweils in: Frankfurter Allgemeine Zeitung, 9. 1. 1988, S. 24 sowie 12. 2. 1988, S. 7. Aus der Hofer-Schule stammt der Leserbrief von P.-Th. Braunschweig, Verwirrspiel um den Reichstagsbrand, in: Frankfurter Allgemeine Zeitung, 7. 3. 1988, S. 10. Siehe dazu Anm. 35.

20 Gutachten der Kantonspolizei Zürich, 12. 6. 1987, S. 3.

21 Vgl. Peter Haungs (Anm. 1), S. 539.

22 Vgl. Walther Hofer, Der Nationalsozialismus. Dokumente 1933–1945. Neuausgabe, Frankfurt a.M. 1982, S. 52.

23 Vgl. Eckhard Jesse, Der endlose Streit um den Reichstagsbrand – verschlungene Pfade einer einzigartigen Forschungskontroverse; Henning Köhler, Der „dokumentarische Teil" der „Dokumentation"-Fälschungen am laufenden Band; Hans Mommsen, Betrachtungen zur Reichstagsbrand-Kontroverse, jeweils in: Uwe Backes u. a., Reichstagsbrand (Anm. 2), S. 60–62, S. 187–191, S. 255 f. – Zu diesem „Dokument" heißt es bei Hans Mommsen (ebd., S. 256): „Es ist zu bedauern, dass die fachwissenschaftliche Öffentlichkeit derlei historisches Brigantentum unwidersprochen hinnimmt, obwohl nach den Kujau-Fälschungen ihre Kritikfähigkeit eigentlich hätte geschärft sein müssen. Aber in der Reichstagsbrand-Kontroverse scheint alles erlaubt, was sonst einem strengen Verdikt unterworfen zu sein pflegt" – wie wahr!

24 Man erfährt eigentümlicherweise überhaupt nicht, von wem der Text des Bandes stammt. Gibt Hofer etwa nur den Namen für ein Unternehmen her, das er wissenschaftlich gar nicht betreut hat? Sollte Hofers Assistent Graf das sich um die „Dokumente" rankende Manuskript verfasst haben, ist dessen Schweigen umso verwunderlicher (vielleicht auch umso bezeichnender).

25 Vgl. Walther Hofer u. a., Der Reichstagsbrand (Anm. 3), S. 365, S. 435, Anm. 21.

lität erst in den Jahren 1935 bis 1945 produziert wurde.[26] Das Gutachten beweist mithin den Fälschungscharakter dieses einzigen „Originalblattes"![27] Zudem hatte Edouard Calic im Jahre 1969 erklärt: „Der gesamte Nachlass Richard Breitings wurde 1934 von Leipzig zu seiner Schwester nach Hamburg gebracht. Das war eine Vorsichtsmaßnahme."[28] Nun erweist sich die Behauptung dieser angeblichen „Vorsichtsmaßnahme" für Hofer im Nachhinein als überaus „unvorsichtig". Hofer verschweigt in dem Artikel bezeichnenderweise, dass er bereits im Frühjahr 1986 ein Sammelsurium von „Dokumenten" dem Bundesarchiv eingereicht hatte. Peter Haungs' Ausführungen[29] sind insoweit zu ergänzen, als seinerzeit nur Kopien aus dem Breiting-Nachlass vorgelegt wurden – mit der Begründung, Originale seien vernichtet. Jetzt wartet der Berner Historiker plötzlich mit einem Originalblatt auf. Warum hat er es nicht schon dem Bundesarchiv zur Verfügung gestellt? Wird es ihm nun zugänglich gemacht? Vielleicht sollte das Bundesarchiv, das Hofer die Echtheitsbestätigung verweigert hat, seine generöse Zurückhaltung im Hinblick auf die Qualität der eingereichten Materialien aufgeben. Immerhin – und dankenswerterweise – sah sich der Präsident des Bundesarchivs als Reaktion auf den Hofer-Artikel zu einem Leserbrief veranlasst. Man habe aufgrund einer Mitteilung Grafs „von der Inexistenz der Originale auszugehen". Weiter hieß es: „Ich würde es begrüßen, wenn möglichst bald Historiker, Archivare, Materialprüfer und Kriminalwissenschaftler gemeinsam und ohne Auflagen alle Original- und sonstigen Unterlagen prüfen könnten. Ich wiederhole daher mein Angebot, das seinerzeit zur Prüfung eingesandte Material zusammen mit allen anderen einschlägigen Unterlagen im Bundesarchiv zu verwahren, damit es von anderen Wissenschaftlern eingesehen werden kann."[30] Die Materialien durften seinerzeit entgegen dem

---

26 Vgl. Gutachten der Kantonspolizei Zürich, S. 6.

27 In diesem Sinne auch Ulrich von Hehl (Anm. 4), S. 276, Anm. 78. Allerdings fügt er an: „Die Authentizitätsprüfung der Gesprächsaufzeichnung Hitler-Breiting vom 4. Mai 1931 – und dies gilt vice versa auch für das angefügte ‚Vergleichsmaterial' – ist für die Täterschaftsfrage ohne jeden Belang. Insofern stützt das Gutachten nicht die Beweisführung Grafs und Hofers, sondern relativiert allenfalls Köhlers Behauptung, alle im Anhang publizierten Dokumente seien ‚samt und sonders' gefälscht." Diese Feststellung bedarf der Ergänzung in zwei Punkten: 1. Die „Hitler-Breiting-Geheimgespräche" von 1931 waren überhaupt nicht in der Dokumentation abgedruckt. Insofern kann auch gar nicht Köhlers Behauptung relativiert werden, die im Anhang abgedruckten Dokumente seien samt und sonders gefälscht. 2. Natürlich bleiben die von Edouard Calic edierten „Hitler-Breiting-Geheimgespräche (Frankfurt a.M. 1968) „eine der unverfrorensten Geschichtsfälschungen dieses Jahrhunderts". (Karl-Heinz Janßen, S. 12). Siehe auch ders., Calics Erzählungen, in: Uwe Backes u. a., Reichstagsbrand (Anm. 2), insbes. S. 220–230 („Calics gefälschte Geheimgespräche"). Der Frankfurter Societäts-Verlag hat schon im Jahre 1976 die Verlagsrechte an den Autor zurückgegeben. „Der Societäts-Verlag ist also nicht mehr für dieses Werk verantwortlich." So H. Scheffler, Leserbrief, in: Die Zeit, 26. 10. 1979, S. 65. Warum Hofer jetzt auch diese Fälschung, die er gar nicht verantworten muss, als echt deklariert, ist unbegreiflich. Von der Ende der siebziger, Anfang der achtziger Jahre indirekt spürbaren Distanz gegenüber Calic ist nichts zu merken. Was zwingt ihn dazu, mit dem wissenschaftlichen Ansehen auch die moralische Reputation zu verspielen? Vgl. Walther Hofer, Reichstagsbrand (Anm. 19), S. 30.

28 Edouard Calic, Hitler-Gespräche (Leserbrief), in: Christ und Welt, 18. 4. 1969.

29 Vgl. Peter Haungs (Anm. 1), S. 539 f.

30 Hans Booms (Anm. 19), S. 24.

Ansinnen des Archivs nicht der Forschung zugänglich gemacht werden: Hofer bestand auf restloser Rückgabe in die Schweiz. Ob man wohl jetzt die Unterlagen einzusehen vermag? Hofer versucht in seinem FAZ-Artikel den Vorwurf, die einzelnen Dokumente seien systematisch vernetzt worden, damit zu entkräften, sein Assistent Graf – und nicht Calic – habe die Überprüfung der „Dokumente“ und der „völlig unabhängig vom Breiting-Nachlass entstandenen Zeugenaussagen“ vorgenommen: Die Sache werde von den Kritikern so gedreht, als dienten die Forschungen in den Archiven dazu, die „Dokumente entsprechend ‚aufzupolieren' oder zu ‚vernetzen'. Es wird also allen Ernstes unterstellt, jahrelange wissenschaftliche Arbeit sei allein zum Zwecke einer grandiosen Fälschung unternommen worden.“[31] Damit betreibt Hofer jedoch erneut Augenwischerei, denn selbstverständlich war die Fälschung bereits gefälschter „Dokumente“ nicht mehr notwendig. In die verschiedenen Personen zugeschriebenen „Dokumente“, die aber alle derselben Feder entstammen, waren die gleichen Sachverhalte hineingefälscht worden. Eine Durchsicht der „Dokumente“ auf Übereinstimmungen musste daher zwangsläufig den gewünschten Eindruck hervorrufen, dass diese in Hülle und Fülle vorlägen.[32] Insbesondere Fritz Tobias und Henning Köhler haben die Auseinandersetzung mit der „positiven Beweisführung“ Hofers „unbarmherzig geführt“[33] und zahlreiche Beispiele für die gezielte „Vernetzung“ geliefert.[34] Da dem

31 Walther Hofer, Reichstagsbrand (Anm. 19), S. 30.

32 Unfreiwillig komisch ist die Feststellung von Pierre Grégoire, Nachwort: Schlussfolgerungen des Forschungsergebnisses, in: Edouard Calic, Der Reichstagsbrand. Die Provokation des 20. Jahrhunderts. Forschungsergebnis, Luxemburg 1978, S. 408: „Nach allen Gesetzen der Wahrscheinlichkeitsrechnung hätten diese Personen, allein von Gerüchten verführt, niemals ihre wie die Rädchen eines komplizierten Uhrwerks ineinandergreifenden Aussagen machen können. Solche deckungsgleichen und sich ergänzenden Bekundungen konnten nur gegeben werden, weil sie auf objektiven Tatsachen beruhten und objektive Wahrnehmungen widerspiegelten. Zwischen den Zeugenaussagen, den Dokumenten und den interdisziplinär erarbeiteten Gutachten gibt es keine substantiellen Widersprüche. Die vorliegende Forschungsarbeit hat das geschichtliche Problem endgültig geklärt.“ Soll man mehr über dieses Sichbrüsten staunen, oder die unkritische Haltung vieler dem Komitee gewogener Historiker zu diesen und anderen Verlautbarungen geißeln?

33 So Ulrich von Hehl (Anm. 4), S. 274.

34 Vgl. Fritz Tobias, Der angebliche „positive Beweis“ für die NS-Brandstifterschaft durch die „wissenschaftliche Dokumentation“, Band 2; Henning Köhler, Der „dokumentarische Teil“ der „Dokumentation“ – Fälschungen am laufenden Band, jeweils in: Uwe Backes u. a. (Anm. 2), S. 115–66, S. 167–215. Der Verfasser hat am Beispiel des Vigilanten und Polizeispitzels Brauser, der in einem an Rudolf Augstein adressierten – und Calic bekannt gewordenen – Bericht des SA-Führers Franz Knospe von 1960 erwähnt wird, die „Vernetzung“ aufgezeigt. Dieser „Brauser“ geistert durch – angeblich – unabhängig voneinander entstandene „Dokumente“, und zwar angeblich aus der Feder Frau Büngers, Hans von Kessels, Otto von Heydebrecks und Richard Breitings. Mal wird „Brauser“ als „Krause“, mal als „Brauner“ verfremdet. Triumphierend heißt es im Anmerkungsapparat dazu, dass es sich um „Brauser“ handle. Für Hofer ist das Auftauchen Brausers stets ein Glied in der Beweiskette. In Wirklichkeit hat der Fälscher den imaginären „Brauser“ ganz bewusst überall eingefügt. Dass Hofer und Graf das nicht erkannt haben wollen, ist schwer vorstellbar. Sie müssen sich entweder den Vorwurf mangelnder Erkenntnisfähigkeit oder den der Dummstellerei gefallen lassen. Vgl. für Details Eckhard Jesse, Der Reichstagsbrand und seine „Aufklärer“, in: Karl Corino (Hrsg.), Fälschungen in Geschichte und Literatur, Nördlingen 1988, S. 106–127.

Untersuchungsauftrag an die Kantonspolizei (lediglich die Frage nach dem Alter zugrunde lag (eine inhaltliche Prüfung mithin gar nicht möglich und eine kriminaltechnische weitgehend eingeschränkt war), ist das Gutachten somit wertlos, es sei denn, dass es – wider Willen – den Fälschungscharakter des einen (angeblichen) Originalblatts enthüllt.[35]

Faktisch war also Hofers Beweisführung wie ein Kartenhaus zusammengebrochen und die Einzeltäterschaft van der Lubbes längst erwiesen,[36] keineswegs erst durch den Nachweis der Fälschungen und die Goebbels-Tagebücher. Hofer hat ausnahmsweise Recht, wenn er angibt, „dass der Breiting-Nachlass eine Quelle von ganz anderem Gewicht darstellt“[37] als der von Goebbels. Die Goebbels-Äußerungen fügen sich lediglich nahtlos in die Argumentation für die Alleintäterschaft van der Lubbes ein. Aus der Eintragung unter dem Datum vom 9. April 1941 ergibt sich nämlich, dass Goebbels und Hitler nicht an die Alleintäterschaft van der Lubbes glaubten, sondern an eine kommunistische Verschwörung.[38] Die Editorin Elke Fröhlich gelangte daher zu dem Ergebnis: „In der Notiz über diese Unterhaltung, so abwegig die darin geäußerten Mutmaßungen auch waren, sieht die Herausgeberin einen klaren Beweis nicht nur für die in der Nazi-Prominenz ebenso wie bei Stalin ausgeprägte Neigung zum Glauben an feindliche Verschwörungen und Hinterhalte, auch wenn es an Faktenevidenz hierfür

---

35 Umso mehr muss man sich darüber wundern, wie unkritisch ein Teil der Presse berichtet hat. Vgl. folgende Meldung in der Welt v. 18. 9. 1987 unter der Überschrift „Untermauert“: „Die Nationalsozialisten waren 1933 Urheber des Reichstagsbrands. Entsprechende Unterlagen aus dem Besitz von Professor Walther Hofer seien korrekt, besagt ein kriminaltechnisches Gutachten der Kantonspolizei Zürich.“ Noch unkritischer A. C. (= Alfred Cattani), Der Historikerstreit um den Reichstagsbrand. Ein Gutachten unterstützt Prof. Hofer, in: Neue Zürcher Zeitung v. 19./20. 9. 1987. P. Th. Braunschweig argumentiert in seinem erwähnten Leserbrief, es handle sich bei dem einen Originalblatt von 1935 um eine Abschrift. Da 1934 bereits das Original weitergeleitet worden sein soll, müsste folglich schon vorher eine Abschrift angefertigt sein. Es könnte sich demnach nur um eine Abschrift von der Abschrift handeln. Aber bereits 1934 seien die Unterlagen nach Hamburg ausgelagert worden. – Als Beleg für die Echtheit der „Dokumente“ führt Braunschweig an, dass im Jahre 1935 Edouard Calic zur Schule ging (als 25jähriger?) und Christoph Graf noch gar nicht geboren war. Aber wer behauptet denn, die „Dokumente“ seien in den dreißiger Jahren gefälscht worden? Difficile est satiram non scribere... Wer mag dem Leserbriefschreiber wohl die Feder geführt haben? Sein Vorschlag, eine „möglichst neutrale Stelle“, „am besten eine international zusammengesetzte Kommission“, solle sich um „die weitere Abklärung der Kontroverse kümmern“ (P. Th. Braunschweig, S. 19) ist sicherlich nicht ernst gemeint, dient nur dem „Verwirrspiel um den Reichstagsbrand“ (so die Überschrift des Leserbriefs). Hätte Hofer ein reines Gewissen, wären nämlich seine „Dokumente“ längst der wissenschaftlichen Öffentlichkeit zugänglich gemacht worden.

36 Vgl. neben den in Anm. 5 genannten Arbeiten von Fritz Tobias und Hans Mommsen: Hans Mommsen, Van der Lubbes Weg in den Reichstag – der Ablauf der Ereignisse, in: Uwe Backes u.a. (Anm. 2), S. 12–32; Eckhard Jesse, Der Reichstagsbrand – 55 Jahre danach, in: Geschichte in Wissenschaft und Unterricht 39 (1988), S. 195–219.

37 Walther Hofer, Reichstagsbrand (Anm. 3), S. 30.

38 Vgl. Elke Fröhlich im Auftrag des Instituts für Zeitgeschichte München und in Verbindung mit dem Bundesarchiv (Hrsg.), Die Tagebücher von Joseph Goebbels. Sämtliche Fragmente, Teil I: Aufzeichnungen 1924 bis 1941, München 1987, Bd. 4, S. 579. Hitler verdächtigte Ernst Torgler, den kommunistischen Fraktionsvorsitzenden.

gänzlich fehlte, sondern auch dafür, dass es sich beim Reichstagsbrand nicht um eine von der Nazi-Führung selbst inszenierte Camouflage gehandelt haben kann."[39] Auf diese Weise wird einmal mehr der für Kenner der Materie ohnehin längst selbstverständliche Tatbestand erhärtet. Bezeichnend ist übrigens, dass der Komplex des Reichstagsbrandes und des Reichsgerichtsprozesses in den Goebbels-Aufzeichnungen fehlt, was den Verdacht nährt, vor der Übergabe der Aufzeichnungen seien von der DDR besonders verfängliche „Stellen" ausgesondert worden.[40] Bekanntlich hatte Hofer eine „umfassende Gegendarstellung" angekündigt, auf die sich Hillgruber in seiner Rezension bezog: „Ehe sie nicht vorliegt, ist ein für Außenstehende angesichts der Komplexität der Probleme und der wechselseitigen Polemiken ohnehin schwer zu treffendes Urteil über diesen sich nun schon seit über zwei Jahrzehnten hinziehenden Streit nicht möglich."[41] Diese Darstellung steht also trotz seiner vernebelnden „Wortmeldungen" immer noch aus, und es ist wohl auch nicht damit zu rechnen, dass Hofer die Chuzpe aufbringt, den nachgewiesenen Fälschungen en detail entgegenzutreten, wie dies Edouard Calic in ränkevoller Manier versucht.[42] Nach Hillgruber muss die Kontroverse demnach so lange offenbleiben, bis Hofer seine „umfassende Gegendar-

---

39 Ebd., Bd. 1, S. XIX. Vorsichtiger dies., Joseph Goebbels und sein Tagebuch. Zu den handschriftlichen Aufzeichnungen von 1924 bis 1941, in: Vierteljahrshefte für Zeitgeschichte 35 (1987), S. 493 f.: „Die Notiz über diese Unterhaltung ist, gerade wegen der Abwegigkeit der darin geäußerten Mutmaßungen, ein klarer Hinweis auf die in der Nazi-Prominenz ebenso wie bei Stalin ausgeprägte Neigung zum Glauben an feindliche Verschwörungen und Hinterhalte trotz fehlender Evidenz; sie ist aber vor allem ein starkes Indiz dafür, dass es sich beim Reichstagsbrand nicht um eine von der NS-Führung selbstinszenierte Camouflage gehandelt haben kann." Aus „Beweis" ist zu Recht „Hinweis" und „Indiz" geworden.

40 In diesem Sinne auch Ralf Georg Reuth, Seltsame Lücken in den Goebbels-Aufzeichnungen. Was in den aus DDR-Archiven stammenden Texten fehlt, in: Frankfurter Allgemeine Zeitung, 2. 11. 1987, S. 12. Es verwundert nicht, dass das Komitee-Mitglied Otto B. Roegele diesen Sachverhalt ganz anders interpretiert. So stellt er die Frage: „Wollte Hitler Goebbels testen?" Ders., Papen macht beim Vatikan in Konkordat, in: Rheinischer Merkur, 1. 1. 1988, S. 17. Im übrigen versucht Roegele wegen des Fehlens von Originalen den Quellenwert der Goebbels-Tagebücher herunterzuspielen – derselbe Autor, der sich so dezidiert für die dubiosen „Dokumente" des „Luxemburger Komitees" eingesetzt hatte! Siehe dazu Peter Haungs (Anm. 1), S. 537.

41 Andreas Hillgruber, Literaturbericht Innen- und Außenpolitik Deutschlands 1933–1945, in: Geschichte in Wissenschaft und Unterricht 38 (1987), S. 187.

42 Seine zahlreichen Beiträge sind aber verständlicherweise nur in hektographierter Form erschienen oder in dem skurrilen Berliner Szene-Blättchen „Kuckuck". Vgl. Edouard Calic, Informationen zum Hintergrund des Buches „Reichstagsbrand. Aufklärung einer historischen Legende", Piper-Verlag; ders., „ZEIT"-Kabalen um den Reichstagsbrand. Politische Hintergründe der Kontroverse um die Urheberschaft an der ersten nationalsozialistischen Großprovokation, in: Kuckuck, Nr. 52/1986, S. 3–6, S. 13–29; Brief von E. Calic an G. Kunze v. 20. 2. 1987, in: Kuckuck, Nr. 55/1987, S. 7–13; ders., Kommunique zur neuerlichen Kampagne des Wochenblattes „Die Zeit" für die Wiederbelebung der Gestapo-Legende über die Urheberschaft am Reichstagsbrand v. 23. 2. 1986, 6 S.; ders., Stellungnahme des Generalsekretärs des Internationalen Komitees Luxemburg, Dr. Edouard Calic, zu einem „Wissenschaftsskandal": die Aufklärung einer historischen Legende" über den Reichstagsbrand v. 24. 2. 1986, 7 S. und 48 S.; ders., „Die Zeit"-Kabalen um den Reichstagsbrand und um die NS-Provokationen v. 15. 4. 1987, 41 S. – Die im Piper-Buch mittels einer Sterbeurkunde nachgewiesene Fälschung

stellung" vorlegt. Hatte der Kölner Ordinarius bei den gefälschten „Hitler-Tagebüchern" mit seinem Urteil auch die „Stellungnahmen" Kujaus und Heidemanns abgewartet? Um das Argument der in der Tat vorhandenen „Komplexität der Probleme" zu umgehen, hatten die Piper-Autoren exemplarisch auch solche selbst für „Außenstehende", zu denen sich Hillgruber jetzt rechnet, leicht erkennbare Fälschungen vorgeführt. Man denke etwa an den Heizer, der nach seinem Tode sensationelle Einzelheiten in den Mund gelegt bekam,[43] oder an die Frau des Senatspräsidenten Bünger, deren handgeschriebener, für die Beweisführung unbrauchbarer Text mit einem dreiseitigen maschinenschriftlichen Zusatz versehen worden war.[44] Natürlich dürften geschulte Historiker wissen, wie es um die Authentizität dieser und anderer „Dokumente" bestellt ist. Das Problem, warum Historiker von Rang dennoch zu solchen Ausreden Zuflucht nehmen, leitet zum nächsten Komplex über – zur Frage nämlich, wieso sich im Grunde plumpe Fälschungen derart lange halten können.

II.

Die sarkastisch-provozierende Frage von Haungs, ob Fälschungen in der Geschichtswissenschaft offenbar als Kavaliersdelikt gelten, trifft in dieser Form natürlich nicht zu. Denn in anderen, weniger gravierenden Fällen hat die „scientific community" durchaus funktioniert. Als sich z. B. herausstellte, dass in dem Band mit Hitlers „sämtlichen Aufzeichnungen"[45] auch gefälschte Stücke Aufnahme gefunden hatten (übrigens, wie sich später ergab: aus dem Arsenal von Konrad Kujau), veröffentlichten die Herausgeber Eberhard Jäckel und Axel Kuhn alsbald eine Notiz, „dass dieser Bestand ernste Zweifel an seiner Echtheit hervorruft und jedenfalls nur mit größter Vorsicht benutzt

---

der Aussage des Heizers Wittkowski soll u.a. durch eine Mitteilung des über 90jährigen Paul Löbe widerlegt werden. „Ein schriftliches Zeugnis derartiger Vorgänge habe man von dem alten Herrn nicht mehr verlangen können" – so soll sich Arno Scholz, der Verleger des „Telegraf", gegenüber Calic geäußert haben, und zwar „am Telefon". Die ebenfalls mit einem Faksimile bewiesene Fälschung des 1966 maschinenschriftlich verfassten Briefes der Witwe des Senatspräsidenten Bünger „widerlegt" Calic u.a. durch einen Hinweis auf den Schwiegersohn Breitings. „Eine weitere Bestätigung gab der Antiquitätenhändler A. Schmerl aus Leipzig. Als Tobias' Version im ‚Spiegel' erschien, richtete der Zeuge unter dem Datum vom 28. 12. 1959 einen Brief an die Herausgeber des ‚Telegraf', in dem er sein Wissen um den Fall Bünger schilderte." Schmerl bestätigt also etwas, was Frau Bünger erst sieben Jahre später (angeblich) zu Papier bringt! So Edouard Calics Stellungnahme v. 24. 2. 1986, S. 17–19. – Die Selbstachtung verbietet es, auf diese und andere Märchen in extenso einzugehen.

43 Vgl. Eckhard Jesse, Die Gespensterstimme aus dem Grab – der Heizer Johann Wittkowski als postumer Komitee-Zeuge, in: Uwe Backes u.a., Reichstagsbrand (Anm. 2), S. 16–20 (das Faksimile der Sterbeurkunde findet sich ebd., S. 292).

44 Vgl. Fritz Tobias, Der „Brief der Doris Hertwig-Bünger: Eine Fälschung nach Maß", in: Uwe Backes u. a., Reichstagsbrand (Anm. 2), S. 147–151 (das Faksimile des Bünger-Schreibens einschließlich der maschinenschriftlichen Fälschung ist abgedruckt ebd., S. 294–99).

45 Vgl. Eberhard Jäckel/Axel Kuhn (Hrsg.), Hitler. Sämtliche Aufzeichnungen 1905–1924, Stuttgart 1980.

werden sollte".[46] Zwar könnte man Jäckel und Kuhn bei der Verwendung der „neuen Quellen" eine gewisse Fahrlässigkeit vorwerfen, aber zu moralischer Empörung besteht kein Grund, haben sie doch den – zugegeben – peinlichen Irrtum korrigiert. Quellenfälschung ist nach wie vor so gravierend, dass die „Zunft" prinzipiell zu jenen „schwarzen Schafen", die Quellen fälschen oder mit ihnen hantieren, auf Distanz geht. Zu Recht mokiert sich Karl Otmar Frhr. von Aretin darüber, dass der Verlag des neuesten Bandes von David Irving auf dem Klappentext mit der Behauptung Rolf Hochhuths wirbt, „Irving habe ‚noch nie ein Dokument vorgelegt, dessen Echtheit bezweifelt werden konnte'" – und zwar mit folgender Erklärung: „Die Benutzung gefälschter Dokumente war bisher unter Historikern unüblich."[47] Das ist in der Tat richtig, doch der Fälschungsfall „Reichstagsbrand" liegt offenbar anders. Eine stattliche Reihe von Motivationen bündelt sich, was schon daran erkennbar ist, dass die Vertreter der These, die Nationalsozialisten seien für den Reichstagsbrand verantwortlich, aus gänzlich unterschiedlichen politischen Richtungen kommen. Die Links-Rechts-Kategorien, die viele wissenschaftliche Kontroversen prägen, „greifen" in diesem Fall nicht: Das Spektrum der Anhänger der These von einer nationalsozialistischen Verschwörung reicht von Marxisten-Leninisten (z. B. Reinhard Kühnl) über demokratische Sozialisten (z. B. Eugen Kogon) bis zu dezidiert Konservativen (z. B. Otto B. Roegele).[48] Was also sind hierfür die Gründe?

Erstens handelt es sich um verbreitete volkspädagogische Invektiven. Immer wieder hat das „Luxemburger Komitee" die Verfechter der Alleintäterschaft van der Lubbes als Exponenten einer misslichen „Gestapo-Legende" apostrophiert.[49] Es wurde gezielt der Eindruck erweckt, als gehe es den Gegnern des „Luxemburger Komitees" vor allem um eine Reinwaschung der Nationalsozialisten. Die Alleintäterschaftsthese widerspricht nach Hofer „nicht nur der historischen Wahrheit, sondern ist darüber hinaus – wie Prof. Dr. Golo Mann es ausdrückte – volkspädagogisch gefährlich."[50]

46 Vgl. dies., Zu einer Edition von Aufzeichnungen Hitlers, in: Vierteljahrshefte für Zeitgeschichte 29 (1981), S. 304 f.

47 Karl Othmar Frhr. v. Aretin, Brutaler Mörder, eitler Gönner, Morphinist, Kunsträuber. Hitlers später verstoßener Kompagnon Hermann Göring und das Bild David Irvings von ihm, in: Süddeutsche Zeitung, 12./13. 9. 1987.

48 Dies gilt natürlich auch umgekehrt: Für die Alleintäterschaft van der Lubbes machen sich – aus unterschiedlichen Gründen – Anarchisten ebenso stark wie Rechtsextremisten.

49 Auf den Nachweis von Belegen wird verzichtet, weil sich dieser Vorwurf geradezu leitmotivartig wiederholt. In diesem Sinne zutreffend Ulrich v. Hehl (Anm. 4), S. 267, Anm. 38.

50 Brief von Walther Hofer an Horst Korber, den Berliner Senator für Justiz, v. 9. 7. 1971, abgedruckt in: Uwe Backes u.a., Reichstagsbrand (Anm. 2), S. 315. Damit war Golo Mann von Hofer nur sehr verkürzt zitiert worden, denn dieser hatte in einem Brief an Fritz Tobias v. 20. 9. 1961 geschrieben, die Alleintäterschaft van der Lubbes sei ihm „sozusagen volkspädagogisch unwillkommen", allerdings hinzugefügt, er werde diese These akzeptieren, wenn sie stimme, aber es sei nun einmal schwierig, die Nichtbeteiligung der Nationalsozialisten zu beweisen (vgl. Archiv Tobias). Auf letzte Behauptung ziehen sich viele zurück, die sich nicht mit der Alleintäterschaft van der Lubbes abfinden können. Tatsächlich wird damit der Beweiszwang umgekehrt: Es ist unmöglich, die Nicht-Existenz des Ungeheuers von Loch Ness zu beweisen. Vgl. Hans Mommsen, Betrachtungen (Anm. 23), S. 256.

Geradezu stereotyp wurde behauptet, diese Position, die übrigens in gleichem Maße auch die „Unschuld" der Kommunisten beweist, spreche die Nationalsozialisten von „Schuld" frei. Da die Publizistik von rechtsaußen voller Wohlgefallen die Fälschungen aufgreift, suggeriert man seitens des Komitees, dass die wissenschaftliche Kritik an dessen Ergebnissen mit rechtsextremen Versatzstücken arbeitet, wohlwissend, wie eine solche Insinuation ankommt. Robert M. W. Kempner, der sich seit Jahrzehnten ebenso intensiv wie vergeblich um den Nachweis der These bemühte, die Gestapo habe in dem Brandstifter „einen Popanz, willenloses Werkzeug aufgegabelt",[51] konnte nach Erscheinen des Piper-Buches im SPD-Pressedienst einen Beitrag mit dem Tenor lancieren, die Autoren hätten ein „Weißbuch für Göring" verfasst.[52] „Man glaubt nicht, was dieser Irrglaube für Unheil anrichtet und dass er zu einer Entlastung der Nationalsozialisten führt."[53] Wer also die These von der nationalsozialistischen Provokation in Zweifel zieht, rührt an ein Tabu und sieht sich moralischem Verdacht ausgesetzt, zumal dann, wenn die Gegenseite sich die „Opfer-Perspektive" zu eigen macht.[54] Die Kontroverse um den Reichstagsbrand ist ein sinnfälliges Beispiel für die nach wie vor tabubesetzte Diskussion um die Vergangenheitsbewältigung in der Bundesrepublik.[55]

Zweitens gibt es, damit in gewissem Widerspruch stehend, Richtungen, die aus apologetischen Tendenzen an der Täterschaft der Nationalsozialisten festhalten wollen. Insbesondere Hans Mommsen hat darauf immer wieder mit Nachdruck hingewiesen.[56] Wenn man davon ausgeht, dass die Nationalsozialisten durch die Brandstiftung das deutsche Volk irreführten, so läuft dies letztlich darauf hinaus, als sei der Nationalsozialismus gleichsam unaufhaltsam gewesen. Das mit den Stimmen der bürgerlichen Parteien zustande gekommene Ermächtigungsgesetz verliert demnach an Bedeutung für die Installierung der Diktatur. In dem Maße, wie man während des „Dritten Reichs"

---

51 Robert M. W. Kempner, Ankläger einer Epoche. Lebenserinnerungen, Frankfurt a.M. 1983, S. 108.

52 Vgl. ders., Ein Weißbuch für Göring? Eine Erinnerung an den Reichstagsbrand aus Anlass einer rätselhaften Darstellung dieses Verbrechens, in: Sozialdemokratischer Pressedienst 41 (1986), Nr. 65, 7. 4. 1986, S. 1 f. – Dieser substanzlose Artikel erschien später auch in dem jüdischen Blatt „Aufbau" (18. 7. 1986), wurde daraufhin von der Nachrichtenagentur dpa aufgegriffen und in zahlreichen deutschen Zeitungen verbreitet. Im selben Tenor ders., Ein Verbrechen zur Konsolidierung der „Machtergreifung". Der Reichstags-Brandstiftung vor 55 Jahren folgten die Massenverhaftungen der Hitler-Gegner, in: Sozialdemokratischer Pressedienst 43 (1988), Nr. 36, 23. 2. 1988, S. 1 f.; ders., Göring war der Brandstifter, in: Aufbau, 25. 3. 1988; ders., SS im Kreuzverhör. Die Elite, die Europa in Scherben schlug, Nördlingen 1987, S. 322 f.

53 Ders., Ankläger (Anm. 51), S. 101.

54 Selbst ein so kluger Kopf wie Claus Leggewie vermischt den Nachweis der Fälschungen zum Reichstagsbrandkomplex u. a. mit Katyn, „Guernica", dem Tagebuch von Anne Frank und dem „Unternehmen Barbarossa", wiewohl er einräumt, dass „die ‚Bausteine des Revisionismus' völlig wertfrei verortet" sind. So ders., Der Geist steht rechts. Ausflüge in die Denkfabriken der Wende, Berlin 1987, S. 224.

55 Vgl. Eckhard Jesse, Reichstagsbrand und Vergangenheitsbewältigung, in: Recht und Politik 22 (1986), S. 189–200.

56 Vgl. Hans Mommsen, Der Reichstagsbrand – Alibi der Nation? Hintergründe einer Kontroverse, in: Der Spiegel, 16. 10. 1972. S. 80–87.

im „Führer“ das Symbol des Guten schlechthin verkörpert sah, wandelte sich dies nach 1945 insofern, als Hitler nunmehr für alles verantwortlich gemacht wurde.[57] Der Hitler-Mythos[58] blieb in anderer Form erhalten. Wer Hitler die Verantwortung für den Reichstagsbrand aufbürdet, bedient sich einer entlastenden Argumentationsfigur. Der stereotyp wiederkehrende Hinweis auf das verführte und getäuschte deutsche Volk hat eine Alibifunktion, ist zudem nicht frei von apologetischen Zügen. Der „einseitige Hitlerismus“,[59] zu dem auch die vermeintliche nationalsozialistische Inszenierung des Reichstagsbrandes passt, begünstigt somit eine Verharmlosung der nationalsozialistischen Dynamik und basiert auf einer „Überkriminalisierung Hitlers“.[60] Eine solche Einschätzung ist immer noch verbreitet und fördert damit das Festhalten an einer Legende. Drittens ist die Kontroverse um die Täterschaft mit dem strittigen Komplex „Totalitarismus“ und „Polykratie“ im Hinblick auf das „Dritte Reich“ verzahnt. Wer nämlich die Totalitarismus-Variante bevorzugt, neigt dazu, eine planmäßige Machteroberung von oben anzunehmen; wer hingegen dem Polykratie-Paradigma nahesteht, betont stärker die Fähigkeit der nationalsozialistischen Führung zur Improvisation. Diese „Schlachtordnung“ zeigt sich nun auch bei der Kontroverse um den Reichstagsbrand.[61] Hofer, Exponent des Totalitarismus-Ansatzes, fand – wenn auch abgestufte – Unterstützung bei prominenten Anhängern dieser Richtung (z. B. Bracher, Hillgruber, Hildebrand), die Mommsen als einem der führenden Protagonisten der anderen Richtung Paroli bieten zu müssen glaubten, sich daher gern auf die zweifelhaften „Forschungs“-Ergebnisse Hofers ein- und verließen;[62] der hatte dem „Revisionismus“ Mommsens den Kampf angesagt und sich zu der These verstiegen, die Theorie von der Alleintäterschaft sei „zu einem Eckstein des revisionistischen Gebäudes emporstilisiert“[63] worden. Der Streit um die Einordnung des Nationalsozialismus hat sich

---

57 Vgl. ders., Betrachtungen, in: Uwe Backes u.a. (Anm. 2), S. 244–249.

58 Vgl. dazu die wegweisende Studie von Ian Kershaw, Der Hitler-Mythos. Volksmeinung und Propaganda im Dritten Reich, Stuttgart 1980.

59 Hans Mommsen, Betrachtungen (Anm. 23), S. 247.

60 So Werner Klose, Reichstagsbrand als Forschungsskandal?, in: Geschichte, Politik und ihre Didaktik 14 (1986), S. 17.

61 Eine Ausnahme ist Eberhard Jäckel, der trotz seiner Sicht als „Programmologe“ nicht an einen Plan der Nationalsozialisten beim Reichstagsbrand glaubt. Vgl. ders. (Anm. 11), S. 157.

62 Ähnlich lautet auch die Argumentation von Ulrich von Hehl (Anm. 4), S. 272.

63 Walther Hofer, 50 Jahre danach – über den wissenschaftlichen Umgang mit dem Dritten Reich, in: Rudolf Lill/Heinrich Oberreuter (Hrsg.), Machtverfall und Machtergreifung. Aufstieg und Herrschaft des Nationalsozialismus, München 1983, S. 199. Dass Hofer Mommsens „Revisionismus“ stereotyp als Verharmlosung des Nationalsozialismus bezichtigt, spricht für sich. Für Edouard Calic gar ist Mommsen „der Papst der Revisionisten“. So ders., Die „Zeit“-Kabalen (Anm. 42), S. 10. Denkt man an den so genannten „Historikerstreit“, sind die Fronten geradezu vertauscht. Der Verfasser kann sich nicht der in zahlreichen Abhandlungen vertretenen These Mommsens anschließen, ein „Revisionismus“ im Hinblick auf den Nationalsozialismus sei am Werk. Vgl. Eckhard Jesse, „Vergangenheitsbewältigung“ in der Bundesrepublik Deutschland, in: Der Staat 26 (1987), S. 539–565. Auch dieser Hinweis macht deutlich, dass es bei der Reichstagsbrandkontroverse nicht um den Kampf von Schulrichtungen gehen darf. Fälschungen müssen aufgedeckt werden!

„dann gleichsam in Form von Stellvertreterkriegen auch auf Einzelprobleme erstreckt, beispielsweise nach den Urhebern des Reichstagsbrandes."[64] Aber eine solche Konsequenz ist ebenso absurd wie wunderlich, denn ein Ereignis wie der Reichstagsbrand muss systematisch rekonstruiert werden, unabhängig davon, welchem Paradigma man zuneigt, da dieses einen historischen Hergang nicht erklären kann. Im Übrigen sind Totalitarismus und Polykratie auf unterschiedlichen Ebenen angesiedelt und insofern gar keine Gegensätze.[65] Durch die Verquickung der Reichstagsbrandkontroverse mit den theoretischen Einordnungsversuchen des „Dritten Reiches" ist Hofer bislang die Verschleierung des Fälschungscharakters der „Dokumente" erleichtert worden.

Viertens sind Seilschaften tangiert. Dies ist ein besonders heikler und prestigeträchtiger Punkt, der gleichwohl ohne Rücksicht auf Interessen und Namen zur Sprache gebracht werden muss. Bei Walther Hofer handelte es sich immerhin um einen einflussreichen Schweizer Historiker, dem sich viele angesehene Kollegen (und deren Schüler) verbunden fühl(t)en. Das Autorenteam des Piper-Bandes hingegen verkörpert keine „Seilschaft", was die Glaubwürdigkeit erhöht, die Durchschlagskraft ihrer Argumente freilich schwächt, zumal nur zwei Vertreter der „Zunft" (angesichts ihrer provokativ-anregenden Beiträge auf anderen Gebieten zudem nicht überall mit hoher „Akzeptanz" ausgestattet) beteiligt sind. Es vertritt vielmehr höchst unterschiedliche wissenschaftliche, wissenschaftstheoretische, politische Vorstellungen und fand sich nach negativen Erfahrungen mit dem Komitee aus einem einzigen Grunde zusammen, nämlich um dessen Fälschungen und wissenschaftsfremde Machenschaften öffentlich aufzudecken. Renommierte Historiker, die dem Komitee, das ständig mit einem „name dropping" operierte, aus welchen Gründen auch immer auf den Leim gegangen waren, befürchten nicht zu Unrecht eine Gesichtseinbuße und sind offenbar nicht bereit, sich von einem dubiosen[66] Unternehmen loszusagen.

Fünftens konnten sich die Fälschungen deshalb so lange behaupten, weil viele und besonders angesehene Historiker nicht glauben wollten, dass sich Hofers mit öffentlichen Vorschusslorbeeren bedachte Forschungsgruppe zur Erreichung eines ihnen genehmen Resultats Fälschungen bediente. Es entstand weiter der Eindruck, die in der Tat ausgeuferte Thematik sei so komplex, dass man als Außenstehender im Hinblick auf die Frage nach der Täterschaft überfordert ist. Hofer trug dazu bei, indem er die „Dokumente" mit einem „labyrinthartigen Gewirr von Anmerkungen und Querver-

---

64 Horst Möller, Es kann nicht sein, was nicht sein darf. Plädoyer für die Versachlichung der Kontroverse über die Zeitgeschichte, in: „Historikerstreit". Die Dokumentation der Kontroverse um die Einzigartigkeit der nationalsozialistischen Judenvernichtung, München 1987, S. 327. Siehe auch ders., Zeitgeschichte – Fragestellungen, Interpretationen, Kontroversen, in: Aus Politik und Zeitgeschichte B 2/1988, S. 3–16. Es ist dringend notwendig, dass der enge Zusammenhang zwischen einer prinzipiellen Gesamtdeutung und den Ergebnissen der konkreten Einzelforschung aufgebrochen wird.

65 Vgl. auch Uwe Backes, Die Reichstagsbrand-Kontroverse zwischen den Mühlsteinen von Wissenschaft, Poltik und Öffentlichkeit, in: Liberal 28 (1986), H. 4, insbes. S. 75–77.

66 Die Berechtigung dieses Adjektivs belegt zur Genüge der Beitrag von Uwe Backes, Das Internationale Komitee zur wissenschaftlichen Erforschung der Ursachen und Folgen des Zweiten Weltkrieges, in: Ders. u.a. (Anm. 2), S. 88–114.

weisen [versehen ließ], durch das sich kaum jemand hindurchfindet und das nicht zufällig eine abschreckende Wirkung hat."[67] Auch das Institut für Zeitgeschichte leistete einer solchen Vermutung mit seiner Erklärung zu der „Zeit"-Serie von 1979 indirekt Vorschub, „dass die Aufklärung dieser spektakulären politischen Brandstiftung heute einen kriminalistischen Aufwand erfordert, wie ihn gerade ein Forschungsinstitut mit festen Aufgaben nicht treiben kann, und dass die Methoden mancher sogenannter Reichstagsbrandforscher einer Durchleuchtung bedürfen, die wiederum nur kriminalistisch zu nennen ist und den Historiker zeitlich und technisch ebenfalls überfordert."[68] So sehr Martin Broszat auch die Einzeltäterschaft van der Lubbes als gegeben ansah,[69] konnte doch der Hinweis in dem Sinne verstanden werden, die Materie sei für eine Analyse und Beurteilung einfach zu kompliziert.

Es fällt schwer, sich damit abzufinden, dass der Wissenschaftsbetrieb in einer offenen Gesellschaft derart leisetreterisch gegenüber offenkundigen Fälschungen operiert und der Durchschlagskraft des rationalen Arguments angesichts mannigfacher Einwirkungsversuche enge Grenzen gesetzt sind, selbst wenn man die komplexe Interessenlage sowie die emotions- und tabubesetzte Thematik berücksichtigt. Gewiss, „lebensweltliche" Vorstellungen prägen wissenschaftliche Ergebnisse, „wenn auch das bedenkliche Auseinanderklaffen von nationalpädagogischem Motiv und Wahrheitsstreben nicht immer so konkret und so bedenklich fassbar ist wie etwa bei der Schuldzuweisung für den Reichstagsbrand (W. Hofer)."[70] Die erwähnten Widerstände[71]

67 So zutreffend Henning Köhler, S. 214. In der Tat haben die Hinweise auf Quellen aus öffentlich zugänglichen Archiven „ohnehin nur eine mehr verschleiernde Funktion" (ebd., S. 168).

68 Martin Broszat, Ein Sumpf wurde trockengelegt, in: Karl-Heinz Janßen, Geschichte (Anm. 6), S. 55.

69 Entsprechend aggressiv ist die Gegnerschaft des „Luxemburger Komitees" zum Institut für Zeitgeschichte. Vgl. Pierre Grégoire (Anm. 32), S. 412: „Es ist unerträglich, wenn in einer parlamentarischen Demokratie eine unwissenschaftliche These mit Hilfe öffentlicher Mittel verbreitet wird, wenn eine Polemik, die dem parlamentarischen System und der Demokratie Schaden zufügt, mit pseudowissenschaftlichen Argumenten angeheizt wird." Eben!

70 So Karl-Ernst Jeismann, „Identität" statt „Emanzipation", in: Aus Politik und Zeitgeschichte B 20–21/86, S. 8.

71 Es sind nur die wichtigsten genannt worden. Ferner wäre etwa an folgende zu denken: (1) Der Reichstagsbrand mit seinen Konsequenzen ist zu einem Mythos geworden, und es fällt gerade jenen sehr schwer, die die bitteren Folgen wie Emigration am eigenen Leib erfahren mussten, sich damit abzufinden, dass die Nationalsozialisten wohl den Brand ausnutzten, ihn aber nicht legten. Diese mussten in ihrer Diabolie einfach die Täter sein. Insofern ließ man sich von den gefälschten Dokumenten bereitwillig blenden. Sie entsprachen den eigenen Vor-Urteilen. (2) Auch das forsche Auftreten von Kombattanten des „Luxemburger Komitees" erweckte bei Uneingeweihten zum Teil den – gewünschten – Eindruck, als sei an den „Dokumenten" „etwas dran", soll die Arbeit doch, so der stereotyp wiederholte Hinweis, auf Studien eines interdisziplinären Forschungsteams basiert haben. Vgl. etwa Pierre Grégoire (Anm. 32), S. 408: „Die historische Forschung hat erwiesen, dass das, was auf den Gebieten Politologie, Rechtswissenschaft, Kriminologie, Thermodynamik, forensische Chemie, Psychiatrie und wissenschaftliche Publizistik bereits rein theoretisch ermittelt wurde, dann auch durch diese Zeugenaussagen und die Überprüfung der Dokumente empirisch bestätigt werden kann. Damit fanden die theoretischen Schlussfolgerungen als Grunderfordernis der Wissenschaft ihre Bestätigung im Experiment." (3) Außerdem ist der Glaube an die Tat eines einzelnen ohne Mittäter und Hintermänner nicht sonderlich groß, zumal der Plenarsaal völlig ausbrannte. Verschwörungen

machen aber plausibel, welche Energie es insbesondere Tobias gekostet hat, der historischen Wahrheit zum Durchbruch zu verhelfen. Eine Gewichtung jener Faktoren, die es erschwerten, dass die Fälschungen als das bezeichnet werden, was sie sind,[72] soll unterbleiben. Ihr jeweiliger Stellenwert hängt u. a. davon ab, ob die Wissenschaft oder die Öffentlichkeit tangiert sind. So spielen „volkspädagogische" Topoi in der breiten Öffentlichkeit eine größere Rolle als in der Wissenschaft, wo wiederum Prestigegesichtspunkte eine ganz besondere Priorität besitzen.

III.

Das „Possenspiel"[73] hat zwar für Eingeweihte faktisch ein Ende gefunden; von einem „Glaubens-Krieg"[74] konnte und kann keine Rede sein. Die auch von Haungs goutierte Position, „dass die Nationalsozialisten das Ereignis ausgenutzt haben – wer auch immer den Brand gelegt haben mag",[75] ignoriert einen eindeutigen Sachverhalt: Fritz Tobias und Hans Mommsen haben die Einzelgängerschaft van der Lubbes längst nachgewiesen, und es ist in der Tat auffallend, dass viele Autoren irgendwelche vagen Einwände kundtun, aber „sich auf eine Detaildiskussion lieber nicht... einlassen."[76] Die

---

erfreuen sich nun einmal großer Beliebtheit, und man neigt dazu, entgegenstehende Fakten zu verdrängen. Hinzu kam, dass das „Luxemburger Komitee" 1972 einen „Negativbeweis" für die Tat eines Einzelnen erbracht haben wollte. Dazu Alfred Berndt, Zur Entstehung des Reichstagsbrandes. Eine Untersuchung über den Zeitablauf, in: Vierteljahrshefte für Zeitgeschichte 23 (1975), S. 77–90. (4) Da die These von der Einzelgängerschaft van der Lubbes zunächst von einem Außenseiter, der prominenten Schulwissenschaftlern schwere Fehler in ungewohnter Form vorwarf, begründet wurde, entstanden auf dieser Seite Ressentiments, die den Nachweis der Fälschungen erschwerten. Die Negativ-Fixierung auf Tobias kam Calic zugute. (5) Angesichts der häufig leichtfertigen Verwendung des Begriffs „Fälschung" glaubte man z.T., es handle sich lediglich um Interpretationsdifferenzen, Verkürzungen und Verdrehungen, wie sie bei harten Kontroversen nun einmal zum Ritual der gegenseitigen Vorwürfe gehören. Die Behauptung systematischer Quellenfälschung wurde vielerorts nicht für bare Münze genommen.

72 Selbst Ulrich von Hehl, der in der Sache deutlich die Alleintäterschaft van der Lubbes favorisiert, vermeidet es, von „Fälschungen" zu sprechen. Aufgrund der Tatsache, dass das Bundesarchiv Hofer eine Echtheitsbestätigung verweigert hat, weil Originale nicht oder nicht mehr da sind, folgert von Hehl recht gewunden: „Hierdurch wird auch die Beweiskraft der gleichfalls abgedruckten nachträglichen Zeugenvorbringungen entscheidend tangiert, und zwar völlig unabhängig von ihrer formalen Echtheit, zumal gerade Hofer die wechselseitige Bestätigung von zeitgenössischen Dokumenten *und* späteren Zeugenaussagen als besonders aussagekräftig hervorgehoben hat." So etwas euphemistisch ders. (Anm. 4), S. 275 (Hervorhebung im Original). Gegen die „Dokumente" lassen sich wohl mehr als „quellenkritische Bedenken" (ebd., S. 277) vorbringen. Auch sonst umgeht von Hehl heikle Fragen, indem er sich beispielsweise weder mit dem Komitee an sich auseinandersetzt noch den Quellenwert der „Dokumente" überprüft. Er stützt seine negative Auffassung über diese ausschließlich auf das Bundesarchiv.

73 Uwe Backes, Die Reichstagsbrand-Kontroverse (Anm. 65), S. 73.

74 So aber auch Ulrich von Hehl (Anm. 4), S. 273.

75 Peter Haungs (Anm. 1), S. 541.

76 Hans Mommsen, Betrachtungen (Anm. 23), S. 240.

offenen Fragen,[77] die man mit guten Gründen unterschiedlich beantworten kann, betreffen nicht das Problem der Täterschaft. Wenig einleuchtend sucht Karl Dietrich Bracher sein Engagement im „Luxemburger Komitee“ damit zu rechtfertigen, „dass man über die apodiktischen Behauptungen des Tobias-Buches hinausgelangen und die Offenheit der Forschungslage betonen muss. Indizien stehen gegen Indizien, und jeder Wissenschaftler sollte weiterhin das Für und Wider wägen können, statt verdächtigt zu werden, wenn er den endgültigen Lösungsanspruch der Tobias-Seite nicht anerkennt.“[78] Leider erörtert Bracher weder die „Indizien“, die für die eine oder andere Version sprechen noch den Fälschungsvorwurf. Es geht nicht darum, etwa neue Forschungen abzublocken, sondern Fälschungen, die ja wohl keinen Beitrag zur „Offenheit der Forschungslage“ sein können, in aller Deutlichkeit anzuprangern. Leider unterlässt dies der Bonner Emeritus, der für einen dritten, angeblich seit einem Jahrzehnt (!) zur Drucklegung fertig gestellten Dokumentationsband des „Luxemburger Komitees“ einen Beitrag geschrieben haben soll (in dem bereits 1978 abgedruckten Inhaltsverzeichnis findet man auch Abhandlungen von Kogon und Roegele angekündigt).[79] Ginge es Bracher tatsächlich um die „Offenheit der Forschungslage“, dann müsste er ganz massiv Hofer kritisieren, der sich doch vehement gegen „Offenheit“ ausspricht und die Täterschaft der Nationalsozialisten längst nachgewiesen zu haben meint.[80]

Der Wissenschaftsskandal, der dieser Cause celebre innewohnt, scheint also weiterzugehen – 55 Jahre nach dem folgenschweren Ereignis, fast 30 nach der Beweisführung durch Tobias (und 25 nach der von Mommsen), 20 Jahre nach Gründung des „Luxemburger Komitees“ und 10 nach Veröffentlichung der Fälschungen! Wie lange soll dies denn noch dauern?[81] Als Friedrich Zipfel das Wort vom „Wissenschaftsskandal“ 1963 auf die Kontroverse zum Reichstagsbrand bezog, meinte er insbesondere die bereits zitierte Äußerung Golo Manns zur Alleintäterschaft van der Lubbes („sozusagen volkspädagogisch unwillkommen“).[82] Mittlerweile ist ein Vierteljahrhundert vergangen, und

77 Einige sind aufgeworfen bei Eckhard Jesse, Der Reichstagsbrand – 55 Jahre danach (Anm. 36), insbes. S. 210 f. Keine „offene Frage“ ist die, die jüngst ein amerikanischer Autor gestellt hat: Marin Pundeff, Dimitrov at Leipzig: Was There a Deal?, in: Slavic Review 45 (1986), S. 545–549.

78 Karl Dietrich Bracher, Leserbrief, in: Die Zeit, 26. 10. 1979, S. 65.

79 Vgl. Edouard Calic, Der Reichstagsbrand (Anm. 32), S. 441.

80 Der Verfasser schätzt das wissenschaftliche Werk Brachers über alle Maßen, hält gleichwohl (oder gerade deswegen) eine Kritik an dessen lavierendem Verhalten in dieser leidigen Angelegenheit für unerlässlich. Es sei nicht oft genug betont: Die Frage der Fälschungen darf keineswegs mit der Vorliebe für bestimmte theoretische Grundpositionen vermengt werden!

81 Unfreiwillig komisch ist das Diktum von Pierre Grégoire (Anm. 32), S. 410: „Die ‚Reichstagsbrandenthüllung‘ und die Auseinandersetzung über die Legitimität der Diktaturproklamation kann nicht ad absurdum oder ad Calendas graecas geführt werden, weil jemand nicht erkennt oder nicht erkennen will, dass die Tätigkeit des Wissenschaftlers ihm Verpflichtungen auferlegt. Zehn Jahre einer unfruchtbaren Auseinandersetzung sind genug.“

82 Vgl. Friedrich Zipfel, Der Fall „Reichstagsbrand“ – ein Wissenschaftsskandal, in: Neue Politische Literatur 8 (1963), S. 413–426. Zipfel war ursprünglich auf der Seite von Tobias, schloss sich später aber dem „Luxemburger Komitee“ an und firmierte neben Hofer, Calic und Graf als Herausgeber des zweiten Dokumentationsbandes.

viele Kapitel sind in dieser Chronique scandaleuse geschrieben worden. Dabei geht es keineswegs nur um Fälschungen, sondern auch um Machenschaften anderer Art wie Einschüchterungskampagnen, Denunziationsversuche und Intrigen. Sollte es nicht an der Zeit sein, dass diejenigen, die sich vom „Luxemburger Komitee" gutgläubig haben einspannen lassen, endlich ihren Irrtum eingestehen? So fragten – unter Anführung renommierter Namen – Janßen und Haungs, doch ist bisher keine Distanzierung bekannt geworden. Dagegen hat Hofer mehrfach den Eindruck erweckt, als stünde „eine ganze Reihe von führenden deutschen NS-Spezialisten"[83] hinter ihm. Wohlweislich nennt er keine Namen, aber diese „führenden deutschen NS-Spezialisten" müssten nun eine substanzielle Stellungnahme abgeben – sei es, dass sie für Hofer eintreten, sei es, dass sie sich dessen Bezugnahme öffentlich verbitten.

Nach Heinz Maier-Leibnitz, dem früheren Präsidenten der Deutschen Forschungsgemeinschaft, sind Wissenschaftler „durch die akademische Ethik zur Wahrheitssuche, also zur Berücksichtigung aller, auch der für uns ungünstigen Argumente, verpflichtet".[84] Hofer, der das unter bestimmten Bedingungen – z. B. Verzicht auf Polemik und vorherige Prüfung durch Sachverständige – gegebene Angebot des Verlegers Haraldt Boldt[85] zur Veröffentlichung der Dokumentation ausschlug, hat nicht nur gegen diese Prinzipien der akademischen Ethik verstoßen. Als Präsident der so genannten Reichstagsbrand-Kommission des „Luxemburger Komitees", eines „Schwindelunternehmens",[86] hat er Machenschaften initiiert und gedeckt, die bei weitem das Maß dessen überschreiten, was einem Wissenschaftler selbst in einem harten wissenschaftlichen Meinungskampf erlaubt sein darf. Aber es wäre unfair, wollte man nur Hofer anprangern oder gar die Kritik auf Calic abwälzen, der mit seinem grandiosen Gauklerspiel immerhin zwei Jahrzehnte lang versierte Zeithistoriker zumindest irritieren, wenn nicht irreführen konnte. Von Helmut F. Spinner stammt eine kürzlich erschienene harsche Kritik des Wissenschaftsbetriebes – es zähle nicht allein die Leistung eines free climbers, sondern auch die Reputation desjenigen, der ein Forschungsergebnis vorlegt. „Da nur die kollegial anerkannte Originalität tatsächlich ‚gilt', ist wissenschaftliche

83 Walther Hofer, Reichstagsbrand (Anm. 3), S. 30. Siehe auch ders., Und die Nazis (Anm. 14): „Wenn Mommsen und auch Janßen in der ‚Zeit' sich beklagen, dass namhafte deutsche Spezialisten der Geschichte des Dritten Reiches sich bislang nicht für ihre Alleintäterschaftsthese zu begeistern vermochten, so kann man jetzt schon sagen, dass diese führenden Historiker nach dem Erscheinen dieses Elaborats, das auf über 300 Seiten kein einziges neues Beweisstück bringt, wohl noch weniger Lust dazu haben werden. Mehrere von ihnen haben mir in den letzten Tagen bereits klare dahingehende Verlautbarungen zukommen lassen und insbesondere das diffamierende Vorgehen dieser Leute als ‚empörend' und ‚skandalös' bezeichnet." Als sei es darum gegangen, „neue Beweisstücke" zu finden.

84 Heinz Maier-Leibnitz, Beweisen ist nicht genug, in: Elisabeth Noelle-Neumann/ders., Zweifel am Verstand. Das Irrationale als die neue Moral, Zürich 1987, S. 62.

85 Vgl. Haraldt Boldt, Leserbrief, in: Die Zeit, 26. 10. 1979, S. 65; Brief von Haraldt Boldt an Fritz Tobias v. 14. 6. 1986 (Archiv Tobias).

86 Uwe Backes, Das Internationale Komitee, in: Ders. u. a. (Anm. 2), S. 92. Zur Charakterisierung dieses sinistren Komitees mit dem hochtrabenden Namen vgl. ebd., S. 88–114.

Unoriginalität, ja sogar Unproduktivität sozial kompensierbar."[87] Wer die leidige Reichstagsbrandkontroverse betrachtet, dem könnte es scheinen, als sei sogar das Hantieren mit Fälschungen „sozial kompensierbar". Spätestens bei einem solchen Verstoß gegen das wissenschaftliche Ethos sollte der Sanktionsmechanismus der Zunft einsetzen, zumal die Folgen der Wahrheit in diesem Fall ohne Missbrauchsmöglichkeit sind.[88] Hofer kann sich also nicht darauf berufen, er sei zu seiner Art der „Forschung", die den Erkenntnisfortschritt desavouiert, moralisch verpflichtet gewesen, um Schlimmeres zu verhüten. Der Berner Historiker deutet dies freilich indirekt mit jenem von Haungs zitierten Diktum an: „Wenn nämlich bewiesen werden könnte, dass die Nationalsozialisten zu Unrecht verdächtigt werden, den Reichstagsbrand inszeniert zu haben, so könnte versucht werden, den gleichen ‚Beweis' auch für die anderen Verbrechen … zu erbringen."[89]

Teile der Zeitgeschichtsforschung haben gegen Maximen des wissenschaftlichen Ethos verstoßen. Schließlich ist die Frage, ob es sich um Fälschungen handelt oder nicht, bekanntlich leicht zu entscheiden – wenn man denn an ihrer Klärung interessiert ist. Hier ergibt sich eine beträchtliche Diskrepanz zwischen der Hinwendung zu mit viel Aplomb erörterten diffizilen methodologischen Problemen und der geradezu leisetreterischen Behandlung einer konkreten Sachfrage, deren Klärung dem Forscher kein Renommee verspricht, wohl aber einigen Ärger. Es waren der seit mehr als drei Jahrzehnten wie kein zweiter mit der Materie vertraute Außenseiter Fritz Tobias und der „Zeit"-Journalist Karl-Heinz Janßen – für Hofer hat dieser „die Hatz gegen unsere Forschungsergebnisse eröffnet" –,[90] die als erste den Skandal publik gemacht haben. Bei den Fachhistorikern stand Hans Mommsen – als dritter – lange Zeit nahezu allein auf weiter Flur. Eine deutsche Universität sollte Tobias als eine Art Wiedergutmachung den Ehrendoktor zuerkennen, hat er sich doch um die historische Wissenschaft verdient gemacht. Stattdessen ist Walther Hofer im Jahre 1984 das Große Verdienstkreuz der Bundesrepublik Deutschland wegen seiner Objektivität bei der Erforschung des Nationalsozialismus verliehen worden…

Wer das Versagen der westdeutschen Zeitgeschichtswissenschaft[91] in dieser Frage mit dem Argument herunterzuspielen geneigt ist, es handle sich um eine „Detailquerele",[92] hat zwar insofern recht, als der Reichstagsbrand in der Tat keineswegs von überragender Bedeutung für die Einschätzung des Hitler-Regimes ist, verschiebt aber seine Argumentation auf ein völlig anderes Gleis. Nicht die Relevanz des Streitobjek-

87 Helmut F. Spinner, Das ‚wissenschaftliche Ethos' als Sonderethik des Wissens, Tübingen 1985, S. 36 (Hervorhebung im Original).

88 Zu diesem Problem ebd., S. 111–165.

89 Zitiert nach Peter Haungs (Anm. 1), S. 540.

90 Walther Hofer, Reichstagsbrand (Anm. 3), S. 30.

91 In Großbritannien und den USA haben sich die Forschungsergebnisse von Tobias und Mommsen relativ schnell durchgesetzt, während in Frankreich die Position von der Alleintäterschaft – nicht zuletzt aufgrund des großen Einflusses der Widerstandsverbände – klar in der Minderheit ist.

92 So Ulrich v. Hehl (Anm. 4), S. 279.

tes stand zur Debatte, sondern ein Sammelsurium handfester Fälschungen. Dies jedoch dürfte wohl keine „Detailquerele" sein.

Im übrigen sind es das „Luxemburger Komitee" und insbesondere Walther Hofer, die dem Reichstagsbrand die irrational hohe Bedeutung beimessen (insofern den sektiererischen Charakter der mehr in moralisierendem Ton als in wissenschaftlichem Geist geführten Debatte zu verantworten haben), da es für den Berner Historiker unter moralischen Gesichtspunkten nicht gleichgültig ist, ob die Nationalsozialisten den Brand legten oder ihn lediglich für ihre Strategie kaltblütig einsetzten.[93] Wenn Klaus Hildebrand darauf verweisen zu müssen glaubt, „durchgehend" sei von der Geschichtswissenschaft betont worden, „dass die Frage nach der Reichstagsbrandtäterschaft an sich nicht überschätzt werden darf',[94] so rechnet er implizit (wenn auch unfreiwillig) die „Forschungen" des Komitees nicht zur „Geschichtswissenschaft". In diesem Punkt hat Hildebrand allerdings recht. Hofers zweiter Dokumentationsband wollte „den vollen Beweis der Nazitäterschaft liefern und zwar praktisch ausschließlich aufgrund neuer Materialien, die noch nie ausgewertet oder auch nur gesichert worden sind. Damit ist die ganze Reichstagsbrandforschung auf eine völlig neue Grundlage gestellt worden. Die seinerzeit mit apodiktischer Gebärde aufgestellte Behauptung, es gebe in Sachen Reichstagsbrand keine Archive, die sich später öffneten, und ‚keine verborgenen Dokumente', aus denen später die geschichtliche Wahrheit rekonstruiert werden könnte, ist in einem Ausmaße widerlegt worden, wie wir es uns kaum vorzustellen wagten. Die wichtigsten Dokumente werden denn auch in diesem zweiten Band veröffentlicht werden, auf dass sich jeder am Material selbst informieren kann"[95] – was getan worden ist. Die Prüfung ist vernichtend ausgefallen. Spätere Generationen dürften den unter der Verantwortung Hofers publizierten einzigartigen „Dokumenten", die die Reichstagsbrandforschung in der Tat „auf eine völlig neue Grundlage" gestellt haben, mehr als eine Fußnote widmen, freilich in einer sinistren Rubrik. Sollte Hofer anderer Meinung sein, müsste er endlich zur Sache antworten und Farbe bekennen.

---

93 Vgl. Walther Hofer u. a., Der Reichstagsbrand (Anm. 3), S. 13 f.

94 Klaus Hildebrand, Monokratie (Anm. 4), S. 75, Anm. 9.

95 So Walther Hofer, Die Reichstagsbrandforschung beseitigt endlich pseudohistorischen Schutt, in: Edouard Calic, Der Reichstagsbrand (Anm. 32), S. XVI.

„Vergangenheitsbewältigung“ in der Bundesrepublik Deutschland

I.

Es gibt nicht nur eine „vergangene Gegenwart“[1], sondern auch eine gegenwärtige Vergangenheit. Diese These wird wohl durch nichts so untermauert wie durch die derzeitige Kritik an den Verbrechen der Nationalsozialisten und den (tatsächlichen oder vermeintlichen) Versäumnissen der Vergangenheitsbewältigung in führenden Periodika wie „Zeit“ und „Spiegel“. Es geht überhaupt nicht um die – übrigens uneinheitliche – Tendenz der Beiträge. Ein Politikum ist vielmehr, dass der Nationalsozialismus (und die Auseinandersetzung mit ihm) in zunehmendem Maße die Aufmerksamkeit der Öffentlichkeit findet. Die „Last der Vergangenheit“[2] wurde nicht abgetragen, sondern – paradoxerweise – noch weiter aufgetürmt. Hermann Lübbe hat insoweit recht, als er auf der internationalen Konferenz zur 50. Wiederkehr der nationalsozialistischen Machtübernahme folgende provozierende Worte kundtat: „Die Intensität der Beschäftigung mit dem Nationalsozialismus ist mit der Zahl der Jahre, die uns vom Zusammenbruch seiner Herrschaft trennen, gewachsen. Mit der größeren temporalen Distanz von den zwölf Jahren des ‚Dritten Reiches' ist kein Effekt des Verblassens der Erinnerung an diese im wachen zeitgenössischen Bewusstsein verbunden gewesen. Ganz im Gegenteil hat die kulturelle und politische Aufdringlichkeit dieser Erinnerung zugenommen. Die Position des Nationalsozialismus hat im Vergangenheitshorizont der Deutschen emotional an Aufdringlichkeit gewonnen, je tiefer er chronologisch in diesen Vergangenheitshorizont zurückgesunken ist.“[3] Mochte Lübbe vielleicht die Aufsehen erregende Holocaust-Serie[4] und die eine oder andere „Hitler-Welle“[5] mei-

---

1 Burghard Freudenfeld, Vergangene Gegenwart, in: Hans-Joachim Netzer (Hrsg.), Adenauer und die Folgen. Siebzehn Vorträge über Probleme unseres Staates, München 1965, S. 7–23.

2 Vgl. Hans Mommsen, Die Last der Vergangenheit, in: Jürgen Habermas (Hrsg.), Stichworte zur ‚Geistigen Situation der Zeit', 1. Band, Frankfurt a.M. 1979, S. 164–183.

3 Hermann Lübbe, Der Nationalsozialismus im politischen Bewusstsein der Gegenwart, in: Martin Broszat u.a. (Hrsg.), Deutschlands Weg in die Diktatur. Internationale Konferenz zur nationalsozialistischen Machtübernahme im Reichstagsgebäude zu Berlin. Referate und Diskussionen. Ein Protokoll, Bonn/Berlin 1983, S. 329. Hier deckt sich übrigens die Position von Lübbe mit der von Jürgen Habermas, Keine Normalisierung der Vergangenheit, in: Ders., Eine Art Schadensabwicklung, Berlin 1987, S. 11.

4 Vgl. u.a. Peter Märtesheimer/Ivo Frenzel (Hrsg.), Im Kreuzfeuer: Der Fernsehfilm Holocaust. Eine Nation ist betroffen, Frankfurt a.M. 1979; Friedrich Knilli/Siegfried Zielinski (Hrsg.), Holocaust zur Unterhaltung, Berlin 1982.

5 Dieser Ausdruck ist insofern etwas unglücklich, als sich darunter höchst unterschiedliche Sachver-

nen, so haben inzwischen erst recht „die emotionalisierenden und politisierenden Potenzen, die in der Auseinandersetzung mit dem Nationalsozialismus stecken, ... an Virulenz gewonnen und nicht etwa abgenommen“[6]. Man muss nur an die Begleitumstände und die Aufregung um den Bitburg-Besuch Reagans denken, die irrlichternde Auseinandersetzung um das Theaterstück von Fassbinder („Der Müll, die Stadt und der Tod“), die Aufsehen erregende Rede des Bundespräsidenten Richard von Weizsäcker zur vierzigsten Wiederkehr der Kapitulation, die Kampagne gegen den österreichischen Bundespräsidenten Waldheim, den Barbie-Prozess, die Konzeption der beiden historischen Museen, die Debatte im Hinblick auf die Frage, ob diejenigen, die die Massenvernichtung der Juden bestreiten, bestraft werden sollen, oder an (aufgebauschte) Politikeräußerungen über Juden, die vielfach als antisemitisch eingestuft worden sind.

II.

Höhepunkt dieser Querelen ist der durch einen Artikel von Ernst Nolte[7] und die scharfe Reaktion von Jürgen Habermas[8] ausgelöste sogenannte „Historikerstreit“, in dessen Gefolge eine Vielzahl von Beiträgen erschienen ist. Es ist nicht beabsichtigt, diese Auseinandersetzung in all ihren Schattierungen nachzuzeichnen, einzuordnen und zu bewerten. Vielmehr zielt der vorliegende Beitrag auf die Prüfung der Frage, ob und inwiefern der weit über die Grenzen der historischen Zunft reichende Streit in erster Linie Probleme der Vergangenheitsbewältigung betrifft und vielleicht auch von daher seine Brisanz gewinnt.

Ernst Nolte hatte in seinem FAZ-Artikel die Frage aufgeworfen, „ob bei jenem Nichtvergehen der Vergangenheit auch Interessen im Spiel waren oder sind“, z.B. „die Interessen der Verfolgten und ihrer Nachfahren an einem permanenten Status des Herausgehoben- und Privilegiertseins“[9]. Er stellt deutlich fest, dass sich die Politik Hitlers nicht im Mindesten rechtfertigen lasse, betont gleichwohl die Notwendigkeit, die nationalsozialistische Vergangenheit in ihrer Komplexität zu erfassen. Es ist die in Frageform gekleidete These Noltes, dass der Archipel GULag ursprünglicher sei als der „Rassenmord“ der Nationalsozialisten, die Angst vor dem Bolschewismus empfanden.

halte verbergen (können): von apologetischen, das NS-System aufwertenden Schriften über kommerzielle Produkte bis zu wichtigen Werken zur Erforschung des Nationalsozialismus. Vgl. Eberhard Jäckel, Literaturbericht. Rückblick auf die sogenannte Hitler-Welle, in: Geschichte in Wissenschaft und Unterricht 28 (1977), S. 695–710.

6 Hermann Lübbe (Anm. 3), S. 330.

7 Vgl. Ernst Nolte, Vergangenheit, die nicht vergehen will. Eine Rede, die geschrieben, aber nicht gehalten werden konnte, in: Frankfurter Allgemeine Zeitung v. 6. Juni 1986, S. 25.

8 Vgl. Jürgen Habermas, Eine Art Schadensabwicklung. Die apologetischen Tendenzen in der deutschen Zeitgeschichtsschreibung, in: Die Zeit v. 11. Juli 1986.

9 Ernst Nolte (Anm. 7), S. 25

Der Berliner Historiker plädiert entschieden dafür, historische Wahrheit dürfe nicht von Gesichtspunkten politischer Nützlichkeit abhängen. Der Sinn der Geschichte könne nur „im Freiwerden von der Tyrannei des kollektivistischen Denkens bestehen. Das sollte zugleich die entschiedene Hinwendung zu allen Regeln einer freiheitlichen Ordnung bedeuten, einer Ordnung, welche die Kritik zulässt und ermutigt, soweit sie sich auf Handlungen, Denkweisen und Traditionen bezieht, also auch auf Regierungen und Organisationen aller Art, die aber die Kritik an Gegebenheiten mit dem Stigma des Unzulässigen versehen muss, von denen die Individuen sich nicht oder nur unter größten Anstrengungen lösen können, also die Kritik an ‚den' Juden, ‚den' Russen, ‚den' Deutschen oder ‚den' Kleinbürgern. Sofern die Auseinandersetzung mit dem Nationalsozialismus gerade von diesem kollektivistischen Denken geprägt ist, sollte endlich ein Schlussstrich gezogen werden[10].

Die Kritik von Jürgen Habermas vier Wochen später war weitläufig angelegt. Zu den „apologetischen Tendenzen in der deutschen Zeitgeschichtsschreibung“, so der Untertitel seines „Zeit“-Artikels, rechnet er nicht nur die Thesen von Ernst Nolte, sondern auch die Positionen von Michael Stürmer, dem eine sinnstiftende Konzeption von Geschichtswissenschaft vorgeworfen wird[11], und Andreas Hillgruber, dem er vorhält, den deutschen Abwehrkampf im Osten zu heroisieren und die Judenvernichtung zu bagatellisieren[12]. „Der in der Rhetorik von Kriegsheftchen beschworenen ‚Zerschlagung des Deutschen Reiches' (die anscheinend nur an der ‚Ostfront' stattgefunden hat) steht das nüchtern registrierte ‚Ende des europäischen Judentums' gegenüber. Die ‚Zerschlagung' verlangt einen aggressiven Gegner, ein ‚Ende' stellt sich gleichsam von selber ein.“[13] Auch in die Konzeptionen für das „Deutsche Historische Museum“ in Berlin und das „Haus der Geschichte der Bundesrepublik“ in Bonn spielten „Gedanken des Neuen Revisionismus“[14] hinein. Gegen Nolte wendet Habermas u.a. ein, er stelle die Singularität der Judenvernichtung in Frage. Seine Thesen fügten sich in die Konzeptionen der „Ideologieplaner“ im Hinblick auf die Förderung des Nationalbewusstseins ein: „Die Nazi-Verbrechen verlieren ihre Singularität dadurch, dass sie als Antwort auf (heute fortdauernde) bolschewistische Vernichtungsdrohungen mindestens verständlich gemacht werden. Auschwitz schrumpft auf das Format einer technischen Innovation und erklärt sich aus der ‚asiatischen' Bedrohung durch einen Feind, der immer noch vor unseren Toren steht.“[15] Die vier „Revisionisten“ – noch nicht erwähnt ist der Bonner Historiker Klaus Hildebrand – stellten die „vorbehaltlose Öff-

---

10 Ebd., S. 25 (Hervorhebung im Original).

11 Vgl. Michael Stürmer, Dissonanzen des Fortschritts. Essays über Geschichte und Politik, München 1986.

12 Vgl. Andreas Hillgruber, Zweierlei Untergang. Die Zerschlagung des Deutschen Reiches und das Ende des europäischen Judentums, München 1986.

13 Jürgen Habermas (Anm. 8).

14 Ebd.

15 Ebd.

nung der Bundesrepublik gegenüber der politischen Kultur des Westens"[16] wieder in Frage. Habermas hatte geradezu eine Verschwörung der „Vierer-Bande" (Elie Wiesel)[17] ausgemacht.

Wohl kein historisches Thema hat in den letzten Jahren die wissenschaftliche Öffentlichkeit so bewegt und polarisiert wie diese bald unter dem Namen „Historikerstreit" apostrophierte Auseinandersetzung. Symposien und Ringvorlesungen an Universitäten fanden statt, zahlreiche Blätter stellten den Kombattanten (keineswegs nur aus den Reihen der Geschichtswissenschaft) ihre Seiten zur Verfügung, und auch das Ausland verfolgte die Diskussionen mit großem Interesse[18]. Das amerikanische Nachrichtenmagazin „Newsweek" sah sich gar zu einer Titelgeschichte veranlasst[19]. Mittlerweile sind die wichtigsten Beiträge[20] dieser nach wie vor nicht abreißenden Diskussion[21] dokumentiert, teils umfassend und ganz und gar nicht einseitig[22], teils arg selektiv[23]. Der mehrfache Versuch von Christian Meier, dem Vorsitzenden des Histo-

---

16 Ebd.

17 Zitiert nach Horst Möller, Es kann nicht sein, was nicht sein darf, in: „Historikerstreit" (Anm. 22), S. 322.

18 Die „Neue Zürcher Zeitung" berichtete allein am 26. September 1986 in drei Beiträgen über den „Historikerstreit": Alfred Cattani, Die Last des Bösen; R. M. (= Reinhard Meier), Deutsche „Revisionismus"-Kontroverse; Hanno Helbling, Suchbild der Vergangenheit. Was vom deutschen Geschichtsbuch erwartet wird. – Zu den wichtigsten ausländischen Beiträgen gehören: Gordon A. Craig, Der Krieg der deutschen Historiker, in: Hilmar Hoffmann (Anm. 23), S. 152–166; Andre Gisselbrecht, Le Debat des historiens sur le Nazisme: Revision, historicisation, ou deculpabilisation?, in: Allemagne d'aujourd'hui, Heft 99–100/1987, S. 233–264.

19 Vgl. „Ghosts of the Nazis", in: Newsweek v. 20. April 1987, S. 20–28.

20 Vgl. auch die gute Zusammenstellung von Stefan Melnik, Annotierte ausgewählte Bibliographie zur Historikerdebatte, in: Liberal 29 (1987), Heft 2, S. 85–95. Jürgen Habermas hat seine jüngsten politischen Beiträge, also auch die zum „Historikerstreit", in dem in Anm. 3 erwähnten Sammelband gebündelt. Siehe jetzt auch Ernst Nolte, Das Vergehen der Vergangenheit. Die Antwort an meine Kritiker im sogenannten Historikerstreit, Berlin 1987.

21 Es wird darauf verzichtet, die Vielzahl der allein 1987 publizierten und daher noch nicht in den Sammelbänden erfassten Beiträge auch nur zu erwähnen. Vgl. neben den in Anm. 20, 22, 23 und 24 erwähnten Arbeiten jetzt auch: Gernot Erler u.a., Geschichtswende? Entsorgungsversuche zur deutschen Geschichte, Köln 1987; Dan Diner (Hrsg.), Ist der Nationalsozialismus Geschichte? Zu Historisierung und Historikerstreit, Frankfurt a.M. 1987.

22 Vgl. „Historikerstreit". Die Dokumentation der Kontroverse um die Einzigartigkeit der nationalsozialistischen Judenvernichtung. Texte von Rudolf Augstein, Karl Dietrich Bracher, Martin Broszat, Micha Brumlik, Walter Euchner, Joachim Fest, Helmut Fleischer, Imanuel Geiss, Jürgen Habermas, Hanno Helbling, Klaus Hildebrand, Andreas Hillgruber, Eberhard Jäckel, Jürgen Kocka, Robert Leicht, Richard Löwenthal, Christian Meier, Horst Möller, Hans Mommsen, Wolfgang J. Mommsen, Thomas Nipperdey, Ernst Nolte, Joachim Perels, Hagen Schulze, Kurt Sontheimer, Michael Stürmer, Heinrich August Winkler, München 1987. Einzigartig ist die „Danksagung" des Verlegers an seine Lektoren, „die mit Ausdauer und Enthusiasmus den immer wieder durch fast unüberwindlich erscheinende Schwierigkeiten gekennzeichneten Entstehungsprozess dieses Bandes begleitet haben" (ebd., S. 12). Sofern sich die Texte in diesem Band befinden, erfolgt die Wiedergabe hiernach (bis auf die beiden ersten Artikel von Nolte und Habermas).

23 Vgl. Hilmar Hoffmann (Hrsg.), Gegen den Versuch, Vergangenheit zu verbiegen. Eine Diskussion

rikerverbandes, zwischen den Positionen zu vermitteln und zu schlichten[24], war ein vergebliches Unterfangen, denn diese Kontroverse wurde und wird nicht in erster Linie von rationalen Momenten begleitet, sondern von Feindseligkeit. Als Beispiel mag nur der in zahlreichen Sammelbänden nachgedruckte „Spiegel“-Kommentar von Rudolf Augstein dienen[25]; dort stehen über Andreas Hillgruber folgende Sätze: „Wer so denkt und spricht, ist ein konstitutioneller Nazi, einer, wie es ihn auch ohne Hitler geben würde. Bei solch einem Historiker ist die Auslöschung der europäischen Juden ‚eingebunden in diesen Untergang der Deutschen‘. Jeden Lehrer, der seinen Schülern derlei vermittelt, müsste man des Schuldienstes verweisen.“[26] Wer so denkt und spricht (wie Augstein, der doch immer gegen den „Radikalenerlass“ gewettert hat), ist ein konstitutioneller Verleumder.

Der „Historikerstreit“ hat unübersehbar eine politische Dimension. Dem linken politischen Spektrum zuzurechnende Publizisten und Historiker haben offenkundig Angst davor, in die argumentative Defensive zu geraten – nicht ganz zu Unrecht. Denn der Wind des „Zeitgeistes“ hat sich gedreht, und man fürchtet, die politische „Wende“, wie sie von manchen etwas plakativ im Munde geführt wird[27], bedinge auch einen Paradigmenwechsel in der Wissenschaft, wobei freilich in einer offenen Gesellschaft der Indienstnahme wissenschaftlicher Ergebnisse seitens der Politik (einmal vorausgesetzt, die Bundesregierung sei von Motiven wie der Sinnstiftung und der Schaffung eines nationalen Geschichtsbildes geleitet, die ihr Kritiker unterstellen) enge Grenzen gesetzt sind. Offenkundig ist: Die „Linke“ will die kulturelle Hegemonie wieder herstellen[28]. Hinzu kommen persönliche Animositäten, die sich offenbar jahrelang an- und aufgestaut haben und mit dem Ausbruch der Studentenbewegung, der „„Achsen-

---

um politische Kultur in der Bundesrepublik aus Anlass der Frankfurter Römerberggespräche 1986, Frankfurt a.M. 1987 (hier finden sich Texte, die weitgehend auf der Linie von Habermas angesiedelt sind); Reinhard Kühnl (Hrsg.), Vergangenheit, die nicht vergeht. Die „Historiker-Debatte“. Darstellung, Dokumentation, Kritik, Köln 1987 (dieser Band verzeichnet 44 größtenteils gekürzte Dokumente zum „Historikerstreit“ und – neben zwei Beiträgen von Kurt Gossweiler und Arno Klönne – eine ausführliche Abhandlung aus der Feder des marxistisch-leninistisch orientierten Herausgebers); von „rechtsaußen“ ist folgende Schrift angekündigt: Rolf Kosiek, Historikerstreit und Geschichtsrevision. Siehe auch ders., Der westdeutsche Historikerstreit. Ein Schritt zum Revisionismus, in: Deutschland in Geschichte und Gegenwart 35 (1987), Heft 2, S. 6–11. Hier wird der gleiche Eindruck erweckt wie in der „linken“ Literatur, als gehe es Hillgruber und Nolte um eine Entlastung des Nationalsozialismus – nur mit dem Unterschied, dass die Autoren dafür belobigt werden.

24 Vgl. drei Beiträge von Christian Meier. Sie sind in dem in Anm. 22 erwähnten Sammelband nachgedruckt: S. 48–61, S. 204–214, S. 264–274. Ferner ders., 40 Jahre nach Auschwitz. Deutsche Geschichtserinnerung heute, München 1987.

25 Vgl. Rudolf Augstein, Die neue Auschwitz-Lüge, in: „Historikerstreit“ (Anm. 22), S. 196 -203.

26 Ebd., S. 198. Die zu Recht scharfe Antwort Hillgrubers findet sich ebd., S. 331–351.

27 Vgl. etwa Ludolf Herrmann, Hitler, Bonn und die Wende. Wie die Bundesrepublik ihre Lebenskraft zurückgewinnen kann, in: Die Politische Meinung 28 (1983), Heft 209, S. 13–28.

28 Dies wird auch deutlich an der Kampfschrift von Hauke Brunkhorst, Der Intellektuelle im Land der Mandarine, Frankfurt a.M. 1987, insbes. S. 65–93.

zeit' unserer jüngsten intellektuellen Geschichte"[29], jedenfalls zum Teil zusammenhängen.

Die Auseinandersetzung bahnte sich geradezu zwangsläufig an. Der Streit schwelte schon seit längerem. So hatte Hans Mommsen im April 1985 „rechte" Gegenbewegungen beklagt, die auf die deutsche „Normalität" pochen. „In historisch-politischer Beziehung stellte sich die viel beschworene ‚geistige Wende' in erster Linie als Enttabuisierung von ideologischen Positionen dar, die zuvor von der Mehrheit der Demokraten von rechts bis links abgelehnt und zum Teil in die Nähe des Postfaschismus gestellt wurden."[30] Mommsen sagte der „konservativen Offensive in der Frage der historischen Grundorientierung"[31] den Kampf an, ebenso wie Jürgen Habermas, der zur gleichen Zeit – im Zusammenhang mit Bitburg – gegen die „Entsorgung der Vergangenheit" und die „unverfrorene Einseitigkeit der regierungsoffiziellen Versöhnungsbemühungen"[32] zu Felde zog. Das Schlachtfeld war also längst bestellt. Es bedurfte nur eines Anlasses.

Dass es ein politischer Streit ist und keine wissenschaftliche Auseinandersetzung um historische Fakten oder – jedenfalls nicht in erster Linie – Interpretationen, lässt sich auch mit folgendem Argument belegen: Ernst Nolte hat die meisten seiner Thesen schon lange vorher zu Papier gebracht, ohne dass er derart heftige Attacken zu gewärtigen hatte. Bereits in seiner bahnbrechenden Habilitationsschrift von 1963[33] hatte Nolte – damals noch Gymnasiallehrer für alte Sprachen – den Faschismus als Antimarxismus interpretiert[34] und dabei den (wenn auch nicht ungeteilten) Beifall marxistischer Kritik gefunden, weil auf diese Weise der Marxismus eine gebührende Würdigung erfuhr. Ausgerechnet im „Argument" hieß es seinerzeit über Nolte: „Es ist vielleicht nicht zufällig, dass ein solches Buch nicht innerhalb des normalen Wissenschaftsbetriebes, sondern als Ergebnis unabhängiger Forschung zustande kam."[35] Im Jahre 1974 hatte Ernst Nolte in seinem Werk „Deutschland und der Kalte Krieg" abermals mit unorthodoxen Thesen aufgewartet, wonach „Zionismus und Nationalsozialismus … bei allen Unterschieden nach Ursprung und Zielsetzung zu sehr benachbart (waren), als dass die totale Entgegensetzung auf Dauer ihre Überzeugungskraft bewahren konnte"[36]. In den letzten Jahren sind von Nolte in Beiträgen für die FAZ die

29 Hermann Rudolph, Falsche Fronten? Zum Historikerstreit um die Frage, welche Rolle die Auseinandersetzung mit dem Dritten Reich für unser Selbstverständnis spielen kann, in: Süddeutsche Zeitung v. 4./5. Oktober 1986, S. I (Wochenendbeilage).

30 Hans Mommsen, Rückwärtsrevision des Geschichtsbildes?, in: Die Neue Gesellschaft 32 (1985), S. 366.

31 Ebd., S. 368.

32 Jürgen Habermas, Die Entsorgung der Vergangenheit. Ein kulturpolitisches Pamphlet, in: Die Zeit v. 17. Mai 1985, S. 58.

33 Vgl. Ernst Nolte, Der Faschismus in seiner Epoche. Action française – Italienischer Faschismus – Nationalsozialismus (1963), 6. Aufl., München 1984.

34 Vgl. ebd., S. 51.

35 Urs Müller-Plantenberg, Neuere Literatur über den Faschismus, in: Das Argument 6 (1964), Nr. 30, S. 145.

36 Ernst Nolte, Deutschland und der Kalte Krieg, München 1974, S. 607.

eigenen Thesen weiter zugespitzt worden: 1978 wandte er sich gegen Frageverbote jeglicher Art – antikommunistische ebenso wie antideutsche. „Frageverbote beziehen sich auf Aussagen, die unerwünscht sind, obwohl sie in einem Begründungszusammenhang entwickelt und möglicherweise tatsächlich nur bis zur Frageform gebracht werden.“[37] Und Nolte stellte im Hinblick auf die Judenvernichtung seinerzeit solche Fragen: „War die Tat ein bloßes Verbrechen, das auf einer momentanen Verwirrung oder aber auf einer uralten Tradition basierte, etwa der christlichen Judenfeindschaft, oder war sie letztlich im Zusammenhang zu sehen mit einer zeitgenössischen Tat, der Vernichtung des Bürgertums in Russland?“[38]

In dieselbe Richtung zielte Noltes FAZ-Beitrag von 1980 über „die negative Lebendigkeit des Dritten Reiches“[39]. Nolte will die Negativität des Dritten Reiches angesichts seiner Verbrechen nicht grundsätzlich in Frage stellen: „Der innerste Kern des negativen Bildes des Dritten Reiches ist weder revisionsbedürftig noch revisionsfähig.“[40] Kritikwürdig sei jedoch die „negative Lebendigkeit“, da sie zu Mythen führen könne. Der Autor versucht, eine neuartige Perspektive insofern zu entwickeln, als er eine Verbindung zwischen totalitären Diktaturen ziehen will. Hier stehen Sätze, die damals keine empörten Reaktionen hervorriefen, obwohl sie exakt das ausdrücken, was Nolte 1986 noch einmal zur Sprache gebracht hat: „Auschwitz resultierte nicht in erster Linie aus dem überlieferten Antisemitismus und war im Kern nicht ein bloßer ‚Völkermord‘, sondern es handelte sich vor allem um die aus Angst geborene Reaktion auf die Vernichtungsvorgänge der russischen Revolution.“[41] Nolte zieht aus dieser Feststellung drei Schlussfolgerungen: Das Dritte Reich sollte nicht isoliert, sondern in den Zusammenhang der durch die industrielle Revolution[42] hervorgerufenen Umbrüche und Ängste interpretiert werden; eine Instrumentalisierung des Dritten Reiches in dem Sinne, dass Kritiker vorderhand sich auf das Dritte Reich beziehen, tatsächlich aber das liberale System treffen wollen, müsse man negieren; die Dämonisierung des Dritten Reiches bedürfe einer Revision. „Auch das Dritte Reich kann und muss ein Gegenstand der Wissenschaft sein, einer Wissenschaft, die nicht jenseits der Politik steht und die doch nicht eine bloße Dienerin der Politik ist.“[43]

Damit hatte Nolte, der in der historischen Zunft eher die Position eines Einzelgängers mit eigenbrötlerischem Einschlag einnimmt und gewiss nicht im Verdacht steht,

---

37 Ders., Über Frageverbote. Der Prozess der Wahrheitsfindung darf nicht behindert werden, in: Frankfurter Allgemeine Zeitung v. 25. November 1978.

38 Ebd.

39 Vgl. Ernst Nolte, Die negative Lebendigkeit des Dritten Reiches. Eine Frage aus dem Blickwinkel des Jahres 1980, in: Frankfurter Allgemeine Zeitung v. 24. Juli 1980, S. 6. Dieser Artikel erschien in erweiterter Form unter dem Titel „Between Myth and Revisionism. The Third Reich in the Perspective of the 1980s“, in: Hans W. Koch (Hrsg.), Aspects of the Third Reich, London 1985, S. 17–38. Der Originalbeitrag findet sich in dem Piper-Buch „Historikerstreit“ (Anm. 22), S. 13–35.

40 Ernst Nolte, Negative Lebendigkeit (Anm. 39), S. 6.

41 Ebd., S. 6.

42 Vgl. hierzu die Darstellung von Ernst Nolte, Marxismus und Industrielle Revolution, Stuttgart 1983.

43 Ernst Nolte, Negative Lebendigkeit (Anm. 39), S. 6.

nationalgeschichtlicher Sichtweise Vorschub zu leisten, exakt das gemeint, was Martin Broszat fünf Jahre später in den Begriff „Historisierung“ fasste[44]. Nach Broszat blockiert Hitler den Zugang zur deutschen Geschichte. Durch „neue weltgeschichtliche Gewalt- und Katastrophenerfahrungen“ habe die Moralität der Betroffenheit von der NS-Vergangenheit „an Singularität eingebüßt und ist inzwischen vielfach zu einem etablierten Set ebenso risikoloser wie vager Gesinnungsbekenntnisse ohne moralische Kraft geworden“[45]. Der Leiter des Münchner „Instituts für Zeitgeschichte“ wendet sich eigens gegen eine „Ausklammerung von Tabu-Zonen“[46] und gegen eine „Schwarz-Weiß-Optik“[47], wie sie etwa bei der Interpretation des Widerstandes anzutreffen war. Martin Broszat und nicht zuletzt auch Hans Mommsen haben auf zahlreichen Gebieten (z.B. Abkehr von der Hitler-Zentrierung, Hervorhebung der polykratischen Strukturen, Entheroisierung des Widerstandes, Relativierung der Planmäßigkeit der Judenvernichtung) maßgebliche Beiträge geleistet, die nicht anders als „revisionistisch“ bezeichnet werden können[48], wenn man etwa daran denkt, wie Broszat die Sozialpolitik und den Ausbau des Sozialstaates im Dritten Reich interpretiert[49] oder Mommsen den millionenfachen Mord an den Juden zu erklären sucht[50]. „Historisierung“ ist nicht „Relativierung“. Insofern wäre es abwegig, Broszat und Mommsen – zwei der führenden linken Zeithistoriker – deswegen unter moralischen Verdacht zu stellen, obwohl dies mitunter auch geschehen ist[51]. Was den „Historikerstreit“ angeht, so attackieren Broszat[52] und Mommsen[53] jedoch Nolte und Hillgruber[54], obwohl sie selber in mancher Hinsicht viel radikalere Thesen vertreten. Die „Schlachtordnung“ ist selt-

44 Vgl. Martin Broszat, Plädoyer für eine Historisierung des Nationalsozialismus (1985), in: Hermann Graml/Klaus-Dietmar Henke (Hrsg.), Nach Hitler. Der schwierige Umgang mit unserer Geschichte. Beiträge von Martin Broszat, München 1986, S. 159–173.

45 Martin Broszat (Anm. 44), S. 159.

46 Ebd., S. 169.

47 Ebd., S. 170.

48 Vgl. die Darstellung des Forschungsstandes bei Gerhard Schreiber, Hitler. Interpretationen 1923–1983. Ergebnisse, Methoden und Probleme der Forschung, Darmstadt 1984; Wolfgang Wippermann (Hrsg.), Kontroversen um Hitler, Frankfurt a.M. 1987.

49 Vgl. Martin Broszat (Anm. 44), S. 171 f.

50 Vgl. Hans Mommsen, Die Realisierung des Utopischen: Die „Endlösung der Judenfrage“ im „Dritten Reich“, in: Geschichte und Gesellschaft 9 (1983), S. 381–420.

51 Besonders simpel von Walther Hofer, 50 Jahre danach – über den wissenschaftlichen Umgang mit dem Dritten Reich, in: Rudolf Lill/Heinrich Oberreuter (Hrsg.), Machtverfall und Machtergreifung. Aufstieg und Herrschaft des Nationalsozialismus, München 1983, S. 189–219.

52 Vgl. Martin Broszat, Wo sich die Geister scheiden, in: „Historikerstreit“ (Anm. 22), S. 189–195.

53 Allein Hans Mommsen hat – Beispiel für den „Selbstlauf“ und die Eigendynamik der Kontroverse – ca. zehn (!) einschlägige Beiträge geliefert. Vgl. u.a. die beiden im „Historikerstreit“ (Anm. 22) abgedruckten Abhandlungen (S. 156–173, S. 174–188).

54 Gegen Hillgruber wird dann auch meistens nur eingewandt, „dass es sich hier um eine eilfertige, wenngleich vom verlegerischen Standpunkt gewiss zweckmäßige Buchbindersynthese handelt, die zwei in ganz unterschiedlichen Kontexten entstandene Aufsätze unter einem Titel zusammenfasst und damit den Eindruck erweckt, als ob hier die Vertreibung der Deutschen aus Mitteleuropa und

sam schief. Auch dies ist ein Beleg dafür, dass der „Historikerstreit“ von politischen Interessen überlagert ist. Die Tabus, die Broszat und Mommsen, um nur diese beiden zu nennen, zum Teil gegen beträchtlichen Widerstand gebrochen haben[55], sollen nun in anderer Form wieder gefestigt werden.

Auch sonst sind die Fronten merkwürdig „vertauscht“: War es einst die politische „Rechte“, die immer wieder die Singularität des Nationalsozialismus in der deutschen Geschichte betonte, und die „Linke“, die in Hitler in gewisser Weise eine Zwangsläufigkeit der deutschen Geschichte sah, so ist es – will man die politischen Kategorien beibehalten, obwohl sie nur zum Teil eine Wegscheide der Kontroverse bilden – jetzt die „Linke“, die die „Einzigartigkeit“ des Nationalsozialismus und seiner Verbrechen herausstreicht, während die „Rechte“ den Nationalsozialismus universalhistorisch einzubetten sucht.

Die Art und Weise, wie mit Ernst Nolte verfahren worden ist[56], muss auch den erschüttern, der manche seiner verschlungen-assoziationsreichen Gedankenketten, Fragestellungen und Konstruktionen als etwas exzentrisch, zumindest als missverständlich empfindet[57]. Nolte war an der Edition der Briefe und Tagebücher von Theodor Herzl beteiligt, einem gemeinsam von Deutschen und Israelis getragenen Forschungsvorhaben. Die israelischen Forscher kündigten Anfang des Jahres 1987 wegen der Mitwirkung Noltes, die ursprünglich nicht gestört hatte, die Zusammenarbeit. Die Deutsche Forschungsgemeinschaft als Finanzier des Vorhabens gab dem Druck der Israelis nach. Nolte wurde ausgebootet, und stattdessen der in der Sache praktisch identische neue Antrag von Herbert Strauss, dem Leiter des Berliner Zentrums für

---

das damit verbundene Massenelend und die Judenvernichtung gegeneinander aufgerechnet werden sollen, einen Eindruck, dem die knappe Einleitung allerdings nicht ausdrücklich widerspricht, sondern, wenn auch mehr ungewollt, Vorschub leistet.“ So statt vieler Wolfgang J. Mommsen, Geschichtsschreibung und geschichtliches Bewusstsein in der Bundesrepublik, in: Liberal 29 (1987), Heft 2, S. 44.

55 Dies gilt beispielsweise für die grundlegende Studie von Hans Mommsen, die aufgezeigt hat, in welchem Umfang der Widerstand gegen den Nationalsozialismus obrigkeitlichen Denkmustern verpflichtet war: Gesellschaftsbild und Verfassungspläne des deutschen Widerstands, in: Walther Schmitthenner/Hans Buchheim (Hrsg.), Der deutsche Widerstand gegen Hitler, Köln/Berlin 1966, S. 73–167.

56 Die nachfolgenden Informationen basieren auf den beiden Artikeln von Konrad Adam, Erpresst? Die DFG und Ernst Nolte, in: Frankfurter Allgemeine Zeitung v. 13. Mai 1987, S. 27; Subjektiv. Abermals: Nolte und die DFG, in: Frankfurter Allgemeine Zeitung v. 5. Juni 1987, S. 29.

57 Dies gilt wohl für Noltes in einem englischen Beitrag 1985 publizierte und allerorten kritisierte Auffassung, Hitler habe die deutschen Juden als Kriegsgefangene behandeln dürfen, weil Chaim Weizmann, der Präsident der Jewish Agency, im September 1939 verlautbaren ließ, die Juden in der ganzen Welt würden auf der Seite Englands kämpfen. Vgl. „Historikerstreit“ (Anm. 22), S. 24. Aber auch hier muss man genau lesen: Teilweise referiert Nolte nur, teilweise liefert er selber Argumente gegen diese Sichtweise. Der Autor hat diese Stelle im April 1986 hinsichtlich des Terminus „Kriegsgefangene“ präzisierend modifiziert – „als Zivilinternierte nach dem Muster der Deutschen in England ab September 1939 oder der amerikanischen Staatsbürger japanischer Herkunft in den USA 1941–1945“ (ebd., S. 35). Siehe außerdem ders., Die Sache auf den Kopf gestellt. Gegen den negativen Nationalismus in der Geschichtsbetrachtung, in: „Historikerstreit“ (Anm. 22), S. 228 f.

Antisemitismusforschung, bewilligt. Die Freiheit der Wissenschaft blieb auf der Strecke. Warum hat sich die deutsche Seite dem israelischen Druck gebeugt? Man geht wohl nicht fehl in der Annahme, dass die kleinmütige Entscheidung auch von der Furcht getragen wurde, die israelische Seite instrumentalisiere den „Fall“. Wer will schon als verkappter Antisemit gelten?

Die Argumente seitens der Deutschen Forschungsgemeinschaft sind wenig einleuchtend: Carl-Heinz Schiel, deren Generalsekretär, macht geltend, es hätte Interesse am Abschluss eines Vorhabens bestanden, das „für die jüdische und auch für die deutsch-jüdische Geschichte von zentraler Bedeutung ist“[58]. Es fragt sich nur, ob dies um den Preis der Einschränkung der Wissenschaftsfreiheit geschehen darf. Hartmut Boockmann, der die Entscheidung der Deutschen Forschungsgemeinschaft mitgetragen hat, sieht ein „objektives Hindernis“ – den Rückzug der israelischen Seite –, das auszuräumen war: „Wenn die Wissenschaftsfreiheit in diesem Zusammenhang tatsächlich gefährdet ist, wenn Nolte und andere Historiker verleumdet, wenn ihnen Äußerungen zugeschrieben werden, die sie niemals getan haben, so liegt die Ursache dazu bei denen, die diese Kampagne angezettelt haben, also bei Jürgen Habermas und jener Wochenpresse, die ihn für einen Aufklärer hält.“[59] Seit wann ist die Deutsche Forschungsgemeinschaft gezwungen, „Verleumdern“ noch Vorschub zu leisten und ihnen indirekt recht zu geben? Die Abstrusität und die Wissenschaftsfeindlichkeit des Vorgangs werden deutlich, stellt man sich den umgekehrten Fall vor: Deutsche Historiker kündigen ein von einer israelischen Institution finanziertes Projekt, weil ihnen die auf israelischer Seite bestellten Sachverständigen wegen ihrer wissenschaftlich-publizistischen Stellungnahmen nicht genehm sind. Die Proteste wären – zu Recht – unüberhörbar. Wer zu diesen anders gelagerten Vorgängen schweigt, trägt nicht zu deutsch-jüdischer Versöhnung bei, wohl aber zu ihrer Verhöhnung. Verkrampfung wird nicht abgebaut, sondern perpetuiert. Rudolf Augstein hat den jüngsten Artikel von Ernst Nolte[60] zum Anlass genommen, in einem weiteren „Spiegel“-Essay[61] zum „Historikerstreit“ die Fakten abermals so kunstvoll zu verdrehen, dass derjenige, der die Texte Noltes nicht kennt, den Eindruck gewinnen muss, diese seien neonazistisch angehaucht. Und kaum verschleiert plädiert Augstein dafür, das neue Buch Noltes zu ignorieren.

Dieser hat nämlich seinen letzten Beitrag über das Verhältnis von wissenschaftlichem Ethos und Historisierung mit den Worten beendet, man müsse verpflichtet sein, „andeutende(n) Vorwegnahmen als dasjenige aufzufassen, was sie sind, und der Aus-

58 Carl-Heinz Schiel, Leserbrief: Israel, die DFG und Ernst Nolte, in: Frankfurter Allgemeine Zeitung v. 21. Mai 1987, S. 8.

59 Hartmut Boockmann, Leserbrief: Die Wissenschaftsfreiheit nicht tangiert, in: Frankfurter Allgemeine Zeitung v. 21. Mai 1987, S. 8.

60 Vgl. Ernst Nolte, Die Ausschau nach dem Ganzen. Wissenschaftliches Ethos und Historisierung, in: Frankfurter Allgemeine Zeitung v. 18. Juli 1987.

61 Vgl. Rudolf Augstein, Wie man Auschwitz „historisiert“, in: Der Spiegel v. 27. Juli 1987, S. 26 f.

führung mit Spannung statt mit Befürchtungen oder Zorn entgegenzusehen“[62]. Doch Noltes neues Buchprojekt[63], das von dem Kampf und der gegenseitigen Beeinflussung zweier – widerstreitender – totalitärer Richtungen handelt, ist zunächst von mehreren Verlagen abgewiesen worden, und es steht zu befürchten, dass diese Form der Historisierung, wie sie Nolte vornimmt, gegenwärtig noch nicht verstanden und zu moralisierenden Ausfällen Anlass geben wird. Dabei wäre es wichtig, sich mit den Fakten und ihren Perzeptionen vertraut zu machen, ohne jeweils immer zu fragen, wem diese oder jene These politisch (vermeintlich) nützt. Motivsuche wird oft derart dominierend, dass der Inhalt der Aussage völlig in den Hintergrund tritt[64]. Diese „elende Praxis“[65] ist wissenschafts-unwürdig, politisch aber höchst effektvoll einsetzbar. Mittels moralischer Entrüstung lassen sich Feindschaften kultivieren.

Da es sich hier nicht um einen historischen Beitrag handelt, sei lediglich ein Beispiel präsentiert: Als die Bolschewisten im Jahre 1917 in Russland die Macht eroberten, war in Deutschland – auch und gerade auf Seiten der Sozialdemokratie – die Bolschewismusfurcht[66] weit verbreitet, so dass die in der Novemberrevolution von 1918 entstandenen Räte vielfach als „bolschewistisch“ identifiziert wurden, obwohl davon überhaupt keine Rede sein kann, wie gerade linke Historiker herausgefunden haben[67]. Insofern muss die Frage Noltes nicht nur erlaubt, sondern sogar geboten sein, welchen Einfluss der Bolschewismus (oder die Angst vor ihm)[68] auf die Ideologie des Nationalsozialismus entfaltet hat. Ist nicht sogar eine Analyse zwingend, die sich von einer deutschlandzentrierten Betrachtung löst und einer universalhistorischen zuwendet? Man könnte umgekehrt seine Verwunderung darüber äußern, wieso nicht längst die Interaktion totalitärer Ideologien und Herrschaftssysteme systematisch untersucht worden ist. Wer wie Jürgen Habermas für „universalistische Verfassungsprinzipien“[69] optiert, müsste für Noltes Gedankengänge erst recht offen sein. Sollte Nolte den Nachweis erbringen können, die Wurzeln des Nationalsozialismus seien wesentlich auch im Antibolschewismus zu suchen, kann daraus nicht der Schluss gezogen werden, er entlaste die Nationalsozialisten. Und ebenso wenig stellt dessen Hinweis, es habe in der Geschichte andere Massenmorde vergleichbaren Ausmaßes gegeben, eine „Aufrechnung“ oder Relativierung der nationalsozialistischen Verbrechen dar. Verglei-

---

62 Ernst Nolte (Anm. 60).

63 Vgl. ders., Der europäische Bürgerkrieg 1917–1945. Nationalsozialismus und Bolschewismus, Berlin 1987.

64 Vgl. dazu Thomas Nipperdey, Unter der Herrschaft des Verdachts, in: „Historikerstreit“ (Anm. 22), S. 215–219.

65 Joachim Fest, Die geschuldete Erinnerung. Zur Kontroverse über die Unvergleichbarkeit der nationalsozialistischen Massenverbrechen, in: „Historikerstreit“ (Anm. 22), S. 101.

66 Vgl. beispielsweise Peter Lösche, Der Bolschewismus im Urteil der deutschen Sozialdemokratie 1903–1920, München 1970.

67 Vgl. etwa die immer noch wegweisende Studie von Eberhard Kolb, Die Arbeiterräte in der deutschen Innenpolitik 1918–1919 (1962), Düsseldorf 1978.

68 Vgl. Belege bei Joachim C. Fest, Hitler. Eine Biographie, Frankfurt a.M./Berlin 1973, S. 131–134.

69 Jürgen Habermas (Anm. 8).

che führen nach Nolte nicht zu „Gleichsetzungen", „sondern gerade zur Herausstellung von Unterschieden"[70]. Entscheidend ist allein, ob der behauptete Sachverhalt stimmt oder nicht stimmt. Andere Erwägungen haben für die wissenschaftliche Forschung keinen Wert. Doch auffallend oft wird mit Argumenten hantiert, die auf einer nicht erstrangig als wissenschaftlich einzustufenden Ebene angesiedelt sind. So qualifizierte Jürgen Habermas das Argument von Nolte, unter den polnischen Opfern des Nationalsozialismus habe es virulenten Antisemitismus gegeben, als „unappetitliche Kostproben" ab, die zeigen, „dass Nolte einen Fassbinder bei weitem in den Schatten stellt"[71]. Damit bestätigt Habermas exakt das, was Nolte in seiner vorherigen Darstellung angeprangert hat – die Korrektur von Schwarz-Weiß-Bildern im Hinblick auf die nationalsozialistische Zeit werde als „volkspädagogisch gefährlich"[72] gebrandmarkt.

Setzte sich die Position Habermas' durch, litte eine unabhängige Forschung Schaden und schwächte damit auch jene Richtung, die einst eine Enttabuisierung in die Wege geleitet hat. Gerade die Offenheit, die in den fünfziger und sechziger Jahren z.T. mühsam erkämpft werden musste, stellt man jetzt indirekt wieder in Frage. Von den „linken" Historikern hat nur Imanuel Geiss nachdrücklich darauf aufmerksam gemacht[73]. Die Opfer des Dritten Reiches werden instrumentalisiert, um den politischen Gegner ins moralische Abseits zu manövrieren. Den Deutsch-Amerikaner Theodore H. von Laue irritiert bei diesem Streit besonders der seit seiner Jugend in der Nazi-Zeit „noch in Erinnerung gebliebene Hang zur ideologischen Verdächtigung, das Herumschnüffeln, oft unter Verdrehung des Beweismaterials, nach politisch unzulässigen Meinungen". Damit verkörpert Habermas für ihn „innerdeutsche Traditionen"[74]. Wenn dieser wenige Monate vor dem „Historikerstreit" beklagt, in der Bundesrepublik würden die „schwer regenerierbaren Selbstverständlichkeiten einer ohnehin schmächtig ausgebildeten Kultur des Umgangs mit politisch Andersdenkenden" ... „immer weiter zerstört"[75], so hat er, der es im selben Atemzug bedauert, dass Rosa Luxemburg weniger heimisch geworden sei als Elisabeth Noelle-Neumann, auch seinen gehörigen Anteil daran.

Da der „Historikerstreit" diesen Namen gar nicht verdient – wie kann man erklären, dass er jedenfalls in akademischen Zirkeln so viel Aufmerksamkeit gefunden hat (obwohl neue historische Grundpositionen überhaupt nicht geboten werden: es sei denn, Noltes angekündigtes Buch bringe sie)? Warum wird die eine Position entweder der Reinwaschung des Dritten Reiches oder doch zumindest der „Aufrechnung" geziehen? Und wieso ist von vielen Protagonisten eine derartige Schärfe in die Diskussion

70 Ernst Nolte (Anm. 7).
71 Jürgen Habermas (Anm. 8).
72 Ernst Nolte (Anm. 7).
73 Vgl. die beiden Beiträge von Imanuel Geiss, in: „Historikerstreit" (Anm. 22), S. 220–222, S. 373–380.
74 Theodore H. von Laue, Habermas und die Historiker: Ein Beitrag aus Amerika, in: Beiträge zur Konfliktforschung 17 (1987), Heft 1, S. 138.
75 Jürgen Habermas, Kritische Theorie und Frankfurter Universität, in: Ders. (Anm. 3), S. 61.

gebracht worden? Für die Antwort bietet sich ein einziges Wort an, welches ähnlich wie „Berufsverbot“ und „Wirtschaftswunder“ bald Eingang in andere Sprachen finden dürfte: die „Vergangenheitsbewältigung“.

III.

Wer zuerst den eigentümlichen Begriff „Bewältigung der Vergangenheit“ gebraucht hat, dürfte unbekannt sein. Jedenfalls ist er von Bundespräsident Theodor Heuss häufig verwendet und vielleicht auch eingeführt worden.[76] „Eigentümlich“ wird die Wortkombination dadurch, dass sie zwei Substantive miteinander verklammert, die im Grunde nicht zusammenpassen. Mit „Vergangenheit“ ist die Zeit des Nationalsozialismus gemeint – „als habe diese Vergangenheit alle anderen Vergangenheiten in sich aufgesogen und ausgelöscht; und als wage man diese ungeheure Vergangenheit nicht genauer beim Namen zu nennen aus Scheu, ein kollektives Tabu zu berühren“[77]. Der Ausdruck „Vergangenheitsbewältigung“ ist im Grunde symptomatisch für unzureichende „Vergangenheitsbewältigung“. Im Bestreben, sich von der Zeit des Nationalsozialismus zu distanzieren, wird schon der Name tabuisiert. Man fühlt sich an Golo Mann erinnert, der Hitler in seiner „Deutschen Geschichte des 19. und 20. Jahrhunderts“ aus einer Art Hilflosigkeit mit „H.“ abkürzte – als werde dadurch das Verbrecherische weniger verbrecherisch. Die Unbestimmtheit jener „Vergangenheit“ ist ein Ausdruck von Tabuisierung und Verdrängung gleichermaßen.

Aber auch das andere Substantiv ist – jedenfalls in diesem Zusammenhang – ein Unikum: „Bewältigung“ der Vergangenheit ist eine geradezu unlösbare Aufgabe. Als ließen sich die Verbrechen durch „Trauerarbeit“ und Reue ungeschehen machen. Der Ausdruck, dem übrigens etwas „Gewaltsames“ innewohnt, suggeriert, es gäbe eine Möglichkeit, die „Vergangenheit“ zu „bewältigen“, mit ihr „fertig“ zu werden. Vor diesem hochgeschraubten Postulat muss jede Praxis versagen. Der Vorwurf der „unbewältigten“ Vergangenheit könnte daher immer erhoben werden, da sich nicht sagen lässt, wie denn eigentlich eine „bewältigte Vergangenheit“ auszusehen hat. Peter R. Hofstätter hat im Jahre 1963 in einem provokativen „Zeit“-Artikel die Formel von der „bewältigten Vergangenheit“ unbarmherzig an den Pranger gestellt: Es bestehe die Gefahr, dass die Zukunft vernachlässigt werde, und man müsse die Frage stellen dürfen, ob man weiterhin zur Strafverfolgung der nationalsozialistischen Taten legitimiert sei. Seine Schlussfolgerung: „Uns aber geziemt ein Bekenntnis zur unbewältbaren Vergangenheit.“[78]

---

76 So Fritz Bauer, Im Namen des Volkes. Die strafrechtliche Bewältigung der Vergangenheit, in: Helmut Hammerschmidt (Hrsg.), Zwanzig Jahre danach. Eine deutsche Bilanz. Achtunddreißig Beiträge deutscher Wissenschaftler, Schriftsteller und Publizisten, München u. a. 1965, S. 301.

77 Bernd Hey, Die NS-Prozesse – Versuch einer juristischen Vergangenheitsbewältigung, in: Geschichte in Wissenschaft und Unterricht 32 (1981), S. 331.

78 Peter R. Hofstätter, Bewältigte Vergangenheit?, in: Die Zeit v. 14. Juni 1963, S. 9. Die Thesen von

Theodor Adorno hingegen äußerte vor über zwei Dekaden, die Aufarbeitung der Vergangenheit sei nicht gelungen und „zu ihrem Zerrbild, dem leeren und kalten Vergessen"[79] ausgeartet. Wäre das Gegenteil der Vergangenheitsbewältigung tatsächlich das „Vergessen", stünde es um die Vergangenheitsbewältigung nicht so schlecht, denn dass die „Vergangenheit" und deren Bewältigung in aller Munde sind, dieser Sachverhalt ist unleugbar. Für Adorno wäre die Vergangenheit dann aufgearbeitet, „wenn die Ursachen des Vergangenen beseitigt wären"[80]. Diese sieht er in der ökonomischen Ordnung. Es fällt nach den historischen Erfahrungen schwer, eine Position mit dem Diktum der Rationalität zu versehen, für die die Abschaffung der kapitalistischen Ordnung mit der Vergangenheitsbewältigung zusammenfällt. Vielleicht ist die „Vergangenheit" dann bewältigt, wenn die Frage, ob sie denn bewältigt ist, nicht mehr gestellt wird. Anders gewendet: Sollte die Diskussion über die „Vergangenheitsbewältigung" in Ruhe verlaufen, ohne dass sie emotionale Abgründe aufreißt, so könnte dies als ein Indiz für „Bewältigung" im herkömmlichen Sinne gelten.

Ist „Vergangenheit" in diesem Zusammenhang ein apologetischer Begriff (man deckt die Zeit des Dritten Reiches gleichsam zu), so ist der Wortbestandteil „Bewältigung" von systemsprengender Natur: Die mangelnde Aufarbeitung lässt sich immer einklagen, wie sehr man sich auch um das „Wachhalten" bemüht. Vielleicht erklärt die Ambivalenz dieses Begriffs auch seine Popularität bei den unterschiedlichsten gesellschaftlichen Gruppierungen, weil die Möglichkeit bleibt, bestimmte Sachverhalte geradezu gegensätzlich zu akzentuieren.

Die Auffassung, dass die Vergangenheitsbewältigung (um an diesem eingeführten Begriff festzuhalten) in der Bundesrepublik weithin halbherzig betrieben, wenn nicht gar gänzlich unterlaufen wurde, ist verbreitet[81]. Eine sachgemäße Bewertung bedarf jedoch der fast immer vernachlässigten Differenzierung nach einzelnen Bereichen. Denn das Urteil fällt unterschiedlich aus, je nachdem, ob es sich um die politische Säuberung nach 1945 handelt, die finanzielle Wiedergutmachung, die justizielle Aufarbeitung[82], die Verjährungsdebatten, die Vergangenheitsbewältigung als Problem der poli-

---

Hofstätter entfachten damals bezeichnenderweise eine heftige Diskussion. Der Autor hatte ein Tabu gebrochen. Vgl. beispielsweise Rudolf Walter Leonhardt, Der Fall Hofstätter. Notwendiger Widerspruch – Verständliche Empörung – Unkontrollierte Hysterie, in: Die Zeit v. 20. September 1963, S. 35. Siehe auch die Position eines Kontrahenten: Arie Goral, Ein Bericht zum „Fall Hofstätter", in: Psychologie und Gesellschaftskritik 4 (1980), S. 68–80. In der Tat waren manche Thesen Hofstätters problematisch (ein Verzicht auf die weitere Strafverfolgung hätte nicht der Glaubwürdigkeit der Bundesrepublik gedient), die von Leonhardt zum Teil erwähnten Reaktionen jedoch nicht minder.

79 Theodor Adorno, Eingriffe. Neun kritische Modelle, Frankfurt a.M. 1963, S. 139.

80 Ebd., S. 146.

81 Vgl. statt vieler etwa die Publikationen von Jörg Friedrich: Freispruch für die Nazi-Justiz. Die Urteile gegen NS-Richter seit 1948. Eine Dokumentation, 1983; Die Kalte Amnestie. NS-Täter in der Bundesrepublik, 1984; Die Ahndung von NS-Verbrechen in der Bundesrepublik, in: Liberal 28 (1986), Heft 4, S. 57–68; Der perfekte oder Justizmord. Kommentar der Bundesregierung zum NS-Recht, in: Niemandsland 1 (1987), Heft 1, S. 104–110.

82 Man müsste auch die einzelnen Komplexe wie Politik, Wirtschaft, Verwaltung und Justiz gesondert

tischen Kultur oder um den Beitrag der deutschen Zeitgeschichte zur Aufhellung der NS-Verbrechen. Von allen diesen Komplexen[83] soll zunächst die Rede sein, ehe insgesamt eine Einschätzung unter dem Aspekt des Wandels versucht wird.

Die politische Säuberung nach 1945 vollzog sich zunächst seitens der Alliierten in der Form der Entnazifizierung durch Spruchkammern, deren Entscheidungen in schematischen Bürokratismus ausarteten und damit den Unwillen eines großen Teils der deutschen Bevölkerung hervorriefen, da die Einstufung der Betroffenen in die Kategorien I (Hauptschuldige) bis V (Entlastete) notwendigerweise zu Ungerechtigkeiten führen musste, zumal zunächst – aus Zeitgründen – Verfahren gegen die weniger Belasteten eingeleitet (und selbst für Schwerbelastete „Persilscheine“ ausgestellt) wurden[84].

Nach 1949 ging die Zuständigkeit auf deutsche Stellen über. Im Zuge des Kalten Krieges trat das Bestreben immer mehr in den Vordergrund, ehemalige Nationalsozialisten in den neuen Staat zu integrieren. Charakteristisch hierfür ist das mit den Stimmen der Regierungsparteien und der SPD beschlossene Ausführungsgesetz zum Art. 131 GG: Die meisten der durch die Entnazifizierung belasteten (ehemaligen) Beamten konnten dadurch wieder in den Staatsdienst zurückkehren[85]. Man sollte bei aller Kritik nicht übersehen, dass auf diese Weise dem (Rechts-)Extremismus der Boden entzogen und die ungefestigte Bundesrepublik auf eine stabile(re) Basis gestellt wurde. Hingegen ließen die Parteien Fingerspitzengefühl vermissen, als sie schwer belasteten Personen (wie z.B. Hans Globke und Theodor Oberländer) zu führenden Positionen verhalfen, zumal diese Fälle jahrzehntelang einen Stein des Anstoßes bildeten, die Glaubwürdigkeit der jungen Demokratie in Frage stellten und von interessierter Seite „ausgeschlachtet“ wurden – mit der Absicht, „die Bundesrepublik wiederum in die Kontinuität des Dritten Reiches zu stellen“[86]. Diese Versäumnisse wiegen schwer.

Viel besser fällt das Urteil im Hinblick auf die finanzielle Wiedergutmachung aus. Die Bundesrepublik ist als Rechtsnachfolger des Deutschen Reiches ihrer moralischen Verantwortung nachgekommen. Das Wiedergutmachungs-Abkommen mit Israel aus dem Jahre 1952, das bei der Mehrheit der Bevölkerung nicht auf Sympathie stieß[87] und

---

untersuchen. Zum letzten Bereich siehe jetzt den „Rundumschlag“ von Ingo Müller, Furchtbare Juristen. Die unbewältigte Vergangenheit unserer Justiz, München 1987.

83 Vgl. zu den meisten Komplexen den nüchtern urteilenden, über den Titel hinausgreifenden Band von Jürgen Weber/Peter Steinbach (Hrsg.), Vergangenheitsbewältigung durch Strafverfahren? NS-Prozesse in der Bundesrepublik Deutschland, München 1984.

84 Vgl. Justus Fürstenau, Entnazifizierung. Ein Kapitel deutscher Nachkriegspolitik, Neuwied/Berlin 1969; Lutz Niethammer, Die Mitläuferfabrik. Die Entnazifizierung am Beispiel Bayerns, 2. Aufl., Berlin/Bonn 1982; Klaus-Dietmar Henke, Politische Säuberung unter französischer Besatzung. Die Entnazifizierung in Württemberg-Hohenzollern, Stuttgart 1981; Wolfgang Krüger, Entnazifiziert! Zur Praxis der politischen Säuberung in Nordrhein-Westfalen, Wuppertal 1982.

85 Vgl. Bernd Wunder, Geschichte der Bürokratie in Deutschland, Frankfurt a.M. 1986, S. 164–168.

86 Peter Steinbach, Nationalsozialistische Gewaltverbrechen. Die Diskussion in der deutschen Öffentlichkeit nach 1945, Berlin 1981, S. 41.

87 Vgl. Michael Wolffsohn, Das Wiedergutmachungsabkommen mit Israel: Eine Untersuchung bundesdeutscher und ausländischer Umfragen, in: Ludolf Herbst (Hrsg.), Westdeutschland 1945–1955. Unterwerfung, Kontrolle, Integration, München 1986, S. 203–218.

entgegen manchen Legenden keineswegs auf Druck des Auslands – weder seitens der Regierungen noch seitens der öffentlichen Meinungen – zustande gekommen war[88], ist dafür ein markantes Indiz. Damit lässt sich nicht die von unterschiedlichster Seite verfochtene These erhärten, erst das Ausland habe die Bundesrepublik zur Wiedergutmachungspolitik gezwungen. Insgesamt dürften sich die Zahlungen im Hinblick auf die Wiedergutmachung und Entschädigung für nationalsozialistisches Unrecht bis zum Ende dieses Jahrhunderts auf über 100 Milliarden DM beziffern lassen[89]. Die im Londoner Schuldenabkommen von 1953[90] geregelten Zahlungsverpflichtungen konnte die Bundesrepublik gut erfüllen und damit eine Hypothek der Vergangenheit abtragen.

Was die Ahndung der Verbrechen durch die Justiz angeht, so dürfte der Ausdruck „halbherzig“ in der Tat nicht verfehlt sein, wenngleich die Widerstände in der öffentlichen Meinung gegen die Strafverfolgungen zu berücksichtigen sind[91]. So gab es in den fünfziger Jahren Amnestiebestrebungen, entsprechend der eingestellten Entnazifizierung auch die Kriegsverbrechen nicht weiter zu verfolgen. Angesichts dieses weit verbreiteten Verdrängungswillens mutet es in der Tat wie ein „politisches Wunder“[92] an, dass die Strafverfolgung nicht eingestellt wurde. In den fünfziger Jahren ging die Zahl der Verfahren stark zurück, ehe im Jahre 1958 durch die Errichtung der „Zentralen Stelle der Landesjustizverwaltungen zur Aufklärung nationalsozialistischer Verbrechen“ in Ludwigsburg eine systematische Aufklärung und Ausforschung einsetzte, die die Voraussetzung für zahlreiche Prozesse schuf[93]. In diesen ging es darum, die Täter streng rechtsstaatlich abzuurteilen, unter Vermeidung jeglichen Sonderrechts für NS-Verbrechen.

Kritik wurde mannigfach geübt – an der zu langen Dauer der Prozesse, an der Verzögerungstaktik der Verteidiger, an den geringen Strafen und an Freisprüchen (z.B. von

---

88 Vgl. Michael Wolffsohn, Die Wiedergutmachung und der Westen – Tatsachen und Legenden, in: Aus Politik und Zeitgeschichte 16–17/87, S. 19–29.

89 Vgl. Agnes Blänsdorf, Zur Konfrontation mit der NS-Vergangenheit in der Bundesrepublik, der DDR und Österreich. Entnazifizierung und Wiedergutmachungsleistungen, in: Aus Politik und Zeitgeschichte B 16–17/87, S. 14, Anm. 54a. Siehe auch Helmut Rumpf, Die deutschen Reparationen nach dem Zweiten Weltkrieg. Vorleistungen ohne Friedensvertrag, in: Bernard Willms (Hrsg.), Handbuch zur Deutschen Nation. Bd. 1: Geistiger Bestand und politische Lage, Tübingen 1986, S. 333–359 (mit einer irritierenden Interpretation: „Inzwischen ist eine Generation herangewachsen, der es nicht länger zugemutet werden sollte, für die Taten und Untaten der Großeltern einzustehen“, ebd., S. 356).

90 Vgl. Christoph Buchheim, Das Londoner Schuldenabkommen, in: Ludolf Herbst (Anm. 87), S. 219–229.

91 Vgl. Gotthard Jasper, Wiedergutmachung und Westintegration. Die halbherzige justizielle Aufarbeitung der NS-Vergangenheit in der frühen Bundesrepublik, in: Ludolf Herbst (Anm. 87), S. 183–202.

92 Peter Steinbach, Nationalsozialistische Gewaltverbrechen in der deutschen Öffentlichkeit nach 1945. Einige Bemerkungen, Fragen und Akzente, in: Jürgen Weber/Peter Steinbach (Anm. 83), S. 20.

93 Vgl. dazu die Ausführungen des ehemaligen Leiters der Zentralen Stelle in Ludwigsburg: Adalbert Rückerl (Hrsg.), NS-Prozesse. Nach 25 Jahren Strafverfolgung: Möglichkeiten, Grenzen, Ergebnisse, Karlsruhe 1971; Die Strafverfolgung von NS-Verbrechen 1945–1978. Eine Dokumentation, Heidelberg/Karlsruhe 1979; NS-Verbrechen vor Gericht. Versuch einer Vergangenheitsbewältigung, 2. Aufl., Heidelberg 1984; Staatsanwaltschaftliche Ermittlung der NS-Verbrechen – Schwierigkeiten und Ergebnisse, in: Jürgen Weber/Peter Steinbach (Anm. 83), S. 71–83.

Joachim Rehse, einem Beisitzer am Volksgerichtshof)[94]. Bei insgesamt 90.921 eingeleiteten Ermittlungen ergingen aufgrund des Beweisnotstandes in nur (oder auch: immerhin) 6479 Fällen (Stand: 1. Januar 1986) rechtskräftige Verurteilungen, wie das Bundesjustizministerium kürzlich in einer Dokumentation nachgewiesen hat[95]. Wer den Sühnecharakter der Prozesse in den Vordergrund rückt und sich über zu milde Strafen beklagt, verkennt deren Hauptzweck – der Öffentlichkeit die Gemengelage von individueller Schuld, Verstrickung, übergesetzlichem Notstand vor Augen zu führen. Die Angeklagten zeichneten sich weniger durch ideologische Besessenheit aus, als vielmehr durch einen hohen Grad an bürokratischer Mentalität, was sich in Hannah Arendts einprägsamem Wort von der „Banalität des Bösen“[96] niederschlägt.

Die drei großen Verjährungsdebatten[97] in den Jahren 1965, 1969 und 1979 im Hinblick auf die NS-Verbrechen lösten nicht nur im Bundestag[98] leidenschaftliche Diskussionen aus, sondern auch in der öffentlichen Meinung. Man muss diese Debatten nicht unbedingt zu „Sternstunden des deutschen Parlaments“[99] stilisieren, um anzuerkennen, dass in ihnen besonnen um das heikle Problem diskutiert wurde, wie sich rechtsstaatliche Prinzipien und die weitere Ahndung von NS-Morden auf einen Nenner bringen ließen, wenngleich die jeweiligen Ergebnisse allzu offenkundig politisch motiviert waren: Wurde 1965 der Beginn der Verjährungsfrist auf den 1. Januar 1950 festgesetzt, so erfolgte 1969 die Verlängerung der Frist auf 30 Jahre, und im Jahre 1979 entschloss sich der Bundestag dazu, Mordtaten generell nicht verjähren zu lassen. Man mag sich darüber streiten, ob die vielfach gegebene Begründung für die Zustimmung zur Entscheidung des Bundestages („wegen unseres Ansehens im Ausland“[100]) tatsächlich von sonderlichem Weitblick zeugt. Jedenfalls ist ein „Sonderrecht“ für NS-Verbrechen vermieden worden. Die Auseinandersetzungen zeigten einen seltsamen „Frontenverlauf“:

---

94 Vgl. beispielsweise Rudolf Wassermann, Justiz und politische Kultur. Verfolgung nationalsozialistischer Gewaltverbrechen als Herausforderung für Rechtsprechung und Bewusstsein der Öffentlichkeit, in: Bernd Hey/Peter Steinbach (Hrsg.), Zeitgeschichte und Politisches Bewusstsein, Köln 1986, S. 209–232; besonders krass Heiner Lichtenstein, Im Namen des Volkes? Eine persönliche Bilanz der NS-Prozesse, Köln 1984.

95 Vgl. Albrecht Götz, Bilanz der Verfolgung von NS-Straftaten, Köln 1986, S. 149.

96 Vgl. Hannah Arendt, Eichmann in Jerusalem. Ein Bericht von der Banalität des Bösen, München 1964.

97 Auch im Jahre 1960 fand im Bundestag eine Auseinandersetzung über die Verjährung von NS-Verbrechen statt. Die SPD scheiterte mit ihrem Versuch, die Verjährung von Verbrechen (schwere Körperverletzung und Totschlag), die mit Freiheitsstrafe von mehr als zehn Jahren oder lebenslangem Zuchthaus geahndet werden, um vier Jahre hinauszuschieben. Der Antrag hatte schon deshalb keinen Erfolg, weil zu diesem Zeitpunkt bereits die Verjährung eingetreten war und ihre rückwirkende Aufhebung als verfassungswidrig gelten musste.

98 Vgl. Presse- und Informationszentrum des Deutschen Bundestages (Hrsg.), Zur Verjährung nationalsozialistischer Verbrechen. Dokumentation der parlamentarischen Bewältigung des Problems, 3 Teile, Bonn 1980.

99 Peter Steinbach (Anm. 92), S. 27.

100 So Martin Hirsch, Anlass, Verlauf und Ergebnis der Verjährungsdebatten im Deutschen Bundestag, in: Jürgen Weber/Peter Steinbach (Anm. 83), S. 40–50.

Diejenigen, die sonst immer den Gesichtspunkt der Resozialisierung in den Vordergrund stell(t)en, erwiesen sich nun als Anhänger eines Sühnestrafrechts, während die eher am Vergeltungsprinzip Orientierten einen „Schlussstrich“ ziehen wollten. Konsequent war hingegen die Haltung der FDP, die mehrheitlich bei allen Debatten an der grundsätzlichen Verjährbarkeit für Mord festhielt, politischen Opportunitäten keinen Tribut zollend.

Nicht nur die Entscheidungen im Hinblick auf die Verjährung sind gegen die Mehrheit der Bevölkerung getroffen worden. Ein großer Teil der Öffentlichkeit wollte die Hypotheken der Vergangenheit möglichst schnell abschütteln, und die Einstellung breiter Bevölkerungsteile war in den fünfziger Jahren weit davon entfernt, Sensibilität für die „Vergangenheit“ zu entwickeln. Die politische Kultur litt an beträchtlichen Defiziten[101], und zwar nicht nur im Bereich der Vergangenheitsbewältigung. Studiert man Daten zur Vergangenheitsbewältigung im Spiegel von Bevölkerungsumfragen[102], so fällt der seitherige Wandel unverkennbar ins Auge. Auf die Frage, ob Emigranten, die wegen Hitler ins Ausland gingen, ein hohes Regierungsamt ausüben sollten, antworteten dreimal mehr mit nein als mit ja. Und die Frage, ob man eine Schule nach einem Widerstandskämpfer nennen solle, stieß im Jahre 1956 bei 49 Prozent auf Ablehnung und nur bei 18 Prozent auf Zustimmung, wobei 33 Prozent das Votum „unentschieden“ abgaben. Ein letztes Beispiel: Nur 46 Prozent waren 1958 für eine Bestrafung von Personen, die sich heute in Deutschland antisemitisch betätigen, während immerhin 20 Prozent dies ablehnten (bei einer hohen Quote von unentschiedenen Stellungnahmen). Rudolf Wassermann bringt den Sachverhalt treffend zum Ausdruck: „Wurde man früher vorzugsweise mit der Frage konfrontiert, warum überhaupt die NS-Verbrechen verfolgt würden, so werden jetzt Vorwürfe deswegen erhoben, weshalb bei der Strafverfolgung nicht mehr geleistet und nicht entschiedener vorgegangen worden ist.“[103] Als Willy Brandt 1961 Kanzlerkandidat der SPD war, sah er sich mit seltsamen Vorwürfen konfrontiert: Es galt vielfach als Makel, emigriert zu sein. Der Wandel in der Einstellung zum Dritten Reich und zur Vergangenheitsbewältigung ist unübersehbar[104]. Nicht nur die Wissensdefizite über das Dritte Reich waren lange Zeit frappant.

Dies ist am wenigsten eine Schuld der Zeitgeschichtsforschung, die sich intensiv – und zwar schon sehr früh[105] – mit dem Nationalsozialismus und dessen Verbrechen

101 Vgl. (wenn auch etwas einseitig) Dieter Bänsch (Hrsg.), Die fünfziger Jahre. Beiträge zu Politik und Kultur, Tübingen 1985.

102 Einige sind abgedruckt bei Peter Steinbach, Vergangenheit als Last und Chance. Vergangenheitsbewältigung in den 50er Jahren, in: Jürgen Weber (Hrsg.), Geschichte der Bundesrepublik Deutschland. Bd. 4: Die Bundesrepublik wird souverän, München 1987, S. 334–340. Die nachfolgenden Daten sind diesen Tabellen entnommen.

103 Rudolf Wassermann, Recht, Gewalt, Widerstand. Vorträge und Aufsätze, Berlin 1985, S. 10.

104 Vgl. auch Peter Reichel, Vergangenheitsbewältigung als Problem unserer politischen Kultur. Einstellungen zum Dritten Reich und seine Folgen, in: Jürgen Weber/Peter Steinbach (Anm. 83), S. 145–163.

105 Vgl. Eugen Kogon, Der SS-Staat. Das System der deutschen Konzentrationslager München (1946), 8. Aufl., München 1979 (mit einer notgedrungen etwas einlinigen Perspektive).

auseinandergesetzt hat[106] und deren Ergebnisse auch Eingang in die Medien fanden[107]. Speziell das Münchner „Institut für Zeitgeschichte“ hat Vorbildliches geleistet[108]. Es kann keine Rede davon sein, dass sich in der ernsthaften Forschung irgendwelche apologetischen Tendenzen finden. Immer wieder ist auf die Verbrechen des Nationalsozialismus hingewiesen worden[109], auch in der populärwissenschaftlichen Literatur[110]. Natürlich haben sich im Laufe der Jahre die Forschungsschwerpunkte und die Akzente in der Bewertung verschoben, z.B. ist die Hitler-Zentrierung zurückgegangen[111]. Kann der historischen Wissenschaft also keineswegs der Vorwurf gemacht werden, die damalige Zeit nicht hinreichend aufgearbeitet zu haben, so kommt man wohl nicht um die Feststellung, dass allzu häufig moralisierenden Sichtweisen gehuldigt und Tabus gepflegt worden sind. So hat Walther Hofer in die Neuausgabe seiner Taschenbuchdokumentation[112] über den Nationalsozialismus – die vor drei Jahrzehnten erschienen ist und inzwischen in einer Auflage von weit über einer Million vorliegt – zwei Fälschungen über den Reichstagsbrand aufgenommen, auf dass die Nationalsozialisten auch mit dieser Tat „belastet“ werden. Der Reichstagsbrand ist nur ein – allerdings spektakuläres – Beispiel[113]. Die Suche nach den Brandstiftern, natürlich aus den Reihen der Nationalsozialisten, ist eine Donquichotterie ohnegleichen. Auch macht man es sich (horribile dictu) zu einfach, die faktengesättigten Werke von David Irving als „neonazistisch“ abzutun, so verwegen auch viele Interpretationen des Engländers ausfallen. Und – keine rhetorische Frage – besteht wirklich eine Notwendigkeit für politisch Andersdenkende, alles von der Hand zu weisen, was Armin Mohler über die Vergangenheitsbewältigung geschrieben hat[114]?

---

106 Vgl. beispielsweise die einschlägige Sammlung von Peter Hüttenberger, Bibliographie zum Nationalsozialismus, Göttingen 1980.

107 Sehr einseitig Reinhard Kühnl, Das Dritte Reich in der Presse der Bundesrepublik. Kritik eines Geschichtsbildes, Frankfurt a.M. 1966.

108 Beispielsweise Hans Buchheim/Hans-Adolf Jacobsen/Helmut Krausnick, Anatomie des SS-Staates, Freiburg 1965.

109 Vgl. etwa Reinhard Henkys, Die nationalsozialistischen Gewaltverbrechen. Geschichte und Gericht, 2. Aufl., Stuttgart/Berlin 1965; Herbert Jäger, Verbrechen unter totalitärer Herrschaft. Studien zur nationalsozialistischen Gewaltkriminalität, Freiburg 1967.

110 Vgl. beispielsweise die in hoher Auflage verbreitete und mehrfach neu aufgelegte Schrift von Wolfgang Scheffler, Judenverfolgung im Dritten Reich (1964), Neuausgabe, Berlin 1979.

111 Vgl. auch Bernd Faulenbach, NS-Interpretationen und Zeitklima. Zum Wandel in der Aufarbeitung der jüngsten Vergangenheit, in: Aus Politik und Zeitgeschichte B 22/87, S. 19–30.

112 Vgl. Walther Hofer (Hrsg.), Der Nationalsozialismus. Dokumente 1933–1945, Neuausgabe 1982. Die Fälschungen betreffen eine Rede Görings auf einem „Geheimtreffen“ (ebd., S. 52) und Aussagen eines Heizers (ebd., S. 53 f.). Dazu Eckhard Jesse, Reichstagsbrand und Vergangenheitsbewältigung, in: Recht und Politik 22 (1986), S. 1911

113 Vgl. zu den offenbar in „volkspädagogischer“ Absicht vorgenommenen Fälschungen des unter der Ägide von Walther Hofer stehenden „Luxemburger Komitees“: Uwe Backes u.a., Reichstagsbrand. Aufklärung einer historischen Legende, 2. Aufl., München/Zürich 1987.

114 Vgl. Armin Mohler, Vergangenheitsbewältigung, Neuausgabe, München 1980; ders., Im Dickicht der Vergangenheitsbewältigung. Analyse eines deutschen Sonderweges, in: Bernard Willms (Hrsg.), Handbuch zur Deutschen Nation, Bd. 2, Tübingen 1986, S. 35–107.

Die „Vergangenheitsbewältigung" in der Bundesrepublik weist also Licht und Schatten auf. Es dürfte nicht angängig sein, sie als völlig verfehlt abzuqualifizieren, wenn man z.B. daran denkt, wie andere Länder mit ihrer Vergangenheit „fertig" werden[115]. Was die Bundesrepublik angeht, so fällt folgendes Paradoxon auf: In den fünfziger Jahren, als in der Tat gravierende Versäumnisse zu konstatieren waren, schwieg die Öffentlichkeit weitgehend; jetzt aber, wo viele Bürger gegenüber der „Vergangenheit" sensibler geworden sind, wird ein Teil der Medien nicht müde, jede missverständliche oder ungeschickte Äußerung im Hinblick auf den Nationalsozialismus an den Pranger zu stellen und als Ausgeburt einer missglückten Vergangenheitsbewältigung zu interpretieren.

So radikal der Bruch mit der Vergangenheit auch war, so blieb dieser Bruch in gewisser Weise dem Nationalsozialismus ex negativo verhaftet. Auch Habermas hat ja eigens die „kurzatmig pädagogisierende Vereinnahmung" der Vergangenheit und die „hypnotische Lähmung"[116] durch den Nationalsozialismus beklagt. Ohne die Last des Vergangenen sähe in der Bundesrepublik vieles anders aus: Die Heftigkeit gegen die Nachrüstung, die als „atomarer Holocaust" firmiert, wäre vermutlich nicht vorhanden, die Proteste gegen die Volkszählung („Volksaushorchung") hätten nicht die verquere Form angenommen, und vielleicht gäbe es bestimmte Dimensionen des Terrorismus überhaupt nicht. Ganz gewiss würden Diskussionen über Geburtenkontrolle und das Asylrecht, um nur zwei Probleme herauszugreifen, weniger irrational erörtert. Man hat den Eindruck, als ob diese Hypothek der Vergangenheit die Gegenwart zunehmend belastet. Das düstere Bild, das Elisabeth Noelle-Neumann jüngst von der Bundesrepublik als einer „verletzten Nation"[117] – vielleicht etwas übertrieben – gezeichnet hat, geht dabei wohl auch auf die Art der Vergangenheitsbewältigung zurück. Für die Annahme, „die selbstquälerische Vergangenheitsbewältigung dürfte bald selbst der Vergangenheit angehören"[118], lassen sich jedenfalls gegenwärtig nur wenige Argumente ins Feld führen.

Je weiter wir uns von der Vergangenheit entfernen, umso schärfer wird nämlich die Auseinandersetzung mit ihr. Nach Hermann Lübbe hat der diskrete Umgang mit der

---

115 Vgl. beispielsweise Anton Pelinka/Erika Weinzierl, Das große Tabu. Österreichs Umgang mit seiner Vergangenheit, Wien 1987; Gerhard Botz, Eine deutsche Geschichte 1938–1945? Österreichische Geschichte zwischen Exil, Widerstand und Verstrickung, in: Bernd Hey/Peter Steinbach (Anm. 94), S. 160–185. Über Frankreich heißt es bei Gerhard Kiersch/Anette Kleszcz-Wagner, Frankreichs verfehlte Vergangenheitsbewältigung, in: Jürgen Weber/Peter Steinbach (Anm. 83), S. 176, „dass wir von der Art, wie Frankreich seine nationalsozialistische Vergangenheit aufgearbeitet hat, wenig lernen können".

116 Jürgen Habermas (Anm. 8).

117 Vgl. Elisabeth Noelle-Neumann/Renate Köcher, Die verletzte Nation. Über den Versuch der Deutschen, ihren Charakter zu ändern, Stuttgart 1987.

118 So Hans-Peter Schwarz, Die gezähmten Deutschen. Von der Machtbesessenheit zur Machtvergessenheit, Stuttgart 1985, S. 141. Ähnlich Jürgen W. Falter in seinem wichtigen Beitrag: Die Hypothek der Geschichte. Wieviele überzeugte Nationalsozialisten gab es?, in: Der Monat, Heft 297/1986, insbes. S. 81.

leidvollen „Vergangenheit" die Voraussetzung dafür geschaffen, dass sich aus der Nachkriegsbevölkerung die „Bürgerschaft der Bundesrepublik Deutschland"[119] bilden konnte. Es sei kein Verdrängungsprozess gewesen[120]. Wie immer man dazu stehen mag: Richtig ist Lübbes Beobachtung, dass die mit den Studentenunruhen einsetzende heftige Kritik an der Vergangenheitsbewältigung der „Delegitimierung"[121] des politischen Systems der Bundesrepublik diente, nicht der – vorgeschobenen – Kritik an der bisherigen Aufarbeitung der Vergangenheit. Das demokratische System sollte geschwächt, nicht stabilisiert werden. Lübbe hat die Motive einer einflussreichen Richtung beim Namen genannt. Die Kritik an der Form der Vergangenheitsbewältigung ist kein Selbstzweck (gewesen), sondern ein Mittel zum Zweck. Ein hochsensibles Thema wurde und wird – wie jetzt beim „Historikerstreit" – instrumentalisiert und für ganz andere Zwecke ausgebeutet. Damit sollte es ein Ende haben.

IV.

1. Wenn eine bestimmte Form der Vergangenheitsbewältigung obsolet sein muss, so stellt sich die Frage, wie eine angemessenere auszusehen hat. Denn ein „Schlussstrich" kann und darf nicht gezogen werden. Es ist vielmehr an der Zeit, unbefangen – d. h. frei von apologetischen wie von selbstbezichtigenden Invektiven – dieser Frage nachzuspüren, zumal der „Historikerstreit" verdeutlicht, wie ein heikles Thema umfunktioniert wird.

Die folgenden, mit Beispielen untermauerten Thesen konzentrieren sich auf einige wesentliche Bereiche. Sie erheben nicht den Anspruch, den facettenreichen Komplex der in mannigfacher Hinsicht tabubesetzten Vergangenheitsbewältigung in toto abzudecken. Es geht um die Einschätzung des Nationalsozialismus und die aus ihr folgende Konsequenz (1), die Ächtung des politischen Gegners mit Hinweis auf dessen (behauptete) Nähe zum Nationalsozialismus, wobei man sich durch diese Form der Instrumentalisierung in eine moralisch bessere Position zu bringen versteht (2), den heutigen Antisemitismus und Rechtsextremismus, der für bestimmte Spielarten der Vergangenheitsbewältigung herhalten muss (3), und das Problem der Enttabuisierung, das zugleich eine Absage an wie immer motivierte „volkspädagogische" Absichten darstellt (4). Erst vor dem Hintergrund der ersten These gewinnen die anderen drei Thesen, deren Zweck nicht darin liegt, einer bestimmten Richtung gleichsam zu signalisieren, was denn eigentlich gemeint ist, ihre Glaubwürdigkeit und Berechtigung. Sie gehören also zusammen.

---

119 Hermann Lübbe (Anm. 3), S. 334. Zur Auseinandersetzung mit Lübbe ebd., S. 350–378.

120 Vgl. hingegen die einflussreiche Schrift, deren Titel zum geflügelten Wort geworden ist: Alexander und Margarete Mitscherlich, Die Unfähigkeit zu trauern. Grundlagen kollektiven Verhaltens, München 1967.

121 Hermann Lübbe (Anm. 3), S. 340, S. 343. In beißender Schärfe – und geradezu rabulistisch – attackiert Hauke Brunkhorst diese Denkfiguren von Lübbe. Ders. (Anm. 28), insbes. S. 94–111.

(1) Die nationalsozialistische Herrschaftspraxis kann nicht mehr reaktiviert werden. Das Dritte Reich gehört der Vergangenheit an. Es darf keinen Zweifel daran geben (und es gibt ihn auch nicht!), dass eine Aufwertung oder Entlastung des Nationalsozialismus nicht in Frage kommt, sogar unmöglich ist. Die nationalsozialistische Politik hatte sich derart diskreditiert, dass „niemand in Deutschland auch nur die kleinste politische Außenseiterchance (hat), der sich auf Hitler beruft und an ihn anknüpfen will"[122]. Bezeichnenderweise wagen selbst die vehementesten Rechtsextremisten nicht, den systematischen Mord an Millionen von Juden (und anderen Völkern) zu verteidigen: Sie bestreiten ihn. Und sogar die (winzige) Bewegung Michael Kühnens, die sich für die „Wiederzulassung" der NSDAP ausspricht, will nicht an Hitler anknüpfen, sondern an den „nationalen Sozialismus" eines Ernst Röhm. Der Ausdruck „Faschist" ist ein Schlagetot-Begriff voller Ubiquität geworden. Stereotyp wird dieser Vorwurf – beispielsweise – von den Gegnern der Volkszählung an die Adresse der Regierung gerichtet, die ihn flugs zurückgibt. Wenn der Nationalsozialismus mit seiner Politik auch gänzlich gescheitert ist, so ist es ihm doch gelungen, als Negativfolie Jahrzehnte nach seinem Untergang lebendig zu werden. Ein verspäteter „Widerstandskampf" ist allemal wohlfeil. „Wie oft wird Hitler noch besiegt?" – so hat Arno Plack vor einigen Jahren gefragt und in einer sozialpsychologischen Untersuchung den Beweis dafür anzutreten gesucht, wie verkrampft die Vergangenheitsbewältigung in der Bundesrepublik gehandhabt wird[123]. Die zweite deutsche Demokratie ist aber nicht nur das Gegenbild eines faschistischen Staates, sondern ebenso auch das eines kommunistischen. Sie gehört zum Westen, und Jürgen Habermas hat in der Tat mit folgendem Diktum recht: „Die vorbehaltlose Öffnung der Bundesrepublik gegenüber der politischen Kultur des Westens ist die große intellektuelle Leistung unserer Nachkriegszeit, auf die gerade meine Generation stolz sein könnte."[124] Doch schrumpft der Kerngehalt dieser Aussage zu einer Leerformel, da Habermas sich im nächsten Satz von einer „deutsch-national eingefärbte(n) NATO-Philosophie"[125] absetzt, als könne es eine Bindung an den Westen ohne NATO-Zugehörigkeit geben.

(2) Der Instrumentalisierung der Vergangenheitsbewältigung für andere Zwecke muss ein Ende bereitet werden. Es gehört zur Tagesordnung, dass man politische Gegner mit Zitaten zu erledigen sucht, die (vermeintlich) anrüchig in einem ganz bestimmten Sinne sind. Wieso empört sich die „Linke" über Helmut Kohls im Grunde unverdächtiges, lediglich die fragwürdige, letztlich entlastende Kollektivschuld-These negierendes Diktum von der „Gnadc der späten Geburt", wo doch ein Ghostwriter Kohls dieses offenkundig aus dem Buch des (linken) Günter Gaus abgeschrieben hat[126]?

122 Sebastian Haffner, Anmerkungen zu Hitler, München 1978, S. 204.
123 Vgl. Arno Plack, Wie oft wird Hitler noch besiegt? Neonazismus und Vergangenheitsbewältigung (1982), 2. Aufl., Frankfurt a.M. 1985.
124 Jürgen Habermas (Anm. 8).
125 Ebd. – Habermas hat seine Position präzisiert: Geschichtsbewusstsein und postnationale Identität. Die Westorientierung der Bundesrepublik, in: Ders. (Anm. 3), S. 161–179.
126 Vgl. Günter Gaus, Wo Deutschland liegt. Eine Ortsbestimmung, Hamburg 1983, S. 275.

Warum versucht die gleiche politische Richtung die Rede des Bundespräsidenten zur 40. Wiederkehr des 8. Mai 1945[127] gegen Helmut Kohls „Pose der neuen Unschuld"[128] auszuspielen, obwohl Kohls in Bergen-Belsen gehaltene Rede sich mit zahlreichen Wendungen aus der vielgerühmten Weizsäckers deckt? Umgekehrt gibt es natürlich ähnliche Mechanismen, wenn man hämisch etwa auf die „Nazi-Vergangenheit" von Henri Nannen verweist. Die Vergangenheitsbewältigung wird zum Vehikel, die Last der Vergangenheit missbraucht. Die Toten von Auschwitz müssen dafür herhalten, in einem Machtkampf als Instrumente eingesetzt zu werden. Dies verbietet sich ebenso wie die Suche nach „verräterischen" Stellen. Es gehört leider zum schlechten, gleichwohl gepflegten Stil in der intellektuellen Auseinandersetzung, dass man den Gegner durch Hinweis auf „rechtslastige" Zitate ins Abseits rücken zu können glaubt. Und weil dies so ist, versichert nahezu jedermann gleichsam formelhaft, ihm gehe es nicht um die Verharmlosung des Dritten Reiches. Dieser Kotau vor dem Geßler-Hut ist unwürdig. So wird eine traumatische Fixierung begünstigt. Denn natürlich sind sich alle ernstzunehmenden Richtungen in der Wissenschaft, der Politik und der öffentlichen Meinung in der Ablehnung nationalsozialistischer und antisemitischer Strömungen einig. Aber dies einzugestehen würde bedeuten, einen Trumpf aus der Hand zu geben.

(3) Der Rechtsextremismus in seiner antisemitischen Ausprägung stellt in der Bundesrepublik keine Gefahr dar. Ein Blick in den (neuesten) Verfassungsschutzbericht duldet keinen Zweifel, dass die verschiedenen rechtsextremen Bewegungen eine quantité négligeable darstellen[129]. Natürlich gibt es Ewiggestrige, aber deren Existenz ist eben auch ein Wesenszug einer freiheitlichen Gesellschaft. Rechtsextremismus ist eine „‚normale' Pathologie von freiheitlichen Industriegesellschaften"[130]. Die Bundesrepublik schneidet im Vergleich etwa zu Italien und Frankreich gut ab. Bei uns ist der Extremismus von rechts ein randständiges Phänomen – er hat Patina angesetzt. Als „pathologisch" kann man aber zum Teil die Reaktion auf die „normale Pathologie" ansehen: Es gibt wohl außer dem Rechtsextremismus-Komplex kaum einen zweiten Bereich der wissenschaftlichen Literatur, der derart von politischen Invektiven übersät ist. Eine vom Bundeskanzleramt in Auftrag gegebene wissenschaftliche Studie kam 1981 zu folgendem alarmierenden Ergebnis: „13 % aller Wähler in der Bundesrepublik verfügen über ein geschlossenes rechtsextremes Weltbild."[131] Ein Ergebnis, das freilich nur auf methodisch höchst fragwürdige Weise gewonnen werden konnte. Die Überschätzung des

---

127 Vgl. hierzu Ulrich Gill/Winfried Steffani (Hrsg.), Eine Rede und ihre Wirkung. Die Rede des Bundespräsidenten Richard von Weizsäcker vom 8. Mai 1985 anlässlich des 40. Jahrestages der Beendigung des 2. Weltkrieges. Betroffene nehmen Stellung, Berlin 1986.

128 So Gunter Hofmann, Sehnsucht nach Normalität. Der neue Diskurs über die Vergangenheit, über Israel und die Juden, in: Die Zeit v. 28. Februar 1986, S. 48.

129 Vgl. Bundesministerium des Innern (Hrsg.), Verfassungsschutzbericht 1986, Bonn 1987, S. 149–199.

130 Erwin K. Scheuch, Theorie des Rechtsradikalismus in westlichen Industriegesellschaften, in: Hamburger Jahrbuch für Wirtschafts- und Gesellschaftspolitik 12 (1967), S. 13.

131 5 Millionen Deutsche: „Wir sollten wieder einen Führer haben...". Die SINUS-Studie über rechtsextremistische Einstellungen bei den Deutschen, Hamburg 1981, S. 78.

Rechtsextremismus ist notorisch[132]. Dies gilt im besonderen Maße auch für die des Antisemitismus[133]. Zwei Beispiele mögen dies untermauern: Nach längerem Tauziehen ist 1985 ein bizarres Gesetz verabschiedet worden, das das Leugnen und die Verharmlosung von nationalsozialistischen Verbrechen als Offizialdelikt ansieht - ein „Unikum"[134], welches den Eindruck erwecken muss, als sei eine strafrechtliche Sanktionierung notwendig, um eine breite Front Unbelehrbarer (auch und gerade in der Geschichtswissenschaft!) in die Defensive zu drängen. Eine größere Aufwertung hätten sich die winzigen Gruppen der Neonazis nicht wünschen können[135]. Die Kontroverse um die Aufführung eines im Ruch des Antisemitismus stehenden Theaterstückes von Fassbinder hat die gleiche Hilflosigkeit[136] an den Tag gelegt. Es entstand der Eindruck, und vielleicht sollte er auch entstehen, als werde der Antisemitismus salonfähig gemacht[137]. Kaum ein Periodikum in der Bundesrepublik sprach sich für die Aufführung des Stückes aus. Aufschlussreich sind auch hier die „Frontstellungen": Die linke „Frankfurter Rundschau" war von den bekannten Tageszeitungen die einzige, die sich gegen die Zensur wandte. Sie fühlte sich zu folgendem Kommentar veranlasst: „Die Fassbinder-Affäre hat auch die Grenzen der inneren Pressefreiheit in vielen Blättern deutlich gemacht."[138] Die Debatte um ein extrem tabubesetztes Thema ist mit vielen falschen Zungenschlägen geführt worden. Wie ein betont „negativer Nationalismus"[139] nicht in einem diametralen Gegensatz zu einem extremen Nationalismus steht, so ist jede Form

---

132 Vgl. die Belege bei Uwe Backes/Eckhard Jesse, Rechtsextremismus: Neuere Tendenzen und Diskussionen, in: Dies., Totalitarismus - Extremismus - Terrorismus. Ein Literaturführer und Wegweiser im Lichte deutscher Erfahrung, 2. Aufl., Opladen 1985, S. 103–184, S. 321–335. Zur Kritik an der SINUS-Studie siehe ebd., S. 147–151.

133 Vgl. Alphons Silbermann, Sind wir Antisemiten? Ausmaß und Wirkung eines sozialen Vorurteils in der Bundesrepublik Deutschland, Köln 1982; Alphons Silbermann/Julius H. Schoeps (Hrsg.), Antisemitismus nach dem Holocaust. Bestandsaufnahme und Erscheinungsform in deutschsprachigen Ländern, Köln 1986; Henryk M. Broder, Der ewige Antisemit. Über Sinn und Funktion eines beständigen Gefühls, Frankfurt a.M. 1986. Viel solider: Herbert A. Strauss/Norbert Kampe (Hrsg.), Antisemitismus. Von der Judenfeindschaft zum Holocaust, Bonn 1984.

134 So zutreffend Jürgen Busche, Was wir vom Lernen der Geschichte lernen. Überlegungen zum unhistorischen Umgang mit der Geschichte, in: Frankfurter Allgemeine Zeitung v. 15. Mai 1985; siehe auch ders., So treibt man Schindluder. Die beabsichtigte Strafnorm gegen das Leugnen von nationalsozialistischen Verbrechen, in: Frankfurter Allgemeine Zeitung v. 28. März 1984

135 Auf Veranlassung der Union wird auch die Leugnung der Verbrechen „einer anderen Gewalt- und Willkürherrschaft" unter Strafe gestellt - eine gewundene Formel, die die Sache nicht besser macht.

136 Vgl. die in mancher Hinsicht aufschlussreiche marxistische Darstellung von Wolfgang Fritz Haug, Der hilflose Antifaschismus. Zur Kritik der Vorlesungsreihen über Wissenschaft und NS an deutschen Universitäten, Berlin 1967. Zwei Jahrzehnte später hat der Autor diese Schrift um einen ausführlichen Teil zum „Historikerstreit" ergänzt: Vom hilflosen Antifaschismus zur Gnade der späten Geburt, Hamburg/Berlin 1987.

137 Vgl. Heiner Lichtenstein (Hrsg.), Die Fassbinder-Kontroverse oder Das Ende der Schonzeit, Königstein/Taunus 1986; Gerhard Zwerenz, Die Rückkehr des toten Juden nach Deutschland, München 1986; Henryk M. Broder (Anm. 133), insbes. S. 7–21.

138 Zitiert nach Heiner Lichtenstein (Anm. 137), S. 205.

139 Vgl. Ernst Nolte, in: Historikerstreit (Anm. 22), S. 223–231.

des Philosemitismus stets nicht schon frei von Antisemitismus. Und Antizionismus ist nicht notwendigerweise Antisemitismus[140]. Man muss folgende Frage stellen können: Wer schürt Antisemitismus? Sind es nicht auch jene, die aus (z.T. gespielter) Angst vor Antisemitismus übereifrig reagieren? Jedenfalls dürfte sich bei manchen Bürgern ein dumpfes Unbehagen und der Eindruck festgesetzt haben, in Frankfurt werde die „jüdische Lobby“ privilegiert[141]. Es wäre besser gewesen, die Polizei hätte bei der Störung des Theaterstücks in Frankfurt die jüdischen Demonstranten so behandelt, wie dies den Regeln eines Rechtsstaates entspricht.

(4) Eine Enttabuisierung heikler Sachverhalte ist ebenso ein Gebot der Notwendigkeit, wie eine „volkspädagogische“ Betrachtungsweise keine Geltung beanspruchen darf. Der Begriff „volkspädagogisch unwillkommen“ geht bekanntlich zurück auf die Reichstagsbrandkontroverse. Fritz Tobias hatte in seinem Furore machenden Werk von 1962, das die Alleintäterschaft des Holländers Marinus van der Lubbe bewies und mit zahlreichen Legenden und (Zweck-)Fälschungen aufräumte, die in einem Privatbrief von Golo Mann vertretene Auffassung bestritten, die neue Erkenntnis sei „sozusagen volkspädagogisch unwillkommen“[142]. Gewiss meiden es die meisten Wissenschaftler – von Walther Hofer einmal abgesehen, der diese Formel ganz ungeniert verwendet, um eine ihm unliebsame Auffassung diskreditieren zu können –, sich eigens auf „volkspädagogische“ Prinzipien zu berufen, doch faktisch spielen solche Invektiven und Insinuationen eine große Rolle, auch und gerade beim „Historikerstreit“. Es sollte aber nur darum gehen, der (historischen) Wahrheit möglichst nahe zu kommen. Ansonsten wird ein Klima der Verdächtigung, ja der Furcht erzeugt, das nicht nur der Wissenschaft schadet, sondern auch der politischen Kultur. Eine Enttabuisierung ist unumgänglich. Dass diese nicht dazu dient, den Rechtsextremismus salonfähig zu machen, versteht sich von selbst. Die Angst vor ihm ist traumatischer Natur. Hitlers „Mein Kampf“ darf nicht nachgedruckt werden. Als der Bundesgerichtshof im Jahre 1979 das Verbot bestätigte, war es Fritz J. Raddatz, der damalige Feuilleton-Chef der „Zeit“, der das Urteil uneingeschränkt guthieß[143], obwohl er ansonsten unermüdlich gegen Zensur zu protestieren pflegt. „Wenn ‚Vergangenheitsbewältigung‘ nicht eine Phrase bleiben soll, nicht bloß ein Schlagwort im Meinungskampf, dann müsste die-

---

140 Dieser Gedankengang wird von jüdischer Seite häufig nicht verstanden, und daher geraten die Grünen, die ohnehin ein bemerkenswertes Maß an Unbefangenheit an den Tag legen, schnell in den Verdacht antisemitischer Gesinnung. Vgl. etwa Johanan Meroz, In schwieriger Mission. Als Botschafter Israels in Bonn, Frankfurt a.M. 1986, S. 219–224.

141 Die Affäre um den österreichischen Bundespräsidenten Waldheim ist geradezu ein Musterbeispiel für self-fulfilling prophecy. Vgl. Andreas Khol u.a. (Hrsg.), Die Kampagne. Kurt Waldheim – Opfer oder Täter? Hintergründe und Szenen eines Falles von Medienjustiz, München/Berlin 1987.

142 Vgl. Fritz Tobias, Der Reichstagsbrand. Legende und Wirklichkeit, Rastatt 1962, S. 592. Siehe auch Golo Mann, Brief an Fritz Tobias v. 20. September 1961. Mann hatte allerdings hinzugefügt, dass er eine ihm nicht angenehme These akzeptieren werde, wenn sie sich wissenschaftlich beweisen lasse. In seinen Memoiren (Erinnerungen und Gedanken. Ein Jugend in Deutschland, 1986, S. 493–500) hält Mann weiterhin wider jede Evidenz an der Täterschaft der Nationalsozialisten fest.

143 Vgl. Fritz J. Raddatz, Für das Verbot von Hitlers „Mein Kampf“, in: Die Zeit v. 3. August. 1979.

ses monströse, aber auch zynisch aufrichtige Buch allgemein zugänglich werden"[144]. Ein anderes Beispiel: Das Buch von Wilhelm Stäglich über den „Auschwitz-Mythos" ist auf den Index gesetzt worden. Wird damit das Gesetz über die Verbreitung jugendgefährdender Schriften wirklich beherzigt? Es irritiert, dass man sich mit einem Werk auseinandersetzt, das nicht gelesen werden darf[145]. Und ebenso unnachsichtig muss auch ein entschiedener Verfechter der streitbaren Demokratie die Frage stellen, ob es mit Liberalität vereinbar ist, dem Autor wegen seiner Schrift den Doktortitel abzuerkennen. Wer sich einerseits gegen „Ausgrenzung" bei „linken" Positionen sperrt und andererseits dem Mechanismus der „Stigmatisierung" huldigt, sofern es sich um „rechte" handelt, frönt einer doppelbödigen politischen Moral!

2. In der Tat gibt es „im Verhältnis zur Vergangenheit viel Neurotisches"[146]. Adornos Diktum gilt auch noch und gerade heute wieder. Kennzeichnend hierfür ist das Pflegen des „negativen Mythos"[147], des „Antimythos"[148] vom Nationalsozialismus. Was ist das für eine merkwürdige Vergangenheitsbewältigung, die derartig oberflächliche, sich einer ganz bestimmten Klaviatur bedienenden Phänomene pflegt? Kathartische Wirkung kann davon nicht ausgehen. Auf diese Weise haucht ein „hypersensibilisierter Anti-Faschismus"[149] dem Leichnam des Nationalsozialismus immer „wieder Leben ein. Wer Angst vor einer „Veränderung des antinazistischen Koordinatensystems"[150] hegt, muss sich fragen lassen, für wie gefestigt er die zweite deutsche Demokratie hält. Zu welcher Antwort man auch kommt – das Plädoyer von Thomas Nipperdey und Imanuel Geiss für das „Gebot pluralistischer Wissenschaftsmoral"[151] ist keineswegs selbstverständlich. Der einerseits instrumentalisierte und andererseits mit der Vergangenheitsbewältigung verquickte „Historikerstreit" hat diesen Sachverhalt nachdrücklich unterstrichen.

Das Verhältnis zwischen Vergangenheit und Zukunft ist dialektischer Natur. Gerade wer die Zukunft meistern will, ist verpflichtet, sich um eine „Vergewisserung" und Klärung des Vergangenen zu bemühen, aber nicht in ritualisierter Form. Das gilt für das Individuum wie für den Staat. Denn „Lebenslügen" kehren sich wider ihre Urheber. Wer gegen ein (angeblich) von „Regierungshistorikern verordnetes Geschichtsbild"[152] streitet, setzt sich dem Verdacht aus, er projiziere in die Gegner das, wonach er sich selber sehnt – „das Monopol auf Interpretation der deutschen Zeitgeschichte mit ihren moralischen Belastungen"[153]. Aus den mörderischen Erfahrungen der Vergangenheit

144 Arno Plack (Anm. 123), S. 337 f.

145 Vgl. Wolfgang Scheffler, Der Beitrag der Zeitgeschichte zur Erforschung der NS-Verbrechen – Versäumnisse, Schwierigkeiten, Aufgaben, in: Jürgen Weber/Peter Steinbach (Anm. 83), S. 130 f.

146 Theodor W. Adorno (Anm. 79), S. 126.

147 Ernst Nolte, in: Historikerstreit (Anm. 22), S. 227.

148 Joachim Fest, Nachwort, 21. April 1987, in: „Historikerstreit" (Anm. 22), S. 389.

149 Imanuel Geiss (Anm. 73), S. 378.

150 Joachim Perels, Wer sich verweigerte, ließ das eigene Land im Stich. In der Historiker-Debatte wird auch der Widerstand umbewertet, in: „Historikerstreit" (Anm. 22), S. 368

151 Thomas Nipperdey (Anm. 64), S. 216 f.; sinngemäß ähnlich Imanuel Geiss (Anm. 73), S. 380.

152 Jürgen Habermas (Anm. 8).

153 So Imanuel Geiss (Anm. 73), S. 380.

dürften keine Denkverbote für die Gegenwart hervorgehen, da sie fragwürdige Konsequenzen für die Zukunft zur Folge haben könnten. Etwas mehr Ehrlichkeit ist vonnöten, auch im Interesse jener, die nicht müde werden, mit „gesinnungsethischem Rigorismus"[154] die historische Erblast zu kultivieren.

Von Jürgen Habermas[155] wie aus seinem Umkreis[156] ist im Anschluss an Fritz K. Ringer[157] mehrfach – auch im Zusammenhang mit dem „Historikerstreit" – auf die deutsche Tradition der Mandarine, die seinerzeit eine funktional herrschende Klasse bildeten, hingewiesen worden. Das, was als kennzeichnend für das Mandarinenbewusstsein angesehen wird – der Zug zum Moralisieren, Ideologieplanung, Hegemonieansprüche –, sind Versatzstücke, von denen die Konzeption eines Jürgen Habermas keineswegs frei ist. Vielleicht wohnt dem Vorwurf daher ein Bumerangeffekt inne. Denn das von den Mandarinen angemaßte „Deutungsprivileg"[158] dürfte Habermas so fremd nicht sein.

---

154 Rudolf Morsey, Die Bundesrepublik Deutschland. Entstehung und Entwicklung bis 1969, München 1987, S. 85.

155 Vgl. beispielsweise Jürgen Habermas (Anm. 8); ders., Die Idee der Universität – Lernprozesse, in: Ders. (Anm. 3), S. 73–99.

156 Vgl. Hauke Brunkhorst (Anm. 28), S. 77.

157 Vgl. Fritz K. Ringer, Die Gelehrten, Stuttgart 1983 (Original: The Decline of the German Mandarines. The German Academic Community. 1890–1933, Cambridge/Mass. 1969).

158 Hauke Brunkhorst (Anm. 28), S. 77.

Philosemitismus, Antisemitismus und Anti-Antisemitismus – Vergangenheitsbewältigung und Tabus

I. Problemstellung

In diesem provokativen Beitrag geht es darum, das komplexe Thema der „Vergangenheitsbewältigung“, wie der eingebürgerte Ausdruck lautet, und das damit verwobene Problemfeld des angeblichen, vermeintlichen oder tatsächlichen Antisemitismus von gängigen Ritualen und Stereotypen zu befreien, wobei der Hinweis auf verräterische Tabus unumgänglich erscheint. Es wird gezeigt, wie stark philosemitische Überlegungen die Aufarbeitung der nationalsozialistischen Vergangenheit behindern und einem unverkrampft-ehrlichen deutsch-jüdischen[1] Verhältnis im Wege stehen. Findet die selbstquälerische Form der Vergangenheitsbewältigung kein Ende, so bedeutet das eine nachhaltige Hypothek für die politische Kultur in der Bundesrepublik – unter Umständen mit Konsequenzen, die nicht im Interesse der „Bewältiger“ sein dürften. Aber es scheint, dass weder die politische Rechte noch die politische Linke gegenwärtig in der Lage ist, die mit der Last der Vergangenheit verbundenen Probleme angemessen zur Sprache zu bringen.

Wer manchen Formen unehrlicher, weil zweckentfremdeter „Vergangenheitsbewältigung“ die Berechtigung abspricht, muss weder für einen „Schlussstrich“ plädieren noch es aufrechnendem „Stammtisch-Geschwätz“ gleichtun. Das Pendant zur fehlenden „Historisierung“ des Nationalsozialismus zeigt sich in einer aufgeregten Bewältigungsmanie von Teilen der öffentlichen Meinung. Mit der zeitlichen Distanz ist vielfach kein innerer Abstand eingekehrt, der für eine ruhige Beurteilung unerlässlich ist.

Die Auffassung genießt nahezu kanonische Geltung, dass sich die Vergangenheitsbewältigung der Bundesrepublik durch Halbherzigkeit auszeichnet. Das mag in den fünfziger Jahren auf vielen Gebieten[2] tatsächlich so gewesen sein[3]. Doch dominiert heutzutage keineswegs Verdrängung, schon gar nicht in meinungsbildenden Medien. Ralph Giordano spricht plakativ von einer „zweiten Schuld“[4], wobei der Erfolg seines Buches indirekt die eigene Kernthese widerlegt. Eine andere Frage besteht allerdings

1 Im Folgenden wird an dieser gebräuchlichen Unterscheidung festgehalten, obwohl sie ungenau und missverständlich ist. Schließlich gibt es deutsche Juden bzw. jüdische Deutsche.

2 Allerdings ist eine Unterscheidung zwischen den einzelnen Bereichen der Vergangenheitsbewältigung unerlässlich. Vgl. dazu Eckhard Jesse, „Vergangenheitsbewältigung“ in der Bundesrepublik Deutschland, in: Der Staat 26 (1987), H. 4, S. 539–565.

3 Vgl. etwa Rudolf Wassermann, Justiz und politische Kultur. Verfolgung nationalsozialistischer Gewaltverbrechen als Herausforderung für Rechtsprechung und Bewußtsein der Öffentlichkeit, in: Bernd Hey/Peter Steinbach (Hrsg.), Zeitgeschichte und Politisches Bewußtsein, Köln 1986, S. 209–232.

4 Vgl. Ralph Giordano, Die zweite Schuld oder Von der Last Deutscher zu sein, Hamburg 1987.

darin, ob sich die „Bewältigung“ der Vergangenheit tatsächlich in Formen abspielt, die Lernprozesse in Gang setzen. Ihre intensive Erörterung sagt schließlich noch wenig über ihre Qualität aus. Dass mit der „Vergangenheitsbewältigung“ vieles im Argen liegt, soweit die heikle Thematik des – vermeintlichen oder tatsächlichen – Antisemitismus davon berührt ist, sollen die folgenden Ausführungen zeigen.

II. Zwischen Philosemitismus und Antisemitismus

Zu den wirksamsten Tabus gehört der nicht in Frage gestellte Anti-Antisemitismus. Die Angst, man könne als Antisemit gelten oder dem Vorwurf ausgesetzt sein, dem Antisemitismus Munition zu liefern, scheint übermächtig und geradezu lähmend. Durch Schweigen oder gar Anbiederung gegen überzogene Kritik von jüdischer Seite macht man sich nicht nur unglaubwürdig, sondern nimmt – viel schlimmer – diese Position auch nicht ernst, grenzt sie gewissermaßen aus dem Spektrum der diskussionsfähigen Auffassungen aus. Nicht zuletzt dürften Juden an einem solchen Freibrief kein Interesse haben und müssten sich dagegen wenden, dass man mit Augurenlächeln bestimmte Ansichten einfach übergeht oder ihnen pflichtschuldigst zustimmt – aus Angst, aus Desinteresse, aus Mitleid, aus Resignation, aus Gewitztheit, aus Berechnung, aus Zynismus. Wer für Aufrichtigkeit plädiert, öffnet keineswegs die Büchse der Pandora. Einige leicht zu erweiternde Sachverhalte (man denke etwa an die geradezu hysterische Reaktion auf jenen Bürgermeister von Korschenbroich [Graf Spee-Mirbach], der vor dem Hauptausschuss des Rates unvernünftigerweise ein altes – antisemitisches – Sprichwort gebraucht hatte – zum Ausgleich des Gemeindehaushalts „müsste man schon einige reiche Juden erschlagen“ – und seither überall in der Bundesrepublik als Prototyp eines Antisemiten firmiert; an den geschmacklosen Ausspruch des CSU-Abgeordneten Fellner, Juden seien immer dann zur Stelle, wenn es ums Geld geht[5]; oder auch an das dem Bundeskanzler von einem seiner Ghostwriter in den Mund gelegte Diktum Günter Gaus' zur „Gnade der späten Geburt“) mögen diese These untermauern, wobei es natürlich nicht „die“ Juden sind, gegen die sich die Kritik richtet. Allein die Betonung dieser Selbstverständlichkeit verdeutlicht den verkrampften Umgang mit der Thematik. Der Anti-Antisemitismus treibt mitunter seltsame Blüten.

Studien zum Antisemitismus sind Legion[6]. Dabei fallt zweierlei auf: Erstens wird nahezu generell von einem ausufernden Antisemitismus gesprochen (nach Alphons

---

5 Weniger oft ist erwähnt worden, dass Graf Spee später an eine jüdische Organisation für karitative Zwecke einen namhaften Betrag überwiesen und der Abgeordnete Fellner sich vor dem Bundestag öffentlich entschuldigt hat.

6 Vgl. beispielsweise: Henryk M. Broder, Der Ewige Antisemit. Über Sinn und Funktion eines beständigen Gefühls, Frankfurt a.M. 1986; Alphons Silbermann/Julius H. Schoeps (Hrsg.), Antisemitismus nach dem Holocaust. Bestandsaufnahme und Erscheinungsform in deutschsprachigen Ländern, Köln 1986; Detlev Claußen (Hrsg.), Vom Judenhass zum Antisemitismus. Materialien zu einer verleugne-

Silbermann gäbe es bei 20 Prozent der Bundesbürger einen manifesten Antisemitismus, bei 30 Prozent einen latenten)[7], zweitens meistens nur sehr vage definiert, was darunter zu verstehen sei. Mangels einer präzisen Eingrenzung des Antisemitismus-Begriffs schnellt die Quote der dem Antisemitismus zuzurechnenden Personen naturgemäß in die Höhe. Die Frage ist, ob man auf diese Weise – die Parallele zum Faschismusbegriff liegt nahe – den tatsächlichen Antisemitismus der NS-Zeit nicht banalisiert und heutige Formen antisemitischer Ressentiments nicht perhorresziert. Wird konkret gefragt, so rechnen sich knapp sechs Prozent der Bevölkerung zu denjenigen, „die keine Juden mögen"[8]. Angesichts des Phänomens, dass „negative Urteile über Juden nicht mehr öffentlich kommuniziert werden dürfen" – „offen antisemitisch-nazistische Randgruppen werden mental diskreditiert und sozial kriminalisiert"[9] –, liegt die Marge judenfeindlicher Stimmungen sicher höher. Aber: Machen manche Juden im Hinblick auf den „Antisemitismus" gar eine Art Definitionsmonopol geltend? „Betroffenheit" kann Sensibilisierung begünstigen, jedoch auch Emotionalisierung. Folgendes Paradoxon ist auffallend: Viele Kritiker des Antisemitismus argumentieren umso lautstärker und unbarmherziger, je schwächer er in Wirklichkeit ist. Die Meinungsumfragen Anfang der fünfziger Jahre sprechen eine beredte Sprache: Im Jahre 1949 waren 43 Prozent dagegen (und nur 41 Prozent dafür), dass Personen, die sich antisemitisch betätigen, bestraft werden; 1952 fanden es 37 Prozent für Deutschland besser, keine Juden im Land zu haben[10]. Wollen die Kritiker aus vereinzelten unbedacht-fragwürdigen Formulierungen den allgemeinen Ungeist des Antisemitismus herauslesen oder den Popanz eines gefährlichen Rechtsextremismus aufbauen, womit man diesen – notabene – eher fördert? Jüdische Organisationen brauchen Antisemitismus in einer

---

ten Geschichte, Darmstadt/Neuwied 1987; Bernt Engelmann, Deutschland ohne Juden. Neuausgabe, Köln 1988; Günter Brakelmann/Martin Rosowski (Hrsg.), Antisemitismus. Von religiöser Judenfeindschaft zur Rassenideologie, Göttingen 1989.

7 Vgl. die empirische Studie von Alphons Silbermann, Sind wir Antisemiten? Ausmaß und Wirkung eines sozialen Vorurteils in der Bundesrepublik Deutschland, Köln 1982. Weit differenzierter und besser abgesichert ist die empirische Studie des Instituts für Demoskopie Allensbach: Renate Köcher, Ausmaß und Formen des heutigen Antisemitismus in der Bundesrepublik Deutschland, o.O. (Allensbach) o.J. (1988).

8 Vgl. ebd., S. 6.

9 Zitate bei Werner Bergmann/Rainer Erb, Kommunikationslatenz, Moral und öffentliche Meinung. Theoretische Überlegungen zum Antisemitismus in der Bundesrepublik Deutschland, in: Kölner Zeitschrift für Soziologie und Sozialpsychologie 38 (1986), H. 2, S. 227. Die Autoren sprechen daher in Anlehnung an Niklas Luhmann von „Kommunikationslatenz" und „Kommunikationsverbot".

10 Vgl. Elisabeth Noelle/Erich Peter Neumann (Hrsg.), Jahrbuch der öffentlichen Meinung 1947–1955, Allensbach 1956, S. 131. Weitere Beispiele ebd., S. 131. Siehe auch Renate Köcher, Deutsche und Juden vier Jahrzehnte danach. Eine Repräsentativbefragung im Auftrag des STERN, o.O. (Allensbach) 1986, S. 55: „Vielmehr weisen mehrere Anzeichen übereinstimmend auf ein allmähliches Schwinden an Unterstützung hin – die langfristigen Trendreihen seit 1949, die positiven Einflüsse eines steigenden Bildungsniveaus, vor allem die für jüdische Ressentiments deutlich weniger anfällige Haltung der jungen Generation. Die Sorge vor einem zunehmenden Antisemitismus, die viele Diskussionen der letzten Zeit bestimmte, findet keine Bestätigung." Siehe auch dies. (Anm. 7), S. 8 (mit Blick auf die jüngere Generation).

gewissen Größenordnung, um für ihre Anliegen Gehör zu finden und ihre – legitimen – Interessen besser zur Geltung zu bringen. Je mehr (vermeintlicher) Antisemitismus geortet wird, umso stärker fühlen sich (tatsächliche) Antisemiten in ihren Vorurteilen bestätigt. Aber auch ideologisch unbedarfte Zeitgenossen könnten sich angesichts eines pauschalen Antisemitismus-Vorwurfs in die Ecke gedrängt sehen. Wer von der „öffentlichen Tabuisierung des Antisemitismus"[11] spricht, hat recht, müsste jedoch hinzufügen, Antisemitismus werde von der politischen Elite keineswegs geschürt, wie gerade die „öffentliche Tabuisierung" bestens belegt. Laut Werner Bergmann und Rainer Erb existiert beim Antisemitismus eine „Kommunikationslatenz", gibt es doch ohne die Folge sozialer Ächtung keine Möglichkeit, sich öffentlich negativ über Juden zu äußern. Insofern kann diese Vorsichtsmaßnahme gegenüber jeder Form des Antisemitismus, und das muss ebenfalls als ein Paradoxon gelten, auch keine positiven Veränderungen wie Lernprozesse in Gang setzen.

Die rechts-populistische Partei der Republikaner, die im Jahre 1989 reüssierte, verficht vielfach fragwürdige Programmpunkte und sucht sich Ressentiments gegen Ausländer zunutze zu machen. Es besteht aus diesen und auch anderen Gründen genug Anlass für dezidierte Kritik. Einige ihrer Vorstellungen stehen zumindest in einem Spannungsverhältnis zu Prinzipien des demokratischen Verfassungsstaates. Aber das darf kein Freibrief für unzutreffende Argumente sein. Beispielsweise wird der Antisemitismus-Vorwurf gegen die Republikaner ins Feld geführt, obwohl sich ein solcher nicht hinreichend stichhaltig begründen lässt. Nicht nur Wissenschaftler linker Couleur wie Hajo Funke und Richard Stöss hantieren mit diesem wohlfeilen Instrumentarium[12], sondern auch Politiker der Union. So vertrat der bayerische Innenminister Stoiber, der selber in das Schussfeld der Kritik wegen seines von ihm dann zurückgenommenen Wortes über die „durchrasste Gesellschaft" geraten war, die wenig überzeugende Auffassung, Äußerungen Schönhubers, es gäbe einen „unechten, aufgesetzten Philosemitismus", der unter Umständen in Antisemitismus umschlagen könne, seien „Anlass genug, die Republikaner etwas genauer zu beobachten"[13]. Auch eine CDU-Dokumentation zitiert diese Wendung Schönhubers und interpretiert sie in dem Sinne, als ziele sie „auf antisemitische Ressentiments von Rechtsextremisten und Rechtsradikalen".[14]

---

11 So Irmela von der Lühe, Auf jeden Juden 250 Antisemiten. Bestürzende Ergebnisse einer demoskopischen Umfrage, in: Tribüne, 27 (1988), H. 107, S. 11. Ebenso bereits Bergmann/Erb (Anm. 9), S. 225.

12 Vgl. Hajo Funke, „Republikaner". Rassismus, Judenfeindschaft, nationaler Größenwahn. Zu den Potentialen der Rechtsextremen am Beispiel der „Republikaner", Berlin 1989, S. 38–47; Richard Stöss, Die extreme Rechte in der Bundesrepublik. Entwicklung – Ursachen – Gegenmaßnahmen, Opladen 1989, S. 211 f.; ders., Die „Republikaner". Woher sie kommen – was sie wollen – wer sie wählt – was zu tun ist, Köln 1990, S. 73–75.

13 Zitiert nach Roswin Finkenzeller, Stoiber: Republikaner genau beobachten, in: Frankfurter Allgemeine Zeitung v. 9. Juni 1989.

14 CDU-Dokumentation, Die REP. Analyse und politische Bewertung einer rechtsradikalen Partei, Bonn 1989, S. 13.

Als der israelische Staatspräsident Herzog der Bundesrepublik im April 1987 einen Staatsbesuch abstattete, erklärte er vor der Gedenkstätte Bergen-Belsen: „Kein Verzeihen habe ich mit mir gebracht – und kein Vergessen. Nur die Toten haben das Recht zu verzeihen, und den Lebenden ist nicht erlaubt zu vergessen."[15] Vergessen darf in der Tat nicht Platz greifen – aber auch kein „Verzeihen"? Wird damit eine Verständigung nicht erschwert? Wäre „Verzeihung" nicht eine höchst respektable und würdige Geste? Zur Sprache gekommen ist dieser Punkt seither weder in der Politik, was verständlich sein dürfte, noch in der seriösen Publizistik, allenfalls in verschlüsselter Form. Sollte der Staatsbesuch Herzogs an die Bedingung geknüpft worden sein, dass Ernst Nolte aus dem von der Deutschen Forschungsgemeinschaft geforderten Projekt über eine Herzl-Ausgabe ausscheidet[16], stellt sich die Frage, ob ein solches Junktim einer Nötigung nahekommt.

Man braucht bei dem ebenso hitzigen wie politisierten „Historikerstreit" die Thesen Noltes von einem „kausalen Nexus" zwischen dem Aufkommen des Bolschewismus und des Nationalsozialismus sowie der Vorrangigkeit des Hitlerschen Anti-Bolschewismusmotivs nicht zu teilen; wer aber – wie beispielsweise der Politikwissenschaftler Julius H. Schoeps – den Berliner Querdenker mittels fragwürdiger Suche nach („geschickt" gekürzten) „Stellen" als subtilen Antisemiten überführen will, ihm antisemitische Motive unterschiebt und ihn ausgerechnet mit Treitschke gleichsetzt, macht es sich jedenfalls sehr einfach, indem er, selber praktisch unangreifbar, den Gegner aufgrund dieser Invektiven moralisch herabzusetzen weiß[17]. Und wer wie Annemarie Renger es als Verpflichtung der westdeutschen Historikerschaft ansieht, den „Streit über historische Thesen nicht ohne Rücksicht auf die Empfindungen der Opfer des Nationalsozialismus"[18] auszutragen, folgt einer volkspädagogischen Argumentation, die wissenschaftlicher Denkweise untergeordnet, wenn nicht ganz fremd sein muss. Bezeichnenderweise bekam der ohnehin polemisch geführte „Historikerstreit" eine besonders emotionale Dimension durch die Verwendung des Antisemitismus-Vorwurfs. In abgeschwächter Form lautete das Argument immerhin, Nolte fordere Antisemitismus. Kein Wunder, dass die Ausladungen Noltes aus dem Ausland sich häuften (wenngleich es erfreulicherweise auch Gegenbeispiele gibt). Es wäre eine eingehende Abhandlung wert, inwiefern der „Historikerstreit" mit der Vergangenheitsbewältigung zusammenhängt und wie in ihm sachfremde – sprich: volkspädagogische – Erwägungen eine Rolle gespielt haben. Inzwischen meldete sich sogar als *Praeceptor*

15 Chaim Herzog, Besuch in Bergen-Belsen, in: Bundeszentrale für politische Bildung (Hrsg.), Staatsbesuch des Präsidenten des Staates Israel Chaim Herzog in der Bundesrepublik Deutschland vom 6. bis 10. April 1987. Ansprachen und Gedenkworte, Bonn 1987, S. 1.

16 Den unmittelbaren Zusammenhang deutet Michael Wolffsohn an. Vgl. ders., Ewige Schuld? 40 Jahre deutsch-jüdisch-israelische Beziehungen, München 1988, S. 48–51.

17 Vgl. Julius H. Schoeps, Treitschke redivivus? Ernst Nolte und die Juden, in: Zeitschrift für Religions- und Geistesgeschichte 40 (1988), H. 2, S. 170–176.

18 So Annemarie Renger, Man kann Auschwitz nicht relativieren. Ressentiments und Irritationen in den deutsch-israelischen Beziehungen, in: Tribüne 27 (1988), H. 106, S. 57.

Germaniae Bundespräsident Richard von Weizsäcker zu Wort. Die Intervention, heißt es, könnte von allen seinen Reden die „wirksamste und folgenreichste für die aktuelle, intellektuell-moralische Debatte, für die Standortsuche der Republik sein“[19] – als lasse sich in einer liberal-demokratischen Gesellschaft ein diffiziles wissenschaftliches Problem ex cathedra lösen oder auch nur schlichten.

Wenn der Vorsitzende der Jüdischen Gemeinde zu Berlin und seit dem Tode Nachmanns Vorsitzender des Zentralrats der Juden in Deutschland, Heinz Galinski, mit schrillen Worten vor „neofaschistischen“ Umtrieben zu warnen pflegt und den Eindruck einer akuten rechtsextremistischen Bedrohung zu erwecken sucht, wagt offenbar kaum jemand den Hinweis, dass der Rechtsextremismus in der Bundesrepublik aus verständlichen Gründen – wegen der völligen Diskreditierung des Nationalsozialismus – gesellschaftlich isoliert ist, mehr Phantom als Realität. Im Übrigen bildet der Rechtsextremismus – analog der anderen Variante des Extremismus – eine „‚normale‘, Pathologie von freiheitlichen Industriegesellschaften“[20], wie ein Blick auf Nachbarländer eindringlich erhellt. Er ist Kennzeichen einer offenen Gesellschaft[21]. Sie bietet eben auch antidemokratischen Kräften politischen Betätigungsraum, solange diese die Gesetze beachten.

In der Geschichtswissenschaft kommt es des Öfteren zu einer Gemengelage zwischen moralisierender Interpretation und historiographischer Erkenntnissuche. So gibt es seit Jahren einen Streit darüber, ob die Judenvernichtung auf einen langfristigen Plan der Nationalsozialisten zurückgehe („Intentionalisten“) oder sich als Folge des Kriegsgeschehens und der polykratischen Herrschaftsstruktur („Funktionalisten“) entwickelt habe[22]. Der letzten Position, repräsentiert etwa von führenden linken Historikern wie Martin Broszat und Hans Mommsen, schallt(e) der Vorwurf der „Verharmlosung“ des Nationalsozialismus entgegen – keineswegs nur aus Israel. Ein ähnliches Verdikt trifft einen Teil derjenigen, die eine „Historisierung“ des Nationalsozialismus auf ihre Fahnen geschrieben haben. Rein wissenschaftliche Streitfragen werden somit nicht selten in einer Art anklägerischen Pose erörtert und einem vorwiegend volkspädagogisch motivierten Tribunal unterworfen. Der Vorwurf der „Verharmlosung“ ent-

19 So Gunter Hofmann, Einmischen und Schlichten. Ein Nachwort des Bundespräsidenten zum „Historikerstreit“, in: Die Zeit v. 21. Oktober 1988, S. 14.

20 So Erwin K. Scheuch, Theorie des Rechtsradikalismus in westlichen Industriegesellschaften, in: Hamburger Jahrbuch für Wirtschafts- und Gesellschaftspolitik, 1967, S. 13.

21 Insofern hätte die DDR bei ihren ersten freien Wahlen der Partei der Republikaner die Kandidatur nicht verweigern dürfen. Erstens steht keineswegs fest, ob die Republikaner überhaupt als rechtsextremistisch eingestuft werden können; zweitens ist eine Reihe von kommunistischen – also eindeutig antidemokratischen – Parteien die Wahlteilnahme nicht untersagt worden. Bezeichnenderweise hat die westdeutsche Publizistik das von der nicht frei gewählten Volkskammer ausgesprochene Verbot gegen die Republikaner so gut wie unkommentiert gelassen.

22 Zum Forschungsstand vgl. den Sammelband von Eberhard Jäckel/Jürgen Rohwer (Hrsg.), Der Mord an den Juden im Zweiten Weltkrieg. Entschlussbildung und Verwirklichung, Stuttgart 1985. Siehe auch Ian Kershaw, Der NS-Staat. Geschichtsinterpretationen und Kontroversen im Überblick, Reinbek bei Hamburg 1988.

faltet konsequenterweise eine Bumerangwirkung: Die Gegenseite dämonisiere wegen ihrer Fixierung auf Hitler den Nationalsozialismus. Verräterisch sind solche Konnotationen allemal. Ausschlaggebend und diskussionswürdig können lediglich die Richtigkeit von Fakten sowie die innere Schlüssigkeit von Interpretationen sein.

Das im Ruch antisemitischer Tendenzen stehende umstrittene und sich billiger Effekte bedienende Theaterstück von Rainer Werner Faßbinder *Der Müll, die Stadt und der Tod* mag künstlerisch wenig wertvoll sein, doch wenn der Intendant es auf den Spielplan setzt, sollten sich auch Andersdenkende – ob Juden oder nicht – zur Einhaltung der Regeln des Rechtsstaates verpflichtet fühlen. Warum wurde gegen die Störer des Stücks in Frankfurt nicht die Polizei gerufen? Und wieso ist es abgesetzt worden? Was hat den Frankfurter Oberbürgermeister Wallmann zu seiner Intervention bewogen? Fragen, die man stellen muss. Die Auseinandersetzung[23] war in jedem Fall ein Politikum. Wer Befürworter der Aufführung wie Boy Gobert, Peter Stein und Peter Iden[24] zu „klammheimlichen" Antisemiten stilisiert, argumentiert unlauter und betreibt Rufmord. Interessanterweise geraten beim Thema „Antisemitismus" landläufige Rechts-Links-Kategorien durcheinander. Die rechte Welt wandte sich scharf gegen eine Aufführung, die linke Frankfurter Rundschau sprach sich ebenso deutlich dafür aus.

Es sollte keineswegs als Indiz für Antisemitismus gelten, wenn man etwa den pauschalen Urteilen des Präsidenten des Jüdischen Weltverbandes Edgar M. Bronfman, der gegen Kurt Waldheim schweres Geschütz aufgefahren hat und die Behandlung dieser Affäre als Beleg dafür wertet, wie unangemessen Österreich mit seiner Vergangenheit umgeht[25], nicht zustimmen kann. Ebenso muss Kritik am israelischen Parlament für die (inzwischen fallengelassene) Forderung nach einem Rücktritt Waldheims legitim sein, weil diese eine Einmischung in die inneren Angelegenheiten eines anderen Staates darstellt. Und wer auf den starken jüdischen Einfluss in den USA verweist[26], wie er sich etwa bei dem früher wohlgelittenen, inzwischen verfemten Waldheim zeigte (immerhin kam dieser auf die *watch-list*), ist noch längst kein Sympathisant des Antisemitismus. Dass der jüdische Einfluss nicht allmächtig ist, wie dies von rechtsextremistischer Seite immer wieder suggeriert wird, illustriert beispielsweise der Besuch

23 Sie ist zum Teil dokumentiert in folgendem Band: Heiner Lichtenstein (Hrsg.), Die Fassbinder-Kontroverse oder Das Ende der Schonzeit, Königstein/Ts. 1986. Siehe auch Gerhard Zwerenz, Die Rückkehr der toten Juden nach Deutschland, München 1986. Ferner: Salomon Korn, Der Schock ist fruchtbar noch. Ein Skandal, mit dem wir nicht fertig sind: Frankfurt und die Fassbinder-Affäre, 1985, in: Die Zeit v. 28. Oktober 1988, S. 67–69.

24 Micha Brumlik wirft der „Frankfurter Rundschau" und seinem Theaterkritiker Peter Iden vor, „die schlimmsten antisemitischen Ausfalle" produziert zu haben. So ders., Entsorgungsversuche im Frankfurter Müll, in: Hajo Funke, Von der Gnade der geschenkten Nation. Zur politischen Moral der Bonner Republik, Berlin 1988, S. 50.

25 Vgl. die Meldungen in der Frankfurter Rundschau (15. Juli 1988) und in der Frankfurter Allgemeinen Zeitung (15. Juli 1988).

26 Vgl. Jörg von Uthmann, Für Israel um jeden Preis? Die amerikanischen Juden und ihr politischer Einfluss, in: Frankfurter Allgemeine Zeitung v. 13. Februar 1988 (Samstagsbeilage).

Reagans in Bitburg, der daran trotz schärfster jüdischer Proteste – mit gewissen Modifikationen in der Prozedur – festgehalten hat.

Ähnlich wie in der Bundesrepublik besonders in den fünfziger Jahren Abwehr- und Verdrängungsmechanismen gegenüber der eigenen Vergangenheit am Werke waren, gibt es umgekehrt in Israel – und das ist eigentlich ganz verständlich – eine „Holocaust-Fixierung“[27]. Sie stärkt die jüdische Identität, verschafft Legitimität und fördert die Integration[28]. Wer sich gegen eine Instrumentalisierung des *Holocaust* wehrt, darf nicht schon deshalb in die antisemitische Ecke gestellt werden. Das ist keine Basis für Versöhnung, abgesehen davon, dass Israel sich dadurch auf Dauer schadet. So lähmt die *Holocaust*-Fixierung angesichts der sich zuspitzenden israelisch-palästinensischen Bürgerkriegssituation die Wehrbereitschaft jüngerer Israelis. Zudem wird Auschwitz „als politisches Argument inflationär gebraucht und deshalb über kurz oder lang wirkungslos. Um dies vorhersagen zu können, muss man kein Prophet sein. Die Veralltäglichung des Einmaligen führt zur Abstumpfung der Gefühle.“[29]

Häufig heißt es, die Verwendung des Wortes „Normalität“ im Umgang zwischen Deutschen und Juden sei tendenziell antisemitisch, wie das indirekt auch aus den folgenden Ausführungen Galinskis von Anfang 1987 hervorgeht: „Ich gebrauche einen sehr milden Ausdruck, wenn ich sage, dass es nach Auschwitz eine provozierende Gedankenlosigkeit ist, im Umgang mit uns, die wir Auschwitz überlebt haben, Normalität zu fordern“[30] – Worte, die offenbar auf Hildegard Hamm-Brücher zurückgehen. Denn bereits ein Jahr zuvor hatte sie in der „Aktuellen Stunde“ des Deutschen Bundestages zum Thema Antisemitismus davon gesprochen, es sei nach Auschwitz eine „provozierende Gedankenlosigkeit, im Umgang mit jüdischen Mitbürgern ‚Normalität‘ zu fordern“[31]. Nun existiert in der Bundesrepublik in der Tat ein kollektives, zu Befangenheit gegenüber Juden führendes Schuldgefühl. Wer seiner Argumentation in puncto Judentum durch die positive Bezugnahme auf eine jüdische Stimme – sie figuriert gleichsam als eine moralische Autorität – einen höheren Grad an Legitimität zu verleihen versucht, gebraucht einen verräterischen Zungenschlag.

Wie wenig „der“ jüdischen Position mit der Kritik an der postulierten Normalität zwischen Juden und Nicht-Juden gedient ist, hat nachdrücklich der Fall Nachmann offenbart. Der frühere Vorsitzende des Zentralrates der Juden in Deutschland soll Wiedergutmachungsgelder in einer Höhe von ca. 30 Millionen DM veruntreut haben.

---

27 So Wolffsohn (Anm. 16), S. 63, S. 67, S. 81 und öfter; siehe auch ders., Zur politischen Funktion des Holocaust in Israel, in: Andreas Wojak (Hrsg.), Schatten der Vergangenheit. Deutsche und Juden heute, Gütersloh 1985, S. 98–113.

28 Vgl. etwa Amnon Neustadt, Israels zweite Generation. Auschwitz als Vermächtnis, Berlin/Bonn 1987.

29 Wolffsohn (Anm. 16), S. 160.

30 Heinz Galinski, Beweiszwang für die Opfer, Freispruch für die Täter, in: Blätter für deutsche und internationale Politik 32 (1987), H. 1, S. 24.

31 Hildegard Hamm-Brücher, in: Stenographische Berichte des Deutschen Bundestages v. 27. Februar 1986, S. 15414.

Immer wieder warnte die Presse im selben Atemzug vor antisemitischen Reaktionen und Stimmungen. Das versteht sich eigentlich für den, der jegliche Form kollektiver Attribuierung ablehnt, umgekehrt Juden jedoch auch nicht zu Übermenschen stilisiert, von selbst. Aber angesichts der prekären Umstände gilt diese „Absicherung" offenbar als unerlässlich. Es verdient eine Hervorhebung, dass öffentlich keinerlei antisemitische Ressentiments laut geworden sind. Allerdings kam ein anderer Umstand so gut wie nicht zur Sprache. Bezeichnenderweise ist Nachmanns Veruntreuungsaffäre durch die deutschen Behörden aufgrund der laxen Überprüfungspraxis indirekt erleichtert worden. Die von Galinski zu Recht kritisierte mangelnde Aufsichtspflicht des Bundesfinanzministeriums[32] hängt eben auch mit dem von ihm sonst begrüßten Zustand der Anormalität zwischen Deutschen und Juden zusammen. Von einem nicht-philosemitischen Verhalten sind viele Deutsche weit entfernt. Zahlreiche Äußerungen und Verhaltensweisen von Juden gelten als sakrosankt.

Ein aufschlussreiches Beispiel für die mangelnde Normalität war der im Jahre 1989 auf Sparflamme ausgetragene Streit, ob deutsche Juden zur Bundeswehr oder zum Ersatzdienst gehen müssen. Der Zentralrat der Juden in Deutschland lehnte dies ab, weil die Erinnerung an die deutsche Wehrmacht noch nicht verblasst sei. Wer diese Position aus guten Gründen ablehnt, könnte argumentieren, jeder männliche Deutsche habe entsprechend dem Gleichheitsprinzip die Pflicht, Wehr- oder Ersatzdienst zu leisten. Doch ein solcher prinzipieller Einwand spielte bei den Gegnern kaum eine Rolle. Stattdessen versuchten sie die andere Auffassung mit deren Waffen zu schlagen: „Wollen wir Juden im nachhinein Hitler tatsächlich den Triumph gönnen, dass es wieder Sondergesetze für Juden gibt? ‚Arische Abstammung ist eine Voraussetzung für den aktiven Wehrdienst' hieß es in Paragraph 15 des Wehrgesetzes vom Mai 1935."[33] Der von Heinz Galinski zu Recht beständig hervorgehobene Sachverhalt, Juden seien „Bürger", nicht „Mitbürger", wurde aufgegriffen und damit indirekt gegen Galinski gewendet. Zu einer echten Kontroverse kam es schon deshalb nicht, weil Bundeskanzler und Bundesverteidigungsminister den Beschluss fassten, auch die Enkel der Holocaust-Überlebenden vom Wehrdienst freizustellen.

Hingegen fand in der ersten Hälfte der achtziger Jahre eine intensive Diskussion darüber statt, ob und wie man die Billigung, Verharmlosung und Leugnung der Massenvernichtung im Dritten Reich unter Strafe stellen könne. Die jüdische Position machte sich entschieden für ein Gesetz stark, während noch im Jahre 1960, als antisemitische Anwandlungen[34] keineswegs nur bei der *lunatic fringe* anzutreffen waren, der

32 Vgl. etwa folgenden Artikel: „Zentralrat fordert 30 Millionen Mark aus Nachlaß", in: Süddeutsche Zeitung v. 19. Mai 1988, S. 2.

33 Michael Wolffsohn, Bürger, nicht Mitbürger. Warum auch deutsche Juden in der Bundeswehr dienen sollten, in: Die Zeit v. 17. März 1989.

34 Zu der antisemitischen Schmierwelle und den Friedhofsschändungen 1959/60 (und möglichen Hintergründen) liegt bisher noch keine größere wissenschaftlich abgesicherte Studie vor. Vgl. vorerst Peter Dudek/Hans-Gerd Jaschke, Entstehung und Entwicklung des Rechtsextremismus in der Bundesrepublik. Zur Tradition einer besonderen politischen Kultur, Bd. 1, Opladen 1984, S. 266–269.

seinerzeitige Generalsekretär des Zentralrats der Juden in Deutschland – Hendrik G. van Dam – anlässlich einer ähnlichen Gesetzesinitiative gegen einen „Naturschutzpark für Juden“[35] votierte. Nach längeren Auseinandersetzungen kam 1985 ein Gesetz zustande, das die schriftliche Leugnung des Judenmordes künftig als Offizialdelikt, als ein von Staats wegen zu verfolgendes Vergehen behandelt; dies gilt ebenfalls für das Bestreiten von Verbrechen, die unter einer anderen Gewalt- und Willkürherrschaft gegen Deutsche begangen worden sind. Die SPD stimmte dagegen, weil sie die Regelung allein für den nationalsozialistischen Völkermord wünschte, während sich die Union im Bundestag u.a. mit Hinweis auf die bereits erwähnte Äußerung von Hendrik G. van Dam gegen eine exklusiv die Juden schützende Regelung aussprach[36]. Das bizarre Gesetz[37] ist ein Indiz für die Hilflosigkeit im Umgang mit abseitigen Positionen[38] – aber auch eines für den Einfluss der „Verrechtlichung“ in der politischen Kultur der Bundesrepublik[39]. Im besten Fall dürfte es überflüssig sein, weil man von dem Gesetz keinen regen Gebrauch macht; im schlechtesten Fall bietet es Rechtsextremisten ein öffentliches Forum.

Anlass der Gesetzesinitiative zur „Auschwitz-Lüge“ war ein Buch Wilhelm Stäglichs über den „Auschwitz-Mythos“, das die Bundesprüfstelle für jugendgefährdende Schriften auf den Index gesetzt und eingezogen hat[40]. Dem Autor ist 1983 von der Universität Göttingen aufgrund eines Gesetzes von 1939 wegen Unwürdigkeit der Doktortitel aberkannt worden[41]. Auch wer dessen Arbeit als antisemitisch ansieht[42] – hier ist das Monitum angebracht –, muss aus zwei Gründen gegen diese Entscheidungen[43]

---

35 Vgl. Hendrik van Dam, Kein Naturschutzpark für Juden. Zum Gesetz gegen Volksverhetzung, in: Die Zeit v. 19. Februar 1960.

36 Vgl. Stenographische Berichte des Deutschen Bundestages v. 25. April 1985, S. 10077 (Renate Helwig).

37 In der Wissenschaft und in der Publizistik überwog die Skepsis gegenüber dieser Art von „Gesetzesperfektionismus“. Vgl. beispielsweise Martin Broszat, Soll das Leugnen oder Verharmlosen nationalsozialistischer Judenmord“ straffrei sein?, in: Hermann Graml/Klaus-Dietmar Henke (Hrsg.), Nach Hitler. Der schwierige Umgang mit unserer Geschichte. Beiträge von Martin Broszat, München 1986, S. 292–294.

38 Vgl. dazu die Kommentierung von Sebastian Cobler, Das Gesetz gegen die „Auschwitz-Lüge“. Anmerkungen zu einem rechtspolitischen Ablasshandel in: Kritische Justiz 18 (1985), H. 2, S. 159–171.

39 Die Grünen lehnten deshalb den Gesetzentwurf der Koalition wie den der SPD ab, auch unter Berufung auf die damalige Aussage des Generalsekretärs des Zentralrats der Juden in Deutschland.

40 Vgl. Wilhelm Stäglich, Der Auschwitz-Mythos. Legende oder Wirklichkeit; Tübingen 1979. Das Landgericht Stuttgart hat die Einziehung des Buches gerechtfertigt (7. Mai 1982; Az: XVI Kls 115/80) und der Bundesgerichtshof (26. Januar 1983; BGHSt 31,226–232; Az: 3 St R 4414/82) das Urteil bestätigt.

41 Die Klage Stäglichs ist vom Verwaltungsgericht Braunschweig (Az.: VG Braunschweig 6 VG A 219/83, 29. Januar 1986), die Berufung vom Oberverwaltungsgericht Lüneburg (Az.: 10 OVG A 17/86, 17. November 1987) und die Beschwerde – in letzter Instanz – vom Bundesverwaltungsgericht in Berlin (Az.: 7 B 8. 88, 5. Mai 1988) zurückgewiesen worden.

42 Zum Beispiel ist von einem „schon von langer Hand vorbereiteten Propagandaschwindel zur Durchsetzung bestimmter Ziele des Weltjudentums“ die Rede. Vgl. Stäglich (Anm. 40), S. 150.

43 Vgl. für weitere Beispiele der Indizierung: Rudolf Stefen, Die Indizierung NS-verherrlichender

Bedenken anmelden. Erstens ist Bevormundung des Bürgers, dem fehlendes Urteilsvermögen unterstellt wird, kein Beleg für Liberalität; zweitens sieht sich der Rechtsextremismus bestätigt, und Außenstehende könnten glauben, an den Thesen Stäglichs sei „doch etwas dran". Man hat den Eindruck, ein Exempel solle statuiert werden. Im Übrigen ist es dringend geboten, dass die Forschung stärker als bisher den insbesondere in der rechtsextremen Subkultur vertretenen Thesen von der „Gaskammerlüge" argumentativ entgegentritt[44], die jeweiligen Begründungen in der Sache prüft und widerlegt. „Erst wenn die Regeln der Zeugenvernehmung allgemeine Anwendung gefunden haben und Sachaussagen nicht mehr nach politischen Kriterien bewertet werden, wird für das Bemühen um wissenschaftliche Objektivität in Bezug auf die ‚Endlösung' sicherer Grund gewonnen sein."[45]

Einem großen Teil der deutschen Öffentlichkeit dürfte die emotionalisierte Form der Vergangenheitsbewältigung aufgefallen sein, als der Bundestagspräsident Philipp Jenninger, einer der engagiertesten Befürworter der deutsch-jüdischen Aussöhnung[46], wegen seiner Rede zur fünfzigsten Wiederkehr der „Reichspogromnacht" – in einer Art „Sprachregelung" löste dieses Wort Ende der achtziger Jahre den eingeführten und gewiss nicht verharmlosenden Begriff der „Reichskristallnacht" ab, obwohl es das Faktum der von den Nationalsozialisten in die Wege geleiteten Ausschreitungen nicht angemessen charakterisiert – zurücktreten musste. Jenningers Rede wurde seinerzeit nahezu allerorten mangelnde Sensibilität gegenüber dem Leid von Juden bescheinigt. Anhänger Jenningers präsentierten später Zeugnisse zugunsten des ehemaligen Bundestagspräsidenten[47], unter augenfälliger Hervorhebung jüdischer Stimmen, als sei das ein hinreichendes Indiz für die Abwegigkeit der Anti-Jenninger-Stellungnahmen. Offenkundig ist: Wer über Juden in noch so löblicher Absicht redet, bewegt sich auf ungesichertem Terrain, auf einer Art Minenfeld. Ob sich auf Dauer das Bewältigungsritual fortsetzt, dürfte zweifelhaft sein. Es überzeugt nicht und wirkt unglaubwürdig.

Medien durch die Bundesprüfstelle. Apologetische Medien und Einstellung heute, in: Bundeszentrale für politische Bildung (Hrsg.) Extremistische Medien. Pädagogische und juristische Auseinandersetzung am Beispiel des Rechtsextremismus, Bonn 1984, S. 42–60.

44 Es ist augenfällig und eigentümlich, dass diese Thematik von der seriösen Forschung bisher vernachlässigt wurde. Zu den Ausnahmen gehört Eugen Kogon/Hermann Langbein/Adalbert Rückerl (Hrsg.), Nationalsozialistische Massentötungen durch Giftgas. Eine Dokumentation, Frankfurt a.M. 1983.

45 Ernst Nolte, Der europäische Bürgerkrieg 1917–1945. Nationalsozialismus und Bolschewismus, Frankfurt a.M. u.a. 1987, S. 594, Anm. 29.

46 Vgl. beispielsweise: „Die Rede Philipp Jenningers bei einer Gedenkstunde der Gesellschaft für christlich-jüdische Zusammenarbeit zum 9. November", in: Rolf Vogel (Hrsg.), Der deutsch-israelische Dialog. Dokumentation eines erregenden Kapitels deutscher Außenpolitik, Teil III: Kultur, Bd. 7, München u.a. 1990, S. 119–128.

47 Vgl. Armin Laschet/Heinz Malangre (Hrsg.), Philipp Jenninger. Rede und Reaktion, Aachen/Koblenz 1989.

III. Last, Lust und List der „Vergangenheitsbewältigung"

Die aufgrund des unermesslichen Leides und Leidens in gewisser Weise – *horribile dictu* – vielfach privilegierte jüdische Position in der Bundesrepublik ist ambivalent. Nimmt man nicht wahr, was die teils vergrätzte *vox populi* tuschelt? Da ist von der *jüdischen Lobby*, von *Berufsjuden*, vom *Weltjudentum* und einem *KZ-Bonus* die Rede. Für manche steht der jüdische Einfluss in einem unangemessenen Verhältnis zur (minimalen) Größenordnung. Ein (latenter) Antisemitismus fast ohne Juden (in der Bundesrepublik leben ca. 28.000 Juden) könnte aufkommen – und existiert bereits. Auf Dauer dürfte Judenfeindlichkeit nicht zuletzt gerade wegen mancher Verhaltensweisen von Repräsentanten des Judentums an Bedeutung gewinnen, wenngleich sie angesichts des unbezweifelbaren Verhaltens der gesamten politischen Elite – im Deutschen Bundestag gab es 1986 eigens eine Antisemitismus-Debatte („Die Verantwortung aller demokratischen Parteien gegenüber Anfängen antisemitischer Tendenzen"), die weitgehend in ritualisierter Form den Antisemitismus verdammte, wobei die Redner der Union im Gegensatz zu denjenigen der anderen Fraktionen die Existenz des Antisemitismus in Abrede stellten[48] – „politisch austrocknen"[49] muss. Dies gilt auch für die Wirtschaft, wie ein Blick auf die mannigfachen Inserate in der seit 1961 erscheinenden jüdischen Vierteljahreszeitschrift *Tribüne* zeigt. Offenkundig bergen schonende Reaktionen auf jüdischen Übereifer Gefahren in sich. Manche als Sensibilität kaschierte Verhaltensweise mag auch auf Pseudo-Moral basieren. Der Eindruck muss sich einstellen, Argumente von Juden seien so weit vom common sense entfernt, dass sich eine Antwort (und eine Auseinandersetzung) verbietet. Voraussetzungen für eine (ansonsten vielbeschworene) „Streitkultur" fehlen, Rituale beherrschen die Szene und schaffen auf beiden Seiten Missverständnisse, wenn nicht gar Misstrauen, verfestigen Traumata. Philosemitismus ist eben nicht in jeder Hinsicht das exakte Gegenteil, die empfehlenswerte Alternative von Antisemitismus.

Gewiss: Israel zählt zu den wenigen – insgesamt: 21 – Demokratien der Welt, die ununterbrochen seit dem Zweiten Weltkrieg unter wahrlich misslichen Bedingungen eine demokratische Regierungsform behauptet haben[50]. Aber gleichwohl muss offenherzige Kritik, wie sie in Israel zur Tagesordnung gehört, möglich sein, ohne dass der

---

48 Vgl. Stenographische Berichte des Deutschen Bundestages v. 27. Februar 1986, S. 15413–15426. Eine Äußerung des FDP-Abgeordneten Schäfer, dass man Juden nicht einseitig in ein „positives moralisches Ghetto" (ebd., S. 15424) absondern dürfe, gehörte ebenso eher zu den Ausnahmen wie die des Unions-Abgeordneten Lowack, es genüge nicht, „Antisemitismus aufgrund der besonderen historischen Verpflichtung Deutschlands zu bekämpfen: Diese Waffe kann, sie muss stumpf werden, je öfter sie eingesetzt wird. Ich sehe hier eine große Gefahr, wenn nicht sogar die größte Gefahr" (ebd., S. 15422).

49 So zu Recht Klaus-Peter Fritzsche, Hat der Antisemitismus eine Chance? Thesen zur Gefahr und zu den Grenzen der politischen Eskalation des Antisemitismus in der Bundesrepublik, in: Gegenwartskunde 36 (1987), H. 3, S. 319.

50 Vgl. Arend Lijphart, Democracies. Patterns of Majoritarian and Consensus Government in Twenty-One Countries, New York 1984, insbes. S. 37–46.

Schlagetot-Begriff „Antisemit" die Runde macht – an der Besatzungspolitik der Israelis, die sich in der Tat in einer unerhört schwierigen Situation befinden, oder auch an dem Prozess gegen John Demjanjuk und seiner anschließenden Verurteilung[51]. Tatsächlich wird in diesen Bereichen seit einigen Jahren in der Bundesrepublik erfreulicherweise eine offenere Sprache gepflegt, zum Teil allerdings gar in einer verqueren Form, die spitzfindig zwischen Antizionismus und Antisemitismus zu unterscheiden sucht.

Die Sphären der Vergangenheitsbewältigung sind vielschichtig. Man kann u.a. eine historische Zuordnung vornehmen, ebenso eine chronologische oder eine systematische. Im Folgenden geht es lediglich darum, einige Überlegungen zu ihrer Aktualität aufzufächern sowie zwei politische Grundpositionen einander bewertend gegenüberzustellen. Der Vergangenheitsbewältigung wohnen mehrere Komponenten inne – die der *Lust*, der *Last* und der *List*.

Mit Lust ist gemeint, dass sich viele darin gefallen, immer wieder tatsächliche oder vermeintliche Missstände der Vergangenheitsbewältigung anzuprangern und damit – scheinbar – zu provozieren. Das ist risikolos und kommt in einer durch postmaterialistische Bedürfnisse geprägten Gesellschaft gut an, zumal der Kritiker sich zugleich in die Toga des Nichtopportunisten und Nichtbetroffenen hüllen kann, obgleich seine Haltung in manchen Fällen Bequemlichkeit erkennen lässt. In der Attitüde des Nonkonformisten suchen viele stereotyp an längst bekannte Versäumnisse zu erinnern. Wichtig ist der Sachverhalt, dass die zunehmend geführte Auseinandersetzung um Verdrängung der nationalsozialistischen Vergangenheit „sich nicht aus der Bevölkerung heraus entwickelt" hat, „nicht einem allgemein wachsenden Bedürfnis entsprungen [ist], sich mit der Vergangenheit auseinanderzusetzen"[52]. Wer in einer im Dritten Reich angefertigten Dissertation eines Prominenten nach „Stellen" forscht und – was nicht überraschen muss – „fündig" wird, gilt für manche als Aufklärer, obwohl es einer solchen Argumentation an aufklärerischer Funktion mangelt, weil sie ausschließlich auf Entlarvung zielt, letztlich denunziatorischen Charakter trägt. „Wie oft wird Hitler noch besiegt?" – so fragte Arno Plack sarkastisch[53]. Die Frage bedarf der Ergänzung durch eine andere: Wie viele Pyrrhussiege können die Gesellschaft im Allgemeinen und die jüdischen Bürger im Besonderen verkraften, ohne Schaden zu nehmen? Sarkastisch hielt der Linkssozialist Heinz Brandt Teilen der „alternativen Bewegung" den Spiegel vor und machte auf eine Schieflage aufmerksam: „Wie mutig durchbohren sie immer wieder und wieder den längst toten Drachen, das Naziungeheuer, dem ihre Eltern huldigten – und unterlagen. Und wie munter kraulen sie die Zotten des leben-

---

51 Man muss nicht jede Einzelheit in dem folgenden Buch als überzeugend ansehen, um gleichwohl die Zweifel an der Identität von Demjanjuk und „Iwan dem Schrecklichen" zu teilen. Siehe Hans Peter Rullmann, Der Fall Demjanjuk. Unschuldiger oder Massenmörder? Zur Beweislage und zu den politischen Hintergründen des Prozesses in Jerusalem, Sonnenbühl 1987.

52 So Köcher (Anm. 7), S. 1.

53 Vgl. Arno Plack, Wie oft wird Hitler noch besiegt? Neonazismus und Vergangenheitsbewältigung, 2. Aufl., Frankfurt a.M. 1985 (1982).

digen Drachens der Despotie, die aus dem Osten kommt – im Friedenspelz, im antifaschistischen Schafspelz."[54]

Die Last der Vergangenheitsbewältigung ist eine Reaktion auf die drückende Bürde der Vergangenheit. Sie verhindert ein selbstgefälliges Auftreten, großmannsüchtiges Säbelrasseln, erstickt deutschtümelnde Tendenzen in den Anfängen – und das ist gut so. Bezeichnenderweise gibt es kein Land, in dem der Nationalismus, ja das Nationalgefühl so geschwächt ist, wie das unsrige[55]. Aber eine solche Last kann – die mangelnde Entfaltung des „natürlichen" Nationalgefühls zeigt es – auch eine negative Dimension annehmen. Zudem filtert sie Probleme der Gegenwart durch eine bestimmte Art der Vergangenheitsfixierung, die die Perspektive notwendigerweise verzerrt. Das gilt, beispielsweise, für die Aids-Problematik, das Asylrecht, die Schwangerschaftsunterbrechung und die Euthanasie[56]. Es dürfte kein Zufall sein, dass die Begriffsprägung vom *atomaren Holocaust* (inzwischen auch vom *ökologischen Holocaust*) in der Bundesrepublik aufgekommen ist – und symptomatisch, dass Kritiker diesen Topos mit dem Argument ablehnen, es handle sich um eine Verharmlosung des *nationalsozialistischen Holocaust*. Man muss sich bewusst sein, dass nicht grundsätzlich jeweils das Gegenteil von dem richtig ist, was die Nationalsozialisten anstrebten, zumal angesichts neuartiger Herausforderungen. Bekanntlich gibt es kein vernichtenderes und geläufigeres Schimpfwort als *Nazi* (oder *Neonazi*)[57]. Die Reaktion der Angegriffenen erschöpft sich häufig mit dem Argument, damit werde der Nationalsozialismus bagatellisiert. Der Bezugspunkt des Denkens ist mithin vielfach noch der Nationalsozialismus. In *diesem* Sinne muss man die Schatten der Vergangenheit hinter sich lassen. „Die in Deutschland verbreitete Neigung, nach Möglichkeit jede aktuelle politische oder publizistische Streitfrage – von den Aufgaben des Geschichtsunterrichts an öffentlichen Schulen über die Funktion der sekundären Tugenden bis hin zur Rolle der Intelligenz – zu einer Frage des richtigen moralischen und politischen Umgangs mit der nationalsozialistischen Vergangenheit zu erheben, ist historisch verständlich. Aber sie fixiert den kritischen Blick auf das, was sich zur Substanz nationalsozialistischer Ideologie und Herrschaft durchaus kontingent verhält."[58]

Was nun die List der Vergangenheitsbewältigung angeht, hat die oftmals halbherzige Beschäftigung mit der Zeit des Nationalsozialismus und dessen Verbrechen in den

---

54 Zitiert nach Wolfgang Rudzio., Die Erosion der Abgrenzung. Zum Verhältnis der demokratischen Linken und Kommunisten in der Bundesrepublik Deutschland, Opladen 1988, S. 176.

55 Vgl. Elisabeth Noelle-Neumann/Renate Köcher, Die verletzte Nation. Über den Versuch der Deutschen, ihren Charakter zu ändern, Stuttgart 1987.

56 Vgl. Jesse (Anm. 2), insbes. S. 558; siehe auch Rainer Zitelmann, Vom Umgang mit der NS-Vergangenheit, in: Rolf Italiaander (Hrsg.), Bewusstseins-Notstand. Thesen von 60 Zeitzeugen. Ein optimistisches Lesebuch, Düsseldorf 1990, S. 69–79.

57 Ernst Nolte lehnt zu Recht die Verwendung von Schimpfwörtern wie „Nazi" (oder auch „Bolschewiken") ab, die aber gleichwohl in der wissenschaftlichen Literatur Anwendung finden. Vgl. ders. (Anm. 45), S. 551, Anm. 2.

58 Hermann Lübbe, Politischer Moralismus. Der Triumph der Gesinnung über die Urteilskraft, Berlin 1987, S. 70 f.

fünfziger Jahren gleichsam unvermeidlich zu einer Überreaktion des „pädagogischen Zeigefingers“ geführt, die wiederum eine gegenteilige Konsequenz nach sich ziehen dürfte: Es könnte sich eine nicht an den Vorsichtsregeln politischer Pädagogik ausgerichtete Gegenbewegung bilden, zumal die Zunahme der Liberalität sich auch auf Ansichten erstreckt, die von der Norm abweichen. „Unbefangene“ Verhaltensweisen der Grünen, die die Israelis weder hofieren noch mit Glacéhandschuhen anfassen[59], deuten ebenso bereits darauf hin, wie ein gewisses Rumoren bei Teilen der Bevölkerung – Ausdruck der „aufkommende[n] Lockerung der Kommunikationslatenz“[60]. Die deutliche Distanz, die zwischen der öffentlichen und der veröffentlichten Meinung in dieser Frage klafft, ist unübersehbar. Sie darf nicht solche Ausmaße annehmen, dass gegenüber der veröffentlichten Meinung ein genereller Glaubwürdigkeitsverlust eintritt. So findet der ideologisch befrachtete Terminus des „Schlussstriches“ praktisch nur in der rechtsextremen Subkultur Zustimmung, gleichwohl spricht sich die überwältigende Mehrheit (67 Prozent gegenüber 21 bei 12 Prozent Unentschiedenen) nach neuesten Umfragen dafür aus, „nicht mehr so viel über die Judenverfolgung [zu] reden, sondern endlich einen Schlussstrich zu ziehen“[61]. Wer die alte, hier kritisierte Variante der Vergangenheitsbewältigung zu forcieren sucht, sollte diese Form der Dialektik in Rechnung stellen. Gewiss wirken Hinweise auf den überbordenden Antisemitismus aufgesetzt, aber unterschwellige antisemitische Tendenzen dürften keine bloße Randerscheinung sein, wobei die Meinungen über die Ursachen weit auseinandergehen. Der Mechanismus der *self-fulfilling prophecy* ist auch auf anderen Gebieten anzutreffen[62].

Sowohl die politische „Linke“ als auch die politische „Rechte“[63]; ist gefordert, um die genannten Missstände nicht ausufern zu lassen. Doch hat man nicht den Eindruck, dass ein generelles Umdenken Platz greift. Dabei müssten Kräfte aus unterschiedlichen politischen Richtungen einen rationalen, „lager“-übergreifenden Dialog eröffnen.

Es ist an sich die „Linke“, die einer „personalistischen“ und „nationalistischen“ Kritik nichts abzugewinnen weiß, weil die kapitalistischen Strukturen für Missstände verantwortlich seien – und nicht „Charaktermasken“ oder bestimmte Staaten. Ein

59 In den Memoiren des früheren israelischen Botschafters in der Bundesrepublik (Johanan Meroz, In schwieriger Mission. Als Botschafter Israels in Bonn, Frankfurt a.M. 1986) wird die Partei der Grünen antisemitischer Gesinnung bezichtigt.

60 So Bergmann/Erb (Anm. 9), S. 236.

61 Köcher (Anm. 7), Anhang, Tabelle A 1. Im Jahre 1986 lauteten die Zahlen ganz ähnlich: 66 Prozent, 24 Prozent und 10 Prozent. Vgl. dies. (Anm. 10), S. 77 (Tabelle 44).

62 Beispielsweise ist bei Teilen der Jugendlichen, was die Einstellung in den öffentlichen Dienst angeht, eine gewisse Verunsicherung vorhanden gewesen, nicht zuletzt freilich wegen des Geredes über „Gesinnungsschnüffelei“ und drohende „Berufsverbote“. Vgl. ausführlich Eckhard Jesse, Streitbare Demokratie in der Bundesrepublik Deutschland. Das Beispiel des Extremistenbeschlusses von 1972, Habilschrift, Trier 1989.

63 Natürlich sind derartige politische Kategorisierungen sehr simpel und keine analytischen Begriffe. Für den an dieser Stelle verfolgten Zweck der groben Erfassung verschiedener politischer Strömungen mögen solche Verallgemeinerungen gerechtfertigt sein.

beträchtlicher Teil der politischen Linken, deren Stärke bekanntlich im Kosmopolitismus liegt, zeigt sich in der Bundesrepublik auf das eigene Land fixiert. Zwar wird von universalistischen Verfassungsprinzipien geredet, aber – beispielsweise – die Negativfixierung auf das eigene Land ist weitgehend sakrosankt. Oder: Die in den sechziger Jahren verbreiteten Faschismustheorien dienten zum Teil dem Zweck, kapitalistische Herrschaftssysteme als notwendige Vorbedingungen des „Faschismus“ zu entlarven. Von der „Singularität“ des Nationalsozialismus war nicht die Rede, erst recht nicht von der Singularität der Judenvernichtung, mit der Marxisten ohnehin wenig anfangen können, weil die Erklärungskraft von Faschismustheorien dafür nichts hergibt. Man müsste dann eine nicht im Interesse der kapitalistischen Verwertungsbedingungen gelegene Verselbständigung faschistischer Potentiale einräumen. Heutzutage gelten Vergleiche, die bekanntlich nicht Gleichsetzungen sind, auf der „Linken“ als anrüchig, ja „gefährlich“, weil sie von der deutschen Schuld ablenkten, während früher die „Rechte“ die Singularität des Dritten Reiches (nicht ohne apologetische Töne) hervorgehoben hat. Die (Gretchen-)Frage nach der Singularität lässt sich nur wissenschaftlich entscheiden und nach Vornahme eines Vergleichs: In welchem Verhältnis steht etwa die Judenvernichtung zu Stalins Massenmord an den sieben Millionen Ukrainern, der nach der jüngsten Studie des amerikanischen Autors Robert Conquest ganz bewusst in die Wege geleitet worden ist[64]. Die „Fronten“ haben sich geradezu vertauscht[65]. Im Bereich der Wissenschaft können Rücksichtnahmen und Opportunitäten jedoch keine Geltung beanspruchen[66]. Gehörten die nachdrücklich erhobenen Hinweise auf gegenwärtige und zukünftige Probleme nicht zu den Meriten der Linken, so sehr auch die Therapie mit der Diagnose nicht mitzuhalten vermochte? Davon merkt man angesichts ihrer Fixierung auf die Verfehlungen der Vergangenheit nur wenig, wiewohl eine Dialektik insofern besteht, als es für die Bewältigung von Gegen-

---

64 Vgl. Robert Conquest, Die Ernte des Todes. Stalins Holocaust in der Ukraine 1929–1933, München 1988 (Original: The Harvest of Sorrow. Soviet Collectivization and the Terror Famine, New York 1986). Zur Kritik Stephan Merl, Wie viele Opfer forderte die „Liquidierung der Kulaken als Klasse“? Anmerkungen zu einem Buch von Robert Conquest, in: Geschichte und Gesellschaft 14 (1988), H. 4, S. 534–540. Der Rezensent der Süddeutschen Zeitung (5. Oktober 1988), Thomas Urban, zitiert das Diktum des Schriftstellers Wassilij Grossmann, dass die „Aushungerung der Ukraine mit der ‚Endlösung‘ der Nationalsozialisten auf eine Stufe“ zu stellen sei, nicht ohne den (absichernden?) Hinweis auf die jüdische Abstammung des Autors.

65 Der leidige „Historikerstreit“, geprägt durch Lagermentalität, zeichnete sich in mancher Hinsicht überhaupt durch eine merkwürdige Vertauschung der Positionen aus. Beispielsweise wurde etwa Hans Mommsen wegen seiner „funktionalistischen“ Sichtweise früher von Klaus Hildebrand und Andreas Hillgruber als „Revisionist“ charakterisiert.

66 Ernst Nolte hat viel Kritik mit seiner Forderung geerntet, es müsse darum gehen, in der Wissenschaft auch die Argumente von Rechtsextremisten (und natürlich, wie man hinzufügen muss, ebenso von Linksextremisten) auf ihre Stimmigkeit hin zu untersuchen, statt deren Position von vornherein zu stigmatisieren. Hier schwingt kein rechtsextremistisches Ressentiment mit, sondern einfach die Sorge, bestimmte Auffassungen könnten tabuisiert werden und untergründig wirken. Vgl. ders., Das Vergehen der Vergangenheit. Antwort an meine Kritiker im sogenannten Historikerstreit, 2. Aufl., Frankfurt a.M. u.a. 1988 (1987), S. 26 und öfter.

warts- und Zukunftsaufgaben unerlässlich ist, sich Rechenschaft über Versäumnisse der Vergangenheit abzulegen. Werden spätere Generationen nicht fragen, warum „kritische“ Intellektuelle zu Massenmorden weitgehend geschwiegen, die (vermeintliche) Verdrängung der Vergangenheit jedoch ununterbrochen thematisiert haben? Wer manch eine Forderung in diesem Beitrag als Kampf gegen Windmühlen abtut, muss sich die Frage gefallen lassen, ob – und: warum – eine Perpetuierung von Tabus wünschenswert ist. Man merkt wenig davon, dass die „Linke“ zum *vermeintlichen* Antisemitismus Enttabuisierungen fordern will.

Die „Rechte“ ist wohl aufgrund starker Schuldgefühle keineswegs bereit, wider den Stachel des bequemen Anti-Antisemitismus zu löcken. Keine überregionale Tageszeitung in der Bundesrepublik ist so philosemitisch eingestellt wie die konservative *Welt*, für die Kritik am Staat Israel offenbar als ein Tabu gilt. Selbstredend wird nicht dafür plädiert, dem Populismus mit seinen antisemitischen Ressentiments Tür und Tor zu öffnen. Aber gleichwohl wäre eine unbefangenere Sichtweise angebracht. Es ist ein kritikbedürftiger Sachverhalt, dass manche Zeitung Argumente, die sie zwecks Vermeidung von Ärger aus dem Redaktionsteil verbannt, in die Leserbriefspalten lanciert, wo sie eine Funktion als „Versuchsballon“ besitzen. Man könnte zahlreiche Beispiele dafür nennen, wie das etwa in Zeitungen bei der Vergangenheitsbewältigung und bei der als heikel betrachteten Rolle von Juden praktiziert wird. Getraute sich die FAZ einen Beitrag über die Warnung vor „deutscher Schuldbesessenheit“[67] nur deshalb nachzudrucken, weil ihn ein aus Deutschland emigrierter –und daher „unverdächtiger“ – Jude verfasst hatte? In der Öffentlichkeit musste sich der Eindruck einstellen, die Redaktion benötige ein Alibi und verstecke sich hinter der von Kritik weniger heimgesuchten Meinung eines jüdischen Rechtsanwalts. Offenbar weiß sich die „Rechte“ auch auf dem Gebiet der Vergangenheitsbewältigung so sehr in der Defensive, dass sie nicht gegen das Meinungsklima angehen will. Deshalb greifen dieses „brachliegende“ Thema gerne – und zeitweilig nicht ohne Erfolg! – Schönhubers Republikaner auf.

IV. Resümee

Eine Demokratie wie die der Bundesrepublik bedarf zu ihrer Funktionsfähigkeit eines Minimalkonsenses an Gemeinsamkeiten der demokratischen Kräfte in Staat und Gesellschaft. Dazu gehört auch die strikte Absage an jegliche Form des Antisemitismus. Wer ihn unter dem Deckmantel der Wissenschaftlichkeit salonfähig machen will, muss Kritik zu Recht allerorten gewärtigen. Allerdings ist die Berechtigung dieser legitimen Sorge jedenfalls heutzutage ungleich geringer zu veranschlagen als die Gefahr, unbequeme Ansichten würden stigmatisiert und ins antidemokratische Abseits abge-

67 Vgl. Franz Oppenheimer, Vorsicht vor falschen Schlüssen aus der deutschen Vergangenheit. Die Verführungen einer kollektiven Schuldbesessenheit, in: Frankfurter Allgemeine Zeitung v. 14. Mai 1986, S. 10 f. – Der Beitrag war zunächst im „American Spectator“ erschienen.

drängt. Die deutsch-jüdische Aussöhnung lässt sich durch Rituale nicht befestigen. Sie fördern weder Erkenntnisse noch Einsichten.

Der häufig mit Philosemitismus gekoppelte Anti-Antisemitismus in der Bundesrepublik wird insofern hohl, als es in der intellektuellen Szenerie so gut wie keinen Antisemitismus gibt. Denn wenn die Erscheinung, gegen die man sich wendet, weitgehend fehlt, bleibt das Gegengift ohne Wirkung; mehr noch: Das Gegengift kann, in zu hoher Dosis verabreicht, selbst verhängnisvolle Konsequenzen zeitigen. Daher verkommt überspitzter Anti-Antisemitismus zu einer Pflichtübung, die durch ihre ritualisierte Form keine Resistenz gegen tatsächlichen Antisemitismus zu entfalten vermag, sofern es denn einmal nötig sein sollte. Die Überidentifizierung vieler Nichtjuden mit dem Schicksal von Juden erschwert eine rationale Sicht. Zudem ist der Antisemitismus – nach Auschwitz – „von einer politischen Ideologie zu einem privaten (Massen-)Vorurteil geworden, das psychodynamisch an Kraft verloren hat"[68].

Wenn nahezu mit *Lust* Versäumnisse in der Aufarbeitung der Vergangenheit aufgespürt werden, beruht dies wesentlich auf Schuldgefühlen, die dem *Philosemitismus* eigen sind, ihn auch hervorbringen. Und der noch weiter verbreitete *Anti-Antisemitismus* hat seine Ursache wesentlich in der bedrückenden Last der nationalsozialistischen Vergangenheit, der man sich in der Tat zu stellen hat. Aber, das ist die Tücke des Objekts, es gehört zur *List* der Geschichte, dass sich durch so bekenntnishafte wie wohlmeinende Bekundungen der Entrüstung zumindest latent-unterschwelliger *Antisemitismus* auszubreiten vermag. Schließlich dürften – beispielsweise – die überzogener anti-antisemitischen Reaktionen auf den erwähnten Ausspruch des Korschenbroicher Bürgermeisters antisemitische Stimmungen weit stärker entfacht haben als dieser selber. Immerhin meinen 20 Prozent der westdeutschen Bevölkerung, sie könnten sich über Juden nicht frei äußern, und 40 Prozent glauben – die Mechanik der „Schweigespirale" funktioniert in diesem Fall nicht –, andere würden sich nicht trauen, ihre wirkliche Meinung über Juden zu sagen[69]. Das Ergebnis sollte zu denken geben.

---

68 So Bergmann/Erb (Anm. 9), S. 224.
69 Vgl. Köcher (Anm. 7), S. 62, S. 67.

Der „dritte Weg" vor und nach der Wiedervereinigung

I. Einleitende Überlegungen und Begriffsklärungen

Deutsche Wahrheiten nannte Oskar Lafontaine ein 1990 erschienenes Buch über den Vorrang der sozialen vor der nationalen Frage, *Deutsche Irrtümer* Jens Hacker seine Abrechnung mit jener Position in Politik, Publizistik und Wissenschaft, die die deutsche Einheit abgeschrieben hatte. Beide Werke[1] kamen auf den Markt, als der Kommunismus in der DDR von einer *Levée en masse* gleichsam hinweggefegt worden war und die deutsche Einheit sich in rapider Geschwindigkeit vollzogen hatte. Der eine redet vom Ende des Nationalstaates, der andere sieht diesen als bestätigt an. Wenngleich die Diagnosen auch voneinander abweichen, so messen beide der Frage der deutschen Einheit eine große Bedeutung zu, und sei es auch nur *ex negativo*. Immer wieder klingt an, Deutschland gehöre zum Westen und müsse einen „Sonderweg" vermeiden, häufig ohne diese Begriffe zu exemplifizieren. Der folgende Beitrag will die Bedeutung des „dritten Weges", der gemeinhin in einen Gegensatz zum „Westen" gerückt wird, vor und nach der Wiedervereinigung ausloten und erhellen. Dabei geht es um zwei Themenkomplexe. Erstens: Welche Positionen wurden früher – insbesondere in den achtziger Jahren – zur deutschen Einheit vertreten? Stand die Forderung nach einem vereinten Deutschland in einem Gegensatz zum „Westen"? Wie stark war die Idee des „dritten Weges" verbreitet. Zweitens: Haben jene Recht gehabt, die sich schon immer für die deutsche Einheit ausgesprochen haben? Oder ist die Antwort komplizierter? Wie sehen „Neutralisten" und „Westler" die Wiedervereinigung des Jahres 1990 aus „heutiger Sicht", um eine so modische wie verräterische Wendung zu gebrauchen?

Vielfältig interpretierbare Begriffe wie „Westen" und „dritter Weg" bedürfen einer definitorischen Klärung. Werden solche Schlagworte nicht präzisiert, schleichen sich Missverständnisse in die Auseinandersetzung ein, zumal der polemische Umgang mit ihnen – der „Westen" hat eine eher positive, der „dritte Weg" eine stärker negative Konnotation – auf der Hand liegt. Einige Beispiele: Es war geradezu absurd, dass Kritiker beim „Historikerstreit" die Position von Nolte, Stürmer und Hillgruber außerhalb des „Westens" zu verorten suchten[2], obwohl doch – beispielsweise – ein Historiker wie

---

1 Vgl. Oskar Lafontaine, Deutsche Wahrheiten. Die nationale und die soziale Frage, Hamburg 1990; Jens Hacker, Deutsche Irrtümer. Schönfärber und Helfershelfer der SED-Diktatur im Westen, Berlin 1992.

2 Vgl. das wenig überzeugende Kapitel „Deutschland und der Westen" bei Richard J. Evans, Im Schatten Hitlers? Historikerstreit und Vergangenheitsbewältigung in der Bundesrepublik, Frankfurt a.M.

Stürmer ein „Westler“ *par excellence* ist[3] und sich in diesem Punkt überhaupt nicht von Hans-Ulrich Wehler unterschied[4]: Beide zeigten sich gegenüber einem neuen deutschen Nationalstaat ausgesprochen skeptisch. Wer wie Jürgen Habermas davor warnte, die „vorbehaltlose Öffnung der Bundesrepublik gegenüber der politischen Kultur des Westens“[5] aufzugeben, baute einen Popanz auf. Und der zumal in dieser Form weit überzogene und denunziatorische Hinweis auf die kuriose Zusammensetzung der Initiativen zugunsten eines „dritten Weges“ – sie „werden getragen von einem Bündnis aus alten Nazis, ehemaligen Maoisten und jüngeren Anhängern der konservativen Revolution, die teils der ihnen zu bürgerlichen NPD entstammen“[6] – entbindet nicht von einer inhaltlichen Kritik.

Der Begriff des „Westens“[7], älter als der Ost-West-Konflikt, ist durch diesen später umgedeutet worden. Gemeint ist damit die Bejahung jener Tradition, die sich auf eine freiheitliche Ordnung bezieht, wie sie nach vielen historischen Vorläufern mit den Menschenrechtserklärungen in Frankreich und in Amerika begründet wurde. „Westen“ hat dabei eine außen- und eine innenpolitische, eine ökonomische und eine kulturelle Dimension. Deutschland geriet im Laufe seiner Geschichte in einen tendenziellen Gegensatz zu diesen Vorstellungen, obwohl Alexander Schwans Diktum zutreffend ist, dass „unsere nationale Identität... nicht im Gegensatz zur politischen Kultur des Westens [steht], sondern sie befindet sich – begreift sie sich selbst nur recht, nämlich als eine allein vermittels politischer Freiheit zu realisierende Identität – in einer durch die große abendländische Freiheitsgeschichte vorgeprägte grundsätzlichen Übereinkunft mit der politischen Kultur des Westens“[8]. Diese Position richtet sich implizit gegen jene, die einen Gegensatz zwischen dem Westen und Deutschland konstruieren wollen, sei es, dass sie das vermeintlich rückständige Deutschland dem fort-

---

1991, S. 160–200. Einerseits wird die Position der als „neokonservativ“ charakterisierten Historiker in einen Gegensatz zum „Westen“ gerückt, andererseits sieht Evans den Zusammenbruch der kommunistischen Ordnungen nicht als „Triumph des Westens“. „Der Durchbruch zur Demokratie darf keineswegs mit dem Sieg des ‚Westens‘ über den ‚Kommunismus‘ gleichgestellt werden“ (ebd., S. 205). Im ersten Fall (beim Vergleich mit dem deutschen „Neokonservatismus“) wird der Westen idealisiert, im zweiten perhorresziert (beim Vergleich mit dem Kommunismus).

3 Vgl. etwa folgende Aufsatzsammlungen: Michael Stürmer, Dissonanzen des Fortschritts. Essays über Geschichte und Politik in Deutschland, München 1986; ders., Deutsche Fragen oder Die Suche nach der Staatsräson, München 1988.

4 Vgl. Hans-Ulrich Wehler, Wohlbehagen im Wolkenkuckucksheim: Die Chimäre eines neutralisierten Gesamtdeutschland, in: Ders., Preußen ist wieder chic... Politik und Polemik in zwanzig Essays, Frankfurt a.M. 1983, S. 47–52.

5 Jürgen Habermas, Eine Art Schadensabwicklung, Frankfurt a.M. 1987, S. 75.

6 Peter Kratz, Friedensvertragsdiskussion: Ein nationalistisches Gleis der Friedensbewegung, in: Blätter für deutsche und internationale Politik 32 (1987), S. 223.

7 Vgl. für Einzelheiten Hans-Peter Schwarz, Die Politik der Westbindung oder die Staatsräson der Bundesrepublik, in: Zeitschrift für Politik 22 (1975), S. 307–337.

8 Alexander Schwan, Deutschland und der Westen – eine wieder aktuelle Diskussion, in: Klaus W. Hempfer/Alexander Schwan (Hrsg.),Grundlagen der politischen Kultur des Westens. Ringvorlesung an der Freien Universität Berlin, Berlin/New York 1987, S. 25 f.

schrittlichen Westen, sei es, dass sie gerade umgekehrt die Werte Deutschlands dem als dekadent empfundenen Westen gegenüberstellen wollen[9].

Tatsächlich muss die „mit viel Forschungsaufwand dokumentierte und Bekennermut vertretene Annahme, dass es zwischen der deutschen und der westlichen politischen Kultur einen dichotomischen Gegensatz gibt“[10], so überhaupt nicht stimmen, von der Zeit des Nationalsozialismus einmal abgesehen. Wer die (pervertierte) Praxis des einen Systems mit der (hehren) Theorie des anderen verglich, konnte diese Entgegensetzungen dann besonders leicht aufbauen. Die interpretatorische Schieflage war damit programmiert. Gleichwohl zielten „Erosionstendenzen“[11] immer wieder auf eine Entwestlichung Deutschlands. So war die studentische 68er-Bewegung zugleich eine merkwürdige Gemengelage aus pro-westlichen wie anti-westlichen Ideenkonglomeraten[12]. „Deutschland und der Westen“ – ein unerschöpfliches Thema, das in der Form eines unaufhebbaren Gegensatzes offenkundig „das beklagenswerte Ergebnis einer selektiven Wahrnehmung politischer und sozialer Sachverhalte“[13] darstellt.

Der Begriff des „dritten Weges“ schließt – wie der Topos des „Westens“[14] – unterschiedliche Sinngehalte ein. Er kann stärker im innen-, wirtschafts-, außenpolitischen oder auch im kulturellen Sinne verstanden werden. Im ersten Fall ist eine Konzeption gemeint, die zwischen den Vorstellungen des realexistierenden Sozialismus und denen der parlamentarischen Demokratie einen Mittelweg sucht, im zweiten, eng damit zusammenhängenden Fall ist eine Mischung aus der Konzeption der Marktwirtschaft und der Planwirtschaft gemeint, im dritten eine außenpolitische Neutralität zwischen Ost und West, ohne unbedingt die Bindung an die Werte des Westens in Frage zu stellen, im vierten ein Lebensstil, der den westlichen Kosmopolitismus nicht als das Nonplusultra ansieht. Zum Teil kommt es auch zu einer Überlappung der Positionen.

Die Frage nach dem „dritten Weg“ führt zu dem tatsächlichen oder vermeintlichen „Sonderweg“[15]. Der in der Tat von einigen konstruierte Gegensatz zwischen den westlichen „Ideen von 1789“ und den deutschen „Ideen von 1914“ – Moeller van den Bruck propagierte den „Aufbruch nach Osten“ in seinem „Abkehr vom Westen“ betitelten

---

9 Zahlreiche Beispiele aus der Geschichtswissenschaft werden präsentiert von Bernd Faulenbach, Ideologie des deutschen Weges. Die deutsche Geschichte in der Historiographie zwischen Kaiserreich und Nationalsozialismus, München 1980; zusammenfassend ders., „Deutscher Sonderweg“. Zur Geschichte und Problematik einer zentralen Kategorie des deutschen geschichtlichen Bewusstseins, in: Aus Politik und Zeitgeschichte B 33/81, S. 3–21.

10 Johann Baptist Müller, Deutschland und der Westen, Berlin 1989, S. 41.

11 Vgl. dazu Schwarz (Anm.7), insbes. S. 325–337.

12 Vgl. Richard Löwenthal, Der romantische Rückfall. Wege und Irrwege einer rückwärts gewandten Revolte, Stuttgart 1970.

13 Zutreffend Müller (Anm. 10), S. 41.

14 Vgl. Eckhard Jesse, Art. Dritter Weg, in: Werner Weidenfeld/Karl-Rudolf Korte (Hrsg.), Handwörterbuch zur deutschen Einheit, Frankfurt a.M. 1992, S. 252–258; Helmut L. Müller, Der „dritte Weg“ als deutsche Gesellschaftsidee, in: Aus Politik und Zeitgeschichte B 27/84, S. 27–34.

15 Vgl. zur Diskussion: Institut für Zeitgeschichte (Hrsg.), Deutscher Sonderweg – Mythos oder Realität?, München 1982. Siehe auch Fritz Stern, Kulturpessimismus als politische Gefahr. Eine Analyse nationaler Ideologie in Deutschland, München 1986 (1961).

Beitrag[16] – habe den Boden für den Erfolg des Nationalsozialismus bereitet – eine These, die in dieser Schlichtheit der Modifizierung bedarf und auch zunehmend in Frage gestellt wird[17].

II. Der „dritte Weg" in der deutschlandpolitischen Diskussion der achtziger Jahre

Als sich die Westintegration abzuzeichnen begann (und auch schon davor), spielte in der deutschlandpolitischen Diskussion eine Reihe von unterschiedlichen Konzeptionen eine Rolle, die sich mit dem vagen Terminus des „dritten Weges" umschreiben lassen – die (nationale) Brückenkonzeption eines Jakob Kaiser, die (pazifistische) Avantgarde-Konzeption eines Gustav W. Heinemann, die (neutralistische) Konzeption einer dritten Kraft eines Wolf Schenke[18], die sich alle nicht durchsetzen konnten. In einer teils abgewandelten, teils analogen Form lebten diese Vorstellungen zwei bis drei Dezennien später wieder auf.

In den achtziger Jahren entstand bei besorgten Zeitgenossen – zumal des Auslandes – der Eindruck, die Bundesrepublik Deutschland breche aus dem westlichen Bündnissystem aus, hatte es doch in Deutschland Strömungen gegeben, die angesichts einer drohenden (oder als solcher empfundenen) Kriegsgefahr auf deutschem Boden („Schlachtfeld Deutschland") mehr oder weniger direkt ein neutrales Gesamtdeutschland vorschlugen. Die Einheit sollte durch Neutralität ermöglicht werden. Allerdings herrschte in diesem Punkt kein Konsens in der breit gefächerten Friedensbewegung. Die meisten Friedensbewegten forderten – nicht zuletzt aufgrund des starken Einflusses der DKP – „bloß" eine Ablehnung der westlichen Nachrüstung oder einen einseitigen Austritt der Bundesrepublik aus der NATO. Letzte Position wurde von „National-Neutralisten" scharf zurückgewiesen.

Die „deutsche Unruhe" ließ Kritiker nicht ruhen. Die Französin Brigitte Sauzay, Dolmetscherin unter Mitterrand, etwa sprach von einem „deutschen Taumel"[19], Arnulf

16 Zitiert nach Müller (Anm. 10), S. 38.

17 Vgl. die recht abgewogene Darstellung bei Helga Grebing, unter Mitarbeit von Doris von der Brelie-Lewien und Hans-Joachim Franzen, Der „Deutsche Sonderweg" in Europa 1806–1945. Eine Kritik, Stuttgart u.a. 1986.

18 Vgl. zu diesen Konzeptionen Rainer Dohse, Der Dritte Weg. Neutralitätsbestrebungen in Westdeutschland zwischen 1945 und 1955, Hamburg 1974; siehe hierzu die Würdigung von Rainer Zitelmann, Pionierstudie zum National-Neutralismus in der Bundesrepublik Deutschland 1945–1955, in: Uwe Backes/Eckhard Jesse (Hrsg.), Jahrbuch Extremismus & Demokratie, Bd. 2, Bonn 1990, S. 289–297. Zur Rezeption der damaligen neutralistischen Opposition in den Medien Markus Kiefer, Auf der Suche nach nationaler Identität und Wegen zur deutschen Einheit. Die deutsche Frage in der überregionalen Tages- und Wochenpresse der Bundesrepublik 1949–1955, Frankfurt a.M. u.a. 1992, S. 364–408.

19 Vgl. Brigitte Sauzay, Die rätselhaften Deutschen. Die Bundesrepublik von außen gesehen, Stuttgart 1986 (der Titel des französischen Originals lautet: Le vertige allemand, Paris 1985).

Baring von einem „neuen Größenwahn“[20], Wilfried von Bredow kritisierte den grassierenden „Apokalypse-Enthusiasmus“[21]. Der deutschlandpolitische „Aufbruch“ irritierte (vor allem im Ausland), auch wenn die Maxime „Zurück zur Nation“[22] sich mehr in den Spalten von Periodika abspielte und so gut wie ohne jede Massenbasis war[23].

Der bekannte französische Politikwissenschaftler Pierre Hassner brachte die Brisanz lakonisch auf den Punkt: „Das deutsche Problem ist wieder da.“[24] Was war für ihn das „deutsche Problem“? Auch als „wohlwollender Ausländer“ komme er bei allen Übertreibungen zumal in Frankreich nicht umhin, vor den „Gefahren des deutschen Pazifismus, Neutralismus und Nationalismus“[25] zu warnen. Er sah offenkundig die „Verbindung von Pazifismus, Neutralismus und Nationalismus“[26] als kennzeichnende Entwicklung in der ersten Hälfte der achtziger Jahre an. Nicht zuletzt diese drei Reiz- und Schlagworte wurden vielfach aufgegriffen, riefen Angst vor dem *Furor teutonicus* hervor. Hingegen betrachtete Marion Gräfin Dönhoff von der *Zeit*, weitaus realistischer argumentierend, das „Geschwätz von Pazifismus, Neutralismus und Nationalismus“ als „irrational“[27]. Wie war es mit dem Verhältnis von Pazifismus, Neutralismus und Nationalismus bestellt – eine Frage, die niemals präzise erörtert worden ist? Anhänger und Gegner warfen sich die Bälle zu, ohne überhaupt die Relevanz der Positionen zu prüfen.

Als *pazifistisch* muss jene Position gelten, die ein nicht bewaffnetes Deutschland wünschte. Pazifisten spielten in der Bundesrepublik der achtziger Jahre im intellektuellen Milieu eine gewisse Rolle, ohne aber die Mehrheitskultur ernsthaft beeinflussen zu können. *Neutralistisch* waren jene Kräfte, die sich für einen Austritt der deutschen Staaten aus den Militärbündnissen aussprachen. Bei der Frage nach dem gewünschten Modell für ein wiedervereinigtes Deutschland stand das „neutrale Modell“ (22 Prozent) deutlich hinter dem „gesamteuropäischen Modell“ (29 Prozent) und vor allem hinter dem „westlichen Modell“ (48 Prozent). Hingegen nahm das „neutrale Modell“ bei der Frage nach der Wahrscheinlichkeit die Spitze ein (mit 36 Prozent)[28]. Als *national(istisch)* in diesem Sinne galt, wer für die Wiedervereinigung votierte. Zwar spra-

20 Vgl. Arnulf Baring, Unser neuer Größenwahn. Deutschland zwischen Ost und West, Stuttgart 1988.

21 Vgl. Wilfried von Bredow, Deutschland – ein Provisorium?, Berlin 1985, S. 100–112.

22 Vgl. Arno Klönne, Zurück zur Nation? Kontroversen zu deutschen Fragen, Köln 1984.

23 Vgl. für Einzelheiten Eckhard Jesse, Der „dritte Weg“ in der deutschen Frage. Über die Aktualität, Problematik und Randständigkeit einer deutschlandpolitischen Position, in: Deutschland Archiv 22 (1989), S. 543–559.

24 Pierre Hassner, Was geht in Deutschland vor? Wiederbelebung der deutschen Frage durch Friedensbewegung und alternative Gruppen, in: Europa-Archiv 27 (1982), S. 517.

25 Ebd., S. 517.

26 Ebd., S. 521.

27 Marion Gräfin Dönhoff, Im Wartesaal der Geschichte. Sind die Deutschen Nationalisten, Neutralisten, Pazifisten?, in: Die Zeit v. 6. Januar 1984.

28 Vgl. die Daten bei Anne Köhler, Wiedervereinigung – Wunsch und Wirklichkeit. Empirische Beiträge zur Frage der nationalen Orientierung unter innerdeutschen Aspekten, in: Werner Weidenfeld (Hrsg.), Nachdenken über Deutschland. Materialien zur politischen Kultur der Deutschen Frage, Köln 1985, S. 147–163, insbes. S. 155 f.

chen sich in den achtziger Jahren etwa 60 Prozent der Bevölkerung für die Wiedervereinigung aus, doch ohne sonderliches Engagement[29]. „Wiedervereinigung" galt eher als ein nebensächliches Thema. Die These, „die Schwächung der nationalen Idee"[30] sei in der Bundesrepublik stärker fortgeschritten gewesen als in anderen Staaten, ließ sich empirisch fundieren. Diese Definitionen mögen sicherlich nicht ganz unproblematisch sein, zumal die Befürwortung der Wiedervereinigung unter „national(istisch)" firmiert. Aber sie erscheinen zur klaren Abgrenzung voneinander sinnvoll.

Nun können die Prinzipien des Pazifismus, des Neutralismus und des Nationalismus in unterschiedlicher Weise miteinander kombiniert werden. Um die verschiedenen Konzeptionen zur deutschen Frage einzuordnen, ist eine Aufschlüsselung nach dem Vorhandensein dieser Elemente ein heuristisch sinnvolles Unterfangen. So lässt sich nämlich überprüfen, ob tatsächlich, wie behauptet, ein pazifistischer National-Neutralismus *en vogue* war. Schließlich muss nicht jeder Pazifist an der deutschen Einheit interessiert und nicht jeder Neutralist pazifistisch eingestellt gewesen sein[31]. Insgesamt gibt es acht verschiedene Varianten, wie dies die folgende Tabelle festhält:

Das Verhältnis von Pazifismus, Neutralismus und Nationalismus

1. Variante: Pazifismus (+)	Neutralismus (+)	Nationalismus (+)
2. Variante: Pazifismus (+)	Neutralismus (+)	Nationalismus (–)
3. Variante: Pazifismus (+)	Neutralismus (–)	Nationalismus (+)
4. Variante: Pazifismus (+)	Neutralismus (–)	Nationalismus (–)
5. Variante: Pazifismus (–)	Neutralismus (+)	Nationalismus (+)
6. Variante: Pazifismus (–)	Neutralismus (+)	Nationalismus (–)
7. Variante: Pazifismus (–)	Neutralismus (–)	Nationalismus (+)
8. Variante: Pazifismus (–)	Neutralismus (–)	Nationalismus (–)

Die erste Variante etwa bedeutete die Bejahung eines pazifistischen, neutralen und vereinigten Deutschland, die fünfte Variante akzeptierte wohl die Einheit Deutschlands unter neutralen Vorzeichen, nicht jedoch den Verzicht auf eine eigene Armee, die sie-

29 Vgl. beispielsweise Gerhard Herdegen, Demoskopische Anmerkungen zum Geschichtsbewusstsein der Deutschen (West) im Kontext der deutschen Frage, in: Werner Weidenfeld (Hrsg.), Geschichtsbewusstsein der Deutschen. Materialien zur Spurensuche einer Nation, Köln 1987, S. 187–202; siehe im Zeitablauf ders., Art. Einstellungen zur deutschen Einheit, in: Weidenfeld/Korte (Anm. 14), S. 272–283.

30 So Elisabeth Noelle-Neumann/Renate Köcher, Die verletzte Nation. Über den Versuch der Deutschen, ihren Charakter zu ändern, Stuttgart 1989, S. 32; ganz ähnlich in der Aussagekraft, wenn auch mit anderer Bewertung: Harro Honolka, Schwarzrotgrün. Die Bundesrepublik auf der Suche nach ihrer Identität, München 1987.

31 Für alle neutralen Staaten galt der Grundsatz der bewaffneten Neutralität. Vgl. für Einzelheiten Dieter S. Lutz/Annemarie Große-Jütte (Hrsg.), Neutralität – Eine Alternative? Zur Militär- und Sicherheitspolitik neutraler Staaten in Europa, Baden-Baden 1982.

bente bejahte ein einheitliches Deutschland, nicht aber den pazifistischen und neutralen Status. Die achte Variante schließlich, das genaue Gegenteil zur ersten, lehnte pazifistische, neutralistische und national(istische) Bestrebungen gleichermaßen ab.

Es würde an dieser Stelle zu weit führen, alle deutschland-politischen Konzeptionen der achtziger Jahre systematisch auf die Zuordnung dieser drei Komponenten „abzuklopfen“, zumal nicht jede der Varianten eine auch nur annähernd gleiche Bedeutung zukommt. So ist etwa die dritte kaum praxisrelevant geworden. Gleichwohl zeigt ein erster Überblick eine mannigfache Auffächerung der Positionen. Das Mischungsverhältnis von Nationalismus, Neutralismus und Pazifismus ist höchst unterschiedlich gewesen.

Nur diejenigen, die sich für ein pazifistisches Gesamtdeutschland unter neutralen Vorzeichen aussprachen, repräsentierten die so häufig gescholtene Variante 1. Ihre Verfechter kamen häufig aus den Reihen der Grünen. Zu nennen ist etwa Rolf Stolz, Sprecher des Initiativkreises *Linke Deutschland-Diskussion* mit seinem Materialbrief *Deutsche Probleme – Probleme mit Deutschland?*[32]. Verweisen ließe sich auch auf Herbert Ammon und Peter Brandt[33], ebenso auf die von Herbert Ammon und Theodor Schweisfurth verfasste Denkschrift *Friedensvertrag, Deutsche Konföderation, Europäisches Sicherheitssystem?*[34], zu welcher der Friedensforscher Alfred Mechtersheimer ein Vorwort beisteuerte. Die deutschlandpolitische Konzeption war in eine gesellschaftspolitische des „dritten Wegs“ eingebettet – sei es in expliziter, sei es in impliziter Form. Ein anderer Teil der Grünen lehnte die Einheit Deutschlands ab, befürwortete hingegen einen pazifistischen Kurs – sei es unter Wahrung der Neutralität (Variante 2), sei es unter ihrer Ablehnung (Variante 4). Ein weiterer Teil der Grünen hingegen repräsentierte zugleich die exakte Gegenposition zu der ersten Variante (Variante 8): gegen Wiedervereinigung, gegen Austritt aus der NATO, gegen Neutralismus[35].

Diese Konzeption, der sich u. a. auch Wilfried von Bredow verschrieb, verkörperte den *mainstream* der Forschung. Pazifismus, Neutralität und Einheit wurde strikt verworfen, die Bundesrepublik nicht als Provisorium gesehen[36]. Hierzu gehörten sowohl diejenigen, für die die Westbindung Vorrang gegenüber einem wiedervereinigten Deutschland unter neutralen Vorzeichen besaß, als auch diejenigen, die den Status quo

---

32 Vgl. etwa den folgenden Sammelband von Rolf Stolz (Hrsg.), Ein anderes Deutschland. Grünalternative Bewegung und neue Antworten auf die Deutsche Frage, Berlin 1985.

33 Vgl. Herbert Ammon/Peter Brandt, Wege zur Lösung der „deutschen Frage“. Der emanzipatorische Anspruch der Linken unter dem Zwang zur Realpolitik, in: Befreiung 21/1981, S. 38–71.

34 Vgl. Herbert Ammon/Theodor Schweisfurth, Friedensvertrag, Deutsche Konföderation, Europäisches Sicherheitssystem. Denkschrift zur Verwirklichung einer europäischen Friedensordnung mit 50 Seiten Dokumenten, Starnberg 1985.

35 Zu den unterschiedlichen Konzeptionen bei den Grünen: Wilfried von Bredow/Rudolf Horst Brocke, Dreimal Deutschlandpolitik. Deutschlandpolitische Ansätze der Partei der Grünen, in: Deutschland Archiv 19 (1986), S. 52–61; Gerd Langguth, Die Deutschlandpolitik der Grünen, in: Manfred Langner (Hrsg.), Die Grünen auf dem Prüfstand. Analyse einer Partei, Bergisch Gladbach 1987, S. 423–480.

36 Vgl. etwa: Bredow (Anm. 21).

bedingungslos festschreiben wollten. Zur letzten Position zählte etwa der Zeithistoriker Heinrich August Winkler mit seiner unzweideutigen Absage an einen deutschen Nationalstaat angesichts der Last der Geschichte: „Die Furcht vor einer neuen Machtzusammenballung in der Mitte Europas ist in Ost und West zu groß, als dass die Deutschen selbst nochmals einen souveränen Nationalstaat wollen könnten.“[37] Eine ähnliche Position vertraten Publizisten wie Theo Sommer und Historiker wie die Brüder Hans und Wolfgang Mommsen[38]. Zu den wenigen, die weder die Bewaffnung der Bundesrepublik noch ihre Westbindung in Frage stellten (oder nur in eher marginalen Aspekten), gehörte der CDU-Bundestagsabgeordnete Bernhard Friedmann mit seinen Wiedervereinigungsvorschlägen. Er zählt damit zur siebten Kategorie[39]. In den achtziger Jahren forderte kaum jemand ein wiedervereinigtes Deutschland unter westlichen Vorzeichen[40]. Die Position des Politikwissenschaftlers Dieter Mahnke stellte eine große Ausnahme dar: „Zuallererst heißt es, dass Wiedervereinigungspolitik Westpolitik ist. Die Einbindung der Bundesrepublik, die Aufrechterhaltung der Allianz und die Weiterentwicklung der Europäischen Gemeinschaft sind Voraussetzungen der Wiedervereinigung im oben skizzierten Sinne.“[41]

Hingegen ist die Studie von Jochen Löser und Ulrike Schilling in die zweite Kategorie einzuordnen: Pazifistische Elemente spielen ebenso eine Rolle wie neutralistische, nationale fehlen so gut wie völlig[42]. Davon unterschied sich wiederum der Publizist Harold Rasch, langjähriger Mitherausgeber der *Blätter für deutsche und internationale Politik:* Er verwarf die Einheit Deutschlands ebenso, wandte sich jedoch gegen den Verzicht auf eine eigene Armee – bei gleichzeitiger Befürwortung eines Neutralitätskurses – soweit es die Bundesrepublik betraf (Variante 6)[43]. „Nur dann können wir der geographischen Lage Deutschlands zwischen West und Ost gerecht werden und, der Lehre der Geschichte und unseren ureigensten Interessen folgend, beiden großen Kulturkreisen, dem germanisch-romanischen und dem slawischen, verbunden bleiben.“[44]

---

37 Heinrich August Winkler, Bismarcks Schatten. Ursachen und Folgen der deutschen Katastrophe, in: Die Neue Gesellschaft/Frankfurter Hefte 35 (1988), S. 121. – Zur heutigen Position von Winkler vgl. ders., Der Staatenbund als Bewährungsprobe. Das erreichbare Maß an Einheit verträgt keinen Aufschub mehr; Der unverhoffte Nationalstaat. Deutsche Einheit: Die Vorzeichen sind günstiger als 1871, jeweils in: Udo Wengst (Hrsg.), Historiker betrachten Deutschland. Beiträge zum Vereinigungsprozeß und zur Hauptstadtdiskussion, Bonn/Berlin 1992, S. 33–38, S. 162–172.

38 Belege finden sich zuhauf bei Hacker (Anm. 1), S. 280–324, S. 352–382.

39 Vgl. Bernhard Friedmann, Einheit statt Raketen. Thesen zur Wiedervereinigung als Sicherheitskonzept, Herford 1987.

40 Vgl. etwa Rupert Scholz, Der Weg zur Einheit über den Nationalstaat ist nicht verboten, in: Frankfurter Allgemeine Zeitung v. 16. Oktober 1985.

41 So Dieter Mahncke, Ein wiedervereinigtes Deutschland außerhalb der Militärallianzen in Europa?, in: Jens Hacker/Siegfried Mampel (Hrsg.), Europäische Integration und deutsche Frage, Berlin 1989, S. 64.

42 Vgl. Jochen Löser/Ulrike Schilling, Neutralität für Mitteleuropa. Das Ende der Blöcke, München 1984.

43 Für den Austritt der Bundesrepublik aus der NATO machte Rasch nicht den Austritt der DDR aus dem Warschauer Pakt zur Voraussetzung.

44 Harold Rasch, NATO-Bündnis oder Neutralität? Plädoyer für eine neue Außenpolitik, Köln 1981, S. 119f.

Bisher ist noch nicht die in den fünfziger und auch achtziger Jahren verbreitete national-neutralistische Variante erwähnt, deren Konzept eine eigene Armee einschließt (Variante 5), wie sie sich Wolf Schenke beinahe vier Jahrzehnte zu eigen gemacht hatte[45]. Prototypisch für diese Position ist auch die Konzeption Wolfgang Venohrs, der sich in der Tradition eines Ernst Niekisch sieht und sich ebenso wie dieser schwer nach links oder rechts verorten lässt. Wie Ernst Niekisch früher auch („Eingebettet zwischen Ost und West als die europäische Mitte, hat es nur noch die Wahl, Schlachtfeld oder Ausgleichsplatz der so entgegengesetzten östlichen und westlichen Strömungen, Ideen, Lebensformen werden zu wollen“[46]), führt(e) bei dem Publizisten Wolfgang Venohr ein beträchtliches Ressentiment gegenüber westlichen Ideen die Feder. Seine Sammelbände *Die deutsche Einheit kommt bestimmt*[47] und *Ohne Deutschland geht es nicht*[48] mit Autoren aus unterschiedlichen Lagern, erschienen in der ersten Hälfte der achtziger Jahre, formulierten heftige Attacken gegen den Status quo der Westbindung der Bundesrepublik. Die Haltung zur freiheitlichen Lebensordnung spielte dabei keine Rolle. Hingegen war für ihn die Verfügung Deutschlands über eigene Waffen selbstverständlich. Diese Position machten sich die meisten Nationalneutralisten zu eigen. Es muss nicht verwundern, dass Venohr noch 1989 – am Vorabend des Endes der DDR – ein Buch mit dem Untertitel *Vom wundersamen Aufstieg der DDR in Deutschland* verfasste, in dem er recht unkritisch über das politische System DDR schrieb und unter Berufung auf eine geheime DDR-Umfrage von 1988 behauptete, die Zahl jener, die einen Anschluss der DDR an die Bundesrepublik wünschten, liege „seit der zweiten Jahreshälfte 1983 konstant bei 5 Prozent“[49].

Auch fast alle Repräsentanten des parteipolitisch relevanten Rechtsextremismus – von der NPD bis später auch zur DVU – machten sich für den national-neutralistischen Kurs stark, wobei Deutschland zum Teil sogar eigene Atomwaffen zugestanden werden sollten, wie dies etwa im Organ von Otto-Ernst Remer, dem *Bismarck-Deutschen,* immer wieder gefordert wurde[50]. Das antiwestliche Element war besonders stark ausgeprägt in den Bänden der rechtsextremistischen National-Neutralisten Wolfgang Strauß und Oswald Feiler[51]. Allerdings fiel das proöstliche unterschiedlich aus: Während Strauß den Zerfall des Sowjetsystems voraussagte und wünschte, glaubte Feiler

45 Vgl. die Memoiren dieses ewigen Sektierers: Wolf Schenke, Siegerwille und Unterwerfung, München/Berlin 1988.

46 Ernst Niekisch, Deutsche Daseinsverfehlung (1946), in: Ders., Politische Schriften, Köln/Berlin 19662, S. 145.

47 Vgl. Wolfgang Venohr (Hrsg.), Die deutsche Einheit kommt bestimmt, Bergisch Gladbach 1982.

48 Vgl. ders. (Hrsg.), Ohne Deutschland geht es nicht. 7 Autoren zur Lage der deutschen Nation, Krefeld 1985.

49 So ders., Die roten Preußen. Vom wundersamen Aufstieg der DDR in Deutschland, Erlangen 1989, S. 318.

50 Vgl. etwa den ungezeichneten Artikel: Ein neutrales Deutschland – Voraussetzung und Chancen, in: Der Bismarckdeutsche 4 (1988), Nr. 11/12, S. 29–31.

51 Vgl. Wolfgang Strauß, Rapallo. Neue deutsche Ostorientierung: Wunschtraum, Irrweg oder Gespenst?, Asendorf 1986; Oswald Feiler, Moskau und die Deutsche Frage, Krefeld 1984.

die Wiedervereinigung nur mit der kommunistischen Sowjetunion erreichen zu können. Beide glaubten an ein Deutschland in den Grenzen von 1937 – der eine liebäugelte machiavellistisch mit der Hilfe von Polen (Strauß), der andere mit der Hilfe der Sowjetunion (Feiler).

Hingegen gab es andere national-neutralistische Konzeptionen ohne antiwestliche Affekte wie die von dem früheren Vier-Sterne-General Günter Kießling oder die von dem Kieler Staatsrechtslehrer Wolfgang Seiffert[52]. Der Wunsch nach Wiedervereinigung wurde hier nicht von einer Art „Befreiungsnationalismus" begleitet. Unter dem Etikett des „National-Neutralismus" verbargen sich also durchaus unterschiedliche Konzeptionen, so dass es nicht zulässig ist, sie in einen Topf zu werfen, wie dies von manchen Kritikern des „Neutralismus" mitunter geschehen ist.

Linke Nationalneutralisten betonten stärker die pazifistische Komponente, konservative mehr die bewaffnete, obwohl die Übergänge fließend sind. Dies ließe sich an unterschiedlichen deutschlandpolitischen Resolutionen belegen, die in der ersten Hälfte der achtziger Jahre Aufsehen erregt haben und teilweise von denselben Publizisten wie Herbert Ammon, Theodor Schweisfurth, Wolfgang Seiffert und Wolfgang Venohr initiiert wurden[53]. Aber diese Resolutionen zeigten auch die fließenden Grenzen zwischen den rechten und linken Positionen, die im Antiamerikanismus einen gemeinsamen Nenner besaßen. Außerdem wurde der Ost-West-Konflikt auf einen rein machtpolitischen Gegensatz der „Supermächte" reduziert und der ideenpolitische Unterschied damit relativiert. Die verbreitete Annahme, geradezu der archimedische Punkt der Überlegungen, die Teilung Deutschlands sei für den Ost-West-Konflikt bzw. den Kalten Krieg verantwortlich, basierte auf einer Verwechslung von Ursachen und Folgen. Und bezeichnenderweise fand der Topos vom „besetzten Land", dem man wohl kaum einen „sachlichen Kern"[54] zuschreiben kann, in ideologisch ganz unterschiedlichen Lagern Zustimmung – bei Heinrich Albertz ebenso wie bei Hellmut Diwald[55]. Ablehnung rief diese Wendung nicht nur bei Anhängern der Westbindung der Bundesrepublik hervor, sondern auch bei Marxisten-Leninisten wie Reinhard Kühnl[56] – wenngleich aus dem entgegengesetzten Grund.

---

52 Vgl. Günter Kießling, Neutralität ist kein Verrat. Entwurf einer europäischen Friedensordnung, Erlangen u.a. 1989; Wolfgang Seiffert, Die Deutschen und Gorbatschow. Chancen für einen Interessenausgleich, Erlangen 1989; ders., Das ganze Deutschland. Perspektiven der Wiedervereinigung, München/Zürich 1986.

53 Sie sind abgedruckt bei Eckhard Jesse, Renaissance der deutschen Frage?, Stuttgart 1987, S. 43–48. Zur Kritik an ihnen vgl. ders. (Anm. 23), insbes. S. 550–556.

54 So aber Dieter Groh/Peter Brandt (Hrsg.), „Vaterlandslose Gesellen". Sozialdemokratie und Nation 1860–1990, München 1992, S. 318. Peter Brandt gehörte auch zu den Kritikern der Westbindung Deutschlands. Vgl. Peter Brandt/Herbert Ammon, Die Linke und die nationale Frage. Dokumente zur deutschen Einheit seit 1945, Reinbek bei Hamburg 1981. Siehe ferner Anm. 33 dieses Beitrages.

55 Vgl. Heinrich Albertz, Wir sind doch ein besetztes Land. Anmerkungen zu einer bitteren Realität, in: Dieter Hoffmann-Axthelm/Eberhard Knödler-Bunte (Hrsg.), Wie souverän ist die Bundesrepublik?, Berlin 1982, S. 115–119; Hellmut Diwald, in: Venohr (Anm. 47), S. 33.

56 Vgl. Reinhard Kühnl, Nation – Nationalismus – Nationale Frage. Was ist das und was soll das?, Köln

Wie diese Auffächerung zeigt, gab es eine Reihe höchst verschiedenartiger Ausprägungen. Natürlich kann sich hinter der gleichen Zuordnung eine völlig unterschiedliche Grundposition verstecken. Mancher engagierte „Westler“ fällt ebenso in die achte Kategorie wie der Anhänger der DDR. Und wer eine Vereinigung unter östlichen Vorzeichen anstrebte, die DDR also in die Rolle Piemonts zu rücken suchte, kommt in das gleiche Raster wie der Befürworter der deutschen Einheit unter freiheitlicher Perspektive. So war bei manchen der Wille zur Wiedervereinigung offenkundig derart stark, dass sie eine Neutralität Deutschlands in Kauf nahmen. Bei anderen hingegen gewann das pazifistische Element eine dermaßen überragende Bedeutung, dass sogar die Vereinigung akzeptiert wurde, obwohl der Veränderungsimpuls gar nicht deutschland-orientiert war. Die Auffächerung nach den verschiedenen Varianten blendet also eine spezifische Gewichtung aus, ist mithin differenzierungsbedürftig. Aber auch so zeigt sich schon, dass die nationale, neutralistische und pazifistische Variante in der Deutschlanddiskussion eine weitaus geringere Rolle gespielt hat als vielfach angenommen[57].

Fast alle diese Positionen, die einen National-Neutralismus – sei es mit pazifistischer, sei es ohne pazifistische Zielrichtung – auf ihre Fahnen geschrieben hatten, waren indes gleichermaßen unplausibel, widersprüchlich und unrealistisch. Man kann nicht einerseits die „Vasallentreue“ der deutschen Staaten beklagen und diese zugleich dazu ermuntern, ihr Schicksal in die eigenen Hände zu nehmen. Viele von ihnen standen auch in einem Gegensatz zum „Westen“, indem ein rechts- oder linksgewendeter befreiungsnationalistischer Impuls den Motor der Überlegungen abgab. Aber das ist nur die eine Seite der Medaille. Wer national-neutralistische Verlautbarungen verwirft, muss auch Positionen kritisieren, deren Verfechter sich als Apologeten des Status quo verstanden haben. Viele von ihnen waren ebenso wenig von Realitätssinn und demokratischem Geist inspiriert, indem sie weder das Wiedervereinigungsgebot des Grundgesetzes beachteten noch auf die Lage der Menschen in der ostdeutschen Diktatur aufmerksam machten.

III. Der „dritte Weg“ nach der Wiedervereinigung

Die Wiedervereinigung Deutschlands kam für die Auguren überraschend. Das gilt für Anhänger und Gegner gleichermaßen. Der Vorwurf, sie nicht vorhergesagt zu haben,

---

1986. Ähnlich hatte Kühnl schon den auf den Osten und den Westen bezogenen Totalitarismusansatz Herbert Marcuses abgelehnt. Siehe ders., „Linke“ Totalitarismusversionen, in: Martin Greiffenhagen u.a., Totalitarismus. Zur Problematik eines politischen Begriffs, München 1972, S. 118 f.

57 Überschätzt wurde die „nationale“ Dimension der Friedensbewegung etwa von Dan Diner, Die „nationale Frage“ in der Friedensbewegung. Ursprünge und Tendenzen, in: Reiner Steinweg (Red.), Die neue Friedensbewegung. Analysen aus der Friedensforschung, Frankfurt a.M. 1982, S. 86–112. Rechte hingegen neigten vielfach zu einer Überbetonung der „nationalen Komponente“ bei Linken nicht zuletzt deshalb, um so dortige (vermeintliche) Veränderungen hervorzuheben und damit – jedenfalls indirekt – die eigene Position aufzuwerten.

ist wohlfeil und betrifft sämtliche Richtungen. Offenkundig hat die Westbindung die Wiedervereinigung Deutschlands nicht ausgeschlossen, vielleicht sogar gefördert, was immer die Intention von Adenauer, der unerschütterlich an der Westbindung festgehalten hat, gewesen sein mag. Aber man muss sich davor hüten, den historischen Faden zwischen der Politik Adenauers und der Entwicklung 1989/90 zu eng zu knüpfen, wird doch so die komplexe Struktur der internationalen Politik über mehrere Jahrzehnte hinweg gleichsam ignoriert[58]. Umgekehrt ist es ebenfalls nicht angängig, der Entspannungspolitik der sozialliberalen Regierung das alleinige Verdienst zuzusprechen. Wer behauptet, die neue Ost- und Deutschlandpolitik sollte den Ostblock untergraben, leistet einer historischen Legende Vorschub[59]. Auf den Status quo eingeschworene Friedenspolitik überlagerte lange andere Überlegungen. Eine Destabilisierung des Ostblocks wurde ausdrücklich zurückgewiesen, zumal in den achtziger Jahren. Allerdings hat die von der sozialliberalen Koalition eingeleitete Ost- und Deutschlandpolitik mit manchen ihrer Folgen – z.B. den stärker zunehmenden Kontakten zwischen Ost und West – die DDR unterminiert. Man muss folglich, wie häufig in der Geschichte, zwischen den Intentionen und den Wirkungen der Deutschland- und Ostpolitik trennen. Für die Wiedervereinigung Deutschlands waren somit neben anderen Faktoren wie dem Wandel in der Sowjetunion die Westbindung und die Ostverbindung gleichermaßen wichtig, ohne dass sich daraus eine Art Rangordnung ableiten ließe.

Wer in den achtziger Jahren so vehement die Wiedervereinigung gefordert hatte, gehörte, wie gezeigt, fast ausschließlich dem „neutralen Lager“ an. Die Wiedervereinigung vollzog sich dann jedoch bekanntlich in einer ganz anderen Form: Die Westbindung blieb aufgrund der Agonie des kommunistischen Herrschaftssystems, nachdem es eine kurze Zeit zunächst anders ausgesehen hatte, auf allen Gebieten unangetastet – sieht man einmal davon ab, dass auf dem Territorium der neuen Bundesländer keine NATO-Truppen stationiert werden dürfen. Außerdem kamen nationalistische Töne so gut wie nicht zur Geltung. Wer in diesem Zusammenhang vom „Vierten Reich“ spricht[60], verzeichnet die Proportionen. Schließlich redet die extreme politische Rechte nur von einem „teilvereinigten Deutschland“[61].

---

58 Diese Kritik muß sich auch richten gegen die im Kern treffende Sicht von Klaus Gotto, Der Realist als Visionär. Die Wiedervereinigungspolitik, in: Die Politische Meinung 35 (1990), Nr. 249, S. 6–13.

59 Zu Recht heißt es bei Jens Hacker ironisch (Anm. 1), S. 453: „Wenn Bahr wirklich seine Ost- und Deutschland-Politik unter diesem subversiven Aspekt verfolgt hatte, dann darf man in der Tat von einer politischen Sensation sprechen. Angesichts der Tatsache, dass Bahr in den achtziger Jahren seine Status-quo-Positionen ständig zu unter mauern suchte, wäre es schön, wenn er einen Zeitzeugen verriete, den man hierzu befragen könnte. Sollte sich Bahrs Aussage bewahrheiten, dann müsste die Ost- und Deutschland-Politik der sozial-liberalen Koalition neu geschrieben werden.“

60 Vgl. etwa Heleno Saña, Das Vierte Reich. Deutschlands später Sieg, Hamburg 1990.

61 So statt vieler Helmut Diwald, Vorbemerkung, in: Ders. (Hrsg.), Handbuch zur Deutschen Nation, Bd. 4: Deutschlands Einigung und Europas Zukunft, Tübingen u.a. 1992, S. 8.

Man hat sowohl bei den (einstigen) Befürwortern der Westbindung als auch bei den (früheren) Anhängern der Wiedervereinigung zu differenzieren: Wer in den achtziger Jahren für die Wiedervereinigung votierte, musste nicht notwendigerweise ein Gegner des „Westens“ sein. Und wer seinerzeit den Status quo verfocht, nicht notwendigerweise ein Gegner der Wiedervereinigung unter westlichen Vorzeichen. Schließlich gab es Kräfte, die die Neutralität lediglich als Mittel zum Zweck der Wiedervereinigung betrachteten, ohne mit dem Neutralitätskonzept irgendwelche gesellschaftspolitischen Intentionen zu verbinden[62]. Und manche „Westler“ machten sich für die Wiedervereinigung nur deshalb nicht stark, weil sie eine Neutralitätskonzeption strikt ablehnten. Bloß unter dieser Voraussetzung schien die Einheit Deutschlands (geringe) Chancen zu haben[63]. Zudem wurde bei einem Teil der „Westler“ ein freiheitliches Gemeinwesen in der DDR (ein „zweites Österreich“) wohl auch höher eingestuft als ein vereinigtes Deutschland unter demokratischen Vorzeichen.

Beiden Positionen, die trotz unterschiedlicher Prioritätensetzung gar nicht so weit auseinander liegen, kann man eine gewisse Logik nicht absprechen. Für die einen war die Neutralität ein Mittel zum Zweck der Wiedervereinigung, für die anderen schloss die Westbindung die Wiedervereinigung in späterer Zeit nicht aus. Dieser Umstand hat Konsequenzen für die Einschätzung der gegenwärtigen Wiedervereinigungspolitik. Heute unterstützt ein Teil der früheren „Nationalneutralisten“ ebenso die Wiedervereinigung wie ein beträchtlicher Teil der „Verfassungspatrioten“, ohne dass man deren Repräsentanten als „Wendehälse“ bezeichnen könnte[64]. Umgekehrt sind sowohl (frühere) Anhänger der Wiedervereinigung als auch (einstige) Befürworter der Westbindung mit der deutschen Einheit des Jahres 1990 nicht so recht zufrieden. Die „Frontenbildung“ vor der Wiedervereinigung hat sich damit geändert, die „Schlachtordnung“ ist verschoben.

Die einen zeigten sich recht zerknirscht, weil ihnen die ganze Westbindung Deutschlands nicht behagt. Wolfgang Venohr etwa wettert gegen „die Bonner, die Rheinbündler, die Separatisten“: „Sie haben die Medien in den Händen, sie injizieren täglich Giftspritzen, sie schrecken vor keiner Individual- oder Kollektivhetze zurück.“[65] So wundert es denn nicht, dass Venohr sein Konzept der Neutralität nicht aufgibt, es vielmehr nachzuholen sucht. „Sämtliche Militärpakte in Europa sind aufzulösen. Mit dem Warschauer Pakt ist das soeben geschehen. Die NATO muss folgen; zwischen

---

62 Dies galt in der Vergangenheit auch für Politiker wie Gustav W. Heinemann und Publizisten wie Paul Sethe. Siehe dazu Rainer Zitelmann, Demokraten für Deutschland. Adenauers Gegner – Streiter für Deutschland, Berlin 1993.

63 Insofern ist der heftige Streit auch müßig, ob die sowjetische Note vom März 1952, die die Neutralität Deutschlands versprach, ernst gemeint war. Selbst wer die Ernsthaftigkeit der sowjetischen Initiative unterstellt (woran sich zweifeln lässt), kann die Annahme der Note wegen der Neutralitätsforderung trotzdem verwerfen. Daher fällt auch der Vorwurf in sich zusammen, die sowjetische Strategie nicht ausgelotet zu haben.

64 Natürlich führt die normative Kraft des Faktischen dazu, daß sich heute mehr Personen zur Wiedervereinigung bekennen als früher

65 So Wolfgang Venohr, Der westdeutsche Separatismus lebt, in: Junge Freiheit, Nr. 12/1991, S. 9.

1995 und 1999 sollte ihr letztes Stündlein schlagen."[66] Wie wenig er von der Kardinalfrage nach der inneren Ordnung einer Gesellschaft hält, ist offenkundig: „Die Frage nach Ost und West, nach Kapitalismus oder Sozialismus, wird angesichts der nationalen und ökonomischen Dominanz auf den Charakter eines Kostümwechsels reduziert."[67] Zumal das rechtsextremistische Spektrum beklagt die „Teil-Vereinigung", vermag sich also über die Herstellung der deutschen Einheit nur teilweise zu freuen.

Die anderen können sich mit der Wiedervereinigung nicht so recht abfinden, weil sie ein nationalistisches Großmachtstreben wittern (der Publizist Erich Kuby etwa meinte, das vereinigte Deutschland werde sich „nicht anders verhalten als das Bismarcksche, Wilhelminische und auch das nationalsozialistische Deutschland"[68]), eine „Entwestlichung" Deutschlands befürchten (dies gilt etwa für die Bücher des liberalkonservativen Journalisten Wolfgang Herles, der die „Verwestlichung und Europäisierung Ostdeutschlands" anmahnt[69]), die Gegenwart wegen der leidigen Vergangenheit als gefährlich ansehen (wie etwa Günter Grass, für den die Teilung Deutschlands eine Reaktion auf Auschwitz darstellt[70]) oder diese wegen der prowestlichen Ausrichtung Deutschlands beklagen, wie dies für linksextremistische Positionen gilt. Ist zudem die Annahme ganz aus der Luft gegriffen, dass sich unter denjenigen im intellektuellen Milieu, die die mangelnde Realisierung der „inneren Einheit" heftig attackieren, auch solche befinden, die die Messlatte bewusst hochhängen, um das Scheitern der Wiedervereinigung behaupten zu können? Jedenfalls mutet es merkwürdig an, dass ausgerechnet frühere Gegner der Wiedervereinigung so dezidiert das unzureichende Zusammenwachsen der beiden deutschen Staaten hervorkehren. Viel zu wenig wird darauf hingewiesen, dass die jetzigen Probleme nicht zuletzt auch eine Folge der desaströsen SED-Politik sind. Nationalmasochistische Strömungen („Deutschland halt's Maul") und sozialistisches Ideengebräu, die vielfach zusammenkamen, erwiesen sich als antiwestliche Affekte von links[71].

Die Rede vom „dritten Weg", ohne dass dieser Terminus immer auftauchte, erlebte nach der „Wende" in der DDR eine Renaissance – und zwar in einem dreifachen Sinn. Die einen glaubten, eine Wiedervereinigung Deutschlands sei nur möglich (und sinnvoll), wenn auch die Bundesrepublik aus ihrem Militärbündnis ausscheidet. Anders könne man der Sowjetunion den Verlust der DDR nicht zumuten. Diese an die frühe-

66 Ders., Europa braucht eine neue Statur, in: Junge Freiheit, Nr. 4/1991, S. 7.

67 Ebd.

68 So Erich Kuby, Der Preis der Freiheit. Ein deutsches Europa formt sein Gesicht, Hamburg 1990, S. 102.

69 Vgl. Wolfgang Herles, Nationalrausch. Szenen aus dem gesamtdeutschen Machtkampf, München 1990; ders., Geteilte Freude. Das erste Jahr der dritten Republik. Eine Streitschrift, München 1992 (Zitat: S. 65).

70 Vgl. Günter Grass, Deutscher Lastenausgleich. Wider das dumpfe Einheitsgebot. Reden und Gespräche, Frankfurt a.M. 1990.

71 Zahlreiche Beispiele finden sich bei Rainer Zitelmann, Wiedervereinigung und deutscher Selbsthaß: Probleme mit dem eigenen Volk, in: Werner Weidenfeld (Hrsg.), Deutschland. Eine Nation – doppelte Geschichte. Materialien zum deutschen Selbstverständnis, Köln 1993, S. 235–248.

ren Diskussionen anknüpfenden Positionen, durch die Entwicklung schnell überholt, vertraten insbesondere National-Neutralisten wie Wolfgang Venohr[72], um die Jahreswende 1989/90 aber auch andere, die hofften, auf diese Weise schnell die Wiedervereinigung erreichen zu können. Der Sowjetunion gelang es aufgrund ihrer in jeder Hinsicht geschwächten Stellung nicht, einen Keil in die politische Klasse der Bundesrepublik zu treiben, ließ sie doch ihr bisheriges Veto gegen eine Einbeziehung des vereinigten Deutschland in die NATO fallen, rückte also im Juli 1990 vom Neutralismuskonzept ab[73].

Bei der zweiten Variante des „dritten Weges" ging es nicht in erster Linie um die außen-, sondern vornehmlich um die gesellschaftspolitische Konstellation. Zahlreiche Intellektuelle der DDR (aber auch aus der Bundesrepublik) sprachen sich für einen eigenen Weg zwischen dem bisherigen „Staatssozialismus" der DDR und dem Kapitalismus der BRD aus. Die reformierte DDR sollte nicht der Bundesrepublik beitreten. Als beispielhaft hierfür mag der Aufruf „Für unser Land" gelten, unterzeichnet u. a. von den Schriftstellern Stefan Heym und Christa Wolf, auch von manchen Bürgerrechtlern wie Friedrich Schorlemmer und Konrad Weiß. „Noch haben wir die Chance, in gleichberechtigter Nachbarschaft zu allen Staaten Europas eine sozialistische Alternative zur Bundesrepublik zu entwickeln. Noch können wir uns besinnen auf die antifaschistischen und humanistischen Ideale, von denen wir einst ausgegangen sind."[74] Doch diese Vorstellungen erwiesen sich als Chimären von Intellektuellen, denen das Gros der Bevölkerung eine Absage erteilte. Mit der sich überschlagenden Entwicklung wurden die Verlautbarungen beider Strömungen – der national-neutralistischen ebenso wie der gesellschaftspolitischen – schnell Makulatur.

Die dritte, nur bedingt als „dritter Weg" zu bezeichnende Variante hingegen ist nach der Vereinigung verbreitet. Sie bezieht sich darauf, dass das vereinigte Deutschland weder die (alte) Bundesrepublik noch die DDR sein soll. Aus unterschiedlichen Lagern klingt die folgende Position durch: „Die Vereinigung besiegelte nicht bloß das Ende der alten DDR, auch das so bewährte Bonner Republikprovisorium wurde von ihr überwunden."[75] Die Bundesrepublik ist jedoch keine „dritte deutsche Republik" (Gerhard Lehmbruch) geworden, keine „Berliner Republik" (Claus Leggewie). Es ist

---

72 Vgl. etwa Wolfgang Venohr (Hrsg.), Ein Deutschland wird es sein. Mit Beiträgen von Günter Kießling, Wolfgang Seiffert, Rolf Steininger, Gert Walter, Erlangen u. a. 1990. Ähnlich, wenn auch mit einigen charakteristischen Abweichungen, der ursprünglich von links kommende Rolf Stolz, Der deutsche Komplex. Alternativen zur Selbstverleugnung, Erlangen 1990.

73 Eine andere Frage ist, ob die Sowjetunion 1990 aus strategischen Gründen eher mit einem westlichen als mit einem neutralen Gesamtdeutschland liebäugelte, wenn die Situation denn so labil war. Dieses Problem harrt noch intensiver Forschung.

74 Der Aufruf „Für unser Land" ist zitiert nach Charles Schüddekopf (Hrsg.), „Wir sind das Volk". Flugschriften, Aufrufe und Texte einerdeutschen Revolution, Hamburg 1990, S. 240 f. – Intellektuelle aus der Bundesrepublik unterstützten in einer Erklärung „Für Euer Land, für unser Land" diesen Aufruf.

75 So Bernd Guggenberger, Die schwierige Einheit des Verschiedenen. Seit einem Jahr ist Deutschland auf dem Weg in eine andere Republik, in: Frankfurter Allgemeine Zeitung v. 28. September 1991.

eine merkwürdige Paradoxie: Als die deutsche Vereinigung sich anzubahnen schien, traten aufgeschreckte Intellektuelle auf den Plan, die an der alten Bundesrepublik festzuhalten wünschten, obwohl sie diesem demokratischen Verfassungsstaat nicht immer Reverenz erwiesen haben. Nach der Vereinigung fordern gerade jene, die an ihr gar nicht so interessiert waren, einen Staat, der mehr als die Bundesrepublik sein müsse. War die Sympathie für die Bundesrepublik doch nicht so ausgeprägt? Außerdem kann man nicht einerseits den Eindruck von Kolonialisierung erwecken und andererseits die vereinigte Bundesrepublik als eine neue ansehen. Das eine schließt das andere faktisch aus. Heutzutage beruft sich die PDS auf den „dritten Weg"[76], für deren Vorgängerin diese Konzeption als eine perfide Variante zur Unterminierung des real-existierenden Sozialismus galt. Dabei fällt es selbst ihr schwer, präsentable und auf die Bundesrepublik übertragbare „Errungenschaften" ausfindig zu machen.

Gehört der Streit um die unterschiedlichen Konzeptionen mit der Vereinigung Deutschlands der Vergangenheit an? Die Antwort lautet – teils ja, teils nein. Einerseits wird nun die Wiedervereinigung von allen tragenden gesellschaftlichen Kräften – zumindest verbal – akzeptiert, andererseits setzt sich die Auseinandersetzung in gewisser Weise bei zwei Fragen fort – der Frage nach der Rolle Deutschlands in einem vereinigten Europa (die bisherigen Anhänger eines wiedervereinigten Deutschland gehören eher zur nationalstaatlichen „Linie") und der schon angedeuteten Frage nach dem Standort des künftigen Deutschland (die früheren Befürworter eines wiedervereinigten Deutschlands, zumal unter neutralen Vorzeichen, sprechen stärker von einer „neuen Bundesrepublik Deutschland", nicht von einer „erweiterten"). Bei der Frage nach dem Regierungssitz Deutschlands spielten solche Kategorien subkutan eine beträchtliche Rolle, wiewohl auch andere Gesichtspunkte in die Entscheidungsbildung eingeflossen sind und die „Frontenbildung" nicht so eindeutig (gewesen) ist. Gegenüber der politischen Kultur in der Bundesrepublik Deutschland wurde lange ins Feld geführt, sie sei obrigkeitlich orientiert, formal-demokratisches Denken überlagere politische Partizipation und Konfliktorientierung. Dies war das Ergebnis des berühmten Ländervergleichs von Almond/Verba[77]. In der Nachfolgestudie jedoch kam David P. Conradt aufgrund seiner empirischen Befunde zum Ergebnis, die Unterschiede zu den anderen westlichen Demokratien bestünden überhaupt nicht mehr[78]. Wie in den fünfziger Jahren gegenüber der Bundesrepublik Deutschland, so taucht das gleiche Argument gegenüber den neuen Bundesländern auf[79]. Dass in einer angesichts der ökonomischen Situation nicht von Zügen des Postmaterialismus geprägten politischen

76 Vgl. Gregor Gysi u.a., Wir brauchen einen dritten Weg. Selbstverständnis und Programm der PDS, Hamburg 1990.

77 Vgl. Gabriel A. Almond/Sidney Verba (Hrsg.), The Civic Culture. Political Attitudes and Democracy in five nations, Princeton 1963.

78 Vgl. David P. Conradt, Changing Political Culture, in: Gabriel A. Almond/Sidney Verba (Hrsg.), The Civic Culture revisited, Boston/Toronto, S. 212–272.

79 Vgl. Martin und Sylvia Greiffenhagen, Eine Nation: zwei politische Kulturen, in: Weidenfeld (Anm. 71), S. 29–45.

Kultur zum Teil andere Werthaltungen bestehen, liegt auf der Hand, ist jedoch kein Indiz für nationale oder obrigkeitliche Grundmuster. Die Hoffnungen der einen und die Befürchtungen der anderen, die politische Kultur in den neuen Bundesländern könnte einen Wandel im Sinne einer Abwendung vom „Westen“ herbeiführen, erscheinen daher wenig berechtigt.

IV. Das Ende des „dritten Weges“

Die durch den Zusammenbruch des Kommunismus möglich gewordene Vereinigung Deutschlands hat das politische Koordinatensystem in mannigfacher Form durcheinandergewirbelt. Das gilt auch für die deutsche Frage. So befürwortet ein Teil der früheren Gegner der deutschen Einheit diese (und nicht allein wegen der normativen Kraft des Faktischen); ein Teil der einstigen Anhänger vermag ihr in der konkreten Form hingegen wenig abzugewinnen. Die Art und Weise des Vereinigungsprozesses dürfte dafür verantwortlich sein. Die Westbindung in den außenpolitischen und kulturellen Formen blieb erhalten. Auch insofern ist die These nicht falsch, das vereinigte Deutschland sei im Kern eine erweiterte, keine neue Bundesrepublik[80]. Die mitunter geschürten Ängste vor einer Entwestlichung Deutschlands sind unangebracht, Nationalbewusstsein und Verfassungspatriotismus miteinander ausgesöhnt worden. Durch die Vereinigung wurde eine offene Flanke geschlossen, so dass sich Identitätszweifel hinfort weniger ausbreiten können.

Die Ideologie des „dritten Weges“ – in welcher Form auch immer – hat sich nicht als erfolgreich erwiesen. Aber der Hinweis auf den gescheiterten „dritten Weg“ darf weder in Triumphalismus ausarten (sagt doch der Erfolg einer Position nichts über ihre Legitimität aus) noch als Schlagetot-Begriff fungieren (um unliebsame Entwicklungen zu verhindern). Schließlich muss die „westliche Demokratie“ nicht notwendigerweise mit „Westbindung“ zusammenfallen, wenn die neutralistische Konzeption etwa stärker die außenpolitische Komponente betont. Ungeachtet dessen ist die Forderung nach einem neutralen Gesamtdeutschland (mit pazifistischen Anklängen oder auch ohne) in aller Regel nicht geeignet gewesen, die Legitimität der eng mit dem Westen verbundenen demokratischen Ordnung der Bundesrepublik zu steigern[81]. Nicht zuletzt deshalb, weil dem „Westen“ heute das Pendant fehlt, ist auch der „dritte Weg“ ohne Anziehungskraft. Diese Ideologie konnte solange eine gewisse Rolle spielen, wie die öst- und westlichen Macht- und Ideensphären aufeinanderprallten.

Die Bundesrepublik Deutschland muss nach der Wiedervereinigung – und angesichts der weltweiten Menschenrechtsverletzungen am *Fin de Siècle* – mehr politische

---

80 Anders Karlheinz Weißmann, Rückruf in die Geschichte. Die deutsche Herausforderung: Alte Gefahren – Neue Chancen, Berlin/Frankfurt a.M. 1992, insbes. S. 115–135.

81 Vgl. auch Hermann Rudolph, Die deutsche Frage – neu gestellt? Zur Kritik des neuen Patriotismus vor dem Hintergrund von Jakob Kaisers Brückenkonzept, in: Deutschland Archiv 17 (1984), S. 286–294.

Verantwortung als bisher übernehmen. Das gilt für die politische, die wirtschaftliche, aber auch für die militärische Ebene. Das vereinte Deutschland kann bei aller Berufung auf die Last der Geschichte nicht in die zweite – bequemere – Reihe treten[82]. Das bedeutet jedoch nicht, einem „alten Sonderweg" – auch nicht in der Form eines „neuen Patriotismus"[83] – das Wort zu reden.

Was die eingangs erwähnte Position von Lafontaine und Hacker betrifft, so hat Hacker vor allem unangenehme „Wahrheiten" und Lafontaine mehr „Irrtümer" zur Sprache gebracht, wenngleich die Fixierung auf die „nationale Frage" (bei Hacker) und auf die „soziale Frage" (bei Lafontaine) den entscheidenden Gegensatz zwischen der demokratischen Ordnungsform des Westens und dem diktatorischen System des Ostens zwangsläufig herunterspielt. Die ungelöste deutsche Frage in den vier Nachkriegsjahrzehnten war wesentlich die Frage der Unfreiheit im anderen Teil Deutschlands. Als diese geschwunden war, kam es unverzüglich zur Vereinigung der beiden deutschen Staaten. Die Einheit folgte der Freiheit. Wer diese Reihenfolge in Zweifel zieht, steht nicht auf dem Boden der so viel beschworenen westlichen Demokratie. Zur Freiheit gehört auch das Selbstbestimmungsrecht. Und Einheit ist nur bei demokratischer Legitimierung rechtens.

82 In diesem Sinne sehr überzeugend Gregor Schöllgen, Angst vor der Macht. Die Deutschen und ihre Außenpolitik, Berlin 1993.

83 So aber Alfred Mechtersheimer, Friedensmacht Deutschland. Plädoyer für einen neuen Patriotismus, Berlin 1993.

Die politikwissenschaftliche DDR-Forschung in der Bundesrepublik Deutschland

I. Vorbemerkung und Fragestellung

Nach dem Zusammenbruch der DDR, der flugs in die deutsche Einheit mündete, steht die DDR-Forschung vielfach auf dem Prüfstand. Kritiker werfen ihr – mehr oder weniger direkt – Versagen vor.[1] „Kläglich versagt" – so war der Beitrag von Carola Becker in der „Zeit" überschrieben: „Nicht einmal Anzeichen einer zunehmenden Unzufriedenheit und Unruhe haben die Profis erkannt, und kleine Zeichen der Veränderung wurden nicht ernst genommen oder der wissenschaftlichen Analyse nicht für würdig befunden."[2] Auch Klaus von Beyme, einer der führenden Politikwissenschaftler in der Bundesrepublik, nimmt kein Blatt vor den Mund und kommt, auf die falschen Prognosen anspielend, zu einem ähnlich negativen Befund: „Der Zusammenbruch des rea-

---

1 Aus der Vielzahl der Beiträge seien die folgenden genannt: Wilfried von Bredow, Perzeption-Probleme. Das schiefe DDR-Bild und warum es bis zum Schluß so blieb, in: Deutschland Archiv 24 (1991), S. 147–154; Christian Fenner, Das Ende des „realen Sozialismus" und die Aporien vergleichender Politikwissenschaft, in: Uwe Backes/Eckhard Jesse (Hrsg.), Jahrbuch Extremismus & Demokratie, Bd. 3, Bonn 1991, S. 33–51; Gert-Joachim Glaeßner, Transition und Integration. Probleme und Perspektiven der DDR- und Deutschlandforschung nach dem Umbruch, in: Ilse Spittmann/Gisela Helwig (Hrsg.), Die DDR auf dem Weg zur deutschen Einheit. Probleme – Perspektiven – offene Fragen. Dreiundzwanzigste Tagung zum Stand der DDR-Forschung in der Bundesrepublik Deutschland, 5. bis 8. Juni 1990, Köln 1990, S. 146–151; ders./Peter Jochen Winters, Bremer Symposium über DDR- und Deutschlandforschung, in: Deutschland Archiv 23 (1990), S. 1863–1873; Jens Hacker, Defizite der vergleichenden Deutschland-Forschung: Stimmte das westliche Bild von der DDR nicht? Vom Stalinismus zum nationalen Selbstvertrauen?, in: Die Welt v. 17. März 1990; Hartmut Jäckel, Anmerkungen zu einem noch nicht verjährten publizistischen Sündenfall, in: Deutschland Archiv 22 (1990), S. 1557–1565; Gustav Körner, Aktuelle Positionen und Tendenzen in der DDR-Forschung in: Deutschland Archiv 22 (1990), S. 1706–1713; Konrad Löw, Die bundesdeutsche politikwissenschaftliche DDR-Forschung und die Revolution in der DDR, in: Zeitschrift für Politik 38 (1991), S. 237–254; Gerd Meyer, Die westdeutsche DDR- und Deutschlandforschung im Umbruch. Probleme und Perspektiven in den Sozialwissenschaften, in: Deutschland Archiv 25 (1992), S. 273–285; Wolfgang Schuller, „Wir waren blind, ungläubig und langsam". Die westdeutsche Zeitgeschichtsforschung hat von der DDR weggeguckt, in: Frankfurter Allgemeine Zeitung v. 18. März 1991; Theo Sommer, Der Geist ist ein Wühler. Deutschland zu zweit oder einig Vaterland: Von den Schwierigkeiten, Geschichte zu prognostizieren – Eine Selbstbefragung, in: Die Zeit v. 11. Mai 1990; Rüdiger Thomas, Von der DDR-Forschung zur kooperativen Deutschlandforschung. Bilanz und Perspektiven eines umstrittenen Wissenschaftsfeldes, in: Zeitschrift für Parlamentsfragen 21 (1990), S. 126–136. Auch der Verfasser hat sich zu dieser Thematik geäußert. Aus dem folgenden Artikel sind einige Bausteine übernommen worden: Eckhard Jesse, Wie man eine Chimäre zum Leben erweckt. Hat die DDR-Forschung versagt? Kritische Bestandsaufnahme einer ängstlichen Wissenschaft, in: Frankfurter Allgemeine Zeitung v. 24. August 1990. Von Jens Hacker erschien eine umfassende Studie. Vgl. ders., Deutsche Irrtümer 1949–1989, Berlin/Frankfurt a.M. 1992, die nach Entstehung dieses Beitrages publiziert wurde.

2 Carola Becker, Kläglich versagt. Was die DDR-Forscher im Westen hinderte, die Wahrheit zu erkennen, in: Die Zeit v. 24. Mai 1991.

len Sozialismus geriet methodisch zu einem ‚schwarzen Freitag' der Sozialwissenschaften. Sie haben überwiegend nicht ‚vorhergesagt', wie es ihr methodischer Anspruch ist, ‚sondern nachhergesagt'."[3] Ist dieses krasse Unheil richtig, oder hat jene Position recht, die so tut, als müsse sie nicht selbstkritisch über ihre Forschungen nachdenken?[4] Gibt es schließlich eine dritte Variante, die Kritik an der DDR-Forschung anmeldet, diese im Wesentlichen aber nicht auf die Fehlprognosen stützt? Innerhalb der DDR-Forschung ist es insbesondere die Politikwissenschaft, die Schelte bezieht.

In der Tat gibt es eine Reihe von Anhaltspunkten, die für die DDR-Forschung kein Ruhmesblatt zu sein scheinen. Ein Blick auf die Literatur über die DDR in der zweiten Hälfte der achtziger Jahre zeigt, dass mit dem Zusammenbruch der DDR niemand rechnete. „In den über fünfzehn Jahren der Ära Honecker hat die DDR an [...] innerer Stabilität gewonnen."[5] Mit diesem Satz begann die Einleitung des führenden Berliner DDR-Forschers Gert-Joachim Glaeßner in das Hartmut Zimmermann, ebenfalls ein tonangebender politikwissenschaftlicher DDR-Experte, zum 60. Geburtstag gewidmete Buch. Das Zitat ist keineswegs gesucht, findet sich in dieser oder jener Form allüberall bis in den Sommer 1989 hinein. Wenige Monate vor der „Wende" hieß es bei Glaeßner in seiner Monographie „Die andere deutsche Republik": „Das DDR-Bild hierzulande ist [...] trotz aller publizistischen, wissenschaftlichen und bildungspolitischen Bemühungen noch immer ein Zerrbild."[6] Gemeint war mit der Verzeichnung nicht etwa Schönfärberei, sondern eher Schwarzmalerei der DDR.[7] Anlässlich des vierzigjährigen Bestehens der beiden deutschen Staaten erschien bei der Bundeszentrale für politische Bildung in einer Auflage von 50.000 Exemplaren ein staatliches „Deutschland-Handbuch", herausgegeben von dem Mainzer Politikwissenschaftler Werner Weidenfeld und Hartmut Zimmermann, dem Leiter des Arbeitsbereichs DDR-Forschung und -Archiv an der Freien Universität Berlin.[8] Die „doppelte Bilanz" verzichtete faktisch auf einen Vergleich und begnügte sich mit einer Gegenüberstel-

---

3 Klaus von Beyme, Schwarzer Freitag der Sozialwissenschaften. Die Osteuropaforschung nach dem Zusammenbruch des realen Sozialismus, in: Unispiegel Heidelberg, Heft 1/1991, S. 5; ders., Selbstgleichschaltung. Warum es in der DDR keine Politologie gegeben hat, in: Bernd Giesen/Claus Leggewie (Hrsg.), Experiment Vereinigung. Ein sozialer Großversuch, Berlin 1991, S. 123–132; ders., Die vergleichende Politikwissenschaft und der Paradigmenwechsel in der politischen Theorie, in: Politische Vierteljahresschrift 31 (1990), S. 457–474.

4 Dies muss implizit für viele DDR-Forscher gelten, die auf die an ihnen geübte Kritik nicht antworten.

5 Gert-Joachim Glaeßner, Vorbemerkung, in: Ders. (Hrsg.), Die DDR in der Ära Honecker. Politik – Kultur – Gesellschaft, Opladen 1988, S. 11.

6 Ders., Die andere deutsche Republik. Gesellschaft und Politik in der DDR, Opladen 1989, S. 16.

7 Siehe auch ders., Die Mühen der Ebene – DDR-Forschung in der Bundesrepublik, in: Ders. (Anm. 5), S. 118: Die Ergebnisse der DDR-Forschung „sind nur vereinzelt und mit einer erheblichen Zeitverzögerung in das allgemeine politische Bewusstsein eingegangen, und sie bestimmen noch immer nicht das Bild der DDR. Das belegen die Lehrpläne der Schulen oder die offiziellen Verlautbarungen der Kultusminister nur zu deutlich."

8 Vgl. Werner Weidenfeld/Hartmut Zimmermann (Hrsg.), Deutschland-Handbuch. Eine doppelte Bilanz 1949–1989, Bonn 1989.

lung verschiedener Bereiche. Die DDR wurde wohl mit ihrem Selbstverständnis konfrontiert, jedoch kaum an freiheitlichen Prinzipien gemessen; vielfach beschränkten sich die Autoren auf Deskription. Die politikwissenschaftliche DDR-Forschung – an diesem Urteil führt kein Weg vorbei – ist einerseits von den tektonischen Veränderungen im Osten Deutschlands überrascht worden und hat andererseits die mangelnde Legitimität des politischen Systems der DDR vielfach ungenügend zur Sprache gebracht.

Im Folgenden geht es hauptsächlich um die politikwissenschaftliche DDR-Forschung, und hier wiederum um jene in der Bundesrepublik. Die zweifache Einschränkung mag insofern legitim sein, als der Zweig der Politikwissenschaft sich besonderer Kritik ausgesetzt sieht und die Forschung in der Bundesrepublik richtungweisend ist, ohne dass damit etwa die in Großbritannien oder in den USA abgewendet wird.[9] Beabsichtigt ist, die Stadien der politikwissenschaftlichen DDR-Forschung darzustellen (Kapitel III). Hinweise auf Stellungnahmen aus der politischen Publizistik oder aus der politischen Bildung erfolgen nur dann, wenn deren Aussagen als besonders charakteristisch für die Forschung gelten können – und sei es bloß dadurch, dass sie eine für eine bestimmte wissenschaftliche Richtung als repräsentativ geltende Position überspitzen.

Hat das Desaster in der DDR auch ein Desaster jenes vorherrschenden Zweiges der DDR-Forschung zur Folge, der bestrebt war, die DDR an den eigenen Normen zu messen? Wer die Forschung auf den Prüfstand stellt, muss sie in nuce mit ihren methodischen Ausgangspunkten sowie ihren Ergebnissen rekonstruieren, auch unter Berücksichtigung der zeitlichen Dimension. Dabei ist es unerlässlich, die dominierende Richtung der DDR-Forschung Revue passieren zu lassen (Kapitel IV) und Schwächen zur Sprache zu bringen (Kapitel VI). Ebenso notwendig erscheint es aber, auf jene ganz unterschiedlichen Positionen einzugehen, die sich der systemimmanenten Methode versagten und wider die „herrschende Richtung" löckten (Kapitel V). Die Antwort auf die Eingangsfrage, ob die politikwissenschaftliche DDR-Forschung tatsächlich versagt hat, bedarf der Ergänzung. Es sollen Folgerungen – für die weitere Entwicklung gezogen werden (Kapitel VII). Die Sichtung der früheren Forschung, die Würdigung der gegenwärtigen Situation sowie die zukünftigen Aufgaben bilden also eine Einheit. Den Abschluss bilden Thesen, die die Überlegungen des Autors pointiert resümieren (Kapitel VIII). Doch zunächst soll in der gebotenen Kürze der Wissenschaftszweig der DDR-Forschung, der häufig mit Politikberatung einer- und Deutschlandspolitik ande-

---

9 Vgl. etwa die Übersicht von Anita Mallinckrodt, DDR-Forscher in englischsprachigen Ländern, in: Deutschland Archiv 18 (1985), S. 740–749. In der DDR ist eine Habilitationsschrift („Dissertation B") zu folgendem Thema angefertigt worden: Dieter Müller, Zur Formierung einer bürgerlichen „DDR-Forschung" als Bestandteil der „Kommunismus"-Forschung in den bürgerlichen politischen Wissenschaften Großbritanniens seit Ende der siebziger Jahre, Pädagogische Hochschule Potsdam 1988. Für Einzelheiten siehe auch Thomas A. Baylis, Kommunismus- und DDR-Forschung in den USA. Die Gefahren der Prosperität, sowie Ian Wallace, DDR-Forschung in Großbritannien, jeweils in: Gert-Joachim Glaeßner (Anm. 5), S. 130–139, S. 140–150.

rerseits in Berührung geriet, vorgestellt werden (Kapitel II).[10] Auf diese Weise lässt sich das Gefilde der politikwissenschaftlichen DDR-Forschung besser einordnen. Der Verfasser möchte vorausschicken, dass er angesichts der weitgespannten Thematik keine systematische Bestandsaufnahme präsentiert. Vielmehr geht es darum, einige - auch provokative - Akzente zu setzen.

II. Der Wissenschaftszweig der DDR-Forschung in der Bundesrepublik Deutschland

1. DDR-Forschung und „Mutterwissenschaften"

Die Entstehung der DDR-Forschung war stark von politischen Faktoren abhängig. In den fünfziger Jahren wurde generell von SBZ-Forschung gesprochen. Im Laufe der Jahre kristallisierte sich mit örtlichen Schwerpunkten eine Reihe von Wissenschaftszweigen innerhalb der DDR-Forschung heraus. Die Entwicklung auf den Feldern der Wirtschaftswissenschaften, der Sozialwissenschaften, der Rechtswissenschaften und der Erziehungswissenschaften verlief nicht kongruent.

Anhänger unterschiedlicher, ja gegensätzlicher Ansätze wie der Sozialwissenschaftler Peter Christian Ludz und der Wirtschaftswissenschaftler Karl C. Thalheim waren sich in der Ablehnung einer DDR-Forschung als eigenständiger Disziplin weitgehend einig.[11] Wer im Bereich der Mutterwissenschaft nicht das wissenschaftliche Instrumentarium beherrsche, erfülle auch nicht die Voraussetzungen, denen eine hochstehende DDR-Forschung genügen muss. Das Rüstzeug der Mutterwissenschaft muss jedoch durch Kenntnisse anderer wissenschaftlicher Disziplinen ergänzt werden, um zu einer angemessenen Einschätzung der Verhältnisse in der DDR zu gelangen. „Da noch immer - trotz mancher gegenteiliger Auffassungen im Westen - die marxistisch-leninistische Ideologie für das DDR-Wirtschaftssystem von erheblicher Bedeutung ist, muss der nationalökonomische DDR-Forscher, um nicht der Gefahr einer lediglich vordergründigen Betrachtung zu verfallen, auch Entwicklungen im Bereich der Philosophie einbeziehen."[12] Die DDR-Forschung hatte also die Scylla spezialistischer Orientierung ebenso zu vermeiden wie die Charybdis oberflächlichen Generalistenwissens.

Über eine zentrale DDR-Forschungseinrichtung gab es innerhalb der Forschergemeinde Dissens.[13] Durch die Beibehaltung dezentraler Universitätsinstitutionen blieb

---

10 Dabei stützt sich der Autor nicht zuletzt auf das Buch von Heinz Peter Hamacher, DDR-Forschung und Politikberatung 1949-1990. Ein Wissenschaftszweig zwischen Selbstbehauptung und Anpassungszwang, Köln 1991.

11 Vgl. Peter Christian Ludz, Die Zukunft der DDR-Forschung, in: Deutschland Archiv 6 (1973), S. 491; Karl C. Thalheim, Zur Notwendigkeit und zu den Aufgaben der DDR-Forschung, in: Deutschland Archiv 6 (1973), S. 918 f.

12 Ebd., S. 918.

13 Vgl. für Einzelheiten Gero Neugebauer, DDR-Forschung nur Büttel der Politik?, in: Deutschland Archiv 6 (1973), S. 1063-1072.

die Anbindung an die Mutterwissenschaften gewährt. Dass die Etablierung einer zentralen Institution jener Auffassung Auftrieb gegeben hätte, die sie als eine Art politische Auftragsforschung anzusehen geneigt war, liegt auf der Hand. Wer diesen Aspekt allerdings völlig leugnet, ist wohl weltfremd. Das verdeutlicht das Verhältnis von DDR-Forschung, Politikberatung und Deutschlandpolitik.

2. DDR-Forschung, Politikberatung und Deutschlandpolitik

Die DDR-Forschung ist im Spannungsfeld von Politik und Wissenschaft angesiedelt. Insofern muss der enge Zusammenhang zwischen den beiden Bereichen nicht verwundern. Die Politikberatung bildete dazu eine Brücke. Die DDR-Forschung sah sich in der Vergangenheit häufig der Kritik ausgesetzt, von politischen oder gar finanziellen Restriktionen abhängig zu sein. Die politisch motivierte Entstehungsgeschichte wirkte lange nach, nicht unbedingt zum Vorteil von DDR-Forschern. Auffallend ist in der Tat eine gewisse Kongruenz zwischen der jeweiligen Deutschlandspolitik und dem mainstream der entsprechenden Forschung. Nach Heinz Peter Hamacher hat es im Hinblick auf das Verhältnis von Politik und DDR-Forschung – cum grano salis – drei Phasen gegeben:[14]

In der ersten Phase, als die Politik in der Bundesrepublik sich strikt gegen eine Anerkennung des anderen deutschen Staates richtete, dominierte in der DDR-Forschung der Totalitarismusansatz, der dem System des anderen deutschen Staates keine Existenzberechtigung zubilligte. In der zweiten Phase, zur Zeit der sozial-liberalen Regierung, setzte sich mit dem Verzicht auf die bisherige Abgrenzungspolitik gegenüber der DDR auch in der Wissenschaft jene Position durch, die das Selbstverständnis der DDR ernst nahm und sich – so der Anspruch – um eine wertfreie Erfassung des gesellschaftlichen Lebens bemühte.[15] Im dritten Stadium – zur Zeit der christlich-liberalen Koalition bis zum Zusammenbruch der DDR – wurde zwar die Politik der sozialliberalen Regierung im Prinzip fortgesetzt, freilich unter Anknüpfung an Formen gesamtdeutscher Bewusstseinsbildung. Dem entsprach eine Förderung jener Wissenschaftler, die das National- und Identitätsbewusstsein zum Gegenstand ihrer Forschungen machten. Die immanente Forschung sah sich in Konkurrenz zur totalitarismustheoretischen, die wiederum zu reüssieren begann. Aufgrund der politischen Rahmenbedingungen (wie etwa des Regierungswechsels und der Abkühlung des Verhältnisses zwischen den Großmächten) kam es in der Tat zu einer Akzentverschiebung. Beispielsweise wurde die Ankaufspolitik des Gesamtdeutschen Instituts umgestellt – man förderte nicht zuletzt jene Bücher, die Schattenseiten der DDR deutlich

14 Vgl. Heinz Peter Hamacher (Anm. 10), passim.

15 Die Schwäche der an sich aufschlussreichen Systematisierung Hamachers liegt darin, dass er den „konservativen, wertgebundenen" Forschern die „wertneutralen, objektivitätsorientierten" (ebd., S. 8) gegenüberstellt, die eigene Parteinahme durch diese kritikwürdige Charakterisierung bereits zu erkennen gibt.

zur Sprache brachten. Allerdings betraf dies weitgehend den Bereich der politischen Bildung. Auch Erfahrungsberichte von Personen, die, so der unglückliche Terminus, „freigekauft" worden waren, erhielten durch das Gesamtdeutsche Institut hinfort eine größere Verbreitung.

Es ist die These Hamachers, dass der „mainstream der DDR-Forschung sich in jeder Entwicklungsphase der politikberatenden Auftragsarbeit zugewandt und alle Richtungsänderungen der Deutschlandspolitik stets mehr oder weniger mitvollzogen hatte".[16] Diese Analogien können jedoch nicht als direkte Abhängigkeit der Wissenschaft von der Politik gedeutet werden. Erstens hat man auch die Einwirkung der öffentlichen Meinung sowohl auf die Politik als auch auf die Wissenschaft zu berücksichtigen. Zweitens bedarf es der Differenzierung zwischen einzelnen Zweigen der DDR-Forschung. Die rechtswissenschaftliche Richtung der DDR-Forschung unterschied sich beträchtlich von der sozialwissenschaftlichen. Hier gab es immer eine starke Ausrichtung an dem Totalitarismusparadigma. Drittens schließlich ist in einer offenen Gesellschaft die DDR-Forschung mehr als nur ein Erfüllungsgehilfe der Politik gewesen. Viertens darf die Bedeutung der Politikberatung für die DDR-Forschung nicht überschätzt werden. Insgesamt gilt: „Die Parallelität der Entwicklung von Deutschlandforschung und Deutschlandpolitik rechtfertigt keine Abhängigkeits- und Verschwörungsthesen, sondern findet zumeist ihre Erklärung in der gemeinsamen Beeinflussung von Forschung und Politik durch die zeitgeschichtlich-politische Wirklichkeit und deren Wahrnehmung durch die öffentliche Meinung."[17] Bei den folgenden Überlegungen sei gleichwohl nicht verkannt, dass die politikwissenschaftliche DDR-Forschung keineswegs im luftleeren Raum angesiedelt ist.

3. Totalitarismus-Ansatz versus systemimmanenter Ansatz

Bei der wissenschaftlichen Diskussion innerhalb der DDR-Forschung spielten explizit oder implizit zwei verschiedenartige Vorgehensweisen – der Totalitarismus-Ansatz und die systemimmanente Methode – eine tragende Rolle, die an dieser Stelle knapp erläutert werden sollen, weil ein beträchtlicher Teil der Kontroversen damit zusammenhängt.

Der Totalitarismus-Ansatz geht davon aus, dass es sich bei dem zu untersuchenden Objekt (in diesem Fall der DDR) um eine politische Ordnung handelt, in der die politische Willensbildung von oben oktroyiert, der Pluralismus eng begrenzt und die Ideologisierung ausgeprägt ist. Maßstab der Beurteilung könne nur das Modell des demokratischen Verfassungsstaates sein. Hingegen will die systemimmanente Methode sich an den Kriterien orientieren, die das andere System zur Richtschnur sei-

---

16 Ebd., S. 8.

17 Wilhelm Bleek, Art. Deutschlandforschung, in: Werner Weidenfeld/Karl-Rudolf Korte (Hrsg.), Handwörterbuch zur deutschen Einheit, Frankfurt a.M. 1991, S. 158.

nes Handelns erhebt. Es soll geprüft werden, ob die Praxis den eigenen Maximen entspricht. Auf diese Weise – Verzicht auf Wertung – lege man ein hohes Maß an Objektivität an den Tag.

Als Schwäche des Totalitarismus-Paradigmas gilt seinen Kritikern, dass es dem anderen System nur unzureichend gerecht wird, weil es Maßstäbe anlegt, zu denen sich die zu untersuchende Ordnung überhaupt nicht bekennt. Kritikwürdig an der systemimmanenten Methode ist die Fixierung auf das dortige Selbstverständnis. Die Grundlagen der Diktatur sind auf diese Weise kein Analyseobjekt, die Wertmaßstäbe freiheitlicher Demokratie ausgeblendet. Es liegt auf der Hand, dass dem Methodenstreit nicht zuletzt auch eine unterschiedliche Einschätzung der DDR zugrunde lag. Wer sie als Unrechtsstaat empfand, wollte sich nicht mit einem ausschließlich systemimmanenten Ansatz begnügen.

Strenggenommen stellen der Totalitarismus-Ansatz und die systemimmanente Methode keine Gegensätze dar. Im ersten Fall handelt es sich um ein aus einer Methode gewonnenes Resultat, im zweiten Fall um eine Methode, die freilich ein bestimmtes Ergebnis nahelegt. So ließe sich denken, dass ein Anhänger des Totalitarismus-Paradigmas einen systemimmanenten Ansatz bevorzugt. Korrekterweise sollte man daher, damit die Begriffsbildung auf derselben Ebene liegt, von systemimmanenten und systemübergeordneten Ansätzen sprechen. Selbst ein immanenter und ein nicht-immanenter Ansatz müssen sich bei der Analyse der DDR nicht ausschließen. Das eine kann die Voraussetzung des anderen sein. Nicht angängig hingegen ist es, die Theorie in dem einen politischen System mit der Praxis in dem anderen zu vergleichen oder vice versa.

Wie bereits erwähnt, gewann seit den siebziger Jahren in der Politikwissenschaft überwiegend der systemimmanente Ansatz die Oberhand. So schrieb Gert-Joachim Glaeßner im Jahre 1988 mit einer gewissen Genugtuung: „Die 1961 von Hartmut Zimmermann geforderte Analyse der Sozialistischen Systeme ‚als eine neue Form der Organisation menschlichen Zusammenlebens', die eigenen Gesetzmäßigkeiten gehorcht und neuen Antagonismus produziert, hat sich weitgehend durchgesetzt Die DDR wird von der Forschung als politisch-soziales System sui generis begriffen, als eine neben anderen möglichen Formen der Organisation hochindustrialisierter Gesellschaften. Es wird akzeptiert, dass der umfassende Regelungsanspruch dieses Systems nicht totalitärer Willkür [...] entspricht [...].“[18]

Wer die DDR als politisches System sui generis ansieht, konnte sich nicht darauf einlassen, für die DDR jene Maßstäbe zugrunde zu legen, an denen sich auch die Bundesrepublik messen lassen muss.

18 Gert-Joachim Glaeßner (Anm. 7), S. 114.

III. Die Phasen der politikwissenschaftlichen DDR-Forschung

1. Fünfziger und sechziger Jahre

Die fünfziger Jahre bildeten die Kinderjahre nicht nur der politikwissenschaftlichen DDR-Forschung. „Kinderkrankheiten" gehörten in jener Phase des Kalten Krieges zumal in der Politischen Bildung zur Tagesordnung: Ein emotionaler Antikommunismus überwog zum Teil bis in den Sprachduktus hinein; die Wirklichkeit der pluralistischen Demokratie wurde bisweilen idealisiert; die Empirie kam vielfach zu kurz; das Bemühen fehlte, die sich entwickelnde DDR-Gesellschaft auch aus sich heraus zu verstehen; kurzschlüssige Parallelen zum Dritten Reich führten zu einem eher diffusen Bild der DDR; eine normative Überfrachtung verstellte angesichts einer vergrößerten Form der Totalitarismuskonzeption vielfach den Zugang zum Verständnis und zur Funktionsweise des anderen deutschen Staates. Wissenschaft auf diesem politisch brisanten Terrain wurde häufig als Politik mit anderen Mitteln verstanden. DDR-Kunde war, kurz gesagt, „Wiedervereinigungswissenschaft".[19]

Man darf aber das Kind nicht mit dem Bade ausschütten. Obwohl die Forschung in den Kinderschuhen steckte, gab es bereits beachtliche wissenschaftliche Werke. „Keimzelle der politik- und sozialwissenschaftlichen DDR-Analyse in der Bundesrepublik wurde das West-Berliner Institut für Politische Wissenschaft, das von ehemals in der SBZ/DDR aktiven demokratischen Sozialisten, die mit der SED gebrochen hatten, gegründet und aufgebaut wurde (Otto Stammer, Carola Stern, Ernst Richert)."[20] Berlin entwickelte sich immer stärker zum Zentrum der DDR-Forschung. Hier entstanden wegweisende Arbeiten wie Carola Sterns „Porträt einer bolschewistischen Partei" oder Ernst Richerts „Macht ohne Mandat"[21]. Was die Forschung einte, war die Ausrichtung am Totalitarismusparadigma. Berlin behauptete seinen führenden Rang in den sechziger Jahren, als Peter Christian Ludz zum Leiter des Arbeitsbereichs DDR-Forschung avancierte. Ludz war bereits mit einer Reihe von kritischen Interpretatio-

---

19 Vgl. ders., Zur Entwicklung der vergleichenden Deutschlandforschung, in: Aus Politik und Zeitgeschichte B 38/84, S. 27.

20 So zutreffend ders. (Anm. 18), S. 156; siehe auch Arnold Sywottek, Über die Anfänge der DDR-Forschung, in: Deutsche Studien 29 (1990), S. 222–235.

21 Vgl. Carola Stern, Porträt einer bolschewistischen Partei. Entwicklung, Funktion und Situation der SED, Köln 1957; Ernst Richert, Macht ohne Mandat. Der Staatsapparat in der Sowjetischen Besatzungszone Deutschlands (1958), 2. Aufl., Köln/Opladen 1963. (mit der berühmten, die Totalitarismusforschung weiterführenden Einleitung aus der Feder von Martin Drath über „Totalitarismus in der Volksdemokratie"). Siehe auch zwei weniger bekannte Arbeiten: Otto Stammer, Sozialstruktur und System der Werthaltungen der Sowjetischen Besatzungszone Deutschlands, Berlin 1956; Ernst Richert, in Zusammenarbeit mit Carola Stern und Peter Dietrich, Agitation und Propaganda. Das System der publizistischen Massenführung in der Sowjetzone, Berlin 1958. Ebenfalls aus der „Berliner Schule" ging hervor: Max Gustav Lange, Totalitäre Erziehung. Das Erziehungssystem der Sowjetzone Deutschlands, Frankfurt a.M. 1954; ders., Wissenschaft im totalitären Staat, Stuttgart/Düsseldorf 1955.

nen zum Totalitarismusansatz aufgefallen.[22] Sein Wirken sollte in der Folge mit dem Versuch einer forschungskonzeptionellen Neuorientierung verbunden sein.

2. Siebziger und achtziger Jahre

In der zweiten Hälfte der sechziger Jahre, noch vor einer „Auflockerung" der politischen Fronten, kam es zu einer veränderten Sichtweise. Auf der ersten Tagung der DDR-Forscher im Jahre 1967 – einer Art Geburtsstunde der neuen Richtung – wollte man „Geburtsfehler" der alten vermeiden. Ludz forderte Analysen, „die nicht anklagen und abwerten wollen, die nicht ‚Standpunkte' und ‚Meinungen' vortragen, die nicht die Situation in der DDR an den Zuständen in der Bundesrepublik ‚messen', sondern die die Eigendynamik von Herrschaft, Wirtschaft und Gesellschaft im anderen Teil Deutschlands exakt erfassen."[23] Mit diesen Maximen war das angesprochen, was in der Folge die politikwissenschaftliche DDR-Forschung bestimmen sollte. Die Position von Ludz und seiner Richtung gewann gegenüber methodischen Einwänden, wie sie etwa Ludwig Auerbach vertrat[24], die Oberhand. „Hinter der methodischen Kontroverse verbarg sich aber in Wahrheit eine politische. Es ging um die Frage, ob die DDR angesichts der sich abzeichnenden Veränderungen im Ost-West-Verhältnis und angesichts der unverkennbaren innergesellschaftlichen Wandlungstendenzen noch länger als totalitäres, als statisches System beschrieben werden könne, dessen normative und politische Grundlagen denen der eigenen Gesellschaft diametral entgegenstehen."[25] Ein wesentlicher Einschnitt kann somit in der zweiten Hälfte der sechziger Jahre angesetzt werden, führte doch eine immanente Sichtweise zu einer milderen, scheinbar versöhnlicheren Beurteilung der DDR. Diese Entwicklung wurde noch durch den Regierungswechsel im Jahre 1969 befördert. Die neue Linie setzte sich schnell durch. Sie passte in die auf Entspannung ausgerichteten Zeitläufte. Der Paradigmenwechsel vollzog sich in der Folge geradezu abrupt:

Im Frühjahr 1970 beauftragte der Bundesminister für innerdeutsche Beziehungen, Egon Franke, Peter Christian Ludz damit, einen Vergleich wichtiger Lebensbereiche für beide Teile Deutschlands vorzulegen. Die Ergebnisse der interdisziplinär zusammengesetzten Wissenschaftlergruppe unter Ludz erschienen 1971 als erster Band der

---

22 Vgl. Peter Christian Ludz, Offene Fragen in der Totalitarismus-Forschung, in: Politische Vierteljahresschrift 2 (1961), S. 319–348; ders., Totalitarismus oder Totalität? Zur Erforschung bolschewistischer Gesellschafts- und Herrschaftssysteme, in: Soziale Welt 12 (1961), S. 129–145; ders., Entwurf einer soziologischen Theorie totalitär verfaßter Gesellschaft, in: Kölner Zeitschrift für Soziologie und Sozialpsychologie, Sonderheft 8, Köln 1964, S. 11–58.

23 Ders., Situation, Möglichkeit und Aufgaben der DDR-Forschung, in: SBZ-Archiv 18 (1967), S. 324.

24 Vgl. Ludwig Auerbach, DDR-Forschung im Spannungsfeld der Politik, in: SBZ-Archiv 18 (1967), S. 325 f.

25 Zutreffend Gert-Joachim Glaeßner (Anm. 7), S. 113.

„Materialien zur Lage der Nation“[26]. Dieser konzentrierte sich stark auf die sozioökonomischen Grundlagen der Politik. Bereits ein Jahr später kamen abermals „Materialien“ heraus, diesmal zu den wichtigsten Gebieten der Rechtsordnung.[27] Im Jahre 1974 legte die Wissenschaftlergruppe unter Ludz erneut „Materialien zum Bericht der Lage der Nation“ vor.[28] Einerseits ging es um eine Fortschreibung der Ergebnisse, andererseits um die Gegenüberstellung neuer Teilgebiete.

Die „Materialien“ waren von Schwächen nicht frei, und Kritik setzte denn auch ein, insbesondere nach ihrer erstmaligen Vorlage. In der Tat blieb die Aussagekraft zahlreicher Tabellen und Statistiken nur begrenzt, weil vieles sich nicht angemessen vergleichen lässt (wie etwa die Qualität der Waren). Die „Materialien“ vermieden jede Bewertung, prognostizierten weder die weitere Entwicklung noch verdeutlichten sie den diktatorischen Charakter der DDR. Drei Axiome wurden zugrunde gelegt:

„Beide deutschen Wirtschafts- und Gesellschaftssysteme sind leistungsorientiert.

Beide Wirtschafts- und Gesellschaftssysteme sind auf Wachstum und Modernisierung gerichtet.

Beide Wirtschafts- und Gesellschaftssysteme werden durch die steigende Bedeutung von Wissenschaft, Forschung, Bildung und Ausbildung charakterisiert.“[29]

Diese wohl eher banalen Grundaxiome sind in gewisser Weise zirkulär: Leistungsorientierung muss die Ausrichtung auf Wachstum ebenso bedingen wie die Förderung von Wissenschaft und Forschung. Wesentliche politische Strukturelemente der beiden deutschen Staaten dürften die Axiome nicht erfasst haben, ganz unabhängig davon, ob sie so überhaupt zutrafen. Der Gruppe um Ludz ging es offenkundig darum, alle Werturteile aus der Analyse zu verbannen – als sei das wünschenswert oder auch nur möglich. Gleichwohl hatten die „Materialien“ durchaus ihre Meriten. Die Aufbereitung der Daten schaffte überhaupt erst die Grundlage für eine empirisch orientierte DDR-Forschung oder für einen Systemvergleich. Doch den ersten drei Bänden folgten bis 1987 keine weiteren. Dabei wäre es notwendig gewesen, die Daten systematisch zu vergleichen, einzuordnen und zu bewerten.

Stattdessen erschien im Jahre 1975 das von Peter Christian Ludz wissenschaftlich betreute DDR-Handbuch[30], welches die alten „SBZ von A bis Z“[31]-Nachschlagewerke

---

26 Vgl. Bundesministerium für innerdeutsche Beziehungen (Hrsg.), Bericht der Bundesregierung und Materialien zur Lage der Nation, Bonn 1971.

27 Vgl. Bundesministerium für innerdeutsche Beziehungen (Hrsg.), Bericht der Bundesregierung und Materialien zur Lage der Nation 1972, Bonn 1972.

28 Vgl. Bundesministerium für innerdeutsche Beziehungen (Hrsg.), Materialien zur Lage der Nation 1974, Bonn 1974.

29 Bundesministerium für innerdeutsche Beziehungen (Anm. 26), S. 34.

30 Vgl. Bundesministerium für innerdeutsche Beziehungen (Hrsg.), DDR Handbuch. Wissenschaftliche Leitung: Peter Christian Ludz unter Mitwirkung von Johannes Kuppe, Köln 1975.

31 Die letzte Ausgabe erschien unter folgendem Verlegenheitstitel: Bundesministerium für gesamtdeutsche Fragen (Hrsg.), A bis Z. Ein Taschen- und Nachschlagebuch über den anderen Teil Deutschlands, Bonn 1969 (August 1969: 915.–965. Tausend). Die erste Auflage des SBZ-Handbuches kam im Jahre 1953 heraus.

ablöste. Es übertraf in vielfacher Hinsicht bei weitem die Vorgänger in puncto Quantität und auch Qualität. 1979, erneut unter der Regie von Ludz, kam die zweite, erweiterte Auflage heraus, und im Jahre 1985 die dritte, noch gewichtiger – diesmal unter der Ägide von Hartmut Zimmermann, einem früheren Mitarbeiter von Ludz und einem frühen Streiter wider die Totalitarismuskonzeption.[32]

Was für die „Materialien" galt, traf auch auf das DDR-Handbuch zu. Bei allem Informationsreichtum der Artikel zeichnete es sich durch einen überwiegenden Verzicht auf westlich-demokratische Maßstäbe aus[33]. Auffallend war seine weitgehende Wertabstinenz. Bestimmte Erscheinungsformen wie „Wandlitz" – das als luxuriös empfundene Refugium der politischen Führung – gerieten nicht in das Blickfeld. Auf Lücken aufmerksam gemacht, reagierte Ludz in einer verkürzt szientistischen Manier: Stichworte wie „Privilegien" und „Wandlitz" „konnten mangels gesicherter Informationen nicht aufgenommen werden. Es gibt hierzu im Westen zwar zahlreiche Vermutungen und einige Beobachtungen bzw. Informationen von Augenzeugen. Diese reichen als Materialbasis für ein wissenschaftliches Handbuch jedoch nicht aus."[34] Irritieren muss eine solche Einschätzung aus zwei Gründen: Erstens sind offizielle Informationen zu anderen Bereichen keinesfalls zum Nennwert zu nehmen. Wer eine derartige Skrupelhaftigkeit an den Tag legt, hätte diese erst recht nicht verwenden dürfen. Zweitens muten die fehlenden Hinweise zu wesentlichen Problembereichen auf Lücken im Handbuch eigenartig an, wenn man sich denn schon szientistischen Prinzipien verpflichtet fühlt. Bereits an einem solchen Beispiel zeigen sich die Grenzen eines systemimmanenten Ansatzes. Die Geheimniskrämerei der SED wurde, wenn auch nicht intendiert, auf diese Weise fortgesetzt.

Als charakteristisch für den Grundzug des Handbuches kann gelten, wie das Autorenteam mit dem Schlüsselbegriff des „Totalitarismus" verfuhr. Fehlte er in der ersten Ausgabe ganz, so hieß es in der zweiten lakonisch: „In den 50er und 60er Jahren verwandte unscharfe Bezeichnung zur Charakterisierung der Herrschafts- und Gesellschaftssysteme kommunistisch regierter Staaten. In der westlichen Ost- wie DDR-Forschung inzwischen von differenzierteren Analysemethoden abgelöst"[35]. Die dritte

---

32 Vgl. Hartmut Zimmermann, Probleme der Analyse bolschewistischer Gesellschaftssysteme. Ein Diskussionsbeitrag zur Frage der Anwendbarkeit des Totalitarismusbegriffs, in: Gewerkschaftliche Monatshefte 12 (1961), S. 191–199.

33 Zur Kritik vgl. u.a. die unterschiedlichen Positionen von Wilhelm Bruns, Joachim Nawrocki, Hans-Dieter Schulz, Kay-Michael Wilke, Hans Lindemann, Irma Hanke, Das neue DDR Handbuch, in: Deutschland Archiv 9 (1976), S. 624–640. Siehe die Antwort von Peter C. Ludz/Johannes Kuppe unter Mitarbeit von Manfred Melzer und Ralf Rytlewski, Das „DDR Handbuch". Eine Antikritik, in. Deutschland Archiv 9 (1976), S. 925–941; die Antwort auf die Antwort kam – in jeweils gesonderten Artikeln – von Joachim Nawrocki, Irma Hanke, Hans Lindemann und Hans-Dieter Schulz, Anmerkungen zu einer Antikritik; in: Deutschland Archiv 9 (1976), S. 1156–1163.

34 Peter C. Ludz/Johannes Kuppe (Anm. 33), S. 930. Der Hinweis auf das Fehlen von „Privilegien" oder „Wandlitz" stammte von Joachim Nawrocki (Anm. 33), S. 628.

35 Art. Totalitarismus, in: Bundesministerium für innerdeutsche Beziehungen (Hrsg.), DDR-Handbuch. Wissenschaftliche Leitung: Peter Christian Ludz unter Mitwirkung von Johannes Kuppe, 2. Aufl., Köln 1979, S. 1084.

Auflage von 1985 widmete dem Begriff immerhin eine ganze Seite, und er wurde weniger pejorativ gesehen als zuvor, wenngleich immer noch überwiegend kritisch-negativ.[36]

Das umfassende, nur hektographiert vorliegende „Gutachten zum Stand der DDR- und vergleichenden Deutschlandforschung", erstellt von einem neu gebildeten Arbeitskreis für vergleichende Deutschlandforschung, der den zwischen 1952 und 1974 bestehenden „Forschungsbeirat für Fragen der Wiedervereinigung Deutschlands" abgelöst hatte, bewegte sich weitgehend in den vorgezeichneten Bahnen der „Materialien" und des DDR-Handbuches.[37] Das muss nicht verwundern, da Peter Christian Ludz dem neuen Arbeitskreis vorstand. Immerhin übte das Gutachten heftige Kritik an dem Zustand der DDR-Forschung und nannte einige Schwächen beim Namen: „Fachegoismus, Isoliertheit, Individualismus der Forscher, ‚Konkurrenzdenken', fehlende Information und Kommunikation"[38]. Die DDR-Forschung sei „methodisch auf ein höheres Niveau zu bringen".[39]

Der Regierungswechsel 1982/83 änderte an den Tendenzen der DDR-Forschung wenig, sofern sie den Universitätsbetrieb betraf. Die Auseinandersetzungen, wie sie sich in den siebziger Jahren im „Deutschland Archiv"[40] – stets ein offenes Forum für

36 Vgl. Art. Totalitarismus, in: Bundesministerium für innerdeutsche Beziehungen (Hrsg.), DDR-Handbuch. Wissenschaftliche Leitung: Hartmut Zimmermann unter Mitarbeit von Horst Ulrich und Michael Fehlauer, Köln 1985, S. 1360 f.

37 Vgl. Gutachten zum Stand der DDR- und vergleichenden Deutschlandforschung unter Vorsitz von Peter C. Ludz im März 1978, 4 Bde., o.O.

38 Ebd., S. 74.

39 Ebd., S. 88.

40 An der großen Diskussion im Deutschland Archiv aus dem Jahre 1973 („Aufgaben und Ziele der DDR-Forschung") beteiligten sich (in chronologischer Anordnung): Johann Baptist Gradl, Peter Christian Ludz, Wolfgang Pfeiler, Heinz Lippmann (jeweils Heft 5), Kurt Mattick, Hermann Weber, Manfred Ackermann, Wolfgang Bergsdorf, Wilhelm Bruns, Kurt Erdmann (jeweils Heft 6), Hartmut Zimmermann. Ludwig Bress (jeweils Heft 7), Clemens Burrichter, Wilfried von Bredow (jeweils Heft 8), Karl C. Thalheim, Christian Krebs (jeweils Heft 9), Peter Mitzscherling, Gero Neugebauer (jeweils Heft 10). Zu den Diskussionen um das DDR-Handbuch und um die Fundamentalkritik von Detlef Herrmann vgl. die Angaben in den Anm. 33 und 80–83 dieser Abhandlung. – Erst im Jahre 1987, auf der XX. DDR-Forschertagung, gab es wieder eine Selbstvergewisserungs-Diskussion zur DDR-Forschung. Die beiden Beiträge von Alexander Fischer (Bilanz und Perspektiven der DDR-Forschung) und Rüdiger Thomas (Reflexionen zur DDR- und vergleichenden Deutschlandforschung) sind veröffentlicht in: Deutschland Archiv 29 (1987), S. 1052–1058, S. 1058–1072. Sie setzen unterschiedliche Akzente. Während Fischer stärker Defizite zur Sprache brachte (z.B. unzureichende Verbindung der DDR-Forschung zur Osteuropaforschung), betonte Thomas, ohne Desiderate zu unterschlagen (z.B. im Bereich der Kulturforschung, der Ideologie- und Wissenschaftsgeschichte sowie der Perzeptionsforschung), „dass die sozialwissenschaftlich orientierte DDR-Forschung seit Mitte der sechziger Jahre zahlreiche wichtige Bereiche zur Entwicklung der DDR-Gesellschaft geleistet hat, die an aktuelle Fragestellungen der Mutterdisziplinen angeschlossen, moderne Forschungsmethoden rezipiert und das Datendilemma mit Einfallsreichtum – insbesondere durch intensive Nutzung der Sekundär- und Dokumentenanalyse – überbrückt haben" (ebd., S. 1064). Gleichwohl bestand Konsens darin, politische Einflüsse aus der Wissenschaft zurückzudrängen. In den Beiträgen ist das Bestreben spürbar, die Konfrontation zwischen den einzelnen Richtungen abzubauen.

wissenschaftlichen Disput – in zahlreichen Beiträgen niederschlugen, ebbten ab oder hörten ganz auf. In Bochum übernahm Wilhelm Bleek einen Lehrstuhl für die Erforschung der DDR und an der FU Berlin Ralf Rytlewski. Beide standen sie dem systemimmanenten Ansatz nahe.[41] Wer wie Rytlewski den Totalitarismusansatz verwarf, konnte zu keiner realistischen Einschätzung der oppositionellen Gruppen in der DDR kommen. Noch im Herbst 1989 charakterisiert er sie folgendermaßen: „Bei dem Protest handelt es sich nicht um eine politische Opposition, die für ein nicht-sozialistisches Gesellschaftsmodell eintritt. Ohne sozialistische Errungenschaften in Frage zu stellen, verhalten sich viele Protestierende als Radikal-Liberale und Radikal-Demokraten."[42] Rytlewski nimmt politische Stellungnahmen für bare Münze, ohne zu berücksichtigen, dass in einer totalitären Diktatur jede auch nur im Ansatz oppositionelle Bewegung sich einer unverdächtigen Terminologie bedienen muss. Außerdem ließ Rytlewski außer acht, dass in dem Moment, in dem eine freie Willensbildung möglich ist, sich das Spektrum der Positionen auffächert.

Unter der Ägide des Kommunismusforschers Hermann Weber war Anfang der achtziger Jahre der „Arbeitsbereich Geschichte und Politik der DDR" an der Universität Mannheim ins Leben gerufen worden. Diese zeithistorisch-politikwissenschaftlich, weniger sozialwissenschaftlich ausgerichtete DDR-Forschung der „Mannheimer Schule" wartete mit einer Reihe wichtiger Darstellungen auf.[43] Hermann Weber legte zahlreiche zusammenfassende Studien vor, die sich durch eine starke historische Orientierung auszeichneten, weniger durch methodische Ausgefeiltheit.[44] Nach dem Zusammenbruch des SED-Regimes konnte Weber seinen „Grundriss der Geschichte" zur DDR aktualisieren, ohne die vorherige Auflage grundlegend umzuändern, und in einer Aufsatzsammlung legte er ausgewählte Beiträge zum „Aufbau und Fall einer Dik-

---

41 Vgl. Wilhelm Bleek, Zwischendeutsche Vergleiche. Politische Probleme und politikwissenschaftliche Möglichkeiten, in: Deutschland Archiv 15 (1982), S. 717–739; ders., Plädoyer für eine ganze Deutschlandforschung, in: Deutschland Archiv 19 (1986), S. 136–141; ders., Die Entwicklung des zwischendeutschen Systemvergleichs im Spannungsfeld von Politik und Wissenschaft, in: Gernot Gutmann/Siegfried Mampel (Hrsg.), Probleme systemvergleichender Betrachtung, Berlin 1986, S. 15–54; Wolfgang R. Langenbucher/Ralf Rytlewski/Bernd Weyergraf (Hrsg.), Kulturpolitisches Wörterbuch Bundesrepublik Deutschland/Deutsche Demokratische Republik im Vergleich, Stuttgart 1983.

42 Ralf Rytlewski, Ein neues Deutschland? Merkmale, Differenzierungen und Wandlungen in der politischen Kultur der DDR, in: Der Bürger im Staat 39 (1989), S. 156.

43 Vgl. Andrea Hoffend, Zehn Jahre Mannheimer DDR-Arbeitsbereich, in: Deutschland Archiv 24 (1991), S. 753–755 Von den Arbeiten der „Mannheimer" sei stellvertretend für andere das folgende Werk genannt: Hermann Weber (Hrsg.), Parteiensystem zwischen Demokratie und Volksdemokratie. Dokumente und Materialien zum Funktionswandel der Parteien und Massenorganisationen in der SBZ/DDR 1945–1950, Köln 1982.

44 Vgl. ders., Kommunistische Bewegung und realsozialistischer Staat. Beiträge zum Deutschen und internationalen Kommunismus, hrsg. von Werner Müller zum 60. Geburtstag des Autors, Köln 1989; ders., Die DDR 1945–1986, München 1988; ders., Geschichte der DDR, 3. Aufl., München 1989; ders., Kleine Geschichte der DDR, 2. Aufl., Köln 1988.

tatur" vor[45]. Angemessene Einschätzungen (etwa zum Führungsanspruch der SED oder zur Krisenhaftigkeit des Systems) halten sich mit – von Weber inzwischen eingeräumten – Irrtümern (etwa zum Antifaschismus in der DDR oder zur möglichen Reformfähigkeit der DDR) die Waage. Der 1957 von Weber in die DDR-Forschung eingeführte Begriff „Stalinismus" für bestimmte Entwicklungstendenzen in der DDR erscheint problematisch. Als kritikwürdig kann dann bloß die „Deformierung" des kommunistischen Systems gelten, nicht notwendigerweise dieses selbst, auch wenn Weber eine andere Interpretation dieses umstrittenen Begriffs gibt.

Was die methodische Vorgehensweise betrifft, so versuchten die „Mannheimer" – mehr indirekt freilich – zwischen dem Totalitarismusparadigma und dem immanenten Ansatz zu vermitteln, mögen die einzelnen Positionen auch in einem gewissen Spannungsverhältnis zueinander stehen. Der aus der Berliner DDR-Forschung stammende Dietrich Staritz etwa gehört deutlich zu den „Immanenzlern", wenngleich die historische Perspektive den Ansatz etwas abschwächt.[46] In gewisser Weise war gerade durch die „Mannheimer Schule" der Gegensatz zwischen den beiden Positionen aufgeweicht worden. Das gemeinsam mit dem Institut für Zeitgeschichte erarbeitete „SBZ-Handbuch" von 1990 ist ein mustergültiges Werk, dem man nicht nachsagen kann, die Vorgeschichte der DDR geschönt zu haben.[47]

In gewisser Weise ist die Schule um Hermann Weber typisch für das sich auffächernde Spektrum der politikwissenschaftlichen DDR-Forschung, auch wenn die Dominanz der systemimmanenten Richtung im Kern erhalten blieb. Der Wandel der politischen Rahmenbedingungen zeigte sich etwa an den „Materialien (zum Bericht) zur Lage der Nation im geteilten Deutschland" der Jahre 1987 und 1990.[48] Allerdings wäre es verkehrt, von diesen „Materialien" umstandslos auf die politikwissenschaftliche DDR-Forschung zu schließen.

---

45 Vgl. ders., DDR. Grundriss der Geschichte 1945–1990, Neuauflage, Hannover 1991; Aufbau und Fall einer Diktatur. Kritische Beiträge zur Geschichte der DDR, Köln 1991 (mit selbstkritischen Passagen in der Einleitung, S. 9–24).

46 Vgl. Dietrich Staritz, Sozialismus in einem halben Lande. Zur Programmatik und Politik der KPD/SED in der Phase der antifaschistisch-demokratischen Umwälzung in der DDR, Berlin 1976; ders., Die Gründung der DDR. Von der sowjetischen Besatzungsherrschaft zum sozialistischen Staat, München 1984; ders., Geschichte der DDR. 1949–1985, Frankfurt a.M. 1985.

47 Vgl. Martin Broszat/Hermann Weber (Hrsg.), SBZ-Handbuch. Staatliche Verwaltungen, Parteien, gesellschaftliche Organisationen und ihre Führungskräfte in der Sowjetischen Besatzungszone Deutschlands 1945–1949, München 1990.

48 Vgl. Bundesministerium für innerdeutsche Beziehungen (Hrsg.), Materialien zum Bericht zur Lage der Nation im geteilten Deutschland 1987, Bonn 1987; Bundesministerium für innerdeutsche Beziehungen (Hrsg.), Materialien zur Lage der Nation: Bürger und Staat. Eine vergleichende Untersuchung zu Praxis und Recht der Bundesrepublik Deutschland und der Deutschen Demokratischen Republik. Wissenschaftliche Kommission: Eckart Klein (Leitung), Georg Brunner, Karl Doehring, Otto Luchterhandt, Friedrich-Christian Schröder, Gottfried Zieger, Köln 1990; dass. (Hrsg.), Materialien zur Lage der Nation: Vergleich von Bildung und Erziehung in der Bundesrepublik Deutschland und in der Deutschen Demokratischen Republik. Wissenschaftliche Kommission: Oskar Anweiler (Leitung), Wolfgang Mitter, Hansgert Peisert, Hans-Peter Schäfer, Wolfgang Stratenwerth, Köln 1990.

Die „Materialien zum Bericht zur Lage der Nation 1987“ knüpften an die „Materialien“ zu Anfang der siebziger Jahre an. Sie befassten sich mit den Wirtschaftssystemen sowie der wirtschaftlichen und der sozialen Entwicklung in Deutschland. Als Vorsitzender der Wissenschaftlichen Kommission fungierte mit dem Altmeister Karl C. Thalheim, Protagonist der Gesellschaft für Deutschlandforschung, ein Wirtschaftswissenschaftler, der den Positionen von Peter Christian Ludz ziemlich fernstand. Im Gegensatz zu den früheren „Materialien“ wurden die einzelnen Beiträge namentlich gezeichnet. Sie stellten auch den Zusammenhang zur staatlich-gesellschaftlichen Sphäre stärker als die „Materialien“-Bände der frühen siebziger Jahre heraus, ohne aber irgendeiner Form der Wertüberladenheit zu huldigen. Viele der Bearbeiter (wie Kurt Erdmann, Gernot Gutmann, Friedrich Haffner, Siegfried Mampel) gehörten der Gesellschaft für Deutschlandforschung an. Der zweite Teil der „Materialien“ entstand in der Verantwortung des Deutschen Instituts für Wirtschaftsforschung, das bereits 1971 und 1974 an der Entstehung der „Materialien“ beteiligt war.

Im Jahre 1990 kamen zwei weitere, bereits vor der „Wende“ in der DDR fertig gestellte Bände als „Materialien zur Lage der Nation“ heraus. Infolge des Zusammenbruchs der DDR fanden diese in der Öffentlichkeit keine Aufmerksamkeit. Der Band über „Bürger und Staat“ – die Kommission unter Leitung des Mainzer Juristen Eckart Klein setzte sich wohl nicht zufällig aus Juristen zusammen, vornehmlich aus den Reihen der Gesellschaft für Deutschlandforschung – analysierte die Frage, wie der Bürger sein Leben unter den jeweils verschiedenen staatlichen Bedingungen gestalten könne. Dabei bezogen sich die Autoren nicht nur auf die Rechtsvorschriften, sondern auch auf die Rechtswirklichkeit, soweit dies bei der DDR überhaupt möglich war. Das Bürger-Staat-Verhältnis wurde untersucht anhand des allgemeinen Status des Staatsbürgers, des Schutzes der privaten Sphäre, der Möglichkeit zu persönlicher Entfaltung, der Möglichkeit zur Mitgestaltung in politischen Angelegenheiten, der Rolle des Bürgers als Leistungsempfänger, des exekutiven Zugriffs auf den Bürger, der Strafgewalt des Staates, des Rechtsschutzes gegen Maßnahmen der öffentlichen Gewalt und anhand der Staatshaftung. An die getrennte Darstellung des Sachverhalts in Ost und West schloss sich jeweils eine vergleichende Bewertung an. Als Beurteilungsmaßstab diente die Wahrung der Würde des Menschen, der in eigener Verantwortung sein Leben gestalten soll. Einer ausschließlich systemimmanenten Vorgehensweise wurde damit eine Absage erteilt. Die Defizite der DDR in allen Bereichen hingen zusammen mit der Verstaatlichung des Bürgers, der als Untertan des Staates vom Parteiwillen abhängig ist. Selbst in diesem Band wurde die von der Politikwissenschaft gänzlich ignorierte Rolle der Staatssicherheit unterschätzt.

Der Band „Vergleich von Bildung – Erziehung in der Bundesrepublik Deutschland und in der Deutschen Demokratischen Republik“, für den der Bochumer Erziehungswissenschaftler Oskar Anweiler als Vorsitzender der wissenschaftlichen Kommission die Verantwortung übernahm, lieferte eine systematisch und historisch zugleich angelegte Bestandsaufnahme und repräsentierte mit seiner Vielfalt der Ansätze Methodenpluralismus. Der erste Teil verdeutlichte Aufgaben und Probleme vergleichender

Betrachtung, der zweite bettete das Bildungswesen in beiden deutschen Staaten in politische, rechtliche und wirtschaftliche Zusammenhänge ein, der dritte erörterte die Struktur und inhaltliche Probleme des Bildungswesens, der vierte nahm sich ausgewählter bildungspolitischer und pädagogischer Aufgaben an, und der fünfte lieferte eine vergleichende Bilanz. Großer Wert wurde auf die Methodenproblematik gelegt, insbesondere auf die systemimmanente Betrachtungsweise mit einer wertenden Perspektive, wobei die Urteilsbasis jeweils den einzelnen, unterschiedliche Positionen repräsentierenden Verfassern oblag (z.B. Siegfried Baske und Ralf Rytlewski) und eine verbindliche Ausrichtung an den Verfassungsnormen der Bundesrepublik Deutschland nicht in Frage kam.

IV. Die „herrschende Richtung" der DDR-Forschung

Wie lässt sich nun die politikwissenschaftliche Forschung charakterisieren? Die deutlich dominierende Position zeichnete sich durch die Systemimmanenz des Ansatzes aus. Eine erratische Gestalt in der DDR-Forschung und Protagonist der systemimmanenten Methode war Ludz, der 1979 – achtundvierzigjährig – den Freitod suchte und eine empfindliche Lücke hinterließ.[49] Mit seiner Habilitationsschrift über die „Parteielite im Wandel"[50] aus dem Jahre 1968 war ihm ein großer Wurf gelungen. In ihr entwickelte er einen eigenen Ansatz, um Beharrungs- und Wandlungstendenzen in der DDR-Gesellschaft erfassen zu können. Auf den verschiedensten Ebenen habe sich eine zunehmende Versachlichung durchgesetzt. Die Ideologie spiele eine immer geringere Rolle.[51] Die Kritik an der Totalitarismuskonzeption lag im Entspannungstrend und verstärkte ihn zugleich.

Die politikwissenschaftliche Forschung löste sich nach Glaeßner aus der „Umklammerung eines platten Antikommunismus"[52], wobei unklar bleibt, ob jede Form des Antikommunismus als „platt" galt oder nur eine bestimmte Variante. Jedenfalls hat bis zum Zusammenbruch der DDR, also mehr als zwei Jahrzehnte, deutlich jene empirisch-deskriptive Position dominiert, die es nicht für sinnvoll erachtete, die DDR an

49 Vgl. Hubertus Buchstein, Ideologie und Empirie. Der Versuch einer Rekonstruktion des intellektuellen Profils von Peter C. Ludz, in: Ralf Rytlewski (Hrsg.), Politik und Gesellschaft in sozialistischen Ländern. Ergebnisse und Probleme der Sozialistischen Länder- Forschung, Opladen 1989, S. 121–147. Siehe auch Ursula Ludz, Über den Totalitarismus unter Anleitung von Hannah Arendt und Peter Christian Ludz, in: Gert-Joachim Glaeßner (Anm. 5), S. 120–129; Christian Koziol, Der theoretische Beitrag von Peter Christian Ludz zur DDR-Forschung, in: Deutsche Studien 20 (1982), S. 26–51, S. 302–317.

50 Vgl. Peter Christian Ludz, Parteielite im Wandel. Funktionsaufbau, Sozialstruktur und Ideologie der SED-Parteiführung. Eine empirisch-systematische Untersuchung (1968), 3. Aufl., Opladen 1970.

51 Vgl. auch ders., Deutschlands doppelte Zukunft. BRD und DDR in der Welt von morgen, München 1974; ders., Die DDR zwischen Ost und West. Politische Analysen 1961 bis 1976, 3. Aufl., München 1977.

52 So Gert-Joachim Glaeßner (Anm. 7), S. 119.

den in demokratischen Verfassungsstaaten geltenden Prinzipien zu messen. Man könnte von einer Art Anti-Antikommunismus sprechen.

Wie stark die Tiefenwirkung war, zeigte sich an Schulbüchern, die in gewisser Weise die Entwicklung nachvollzogen und sie bisweilen sogar verschärften. „Der Spiegel" etwa bezweifelte, ob DDR-Schüler Freude an den Schulbüchern empfänden, die von der Bundesrepublik in den anderen Teil Deutschlands gelangen.[53] „Denn aus den DDR-Lektionen der westdeutschen Unterrichtsmaterialien lernen Schüler nicht selten, wie schön es noch gestern im real existierenden Sozialismus war."[54] Mag dieses Urteil seinerseits in die andere Richtung übertreiben[55], so wurden bestimmte Entwicklungen in der Tat geschönt. Der nordrhein-westfälische Kultusminister Hans Schwier aus den Reihen der SPD beklagte, Schulbücher seien „nach den Ostverträgen teilweise einer Verniedlichungstendenz erlegen."[56] Jedenfalls findet sich bis zum Zusammenbruch der DDR vielfach eine merkwürdige, mit Wertfreiheit amalgamierte Form der Ausgewogenheit. Etwa: „Die amerikanische Presse ist in höherem Maße frei von Zensur; die kommunistische Presse ist freier von Pornographie."[57]

Auch die Erfahrungsberichte der ersten beiden Ständigen Vertreter der Bundesrepublik in der DDR – Günter Gaus und Klaus Bölling – fügten sich in gewohnte Klischees und verliehen ihnen – im Bestreben, keiner Schwarz-Weiß-Perspektive zu huldigen – noch schärfere Konturen: Günter Gaus' Bild von der „Nischengesellschaft"[58] verklärte die DDR-Wirklichkeit tendenziell als beschaulich nostalgisches Idyll[59], und Klaus Bölling, insgesamt realistischer argumentierend, zeichnete von manchen führenden Repräsentanten des DDR-Regimes ein Bild, das irritieren musste. Ausgerechnet über Günter Mittag, den engsten Vertrauten Honeckers, heißt es: „Er ist keiner, der die Schwächen des Systems schönt und sich an Perspektivplänen berauscht, die nur

53 Vgl. den Artikel: Frei von Pornographie, in: Der Spiegel v. 1. Mai 1990, S. 47–53.

54 Ebd., S. 47.

55 Vgl. etwa die umfassende Analyse von Helmut Freiwald/Gebhard Moldenhauer, Deutschlandbild und Deutsche Frage in Unterrichtswerken sowie in ausgewählten Richtlinien des Faches Sozialkunde/Politik/Gemeinschaftskunde für die allgemeinbildenden Schulen in der Bundesrepublik Deutschland, in: Wolfgang Jacobmeyer (Hrsg.), Deutschlandbild und Deutsche Frage in den historischen, geographischen und sozialwissenschaftichen Unterrichtswerken der Bundesrepublik Deutschland und der Deutschen Demokratischen Republik von 1949 bis in die 80er Jahre, Braunschweig 1986, S. 243–370. Ferner die teils richtigstellende, teils wohl etwas überzogene, weil den Kern der Vorwürfe nicht erörternde Kritik von Walter Gagel, Aufgewärmter Antikommunismus. Zu einer neuen Schulbuchschelte im SPIEGEL, in: Internationale Schulbuchforschung 12 (1990), S. 325–333.

56 Zitiert nach dem Artikel: Frei von Pornographie (Anm. 53).

57 Zitiert nach ebd., S. 52.

58 Vgl. Günter Gaus, Wo Deutschland liegt. Eine Ortsbestimmung, Hamburg 1983. Verschiedene Texte von Gaus aus der Zeit von 1983 bis 1990 sind in folgendem Werk zusammengefasst: Über Deutschland und die Deutschen, Berlin 1990. Charakteristisch für diese Position ist die unzureichende Trennung zwischen den politisch Verantwortlichen und den Bürgern der DDR.

59 Siehe zur Kritik auch Volker Zastrow, Die Legende von der „Nischengesellschaft" im Sozialismus. Freiheit der Untertanen, nicht der Bürger: Die vielgepriesenen Freiräume des Privaten in der DDR erweisen sich immer mehr als Wunschträume bürgerlicher Nostalgiker, in: Frankfurter Allgemeine Zeitung v. 12. Juni 1990.

auf dem Papier zu erfüllen sind. Eigentlich sollte es unser Interesse sein, Pragmatiker wie ihn zu unterstützen."[60]

Auf den 22 DDR-Forschertagungen bis zur „Wende" in der DDR wurde eine Vielfalt von Problembereichen berührt, manch verborgener Winkel der DDR-Gesellschaft gut ausgeleuchtet. Themen wie die fehlende Legitimität der DDR, die Wahlen oder der Sicherheitsapparat spielten jedoch gar keine oder so gut wie keine Rolle.[61]

60 Klaus Bölling, Die fernen Nachbarn. Erfahrungen in der DDR, Hamburg 1983, S. 218.

61 Die auf den DDR-Forschertagungen gehaltenen Referate – über 200 – sind veröffentlicht als Sonderheft des Deutschland Archiv, seit 1980 in der „Edition Deutschland Archiv". Wer sie mit Beiträgen im vorzüglich gestalteten Deutschland Archiv vergleicht, gelangt zu dem Ergebnis, dass diese insgesamt abgewogener urteilen als manche Vorträge auf den DDR-Forschertagungen. Allerdings darf man bei aller Kritik das Kind nicht mit dem Bade ausschütten und heutzutage so tun, als sei auf den insbesondere von Sozialwissenschaftlern beschickten Jahrestagungen der DDR-Forscher völlig an der Wirklichkeit der kommunistischen Diktatur vorbei referiert worden. Beispielsweise hat Günter Minnerup mehrfach Gelegenheit erhalten, seine Thesen zu oppositionellen Tendenzen in der DDR vorzutragen. Ders., Systemopposition und nationale Frage in beiden deutschen Staaten, in: Ilse Spittmann-Rühle/Gisela Helwig (Hrsg.), Die beiden deutschen Staaten im Ost-West-Verhältnis. Fünfzehnte Tagung zum Stand der DDR-Forschung in der Bundesrepublik 1. bis 4. Juni 1982, Köln 1982, S. 51–62; ders., Politische Opposition in der DDR vor dem Hintergrund der Reformdiskussion in Osteuropa, in: Ilse Spittmann/Gisela Helwig (Hrsg.), Die DDR im vierzigsten Jahr. Geschichte – Situation – Perspektiven. Zweiundzwanzigste Tagung zum Stand der DDR-Forschung in der Bundesrepublik Deutschland 16. bis 19. Mai 1989, Köln 1989, S. 66–74. Wolfgang Büscher, in den achtziger Jahren oppositionellen Tendenzen in der DDR auf der Spur (vgl. etwa: Ders./Peter Wensierski, Null Bock auf DDR. Aussteigejugend im anderen Deutschland, Reinbek bei Hamburg 1984), konnte 1983 und 1984 über „unbotmäßige" Gruppen in der DDR referieren. Ders., Die evangelische Kirche in der DDR – Raum für alternatives Denken und Handeln?, in: Ilse Spittmann-Rühle/Gisela Helwig (Hrsg.), Die DDR vor den Herausforderungen der achtziger Jahre. Sechzehnte Tagung zum Stand der DDR-Forschung in der Bundesrepublik Deutschland 24. bis 27. Mai 1983, Köln 1983, S. 158–166; ders., Für manche leuchtet der Westen matter. Einstellungen kritischer DDR-Jugendlicher zum Westen am Beispiel der Zeitschrift „Temperamente", in: Ilse Spittmann-Rühle/Gisela Helwig (Hrsg.), Lebensbedingungen in der DDR. Siebzehnte Tagung zum Stand der DDR-Forschung in der Bundesrepublik Deutschland 12. bis 15. Juni 1984, Köln 1984, S. 149–156. Auf der DDR-Forschertagung im Jahre 1987 kam der früh mit oppositionellen Bewegungen in der DDR vertraute Hubertus Knabe (siehe etwa Klaus Ehring [Pseudonym von Knabe]/Martin Dallwitz, Schwerter zu Pflugscharen. Friedensbewegung in der DDR, Reinbek bei Hamburg 1982; ders. [Hrsg.], Aufbruch in eine andere DDR. Reformer und Oppositionelle zur Zukunft ihres Landes, Reinbek bei Hamburg 1989) zu Wort: Neue Soziale Bewegungen als Problem der sozialistischen Gesellschaft. Zur Entstehung und Bedeutung neuartiger Bewußtseinslage in der DDR und Ungarn, in: Ilse Spittmann-Rühle/Gisela Helwig (Hrsg.), Das Profil der DDR in der sozialistischen Staatengemeinschaft. Zwanzigste Tagung zum Stand der DDR-Forschung in der Bundesrepublick Deutschland 9. bis 12. Juni 1987, Köln 1987, S. 106–119. Ein Jahr später gab Fred Klinger eine realistische Einschätzung des Zustandes der DDR. Der volkswirtschaftliche Einbruch des Jahres 1987 stellt „nur ein erstes, gleichwohl deutliches Symptom für das absehbare Scheitern der Modernisierungsstrategie der SED im allgemeinen dar" – so ders„ Die Herausforderungen sozialer Innovationen. Die DDR zwischen Modernisierung und gesellschaftlicher Beharrung, in: Ilse Spittmann-Rühle/Gisela Helwig (Hrsg.), Veränderungen in Gesellschaft und politischen System der DDR. Ursachen – Inhalte – Grenzen. Einundzwanzigste Tagung zum Stand der DDR-Forschung in der Bundesrepublik Deutschland 24. bis 27. Mai 1988, Köln 1988, S. 141. – Insgesamt sind die Tagungsbände jedoch dem Anspruch ihres Untertitels, über den „Stand der DDR-Forschung" zu referieren, nicht gerecht geworden. Hingegen hat

Erst im Juni 1990 – also nach dem Zusammenbruch des kommunistischen Regimes in der DDR – erhielt Karl Wilhelm Fricke, von dem noch die Rede sein wird, die Gelegenheit zu einem Vortrag über „Macht und Entmachtung des Staatssicherheitsapparates in der DDR". Sarkastisch hieß es bei ihm, „das Ministerium für Staatssicherheit (MfS) ist mithin für die wissenschaftliche DDR-Forschung als Forschungsgegenstand erst entdeckt worden, als es nicht mehr existierte – und solange es existiert hat, blieb es als Forschungsgegenstand uninteressant!"[62] Wer mit Rückzugsgefechten gerechnet hatte, sah sich vorerst getäuscht. Auf der Tagung im Jahre 1990 (und auch auf der im Jahre 1991 – der letzten)[63] blieb eine Grundsatzkritik an der DDR-Forschung aus. Ein DDR-Teilnehmer sah nur „ganz dünne Ansätze zu theoretischer und methodischer Selbstkritik"[64]. Immerhin sprach Glaeßner nun von der „Diktatur in der DDR"[65] – und auch fortan[66], nachdem dieser Terminus von ihm zuvor vermieden worden war. Die eher zerknirschte Stimmung befremdete französische Teilnehmer: „Wir hätten einen gallischen Hahn mitgebracht und die Marseillaise gespielt. Bei Ihnen aber sehen wir fast kein Zeichen der Freude am Wiedersehen!"[67]

V. Tendenzen wider die „herrschende Strömung"

Das Bild wäre jedoch nicht vollständig, würde nur die systemimmanente Sichtweise erwähnt. Es gab bis zum Zusammenbruch des DDR-Regimes auch andere Strömun-

---

die „Edition Deutschland Archiv" unter der Redaktion von Gisela Helwig und Ilse Spittmann realistische Beschreibungen des kommunistischen Herrschaftssystems zu ansonsten weitgehend ausgeblendeten Themenfeldern dokumentiert. Siehe etwa: Jürgen Rühle/Gunter Holzweißig, 13. August 1961. Die Mauer von Berlin, Köln 1981; Gisela Helwig (Hrsg.), Jugendkriminalität in beiden deutschen Staaten, Köln 1985; Ilse Spittmann (Hrsg.), Die SED in Geschichte und Gegenwart, Köln 1987; Ilse Spittmann/Karl Wilhelm Fricke (Hrsg.), 17. Juni 1953. Arbeiteraufstand in der DDR, 2. Aufl., Köln 1988; Ilse Spittmann, Die DDR unter Honecker, Köln 1990. Siehe auch jetzt: Ilse Spittmann/Gisela Helwig (Hrsg.), DDR-Lesebuch I. Von der SBZ zur DDR 1945–1949, Köln 1990; dies. (Hrsg.), DDR-Lesebuch II. Stalinisierung 1949–1955, Köln 1991.

62 Karl Wilhelm Fricke, Macht und Entmachtung des Staatssicherheitsapparates in der DDR, in: Ilse Spittmann/Gisela Helwig (Anm. 1), S. 116.

63 Vgl. Walter Süß, Das Ende der DDR-Forrschertagungen. Vereinigte Ratlosigkeit, in: Das Parlament v. 7. Juni 1991; ausfürlicher ders., Neue deutsche Gründerjahre – Gründerkrise statt Gründerboom. Letzte DDR-Forschertagung in Bonn-Röttgen, in: Deutschland Archiv 24 (1991), S. 747–753. Eine wissenschaftliche Edition der Vorträge 1991 wird wegen finanzieller Schwierigkeiten nicht mehr vorgelegt. Einige Beiträge sind im Deutschland Archiv publiziert.

64 Uwe Matthes, zitiert nach Walter Süß, Die DDR-Forschung wird ihren Gegenstand überleben, in: die tageszeitung v. 12. Juni 1990.

65 Vgl. Gert-Joachim Glaeßner (Anm. 1), S. 146–151.

66 Vgl. beispielsweise: Ders., Der schwierige Weg zur Demokratie. Vom Ende der DDR zur deutschen Einheit, Opladen 1991, S. 38: „Nach Gründung der SED im Frühjahr 1946 war unverkennbar, daß eine neue Diktatur zu erwarten war." In der Tat, doch wieso brachte Glaeßner den „unverkennbaren" Sachverhalt in seinen Publikationen bis zum Zusammenbruch der DDR nicht zum Ausdruck.

67 So Jerôme Vaillant, zitiert nach Hans-Rüdiger Karutz, ... in die kapitalistische Hölle?, in: Die Welt v. 11. Juni 1990.

gen. Einwände kamen dabei – grob gesprochen – aus zwei Richtungen: Die einen warfen dem mainstream der Forschung vor, er beschönige den real-existierenden Sozialismus, die anderen fanden, ganz im Gegenteil, dieser werde nicht genügend gewürdigt. Beide waren sich jedoch darin einig, die Forschung nähme die kommunistische Position nicht ernst genug. Bei der einen handelt es sich um eine marxistische, bei der anderen um eine am demokratischen Verfassungsstaat ausgerichtete normative Richtung.

1. Marxistisch-leninistische Position

Gleich nach dem Erscheinen des ersten Bandes der „Materialien zur Lage der Nation" kam im Kölner Pahl-Rugenstein Verlag ein Buch „BRD-DDR. Vergleich der Gesellschaftssysteme" heraus, das den Anspruch erhob, „wesentlich mehr zur Erhellung der historischen und gesellschaftlichen Realität des nachfaschistischen Deutschlands bei(zu)tragen als die ‚Materialien'"[68]. Als Autoren fungierten insbesondere Politikwissenschaftler der Universität Marburg – der Band war Wolfgang Abendroth zum 65. Geburtstag gewidmet, jenem Gelehrten, der eigener Aussage gemäß in den fünfziger und sechziger Jahren „in fast konspirativen Formen"[69] zu lehren gezwungen war. Das Sammelwerk legt eindrucksvoll Zeugnis davon ab, dass vor zwei Jahrzehnten an manchen Fachbereichen deutscher Universitäten die „Partei der DDR"[70] wahre Triumphe feiern konnte. Es wurde die hehre Verfassungstheorie der DDR mit der perhorreszierten Verfassungswirklichkeit der Bundesrepublik verglichen.

Verglichen wurde das ökonomische System (Jürgen Harrer/Heinz Jung), die betriebliche Organisation der Produktion (Frank Deppe), die Landwirtschaft (Eberhard Dähne), die Entwicklung der Sozialstruktur (Margarete Tjaden-Steinhauer/Karl Hermann Tjaden), das Verständnis von bürgerlicher und sozialistischer Demokratie (Georg Fülberth/Helge Knüppel), die „Auseinandersetzung mit dem Faschismus" (Reinhard Kühnl), die Rolle der Grundrechte (Peter Römer), die jeweilige Rechtsordnung (Herbert Lederer/Hans-Jochen Michels), die soziale Lage der Frauen (Helga Deppe-Wolfinger/Jutta von Freyberg), die medizinische Versorgung (Hans-Ulrich Deppe/Erich Wulff), die Wissenschafts- und Forschungspolitik (Andre Leisewitz/

---

68 BRD-DDR. Vergleich der Gesellschaftssysteme. Mit Beiträgen von Anne Hartmann u.a., Köln 1971, S. 10.

69 Wolfgang Abendroth, Ein Leben in der Arbeiterbewegung, Gespräche aufgezeichnet und herausgegeben von Barbara Dietrich und Joachim Perels, Frankfurt a.M. 1976, S. 159.

70 So Ernst Nolte, Deutschland und der Kalte Krieg, München 1974, S. 588, S. 589. Die „Partei der DDR" repräsentieren auch die folgenden Publikationen zur Sozialismusforschung im Allgemeinen und zur DDR-Forschung im Besonderen: Olaf Cless, Sozialismusforschung in der DDR. Das herrschende DDR-Bild und seine Dogmen, Köln 1978; Peter Brokmeier/Rainer Rilling (Hrsg.), Beiträge zur Sozialismusanalyse, Bd. I-III, Köln 1978–1981. Cless wundert sich allen Ernstes darüber, wieso „die bürgerliche DDR-Forschung" die „These von der Herrschaft der Arbeiterklasse" nicht akzeptieren könne. Ders., Zur Kritik der bürgerlichen DDR-Forschung und ihrer gesellschaftstheoretischen Grundlagen, in: Ebd., Bd. I, S. 15.

Rainer Rilling) und das Bildungswesen (Dieter Kramer/Paul Schäfer/Helga Schuler/Michael Schuler), außerdem je eine Analyse zur Spaltung Deutschlands (Anne Hartmann/Stefan Schardt/Gerhard Weiß) und zur „Systemauseinandersetzung im nachfaschistischen Deutschland" (Kurt Steinhaus) beigefügt. In den nicht aus der empirischen Forschung gewonnenen Ergebnissen erscheint die DDR als ein blühendes Gemeinwesen, die Bundesrepublik dem Niedergang ausgesetzt. Die Autoren, die ihr Honorar „zur Unterstützung des Befreiungskampfes der Völker von Angola, Mozambique und Guinea (Bissau) gegen den portugiesischen Kolonialismus (zur Verfügung stellen), zu dessen Hauptverbündeten die BRD gehört", fügen einzelne Daten zur Bestätigung in ihr Interpretationsschema ein.

Häufig untermauern sie ihre Ansichten mit Literatur aus der DDR. Der Glaube an politische und wissenschaftliche Autoritäten ersetzt weitgehend die eigene Argumentation. Der Frage der Produktionsweise und der Eigentumsordnung ist alles untergeordnet. „Dementsprechend konstituiert sich und rekonstituiert sich die soziale Differenzierung in der BRD nach dem Prinzip der privaten Beherrschung der gesellschaftlichen Produktion, also des Widerspruchs zwischen der privaten Aneignung der Produktionsbedingungen und ihrer gesellschaftlichen Anwendung. Im Gegensatz dazu begründet und verändert sich die soziale Differenzierung in der DDR nach dem Prinzip der gesellschaftlichen Beherrschung der gesellschaftlichen Produktion, also der Übereinstimmung von gesellschaftlicher Aneignung und gesellschaftlicher Anwendung der Voraussetzungen, Elemente und Ergebnisse der materiellen Produktion." Sätze, die nichts erklären, finden sich zuhauf: „So wie einerseits die ‚Entmündigung' der Arbeiterklasse Bedingung des ‚Fortbestands' des kapitalistischen Systems der BRD ist, so ist andererseits die Führungsrolle der Arbeiterklasse Systembedingung der Fortentwicklung der sozialistischen Gesellschaft der DDR".

Auffallend ist bei der DDR die Gleichsetzung von aufgestellten Normen mit der Praxis, bei der Bundesrepublik hingegen die Verzeichnung der Wirklichkeit. Beispielsweise: „Die Entfaltung der Wissenschaft wird unter den Bedingungen der monopolistischen Konkurrenz bestimmt durch die Anwendung ökonomischer und außerökonomischer Macht und Gewalt durch das Monopol." Die Verhältnisse in der DDR weisen lediglich Schönheitsfehler auf. „Die historischen und aktuellen Erfahrungen mit dem Kapitalismus, insbesondere in seiner faschistischen Variante, lassen es als legitim erscheinen, dass die DDR auch mit den Mitteln des Strafrechts einen Rückfall in dieses System zu verhindern sucht. Die als schärfste mögliche Strafart in einigen Fällen angedrohte Todesstrafe allerdings hat keine Existenzberechtigung mehr. [...] Von diesem Anachronismus abgesehen, ist das neue Strafrecht der DDR beispielhaft" – wofür?

Dialektik und Rabulistik kommen in dem Band, der sich als Schulungsheft für DKP-Mitglieder geeignet hätte, nicht zu kurz: „Als grundlegendes Freiheitsrecht, auf dessen Boden sich die übrigen Freiheitsrechte erst entwickeln können, wird die Freiheit von der Irrationalität des kapitalistischen Systems, von den Verwertungszwängen des Kapitals, von der Perspektivlosigkeit des einzelnen im Spätkapitalismus, der Planung nur im Interesse der Monopole erlaubt, angesehen; eine Freiheit, die erst durch die

Vergesellschaftung der Produktionsmittel ermöglicht wird" – die Beseitigung der Freiheit firmiert als Freiheit! Oder: Trotz der „Stärkung und Funktionsveränderung der zentralen staatlichen Organe" lasse sich zugleich von „einem ‚Absterben' des Staates bei gleichzeitiger Steigerung von nichtrepressiven Funktionen"[71] reden. Wandelt diese These nicht auf den Spuren Stalins?

Noch im August 1989, als sich bereits DDR-Flüchtlingen in den bundesdeutschen Botschaften osteuropäischer Länder aufhielten und Honecker trotzig sprach, den „Sozialismus in seinem Lauf halten weder ‚Ochs' noch ‚Esel' auf", erschienen in der Beilage zu der vom Bundesministerium des Innern finanzierten Wochenzeitung „Das Parlament" – bemerkenswertes Zeichen der Liberalität – „Kritische Bemerkungen zur bundesdeutschen DDR-Forschung"[72] aus der Feder zweier führender DDR-Gesellschaftswissenschaftler: Betont moderat im Ton[73] , sahen sie die „Existenz von zwei voneinander unabhängigen und souveränen deutschen Staaten" als „ein Grundelement des Gleichgewichts für Frieden und Sicherheit in Europa"[74] an. Immerhin verhehlten sie nicht ihre Genugtuung über die systemimmanente Methode, die zu realistischeren Ergebnissen führe.[75]

2. Normativ-demokratische Position

Neben der marxistischen Position, die in den achtziger Jahren im Lehr- und Forschungsbetrieb immer mehr in eine Außenseiterrolle geriet, konnten und können auch andere – verstärkt in den achtziger Jahren – der Systemimmanenz wenig abgewinnen. Im Jahre 1978 wurde ungeachtet ministerieller Bedenken unter der Ägide des Juristen Siegfried Mampel die „Gesellschaft für Deutschlandforschung" begründet. In der Satzung sah sie es u.a. als ihre Aufgabe an, „im Bewusstsein der offenen deutschen Frage

71 Die Zitate sind alle entnommen dem Band BRD-DDR (Anm. 67). In der Reihenfolge: S. 11 (Pahl-Rugenstein Verlag). S. 163, S. 205 (Margarete Tjaden-Steinhauer/Karl Hermann Tjaden), S. 381 (André Leisewitz/Rainer Rilling), S. 314 f., S. 288 (Peter Römer), S. 247 (Georg Fülberth/Helge Knüppel).

72 Vgl. Heinz Heitzer/Gerhard Lozek, Kritische Bemerkungen zur bundesdeutschen DDR-Forschung, in: Aus Politik und Zeitgeschichte B 34/89, S. 18–27 (mit viel Verständnis für Dietrich Staritz' Standpunkt einer „verstehenden Distanz" und mit viel Kritik an den „Wunschvorstellungen" Hermann Webers – Zitate: S. 19, S. 26).

73 Das trifft vor allem zu, wenn man diesen Beitrag an früheren einschlägigen Publikationen der Autoren misst. Siehe etwa: Heinz Heitzer, Ziele und Methoden der bürgerlichen DDR-Forschung in der BRD, in: Beiträge zur Geschichte der Arbeiterbewegung, 1981, S. 658–666; Gerhard Lozek, Illusionen und Tatsachen. Anachronistische BRD-Geschichtsschreibung über die DDR, Berlin 1980.

74 Heinz Heitzer/Gerhard Lozek (Anm. 72), S. 20.

75 Inzwischen hat jedoch Heinz Heitzer eine Kehrtwende vollzogen. Vgl. ders., Für eine radikale Erneuerung der Geschichtsschreibung über die DDR, in: Zeitschrift für Geschichtswissenschaft 38 (1990), S 498–509; ders., Rezension des in Anm. 10 erwähnten Buches von Heinz Peter Hamacher, in: Zeitschrift für Geschichtswissenschaft 40 (1992), S. 80–87. Heitzer wirft Hamacher vor, daß er „die kritisch-immanente Methode eindeutig und allzu unkritisch favorisiert" (ebd., S. 86).

[...] an der gegenwartsbezogenen Deutschlandforschung interessierte Personen zusammenzuführen".[76] Mit Ausnahme der juristisch geschulten Georg Brunner und Jens Hacker waren an ihr Politikwissenschaftler zunächst jedoch nicht beteiligt. Erst später sollte sich das ändern. In den letzten Jahren nahm die Rivalität zwischen den einzelnen Forschungsrichtungen ohnehin ab, ohne daß es wirklich zu einer Austragung der Gegensätze gekommen war. Mittlerweile existieren neun Fachgruppen, darunter auch eine 1981 gegründete „Fachgruppe Politische Wissenschaft" (ferner: Rechtswissenschaft, Erziehungswissenschaft, Wirtschaftswissenschaft, Sozialwissenschaft, Entwicklungspolitik, seit kurzem auch: Geographie und Raumplanung, Sicherheits- und Außenpolitik). Allerdings gingen aus der „Fachgruppe Politische Wissenschaft" keine zentralen Beiträge gegen das Paradigma der Systemimmanenz hervor. Die totalitarismustheoretisch geprägten Maximen blieben mehr Programm, sofern sie die DDR betrafen.[77] Im Jahre 1984 legte die Gesellschaft für Deutschlandforschung ein Memorandum vor[78], in dem sie auf den verschiedensten Gebieten für eine Intensivierung der DDR- und vergleichenden Deutschlandforschung eintrat – es müsse „der Gefahr der Entfremdung zwischen den Deutschen begegnet werden".[79]

Bereits vor der „Wende" in der DDR hatte sich die ursprünglich von 17 Personen gegründete Gesellschaft für Deutschlandforschung (Zahl der Mitglieder im Oktober 1982 230, im März 1992 über 600) zunehmend etablieren können, weniger allerdings in der Disziplin der Politischen Wissenschaft. Viele Kollegen von Rang blieben ihr fern und standen ihr reserviert gegenüber. Im März 1992 fand die vierzehnte multidisziplinäre Jahrestagung statt: Der Regensburger Politikwissenschaftler Jens Hacker löste den (Gründungs-)Vorsitzenden Siegfried Mampel ab. Bis Ende 1991 sind in der Schriftenreihe der Gesellschaft insgesamt 33 Bände publiziert worden.

Schon vor der Gründung dieser Gesellschaft hatte Detlef Herrmann, bis zu seiner Flucht im Jahre 1974 Gruppenleiter in der Hauptabteilung Ideologie des Ostberliner Instituts für Internationale Politik und Wirtschaft, Alarm geschlagen. Im „Deutschland Archiv" startete er einen Frontalangriff gegen die systemimmanente DDR-Forschung: „Leute, die die DDR aus eigener Anschauung kennen, schlagen vor etlichen Ergebnissen der etablierten DDR-Forschung die Hände über dem Kopf zusammen."[80] Für

---

76 Satzung der Gesellschaft für Deutschlandforschung e.V. in der Fassung v. 11. März 1982. Zur Vorgeschichte vgl. die hektographierte „Dokumentation über die Gründung der Gesellschaft für Deutschlandforschung", o.O. o.J. (1982).

77 Immerhin wurde jede Tagung der „Fachgruppe Politische Wissenschaft" unter der Herausgeberschaft von Konrad Löw gut dokumentiert: Karl Marx und das politische System der DDR, Heidelberg 1982 (1. Tagung 1981); Karl Marx – Bilanz nach 100 Jahren, Köln 1984 (2. Tagung 1983); Totalitarismus, Berlin 1988 (3. Tagung 1985, 4. Tagung 1987); Beharrung und Wandel. Die DDR und die Reformen des Michail Gorbatschow, Berlin 1990 (5. Tagung 1988); Ursachen und Verlauf der deutschen Revolution 1989, Berlin 1991 (6. Tagung 1990).

78 Vgl. Gesellschaft für Deutschlandforschung, Memorandum vom 26. Januar 1984, abgedruckt in: Deutschland Archiv 17 (1984), S. 314–322.

79 Ebd., S. 314.

80 So Detlef Herrmann, „Verunsicherte" DDR-Forschung. Bemerkungen zu einem Aufsatz von C. Bur-

Herrmann, indigniert über einen Großteil der Forschung, war angesichts der fehlenden demokratischen Legitimität der DDR „ein essentieller und wohlverstandener Antikommunismus die beste Grundlage einer Analyse der Gegenseite, weil sich eben an Amoralität und Pathologie jener Gesellschaftsform kein Deut geändert hat".[81] Die Intervention von Herrmann, der bei manchen DDR-Forschern „offensichtlich Identitätsschwierigkeiten mit der Bundesrepublik"[82] sah, war ein Stich ins Wespennest. Ihm wurde in der Folge von Repräsentanten der etablierten Richtung vorgeworfen, er habe seine Vergangenheit nicht bewältigt; Parteinahme gefährde Wissenschaftlichkeit.[83]

Es ist ein im doppelten Sinn merkwürdiger Umstand, dass ein Außenseiter in den letzten Jahren aufgrund einer Reihe von Büchern zu brisanten Themen die dominierende Strömung beschämte. Karl Wilhelm Fricke, Leiter der Ost-West-Redaktion beim „Deutschlandfunk", legte innerhalb eines Jahrzehnts auf sorgfältigen Recherchen beruhende Bücher vor: „Politik und Justiz in der DDR" – „Die Staatssicherheit" – „Opposition und Widerstand in der DDR" – „Zur Menschen- und Grundrechtssituation politischer Gefangener in der DDR".[84] Dabei vermied Fricke, strenger Sachlichkeit verpflichtet, jede angesichts seines Lebens- und Leidensweges naheliegende Emotionalität: Er war in den fünfziger Jahren – wie andere auch – in Westberlin betäubt, dann nach Ostberlin verschleppt und dort grundlos zu vier Jahren Haft verurteilt worden.[85] Wegen seiner präzisen Berichterstattung glaubte man fälschlich, er arbeite mit dem Bundesnachrichtendienst zusammen. Allein Frickes Studie über die Staatssicherheit, die in der DDR offiziell als „Schild und Schwert der Partei" und beim Volksmund als „VEB Guck, Horch und Greif" figurierte, vermittelt in minutiöser Kleinarbeit eine Fülle von schwer zugänglichen Informationen und präsentiert eine profunde Analyse zu einem arcanum imperii. Bei dem Erkenntnisstand von heute bedarf sie selbstverständlich einer Revision. Ging Fricke noch von 20.000 hauptamtlichen Mitarbeitern aus, so waren es tatsächlich 85.000; und die Zahl der sogenannten „inoffiziellen Mitarbeiter" lag bei 109.000, wahrscheinlich noch höher, während der

---

richter und E. Förtsch, in: Deutschland Archiv 9 (1976), S. 27. Der Beitrag nahm auf folgenden Artikel kritisch Bezug: Clemens Burrichter/Eckart Förtsch, DDR-Forschung im Systemwettstreit, in: Deutschland Archiv 8 (1975), S. 1035–1041.

81 Ebd., S. 28.

82 Jürgen Straßburger/Hartmut Zimmermann, Parteilichkeit in der DDR-Forschung? Zu einem polemischen Beitrag von Detlef Herrmann, in: Deutschland Archiv 9 (1976), S. 254; Detlef Herrmann (Anm. 80), S. 30.

83 Vgl. Jürgen Straßburger/Hartmut Zimmermann (Amm. 82), S. 252–255. An der Diskussion beteiligten sich noch Thomas Ammer, Fred Oldenburg, Siegfried Köhler, Jean-Paul Picaper.

84 Vgl. Karl Wilhelm Fricke: Politik und Justiz in der DDR. Zur Geschichte der politischen Verfolgung 1945–1968. Bericht und Dokumentation, Köln 1979; Die DDR-Staatssicherheit. Entwicklung – Struktur – Aktionsfelder (1982), 3. Aufl., Köln 1989; Opposition und Widerstand in der DDR. Ein politischer Report, Köln 1984; Zur Menschen- und Grundrechtssituation politischer Gefangener in der DDR. Analyse und Dokumentation, Köln 1986.

85 Vgl. Karl Wilhelm Fricke, Menschenraub in Berlin, Koblenz/Köln 1959.

Publizist in der Neuauflage seines Werkes 80.000 bis 100.000 angenommen[86], also nicht übertrieben oder gar dämonisiert hatte.

Die materiell gut gestellte Wissenschaft dagegen konnte und wollte damit nicht konkurrieren. Manche der von Fricke behandelten Bereiche galten offenbar als tabu. Gert-Joachim Glaeßner ignorierte in seiner Studie „Herrschaft durch Kader“[87] die Staatssicherheit. „Ein Buch über Herrschaft durch Kader, das die Staatssicherheit unerwähnt ließ, analysiert eine DDR, die es nicht gibt - und die DDR, die es gibt, wird nicht analysiert.“[88]

VI. Schwächen der etablierten DDR-Forschung

„Jede sozialwissenschaftliche Analyse ist von Zeitströmungen beeinflusst, und oft erkennt der Sozialwissenschaftler erst Jahre später, wie sehr er sich von solchen zeitbedingten Einschätzungen, Urteilen und Vorurteilen, ja auch von Moden hat beeinflussen lassen.“[89] Für einen Großteil der DDR-Forschung gilt das uneingeschränkt.

Was die Gretchenfrage nach ihrem Versagen betrifft, muss differenziert werden. Am wenigsten verfängt der Vorwurf, die Entwicklung in der DDR sei vorherzusehen gewesen. Auch die Kritiker der dominierenden Richtung waren keineswegs von einem bevorstehenden Zusammenbruch der kommunistischen Herrschaftsordnung ausgegangen. Die Prognosefähigkeit der Sozialwissenschaften ist aufgrund einer Reihe, an dieser Stelle nicht zu erörternder Gründe begrenzt. Gerade die betont antikommunistische Richtung der DDR-Forschung war von der Unantastbarkeit des kommunistischen Machtmonopols überzeugt.[90] Sie hielt die Annahme, die Sowjetunion würde oppositionelle Bestrebungen in der DDR dulden, für unrealistisch. Allgemein nahm man erste Menetekel wie das Verbot des Moskauer Reformorgans „Sputnik“ nicht ernst - die eine Seite deshalb, weil für sie die Entkräftung des kommunistischen Herrschaftssystems unvorstellbar erschien, die andere deshalb, weil für sie solche Fragen kaum ins Blickfeld gerieten. Beide Seiten maßen der kommunistischen Rhetorik zu viel Bedeutung bei und nahmen sie für bare Münze. Allerdings wäre der Eindruck verkehrt - ein populärer Begriff wie „Vertrauensverlust“ suggeriert so etwas –, erst in den letzten Jahren habe sich das Verhältnis zwischen Führung und Volk verschlechtert. Diese

---

86 Vgl. ders., Die DDR-Staatssicherheit (Anm. 84), S. 51, S. 99. Zu diesem Thema hat Fricke nun ein neues Buch vorgelegt, das sich von vielen „Schnellschüssen“ positiv abhebt: MfS intern. Macht, Strukturen, Auflösung der DDR-Staatssicherheit. Analyse und Dokumentation, Köln 1991.

87 Vgl. Gert-Joachim Glaeßner, Herrschaft durch Kader. Leitung der Gesellschaft und Kaderpolitik in der DDR am Beispiel des Staatsapparates, Opladen 1977.

88 Karl Wilhelm Fricke, Kaderpolitik und Staatssicherheit in der DDR, in: Dieter Voigt (Hrsg.), Die Gesellschaft der DDR. Untersuchungen zu ausgewählten Bereichen, Berlin 1984, S. 47.

89 Gert-Joachim Glaeßner (Anm. 6), S. 17.

90 Vgl. etwa Zbigniew Brzezinski, Das gescheiterte Experiment. Der Untergang des kommunistischen Systems, Wien 1989, S. 261–294.

häufig mit dem Hinweis auf die als korrupt angesehene Führung verbundene Verfallsthese sticht nicht. Die Annahme, die SED habe die Mauer im Grunde nicht gebraucht und erst dadurch Unzufriedenheit provoziert, ist wenig triftig. Für die meisten ihrer Bürger besaß die DDR einen Legitimitätsmakel, der sich auch durch bestimmte, z.T. einen hohen Preis fordernde Erfolge – u.a. im Sport oder im Bereich der sozialen Sicherheit – nicht kompensieren ließ.

Als schwerwiegender ist demgegenüber das Defizit zu benennen, wonach bestimmte Erscheinungen im kommunistischen System, die offen zutage lagen, kaum oder jedenfalls unzureichend thematisiert wurden, wie das etwa für Ansätze politischer Opposition galt. Es war der aus der DDR vertriebene Wolfgang Templin, der noch vor der „Wende" – in der Willy Brandt zum 75. Geburtstag zugeeigneten Festschrift – ein linkes Tabu brach: Zwar richtete er sich nicht explizit gegen die westdeutsche DDR-Forschung, sondern gegen eine „hilflose westdeutsche Linke"[91] , zu der aber indirekt auch ein gewisser Teil der etablierten Forschung zählt. Für breite Teile der Linken in der Bundesrepublik habe „die Beziehung zur DDR fast traumatische Züge" angenommen. Templins Abrechnung ist hart, im Kern aber treffend: „Fest verbunden mit dem Mythos vom antifaschistisch-demokratischen Neubeginn im anderen Teil Deutschlands [...], blieb zumindest die Vorstellung von einer Art halbem oder deformiertem Sozialismus in der DDR erhalten [...]. Oppositionelle Regungen in der DDR wurden an ihrer sozialistischen Begrifflichkeit gemessen, und eine emanzipatorische Praxis, die sich nicht in diese Begrifflichkeit fügte, wurde ignoriert oder bei Forderungen nach politischen Freiheitsrechten und Demokratie als ‚bürgerlich' denunziert."[92] Was für viele Linke in Westdeutschland zutraf, galt cum grano salis auch für einen Teil der DDR-Forschung. Man projizierte offenbar eigene Sehnsüchte in das Forschungsobjekt – in eine DDR, wie sie sein sollte, nicht: wie sie war.

Fehlurteile wie die von Gebhard Schweigler, einem keineswegs im Verdacht ideologischer Nähe zur SED stehenden Sozialwissenschaftler, sind keine Seltenheit. In seiner politikwissenschaftlichen Dissertation aus dem Jahre 1973 konstatierte er nicht nur ein nationalstaatliches Bewusstsein in der DDR, sondern befürwortete es auch. Unter indirekter Berufung auf eine Reihe von Autoritäten hieß es bei ihm, eine imaginäre DDR vor Augen: „[...] ein Öffnen der Grenzen könnte das Nationalstaatsbewusstsein der Bevölkerung noch verstärken, und zwar einmal, weil einzelne DDR-Bürger auf diesem Wege ihre Andersartigkeit persönlich erleben könnten, zum andern aber, weil durch eine Politik der Öffnung letzte Reste der Unzufriedenheit beseitigt werden dürf-

---

91 Vgl. Wolfgang Templin, Die Emanzipation der DDR und die hilflose westdeutsche Linke, in: Helga Grebing/Peter Brandt/Ulrich Schulze-Marmeling (Hrsg.), Sozialismus in Europa – Bilanz und Perspektiven. Festschrift für Willy Brandt, Essen 1989, S. 162–167. Allerdings kam Wolfgang Templin auch auf der DDR-Forschertagung im Mai 1989 zu Wort. Siehe ders., Zivile Gesellschaft. Osteuropäische Emanzipationsbewegung und unabhängiges Denken in der DDR seit Beginn der achtziger Jahre, in: Ilse Spittmann/Gisela Helwig (Hrsg.), Die DDR im vierzigsten Jahr (Anm. 61), S. 58–65.

92 Ebd., S. 164 f.

ten."[93] Was tatsächlich beseitigt wurde, das waren letzte Reste der Zufriedenheit. Obwohl die Zahl der Ausreisewilligen ständig anschwoll, argumentierte der einflussreiche Publizist Hanns Werner Schwarze, Gründer der ZDF-Sendereihen „drüben" und „Kennzeichen D", der ganz im mainstream dieser Forschungsrichtung lag, noch 1988 folgendermaßen: „Wenn jeder reisen dürfte – mehr als 5 bis 6 Millionen pro Jahr wären es kaum –, brauchte man keine Mauer mehr"[94] – aber auch keine DDR.

Jedoch kann einem Großteil der DDR-Forschung nicht der Vorwurf bewusster Apologie gemacht werden. Die Crux war allerdings die, dass gerade eine verkürzte empirische Sicht dem in gewisser Weise Vorschub leistete. Als eine gravierende Schwäche der DDR-Forschung müssen nämlich viele ihrer Ansätze gelten, die nichts oder wenig zur Erhellung der DDR-Herrschaftsstruktur beigetragen und „Wahrnehmungsblockaden"[95] begünstigt haben. Zu den methodisch bevorzugten und zum Teil auch miteinander verknüpften Vorgehensweisen gehörten insbesondere der immanente, der industriegesellschaftliche und der funktionalistische Ansatz.

Das Manko des systemimmanenten Ansatzes liegt darin, dass der Kritiker sich an den Normen des Untersuchungsobjekts orientieren muss. Das Industriegesellschaftstheorem krankt an der Fixierung auf gesellschaftliche und wirtschaftliche Prozesse. Der sich auf schwindelerregender Abstraktionshöhe bewegende funktionalistische Ansatz hingegen fragt nur nach der Erfüllung grundlegender Funktionen durch das System. Die Perspektive des Individuums und seines Anspruchs auf eigenverantwortliche Lebensgestaltung bleibt dabei unberücksichtigt. Alle drei Ansätze präjudizieren im Grunde das Ergebnis: Es handelt sich um Vorgehensweisen, die den Herrschaftsbereich weitgehend ausblenden. Die Totalitarismuskonzeption, die nach der Entfaltung des Individuums in der Gesellschaft fragt, galt bei der etablierten DDR-Forschung vielfach als verpönt, bei Empirikern ebenso wie bei Marxisten und auch überwiegend jenen Forschern, die sich der Sozialdemokratie verbunden fühlten.

Um nicht missverstanden zu werden: Kritikwürdig ist weniger der immanente Ansatz an sich als vielmehr die Ausschließlichkeit seines Gebrauchs. Wer etwa käme auf den Gedanken, den Nationalsozialismus nur danach zu beurteilen, in welchem Umfang er den eigenen Prinzipien Rechnung getragen hat? Wie immer die Antwort auf die Frage ausfiele: Sie müßte im Hinblick auf die Herrschaftsqualität als nicht sonderlich relevant eingestuft werden.

Die Themenproportionierung eines beträchtlichen Teils der DDR-Forschung stimmte nicht. Das müssen auch diejenigen selbstkritisch einräumen, die sich keinem normativen Ansatz verpflichtet fühlen. Realität wurde nicht ausreichend rekonstruiert, das eine oder andere Segment der DDR-Politik ausgeblendet – sei es, weil wenig Material anscheinend oder auch nur scheinbar zur Verfügung stand; sei es, weil die eine oder

93 Gebhard Schweigler, Nationalstaatsbewußtsein in der BRD und der DDR, Düsseldorf 1973, S. 104.

94 Hanns Werner Schwarze, Wir und die anderen Deutschen. Tatsachen und Meinungen an der Schwelle zum fünften Jahrzehnt deutscher Zweistaatlichkeit, in: Das Parlament v. 26. August 1988.

95 Rüdiger Thomas (Anm. 1), S. 133.

andere Thematik als inopportun galt. Das Herrschaftssystem etwa kam viel zu kurz; wenn es denn auf die wissenschaftliche Tagesordnung geriet, beschied man sich mitunter damit, das Selbstverständnis der DDR-Führung und Euphemismen von der „sozialistischen Demokratie“ mehr zu referieren als zu kritisieren.[96] Wer in der Bundesrepublik so über den Bundestag und die Wahlpraxis schriebe wie manch ein DDR-Forscher über die Volksvertretungen und die Wahl[97], müsste sich zu Recht den Vorwurf gefallen lassen, er huldige nicht nur blasser und papierener Institutionenkunde, sondern verzeichne auch die Realität. Eine Kostprobe aus einem Beitrag von Gero Neugebauer, der eine Dissertation über den Staatsapparat in der DDR vorgelegt hat,[98] sei geboten. Um nicht den Vorwurf der willkürlichen Kürzung hervorzurufen, werden die Ausführungen über die Wahlen – drei Absätze – vollständig zitiert:

„Die Volksvertretungen in der DDR werden in allgemeiner, gleicher, geheimer und unmittelbarer Wahl gewählt; trotz formal gleicher Begriffe zeigt eine Wahl in der DDR fundamentale Unterschiede zu einer Wahl in der Bundesrepublik auf. Die Kandidaten für die Volksvertretungen werden von den hauptamtlichen Leitungen der im Demokratischen Block vereinten Parteien (SED, DBD, LDPD, CDU, NDPD) und Massenorganisationen (FDGB, FDJ, DFD, Kulturbund) nominiert sowie von Arbeitskollektiven in Betrieben und Genossenschaften vorgeschlagen. Dadurch soll erreicht werden, dass die Abgeordneten den Wählern bekannt sind und eine enge Verbindung zwischen ihnen bleibt.

In jedem Wahlkreis wird eine Gruppe von Abgeordneten der verschiedenen Parteien und Massenorganisationen gewählt. Der Wahlvorschlag erfolgt auf einer Liste (Einheitsliste) der Nationalen Front. Die Kandidaten – Mindestalter: 18 Jahre – sollen Bürger sein, die als spätere Repräsentanten der Staatsmacht vorbildlich auftreten, über ein fundiertes Wissen verfügen, überzeugend und verständlich die Beschlüsse der Partei sowie staatliche Entscheidungen erläutern und entsprechend den daraus abzuleitenden Maßnahmen die Bürger zu Initiativen und Aktivitäten veranlassen können. Sie sind verpflichtet, deren Hinweise, Vorschläge und Kritiken zu beachten und sich für

96 Es ist kein Zufall, dass wesentliche Studien über die Institutionen der DDR von einem Außenseiter stammten, dem Rundfunkjournalisten Peter Joachim Lapp, einem Kollegen von Karl Wilhelm Fricke beim Deutschlandfunk: Vgl. ders., Der Staatsrat im politischen System der DDR, Hamburg 1971; ders., Die Volkskammer der DDR, Opladen 1975; ders., Der Ministerrat der DDR, Opladen 1982.

97 Vgl. Gero Neugebauer, Der Staatsapparat, in: Günter Erbe u.a., Politik, Wirtschaft und Gesellschaft in der DDR. Studientexte für Politische Bildung, Opladen 1979, S. 112–119. Die Einwände treffen im Prinzip den gesamten Band der Berliner DDR-Forscher (neben Erbe und Neugebauer: Gert-Joachim Glaeßner, Horst Lambrecht, Ulrich Lohmann, Irmhild Rudolph, Jürgen Straßburger, Walter Völkel, Hartmut Zimmermann). Vgl. dazu die Kritik des Verfassers, in: Jahrbuch für die Geschichte Mittel- und Ostdeutschlands 29 (1980), S. 230–232. Eine Reihe dieser Autoren (Glaeßner, Neugebauer, Straßburger, Zimmermann) war auch an dem ambitiöser angelegten (im Hinblick auf den politischen Entscheidungsprozess in der DDR), für den englischen Sprachraum bestimmten Band unter der Herausgeberschaft von Klaus von Beyme und Hartmut Zimmermann beteiligt: Policymaking in the German Democratic Republic, Aldershot 1984.

98 Vgl. Gero Neugebauer, Partei und Staatsapparat in der DDR. Aspekte der Instrumentalisierung des Staatsapparates durch die SED, Opladen 1978.

berechtigte Belange einzusetzen. Sie können, wenn sie ihre Pflichten verletzten und/oder das Vertrauen der Wähler, etwa durch Missachtung ihrer Rechenschaftspflicht, nicht mehr besitzen, durch ein geregeltes Verfahren abberufen werden, wobei die Regelung nicht eindeutig erkennen lässt, wer die Abberufung initiiert. Die Kandidaten, die einem öffentlichen Kontrollverfahren auf Wählervertreterkonferenzen (gewählte Vertreter der Wähler) und Wahlversammlungen unterliegen, sind jedoch nur sekundärer Gegenstand der Wahlbewegung. Deren Inhalt wird vielmehr bestimmt durch die Absicht, auf der Basis eines gemeinsamen Wahlprogramms die Bürger zu Aktivitäten (Wettbewerbe etc.) zu bewegen und diese Bereitschaft als Zustimmung zum politischen System zu werten. Die Diskussion des Wahlprogramms und der daraus abzuleitenden Verpflichtungen ist deshalb wichtigster Punkt der Wahlversammlungen und Wählervertreterkonferenzen, die auch den Listenvorschlag der Nationalen Front und die darauf festgelegte Platzierung der Kandidaten bestätigen bzw. veranlassen können, dass Kandidaten zurückgezogen werden, was anlässlich der Volkskammerwahl 1971 drei Kandidaten passierte.

Der Wahlakt – die Organisation der Wahl liegt in Händen der Wahlkommissionen, die aus Vertretern der politischen Organisationen und Delegierten der Bürger von der Nationalen Front gebildet werden – reduziert sich am Wahltag dann auf die Bestätigung oder Ablehnung der Liste. Da auf der Liste mehr Kandidaten aufgestellt werden als Mandate zu vergeben sind und jeder Wähler Kandidaten von der Liste streichen kann, sind die formalen Voraussetzungen für eine Auswahl gegeben. Die Praxis der Wahlhandlung führte bisher in der Regel dazu, dass die Kandidaten auf der Liste mehr als die notwendigen 50% der Stimmen erhielten und somit die Reihenfolge der Kandidaten auf der Liste ausschlaggebend wurde. Die nicht gewählten Kandidaten erhalten die Gelegenheit, als Nachfolgekandidaten an der Arbeit der Volksvertretung, vor allem in den Ausschüssen bzw. Kommissionen, teilzunehmen."[99]

In diesem Tenor geht es über „Das System der Volksvertretungen" weiter. Die DDR bleibt so eine Art terra incognita. Die normative Ausrichtung („sollen") ersetzt die politikwissenschaftliche Analyse. Nicht einmal der Grundsatz der kritischen immanenten Vorgehensweise – Vergleich zwischen Theorie und Praxis zum Beispiel im Hinblick auf den Modus der geheimen Wahl – wird konsequent durchgehalten. Gewiss gilt das längst nicht für alle Darstellungen, aber aus dem Buch „Lüg Vaterland" von Freya Klier[100], der 1988 ausgebürgerten Regimekritikerin, erfährt man mehr über die Mechanismen der Erziehung als aus drögen Analysen zur Lehrplangestaltung. Und Rolf Henrichs „vormundschaftlicher Staat" ist eine weitaus realistischere Beschreibung der DDR-Diktatur, als sie Teile der politikwissenschaftlichen Zunft leisteten.[101]

---

99 Ders. (Anm. 97), S. 113 f. – Siehe zur Wahlpraxis dagegen die Schrift von Peter Joachim Lapp, Wahlen in der DDR. Wählt die Kandidaten der Nationalen Front!, Berlin 1982.

100 Vgl. Freya Klier, Lüg Vaterland. Erziehung in der DDR, München 1990.

101 Vgl. Rolf Henrich, Der vormundschaftliche Staat. Vom Versagen des real existierenden Sozialismus, Reinbek bei Hamburg 1989.

Nicht zu verkennen ist eine gewisse Leisetreterei gegenüber Missständen in der DDR gewesen. Ein Teil der hiesigen Forschung war froh über erste, auch offizielle Kontakte zu DDR-Wissenschaftlern und fürchtete offenkundig, eine deutlichere Sprache lasse sich als Bellizismus deuten und trenne die geknüpften dünnen Fäden. Aber Taktik allein spielte vermutlich nicht einmal die Hauptrolle. Vielen jüngeren Wissenschaftlern, stets in Freiheit lebend, war wohl – horribile dictu – der existentielle Unterschied zwischen einem Verfassungsstaat und einer kommunistischen Diktatur nicht mehr deutlich bewusst. Zudem konnten manche nicht zureichend zwischen einer Bejahung der Entspannungspolitik und einer offenen Ablehnung des DDR-Systems unterscheiden. Dabei harmonierte das eine mit dem anderen durchaus. Forscher wie etwa der politische Publizist Peter Bender[102] bekannten sich zur deutschen Verantwortungsgemeinschaft und kritisierten die DDR nur timide. Für die DDR-Forschung galt der Systemtypus des real existierenden Sozialismus, so Gert-Joachim Glaeßner, „als eine unter anderen Formen der Organisation hochentwickelter industrieller Gesellschaften [...] und nicht als Abirrung vom rechten Weg der kapitalistischen Tugend".[103] Man kann das so verstehen, als sei es darum gegangen, den von der DDR eingeschlagenen Weg als gleichberechtigt zu akzeptieren und ihn nicht zu bekritteln, zumal nicht anhand von Maßstäben, die der DDR ohnehin nicht gerecht würden. Jedenfalls bestand ein breiter Konsens darüber, eine eigene „DDR-Identität" habe sich herausgebildet. Offenkundig fehlte es daran vollends. Die „sozialistische Nation" – sie war eine Chimäre.

Eine Hauptschwäche der bisherigen Forschung ist das nahezu völlige Fehlen komparativer Ansätze. Das Manko war weitgehend methodenbedingt. Hinter der Wahl der Methode steckten freilich vielfach politische Setzungen. Wer die DDR im Wesentlichen aus sich heraus zu verstehen sucht, kann kein tertium comparationis finden. In dieser Perspektive verbietet sich daher ein Vergleich.

Allenfalls kam ein Ost-Ost-Vergleich aufgrund der ähnlichen Voraussetzungen zum Tragen. Dabei schnitt die DDR bekanntlich recht gut ab, so dass im Hinblick auf die Systemstabilität ein verkehrter Eindruck entstehen konnte. Vernachlässigt wurde allerdings nicht selten die finanzielle Unterstützung durch die Bundesrepublik.

Ein Ost-West-Vergleich galt vielfach als unangemessen. Man könne nicht das auf gänzlich anderen Voraussetzungen fußende DDR-System mit dem in der Bundesrepublik vergleichen. Auf diese Weise immunisierte man die DDR indirekt vor Kritik.

Als noch ungewöhnlicher wurde der Vergleich zwischen der kommunistischen und der nationalsozialistischen Diktatur angesehen. Er galt als unschicklich, gar als wissenschaftliches Sakrileg. Wer sich eines solchen Vergleichs bediente, stand unter Ideologieverdacht. „Kalter Krieger" war noch ein eher mildes Schimpfwort. Nicht nur Gert-

102 Vgl. Peter Bender, Vom „Bürgerkrieg" zur Verantwortungsgemeinschaft, in: Friedrich W. Busch (Hrsg.), Perspektiven gesellschaftlicher Entwicklung in beiden deutschen Staaten, Oldenburg 1988, S. 15–25.

103 So Gert-Joachim Glaeßner (Anm. 7). S. 119.

Joachim Glaeßner, von dem schon des Öfteren die Rede gewesen ist, hat dem Totalitarismuskonzept den Totenschein ausgestellt.[104] Es war das große Manko weiter Teile der DDR-Forschung, den totalitären Charakter der DDR nicht erkannt oder jedenfalls nicht ausgesprochen zu haben. Die Totalitarismuskonzeption – so hieß es – könne den Wandel nicht erklären.[105] Aber zeichnete sich der Kommandosozialismus durch Wandel in puncto Herrschaftsausübung aus? Ferner: Sind nur solche Konzepte brauchbar, die Wandel erklären können? Gibt es sie überhaupt?

Wer den Totalitarismusansatz verfocht[106], sah sich dem Vorwurf ausgesetzt, die Politikwissenschaft zu politisieren.[107] Diese Haltung entsprang einer „Haltet-den-Dieb-Reaktion". Die DDR-Forschung sei davor bewahrt worden, „sich im schlechten Sinne erneut zu politisieren und in den letzten Jahren, in denen sich das Ost-West-Verhältnis rapide verschlechterte, ideologische Schützenhilfe für eine Politik zu leisten, die auf Konfrontation, nicht auf Kooperation und Interessenausgleich setzte."[108] Dieser Position lag ebenso eine politische Werthaltung zugrunde. Abgelehnt wird folglich nicht die Politisierung an sich, sondern nur die „schlechte".

Der Vorwurf der systemimmanenten Forschung gegenüber der früheren, nicht genügend „realistisch" vorgegangen zu sein, war einerseits berechtigt, fällt andererseits weitgehend auf sie zurück. Denn gerade an „Realismus" ließ sie es vermissen. Themen, die vielen DDR-Bürgern auf den Nägeln brannten (wie die Umweltverschmutzung), blieben vielfach ausgespart. In einem weitverbreiteten Reader zur DDR aus der Feder von Kurt Sontheimer und Wilhelm Bleek etwa tauchte die Staatssicherheit nicht ein einziges Mal auf.[109] Die Herrschaftsrealität wurde hier wie auch in anderen Werken[110] schlicht ausgeblendet. Dies mutet umso merkwürdiger an, als in der Bundesrepublik ein Teil der Politikwissenschaft und der Publizistik hypersensibel vor dem sich wie ein

---

104 Vgl. ders., Sozialistische Systeme. Einführung in die Kommunismus- und DDR-Forschung, Opladen 1982.

105 Vgl. ebd., S. 73.

106 Es war Karl Dietrich Bracher, der in den siebziger und achtziger Jahren an der Totalitarismuskonzeption festgehalten hat, ohne sie aber systematisch auf die DDR anzuwenden. Vgl. zusammenfassend ders., Die totalitäre Erfahrung, München 1987. Immer wieder hat Bracher die „Tabuisierung des Totalitarismusbegriffs" (ebd., S. 34) gebrandmarkt, im Gegensatz zu Gert-Joachim Glaeßner, für den „die Tabuisierung [der Kritik] dieses Begriffs so weit fortgeschritten [ist], dass auch diejenigen parlamentarischen Kräfte, die in ihrer praktischen Politik den Totalitarismusbegriff für wenig fruchtbar halten, es nicht wagen, seine Ablösung auch im Bereich der Politischen Bildung offen zu fordern." Ders. (Anm. 104), S. 87.

107 Vgl. Gert-Joachim Glaeßner (Anm. 7), S. 114 f., S. 119.

108 Ebd., S. 118 f.

109 Vgl. Kurt Sontheimer/Wilhelm Bleek, Die DDR. Politik – Gesellschaft – Wirtschaft (1972), 5. Aufl., Hamburg 1979. – Siehe die selbstkritische Position von Kurt Sontheimer, Real war nur der schöne Schein, in: Rheinischer Merkur v. 23. Februar 1990.

110 Beispielsweise: In der umfassenden Übersicht von Heinz Rausch u.a. (DDR. Das politische, wirtschaftliche und soziale System, 7. Aufl., München 1988) taucht die Staatssicherheit nur im Zusammenhang mit zwei gänzlich untergeordneten Punkten auf.

Moloch expandierend ausbreitenden „Sicherheitsstaat“[111] warnte. Die systemimmanente DDR-Forschung hielt sich viel auf ihre realistische Sichtweise zugute. Realität war jedoch ihr mangelnder Realismus.

Die mangelnde „politische Urteilskraft“[112] eines beträchtlichen Teils der politikwissenschaftlichen DDR-Forschung fußt auf mannigfachen Gründen. Vielfach wollte man die diktatorischen Elemente einfach nicht zur Sprache bringen, aus Angst vor dem Beifall von der falschen Seite. Die Verlautbarungen der politischen Führung in der DDR wurden häufig nicht „kritisch hinterfragt“. Ein besonderes Defizit der DDR-Forschung lag darin, dass manche Forscher aufgrund von Vorbehalten gegenüber der politischen Ordnung, in der sie lebten, in gewisser Weise dazu neigten, den anderen deutschen Staat aufzuwerten. Der Streit um die angemessene Einschätzung der DDR war in der Tat „über weite Strecken ein Streit um das Selbstverständnis der Bundesrepublik. Angesichts der ideologischen, sozialen und politischen Herausforderung des einen demokratischen deutschen Staates durch den anderen ‚realsozialistischen' ist die Beschäftigung mit der DDR immer auch Anlass zur Reflexion der eigenen gesellschaftlichen Wirklichkeit – ob dies nun gewollt ist oder nicht. Die gesellschaftliche Entwicklung in der Bundesrepublik, insbesondere die Auswirkungen der Weltwirtschaftskrise seit der Mitte der siebziger Jahre, hat ebenso wie die partielle Normalisierung des Verhältnisses der beiden deutschen Staaten zueinander im Gefolge der neuen Ost- und Deutschlandpolitik diesen Zusammenhang deutlicher werden lassen, als dies in den fünfziger und frühen sechziger Jahren der Fall war.“[113] In diesem Sinne kam der DDR-Forschung eine Vehikelfunktion zu. Im Bestreben, (vermeintliche) Feindbilder abzubauen, wurden die Feindbilder des Kommunismus eher heruntergespielt. Die Linksverschiebung des politischen Koordinatensystems, wie sie sich Ende der sechziger Jahre durch die Studentenbewegung vollzog, konnte nicht ohne Rückwirkungen auf die DDR-Forschung bleiben. Auch über diesen Punkt wäre Rechenschaft abzulegen.

Bisher ist ein beträchtlicher Teil der politikwissenschaftlichen DDR-Forschung noch nicht genügend auf den historischen Gezeitenwechsel eingegangen. Die zunächst verständliche Sprachlosigkeit muss einer selbstkritischen Bestandsaufnahme Platz machen. Aber Triumphgefühl ziemt sich auch nicht für jene, die in den letzten zwei Jahrzehnten der etablierten Richtung eher skeptisch gegenüberstanden, wiewohl sie mit einiger Genugtuung das Ende des real-existierenden Sozialismus betrachten.[114]

Die hilflose Reaktion der mehr oder weniger am realen Sozialismus orientierten Richtung darf nicht überraschen. Wenn der Marburger Marxist Reinhard Kühnl resümiert, durch die Umwälzungen sei „der Gedanke des Sozialismus in einem noch nicht abzusehenden, ganz gewiss aber furchtbaren Ausmaß diskreditiert“[115] worden, stellt

111 So der Titel der Schrift von Joachim Hirsch, Der Sicherheitsstaat. Das ‚Modell Deutschland', seine Krise und die neuen sozialen Bewegungen, Frankfurt a.M. 1980.

112 So zu Recht Wilfried von Bredow (Anm. 1), S. 149.

113 Gert-Joachim Glaeßner (Anm. 7), S. 114.

114 Vgl. etwa die Abhandlung von Jens Hacker (Anm. 1).

115 Reinhard Kühnl, Trotz alldem: Die Widersprüche bleiben, in: Volkszeitung vom 4. Mai 1990.

sich die Frage, ob es für eine solche Aussage erst der Umwälzungen im ehedem realexistierenden Sozialismus bedurfte. Eine stabile DDR würde mithin als „nicht-diskreditiert“ gelten. In dieser Perspektive war der Kommunismus wahr, weil er allmächtig war – und allmächtig, weil er als wahr galt. Es ist ein verräterisches Argument, die Diskreditierung der DDR mit ihrem Ende zu begründen. Auch als die DDR noch stabil schien, fehlte ihr die Legitimität – der entscheidende Gradmesser für politische Diskreditierung.

VII. Zukünftige Aufgaben der DDR-Forschung

Abschließend sind die zukünftigen Aufgaben der politikwissenschaftlichen DDR-Forschung wenigstens zu streifen: Wenn ihr das Untersuchungsobjekt abhanden kommt, wirft dieser Umstand zunächst einmal die Frage auf, ob sie überhaupt weiterbestehen kann. Das muss mit einem eindeutigen Ja beantwortet werden. Erst jetzt lässt sie sich überhaupt auf eine empirisch sichere Basis stellen. Wer wie Wilhelm Bleek argumentiert, das Objekt sei ihr verloren gegangen und damit gehöre sie ebenso zu den Opfern, verkennt völlig, dass die DDR-Forschung tatsächlich als Sieger gelten kann, da die Diktatur mit ihrer vierzigjährigen Geschichte für den Politikwissenschaftler reichhaltiges Anschauungsmaterial bietet.[116] Keiner käme auf die Idee, der NS-Forschung ihre Existenzberechtigung zu bestreiten, weil das NS-System ein halbes Jahrhundert zurückliegt.

Allerdings tritt die DDR-Forschung in ein neues Stadium. Sie muss sich entschiedener als Diktaturforschung verstehen. Es darf kein noch so heikles Thema ausgeblendet werden, wiewohl die DDR-Forschung zukünftig nicht mehr in dem Maße im Spannungsfeld von Wissenschaft und Politik angesiedelt sein dürfte wie in den letzten vier Jahrzehnten. Sie muss auch Wissenschaftler aus den neuen Bundesländern einbeziehen. Käme es hinfort allerdings in erster Linie zu Kooperationsprojekten zwischen den einstigen SED-Instituten und jenen sich nach wie vor als Repräsentanten der systemimmanenten Methode begreifenden DDR-Forschern, so bestünde die Gefahr, dass das Desaster des real existierenden Sozialismus nicht angemessen wissenschaftlich aufgearbeitet wird.[117] Die Besorgnis muss heute nicht mehr so groß sein wie noch zu Anfang des Jahres 1990.

---

116 Wilhelm Bleek sieht mit dem Ende der DDR auch das Ende der DDR-Forschung gekommen. Vgl. Wilhelm Bleek, Wenn das Objekt einer Wissenschaft sich auflöst. Gibt es eine Zukunft für die DDR-Forschung?, in: Frankfurter Allgemeine Zeitung v. 11. Mai 1990. Differenzierter ders., Art. Deutschlandforschung (Anm. 17), 154–161. An dem Begriff DDR-Forschung will Bleek aber auch hier nicht mehr festhalten.

117 Vgl. etwa den Sammelband von Rolf Reißig/Gert-Joachim Glaeßner (Hrsg.), Das Ende eines Experiments. Umbruch in der DDR und deutsche Einheit, Berlin 1991. Der Rezensent der „Zeit“ hält das Buch für ein „Pioniervorhaben“ und, man staune, Glaeßner für einen der wenigen Wissenschaftler, die das DDR-System aus sich verstehen wollten. Carl Christian Kaiser, Schmerzhafter Lernprozess, in: Die Zeit v. 29. November 1991.

Die Gesellschaft für Deutschlandforschung hat auf ihrer Mitgliederversammlung im Januar 1991 u.a. folgende Schwerpunkte ihrer Arbeit genannt – die „Förderung der geschichtswissenschaftlichen Aufarbeitung der Entwicklung der DDR einschließlich der friedlichen Revolution von 1989" sowie die „Überprüfung der Aussagen der bisherigen westdeutschen DDR- und vergleichenden Deutschlandforschung zu Politik, Recht, Wirtschaft, Geschichte und Gesellschaft in der SBZ/DDR".[118] Dem lässt sich uneingeschränkt beipflichten. Dass die Forschung über die DDR jetzt nicht einfach zur Tagesordnung übergehen kann, liegt auf der Hand. Zur wissenschaftlichen Vergangenheitsbewältigung gehört auch die Frage nach dem Verhalten der (politikwissenschaftlichen) DDR-Forschung gegenüber dem System, das zu erforschen war.

Im März 1992 ist an der Freien Universität Berlin ein Forschungsverbund zur Analyse des SED-Staates ins Leben gerufen worden.[119] Die Politik der SED als der zentralen Entscheidungsinstanz soll bei allen Projekten im Vordergrund stehen. Die Begründung für den neu eingerichteten Forschungsverbund lautet, die herkömmliche DDR-Forschung habe weite Bereiche des Herrschaftssystems unberücksichtigt gelassen. Dies bedürfe der Änderung. Pointiert heißt es: „Die auf latente Gewalt gegründete Parteiherrschaft, willkürliche Verhaftungen, Schließung der Grenzen, Reiseverbot, Aggression gegen die ČSSR, Verfolgung der Opposition, Ausbau des Spitzelsystems und des Sicherheitsapparates, Anstiftung zu Verbrechen gegen die Menschlichkeit usw. waren keine Themen der Forschung und blieben bis zum Ende der DDR weitgehend tabuisiert."[120] Auch wer das im Kern so sieht, muss gleichwohl zugeben, dass mit dem voraussichtlichen Ende der alljährlichen DDR-Forschertagungen in Bonn-Röttgen „ein wichtiges Forum für interdisziplinären Austausch in einer Workshop-Atmosphäre"[121] fehlt.

Das Plädoyer für Diktaturforschung ist nicht in dem Sinne zu verstehen, dass jede Entwicklung in der DDR nur vor ihrem schmählichen Ende gesehen und alles in das Schema von Zwang und Verfolgung gepresst wird. Eine Historisierung der DDR stellt sich auf diese Weise nicht ein. Wer ein realistisches Bild gewinnen will, muss ihr gewogen sein. Schwarz-Weiß-Bilder von einem „Stasi-Staat" befriedigen propagandistische Bedürfnisse, sind in der Wissenschaft fehl am Platz.

Eine Revision der einstigen Revision ist unumgänglich – und wohl auch unaufhaltsam. Die Kritik an der „herrschenden Richtung" der DDR-Forschung bedeutet jedoch

---

118 Gesellschaft für Deutschlandforschung, Die Aufgaben der Gesellschaft für Deutschlandforschung im geeinten Deutschland, beschlossen in der Mitgliederversammlung am 28. Februar 1991, zitiert nach: Deutschland Archiv 24 (1991), S. 667.

119 Vgl. Rt. (= Ralf Georg Reuth), Offenlegung und Analyse. Freie Universität Berlin will Zentrum der SED-Forschung werden, in: Frankfurter Allgemeine Zeitung v. 10. März 1992.

120 Zit. nach ebd.

121 Walter Süß (Anm. 63), S. 752. Süß deutet an, es könnte zukünftig im Rahmen der 1990 ins Leben gerufenen „Deutschen Gesellschaft", einer überparteilichen Initiative zur Förderung politischer und kultureller Beziehungen in Europa, in anderer Form eine Art Fortsetzung der herkömmlichen DDR-Forschertagungen geben.

nicht, dass ein Rückfall in die fünfziger Jahre als sinnvoll oder überhaupt als möglich gelten kann. Ein solches Ziel mündete in eine Sackgasse. Erstens ist die Forschung inzwischen so profiliert, dass es leichtfertig wäre, deren Ergebnisse nicht zur Kenntnis zu nehmen und über sie generell den Stab zu brechen; zweitens erübrigt sich angesichts des Niedergangs kommunistischer Ordnungen ein Systemwettkampf zwischen Ost und West, so dass die Indienstnahme durch die Politik – sei es im Zeichen des Kalten Krieges, sei es im Zeichen der Entspannung – an Relevanz einbüßt. Allerdings kann die Instrumentalisierung auch innenpolitisch eingesetzt werden.

Was Not tut, ist eine balanciertere Perspektive. Die Geschichte der bisherigen DDR-Forschung ist eine Geschichte der Einseitigkeiten. Sie stellt kein Ruhmesblatt der Wissenschaft dar. Schlug das Pendel in den zwei Jahrzehnten zu sehr in die eine Richtung aus, war es in den letzten zwei Dekaden umgekehrt. Möge das Gros der Forschung zukünftig von einer weniger „schlagseitigen" Sichtweise bestimmt sein. Es geht weder um Horrifizierung der DDR noch um einen Relativismus der Maßstäbe noch gar um eine Idealisierung eines Systems, das niemals den Kredit seiner Bürger besaß.

Die Verknüpfung zwischen einer zunächst immanenten und dann an westlichen Demokratievorstellungen ausgerichteten Vorgehensweise kann viele der aufgetretenen Defizite verhindern und auch einen Beitrag zur mehr propagierten als praktizierten „Entprovinzialisierung der DDR-Forschung"[122] sein. Die systemimmanente Methode ist notwendig, aber eben keineswegs hinreichend[123], um die komplexe Wirklichkeit zu erfassen.[124]

122 Gutachten zum Stand der DDR- und vergleichenden Deutschlandforschung (Anm.36), S. 79.

123 Vgl. überzeugend Peter Graf Kielmansegg, Comparative Research on the Two Germanys. A Critical Outline, in: Peter R. Weilemann (Hrsg.), Aspects of the German Question, Sankt Augustin o.J. (1986), S. 65–77; Eberhard Schütt-Wetschky, Vergleich Bundesrepublik Deutschland – Deutsche Demokratische Republik. Zur Kritik der systemimmanenten Methode, in: Deutschland Archiv 21(1988), S. 754–761. Siehe auch den von der Gesellschaft für Deutschlandforschung initiierten Band unter der Herausgeberschaft von Gernot Gutmann/Siegfried Mampel (Anm. 41). Ferner die einheitliche Maßstäbe für einen Vergleich entwickelnde Arbeit von Klaus Böger/Hans Kremendahl, Bundesrepublik Deutschland – Deutsche Demokratische Republik. Systemvergleich Politik – Wirtschaft – Gesellschaft. Vergleiche der politischen Systeme. Unterrichtsmodell für die Sekundarstufe 2. 2 Bde., Stuttgart 1979; als besonders fragwürdig muss die einer systemimmanenten und funktionalistischen Methode Tribut zollende, im Ergebnis völlig inhaltsarme Arbeit von Wolfgang Behr gelten: Bundesrepublik Deutschland – Deutsche Demokratische Republik. Systemvergleich Politik – Wirtschaft – Gesellschaft, 2. Aufl., Stuttgart 1985. Zusammenfassend Eckhard Jesse, Art. Systemvergleich: Politisches System, in: Werner Weidenfeld/Karl-Rudolf Korte (Anm. 17), S. 644–653.

124 Um zu zeigen, dass der Verfasser nicht aus einer Position der Unangreifbarkeit – und nicht ex post – urteilt, sei auf das folgende Werk verwiesen: Eckhard Jesse (Hrsg.), Bundesrepublik Deutschland und Deutsche Demokratische Republik. Die beiden deutschen Staaten im Vergleich, 4. Aufl., Berlin 1985. Zur Kritik siehe Heinz Heitzer, in: Zeitschrift für Geschichtswissenschaft 34 (1986), S. 835–837. Ferner: Eckhard Jesse, Wahlen in der Deutschen Demokratischen Republik und in der Bundesrepublik Deutschland ein Vergleich, in: Jürgen Weber (Hrsg.), DDR – Bundesrepublik Deutschland. Beiträge zu einer vergleichenden Analyse ihrer politischen Systeme, München 1980, S. 191–212; ders., Die Volkskammer der DDR. Befugnisse und Verfahren nach Verfassung und poli-

VIII. Abschließende Thesen

Nach dem jähen Verschwinden der deutschen kommunistischen Diktatur von der politischen Bühne sprießen Mythen. Heute will jede politische Gruppierung ihren Anteil an der Destabilisierung der politischen Ordnung der DDR geltend machen und sich nicht mehr an die faktische „Geschäftsgrundlage“ vor der „Wende“ in der DDR erinnern: „Dass Bonn die DDR nicht ‚destabilisieren‘ will und dass die DDR-Regierung das weiß, ist die Geschäftsgrundlage ihrer Beziehungen und Vereinbarungen.“[125] Aber auch in der Wissenschaft gibt es eine Gemengelage aus Selbstrechtfertigung, nachträglicher Uminterpretation, Besserwisserei, Selbstgerechtigkeit und Schuldzuweisung.

Der Einwand, niemand aus der Scientific Community habe den Kollaps der DDR vorhergesagt, ist zwar richtig, jedoch nicht sonderlich aussagekräftig. Wer daraus die relativierende Schlussfolgerung zieht, in der Nacht seien alle Katzen grau, ebnet die Unterschiede zwischen den unterschiedlichen Konzeptionen innerhalb der Politikwissenschaft ein. Die Fokussierung der Kritik auf das Phänomen der mangelnden Prognostizierbarkeit geht, wie bereits erwähnt, am Problem vorbei. Dass die Sowjetunion nicht um jeden Preis an der DDR festhalten werde, konnte keiner wissen, auch nicht die DDR-Forschung. Im Grunde müsste man die Sowjetforschung schelten, wenngleich für die sowjetische Position auch die unzweideutige Haltung des größten Teils der DDR-Bevölkerung maßgebend gewesen ist. Aber gerade daran hat die vom Totalitarismusparadigma ausgehende Richtung nie einen Zweifel gelassen.

Der viel zitierte, in der zweiten Hälfte der sechziger Jahre eingeleitete, in den siebziger Jahren in großem Umfang vollzogene und in den achtziger Jahren im Kern beibehaltene „Paradigmenwechsel in der DDR-Forschung“[126], der seinerseits z.T. eine Reaktion auf den Wandel in der internationalen Kommunismusforschung war[127], jedoch in manchen Disziplinen weitgehend ausgeblieben ist[128] , hat keineswegs dazu beigetragen, die Herrschaftsverhältnisse in der DDR zu analysieren, kritisch unter die

---

tischer Praxis, in: Hans-Peter Schneider/Wolfgang Zeh (Hrsg.), Handbuch für Parlamentarismus und Parlamentsrecht in der Bundesrepublik Deutschland. Ein Handbuch, Berlin 1989, S. 1817–1840.

125 Peter Bender (Anm. 102), S. 18.

126 So statt vieler Rüdiger Thomas, Aspekte der DDR-Forschung: Konzepte – Probleme – Perspektiven, in: Politische Bildung 5 (1972), Heft 2, S. 3 (Neubearbeitung 1982).

127 Vgl. beispielsweise Volker Gransow, Konzeptionelle Wandlungen der Kommunismusforschung. Vom Totalitarismus zur Immanenz, Frankfurt a.M. 1980.

128 Zur Rechtswissenschaft vgl. etwa Friedrich-Christian Schroeder, Die Entwicklung der DDR-Rechts-Forschung in der Bundesrepublik, in: Deutschland Archiv 19 (1986), S. 947–953. Man denke an die Arbeiten von Siegfried Mampel (Die sozialistische Verfassung der Deutschen Demokratischen Republik, 2. Aufl., Frankfurt a.M. 1982) und Georg Brunner (Kontrolle in Deutschland. Eine Untersuchung zur Verfassungsordnung in beiden Teilen Deutschlands, Köln 1972). Für die Wirtschaftswissenschaft gilt der „Paradigmenwechsel“ ebenso wenig. Vgl. Karl C. Thalheim, Zur Entwicklung und Gegenwartslage der wirtschaftswissenschaftlichen DDR-Forschung, in: Gottfried Zieger (Hrsg.), Recht, Wirtschaft, Politik im geteilten Deutschland. Festschrift für Siegfried Mampel, Köln 1983, S. 251–270; ders., Die wirtschaftswissenschaftliche DDR-Forschung in der Bundesrepublik Deutschland, in: Deutschland Archiv 20 (1987), S. 1072–1080.

Lupe zu nehmen und beim Namen zu nennen. Ein beträchtlicher Teil der politikwissenschaftlichen Forschung ließ sich vom Zeitgeist einnehmen. Daraus ergeben sich die folgenden Thesen:

Erstens: Die politikwissenschaftliche DDR-Forschung hat mehrere Phasen durchlaufen: Dominierte bis Mitte der sechziger Jahre eine Richtung, die sich der Totalitarismuskonzeption verschrieb, so repräsentierte in den siebziger Jahren der systemimmanente Ansatz den mainstream der Forschung, während später eine stärkere Auffächerung entstand (mit Übergewicht des systemimmanenten Paradigmas). In allen Phasen blieb der relativ enge Bezug von Politik und Wissenschaft erhalten.

Zweitens: Zahlreichen Repräsentanten der politikwissenschaftlichen DDR-Forschung muss der Vorwurf gemacht werden, dass sie den totalitären Charakter der DDR nicht erkannt, jedenfalls nicht ausgesprochen haben. Das Bild von der DDR wurde partiell geschönt, ihr Legitimitätsmakel ignoriert. Das wiegt weitaus schwerer als die Überschätzung der Stabilität des kommunistischen Regimes oder die Betonung der Zweistaatlichkeit.

Drittens: Der systemimmanente Ansatz zumal in seiner Ausschließlichkeit erwies sich insgesamt keineswegs als erkenntnisfördernd. Auf diese Weise ließ sich der Unrechtscharakter der DDR nicht hinreichend erfassen. Ähnliches gilt für andere methodische Ansätze. Die „realistische" Richtung war zum Teil realitätsblind. Ein Systemvergleich kam so gut wie nicht zum Tragen.

Viertens: Die Ursachen für die Defizite der DDR-Forschung – in den fünfziger und sechziger wie in den siebziger und achtziger Jahren – sind vielfältiger Natur. Mit der Studentenbewegung seit der zweiten Hälfte der sechziger Jahre setzte eine Linksverschiebung des politischen Koordinatensystems ein, von der auch die DDR-Forschung betroffen war: Die DDR stelle bei allen Schwächen eine „sozialistische Alternative" dar. Die Idee von einer Art drittem Weg war verbreitet. Zudem verstand man Wissenschaft vielfach als Fortsetzung der (Entspannungs-)Politik.

Fünftens: Die politikwissenschaftliche DDR-Forschung ist keineswegs an ihrem Ende angelangt. Erst jetzt ist der freie Zugang zu Quellen praktisch ohne Einschränkungen möglich. Einerseits dürfte die Kooperation der systemimmanenten Forschung mit früheren SED-Instituten wenig ertragreich sein. Andererseits bedarf das kommunistische Herrschaftssystem einer Historisierung, die dämonisierende Elemente meidet.

„Die Politikwissenschaft war in ihrem substantiellen Kern ‚Demokratiewissenschaft'. Sie hat sich nicht erst dahin entwickelt, sie war es von ihrer Geburtsstunde an."[129] Diese Charakterisierung trifft für die politikwissenschaftliche DDR-Forschung seit Beginn der siebziger Jahre überwiegend nicht zu. Auch ihrer Rolle als „Problemlösungswissenschaft" ist sie, von der Wiedervereinigung gänzlich überrascht, damit

---

129 So Arno Mohr, Politikwissenschaft als Alternative. Stationen einer wissenschaftlichen Disziplin auf dem Wege zu ihrer Selbstständigkeit in der Bundesrepublik Deutschland 1945–1965, Bochum 1988, S. 292 (Hervorhebung im Original).

auch unvorbereitet für ihre Folgen, nicht gerecht geworden. Allerdings verbietet es sich, auf jene indigniert herabzuschauen, die Szenarios über die „DDR im Jahr 2000“[130] entwickelt haben, ohne dabei die Agonie des kommunistischen Systems als entfernte Möglichkeit auch nur einzubeziehen, oder die jetzt noch die Ergebnisse früherer Forschungen auf den Markt bringen, obwohl sie durch die Wirklichkeit ad absurdum geführt worden sind.[131] Die Politikwissenschaft erwies sich als Kind ihrer Zeit.

Die bereits vor der ersten Tagung der DDR-Forscher (19. bis 21. September 1967) von Ernst Richert geäußerte Befürchtung, das Ende der DDR-Forschung sei gekommen[132], findet heute, nach der letzten Tagung dieser DDR-Forscher (21. bis 23. Mai 1991), neue Nahrung. Bei aller Notwendigkeit weiterer Forschung zur DDR-Forschung sollte die Forschung zur DDR nicht zu kurz kommen. Auch die Politikwissenschaft kann ihren Anteil dazu beisteuern, indem sie an die Tradition der Demokratiewissenschaft wieder anknüpft.

---

130 Vgl. Irma Hanke, Die DDR im Jahr 2000. Mutmaßungen über einen Nachbarn, in: Ilse Spittmann-Rühle/Gisela Helwig (Hrsg.), Veränderungen in Gesellschaft und politischem System der DDR (Anm. 61), S. 15–24.

131 Vgl. den gleichwohl in vielerlei Hinsicht aufschlussreichen, die Thesen von einem „sozialistischen Paternalismus“ verfechtenden Band von Gerd Meyer, Die DDR-Machtelite in der Ära Honecker, Tübingen 1991.

132 Vgl. Ernst Richert, Wissen was „drüben“ ist, in: Die Zeit v. 28. April 1967.

DDR: Die intellektuelle Formierung der Opposition seit den 1970er Jahren

I. Einleitung

„Die Definitionsgewalt Ihrer Partei, so singulär bestimmend sie sich gibt, begegnet hier meinem anderslautenden Empfinden. Dieses schlägt nichtschwimmerhaft um sich; politischer Gefangener bin ich diesem zufolge, seit ich denken kann; in einem Stacheldrahtverhau von 108.000 Kilometern im Quadrat".[1]

So provokative Worte wählte Arnold Vaatz im März 1987 in einem offenen Brief an den Schriftsteller Stephan Hermlin. Er prangerte Menschenrechtsverletzungen an, sprach von der Existenz „politischer Gefangener" und stellte die rhetorische Frage: „Was, Herr Hermlin, hat Ihnen unsere kaputtgeschurigelte Generation denn eigentlich getan, dass Ihre Antwort auf unsere Vorstellungen von Völkerfreundschaft Streckmetallzäune, Hundelaufgestänge und das Klicken von Handschellen sind?"[2] Immerhin blieb Vaatz, dessen offener Brief in einem Samisdat-Organ der „Initiative Frieden und Menschenrechte" 1987 erschien, eine (erneute) Verhaftung erspart. Das DDR-System betrieb in den 1980er Jahren prinzipiell keine offene Repression mehr, sondern arbeitete stattdessen mit „Zersetzung".[3] Diese Position, wie sie sich in diesem Zitat von Vaatz niederschlägt, war für die Dissidenten der siebziger und achtziger Jahre eine Ausnahme – das ist die Kernthese meines Beitrages.

Nach einem Überblick zum Forschungsstand möchte ich untersuchen, wie sich die alternative Szene formierte, welche Einschnitte es gab. Danach stelle ich charakteristische Konzeptionen alternativer Kräfte vor und frage nach den Gründen für ihre häufige Ausrichtung an der Idee eines dritten Weges. Schließlich geht es mir abschließend darum, pointiert einige „Fallen" aufzuzeigen, die die oppositionelle Bewegung nicht mied. Gerade wer deren Leistungen würdigen will, muss Idealisierung meiden. Aus pragmatischen Gründen wird der Begriff „Opposition" verwandt, obwohl sich nur die wenigsten systemkritischen Kräfte dieses Terminus seinerzeit bedient haben. Die Versuche einer angemessenen Einordnung politischen Widerspruchs in der DDR sind Legion.[4] Die an Václav Havel angelehnte Definition von Gerd Poppe, eines führen-

---

1 So Arnold Vaatz, Offener Brief an Stephan Hermlin, März 1987, in: Ilko-Sascha Kowalczuk (Hrsg.), Freiheit und Öffentlichkeit. Politischer Samsidat in der DDR 1985–1989, Berlin 2002, S. 209. Erstdruck: Art. 27 – für einen demokratischen Frieden, hrsg. von der Initiative Frieden und Menschenrechte, Berlin 1987. Es blieb bei dieser Einzelausgabe (Auflage: 300).

2 Ebd., S. 210.

3 Vgl. dazu das Grundlagenwerk von Sandra Pingel-Schliemann, Zersetzen. Strategie einer Diktatur, Berlin 2002.

4 Vgl. unter anderem Ehrhart Neubert/Bernd Eisenfeld (Hrsg.), Macht – Ohnmacht – Gegenmacht. Grundfragen zur politischen Gegnerschaft in der DDR, Bremen 2001; Hubertus Knabe, Was war die „DDR-Opposition"? Zur Typologie des politischen Widerspruchs in Ostdeutschland, in: Deutschland Archiv 29 (1996), S. 184–198.

den Bürgerrechtlers, beeindruckt durch ihre Breite und soll die folgenden Überlegungen leiten: „Opposition – in Ostmitteleuropa und auch in der DDR – bestand in dem öffentlich bekundeten, politisch begründeten und mit der Mobilisierung Gleichgesinnter verbundenen Versuch, sich der totalitären Macht zu widersetzen.“[5]

Allerdings: In der DDR ist vieles anders gewesen – und manches doch gleich.

II. Forschungsstand

Vor der friedlichen Revolution des Jahres 1989/90 kam die DDR-Opposition im Westen kaum zur Sprache, zum einen deshalb, weil oppositionelle Bestrebungen wenig existent und kaum bekannt waren, zum anderen, weil ein solches Thema nicht in die politische Großwetterlage zu passen schien. Das Buch von Karl Wilhelm Fricke stellte dabei eine Ausnahme dar.[6] Die Parallele zur ebenso vernachlässigten Staatssicherheit, die mit der staatlichen Repression die Kehrseite verkörperte, liegt auf der Hand. Wie einschlägige Forschungsbeiträge zeigen, änderte sich dieser Sachverhalt nach der friedlichen Revolution grundlegend.[7]

Das voluminöse Standardwerk zu diesem Thema stammt von Ehrhart Neubert, der als Theologe selber zu den oppositionellen Kräften gehörte. Der Autor gibt auf eintausend Seiten einen überaus detailreichen Überblick.[8] Ein umfassendes „Lexikon Opposition und Widerstand in der SED-Diktatur“ systematisierte die Erkenntnisse.[9] Authentischen Dokumentationen zur DDR-Opposition wie der von Ilko-Sascha Kowalczuk kommt ein besonderer Wert zu.[10] Theoretisch anspruchsvolle Studien wie

5 Gerd Poppe, Begründung und Entwicklung internationaler Verbindungen, in: Eberhard Kuhrt u.a. (Hrsg.), Opposition in der DDR von den 70er Jahren bis zum Zusammenbruch der SED-Herrschaft, Opladen 1999, S. 350.

6 Vgl. Karl Wilhelm Fricke, Opposition und Widerstand in der DDR. Ein politischer Report, Köln 1984. Siehe ferner Roger Woods, Opposition in der GDR under Honecker, London 1986. Bezeichnenderweise stammte das einzige wissenschaftliche Werk zur Staatsicherheit vor dem Zusammenbruch der DDR ebenso von Fricke, Die DDR-Staatssicherheit. Entwicklung, Strukturen, Aktionsfelder, 3. Aufl., Köln 1989.

7 Vgl. unter anderem Ehrhart Neubert, Die Opposition in den achtziger Jahren, in: Rainer Eppelmann/Bernd Faulenbach/Ulrich Mählert (Hrsg.), Bilanz und Perspektiven der DDR-Forschung, Paderborn u. a. 2003, S. 180–187; Eckhard Jesse, Oppositionelle Bestrebungen in der DDR der zweiten Hälfte der achtziger Jahre. Eine kritische Betrachtung der Literatur aus den letzten fünf Jahren, in: Deutsche Studien 27 (2001), Heft 145/146, S. 142–180.

8 Vgl. Ehrhart Neubert, Geschichte der Opposition der DDR 1949–1989, 2. Aufl., Berlin 1998; siehe zur ausführlichen Würdigung mit unterschiedlicher Akzentuierung Hubertus Knabe, Die Einsamkeit des Widerstands, in: Uwe Backes/Eckhard Jesse (Hrsg.), Jahrbuch Extremismus & Demokratie, Bd. 10, Baden-Baden 1998, S. 294–311; Eckhard Jesse, „Die“ Analyse zur Opposition in der DDR: viel Geschichte, wenig Politikwissenschaft, in: Politische Vierteljahresschrift 40 (1999), S. 232–242.

9 Vgl. Hans-Joachim Veen u.a. (Hrsg.), Lexikon Opposition und Widerstand in der SED- Diktatur, München 2000.

10 Vgl. Ilko-Sascha Kowalczuk (Anm. 1).

die von Detlef Pollack sind eher die Ausnahme.[11] Zu den wichtigsten Monografien gehören die von Sung-Wan Choi, Patrik von zur Mühlen und Karsten Timmer[12], zu den bedeutendsten Sammelbänden die von Poppe/Eckert/Kowalczuk und von Henke/Steinbach/Tuchel.[13] Regionalstudien[14] verdeutlichen ebenso die Vielfalt der oppositionellen Kräfte wie biografische Sammlungen.[15]

Eine Reihe von Studien charakterisierte mit dem Begriff des dritten Weges die Ziele oppositioneller Kräfte.[16] Den Unterschieden zwischen der linken Oppositionsbewegung und der sich dank der Zwänge reformierenden kommunistischen Partei wurde besonderes Augenmerk zuteil.[17] Dem Mainstream der Forschung widersetzen sich einerseits die Studien dezidiert sozialistischer bis linksextremistischer Bürgerrechtler, die vermutete Geschichtsklitterungen anprangern,[18] und andererseits (unter anderem angloamerikanische) Autoren, die den freiheitlichen Geist der alternativen Bewegungen vermissen.[19] Weniger in der Diagnose, wohl aber in der Wertung unterscheiden sich die beiden Genres. Wer heute die DDR-Opposition noch als Stiefkind der Forschung ansieht, leidet an selektiver Wahrnehmung.

---

11 Vgl. Detlef Pollack, Politischer Protest. Politisch alternative Gruppen in der DDR, Opladen 2000; ders./Dieter Rink (Hrsg.), Zwischen Verweigerung und Opposition. Politischer Protest in der DDR 1970–1989, Frankfurt a.M. 1997.

12 Vgl. Sung-Wan Choi, Von der Dissidenz zur Opposition. Die politisch alternativen Gruppen in der DDR von 1978 bis 1989, Köln 1999; Patrik von zur Mühlen, Aufbruch und Umbruch in der DDR. Bürgerbewegungen, kritische Öffentlichkeit und Niedergang der SED-Herrschaft, Bonn 2000; Karsten Timmer, Vom Aufbruch zum Umbruch. Die Bürgerbewegung in der DDR 1989, Göttingen 2000.

13 Vgl. Ulrike Poppe/Rainer Eckert/Ilko-Sascha Kowalczuk (Hrsg.), Zwischen Selbstbehauptung und Anpassung. Formen des Widerstandes und der Opposition in der DDR, Berlin 1995; Klaus-Dietmar Henke/Peter Steinbach/Johannes Tuchel (Hrsg.), Widerstand und Opposition in der DDR, Köln u.a. 1999.

14 Vgl. etwa Günter Heydemann/Gunther Mai/Werner Müller (Hrsg.), Revolution und Transformation in der DDR 1989/90, Berlin 1999.

15 Vgl. etwa Eckhard Jesse (Hrsg.), Eine Revolution und ihre Folgen. 14 Bürgerrechtler ziehen Bilanz, Berlin 2000; ders. (Hrsg.), Friedliche Revolution und deutsche Einheit. Sächsische Bürgerrechtler ziehen Bilanz, Berlin 2006; Ilko-Sascha Kowalczuk/Tom Sello (Hrsg.), Für ein freies Land mit freien Menschen. Opposition und Widerstand in Biographien und Fotos, Berlin 2006.

16 Vgl. Dirk Rochtus, Zwischen Realität und Utopie. Das Konzept des dritten Weges in der DDR 1989/90, Leipzig 1999; Christof Geisel, Auf der Suche nach einem dritten Weg. Das politische Selbstverständnis der DDR-Opposition in den 80er Jahren, Berlin 2005.

17 Rainer Land/Ralf Possekel, Fremde Welten. Die gegensätzliche Deutung der DDR durch SED-Reformer und Bürgerbewegungen in den 80er Jahren, Berlin 1998; Markus Trömmer, Der verhaltene Gang in die deutsche Einheit. Das Verhältnis zwischen den Oppositionsgruppen und der (SED-)PDS im letzten Jahr der DDR, Frankfurt a.M. 2002.

18 Wolfgang Rüddenklau, Störenfried. ddr-opposition 1986–1989. Mit Texten aus den Umweltblättern, Berlin 1992; Bernd Gehrke/Wolfgang Rüddenklau (Hrsg.), ... das war doch nicht unsere Alternative. DDR-Oppositionelle zehn Jahre nach der Wende, Münster 1999.

19 Vgl. Christian Joppke, East German Dissidents and The Revolution of 1989. New Social Movements in a Leninist Regime, New York 1995; John C. Torpey, Intellectuals, Socialism and Dissent. The East German Opposition and its Legacy, Minneapolis 1995.

III. Etappen

Oppositionelle Bestrebungen waren in der DDR der 1970er und 1980er Jahre keine Massenerscheinung. Bis zum Herbst 1989 gab es, je nach Definition, 2.500 bis etwa 5.000 Personen, die sich zu den Oppositionellen, den Dissidenten rechnen lassen.[20] Ungeachtet der geringen Zahl: Die Opposition in der DDR gab es nicht. „Die DDR-Opposition als eine einheitliche Größe ist lediglich eine Projektion ihrer politischen Gegner oder auch von Revolutionsromantikern."[21]

Die systemkritischen Kräfte in den achtziger Jahren unterscheiden sich grundlegend von der frühen Opposition nach Gründung der DDR, die vorwiegend antikommunistisch orientiert war. Die SPD, mit der KPD zur SED vereinigt, wurde schnell ausgeschaltet.[22] Auch die „Zernierung der bürgerlichen Opposition"[23] erwies sich bereits in den fünfziger Jahren als erfolgreich. Der Mauerbau unterband die „Abstimmung mit den Füßen". Wenige oppositionelle Aktivitäten gab es bei zumeist konspirativ wirkenden Linksintellektuellen und vereinzelt in der evangelischen Kirche – es herrschte weithin Friedhofsruhe. Wer „aufmuckte", wurde, um abzuschrecken, zur Rechenschaft gezogen.

Die Aufnahme der DDR in die UNO 1974 und vor allem der KSZE-Prozess mit der Unterzeichnung der Schlussakte in Helsinki 1975, die in ihrem Korb III menschliche Kontakte, Kultur- und Informationsaustausch vorsah, stellten für die Entwicklung alternativer Strömungen einen Einschnitt dar. Der Korb III war für manche ein Berufungstitel. In der Folge stieg die Zahl der Ausreiseanträge, zunächst langsam, später sprunghaft. Die Kirchen setzten sich vorsichtig für eine Öffnung des gesellschaftlichen Lebens in der DDR ein. Nach der Selbstverbrennung des evangelischen Pastors Oskar Brüsewitz 1976 kam es in kirchlichen Kreisen verstärkt zu Unruhen und nach der Ausbürgerung von Wolf Biermann im selben Jahr zu Protesten in Teilen des intellektuellen Milieus, die jedoch allmählich versandeten. Eine Reihe von „Kulturschaffenden" verließ das Land. Das Paradoxe an dieser Situation erhellt folgender Sachverhalt: Protestiert wurde, weil ein Widerspenstiger *nicht* in die DDR zurückkehren konnte, aber keineswegs deshalb, weil die Masse die DDR verlassen wollte.

In der MfS-Richtlinie Nr. 1/76 ist von verschiedenen Formen der „Zersetzung" gegenüber Andersdenkenden die Rede. Darunter fiel unter anderem die „systematische Diskreditierung des öffentlichen Rufes, des Ansehens und des Prestiges auf der Grundlage miteinander verbundener wahrer, überprüfbarer und diskreditierender sowie unwahrer, glaubhafter, nicht widerlegbarer und damit ebenfalls diskreditierender Angaben"[24]. Der Verzicht auf offene Repression und die nahezu flächendeckende

20 Vgl. Detlef Pollack (Anm. 11), S. 62–64.

21 So Ehrhart Neubert (Anm. 8), S. 901.

22 Vgl. Beatrix Bouvier, Ausgeschaltet! Sozialdemokraten in der Sowjetischen Besatzungszone und in der DDR 1954–1953, Bonn 1996.

23 Karl Wilhelm Fricke (Anm. 6), S. 67.

24 Die Richtlinie ist unter anderem abgedruckt in: Karl Wilhelm Fricke, MfS intern. Macht, Strukturen, Auflösung der DDR-Staatssicherheit. Analyse und Dokumentation, Köln 1993, S. 93–136, hier: S. 126.

Überwachung der „feindlich-negativen" Kräfte waren die Konsequenz einer veränderten Strategie in den 1970er Jahren aufgrund der erwähnten Rahmenbedingungen. In der Phase der Entspannungspolitik verboten sich Repressionen nach früheren Mustern, wodurch sich verstärkt oppositionelle Formen entfalten konnten.

Einen wichtigen Einschnitt für die Entwicklung – heterogener – staatskritischer Strömungen bedeutete die Entstehung unabhängiger, zum Teil aus der „Offenen Arbeit" der Kirchen hervorgegangener Friedensgruppen Ende der siebziger, Anfang der achtziger Jahre. Sie waren eine Reaktion auf die Militarisierung der Gesellschaft, auf das Wettrüsten der „Supermächte" und auf ähnliche Bewegungen in der Bundesrepublik, denen sich viele im Osten verpflichtet fühlten. Robert Havemann und Rainer Eppelmann wollten mit ihrem „Berliner Appell" vom Januar 1982, der unter dem Motto „Frieden schaffen ohne Waffen" stand, an den Erfolg des „Krefelder Appells" im Westen anknüpfen. Sie wandten sich gegen die „lebensgefährliche Konfrontation" durch die Stationierung der Atomwaffen in Deutschland, forderten Friedensverträge der Siegermächte des Zweiten Weltkrieges mit den beiden deutschen Staaten und den Abzug der Besatzungstruppen aus Deutschland. Gegen das neue Wehrgesetz von 1982, das im Fall der Mobilmachung auch die allgemeine Wehrpflicht für Frauen vorsah, bildete sich unter der Ägide von Bärbel Bohley und Ulrike Poppe die Initiative „Frauen für den Frieden". Die beiden mutigen Protagonistinnen wurden Ende 1983 verhaftet, jedoch auf internationalen Druck hin bald wieder freigelassen. Umweltgruppen traten auf den Plan, zum Teil gleichzeitig, zum Teil verstärkt nach dem Abebben der durch die Friedensgruppen ausgelösten Resonanz. Zu ihnen gesellten sich Dritte-Welt-Gruppen. Die Aktionen bewegten sich weitgehend unter dem Dach der Kirche, wobei längst nicht alle Aktivisten der Kirche angehörten.

Mit der „Initiative Frieden und Menschenrechte" entstand Ende 1985 eine erste kirchenunabhängige Menschenrechtsgruppierung, die die Öffentlichkeit suchte. Ihr Organ „Grenzfall"[25] war neben den „Umweltblättern" das bekannteste oppositionelle Periodikum. Diese kleine Gruppierung – sie umfasste, die Zahl schwankte, etwa zwanzig Personen – wartete mit offenen Briefen auf, strebte Kontakte zu Oppositionellen in Osteuropa und eine Demokratisierung der DDR an.[26] Ansätze der „Vernetzung" zwischen den Gruppierungen verstärkten sich in der zweiten Hälfte der achtziger Jahre. Zu einer landesweiten politischen Vereinigung ist es jedoch bis zum Herbst 1989 nicht gekommen.

Die Lageeinschätzung der Staatssicherheit vom Januar 1988 war wenig zutreffend: „Der harte Kern dieser Gruppierungen (Schwerpunkt: ‚Initiative Frieden und Menschenrechte', ‚Kirche von unten', ‚Umweltbibliothek') kooperiert ständig mit bekannten Feinden in Westberlin und der BRD sowie in der DDR tätigen westlichen Diplo-

25 Vgl. Ralf Hirsch/Lew Kopelew (Hrsg.), Initiative Frieden und Menschenrechte, Grenzfall. Vollständiger Nachdruck aller in der DDR erschienenen Ausgaben (1986/87). Erstes unabhängiges Periodikum, Berlin 1989.

26 Vgl. für Einzelheiten Wolfgang Templin/Reinhard Weißhuhn, Die Initiative Frieden und Menschenrechte, in: Eberhard Kuhrt (Anm. 5), S. 171–211.

maten und Journalisten, wird von diesen inspiriert, angeleitet, unterstützt und nimmt einen festen Platz bei der Inszenierung von Hetz- und Verleumdungskampagnen gegen die DDR ein."[27]

Von „Inspiration" durch den Westen konnte keine Rede sein, zumal der „harte Kern" davon nichts wissen wollte. Allerdings erfuhr die „Szene" bisweilen Unterstützung aus dem Westen – zum Beispiel durch die Grünen oder auch durch Ex-Dissidenten wie Roland Jahn.

Die Fluchtbewegung im Sommer 1989 war eine wesentliche Voraussetzung für die Demonstrationsbewegung im Herbst. Oppositionelle gehörten zu den Initiatoren. Beide Faktoren – exit und voice – trugen zur Destabilisierung der diktatorischen DDR bei.[28] Mit der Maueröffnung verlor diese die letzten Reste ihrer Stabilität. Die scheinbare Ohnmacht wurde mächtig, die Macht ohnmächtig.

Allerdings ging mit dem Ende der kommunistischen Diktatur auch der Einfluss der öffentlich aufbegehrenden Gruppen stark zurück. Die Massendemonstrationen im Herbst 1989 veränderten nach Öffnung der Mauer ihren Charakter in Richtung deutsche Einheit. Bei den ersten demokratischen Wahlen am 18. März 1990 waren die renitenten Kräfte Verlierer und Gewinner gleichermaßen: Verlierer, weil sie so deprimierend schlecht abschnitten[29]; Gewinner, weil maßgeblich sie die Wahlen erkämpft hatten.[30] Einstige Oppositionelle finden sich heute bei den Grünen, bei der SPD und der CDU, spielen freilich keine bedeutende Rolle.

IV. Konzeptionen

Der Mut der wenigen Bürgerrechtler ist nicht nur anzuerkennen, sondern auch zu rühmen. Der Fluchtpunkt ihrer heterogenen Konzeptionen war die „Suche nach einem dritten Weg"[31]. Das gilt zumal in gesellschaftspolitischer Hinsicht. Gewiss war die Forderung nach Rechtsstaatlichkeit verbreitet, aber das Demokratieverständnis entsprach in der Regel nicht dem der parlamentarischen Demokratie. Gerd Poppe, einer der Protagonisten der DDR-Bürgerrechtsbewegung, der keineswegs zur betont sozialistischen Richtung gehörte, berichtete 1987 im „Grenzfall" von einem Gespräch mit Unionsabgeordneten, das bei Teilen der Opposition auf heftige Kritik gestoßen war: „Auf

27 MfS HA XX/AKG, 133, S. 1 („Konzeption zur weiteren Bekämpfung politischer Untergrundtätigkeit").

28 Vgl. das zutreffende Modell von Albert O. Hirschman, Abwanderung und Widerspruch und das Schicksal der Deutschen Demokratischen Republik. Ein Essay zur konzeptuellen Geschichte, in: Leviathan 29 (1992), S. 330–358.

29 Allerdings hatte auch die sozialdemokratische Partei ihre Wurzeln in der Oppositionsbewegung.

30 Vgl. Uwe Thaysen, Der Zentrale Runde Tisch der DDR. Oder: Wo blieb das Volk?, Opladen 1990; Hans Michael Kloth, Vom „Zettelfalten" zum freien Wählen. Die Demokratisierung der DDR 1989/90 und die „Wahlfrage", Berlin 2000.

31 Vgl. zahlreiche Nachweise bei Christof Geisel (Anm. 16).

unsere Lage in der DDR bezogen haben wir festgestellt, dass wir zunehmend eigene Artikulationsmöglichkeiten sehen, dass wir niemand benötigen, der für uns eine Stellungnahme einnimmt, wenn es um die Durchsetzung der Menschenrechte in der DDR geht (die sich im übrigen nicht mit Chile und Südafrika vergleichen lässt). [...] Für unsere Gesellschaft sähen wir den Weg nicht in Richtung eines Parteienpluralismus und parlamentarischer Demokratie nach westlichem Muster, sondern notwendig wäre es, den Weg der Demokratisierung zu gehen mit den sich daraus ergebenden Möglichkeiten gesellschaftlicher Selbstverwaltung."[32]

Wenn Ilko-Sascha Kowalczuk mit seiner Meinung Recht hat, Bürgerrechtler „nahmen sich Rechte, die ihnen verwehrt werden sollten, verhielten sich als freie Bürger, obwohl die Unfreiheit das System prägte"[33], käme solchen Äußerungen kein taktisches Moment zu. Aber das würde die Bedingungen in einer Diktatur wie der DDR verkennen, wiewohl Poppe seinerzeit eigens schrieb, man habe sich davon freizumachen, ob die eigenen Worte und Handlungen „fehlinterpretiert oder verfälscht werden können"[34].

Die Nähe zu sozialistischen Grundvorstellungen wird heute vielfach heruntergespielt. Auch für die folgende Behauptung dürften Belege kaum zu finden sein, soweit sie die DDR-Opposition betrifft: „Während im Westen die Totalitarismusdebatte nahezu beendet war, wurde sie in Kreisen der DDR-Opposition zu einem zentralen Thema."[35] Die These Karl Wilhelm Frickes wiederum, es gebe manchen Beleg dafür, dass „die DDR-Opposition an der Perspektive der deutschen Einheit festgehalten hat"[36], ist gleichfalls so nicht haltbar. Das ist eine Legende – es sei denn, man bezieht sich auf gelegentlich geäußerte wolkige Ideen eines dritten Weges, wonach die Bundesrepublik aus der NATO, die DDR dem Warschauer Pakt auszutreten habe, und damit auf Positionen, wie sie etwa Edelbert Richter vertrat. Die deutsche Frage war in den stark vom Gedankengut links-alternativer Kräfte im Westen beeinflussten oppositionellen Kreisen mehr oder weniger tabuisiert, keineswegs jedoch eine Äquidistanzvorstellung. So heißt es bei Edelbert Richter: „Wie die SPD also aufgrund des Eingriffs der Westmächte ihre sozialistischen Ziele nicht verwirklichen konnte, so konnte die KPD aufgrund ihrer Abhängigkeit von der Sowjetunion ihre demokratischen Ziele nicht beibehalten."[37] Es ist eine besondere Paradoxie, dass ausgerechnet diejenige Gruppe, die am entschiedensten die SED ablehnte und für die deutsche Einheit

32 Gerd Poppe, Dialog oder Abgrenzung?, in: Ilko-Sascha Kowalczuk (Anm. 1), S. 166 f.

33 Ilko-Sascha Kowalczuk, Von „aktuelle" bis „Zwischenruf". Politischer Samisdat in der DDR, in: Ebd., S. 103.

34 Gerd Poppe (Anm. 32), S. 164.

35 Ehrhart Neubert (Anm. 8), S. 727.

36 Karl Wilhelm Fricke, Vorwort, in: Ilko-Sascha Kowalczuk (Anm. 1), S. 17. Nach Ehrhart Neubert ist die deutsche Frage für die DDR-Opposition ein „zentrales Thema" gewesen. Vgl. ders. (Anm. 8), S. 661.

37 Edelbert Richter, Zweierlei Land – eine Lektion. Konsequenzen aus der deutschen Misere, in: Ilko-Sascha Kowalczuk (Anm. 1), S. 466.

votierte, durchweg extremistisch orientiert war – die winzige und bald zerschlagene KPD/ML-„Sektion DDR“.[38]

Die Oppositionellen lagen nicht nur im Widerstreit mit der SED, sondern auch im Konflikt mit der Bevölkerungsmehrheit. Cum grano salis gilt: Die große Masse der Bevölkerung war äußerlich angepasst, aber innerlich renitent, die Masse der Oppositionellen hingegen innerlich angepasst, aber äußerlich renitent. Das erklärt wesentlich die marginale Rolle der einstigen Oppositionellen nach der friedlichen Revolution.

V. Gründe für die Konzeptionen

Wer zur Feststellung gelangt, dass für die oppositionellen Kräfte in den 1980er Jahren die parlamentarische Demokratie, die soziale Marktwirtschaft und die deutsche Einheit wahrlich nicht den Angelpunkt ihres Denkens bestimmten, will ihr Anliegen nicht diskreditieren. Aber es wäre unredlich, dies zu unterschlagen. Die Ursachen für die Affinität zu sozialistischen Gedanken sind vielfältig: Gefangen in antifaschistischen Mythen, agierten die staatskritischen Gruppierungen in einer Umgebung, die fest auf den „Sozialismus in den Farben der DDR“ eingeschworen war. Darauf hatten sie sich einzustellen. Sie waren (und nicht nur sie!) weniger von der Diktatur überzeugt, wohl aber von ihrer Stabilität. Teils passten sie sich widerstrebend den Verhältnissen an, so dass nicht alle Verlautbarungen zum Nennwert zu nehmen sind; teils verstanden sie sich als überzeugte Sozialisten, denen die Reform des Sozialismus ein besonderes Anliegen war. Über die Frage der Gewichtung lässt sich streiten – je nach Ort und Zeit. In Berlin überwog stärker die letzte Richtung, in Sachsen weniger; in der zweiten Hälfte der 1980er Jahre wurde die Systemkritik deutlicher als zuvor. Manche eher konservativ eingestellte Personen hielten sich mit ihrem Engagement wohl auch deshalb zurück, weil sie weder von den Aktionsformen noch von den Zielen der aktiven Oppositionellen sonderlich angetan waren. Schließlich stellten viele Ausreiseanträge und schwächten so die Kraft der Gegner. Zahlreiche betont Bürgerliche hatten schon vor 1961 die DDR verlassen; diese Möglichkeiten gab es in den ostmitteleuropäischen Diktaturen weniger.[39]

Die oppositionellen Kräfte waren „68er“ in einem doppelten Sinne: Sie standen einerseits den Idealen des Prager Frühlings von 1968 nahe und andererseits den Ideen der 68er-Bewegung im Westen. Dabei wird ein Aspekt oft übersehen: Die friedensbewegten, alternativen und grünen Kreise im Westen meldeten ihrerseits Vorbehalte gegenüber dem „Kapitalismus“ an. Insofern müsste sich der Vorwurf gegen diese Kräfte richten, denen es zum Teil an Engagement für die freiheitliche Ordnung

38 Vgl. Tobias Wunschik, Maoistische Opposition gegen das Honecker-Regime. Die „Sektion DDR“ der KPD/ML, in: Jahrbuch für Historische Kommunismusforschung 1998, Berlin 1998, S. 187–201.

39 Stephan Bickhardt erklärte den langen starken sozialistischen Konsens bei den Oppositionellen damit: „Es gab bei uns keine bürgerliche Schicht wie in Polen, Ungarn oder der ČSSR.“ So ders., in: „Das freie Wort war die schärfste Waffe der Opposition“. Rundtischgespräche am 3. April 2001 in den Räumen des Matthias-Domaschk-Archivs in Berlin, in: Ilko-Sascha Kowalczuk (Anm. 1), S. 109.

gebrach. Auch sie waren auf den Status quo fixiert und stellten die Existenz der DDR nicht infrage, sondern plädierten für dortige Reformen. Man kann schlecht jene in der Diktatur kritisieren, die sich an aufmüpfigen Kreisen im demokratischen Verfassungsstaat orientierten.

Nach der friedlichen Revolution haben einige Bürgerrechtler ihre Positionen gewandelt; manche räumen dies auch freimütig ein, so Reinhard Weißhuhn, führender Kopf der „Initiative Frieden und Menschenrechte" und nach 1990 enger Mitarbeiter von Gerd Poppe: „Ich gehöre zu denen, die mit linksradikaler Kritik am DDR-Sozialismus anfingen politisch zu denken. Natürlich war diese Art zu denken von der westdeutschen Linken beeinflusst. [...] Das eigentliche Problem oder der eigentliche Unterschied in dieser Hinsicht zu den anderen sozialistischen Ländern bestand meines Erachtens in unserer größeren Nähe zum Westen. Wir glaubten, wir müssten uns nicht nur nach oben, sondern auch nach Westen abgrenzen, unsere Alternative nicht in dem uns vergleichsweise gut bekannten westlichen System suchen, in dem wir auch eine Menge Abzulehnendes sahen, sondern in Utopien. Diese Attitüde hat in der DDR stärker und allgemeingültiger gewirkt als in Polen, Ungarn oder der Sowjetunion."[40]

Die Paradoxie besteht darin, dass die Nähe zum Westen zugleich die Distanz zu ihm förderte.

VI. Fallen

Im Folgenden möchte ich fünf „Fallen" aufzeigen, die die Oppositionskräfte in der DDR nicht mieden.

Die Sozialismusfalle

Die DDR-Opposition konnte deshalb zunächst so erfolgreich sein, weil sie sich – im Kern aus Überzeugung – auf den Boden des Sozialismus stellte. Hätte sie ihn abgelehnt, wäre ihr Spielraum (noch) stärker beschnitten worden. Aber in dem Moment, in dem annähernd freiheitliche Bedingungen gegeben waren, erwies es sich als Manko, mit sozialistischen Positionen in Verbindung gebracht zu werden. Die Idee des Sozialismus, nicht bloß seine Praxis, war bei der Mehrheit der Bevölkerung diskreditiert.

Die Reformfalle

Das Ende der DDR spielte im Denkhorizont der meisten Bürgerrechtler keine Rolle. Eine Diktatur wie die DDR vertrug jedoch keine grundlegende Reform im Sinne eines begrenzten Pluralismus. Die systemkritischen Gruppierungen waren „konterrevolutionär" im Verständnis der SED, auch wenn sie nicht die Abschaffung der DDR auf ihr Panier geschrieben hatten. Insofern argumentierte die politische Führung folgerichtig (und handelte durch flächendeckende Überwachungsmaßnahmen konsequent), nicht

40 Ebd., S. 110 f.

jedoch jener weit überwiegende Teil der Oppositionellen, der eigens auf einen verbesserlichen Sozialismus abstellte. Zugespitzt formuliert: Was die Mehrheit der Bürgerrechtler wollte (eine Reform der DDR), erreichte sie nicht; was sie erreichte (eine Abschaffung der DDR), wollte sie nicht.

Die Antifaschismusfalle
Auch entschiedene Gegner der SED konnten sich von antifaschistischen Mythen nicht lösen. Die Bürgerrechtler tappten in eine „Antifaschismusfalle".[41] Die historische Last galt als so gravierend, dass eine kritische Überprüfung der Idee des Antifaschismus unterblieb. Die Volkserhebung vom 17. Juni 1953, für die SED ein „faschistischer Putsch", war für Oppositionelle kein Thema; und selbst die Mauer, im offiziellen Sprachgebrauch der „antifaschistische Schutzwall", stand nicht im Vordergrund der Kritik. Keiner aus der intellektuellen Szene wollte in Gefahr geraten, mit rechtsextremistischem Gedankengut in Verbindung gebracht zu werden. Anti-Antikommunismus überwog, nicht Antiextremismus.

Die Dritte-Wegs-Falle
Die Bürgerrechtler standen mehrheitlich dritten Wegen nahe – wirtschaftspolitischen, innenpolitischen und außenpolitischen. Doch ein solcher dritter Weg erwies sich in mannigfacher Hinsicht als Holzweg. Er war eine unausgegorene Idee – nirgendwo praktiziert. Die Fixierung auf diesen dritten Weg versperrte die Sicht auf den Weg des Westens, und die Oppositionellen unterschätzten seine Anziehungskraft auf die Masse der Bevölkerung. Nicht zuletzt der wirtschaftliche Wohlstand in der Bundesrepublik übte auf DDR-Bürger eine hohe Attraktivität aus, doch gerade das ökonomische Hinterherhinken der DDR kritisierten die dem „Konsumismus" fernstehenden oppositionellen Kräfte nicht.

Die Teilungsfalle
Die Einheit der deutschen Nation hatte in der DDR-Bevölkerung über 40 Jahre fortbestanden – wohl mehr als in der Bundesrepublik. Dabei wurde in der DDR staatlicherseits davon Abstand genommen, in der Bundesrepublik hingegen wirkten staatliche Institutionen auf ihren Erhalt hin. Für DDR-Oppositionelle war eine Erneuerung, nicht die Abschaffung der DDR das Ziel. Sie konnten mit der Wiedervereinigung im Allgemeinen nichts anfangen, nicht zuletzt wegen der monströsen Verbrechen des Dritten Reiches. Die Teilung galt vielfach als Sühne für Auschwitz. Dabei waren es primär die Ostdeutschen, die unter dieser Teilung zu leiden hatten. Die sich schuldbewusst fühlenden Oppositionellen verkannten, dass die deutsche Zweistaatlichkeit

41 Darauf hat zu Recht immer wieder Ehrhart Neubert hingewiesen. Vgl. ders. (Anm. 8), S. 317–319, S. 884. Siehe auch Manfred Agethen/Eckhard Jesse/Ehrhart Neubert (Hrsg.), Der missbrauchte Antifaschismus. DDR-Staatsdoktrin und Lebenslüge der deutschen Linken, Freiburg i. Br. 2002, insbesondere S. 79–275.

keine Reaktion auf den von Hitler angezettelten Krieg war, sondern eine Folge des Kalten Krieges.

Wer solche und weitere Fallen (eine Abgrenzungsfalle, eine Vergeblichkeitsfalle, eine Isolationsfalle, eine Friedensfalle, eine Konsensfalle, eine Anti-Parteien-Falle) auflistet, will nicht die Legitimität oppositioneller Bestrebungen in Zweifel ziehen. Es geht vielmehr darum, einen Beitrag zur Historisierung der DDR-Oppositionellen zu leisten. Dazu bedarf es der Distanz, nicht des Glorienscheins. Auch Gegner einer Diktatur sind nicht sakrosankt. Es bestand für sie eine Offenheit der Situation. Dass sie sich so entschieden, wie sie sich entschieden, geht maßgeblich auf die Fallen zurück, denen sie nicht entronnen sind.

VII. Schluss

Wie der Überblick gezeigt hat, war die systemkritische Bewegung in der DDR in den 1970er und 1980er Jahren einerseits schwach und andererseits – bei aller Heterogenität – keineswegs von fundamentaler Systemkritik getragen. Die prowestliche Position blieb marginalisiert.

Immer wieder heißt es, die Forderungen Oppositioneller seien „nicht systemimmanent, sondern systemsprengend" gewesen: „Die Machtbegrenzung einer totalitären Partei wie der SED war unmöglich, denn das Wesen totaler Herrschaft ist immer das Entweder-Oder."[42] Mit dieser These hat Rainer Eckert Recht und Unrecht zugleich. Recht, wenn er auf die Auswirkungen abstellt: Schließlich war der DDR-Sozialismus mit einer Machtbegrenzung der Partei unvereinbar; Unrecht, wenn er die Intention der oppositionellen Kräfte berücksichtigt: Ihnen schwebte mehrheitlich die Machtbegrenzung der SED vor. Insofern war die monolithische SED weitaus realistischer als ihr wahrlich nicht monolithischer Kontrahent.

Die Auseinandersetzung mit der Rolle der Opposition in den siebziger und achtziger Jahren kann ein Schlaglicht auf das Herrschaftssystem der DDR werfen. War dieses noch in gleichem Maße totalitär wie in den fünfziger und sechziger Jahren? Seinerzeit hätten oppositionelle Regungen, mögen sie im Kern auch sozialistisch ausgerichtet gewesen sein, nicht diese Möglichkeiten der Artikulation gehabt. Dass spätere oppositionelle Bestrebungen vornehmlich auf die Verbesserung des Systems zielten, spricht für die folgende Vermutung mit Blick auf die anderen ostmitteleuropäischen Diktaturen: In der DDR ist vieles gleich gewesen – und manches doch anders.[43]

42 So Rainer Eckert, Das Programm einer demokratischen Revolution. Debatten der DDR-Opposition in den „radix-Blättern" 1987–1989, in: Deutschland Archiv 32 (1999), S. 779.

43 Bisher fehlt ein systematischer Vergleich der oppositionellen Bewegungen in den ostmitteleuropäischen Diktaturen. Die Publikation von Manfred Agethen/Günter Buchstab (Hrsg.), Oppositions- und Freiheitsbewegungen im früheren Ostblock, Freiburg i. Br. 2003, verspricht mehr, als der wenig systematische Inhalt hält. Das ausgezeichnete Buch von Timothy Garton Ash, Ein Jahrhundert wird abgewählt. Aus den Zentren Mitteleuropas 1980–1990, München 1990, geht mehr auf den Sturz der Diktaturen ein, weniger auf die oppositionellen Bewegungen.

Zwei verschiedene politische Kulturen in Deutschland?

I. Problemstellung, Bedeutung der Thematik, Aufbau, Terminologie

Das Rahmenthema dieser Tagung – *Die neue Bundesrepublik* – kann so verstanden werden, als sei durch den Vereinigungsprozess eine qualitativ neue, eine andere Bundesrepublik entstanden. In der Tat sind die Veränderungen in Deutschland – und nicht nur hier – tektonisch, so dass der sonst häufig missbrauchte Begriff der „Zeitenwende"[1] oder der „Wendezeiten der Geschichte"[2], um den Titel von Karl Dietrich Brachers neuestem Band aufzugreifen, angebracht erscheint. Der „epochale Umbruch"[3], wie er sich in Deutschland vollzog, wird durch folgenden Sachverhalt verdeutlicht: Keine zwölf Monate nach dem von offizieller Seite gefeierten 40-Jahres-Jubiläum der DDR bestand dieser Staat nicht mehr! Der Zusammenbruch ging in einen Aufbruch über, dieser in einen fundamentalen Umbruch. Der Prozess der deutschen Einigung war in seinem Tempo und Umfang gleichsam präzedenzlos, bedenkt man, dass binnen kurzem zwei gegensätzliche Gesellschaften zusammenfanden. Aber ist deswegen eine neue Bundesrepublik entstanden und die bisherige untergegangen, wie dies zahlreiche Buchtitel nahelegen? „BRD ade!" – „Goodbye, Germany" – „Das Ende der Bonner Republik"[4]

Noch vor der Vereinigung kam es in der Frankfurter Allgemeinen Zeitung zu einer Auseinandersetzung zwischen Niklas Luhmann und Ernst Nolte, die bis heute nicht

---

1 Dieser Begriff spielte etwa bei der Nachrüstungsdiskussion in der ersten Hälfte der achtziger Jahre eine beträchtliche Rolle, z.B. bei Erhard Eppler, Bernd Guggenberger oder Walter Jens. Siehe Kurt Sontheimer, Zeitenwende? Die Bundesrepublik Deutschland zwischen alter und alternativer Politik, Hamburg 1983. Ein tiefer Kulturpessimismus verband sich mit apokalyptischen Visionen. Die Bedeutung der freiheitlichen Demokratie wurde heruntergespielt. So hieß es bei Franz Alt: „Der bisher zwischen Ost- und Westdeutschland für so wichtig gehaltene Systemgegensatz ist unwichtig geworden. Hauptfeind ist nicht der ‚Sozialismus' oder der ‚Kapitalismus'. Hauptfeinde diesseits und jenseits der Blockideologien sind die *alle* gemeinsam bedrohenden Vernichtungswaffen." Ders., Frieden ist möglich. Die Politik der Bergpredigt, 13. Aufl., München/Zürich 1983, S. 99 (Hervorhebung im Original). Siehe dazu die so kühle wie treffende Antwort von Manfred Hättich, Weltfrieden durch Friedfertigkeit? Eine Antwort an Franz Alt, 5. Aufl., München 1983.

2 Vgl. Karl Dietrich Bracher, Wendezeiten der Geschichte. Historisch-politische Essays 1987–1992, Stuttgart 1992. Siehe auch Hans Mayer, Wendezeiten. Über Deutsche und Deutschland, Frankfurt a.M. 1993.

3 So Rudolf Wassermann, Ein epochaler Umbruch. Probleme der Wiedervereinigung, Asendorf 1991.

4 Vgl. Otthein Rammstedt/Gert Schmidt (Hrsg.), BRD ade! Vierzig Jahre in Rück-Ansichten von Sozial- und Kulturwissenschaftlern, Frankfurt a.M. 1992; Jonathan Carr, Goodbye, Germany. Nachruf auf die Bonner Republik, Düsseldorf 1993; Margarita Mathiopoulos, Das Ende der Bonner Republik. Beobachtungen einer Europäerin, Stuttgart 1993.

weitergeführt worden ist, obwohl sie allem Anschein nach den Stoff für eine „Großkontroverse" liefert. Während Luhmann einen „Nachruf auf die Bundesrepublik" schrieb, findet nach Nolte die Bundesrepublik im vereinten Deutschland ihre Fortsetzung.[5] Bei der im Einigungsvertrag ausgesparten Frage nach dem Regierungssitz des vereinigten Deutschlands, die hohe Wellen geschlagen hat, fiel der Sachverhalt auf, dass manche Anhänger Bonns vor einer „neuen Republik" warnten, manche Befürworter Berlins mit diesem Argument hingegen Punkte zu machen versuchten. Die Frage nach einer neuen Republik treibt Befürworter und Gegner um, wenn auch mehr in unterschwelliger Form. Kurz gefasst lautet das Problem folgendermaßen: Haben wir eine neue oder eine erweiterte Bundesrepublik Deutschland?

Diese Kernfrage lässt sich auf drei, nicht immer strikt voneinander zu trennenden Ebenen ansiedeln – der deskriptiven, der prospektiven und der präskriptiven. Erstens: Ist die „Bonner Republik" mit dem 3. Oktober 1990 eine „neue Republik", eine „Berliner Republik", eine „dritte deutsche Republik" geworden? Zweitens: Wird sie es? Und drittens: Soll sie es werden?

Wer die Frage nach der Gestalt der Bundesrepublik in der dreifachen Form angemessen beantworten will, muss eine Reihe von Dimensionen auffächern und sie einander zuordnen, sieht man einmal von der Art des Einigungsprozesses ab, der sich faktisch als Angliederung der DDR vollzog – das Institutionengefüge etwa, das Parteiensystem, den föderalistischen Aufbau, den Verfassungspatriotismus, den politischen Extremismus, die streitbare Demokratie, die außenpolitischen Rahmenbedingungen, um nur einige zu nennen. Vermeiden lassen sich so pauschalisierende Antworten, wie sie gang und gäbe sind.

Ich beschränke mich dabei auf den Bereich der politischen Kultur – einen zentralen Bereich, der einige Aussagen über das politische System – seine Stabilität und Legitimität – zulässt. Zieht die äußere Einheit die innere nach sich? Oder verursacht – eher umgekehrt – die äußere Einheit geradezu innere Zwietracht? *Besser-Wessis* versus *Jammer-Ossis*? Ist an diesem Bonmot etwas dran: „Die Ostdeutschen riefen: Wir sind ein Volk. Die Westdeutschen antworteten: Wir auch"? In der Sprache des Wissenschaftlers heißt das verbreitete Szenario bei Ursula Feist: „Vereint und doch gespalten"[6], bei Gerd Meyer – „Deutschland: Ein Staat – zwei politische Kulturen"[7]– und bei Martin

---

5 Vgl. Niklas Luhmann, Dabeisein und Dagegensein. Anregungen zu einem Nachruf auf die Bundesrepublik, in: Frankfurter Allgemeine Zeitung v. 22. August 1990; Ernst Nolte, Untergang der Bundesrepublik. Zur Frage der Kontinuität in der Nachkriegsgeschichte, in: Frankfurter Allgemeine Zeitung v. 5. September 1990. Die beiden Artikel sind in gekürzter Form abgedruckt in: Volker Gransow/Konrad H. Jarausch (Hrsg.), Die deutsche Vereinigung. Dokumente zu Bürgerbewegung, Annäherung und Beitritt, Köln 1991, S. 204 f., S. 220–223.

6 Vgl. Ursula Feist, Zur politischen Akkulturation der vereinten Deutschen. Eine Analyse aus Anlaß der ersten gesamtdeutschen Bundestagswahl, in: Aus Politik und Zeitgeschichte B 11–12/91, S. 21.

7 Vgl. Gerd Meyer, Deutschland: Ein Staat – zwei politische Kulturen. Was trennt, was vereint die Deutschen in Ost und West?, in: Der Bürger im Staat 43 (1993), S. 3–12.

Greiffenhagen – „Eine Nation. Zwei politische Kulturen"[8] – ganz ähnlich. Dagegen hatte dieser noch 1986 – reichlich formalistisch – von einer „Gleichaltrigenkultur" in ganz Deutschland geredet, die sich gegen die folgende Entwicklung stemmt: „Starrheit der politischen Strukturen, Unbeweglichkeit der Parteiapparate, die vor allem am eigenen Überleben interessiert sind, Kurzsichtigkeit politischer Strategien, Unempfindlichkeit gegenüber Problemen der Dritten Welt, reaktionäre Modelle der Militärpolitik."[9]

Die Bedeutung der Frage nach der gegenwärtigen und künftigen politischen Kultur in Deutschland liegt auf der Hand: Für die Funktionsweise eines Staates ist nicht nur das Zusammenspiel der Institutionen und eine positive ökonomische Wirtschaftsentwicklung wichtig. Auch die jeweiligen politischen Orientierungsmuster beeinflussen maßgeblich den Weg einer Demokratie, zumal dann, wenn die wirtschaftlichen Rahmenbedingungen ungünstig verlaufen. Sollte sich herausstellen, dass die Wertvorstellungen der West- und Ostdeutschen angesichts unterschiedlicher Mentalitätsstrukturen auseinanderklaffen, ist man von der vielbeschworenen inneren Einheit noch weit entfernt. So ist es denn auch nicht verwunderlich, dass die drei aktualisierten Gesamtdarstellungen zum politischen System der Bundesrepublik der Frage der politischen Kultur der Gegenwart in Deutschland eigene Kapitel widmen: Nach Kurt Sontheimer, der im übrigen vor allem normativ argumentiert, könnte es noch lange dauern, bis sich die politische Kultur in ganz Deutschland angeglichen hat. Die politische Kultur in der DDR müsse sich wandeln.[10] Klaus von Beyme schätzt die Unterschiede weniger hoch ein: „Die düsteren Bilder einer separaten ostdeutschen Kultur, die zu Anfang der neunziger Jahre im Schwange waren, sind [...] nicht allzu ernst zu nehmen. Die normative Kraft des Faktischen der Integration bleibt erfahrungsgemäß nicht ohne Auswirkungen auf die Einstellung der Bürger."[11] Hingegen fällt das Resümee von Wolfgang Rudzio weitaus skeptischer aus. „Bis auf weiteres aber muss Deutschland *nicht nur mit einer regional gespaltenen politischen Kultur, sondern auch mit labiler und mangelnder Unterstützung für das politische Institutionensystem in einem Teil des Landes* leben."[12] Lassen sich

8 Vgl. Martin Greiffenhagen, Eine Nation – zwei politische Kulturen. Eine Zwischenbilanz, in: Universitas 46 (1991), S. 980–988.

9 Ders., Von Potsdam nach Bonn. Zehn Kapitel zur politischen Kultur Deutschlands, München 1986, S. 234. – Die Rolle der (Politik-)Wissenschaft im Hinblick auf die fragwürdige Einschätzung der DDR wird uns noch lange beschäftigen. Ein Anfang ist mit Jens Hackers Buch gemacht, das sich allerdings überwiegend auf die nationale Dimension beschränkt. Vgl. ders., Deutsche Irrtümer. Schönfärber und Helfershelfer der SED-Diktatur im Westen, Berlin 1992; siehe auch Eckhard Jesse, Die politikwissenschaftliche DDR-Forschung in der Bundesrepublik Deutschland, in: Peter Eisenmann/Gerhard Hirscher (Hrsg.), Dem Zeitgeist geopfert. Die DDR in Wissenschaft, Publizistik und politischer Bildung, Mainz 1992, S. 13–58.

10 Vgl. Kurt Sontheimer, Grundzüge des politischen Systems der neuen Bundesrepublik Deutschland, 15. Aufl., München 1993, S. 171–173.

11 Klaus von Beyme, Das politische System der Bundesrepublik Deutschland nach der Vereinigung, 6. Aufl., München/Zürich 1991, S. 77.

12 Wolfgang Rudzio, Das politische System der Bundesrepublik Deutschland. Eine Einführung, 3. Aufl., Opladen 1991, S. 478 (Hervorhebung im Original).

hinreichend sichere Aussagen über die Plausibilität der Thesen treffen? Oder sind der Prognosekraft Grenzen gesetzt? Wie groß sind die Unterschiede zwischen Ost und West aufgrund anderer lebensweltlicher Erfahrungen? Welche Entwicklung ist wahrscheinlich, welche erwünscht?

Um diese Fragen wenigstens ansatzweise beantworten zu können, bietet sich folgendes Vorgehen an: Zunächst geht es – nach Klärung der Terminologie – um eine knappe Darstellung der politischen Kultur in der Bundesrepublik bis Ende der achtziger Jahre (Kapitel II) und der DDR (Kapitel III). Anschließend sei der heutige empirische Befund in puncto Demokratieverständnis gesichtet, ohne mit überbordendem Datenbestand aufzuwarten (Kapitel IV). Für alle drei Bereiche – den Ist-Zustand (Kapitel V), den Wird-Zustand (Kapitel VI) und den Soll-Zustand (Kapitel VII) – werden Aussagen getroffen. Dabei stütze ich mich auch auf Bekundungen von Intellektuellen, die häufig richtungweisende, für das politische Klima prägende Positionen besetzen. Sie stellen einen wichtigen Seismographen des Zeitgeistes dar. Das Kapitel VIII greift die Eingangsüberlegungen in puncto neuer oder erweiterter Bundesrepublik unter der Bezugnahme Weimar-Bonn-Berlin wieder auf. Die Schlussbetrachtung (Kapitel IX) deutet einige Perspektiven an.

Der in den fünfziger Jahren von dem amerikanischen Politikwissenschaftler Gabriel A. Almond geprägte Begriff der politischen Kultur ist relativ weit gefasst, erlaubt verschiedene Interpretationsmuster und lässt sich für die Analyse von Gesellschaften fruchtbar machen.[13] Politische Kultur wird von mir nicht in einem wertenden Sinne verstanden, als politische Kultiviertheit oder als politische Hygiene etwa, wie dies im alltäglichen Sprachgebrauch häufig geschieht. Wer diesen Begriff so auslegt, kann zum Ergebnis kommen, in der DDR habe es gar keine politische Kultur gegeben oder in der Bundesrepublik sei angesichts sich häufender Skandale ein Verfall derselben eingetreten. Unter politische Kultur sollen vielmehr Verhaltensweisen, Wertvorstellungen, politisch-gesellschaftliche Orientierungen, geschichtliche Traditionen, Einstellungsmuster, ungeschriebene Ideen und „Befindlichkeiten", wie es neudeutsch heißt, aufgefasst werden, die in jedem Staatsgebilde bestehen und es auch prägen. Die politische Kultur betrifft damit vornehmlich die subjektive Dimension der Politik. Die Umfrageforschung ist ein wichtiges Instrumentarium, um ihr auf die Spur zu kommen. Laut Kurt Sontheimer kann die politische Kultur eine „Stabilitätsreserve in möglichen Krisensituationen"[14] darstellen und natürlich auch – umgekehrt – ein „Instabilitätsele-

---

13 Vgl. zusammenfassend nur die folgenden Studien (jeweils mit weiterführenden Literaturhinweisen): Wolf Michael Iwand, Paradigma Politische Kultur. Konzepte, Methoden, Ergebnisse der Political-Culture-Forschung in der Bundesrepublik. Ein Forschungsbericht, Opladen 1985; Max Kaase, Sinn oder Unsinn des Konzepts „Politische Kultur" für die Vergleichende Politikforschung, oder auch: Der Versuch, einen Pudding an die Wand zunageln, in: Ders./Hans-Dieter Klingemann (Hrsg.), Wahlen und politisches System. Analysen aus Anlass der Bundestagswahl 1980, Opladen 1983, S. 144–171; Dirk Berg-Schlosser/Jakob Schissler (Hrsg.), Politische Kultur in Deutschland. Bilanz und Perspektiven der Forschung, Opladen 1987.

14 Kurt Sontheimer, Deutschlands Politische Kultur, München 1990.

ment", wie dies wohl für die fünfziger Jahre in der Bundesrepublik gilt und wie dies nach verbreiteter Auffassung für die neuen bzw. jungen Länder zutreffen soll.

II. Entwicklung der politischen Kultur in der (frühen) Bundesrepublik Deutschland

Gabriel A. Almond und Sidney Verba waren in ihrer berühmten Länderstudie in der ersten Hälfte der sechziger Jahre bekanntlich eher zu einem skeptischen Urteil über die politische Kultur der Bundesrepublik gekommen. Es bestimmte viele Jahre lang das Verständnis von der hiesigen politischen Kultur in Deutschland. Als Charakteristika führten die Autoren u.a. an: „Awareness of politics and political activity, though substantial, tend to be passive and formal. Voting is frequent, but more informal means of political involvement, particularly political discussion and the forming of political groups, are more limited. [...] And norm favoring active political participation are not well developed. Many Germans assume that the act of voting is all that is required of a Citizen. [...] The orientation to the political system is still relatively passive – the orientation of the subject rather than of the participant."[15] Seit längerem stimmt die Forschung weitgehend darin überein, dass bestimmte traditionelle Elemente wie obrigkeitstaatliches Denken, Konfliktschwäche, Etatismus nicht nur im Zuge der vor allem studentisch geprägten Protestbewegung in der zweiten Hälfte der sechziger Jahre überwunden oder doch zumindest stark abgeschwächt wurden. Von einer „Untertanenkultur" könne nicht (mehr) die Rede sein.

Auch bei der wissenschaftlichen „Wende" wirkte ein amerikanischer Politikwissenschaftler in einer Nachfolgestudie meinungsbildend – David P. Conradt.[16] Innerhalb von knapp zwei Jahrzehnten habe sich nicht zuletzt aufgrund der NS-Katastrophe das westliche Deutschland von vielen wenig erfreulichen Traditionen gelöst und nahezu ein Muster an politischer Reife entwickelt. Vordemokratische Strukturen seien in relativ kurzer Zeit überwunden worden. Was Conradt im Jahre 1980 konstatierte, bestätigten viele bundesdeutsche Sozialwissenschaftler[17]: Das Interesse an Politik hat zuge-

---

15 Gabriel A. Almond/Sidney Verba (Hrsg.), The Civic Culture. Political Attitudes and Democracy in five nations, Princeton 1963, S. 429.

16 Vgl. David P. Conradt, Changing German Political Culture, in: Gabriel A. Almond/Sidney Verba (Hrsg.), The Civic Culture Revisited, Boston 1980, S. 212–272. Die erste positive Rezeption von Conradt findet sich in Deutschland bei Heinz Rausch, Politische Kultur in der Bundesrepublik Deutschland, Berlin 1980. Scharfe Kritik übte zunächst Peter Reichel, Politische Kultur der Bundesrepublik, Opladen 1981.

17 Siehe etwa zusammenfassend: Dirk Berg-Schlosser, Entwicklung der Politischen Kultur in der Bundesrepublik Deutschland, in: Aus Politik und Zeitgeschichte B 7/90, S. 30–46; nach Wilfried Röhricht, der damit eine Minderheitenposition repräsentiert, charakterisiert das obrigkeitliche Element die politische Kultur der Bundesrepublik. Siehe ders., Die verspätete Demokratie. Zur politischen Kultur der Bundesrepublik, Köln 1983; etwas differenzierter ders., Die Demokratie der Westdeutschen. Geschichte und politisches Klima einer Republik, München 1988.

nommen, das soziale Vertrauen ist gestiegen, die politische Beteiligung ebenso, selbst in unkonventioneller Form, so dass professionelle Beobachter geneigt waren, von einer „partizipatorischen Revolution“[18] zu reden. Es ist eine affektive Bindung an den demokratischen Verfassungsstaat entstanden: „Der Stolz auf politische Systemmerkmale hat sich weit nach vorn geschoben.“[19] Jürgen Habermas' häufig zitiertes Diktum können viele seiner Kritiker teilen, mag dabei auch ein Gran an Idealisierung der westlichen Welt mitschwingen: „Die vorbehaltlose Öffnung der Bundesrepublik gegenüber der politischen Kultur des Westens ist die große intellektuelle Leistung unserer Nachkriegszeit.“[20]

Eine Schlüsselrolle für den Wandel der politischen Kultur spielt dabei die Studentenbewegung in der zweiten Hälfte der sechziger Jahre mit ihren so tiefreichenden wie ambivalenten Folgen. Einerseits wurde die politische Kultur durch zahlreiche Liberalisierungstendenzen „verwestlicht“, andererseits blieb durch eine merkwürdige Absage an die arbeitsteilige Industriegesellschaft ein „romantischer Rückfall“[21] nicht aus. In der Tat ist die Liberalität gegenüber den fünfziger Jahren gestiegen, aber gleichwohl stimmt Wolfgang Rudzios These, dass sich in den siebziger und achtziger Jahren mit der Erosion der Abgrenzung gegenüber sowjetkommunistischen Gefahren „ein wichtiges stabilisierendes Element der politischen Kultur der Bundesrepublik“[22] aufzulösen begonnen hat. Dem wohnt insofern eine Paradoxie inne, als erst jener Klimawandel mit seinen problematischen Konsequenzen die politische Kultur durch Zunahme der Liberalität gestärkt hat.

Die Überwindung von alten Schwächen ist – bei der Einkapselung von Restbeständen – mit dem Aufkommen anderer Defizite Hand in Hand gegangen. Zur Kehrseite des Wandels gehört vielleicht die Fixierung auf das Echo im Ausland, Lagermentalität, die zur Dramatisierung von Konflikten neigt und Entscheidungsbildung erschwert, zählt aber auch die Orientierung vieler Intellektueller an zum Teil utopischen Maßstäben, vor denen jedes Gemeinwesen versagen muss. Man kann leicht – legt man eine rigide Meßlatte zugrunde – von einer Legitimationskrise reden oder einer Unregierbarkeitskrise – je nach Standort. Die nicht nur angesichts der Herausforderung durch die deutsche Einheit sichtbar werdenden Defizite – Anspruchsmentalitäten, Sympathien für populistische Verführungen – müssen allerdings die Frage aufwerfen, ob nicht die bisherige Deutung der politischen Kultur im Sinne einer festen Demokratieveran-

---

18 In diesem Sinne Max Kaase, Partizipatorische Revolution – Ende der Parteien?, in: Joachim Raschke (Hrsg.), Bürger und Parteien. Ansichten und Analysen einer schwierigen Beziehung, Opladen 1982, S. 173–189.

19 So Harro Honolka, Schwarzrotgrün. Die Bundesrepublik auf der Suche nach ihrer Identität, München 1987, S. 104.

20 Jürgen Habermas, Eine Art Schadensabwicklung. Kleine Politische Schriften VI, Frankfurt a.M. 1987, S. 75.

21 Vgl. Richard Löwenthal, Der romantische Rückfall. Wege und Irrwege einer rückwärts gewandten Revolte, Stuttgart 1970.

22 Wolfgang Rudzio, Die Erosion der Abgrenzung. Zum Verhältnis zwischen der demokratischen Linken und Kommunisten in der Bundesrepublik Deutschland, Opladen 1988, S. 252.

kerung allzu optimistisch gewesen ist. Gleiches gilt freilich für viele andere europäische Staaten.

III. Entwicklung der politischen Kultur in der DDR

Es liegt angesichts so gut wie fehlender, zudem nur begrenzt verwertbarer Umfragen auf der Hand, dass eine angemessene Einschätzung der politischen Kultur in der DDR weitaus schwieriger ist. Die relativ wenigen Umfragen, wie insbesondere vom *Leipziger Zentralinstitut für Jugendforschung* oder der *Akademie für Gesellschaftswissenschaften*, indizieren eine stetige Abschwächung der Akzeptanz des Marxismus-Leninismus.[23] Aber sind solche Angaben wirklich aussagekräftig? Lassen sie sich nicht auch im Sinne einer stärkeren Liberalisierung deuten, die den Grad an Konformismus gemindert hat? Ansonsten müsste man von einem Vertrauensschwund reden – eine gewagte These, die den offenkundigen Befund, dass der „real-existierende Sozialismus" in der DDR zu keiner Zeit Rückhalt bei der Bevölkerungsmehrheit besaß, nicht zur Kenntnis nimmt. Die Mauer wurde im Jahre 1961 gebaut (und im November 1989 geöffnet), um die Bürger für das System zu gewinnen – jeweils vergeblich.

Gleichwohl muss die Frage nach der Hinterlassenschaft von fast sechs Jahrzehnten Diktatur gestellt werden – zunächst einer nationalsozialistischen, dann einer kommunistischen. In der DDR könnten sich verschiedene politische Kulturen gekreuzt, vermengt und überlagert haben. Die Verlautbarungen im Sinne des Marxismus-Leninismus dürften nur zum Teil internalisiert worden sein.[24] Selbst die PDS als Nachfolgepartei der SED knüpft heutzutage daran praktisch nicht an. Stattdessen gab es den Rückzug ins Private. Wer in Ruhe gelassen wurde, war vielfach bereit, die Obrigkeit zu respektieren. Günter Gaus prägte das Wort von der „Nischengesellschaft".[25] Die Bezeichnung ist richtig und falsch zugleich. Falsch insofern, als damit suggeriert wird, das System sei in toto durch Nischen charakterisiert, in die man sich je nach Gusto zurückziehen konnte. Richtig insofern, als viele Bürger durch den Rückzug in die familiäre Idylle der Politisierung auszuweichen suchten. „Die Mehrheit war politisch ohne Heimat und doch zuhause in den Ritualen des Herrschaftssystems."[26] Sekundärtugenden wie Ordnung, Fleiß und Pünktlichkeit dürften eine große Rolle gespielt haben. Für viele ist die DDR u.a. deshalb das „deutschere" Deutschland gewesen. Man hat von

---

23 Vgl. Walter Friedrich, Mentalitätswandlungen der Jugend in der DDR, in: Aus Politik und Zeitgeschichte B 16–17/90, S. 25–37. Siehe auch Thomas Gensicke, Mentalitätsentwicklungen im Osten Deutschlands seit den 70er Jahren. Vorstellung und Erläuterung von Ergebnissen einiger empirischer Untersuchungen in der DDR und in den neuen Bundesländern von 1977 bis 1991, Speyer 1992 („Speyerer Forschungsberichte", Bd. 109).

24 Vgl. etwa Christiane Lemke, Die Ursachen des Umbruchs 1989. Politische Sozialisation in der ehemaligen DDR, Opladen 1991.

25 Vgl. Günter Gaus, Wo Deutschland liegt. Eine Ortsbestimmung, Hamburg 1983, S. 156–233.

26 Gerd Meyer (Anm. 7), S. 5.

den „roten Preußen“[27] gesprochen, zumal die SED-Führung in den letzten Jahren an nationale Traditionen anzuknüpfen und sich etwa Martin Luther oder Friedrich den Großen anzueignen suchte.[28]

„Der SED-Staat gab sich so antifaschistisch, dass er nicht die geringste Diskussion über die NS-Zeit zuließ.“[29] Damit wurde dieses Erbe in gewisser Weise nicht überwunden. Bestimmte Elemente aus der Zeit des Dritten Reiches wie Fügsamkeit und Gehorsam ließen sich tradieren. Man ging massiv gegen NS-Täter vor, nicht zuletzt im Interesse des eigenen Monopolanspruches. Wolf Lepenies' Vorstellung ist abwegig, „das vereinte Deutschland könnte eine Gemeinsamkeit der politisch-moralischen Orientierung auch dadurch finden, dass es an den Antifaschismus der frühen DDR anknüpft“[30] – als habe der in der DDR praktizierte „Antifaschismus“ jemals etwas anderes bedeutet als die Ausschaltung unliebsamer Positionen. Dem Nationalsozialismus hält man zu Recht auch seinen Antikommunismus nicht zugute.

Die meisten Bürger der DDR möchten sich mit der hegemonialen Stellung der DDR nicht anfreunden: So gab es eine Fixierung auf den Westen[31], auf das dortige Fernsehen etwa. Liberaldemokratische Werte wurden nicht verdrängt bzw. lebten wieder auf, als das Bekenntnis zu ihnen nicht mehr riskant erschien. Während die DDR in der Bundesrepublik, wo sich die tragenden politischen und gesellschaftlichen Kräfte der Einheit der Nation verschrieben, vielfach ein unbekannter Nachbar war, bestand ausgerechnet in dem Staat, in dem die These von den zwei deutschen Nationen propagiert wurde, die Einheit der Nation fort. Die „Dominanz bürgerlicher Werthaltungen“[32] erwies sich als stark. Wie wir wissen, bildete sich keine DDR-Identität im Sinn einer Bejahung eines eigenständigen Staates heraus. Eine „Dissidentenkultur“ wie in Polen oder der Tschechoslowakei konnte sich gleichwohl nur schwach entwickeln. Die Existenz der Bundesrepublik war in dieser Hinsicht ambivalent. Die vor der „Wende“ verbreitete Auffassung, in der DDR gäbe es keine *„politische Opposition,* die für ein nichtsozialistisches Gesellschaftsmodell eintritt“[33], muss zwar formal als rich-

---

27 Vgl. Wolfgang Venohr, Die roten Preußen. Vom wundersamen Aufstieg der DDR in Deutschland, Erlangen 1989.

28 Vgl. beispielsweise Walter Schmidt, Zur Entwicklung des Erbe- und Traditionsverständnisses in der Geschichtsschreibung der DDR, in: Zeitschrift für Geschichtswissenschaft 33 (1985), S. 195–212; zur Kritik: Eberhard Kuhrt/Henning von Löwis, Griff nach der deutschen Geschichte. Erbeaneignung und Traditionspflege in der DDR, Paderborn 1987.

29 Klaus-Peter Schöppner, Ost-CDU: Partei der Arbeiter, in: Spiegel-Spezial 1/1991, S. 42 („Das Profil der Deutschen. Was sie vereint, was sie trennt“).

30 Wolf Lepenies, Folgen einer unerhörten Begebenheit. Die Deutschen nach der Vereinigung, Berlin 1992, S. 74.

31 Vgl. Wilhelm Bleek, Die DDR als Teil unseres Selbstverständnisses, in: Werner Weidenfeld (Hrsg.), Politische Kultur und deutsche Frage. Materialien zum Staats- und Nationalbewusstsein in der Bundesrepublik Deutschland, Köln 1989, insbes. S. 219 f.

32 Ralf Rytlewski, Ein neues Deutschland? Merkmale, Differenzierungen und Wandlungen in der politischen Kultur der DDR, in: Hans-Georg Wehling (Redaktion), Politische Kultur in der DDR, Stuttgart u.a. 1989, S. 17.

33 Ebd., S. 26 (Hervorhebung im Original).

tig gelten, verkannte aber angesichts des totalitären Charakters der DDR das tatsächliche Ausmaß der Systemopposition, die sich nicht artikulieren konnte. In dem Moment, in dem das totalitäre System zusammenbrach, hatte auch die systemimmanente Opposition ausgespielt. Sie trug zur Destabilisierung der DDR bei, wurde jedoch schnell von jenen Kräften überrollt, die so leben wollten wie die Westdeutschen.

Wer die These vertritt, in der DDR habe sich eine Kontinuität politischer Kultur gehalten, muss die jeweilige Art der Kontinuität aufschlüsseln.[34] Die Kontinuität zu Tendenzen des Kaiserreiches? Die Kontinuität zu Tendenzen aus dem Dritten Reich? Die Kontinuität zu demokratischen Tendenzen à la Bundesrepublik? Die Kontinuität zu sozialistischen Tendenzen? Außerdem ist es nötig (wenngleich schwierig), eine Gewichtung vorzunehmen. Vielleicht haben Vorstellungen aus allen Traditionen auf die DDR-Bürger eingewirkt. Die politische Kultur in der DDR war wohl durch eine Gemengelage verschiedener, teilweise gegenläufiger Einflüsse gekennzeichnet und von autoritären Syndromen nicht frei, anders als die in der Bundesrepublik der siebziger und achtziger Jahre. Allerdings spielte die offizielle politische Kultur keine sonderliche Rolle. Offenkundig war die Indoktrination durch die SED weit weniger wirksam als vielfach angenommen. Allein die Entwicklung im Herbst 1989 legt diesen Schluss nahe. Völlig abrupt erfolgte aufgrund der heute beinahe schon vergessenen Fluchtbewegung – nahezu ohne Gegenwehr der entkräfteten Partei samt ihres Geheimdienstes – die so genannte Wende, ebenso abrupt schließlich die Wende in der Wende, die faktisch das Ende der DDR einläutete und in die nationale Einheit mündete – jedenfalls in die staatsrechtliche.

IV. Empirische Bestandsaufnahme zum Demokratieverständnis

Diese beiden anscheinend oder scheinbar so unterschiedlichen politischen Kulturen prallten durch die Vereinigung Deutschlands urplötzlich aufeinander: „Das Projekt der deutschen Einheit verwandelt die Deutschen in Ost und West in Akteure wie Betroffene eines sozialen Großversuches mit offenem Ausgang."[35] Mittlerweile liegt eine Reihe von parallelen Umfrageergebnissen aus den alten und den jungen Bundesländern vor – vom *Institut für Demoskopie Allensbach*, von der *Konrad-Adenauer-Stiftung*, der *Friedrich-Ebert-Stiftung*, von *Emnid*, von *Infratest*, vom *Zentrum für Umfragen, Methoden*

34 Vgl. dazu K. Peter Fritzsche, Die Krux mit der Kontinuität. Der deutsche Umbruchs- und Einigungsprozeß als Herausforderung für die politische Kultur- und Sprachforschung, in: Dieter Emig/Christoph Hüttig/Lutz Raphael (Hrsg.), Sprache und Politische Kultur in der Demokratie. Hans-Gerd Schumann zum Gedenken, Frankfurt a.M. u.a. 1992, S. 225–240.

35 Thomas Koch, Deutsch-deutsche Einigung als Kulturproblem: Wird die Bundesrepublik in Deutschland aufgehen?, in: Rolf Reißig/Gert-Joachim Glaeßner (Hrsg.), Das Ende eines Experiments. Umbruch in der DDR und deutsche Einheit, Berlin 1991, S. 327. Zum Terminus „sozialer Großversuch" siehe auch Bernd Giesen/Claus Leggewie (Hrsg.), Experiment Vereinigung. Ein sozialer Großversuch, Berlin 1991.

und Analysen (ZUMA), vom Mannheimer *Institut für praxisorientierte Sozialforschung* (IPOS), vom Heidelberger *Sinus-Institut*, vom *Wissenschaftszentrum Berlin* usw.[36]

Es wird im Folgenden weder eine „demoskopische Deutschstunde" noch eine „demoskopische Geschichtsstunde"[37] präsentiert. Auch bleibt das Problem außer acht, wieweit es undifferenziert überhaupt angängig ist, den empirischen Befund aus zwei Gebieten umstandslos miteinander zu konfrontieren, wobei die eine Hälfte mit dem Instrumentarium der Umfrage in der Vergangenheit so gut wie nicht vertraut war. Ferner ist die Frage einer Prüfung wert, ob und inwiefern die deklamatorische Ebene für bare Münze zu nehmen ist oder Momentaufnahmen zu relativieren sind: Werden bloß Meinungen gemessen und nicht fest verankerte Einstellungen? Es könnte durchaus sein, dass bestimmte Begriffe in Ost und West unterschiedliche Konnotationen hervorrufen – und dadurch wenigstens partiell auch voneinander abweichende Antworten. Schließlich vermag die Analogie der Antworten ganz andere „Befindlichkeiten" zu überdecken. So kann die Abneigung gegen Parteien auf kritisch-begründeter Einschätzung basieren oder nur auf einem unreflektierten Anti-Parteienaffekt. Auffallend ist, dass die Untersuchungen nicht nach einzelnen Landesteilen differenzieren. Wie sich im Westteil partiell eine regionale politische Kultur herausgebildet hat, so gilt das auch für den Osten Deutschlands.[38] Der „Einheitstyp des Bundesbürgers Ost"[39] existiert nun einmal ebenso wenig wie der „Einheitstyp des Bundesbürgers West" – ein nicht deutlich genug hervorzuhebender Sachverhalt angesichts weitverbreiteter Unterscheidungen in „Ost" und „West".

Wer die Ergebnisse in Ost- und Westdeutschland sichtet (ohne Differenzierung zwischen den Jahren 1990, 1991 und 1992), kommt teils zu partiell gleichen, teils zu tendenziell gegenläufigen Antworten für den Osten und den Westen Deutschlands. In jedem Fall erstaunlich ist die „Ähnlichkeit politischer Haltungen der Bürger in Ost und West"[40]. Jedenfalls ist die folgende Annahme in dieser Pauschalität empirisch so wohl nicht haltbar: „Zum Vorschein kam nach dem Ausnahmezustand im Oktober/November 1989 eine politisch/kulturelle Wertekontinuität kleinbürgerlicher obrigkeitsstaatlicher Traditionen in Deutschland: Etatismus, unpolitische Innerlichkeit, Konflikt-

---

36 Vgl. beispielsweise Ulrich Becker/Horst Becker/Walter Ruhland, Zwischen Angst und Aufbruch. Das Lebensgefühl der Deutschen in Ost und West nach der Wiedervereinigung, Düsseldorf u.a. 1992; Peter Ph. Mohler/Wolfgang Bandilla (Hrsg.), Blickpunkt Gesellschaft 2. Einstellungen und Verhalten der Bundesbürger in Ost und West, Opladen 1992.

37 Dies sind Buchtitel von Elisabeth Noelle-Neumann. Vgl. dies., Eine demoskopische Deutschstunde, Zürich/Osnabrück 1983; dies., Demoskopische Geschichtsstunde. Vom Wartesaal der Geschichte zur deutschen Einheit, Osnabrück/Zürich 1991.

38 Vgl. Susanne Blancke/Heinrich Tiemann, Regionale Kulturen in den neuen Bundesländern, in: Die Neue Gesellschaft/Frankfurter Hefte 40 (1993), S. 537–543.

39 Katharina Belwe, Psycho-soziale Befindlichkeit der Menschen in den neuen Bundesländern nach der Wende im Herbst 1989, Bonn 1989, S. 5.

40 So Bettina Westle, Strukturen nationaler Identität in Ost- und Westdeutschland, in: Kölner Zeitschrift für Soziologie und Sozialpsychologie 42 (1992), S. 461.

scheu, Formalismus, Sicherheitsbedürfnis.“[41] Einige wenige Beispiele zu einem Kernbereich – dem Demokratieverständnis – sollen diesen Sachverhalt untermauern. Eine selektive Heranziehung der Daten ist dabei unausweichlich. Das Demokratieverständnis ist einerseits wegen der völlig unterschiedlichen Ausgangsbedingungen für Ost und West ausgewählt worden, andererseits wegen seiner Bedeutung für die politische Kultur.

Das politische Interesse unterscheidet sich in den neuen und alten Bundesländern nicht grundsätzlich voneinander.[42] Die Demokratiezufriedenheit fällt in den alten Bundesländern bedeutend höher aus (wenngleich mit sinkender Tendenz) als in den jungen.[43] „Die geringere Demokratiezufriedenheit in Ostdeutschland korrespondiert mit dem niedrigeren Vertrauen in die verschiedenen politischen Institutionen.“[44] Dieser Befund kann nicht sonderlich verwundern, da die Bürger in den neuen Bundesländern bisher kaum mit den Institutionen konfrontiert worden sind. Bezeichnenderweise ist das Vertrauen in das (bekannte) Fernsehen mit über 70 Prozent am größten.[45]

Das Institut für Demoskopie Allensbach stellt das ostdeutsche Verständnis von Demokratie unter die paradox anmutende Überschrift: „Eine Kreuzung von Demokratie und sozialistischem Einparteienstaat als Ideal.“[46] Der Ballast der Vergangenheit wirkt nach. Das zeigt sich auch bei der Frage nach der besten Staatsform: Während 80 Prozent der Bürger in den alten Bundesländern davon überzeugt sind, dass die Demokratie, die in der Bundesrepublik besteht, die beste Staatsform ist, teilt in den neuen Bundesländern nur ein Drittel diese Ansicht. Immerhin ein Viertel der Befragten glaubt an eine andere Staatsform, fast die Hälfte legt sich gar nicht fest. Dann ist es auch konsequent, dass 35 Prozent der Befragten in den neuen Bundesländern bei der Wiedervereinigung einen „dritten Weg“ bevorzugt hätten (bei einem hohen Anteil Unentschiedener von 18 Prozent). In den alten Bundesländern zeigten mehr als 80 Prozent ihre Genugtuung angesichts der praktizierten Form der Wiedervereinigung.[47]

---

41 So Karl-Rudolf Korte, Art. Politische Kultur, in: Werner Weidenfeld/Karl-Rudolf Korte (Hrsg.), Handwörterbuch zur deutschen Einheit, Frankfurt a.M./New York 1992, S. 560. Ähnlich auch ders., Die Folgen der Einheit. Zur politisch-kulturellen Lage der DDR, in: Aus Politik und Zeitgeschichte B 27/90, S. 29–38.

42 Vgl. Statistisches Bundesamt, in Zusammenarbeit mit dem Wissenschaftszentrum Berlin für Sozialforschung und dem Zentrum für Umfragen, Methoden und Analysen, Mannheim (Hrsg.), Datenreport 1992, Bonn 1992, S. 634–636.

43 Vgl. Institut für praxisorientierte Sozialforschung Mannheim (ipos), Einstellungen zu aktuellen Fragen der Innenpolitik 1992 in Deutschland, Mannheim 1992, S. 30; Peter Ph. Mohler/Hartmut Götze, Worauf sind die Deutschen stolz? Eine vergleichende Analyse zur gefühlsmäßigen Bindung an das politische System der Bundesrepublik, in: Peter Ph. Mohler/Wolfgang Bandilla (Anm. 36), insbes. S. 57–60.

44 Peter Gluchowski/Carsten Zelle, Demokratisierung in Ostdeutschland. Aspekte der politischen Kultur in der Periode des Systemwechsels, in: Peter Gerlich/Fritz Plasser/Peter A. Ulram (Hrsg.), Regimewechsel. Demokratisierung und politische Kultur in Ost-Mitteleuropa, Wien u.a. 1992, S. 256.

45 Vgl. Ursula Feist (Anm. 6), insbes. S. 26–29.

46 Vgl. Elisabeth Noelle-Neumann, Die Vorzüge der Freiheit stehen nicht im Mittelpunkt. Die neuen Bundesbürger und die Demokratie. Eine peinliche Überraschung im Westen, in: Frankfurter Allgemeine Zeitung v. 30. September 1991.

47 Vgl. für diese und die folgenden Angaben ebd.

Der Auffassung, der Untergang der DDR sei auf unfähige Politiker, nicht auf den Sozialismus, zurückzuführen, pflichteten 60 Prozent der Befragten in den neuen Bundesländern bei (in den alten immerhin auch noch 45 Prozent!). Während hier 76 Prozent der Ansicht zustimmten, es sei das wichtigste, dass die Menschen in der ehemaligen DDR eine Demokratie mit Meinungsfreiheit und Rechtssicherheit zurückgewonnen hätten, waren dies in den neuen Bundesländern nur 48 Prozent. Offenkundig haben sich diffuse Vorstellungen von einem *imaginären Sozialismus* über den Untergang des *realen Sozialismus* hinaus erhalten.

Wie ist es mit der Frage nach der Untertanengesinnung bestellt? Hat der „vormundschaftliche Staat" zur Entmündigung beigetragen, deren Folgen sich über das Ende des Staates fortsetzen?[48] Die vielfältigen Daten der Institute lassen keine klare Aussage darüber zu, ob sich bei den Bürgern in den neuen Bundesländern Autoritarismus stärker herausgebildet hat. Bei der Jugend scheint das nicht der Fall zu sein.[49] Die Auffassung von Gluchowski/Plasser/Ulram, in den neuen Bundesländern zeige sich „ein gerüttelt Maß an Untertanenmentalität"[50], muss so nicht stimmen: Wenn in den neuen Bundesländern 65 Prozent (in den alten aber nur 25) der These zustimmen, es sei besonders wichtig, die Polizeipräsenz auf Straßen und Plätzen zu verstärken, kann das als eine Reaktion auf die als zu gering empfundene Polizeidichte in den neuen Bundesländern gelten, muss also kein Indikator für eine law-and-order-Mentälität sein. Was die Akzeptanz demokratischer Prinzipien angeht, zeigt sich gerade bei den Bürgern in den neuen Bundesländern – im Vergleich zum Westen – ein etwas größeres Ausmaß an Konfliktbejahung bei der Durchsetzung politischer Ziele.[51]

Das Demokratieverständnis bezieht auch das Verhältnis der Bürger zum politischen Extremismus ein. Hier unterscheiden sich Ost und West nicht grundlegend. Sowohl die Bürger in den alten als auch in den neuen Bundesländern sehen eine größere Bedrohung für die Demokratie beim Rechtsextremismus. In Ostdeutschland wird die Gefahr durch den Rechtsextremismus als höher, die durch den Linksextremismus als niedriger eingestuft.[52] Geht diese Einschätzung auf die Ausschreitungen einer subkulturellen Szene von rechts zurück, oder ist sie Ausdruck einer grundlegend antifaschistischen Einstellung, die von den meisten Ostdeutschen verinnerlicht worden ist? Bei

48 Vgl. für die folgenden Überlegungen Peter Gluchowski/Carsten Zelle (Anm. 44), S. 231–274.

49 Vgl. Gerda Lederer u.a., Autoritarismus unter Jugendlichen der ehemaligen DDR, in: Deutschland Archiv 24 (1991), S. 587–592.

50 Peter Gluchowski/Fritz Plasser/Peter A. Ulram, Politisch-kultureller Wandel in Deutschland, in: Fritz Plasser/Peter A. Ulram (Hrsg.), Staatsbürger oder Untertanen? Politische Kultur Deutschlands, Österreichs und der Schweiz im Vergleich, Frankfurt a.M. 1992, S. 195.

51 Vgl. Petra Bauer, Politische Orientierungen im Übergang. Eine Analyse politischer Einstellungen der Bürger in West- und Ostdeutschland 1990/1991, in: Kölner Zeitschrift für Soziologie und Sozialpsychologie 43 (1991), S. 433–453. Siehe auch dies., Freiheit und Demokratie in der Wahrnehmung der Bürger in der Bundesrepublik und der ehemaligen DDR, in: Rudolf Wildenmann (Hrsg.), Nation und Demokratie. Politisch-strukturelle Gestaltungsprobleme im neuen Deutschland, Baden-Baden 1991, S. 99–124.

52 Vgl. Institut für praxisorientierte Sozialforschung Mannheim (Anm. 43), S. 60–63.

der Frage, ob sich der demokratische Staat gegen seine Feinde zur Wehr setzen soll, treten keine Diskrepanzen zwischen Ost und West auf. Vielleicht wäre das bei einer Differenzierung nach links und rechts anders gewesen.

Resümee: Der Befund ist nicht auf einen Nenner zu bringen: Einerseits fallen erstaunliche Gemeinsamkeiten auf, andererseits gewisse Unterschiede, deren Relevanz sich schwer einschätzen lässt. Offenkundig sind die Vorbehalte in den neuen Bundesländern gegenüber einer demokratischen politischen Kultur etwas größer, ohne dass es bisher allerdings zu gravierenden Differenzen gekommen ist.

V. Deskriptive Ebene

Stimmt die folgende Behauptung von Bernd Guggenberger, sofern man sie auf die politische Kultur münzt? „Die Vereinigung besiegelte nicht bloß das Ende der alten DDR, auch das so bewährte Bonner Republikprovisorium wurde von ihr überwunden." Oder: „Wir leben in einer anderen Republik. Was beim Fall der Mauer sich noch keiner vorzustellen vermochte: die Einheit machte aus zwei deutschen Staaten unwiderruflich einen neuen."[53] Skepsis erscheint angebracht.

Gewiss ist nach der ersten Euphorie über den Zusammenbruch des „realen Sozialismus" und die deutsche Einigung bei manchen Bürgern in den neuen Bundesländern eine Art „Einheits- und Modernisierungsschock"[54] eingetreten. Doch heißt das nicht, dass die Ostdeutschen ihre Normen und Wertvorstellungen keinem Wandel unterwerfen. Hohe Anpassungsleistungen, die sie zuweilen überfordern, werden dabei von ihnen erwartet.

Wie ist es mit dem Wertewandel bestellt? Oft wird hier ein entscheidender Unterschied zwischen dem Westen und dem Osten gesehen. „Die Ostdeutschen gelten gemeinhin als die ‚deutscheren' und konservativeren Deutschen, die am westeuropäischen Wertewandel nicht oder nur bedingt teilhatten. [...] Doch die mentale Mitgift, die sie in die deutsche Einheit einbringen, wird höchst unterschiedlich bewertet – als Ausdruck blockierter Modernisierung, der in dem Maße, wie der Osten Deutschlands die Modernequalitäten nachholt, spurlos verlischt; als Sprengsatz, Bedrohung der zivilgesellschaftlichen Qualitäten in den alten Bundesländern; als Niveaustufe ein und derselben mentalen Grundausstattung des deutschen Volkes; als mögliches Korrektiv für problematische, ja für Fehlentwicklungen, die der Wertewandel im Westen zeitigte."[55] Wie Untersuchungen zeigen, ist allerdings auch in der DDR eine Art Werte-

---

53 Bernd Guggenberger, Die schwierige Einheit des Verschiedenen. Seit einem Jahr: Deutschland auf dem Weg in eine andere Republik, in: Frankfurter Allgemeine Zeitung v. 28. September 1991.

54 So Thomas Koch, Die Ostdeutschen zwischen Einheitsschock und „doppeltem Zukunftshorizont". Deutungs- und Handlungsmuster sozialer Akteure im Transformationsprozeß, in: Rolf Reißig (Hrsg.), Rückweg in die Zukunft. Über den schwierigen Transformationsprozeß in Ostdeutschland, Frankfurt a.M./New York 1993, S. 195.

55 Ders. (Anm. 35), S. 321.

wandel eingetreten, wenngleich in geringerem Maße. „Es hat wie in den westlichen Industrieländern auch im Osten einen Wertewandel in Richtung von Selbstentfaltungswerten gegeben, allerdings in einer spezifischen Form und von anderen Voraussetzungen her. Darauf verweist die gesunkene Bereitschaft der Ostdeutschen, sich kritik- und selbstlos in vorgegebene gesellschaftliche Zusammenhänge einzuordnen und verordnete gesellschaftliche Tugenden zu akzeptieren. Gewachsene Ansprüche auf ein genussreiches und eigenständiges Leben, die gesunkene Zufriedenheit mit Selbständigkeit und Abwechslung in der Arbeit sind Indizien für die gestiegene Bedeutung von Selbstentfaltungswerten."[56] Ob sich allerdings daraus die These ableiten lässt, die Ostdeutschen seien „auf den Weg in eine freie Leistungsgesellschaft vorbereitet"[57], mag man bezweifeln. Schließlich wurden in der Vergangenheit solche Verhaltensweisen, durch die sich eine Leistungsgesellschaft auszeichnet – Konkurrenzkampf etwa –, nicht eben trainiert.

Die Wertorientierungen in Ost und West unterscheiden sich – gefragt wurde nach der „idealen" Gesellschaft – keineswegs krass voneinander, auch wenn der Postmaterialismus in der westdeutschen Gesellschaft offenkundig – und verständlicherweise – verbreiteter ist.[58] „Die Wertorientierungen unterliegen zwar Veränderungen, gleichzeitig laufen aber offensichtlich Stabilisierungsprozesse hinsichtlich der individuellen Werthaltungen ab, so dass sich die Einstellungen zwischen Ost- und Westdeutschen immer mehr angleichen"[59] – und zwar im Sinne einer Anpassung ostdeutscher Wertvorstellungen an westdeutsche. Unverkennbar ist aber eine etwas stärkere egalitäre Ausrichtung in den neuen Bundesländern mit einer augenscheinlich beträchtlichen Änderungsresistenz.[60]

Interessanterweise ist die Wahlbeteiligungsquote in den neuen Bundesländern niedriger als in den alten. Eine hohe Wahlbeteiligung war in den fünfziger und sechziger Jahren als staatsbürgerliche Pflichterfüllung der westdeutschen Bevölkerung gedeutet worden, ohne dass eine besonders intensive Beziehung zum demokratischen Staatswesen bestand. Die Bürger in den jungen Bundesländern scheinen eine größere Bereitschaft zu Protestverhalten an den Tag zu legen. Das gilt allerdings weniger für illegale Aktionen.[61] Einerseits mag das ein Symptom für Unzufriedenheit sein, andererseits eines für robuste Interessenwahrnehmung. Die Situation unterscheidet sich auch in diesem Punkt von den fünfziger Jahren in der Bundesrepublik. Die „Tiefkühl-

56 Thomas Gensicke (Anm. 23), S. 61. Siehe auch Helmut Klages, Wertwandel in Deutschland, in: Die politische Meinung 37 (1992), Heft 2, S. 41–49.

57 Thomas Gensicke (Anm. 23), S. 61.

58 Vgl. Statistisches Bundesamt (Anm. 42), S. 632. Das Größenverhältnis vom Materialismus zum Postmaterialismus ist gleichsam umgekehrt. Als „Materialisten" werden im Osten 27 Prozent eingeschätzt (Westen: 15), als „Postmaterialisten" 15 (Westen: 32).

59 Institut für praxisorientierte Sozialforschung Mannheim (Anm. 43), S. 23.

60 Wilhelm Bürklin, Perspektiven für das deutsche Parteiensystem: Politische Konfliktlinien und die sozialdemokratische Kultur, in: Werner Weidenfeld (Hrsg.), Deutschland. Eine Nation – doppelte Geschichte. Materialien zum deutschen Selbstverständnis, Köln 1993, S. 137–154.

61 Vgl. Institut für praxisorientierte Sozialforschung Mannheim (Anm. 43), S. 55.

schrank"-These von Peter Schneider – in der DDR hätten traditionelle deutsche Werte wie in einem Tiefkühlschrank überlebt[62] – mutet vor diesem Hintergrund einigermaßen kühn an.

Der Einigungsprozess in Deutschland vollzog sich in einer nüchternen, gleichsam geschäftsmäßigen Form, weit von so genanntem Hurra-Nationalismus entfernt. Und wenn heute eine militante rechtsextreme Subkultur in den jungen Bundesländern für Aufsehen sorgt, so muss an die „mediale Verstärkung radikaler Tendenzen"[63] erinnert werden, und an den Sachverhalt, dass der Rechtsextremismus in den jungen Bundesländern – jedenfalls was die Wahl rechtsradikaler und -extremer Parteien und auch wohl das rechtsextreme Einstellungspotential betrifft –, eher unterdurchschnittlich ausgeprägt ist, der Antisemitismus übrigens auch.[64] So sehen Ostdeutsche – wie erwähnt – stärker als Westdeutsche – den demokratischen Verfassungsstaat durch den Rechtsextremismus gefährdet. Ein wesentlicher Grund für die geringere Befürwortung rechter und rechtsextremer Parteien mag darin zu suchen sein, dass der Systemprotest vornehmlich – noch – der PDS zugute kommt.

Auch in der Frage der Ausländer und des Asylrechts zeichnen sich die Ostdeutschen nicht durch größere Liberalität aus.[65] Unterschiede bestehen lediglich darin, dass sie stärker der Auffassung anhängen, ausländische Arbeitskräfte würden nicht gebraucht. Die dortige hohe Arbeitslosenquote dürfte diese Antwort beeinflusst haben. Das Asylrecht für politisch Verfolgte wollten 84 Prozent der Ostdeutschen beibehalten (im Vergleich zu 74 Prozent der Westdeutschen), und die Frage, ob rechtskräftig abgelehnte Asylbewerber in jedem Fall in ihre Heimatländer geschickt werden sollen (unabhängig von einer etwaigen Gefahr für Leib und Leben), beantworteten 40 Prozent der Bundesbürger in den alten Bundesländern positiv und nur 35 Prozent in den neuen.[66]

Von Ende der vierziger Jahre bis Ende der achtziger Jahre sind fast drei Millionen Deutsche von der DDR in die Bundesrepublik übergesiedelt, vor allem vor dem Mauerbau. Seit dem Herbst 1989 dürfte fast eine weitere Million die DDR bzw. die neuen Bundesländer verlassen haben. Die Zahl der Übersiedler Richtung Osten fällt demgegenüber kaum ins Gewicht. Einerseits fördert die „Durchmischung" das gegenseitige

62 Vgl. dazu Peter Schneider, Gibt es zwei deutsche Kulturen? Die Kühlschranktheorie und andere Vermutungen, in: Ders., Extreme Mittellage. Eine Reise durch das deutsche Nationalgefühl, Neuausgabe, Reinbek bei Hamburg 1992, S. 124–153.

63 Wolfgang Thierse, „Die Demokratie ist auch in Gefahr durch schweigende Untätigkeit der Mehrheit", in: Der Stern 47/92, S. 34. Thierse bezieht sich explizit auf die 300 Störer anlässlich der Berliner Demonstration von 300.000 Menschen für die Unantastbarkeit der Menschenwürde. Es ließen sich auch viele andere Beispiele nennen.

64 Vgl. Reinhard Wittenberg/Bernhard Prosch/Martin Abraham, Antisemitismus in der ehemaligen DDR. Überraschende Ergebnisse der ersten Repräsentativ-Umfrage und einer Befragung von Jugendlichen in Jena, in: Tribüne 30 (1991), Heft 118, S. 102–120.

65 Siehe für die folgenden Ausführungen: Institut für praxisorientierte Sozialforschung Mannheim (Anm. 43), S. 80–97.

66 Vgl. ebd., S. 91.

Verständnis, andererseits stachelt es Ressentiments an – sei es durch Bevormundung von Westdeutschen, sei es durch mit Larmoyanz gepaarte Empfindlichkeit Ostdeutscher.

Die Unterschiede zwischen den alten und den neuen Bundesländern, lassen angesichts eher bescheidener Differenzen keineswegs den folgenden Schluss zu: „Die politisch-kulturelle Integration von immerhin fast 17 Millionen Bürgern mit einer Sozialisation in einem undemokratischen Staat könnte den mühsam erarbeiteten Fortschritt der politischen Kultur der Bundesrepublik wieder etwas zurückwerfen."[67] Ob der ähnliche Befund vornehmlich auf die Aktivitäten der dadurch selbstbewusst gewordenen DDR-Bürger während ihrer sogenannten „friedlichen Revolution" zurückgeht, wie ein Autorenteam um Hans-Dieter Klingemann meint, scheint fragwürdig. Können solche Ereignisse tatsächlich derart „nachhaltige Wirkungen auf die politische Kultur haben"?[68] Zudem handelte es sich mehr um einen Zusammenbruch der ohnehin maroden DDR-Gesellschaft, weniger um einen Umsturz.

Lässt sich der empirisch insgesamt bescheidene Unterschied nicht stärker damit erklären, dass sich die meisten Menschen in der DDR zwar mit der Führung irgendwie zu arrangieren suchten, doch niemals die propagierten Ziele der SED übernahmen? Der andere Erfahrungshorizont der DDR-Bürger, der notwendigerweise nachwirkt, muss einer Einheit der politischen Kultur nicht entgegenstehen. Viele „Selbstverpflichtungen" wurden mehr oder weniger freiwillig übernommen, ohne dass eine Identifizierung mit kommunistischen Grundsätzen verbunden war. Die etwas stärkere Verankerung konventioneller Werte wie Pflichtgefühl in den neuen Bundesländern ist nicht zwangsläufig ein Nachteil für den Anpassungsprozess.

Resümee: Der gegenwärtige Befund legt den Schluss nahe, dass sich trotz unterschiedlicher Erfahrungshorizonte in Ost und West keine völlig andere politische Kultur entwickelte, wenngleich in Teilbereichen Kollisionen auftreten. Die verbreitete Fixierung Ostdeutscher auf den Westen erleichtert allerdings den Anpassungsprozess.

VI. Prospektive Ebene

Trifft die folgende These von Thomas Schmid, einem Vordenker der Grünen, auf die politische Kultur zu? „Die Deutsche Demokratische Republik – die vierzig Jahre lang weder Republik noch demokratisch, wohl aber auf eine eingesessene Art deutsch gewesen war – hat den erschütternden Prozess ihrer zweiten Gründung nicht überlebt und ist untergegangen. Als einziges der Länder Ost- und Mitteleuropas, die im Jahre 1989 ihren Regimes den Laufpass gaben, hat sie die Wiedergeburt der Gesellschaft mit dem Exitus des Staates bezahlt. Zu den Folgen dieses Sonderweges wird

67 Dieter Fuchs/Hans-Dieter Klingemann/Carolin Schöbel, Perspektiven der politischen Kultur im vereinigten Deutschland. Eine empirische Studie, in: Aus Politik und Zeitgeschichte B 32/91, S. 45.
68 Ebd., S. 46.

aber auch der Abbruch jenes Experiments zählen, das den Namen ‚Bundesrepublik Deutschland' trägt.“[69]

Manche Einstellungen und Verhaltensweisen waren in der DDR aus Zwängen geboren (wie solidarisches Beistehen, nachbarschaftliche Kontaktpflege und Hilfestellung). Aus der Not wurde eine Tugend gemacht. In einer offenen Gesellschaft geraten viele dieser Eigenschaften ins Hintertreffen. Die Begleiterscheinungen der tatsächlichen oder vermeintlichen Nischengesellschaft dürften nicht lange überdauern, ohne dass sich schon neue Ligaturen herausgebildet haben. Die Parallelen zur Zeit nach 1945 sind greifbar, was die Zurückhaltung gegenüber der Mitgliedschaft in Parteien betrifft. Die behauptete „Verbundenheit mit neuen politischen Organisationen“[70] ist vielfach nur deklamatorischer Natur. Gebranntes Kind scheut das Feuer…

Ansonsten sollte man die Parallelen in der politischen Kultur zwischen der Bundesrepublik nach 1945 und den neuen Bundesländern nicht zu weit treiben. Schließlich war im Dritten Reich die Mehrheit der Deutschen von der politischen Führung überzeugt, während die SED niemals einen großen Teil der Bevölkerung hinter sich wusste. Zudem war diese vielfach auf die Bundesrepublik fixiert. Dem musste die DDR gewisse Rechnung tragen – zum Beispiel dadurch, dass der Empfang des Westfernsehens nicht mehr verboten wurde. Insofern kommt der Bundesrepublik bei der Umgestaltung der politischen Kultur auch nicht unbesehen die Rolle zu, wie der alliierten *reeducation* nach 1945. Für die Deutschen bestand im Jahre 1945 weitaus eher eine „Stunde Null“ als für die Menschen in der DDR 1989, die schließlich die freilich entkräftete SED zur Abdankung zwangen. Allerdings sollte man die Herausbildung einer „politischen Kultur der Straße“[71] nicht überschätzen.

Die These, dass für die Bevölkerung in den neuen Bundesländern bei der ersten demokratischen Wahl eine „Stunde Null“ bestand und angesichts der fehlenden Parteiidentifikationen zukünftig mit gravierenden Schwankungen in der Wählergunst zu rechnen ist, muss so nicht unbedingt stimmen. Gewiss war die Volkskammerwahl im Jahre 1990 stark von situativen Elementen geprägt, doch wusste die politisch interessierte Bevölkerung der DDR angesichts des nahezu ständigen westlichen Medienkonsums recht gut über das Parteiensystem in der Bundesrepublik Bescheid, zumal die Mauer in den siebziger und vor allem in den achtziger Jahren durchlässiger wurde. Wie eine Untersuchung zeigt, bekannte sich ein beträchtlicher Teil der Menschen in der

---

69 Thomas Schmid, Staatsbegräbnis. Von ziviler Gesellschaft, Berlin 1990, S. 9. Inzwischen hat sich der Autor stillschweigend korrigiert. Die Bundesrepublik sei am 3. Oktober 1990 nicht untergegangen, sondern erweitert worden. Vgl. ders., Die prekäre Mitte. Innenpolitische Auswirkungen der deutschen Einheit, in: Bernd Guggenberger/Klaus Hansen (Hrsg.), Die Mitte. Vermessungen in Politik und Kultur, Opladen 1993, S. 126.

70 Statistisches Bundesamt (Anm. 42), 637.

71 Diesem Fehler unterliegt wohl Bernd Lindner, Die politische Kultur der Straße als Medium der Veränderung, in: Aus Politik und Zeitgeschichte B 27/90, S. 16–28. Zu den Leipziger Demonstrationen siehe allerdings die eindrucksvolle Schilderung von Hartmut Zwahr, Ende einer Selbstzerstörung. Leipzig und die Revolution in der DDR, Göttingen 1993.

DDR – 78 Prozent – zu Parteien in der Bundesrepublik.[72] Angesichts dieser durch die Westmedien bedingten Vorprägungen lasse sich von einer „Quasiparteibindung"[73] sprechen. Nach einer anderen Studie fördert die „Quasi-Parteibindung" die Entstehung von Parteiidentifikationen.[74] Insofern erscheint dieser Sachverhalt als ein stabilisierender Faktor für die politische Kultur. Im Vergleich zu den iberischen Ländern in den siebziger und den osteuropäischen Staaten in den neunziger Jahren ist aufgrund dieser Vorprägungen eine stärkere Änderungsresistenz gegeben. Jedenfalls mutet die These von Jürgen Habermas, die eine platte Obrigkeitstreue der Menschen in der DDR unterstellt, recht formalistisch und besserwisserisch an: „Die Bevölkerung der DDR hatte vierzig Jahre lang für die regierenden Machthaber stimmen müssen. Kohl hat ihr klargemacht, dass es besser ist, auch diesmal für die machthabende Regierung zu stimmen."[75] Im ersten Fall blieb ihr keine andere Wahl, im zweiten Fall hatte sie die Wahl, mag auch der Wahlkampf bei der Volkskammerwahl im März 1990 von den Parteien aus dem Westen dominiert worden sein.

Dass die tendenzielle Kollision zweier politischer Kulturen nicht anhält, liegt angesichts vielfältiger Interaktionsprozesse nahe. Der Angleichungsprozess dürfte sich mehr oder weniger in eine Richtung vollziehen. Die Gefahr, dass die politische Kultur des Westens in Mitleidenschaft gezogen wird, ist eher gering. Wer etwa die Daten der 11. (Jugend-)Shell-Studie heranzieht, der ersten gesamtdeutschen, oder der IBM-Studie (unter der Überschrift „Die selbstbewusste Jugend"), die sich jeweils auf Umfragen bei der Jugend beschränken, sieht erstaunliche Parallelen in Ost und West – bei den politisch-gesellschaftlichen Orientierungen und Lebensstilen. Optimismus überwiegt jeweils. Die Autoren der Shell-Studie bringen ihre Überraschung über die Ergebnisse mit der folgenden Überschrift zum Ausdruck: „Wo bleiben die Unterschiede zwischen Ost und West?"[76] Soweit noch größere Unterschiede bestehen (Reisefreiheit etwa nimmt für die Jugend in den jungen Bundesländern einen anderen Stellenwert ein), dürfte die erfolgreiche Akkulturation in den jungen Bundesländern eine Frage der Zeit sein. Die Jugend im Westen wie im Osten Deutschlands heißt die Vereinigung Deutschlands überwiegend gut, ungeachtet zahlreicher Klagen über die Prozedur. Interessanterweise sind im Osten die Vorbehalte gegenüber der Vereinigung stärker bei der oberen und mittleren Funktionärsebene und der Intelligenz ausgebildet, im

---

72 Vgl. Carsten Bluck/Henry Kreikenbom, Die Wähler in der DDR: Nur issue-orientiert oder auch parteigebunden?, in: Zeitschrift für Parlamentsfragen 22 (1991), S. 495–502.

73 Vgl. ebd., S. 500.

74 Vgl. Peter Gluchowski/Carsten Zelle (Anm. 44), insbes. S. 260–267.

75 Jürgen Habermas, Nochmals: Zur Identität der Deutschen. Ein einig Volk von aufgebrachten Wirtschaftsbürgern?, in: Ders., Die nachholende Revolution. Kleine Politische Schriften VII, Frankfurt a.M. 1990, S. 213.

76 Jürgen Zinnecker, Deutsche Jugend heute. Eine Porträtskizze, in: Jugendwerk der Deutschen Shell (Hrsg.), Jugend '92. Lebenslagen, Orientierungen und Entwicklungsperspektiven im vereinigten Deutschland, Opladen 1992, Bd. 1, S. 26; siehe auch Institut für Empirische Psychologie (Hrsg.), Die selbstbewusste Jugend. Orientierungen und Perspektiven zwei Jahre nach der Wiedervereinigung. Die IBM-Jugendstudie '92, Köln 1992.

Westen mehr bei den Unterschichten. Diese Gruppen glauben offenbar, von der Entwicklung nicht ausreichend profitieren zu können. Ungeachtet dessen: Die eingängige Formel Brandts aus seiner Rede vom 10. November 1989 „Jetzt wächst zusammen, was zusammengehört“[77] hat die Tendenz der Entwicklung frühzeitig erkannt, mag der Zusammenfindungsprozess auch länger als angenommen dauern.

Wer stark die andersartige Mentalität von Ostdeutschen betont, streicht heraus, „dass die Beeinflussung durch das alte System nicht folgenlos war und Sicherheitsbedürfnissen großer Bevölkerungsgruppen entgegenkam und sie auch befriedigte. Eine Bestätigung dafür ist, dass die Akzeptanz des Systems über lange Zeit relativ hoch und stabil war.“[78] Akzeptanz? *Arrangement* wäre der treffendere Ausdruck! Die Tatsache, dass manche Ostdeutsche einer gewissen Nostalgie gewisser Erscheinungen in der DDR (wie etwa dem sozialistischen Paternalismus)[79] das Wort reden, ist kein Indiz für die seinerzeitige Akzeptanz der DDR, sondern allenfalls eines für die Unzufriedenheit mit dem hiesigen System, jedenfalls in Teilbereichen. Und sozialpsychologisch verständlich ist auch, dass die „giftige Erblast einer Jahrzehnte dauernden Diktatur“[80] weniger als Konsequenz der Vergangenheit, mehr als Folge der neuen Entwicklung gedeutet wird.[81] Aber über kurz oder lang wird die Eigendynamik der Entwicklung zu stärkerer Leistungsorientierung der Ex-DDR-Bürger führen. Schließlich geben die Daten keinen hinreichend sicheren Anhaltspunkt für eine systematische Deformierung der Menschen in den neuen Bundesländern, wie das etwa der Hallenser Psychotherapeut Hans-Joachim Maaz immer wieder öffentlichkeitswirksam behauptet hat.[82]

Die Hoffnungen der einen und die Befürchtungen der anderen sind wenig realitätsgerecht. Die Behauptung, das vereinigte Deutschland werde „durch das Hinzutreten der östlichen Landschaften gefährdet, durch die unheilvoll virulenten Traditionen des Preußentums und des Protestantismus, in denen auch die Romantik, der deutsche

---

77 Willy Brandt, … und Berlin wird leben, in: Ders., „… was zusammengehört“. Reden zu Deutschland, Bonn 1990, S. 39.

78 Thomas Gensicke, Sind die Ostdeutschen konservativer als die Westdeutschen? Überlegungen zur Mentalität der Ostdeutschen und ihrer gegenwärtigen Stimmungslage, in: Rolf Reißig/Gert-Joachim Glaeßner (Anm. 35), S. 272.

79 Vgl. dazu Gerd Meyer, Der versorgte Mensch. Sozialistischer Paternalismus: bürokratische Bevormundung und soziale Sicherheit, in: Hans-Georg Wehling (Anm. 32), S. 29–53; siehe auch ders., Die DDR-Machtelite in der Ära Honecker, Tübingen 1991.

80 Jürgen Kocka, Nur keinen neuen Sonderweg. Jedes Stück Entwestlichung wäre als Preis für die deutsche Einheit zu hoch, in: Udo Wengst (Hrsg.), Historiker betrachten Deutschland. Beiträge zum Vereinigungsprozeß und zur Hauptstadtdiskussion, Bonn/Berlin 1992, S. 189.

81 Willi Herbert/Rudolf Wildenmann, Deutsche Identität. Die subjektive Verfassung der Deutschen vor der Vereinigung, in: Rudolf Wildenmann (Anm. 51), S. 96.

82 Vgl. Hans-Joachim Maaz, Der Gefühlsstau. Ein Psychogramm der DDR, Berlin 1990. Allerdings sieht Maaz die Gründe für die Fehlentwicklungen auch „durch ein arrogant kolonisierendes Verhalten“ Westdeutscher. So ders., Eine Therapie für Deutschland? Psychosoziale Aspekte im deutschen Einigungsprozeß, in: Werner Weidenfeld (Anm. 60), S. 95.

Irrationalismus und die Todessehnsucht wurzelten"[83], hat mit der Wirklichkeit reichlich wenig zu tun. Wie viele Intellektuelle die Unaufhaltsamkeit des Prozesses der äußeren Einheit lange nicht wahrhaben wollten, neigen manche von ihnen heute dazu, die innere Einheit herunterzuspielen oder solche Kriterien festzulegen, dass die Realität daran gleichsam scheitern muss. In einer Art *self-fulfilling prophecy* werden mehr die Schwierigkeiten als geglückte Anpassungsprozesse betont. Vielleicht hängt dies auch mit der eigenen Ausgangsposition zusammen. Wer noch am 26. November 1989 einen „Aufruf für eine eigenständige DDR"[84] unterzeichnete und an einen geläuterten Sozialismus ebenso glaubte wie an die Reformierbarkeit des alten Systems, kann schwerlich die Entwicklung anders interpretieren – es sei denn, er räumte gravierende Irrtümer ein.

Allerdings wird durch die Vereinigung manche Veränderung beschleunigt. So dürfte die hohe Zahl der Konfessionslosen (in der DDR gehörte nur jeder Vierte einer Konfession an) den Trend zur Säkularisierung im Westen Deutschlands forcieren. Eine „Re-Christianisierung des Ostens"[85] ist (wie schon die Diskussion um den § 218 StGB) zeigt, in der Tat unwahrscheinlich – schon deshalb, weil in den alten Bundesländern dafür die Voraussetzungen fehlen. Wie der Anti-Antikommunismus in den siebziger und achtziger Jahren könnte ein Anti-Antifaschismus in den neunziger Jahren die demokratische Qualität der politischen Kultur einerseits kräftigen (durch Verzicht auf Stigmatisierung) und andererseits entkräften (durch Verwischung der Grenzen zwischen Demokratie und Rechtsextremismus). Das eine ist die untrennbare Folge des anderen.

Es spricht mithin wenig für die Auffassung von Thomas Schmid, dass das „Experiment" Bundesrepublik verschwunden ist, zumal die vorhandenen Unterschiede sich vermutlich in überschaubarer Zeit abschleifen lassen. Alle diese Überlegungen verstehen sich vor dem Hintergrund, dass keine katastrophale wirtschaftliche Situation eintritt, die unvorhergesehene Entwicklungen in Gang setzen kann, in den neuen wie in den alten Bundesländern. Schon jetzt zeigt sich, dass bei besonders negativer Beurteilung der Wirtschaftslage die Partei der PDS (vor allem bei den besser Gebildeten) und die Republikaner (insbesondere bei den Unterschichten) profitieren. Gleichwohl würde der Terminus „Schönwetterdemokratie" den Sachverhalt wohl nicht voll erfassen. Es ist nicht völlig auszuschließen (wenn auch nicht sonderlich wahrscheinlich), dass sich aufgrund der mit der Einheit verbundenen Probleme des Zusammenwachsens die politische Kultur zum Negativen hin wandelt.

Es mag sein, dass bei empirisch-quantifizierenden Erhebungen manche Besonderheiten nicht deutlich genug erkannt werden. Vielleicht gehört hierzu auch die größere

83 Zitiert nach Karlheinz Weißmann, Rückruf in die Geschichte. Die deutsche Herausforderung: Alte Gefahren – Neue Chancen, Berlin/Frankfurt a.M. 1992, S. 124 f.

84 Der u.a. von Stefan Heym, Friedrich Schorlemmer, Christa Wolf und Konrad Weiß unterzeichnete Aufruf ist abgedruckt in: Charles Schüddekopf (Hrsg.), „Wir sind das Volk". Flugschriften, Aufrufe und Texte einer deutschen Revolution, Hamburg 1990, S. 240 f.

85 In diesem Sinne Thomas Koch (Anm. 35), S. 325.

Unbefangenheit vieler Bürger Ostdeutschlands im Umgang mit dem Nationalen. Wird die „Multikulturalität" nicht als etwas Fremdes empfunden, weil sich alte Vorstellungen unter der Käseglocke des „realen Sozialismus" stärker erhalten haben? Dies gilt auch für die Jugend. So knüpfen junge Sozialdemokraten aus Leipzig an den „Hofgeismarer Kreis" der Weimarer Zeit an: „Was wir brauchen, ist ein neues nationales Bewusstsein, das sich nicht am Konsum, sondern nach den anfangs genannten Werten richten sollte. Nur wenn wir eine gemeinsame Identität, ein Gemeinschaftsbewusstsein schaffen, werden wir unsere Probleme lösen. [...] Es muss Schluss sein, mit der Komprimierung tausendjähriger deutscher Geschichte auf zwölf schreckliche Jahre. Wir Deutschen haben auch genug Grund auf unsere Leistungen in der Geschichte stolz zu sein."[86] Diesen Vorstellungen ist ein Schuss Antiamerikanismus beigemengt: „Statt unsere deutsche Kultur zu pflegen, haben wir uns eine Ersatzkultur, ‚Mac Donald-Kultur' geschaffen. Was für eine jämmerliche Gesellschaft, in der Fast Food und Plastikbesteck alltäglich sind."[87] Wiewohl diese Maximen weder für die ostdeutsche Gesellschaft noch für die dortige Sozialdemokratie repräsentativ sind, lohnt der Hinweis auf eine mögliche Abkehr von der Westbindung. Allerdings dürfte der von Schmid so bezeichnete „Sonderweg" zu keinem neuen Sonderweg Deutschlands führen. Die (kulturelle) Westbindung dürfte einigermaßen fest verankert sein.[88]

Resümee: Auch wenn sich unterschiedliche Nuancen in den politischen Wertorientierungen ergeben (und sie vorübergehend möglicherweise verstärkt auftreten), wird die politische Kultur der neuen Bundesländer so gut wie nicht auf die der alten Bundesländer einwirken. Die umgekehrte Entwicklung ist dagegen naheliegend.

VII. Präskriptive Ebene

Im Hinblick auf die präskriptive Ebene stellt sich die Frage, ob Karlheinz Weißmann, ein auf dem rechten Spektrum angesiedelter Intellektueller, mit der folgenden Behauptung recht hat: „Trotz der ‚Westverschiebung' der Nachkriegszeit muss das neue dem älteren Deutschland viel ähnlicher werden als den Teilstaaten Bundesrepublik und DDR."[89] Seine Zeitdiagnose „Rückkehr in die Geschichte" lässt Ressentiments gegen die westliche Kultur erkennen und zeichnet sich durch ein Denken in geopolitischen Kategorien aus. Deutschland soll aufgrund seiner vermeintlichen Mittellage wieder eine exponierte Position einnehmen.[90]

---

86 Markus Glaubig u.a., Warum Hofgeismarer Kreis, Leipzig 1992, S. 8.

87 Ebd., S. 10.

88 Vgl. Eckhard Jesse, Die deutsche Frage und der Westen, in: Rainer Zitelmann/Karlheinz Weißmann/Michael Großheim (Hrsg.), Westbindung. Risiken und Chancen für Deutschland, Berlin 1993, S. 215–241.

89 Karlheinz Weißmann (Anm. 83), S. 129.

90 Vgl. Uwe Backes, Rechts- und linksradikale Intellektuelle in Deutschland, in: Eckhard Jesse (Hrsg.), Politischer Extremismus in Deutschland und Europa, München 1993, insbes. S. 123 f.

Skepsis ist gegenüber ähnlich gelagerten – rechten und linken – Positionen angebracht. Die eine Richtung, stärker außenpolitisch orientiert, glaubt jetzt, offen auf die „nationale Karte" setzen zu können: Deutschland müsse den Kurs der Westintegration aufkündigen und als Land der Mittellage eine eigenständige Politik betreiben. Die historische Hünengestalt des Reichskanzlers Otto von Bismarck tritt aus dem Schatten hervor. Die andere Position, mehr innenpolitisch orientiert, will nachträglich im Zuge einer Verfassungsdiskussion das erreichen, was ihr bisher auf parlamentarischem Wege nicht gelungen ist. Die Motive und Ziele sind höchst unterschiedlich. Im Kern können die Veränderungen tendenziell auf eine *andere Republik* hinauslaufen, auch wenn manche derer, die für eine *neue Republik* plädieren, keinesfalls eine Delegitimierung des „Systems" beabsichtigen. Ungeachtet der Stabilität der deutschen Demokratie sollte die in einem weiten Sinn zu verstehende Westbindung Deutschlands, die einen nationalen Sonderweg ausschließt, auch nach der Einigung die Raison d'être der Bundesrepublik bleiben.

Die Auffassung, die sowohl manche Anhänger des Verfassungspatriotismus als auch viele seiner Gegner sich zu eigen machen, dieser stehe in einem Gegensatz zu einem nationalstaatlichen Gefüge, ist so nicht richtig. Schließlich kann der Verfassungspatriotismus, wie ihn Dolf Sternberger verstanden hat, von ihm stammt der Begriff, ein „zweiter Patriotismus" sein, der den ersten keinesfalls ablöst, ihn vielmehr ergänzt. Die Deutschen, so Sternberger, brauchten ihre „nationale Zusammengehörigkeit wahrhaftig nicht zu vergessen"[91] – solange diese ursprüngliche nationale Identität nicht zum Verfassungspatriotismus in einen Gegensatz gerät. Insofern ist die häufig anzutreffende Konstruktion von einer auf der Volkssouveränität und republikanischen Werten basierenden Einigung einerseits und von einer – sei es mit dem Bannstrahl belegten, sei es idealisierten – nationalstaatlichen Einigung andererseits ein Pseudogegensatz.

Manche Hemmnisse könnten eine Angleichung gefährden, jedenfalls hinausschieben. Wer die Interessen der Westdeutschen stark betont (und sie zumindest unterschwellig gegen die der Ostdeutschen auszuspielen versucht) – vice versa gilt das ebenso –, leistet keinen Beitrag zur vielbeschworenen inneren Einheit, baut vielmehr an einer inneren Mauer. Die notwendige Delegitimierung der politischen Ordnung der DDR darf sich nicht gegen die Menschen in den neuen Bundesländern richten. Hier könnte sich dann eine Solidarisierung der „Ossis" gegen „den Westen" vollziehen. Das ist auch für den Fall möglich, dass „Glücksritter" aus dem Westen einer Ellbogen-Mentalität das Wort reden und Ostdeutsche sich als „Menschen zweiter Klasse" empfinden. Insofern käme der Wahl einer integrationsfähigen ostdeutschen Persönlichkeit zum Bundespräsidenten in einer Übergangsperiode mehr als eine symbolische Bedeutung zu.

Die *Bonner Republik* mit ihrer Versöhnung von Verfassungspatriotismus und Nationalbewusstsein hat sich bewährt, und es besteht keine Notwendigkeit, von der west-

91 Dolf Sternberger, Verfassungspatriotismus, hrsg. von Peter Haungs u.a., Frankfurt a.M. 1990, S. 13, S. 31.

lich geprägten politischen Kultur der Bundesrepublik Abstand zu nehmen. Wer ein derartiges gesellschaftliches System – ohne Not – zu ändern gewillt ist, geht ein schwerlich zu verantwortendes Risiko ein und begünstigt eine Schieflage, die aufgrund einer negativen Konstellation weitere Verschiebungen des politischen Koordinatensystems – in welche Richtung auch immer – befördern könnte.

Man kann nicht einerseits den Eindruck von Kolonialisierung erwecken und andererseits davon reden, die heutige Bundesrepublik sei eine neue. Das eine schließt das andere logisch aus. Im Übrigen hat in der DDR 1989/90 und dann in den jungen Bundesländern eine Entkolonialisierung stattgefunden, war doch die Sowjetunion faktisch Kolonialmacht. Wer auf der politischen Rechten und auf der politischen Linken von Kolonialisierung spricht, stellt das Bild geradezu auf den Kopf – eine verräterische Formulierung insofern, als durch diese pejorative Konnotation indirekt die Legitimität der Übertragung des westlichen Demokratie- und Wirtschaftssystems in Zweifel gezogen wird. Es ist eine merkwürdige Paradoxie: Als die deutsche Vereinigung sich anzukündigen schien, taten viele Intellektuelle kund, dass sie an der alten Bundesrepublik festzuhalten wünschten, obwohl sie diesem Staat nicht sonderlich positiv gegenüberstanden. Nach der Vereinigung Deutschlands fordern gerade jene, die daran – aus unterschiedlichen Motivsträngen – gar nicht interessiert waren, eine neue Bundesrepublik. Offenbar war die Sympathie für die alte nicht sonderlich ausgeprägt.

Und es passt auch nicht zusammen, die mangelnde „Verwestlichung“ in den neuen Bundesländern und im selben Atemzug die Kolonialisierung des Ostens zu beklagen. Der eine Vorwurf hebt den anderen faktisch auf. Ein weiterer gravierender Widerspruch springt ins Auge: Einerseits wird der positive Wandel der politischen Kultur in der Bundesrepublik gewürdigt, andererseits die obrigkeitlich geprägte politische Kultur in den neuen Bundesländern bekrittelt: Man kann nicht den „Abbau der autoritären politischen Kultur in West-Deutschland“ als Positivum und „die Provinzialität des geschlossenen Obrigkeitsstaates“ als Negativum herausstreichen, wenn gleichzeitig die „rasche Assimilation“[92] Ostdeutschlands an Westdeutschland beklagt wird. Ein Satz wie der folgende erweist sich häufig als Leerformel: „Beide Gesellschaften hätten im Hinblick auf ihre Lebenskultur und auf ihre politische Kultur durchaus voneinander zu lernen.“[93] Tatsächlich führt an der „Dominanz des Westens“[94], wie es Karl Otto Hondrich genannt hat, kein Weg vorbei. „Nur wer zu seiner Dominanz steht, wird darin neben den Risiken der Selbstüberhebung und des Missbrauchs auch Chancen, Verantwortungen und Alternativen erkennen – und falsche oder verlogene Alternativen, wie die der Einheit in der Gleichheit, beizeiten verwerfen.“[95] Insofern stellt diese

92 Thomas Meyer, Gleichzeitiges und Ungleichzeitiges in der politischen Kultur Ost- und Westdeutschlands, in: Michael Müller/Wölfgang Thierse (Hrsg.), Deutsche Ansichten. Die Republik im Übergang, Bonn 1992, S. 34, S. 35.

93 Ebd., S. 39

94 Vgl. Karl Otto Hondrich, Dominanz in Deutschland: Ein Kernproblem der Vereinigung, in: Werner Weidenfeld (Anm. 60), S. 97–101.

95 Ebd., S. 101.

Dominanz eine Herausforderung für den Westen dar – und eine Chance für den Osten. Es versteht sich von selbst, dass „Dominanz des Westens" nicht in eine „Demütigung des Ostens" münden darf.[96] Vielleicht ist es kein Zufall, dass ein Politiker wie Manfred Stolpe, der vielfältig in die Machenschaften des kommunistischen Systems verstrickt gewesen war, von den Bürgern derart „angenommen" wird. Erkennen sie in ihm eigene Verhaltensweisen wieder?

Wer für eine vergrößerte Bundesrepublik plädiert, will keineswegs der Bevormundung das Wort reden. Änderungen großen Ausmaßes sind in der Bundesrepublik aufgrund der Angliederung der neuen Bundesländer notwendig, weitaus mehr Opfer, als bisher gefordert und erwartet. Es darf nicht dahin kommen, dass sich die Ostdeutschen wie „Fremde im eigenen Land" fühlen"[97]. Das Selbstwertgefühl Ostdeutscher, die schwerwiegende lebensweltliche Prozesse zu meistern haben, muss gefordert und gefördert werden. Denkt man daran, dass die Erfahrungen von 16 Millionen Bürgern aus dem Beitrittsgebiet auf die Repräsentanten der alten Bundesrepublik zurückwirken und zurückwirken sollen, so ist die vergrößerte Bundesrepublik insofern – aber nur insofern – in gewisser Weise zugleich eine neue geworden – und musste es auch werden. Wie die Bundesrepublik im Jahre 1989 nicht mehr die von 1949 gewesen ist, so kann die nach der Vereinigung nicht mehr die von 1989 sein. Das gilt im Kern auch für den Komplex der politischen Kultur. Dieser Sachverhalt meint aber etwas ganz anderes als die naive Empfehlung, man müsse die guten Seiten der politischen Kultur aus beiden Systemen übernehmen. Allerdings spielen unausgegorene Ideen eines dritten Weges kaum eine Rolle, allenfalls bei Teilen der Intellektuellen in Ost und West. Die Partei, die sich dafür stark macht[98], die PDS nämlich, und bloß von der *Deformierung* des Sozialismus spricht, ist im Westen auf dem Niveau der DKP verblieben und verliert im Osten weiter an Boden. Über die Hälfte ihrer nur noch knapp 150.000 Mitglieder ist im Rentenalter. Die von ihr initiierten „Komitees für Gerechtigkeit" bildeten nicht den Auftakt für einen Aufstand des Ostens gegenüber dem Westen, sondern versandeten ebenso schnell wie die reaktivierten Leipziger Montagsdemonstrationen von 1991.

Resümee: Da der Wandlungsprozess der politischen Kultur in den alten Bundesländern prinzipiell positiv erscheint, ist ihre Übernahme im Kern begrüßenswert. So wird der Bürger in den neuen Bundesländern mit einer pluralistischen, für ihn zunächst vielfach verwirrend erscheinenden Lebenswelt vertraut gemacht, die Chancen der Selbstentfaltung bietet.

---

96 Das gilt etwa für bestimmte Teile der schriftlichen Stellungnahme von Johannes Niermann, Identitätsfindung von Jugendlichen in den neuen Bundesländern anläßlich der Anhörung durch den Deutschen Bundestag, Manuskript, September 1991.

97 So Gerhard Schmidtchen, Die Ostdeutschen als Fremde in ihrem eigenen Land. Sozialpsychologische Anmerkungen zur Lage in Deutschland nach der Einigung, in: Frankfurter Rundschau v. 9. September 1991.

98 Vgl. Gregor Gysi (Hrsg.), Wir brauchen einen dritten Weg. Selbstverständnis und Programm der PDS, Hamburg 1990.

VIII. Weimar – Bonn – Berlin

Bonn ist nicht Weimar! Immer wieder wurden und werden die Schatten von Weimar menetekelnd beschworen: Anfang der fünfziger Jahre, als sich das Parteiensystem aufzufächern schien und die Erfolge der Sozialen Marktwirtschaft nur schemenhaft zu erkennen waren; Ende der fünfziger Jahre, als Hakenkreuzschmierereien die politische Klasse (und das Ausland) ängstigten; in der zweiten Hälfte der sechziger Jahre, als die rechtsextreme NPD in Landesparlamente einzog und eine radikale Studentenbewegung dem sogenannten Establishment den Kampf ansagte; Mitte der siebziger Jahre, als der Linksterrorismus für große Verunsicherung sorgte; Anfang der achtziger Jahre, als die grüne Bewegung in die Landtage kam und die Angst vor „Unregierbarkeit" um sich griff; Anfang der neunziger Jahre schließlich, als Auguren eine Renaissance des Rechtsextremismus, zumal in den neuen Bundesländern, auszumachen meinen. All diese Aufgeregtheiten verkennen die Normalität einer dynamischen politischen Kultur, außerdem eine Reihe anderer Rahmenbedingungen. Durch derartige Herausforderungen wurde die politische Kultur zum Teil sogar liberalisiert.

Bonn ist nicht Berlin! Die Änderung des Regierungssitzes läuft keineswegs auf eine Verschiebung des politischen Koordinatensystems hinaus. Die Hoffnungen der einen (und die Befürchtungen der anderen), die Vereinigung könne „Entwestlichung" provozieren – sei es aufgrund der Stimmung in der Bevölkerung, sei es aufgrund eines sich wandelnden intellektuellen Klimas –, entbehren eines größeren Realitätsgehaltes. Jedenfalls gibt es *aufgrund des Vereinigungsprozesses* dazu keinen begründeten Anlass. Vielfach verläuft bei politischen Konflikten die Scheidelinie gar nicht in erster Linie zwischen Ost und West, sondern eher zwischen links und rechts. Außerdem richtet sich bei einem Teil der durch die Vereinigung hervorgerufenen Konfliktpunkte – wie etwa der Vergangenheitsbewältigung – das Spannungsfeld nach anderen Polen aus, etwa nach dem Ausmaß an moralischem Rigorismus. Auch wenn die gereizte Stimmungslage zwischen Ost und West gegenwärtig nicht zu sonderlich großem Optimismus Anlass gibt: Die Angleichung der politischen Kultur in den beiden Teilen der – nach wie vor – Bonner Republik könnte sich relativ zügig – gleich der Wirtschaftslage – vollziehen, wobei zwischen beiden ein kausaler Nexus vorliegt. Die Hoffnung auf das Entstehen eines „gesamtdeutschen Alternativbewusstseins"[99] dürfte sich nicht erfüllen, sofern damit eine „Synthese der ‚besten' zivilisatorischen Standards des Westens mit denen, die die alte DDR tatsächlich oder auch nur vermeintlich zu bieten hatte"[100], gemeint sein sollte. Die „Dominanz des Westens" ist offenkundig – und offenkundig notwendig.

Berlin ist nicht Weimar! So könnte man resümieren, stellt man die weitere Entwicklung in Rechnung. Sollte sich später einmal der Terminus „Berliner Republik" durchsetzen, was keineswegs sicher ist, dürften Assoziationen an die beiden deutschen Dik-

---

99 Thomas Koch (Anm. 35), S. 336.
100 Ebd., S. 333.

taturen unangebracht sein. Diese Republik wird auch nicht mehr viel mit der krisengeschüttelten Weimarer Republik gemeinsam haben. Das gilt nicht zuletzt deshalb, weil autoritäre Mentalitätsbestände der Vergangenheit bei weiten Teilen der Bevölkerung längst überwunden worden sind. Ein Rückfall ist trotz mancher Imponderabilien nicht sonderlich wahrscheinlich – ungeachtet aller momentaner Parteien-, ja Politikverdrossenheit. „Die Deutschen haben ihre Lektion gelernt. Insofern ist vorsichtiger Optimismus angebracht. Vieles deutet auf eine pragmatische Gegenwartsgebundenheit der Profile der Deutschen: Sie sind eingebunden in den Westen, demokratisch, national-saturiert, verlässlich."[101] Können wirtschaftliche Krisenzeiten daran etwas Grundlegendes ändern?

IX. Schlussbetrachtung

Das für die politische Kultur angedeutete Bild ließe sich auch für andere Bereiche erhellen, für manche mehr, für andere weniger. Die politische Kultur in den alten und in den neuen Bundesländern weist zur Zeit noch gewisse Unterschiede auf, bedingt u.a. durch weniger ausgeprägte postmaterialistische Werthaltungen im Beitrittsgebiet. Ostdeutsche Bürger dürften in mancherlei Hinsicht Vorstellungen teilen, die in der Bundesrepublik der fünfziger Jahre vorherrschend waren. Allerdings ist eine Verabsolutierung dieser Parallele, wie die Befunde zeigen, nicht angebracht. Nahezu kulturrevolutionäre Veränderungen, wie sie im Gefolge der studentischen Protestbewegung mit ihren ambivalenten Begleiterscheinungen Einzug gehalten haben, sind den Bürgern der neuen Bundesländer nur in höchst abgeschwächter Form begegnet. Auffallend ist, dass nicht zuletzt aufgrund vielfältiger Bürden politisch Verantwortliche Pseudokonflikte weniger zu schüren versuchen als in den alten Bundesländern. Konsensorientierung dominiert stärker.

Arnulf Baring hat in seinem Buch „Deutschland, was nun?" davor gewarnt, die Wirkungen der Vereinigung zu unterschätzen. „Diejenigen, die glauben, diese sechzehn Millionen, also etwa so viele Menschen wie in Nordrhein-Westfalen leben, seien zwar nicht unerheblich, aber auch nicht entscheidend, werden sich möglicherweise täuschen. Wenn die sechzehn Millionen sich als dauerhaftes Irritationsfeld erweisen, wird das unser Land in schwere Zweifel und Krisen stürzen. Es sind immer und überall wesentlich energische Minderheiten, die in der Politik das Klima bestimmen, Entscheidungen erzwingen. Das konnte man zum Beispiel an der Studentenrevolte 1968 sehen. Es waren verschwindend geringe Prozentsätze der Bevölkerung, die damals das Bewusstsein des Landes tiefgreifend umgewandelt haben. Das wird mit der DDR in einem noch viel stärkeren Maße passieren."[102] Wie deutlich geworden sein dürfte, teile

---

101 Werner Weidenfeld/Karl-Rudolf Korte, Die Deutschen. Profil einer Nation, Stuttgart 1991, S. 240.
102 Arnulf Baring, Deutschland, was nun? Ein Gespräch mit Dirk Rumberg und Wolf Jobst Siedler, Berlin 1991, S. 14.

ich, was die politische Kultur betrifft, dieses Szenario nicht, da die Interessenlage der Bevölkerung in den jungen Bundesländern viel zu differenziert ist, als dass sich eine wie auch immer geartete Homogenität herausbilden oder erhalten ließe. Im Kern ist die politische Kultur der Bundesrepublik Deutschland die der vergangenen und bleibt es prinzipiell auch. Dieser Sachverhalt wird nicht lediglich wertfrei konstatiert, sondern eigens gutgeheißen.

Die bisher Berechenbarkeit, Liberalität und Sicherheit verbürgende *Bonner Republik* mit ihrer gefestigten politischen Kultur bedarf der Bewahrung. Durch die Wiedervereinigung ist ihre Form der politischen Kultur trotz mancher problematischer Entwicklungen augenscheinlich stabilisiert worden, weil eine offene Flanke – die Frage der deutschen Identität – geschlossen wurde. Was bisher charakteristisch für die politische Kultur in Deutschland war – ein sogenannter negativer Nationalismus[103]: eine andere Form deutscher Selbstüberhebung –, dürfte sich abschwächen. Gemünzt auf die politische Kultur spricht mithin wenig für die Auffassung von Politikwissenschaftlern und Publizisten wie Arnulf Baring, Alexander Gauland, Bernd Guggenberger, Gunter Hofmann, Wilhelm Hennis, Helmut Herles, Claus Leggewie, Gerhard Lehmbruch, Thomas Schmid, Karlheinz Weißmann, um nur einige Namen aus verschiedenen politischen Lagern zu nennen, die alte Bundesrepublik Deutschland sei untergegangen. Natürlich heißt das nicht, dass prekäre Wandlungen – Auflösung gewachsener soziokultureller Milieus, Trend zur gesellschaftlichen Individualisierung, Zunahme sozialer Anomie – ohne Folgen für das politische System in den alten und den neuen Bundesländern bleiben, wie Wahlergebnisse zeigen. Ungeachtet dessen ist der „Weg zu einer gesamtdeutschen Identität"[104] beschritten.

Die Frage im Titel des Vortrages – zwei verschiedene politische Kulturen in Deutschland? – kann im Kern bei allen Unterschieden eher verneint werden,[105] soweit sie sich auf die alten und die neuen Bundesländer bezieht, jedoch bejaht, soweit sie die Ebene Intellektuelle (in West und Ost) und sogenannte „Normalbürger" (in West und Ost) betrifft. Viele Intellektuelle in den alten und neuen Bundesländern sind von der deutschen Einigung nicht sonderlich angetan und präferieren ein Modell, das mit der Wirklichkeit in einem offenkundigen Spannungsverhältnis steht. Aber das ist ein anderes Thema.

103 Eindrucksvolle Beispiele bieten Elisabeth Noelle-Neumann/Renate Köcher, Die verletzte Nation. Über den Versuch der Deutschen, ihren Charakter zu ändern, Stuttgart 1987.

104 Vgl. Axel Knoblich/Antonio Peter/Erik Natter (Hrsg.), Auf dem Weg zu einer gesamtdeutschen Identität?, Köln 1993.

105 Die erste große Arbeit zur politischen Kultur von Martin und Sylvia Greiffenhagen (Ein schwieriges Vaterland. Zur politischen Kultur im vereinigten Deutschland, München 1993) erschien nach Fertigstellung des Beitrags. Zwar lässt sich die schillernde Interpretation nicht auf einen Nenner bringen, doch fügt sie sich eher zu einem düsteren Mosaik zusammen: Die liberale Welt des Westens könnte durch den in der DDR verankerten preußischen Sozialismus und den dortigen kleinbürgerlichen Charakter in Mitleidenschaft gezogen werden. Allerdings decken die sperrigen Daten dieses Interpretationsmuster nicht immer ab, wie die Autoren einräumen. Im Übrigen durchzieht ein krasser Widerspruch die Argumentation: Einerseits wird vor der Gefahr westdeutscher Kolonialisierung gewarnt, andererseits eine westdeutsche Dominanz angesichts traditioneller Zivilisationskritik gefordert.

Berner Republik? Bonner Republik? Berliner Republik? Deutschland?

Thesen zum Patriotismus in Deutschland

I. Zwei aktuelle Schlaglichter

Deutschland erlebte jüngst etwas Unvorhergesehenes. Das Land zeigte bei der Fußballweltmeisterschaft im Juni und Juli 2006 „Flagge". Vor allem jüngere Leute bekannten sich ganz unbefangen zu Deutschland und seinen nationalen Symbolen: Das Deutschlandlied wurde aus vollen Kehlen gesungen, die Fahne des Landes „cool" geschwenkt. Ein Fahnenmeer aus Schwarz-Rot-Gold beherrschte vielfach das Straßenbild. Vor wenigen Jahren waren patriotische Accessoires (Hüte, Schals und Wimpeln mit den Farben der Nationalflagge) Ladenhüter. Nicht nur der Ungar Peter Esterházy, Friedenspreisträger des Deutschen Buchhandels von 2004 und fulminanter Fußballfreund, fand an diesem Deutschlandbild Gefallen.[1]

Ein anderes Beispiel: Die Anfang Juni dieses Jahres eröffnete Ständige Ausstellung des Berliner Deutschen Historischen Museums zur „Deutschen Geschichte in Bildern und Zeugnissen", die mit Hilfe von 8.000 Exponaten Kontinuitäten und Brüche deutscher Geschichte einzufangen sucht, löste so gut wie keine Kontroversen aus. Das war beim „Historikerstreit" vor zwanzig Jahren anders, als heftige Querelen bei der Gründung der Stiftung „Haus der Geschichte der Bundesrepublik Deutschland" und der Konzeption für ein Deutsches Historisches Museum die Historikerzunft entzweit hatten. Viele Linksintellektuelle wie Jürgen Habermas witterten eine neo-konservative Kampfansage, simple Sinnstiftung.[2] Eine Facette des Streits war seinerzeit auch die Deutung des Patriotismus. Damals besaß der Begriff „Nation" bei linken Intellektuellen nahezu durchweg eine negative Konnotation. Nach der deutschen Einheit trat ein gewisser Wandel ein.[3]

Dieser Beitrag will die folgenden Fragen beantworten: Signalisieren solche Beispiele einen neuen Umgang mit der eigenen Nation? Vollzieht sich ein Normalisierungsprozess? Oder ist damit kein nachhaltiger Eindruck auf die politische Kultur des Landes verbunden? Sind die Anhänger von Patriotismus trotz gewisser „Auflockerungstendenzen" weiterhin in der Defensive? Was spricht für die Notwendigkeit eines weltoffenen Patriotismus?

---

1 Vgl. den Artikel: Lob für neuen deutschen Patriotismus, in: Kölner Stadt-Anzeiger vom 29. Juni 2006; siehe auch Peter Esterházy, Deutschlandreise im Strafraum, Berlin 2006.

2 Vgl. Jürgen Habermas, Zum neokonservativen Geschichtsverhältnis in der politischen Öffentlichkeit, in: Geschichtswerkstatt Berlin (Hrsg.), Die Nation als Ausstellungsstück. Planungen, Kritik und Utopien zu den Museumsgründungen in Bonn und Berlin, Hamburg 1987, S. 40–52.

3 Vgl. Steffen Kailitz, Die politische Deutungskultur im Spiegel des „Historikerstreits". What's right? What's left?, Wiesbaden 2001, S. 118–138.

Der Beitrag vergleicht zunächst die Relevanz oder Irrelevanz des Patriotismus bei vier Fußballweltmeisterschaften: 1954, 1974, 1990, 2006. Derartige sportliche Großveranstaltungen signalisieren Verschiebungen der politischen Kultur. Wie stark nahm die Bevölkerung Anteil am Erfolg der Fußballelf? Was war der Grund des fehlenden Enthusiasmus? Im zweiten großen Abschnitt geht es darum, damit direkt oder indirekt zusammenhängende zehn Thesen zum heutigen Patriotismus in Deutschland zu formulieren. Diese Thesen sind pointiert gehalten, nicht immer nach allen Seiten hin begründet.

II. Deutscher Patriotismus und Fußballweltmeisterschaften

Die bundesdeutsche Fußballmannschaft wurde dreimal Weltmeister – am 4. Juli 1954 mit einem 3:2 über die legendäre magyarische Elf in Bern, am 7. Juli 1974 mit einem 2:1 über die Niederlande im heimischen München und am 8. Juli 1990 (1:0-Sieg über Argentinien) in Rom. Auch die jüngste Weltmeisterschaft entfachte, wie erwähnt, größte öffentliche Aufmerksamkeit, obwohl der Triumph des Sieges ausblieb, nicht aber der Sieg des Triumphes. Stehen diese Stationen für wichtige Epochen, die das Selbstverständnis Deutschlands widerspiegeln?

Der Erfolg über die favorisierte ungarische „Jahrhundertmannschaft" rief in Deutschland große Begeisterung hervor. Die legendäre Rundfunkreportage Herbert Zimmermanns („Toni, Du bist ein Fußballgott") zog Millionen von Menschen in den Bann.[4] Gewiss kamen „Wir sind wieder wer"-Gefühle auf, freuten sich die Menschen unbändig, doch hat das Tor des Rechtsaußen Helmut Rahn zum 3:2 nicht das Land verändert. Das öffentliche Leben fand schnell zur Tagesordnung zurück, zumal die nächsten Spiele der geschwächten Meisterelf schwer enttäuschten. Ohnehin besaß Sport nicht die Massenwirksamkeit späterer Jahre. Viele Intellektuelle gingen auf Distanz und zeigten Vorbehalte gegenüber dem Fußball, der als „Proletensport" galt. Bundespräsident Theodor Heuss und Bundeskanzler Konrad Adenauer fehlten im Berner Wankdorf-Stadion, Außenminister Gerhard Schröder besuchte das „Deutsche Derby", das am gleichen Tag in Hamburg stattfand. Ein Kultfilm aus dem Jahr 2003 über das „Wunder von Bern" vermittelt einen schiefen Eindruck.[5] Die Aufbruchstimmung, die in Deutschland längst eingesetzt hatte, ist schwerlich auf den Sieg von 1954 zurück zu führen. Wer wie Arthur Heinrich plakativ von der „Gründung der Bundesrepublik im Wankdorf-Stadion zu Bern"[6] spricht, übertreibt maßlos. Erst nach der deutschen Vereinigung wurde jenem Fußballsieg diese überwältigend hohe Relevanz zugeschrieben.

4 Vgl. Erik Eggers, Die Stimme von Bern. Das Leben von Herbert Zimmermann. Reporterlegende bei der WM 1954, Augsburg 2004.

5 Vgl. Christof Siems, Das Wunder von Bern. Roman. Nach einem Drehbuch von Sönke Wortmann und Rochus Hahn, Köln 2003.

6 Vgl. Arthur Heinrich, 3:2 für Deutschland. Die Gründung der Bundesrepublik im Wankdorf-Stadion zu Bern, Göttingen 2004; siehe bereits: Ders., Toor! Toor! Tor! 40 Jahre 3:2, o. O. (Berlin) 1994. Zutreffend hingegen Thomas Raithel, Fußballweltmeisterschaft 1954. Sport – Geschichte – Mythos, München 2004.

Im Jahre 2004, ein halbes Jahrhundert nach dem Berner Sieg, erlebte ein derartiger Mythos seinen Höhepunkt.[7] Die Guido Knopp-History durfte dabei nicht fehlen.[8]

Als 1954 deutsche Fans die erste Strophe des Deutschlandliedes anstimmten, brachen die Schweizer Rundfunksender ihre Übertragung ab. Nationalistische Töne lagen den Schlachtenbummlern indes fern. Ihnen war nicht bewusst, dass Bundespräsident Theodor Heuss 1952 den Text der dritten Strophe zur Nationalhymne erklärt hatte. Das deutsche „Wunder von Bern" war die ungarische „Wunde von Bern", wie der „Kicker" schrieb. Gleich nach dem Spiel brachen in ungarischen Städten vereinzelt spontane Unruhen aus. Für manche Autoren hängt der Volksaufstand im Herbst 1956 mit der WM-Niederlage 1954 zusammen.[9] Der Ausgang des Spiels trug wohl mehr zur Destabilisierung Ungarns bei als zur Stabilisierung der Bundesrepublik Deutschland. Gleichwohl fühlten sich viele Deutsche nach dem überraschenden Ausgang wie befreit. Die Rückkehr der „Helden von Bern" glich einem Triumphzug.[10]

Obwohl 20 Jahre später die Fußballweltmeisterschaft im eigenen Land stattfand, fiel die Begeisterung eher mäßig aus. Die überraschende und zum Teil mit Häme quittierte Vorrundenniederlage gegen die DDR, wobei das deutsch-deutsche Duell nicht als Beispiel für den Wettkampf der Systeme herhalten musste, ist heute nahezu bekannter als der Endspielsieg über die Niederländer. In dem von Jack White komponierten und von der Fußballmannschaft gesungenen Lied „Fußball ist unser Leben" kamen Anklänge an „unser Land" nicht vor. Der Zeitgeist in der „Bonner Republik" sehnte sich nicht danach. Die optimistische Einstellung zur Zukunft, die noch bei den Münchner Olympischen Spielen zwei Jahre zuvor bestanden hatte, war angesichts der u. a. vom Club of Rome diagnostizierten Grenzen des Wachstums verflogen. Zudem verdüsterte die Erinnerung an das Attentat auf die israelische Mannschaft die Atmosphäre, und der ökonomische Einbruch durch die Ölkrise zeigte eine Zeitenwende an. Der heftige Streit um die Prämien im Vorfeld beeinträchtigte ebenso die Stimmung wie der Ärger beim Bankett nach dem Spiel über die ausgesperrten Frauen der Fußballer. Die Bevölkerung und die Politik waren für patriotische Gefühle selbst in einer Zeit des sportlichen Erfolgs nicht zu erwärmen.

Sangen die deutschen Spieler 1974 vor dem Endspiel die Nationalhymne nicht mit (Paul Breitner störte sie eigenem Bekunden nach in der Konzentration), so war das 1990 größtenteils anders. Die Wiedervereinigung stand kurz bevor, und nach dem Sieg gab es Autokorsos. „Deutschland" wurde gefeiert, wiewohl in moderater Form. Für manche stand eine „Berliner Republik" ins Haus. Der Sieg symbolisierte im Zusam-

---

7 Die Zahl der 2004 erschienenen einschlägigen Bücher ist Legion. Vgl. etwa: Jürgen Bertram, Die Helden von Bern. Eine deutsche Geschichte, Frankfurt a.M. 2004; Rudi Michel, Deutschland ist Weltmeister! Meine Erinnerungen an das Wunder von Bern 1954, München 2004.

8 Vgl. Sebastian Dehnhardt, Das Wunder von Bern. Die wahre Geschichte, hrsg. von Guido Knopp, München 2004.

9 Zur Situation in Ungarn vgl. Peter Kasza, 1954 – Fußball spielt Geschichte. Das Wunder von Bern, Bonn 2004, insbesondere S. 43–72, S. 103–116, S. 135–164.

10 Vgl. Alfred Georg Frei, Finale Grande. Die Rückkehr der Fußballweltmeister 1954, Berlin 1994.

menhang mit der deutschen Einheit eine Art Neuanfang. Wie 1954, als die DDR noch nicht für die Qualifikation zugelassen war, freute sich das ganze Deutschland über den Triumph. 1990 fanden zum ersten Mal kurz nach der Fußballweltmeisterschaft Bundestagswahlen statt (wie 1994, 1998 und 2002). Offenbar wollten Regierungspolitiker von der Popularität der Sportart Nr. 1 profitieren. Die Politikerpräsenz in den Stadien verdiente fast schon das Attribut „penetrant".

Womit kaum einer angesichts vieler Verdrießlichkeiten im Vorfeld (etwa über die herbeigeredeten „no-go-areas" in Brandenburg) gerechnet hatte, trat im Jahr 2006 ein: Die Deutschen nahmen nicht nur regen Anteil an der Fußballweltmeisterschaft, sondern zeigten auch selbstbewusst „Flagge": die ihres Landes.[11] Selbst im Lande lebende Türken ließen sich davon anstecken. Spieler und Zuschauer sangen „diese unsägliche Nationalhymne" (Walter Jens) mit, keineswegs bloß im Stadion. „Public Viewing" besaß Magnetwirkung. Manche Spiele der deutschen Elf dürften über drei Millionen Menschen auf Großleinwänden verfolgt haben. Das Wort „Fanmeile" taucht wahrscheinlich im nächsten Duden auf. Die Fußballspiele mündeten in ein großes Volksfest. Vor allem die junge Generation zeigte mit den Deutschlandfarben bemalte Gesichter. Nicht Fanatismus bestimmte das Bild, sondern ausgelassene Heiterkeit. Die bisweilen verfochtene Meinung, die komplex-beladenen Deutschen könnten über eigene Erfolge nicht jubilieren, wurde eindrucksvoll ad absurdum geführt.

Zweierlei ist auffallend: Zum einen war die Begeisterung nicht von oben initiiert oder gar angeordnet worden. Die aufwendig und forciert betriebene Großkampagne „Du bist Deutschland" hingegen entfaltete kaum Wirkung, verpuffte regelrecht. „Das Volk" löste die euphorische Stimmung aus. Zum andern gab es kaum Äußerungen von „Bedenkenträgern", schon gar nicht aus dem Ausland. Wer in dem Freudentaumel nationalistische Gesinnung auszumachen suchte, geriet ins Abseits. Die Forderung der jungen sächsischen Landtagsabgeordneten Julia Bonk, die deutschen Fahnen gegen Antifa-T-Shirts („Nazis raus aus den Köpfen") einzutauschen, stieß selbst in den eigenen postkommunistischen Reihen auf geharnischte Kritik.[12] Und die autonome Szene, die mit dem Lied der Hamburger Punkrocker „Deutschland muss sterben" Stimmung zu machen versuchte, war isolierter denn je.[13]

Das Phänomen öffentlicher Ausgelassenheit ist schwer einzuordnen. Handelt es sich um bloßen „Partyoismus"[14]? Oder steckt mehr dahinter? Die überschäumende Freude über das herzerfrischende Spiel der deutschen Mannschaft ist ein Zeichen der

---

11 Vgl. u.a. Volker Kronenberg, Lust auf Deutschland. Entdecken die Deutschen sich neu?, in: Mut (2006) 467, S. 6–11; Josef Kraus, Das jugendliche Gesicht des Patriotismus, in: Mut (2006) 468, S. 34–41.

12 Vgl. Hubert Kemper, Instinktlos und jenseits des realen Lebens, in: Freie Presse vom 24./25. Juni 2006, S. 4.

13 Vgl. Anna Bilger/Lars Langenau/Christopher Stolzenreg, Wider den nationalen Taumel, in: http://www.spiegel.de/politik/deutschland/0,1518,423249,00.html (27. Juni 2006).

14 So V.Z. (= Volker Zastrow), Das doppelte Deutschland, in: Frankfurter Allgemeine Zeitung vom 3. Juli 2006, S. 1.

Normalität, kein Grund zur Klage. Die Fußballweltmeisterschaft war bloß der Auslöser, nicht die Ursache für dieses unverkrampfte Verhalten. Wahrscheinlich fällt die Interpretation zu kurz aus, die die Überschwenglichkeit mit dem unerwartet guten Spiel der deutschen Mannschaft erklärt. In Deutschland könnte mit den Wochen der Fußballweltmeisterschaft ein gewisser Paradigmenwechsel Einzug halten.

Auch wenn plakative Formeln wie „Berner Republik“ (1954), „Bonner Republik“ (1974) und „Berliner Republik“ (1990) die Wirkungen des sportlichen Geschehens auf die Politik nicht erfassen, symbolisieren die Triumphe in gewisser Weise deutsches Selbstverständnis. Dem Sieg 1954 kam im kollektiven Gedächtnis der Deutschen eine größere Rolle zu als jenem von 1990, diesem wiederum eine größere Relevanz als dem von 1974, obwohl das Spiel 1990 weitaus weniger dramatisch verlief und Deutschland als Favorit galt. Begriffe wie „Berner Republik“ oder „Berliner Republik“ ziehen die erfolgreiche Staatsgründung im Jahr 1949 indirekt in Zweifel. Wer beständig innere Neu- und Nachgründungen ausmacht[15], delegitimiert die zweite deutsche Demokratie. Das vereinigte Deutschland ist im Kern eine erweiterte Bundesrepublik, keine neue. Der Begriff „Deutschland“ (2006) bringt gut das Lebensgefühl vieler zum Ausdruck. Sie fühlen sich wohl im eigenen Land, akzeptieren es und zeigen ihren entspannten Enthusiasmus. Vielleicht können wir erst in Jahren ausmachen, was sich im Frühsommer 2006 Bahn gebrochen hat: ein Identitätswandel, der auf gesundem, nicht übersteigertem Selbstbewusstsein fußt?

III. Thesen zum Patriotismus

1. Patriotismus ist Liebe zum Vaterland, Nationalismus Verrat an ihm.

Dieses wird u. a. bejaht aufgrund gefühlsmäßiger, historischer sowie politisch-kultureller Bindung. Patriotismus steht zur eigenen Geschichte, zu ihren Schattenseiten wie zu ihren Stärken. Er schließt die Bereitschaft ein, selbstbewusst für die freiheitlichen Werte des Vaterlandes einzutreten und diese zu verteidigen. Auch regionaler Patriotismus (wie Lokalpatriotismus) kann zur Identifizierung beitragen, wenn auch in unterschiedlichem Maße. In der Regel ist in „Bindestrich“-Ländern das Gefühl der Zusammengehörigkeit weniger stark als in historisch gewachsenen. Der pejorativ konnotierte Begriff des Nationalismus ist eine politische Orientierung, die die eigene Nation als höherwertig ansieht und sich chauvinistisch gegen andere Nationen wendet. Keiner hat den Interessen Deutschlands so geschadet wie der Nationalist Adolf Hitler. Freilich sind die Grenzen zwischen Patriotismus und Nationalismus fließend („Hurra-Patriotismus“).[16] Die Begeisterung für Deutschland bei der Fußballweltmeisterschaft war,

15 Vgl. u.a. Claus Leggewie, Die Kritik der Politischen Klasse und die Bürgergesellschaft. Muss die Bundesrepublik umgegründet werden?, in: Aus Politik und Zeitgeschichte B 31/93, S. 7–13.

16 Vgl. grundlegend, nicht nur zur Abgrenzungsproblematik: Volker Kronenberg, Patriotismus in Deutschland. Perspektiven für eine weltoffene Nation, Wiesbaden 2005.

wenn überhaupt, Ausdruck von entspanntem Patriotismus, nicht von Nationalismus. Siege anderer Mannschaften lösten ebenso Jubel aus, und das Ausscheiden des deutschen Teams rief weder aggressive Reaktionen noch giftige Kommentare hervor.

2. Patriotismus ist geradezu eine Voraussetzung für Weltoffenheit.

Ein „vernünftiger", „reflektierter", „verhaltener", „moderner" oder ein „aufgeklärter" Patriotismus – wie immer die Epitheta lauten mögen – ist nichts Rückwärtsgewandtes. Man kann eine Art Kosmopolit sein, ein guter Europäer, ein deutscher Patriot, ein bodenständiger Sachse, ein die Heimat liebender Vogtländer und ein froher Plauener. Wer hier Gegensätze sieht, konstruiert welche. Nur wer das Heimische kennt, ist offen für das Fremde und *vice versa.* Ausgerechnet der in Kalifornien lebende Trainer Jürgen Klinsmann rief große Begeisterung in seinem Heimatland hervor. Sie erstreckte sich weit über den fußballerischen Bereich. Ein „europäisches Vaterland" oder gar ein „Weltstaat" ist eine Chimäre. Durch die staatsrechtliche Einheit Deutschlands wurde eine offene Flanke geschlossen. Die Vorstellung, „als postnationale Demokratie unter Nationalstaaten zu leben"[17], erwies sich als unhaltbar. Patriotismus bildet offenkundig ein stärker einigendes Band als etwa Multikulturalismus, wie etwa die Erfahrungen bei der Fußballweltmeisterschaft zeigen.

3. Die Last der Vergangenheit hat zu einer Tabuisierung patriotischer Vorstellungen geführt.

Deutschlands zwölf schreckliche Jahre mit den monströsen Jahrhundertverbrechen haben traumatisierend gewirkt – wie wohl in keinem anderen Staat der Welt. Aber ein negativer Nationalismus, den etwa die bizarre Strömung der „antideutschen Linken" verficht, kreist in denselben Bahnen wie ein genuiner Nationalismus. Jener liefert diesem gar Vorschub. So profitieren rechtsextremistische Strömungen von der Tabuisierung als heikel empfundener Themen. Gleichwohl: Der Nationalsozialismus ist ein Leichnam. Jeder Versuch, ihm Leben einzuhauchen, muss daher zum Scheitern verurteilt sein. Viele 68er haben ungeachtet mancher Verdienste mit ihren Positionen die Teilung Deutschlands zu stabilisieren versucht und dabei das Unrecht in der DDR heruntergespielt. Eine spezifische Form der „Vergangenheitsbewältigung" – keineswegs die „Vergangenheitsbewältigung" an sich – scheint nicht mehr die Lebenskraft früherer Jahre zu haben. Dafür ist die Fußball-Weltmeisterschaft 2006 ein Indiz. Die Warner vor nationaler Großmannssucht sind jedenfalls mit Blick auf den Fußballsport in der Defensive.

---

17 So Karl Dietrich Bracher, Politik und Zeitgeist. Tendenzen der siebziger Jahre, in: Ders./Wolfgang Jäger/Werner Link, Republik im Wandel 1969–1974. Die Ära Brandt, Stuttgart/Mannheim 1986, S. 406.

4. Die zweite deutsche Demokratie ist in mannigfacher Weise eine Reaktion auf die NS-Diktatur.

Viele politische Entscheidungen sind explizit oder implizit nur vor diesem historischen Hintergrund zu verstehen; selbst Begründungen mit gegensätzlichem Charakter berufen sich gleichermaßen auf das Weimarer Trauma. Das ist weniger ein Zeichen für Wachsamkeit als eines für Vergangenheitsorientiertheit.[18] Die Diskussion über die absehbare demographische Entwicklung mit ihren höchst problematischen Folgen etwa wurde lange nicht oder nur vorsichtig geführt. Die Furcht, Tugendwächter der *political correctness* könnten jede Form des Patriotismus ins Abseits stellen, galt als übermächtig. Die Schatten der Vergangenheit überschatten nach wie vor die Gegenwart, wiewohl sie schwächer geworden sind. Die strikte Abwendung vom Nationalsozialismus war unerlässlich, doch lässt eine „Angst vor dem falschen Beifall"-Haltung innere Unabhängigkeit vermissen. Keine Gesellschaft ist durch diese Negativfixierung überlebensfähig. Diese kann nicht der Fluchtpunkt der Erinnerung sein.

5. Jedes Gemeinwesen braucht einen Zusammenhalt, den auch Patriotismus festigt.

In einer Zeit, in der hohe Arbeitslosigkeit vorliegt, in der das Bruttosozialprodukt nur schwach wächst (wenn überhaupt), in der nach wie vor eine gewisse Spaltung der politischen Kultur zwischen Ost und West besteht und in der Phänomene wie Globalisierung und Individualisierung Bindungslosigkeit fördern, bedarf es festerer Ligaturen denn je. Das bedeutet keinesfalls, legitime Interessenkonflikte durch den Rückgriff auf die nationale Identität zu verkleistern. Die pluralistische Gesellschaft akzeptiert die Vielzahl der Interessen. Freiheit gebührt der Vorrang gegenüber Einheit. So vollzog sich auch die Wiedervereinigung Deutschlands. Die Auffassung, die deutsche Einheit sei durch Auschwitz verspielt worden, war schon zu dem Zeitpunkt falsch, als sie propagiert wurde – und zynisch zudem. Nur die Ostdeutschen mussten die Lasten der Diktatur tragen. Wie das Beispiel der Fußballweltmeisterschaft zeigt, fördert ein solches Ereignis die Zusammengehörigkeit der in einem Lande lebenden Bewohner.

6. Der Patriotismus stößt angesichts unterschiedlicher Erfahrungswerte der Menschen auf keine homogenen Vorstellungen und ist als einendes Band gleichwohl unabdingbar.

Westdeutsche haben einen anderen Erfahrungshintergrund als Ostdeutsche, den „Siegern der Geschichte", wie es in der DDR hieß, Immigranten aus Russland nicht den gleichen wie Immigranten aus der Türkei. Die mit dem Namen „Auschwitz" verbun-

---

18 Vgl. Peter Graf Kielmansegg, Nach der Katastrophe, Eine Geschichte des geteilten Deutschland, Berlin 2000. Der Titel hat nicht nur eine temporale, sondern auch eine kausale Konnotation.

denen Untaten besitzen daher eine völlig unterschiedliche Bedeutung im Erinnerungshorizont. Die Erinnerung an den 20. Juli 1944, den 17. Juni 1953, die friedliche Revolution des Herbstes 1989 sowie die deutsche Einheit von 1990 verdient es, im Ideenhaushalt der Deutschen stärker verankert zu werden. Weil wir in der Tendenz Einwanderungsland sind (das verlangt die Notwendigkeit, die Einwanderung gezielt nach den Interessen Deutschlands zu steuern), bietet Patriotismus eine Chance auf eine stärkere Identifikation mit dem Gemeinwesen. Einwanderer können sich schwerlich integrieren oder gar mit dem Land identifizieren, wenn die Einheimischen „trotzen". Scham ist die Kehrseite von Stolz. Beides gehört, was die Erinnerung an die deutsche Geschichte betrifft, eng zusammen. Viele wollen jedoch nur die jeweils eine Komponente sehen.

7. Das Thema Patriotismus steht in einem engen Zusammenhang zur abgebrochenen Debatte über Leitkultur.

Unsere Gesellschaft bildet zumal in einigen Großstädten Parallelgesellschaften heraus, in manchen mehr, in manchen weniger. Menschen aus fremden Kulturkreisen integrieren sich oft nur schlecht, kapseln sich ab. Islamistischer Fundamentalismus ist eine Herausforderung für die offene Gesellschaft. Der einstigen Tabuisierung des Totalitarismusbegriffs und der heutigen Tabuisierung des Extremismusbegriffs folgt eine gewisse Tabuisierung des Islamismusbegriffs.[19] Wer Patriotismus im Sinne einer Verantwortung für das Gemeinwohl zu fördern sucht, muss verlangen, dass Immigranten den demokratischen Verfassungsstaat bejahen, die deutsche Kultur kennen und die hiesige Sprache lernen. Eine Selbstverständigungsdebatte etwa über den Sinn oder Unsinn doppelter Loyalitäten könnte neue Erkenntnisse bringen.

8. Es ist an der Zeit, sich in der Patriotismus-Frage von künstlichen Alternativen zu verabschieden.

Wer den Verfassungspatriotismus im Sinne Dolf Sternbergers bejaht, votiert deswegen keineswegs gegen Patriotismus im herkömmlichen Sinne. Beides verträgt sich miteinander. Hingegen ist das Konzept des Verfassungspatriotismus in der Form von Jürgen Habermas schwerlich mit dem angestrebten Patriotismus in Einklang zu bringen, weil es positive Anklänge an nationale Identitäten meidet. Der Repräsentant der „Frankfurter Schule" kann mit seinen Maximen nicht hinreichend erklären, wieso die Deutschen für die deutsche Nationalmannschaft hielten und nicht für die schwedische. Der Verfassungspatriotismus ist – allein für sich genommen – blutleer und ein Konstrukt. Verfassungspatriotismus muss jeder Form der Volkspädagogik widerstreiten. Vor

---

19 Vgl. Eckhard Jesse, Die Tabuisierung des Totalitarismus- und Extremismusbegriffs, in: Jürgen Aretz/Günter Buchstab/Jörg-Dieter Gauger (Hrsg.), Geschichtsbilder: Weichenstellungen deutscher Geschichte nach 1945, Freiburg u.a. 2003, S. 199–210.

dem Hintergrund freiheitlicher Werte besteht nicht die Gefahr, dass die Einbeziehung patriotischer Gedankengänge das Terrain für einen deutsch-nationalen Kurs ebnet, auch wenn so mancher Soupçon in diese Richtung geht.

9. Die Entscheidung für den 3. Oktober als Tag der „Deutschen Einheit" war problematisch.

Das Votum, den Tag der deutschen Einheit vom 17. Juni auf den 3. Oktober zu verlegen, auf einen Tag, der aus dem Gerangel der Parteien hervorgegangen ist, erscheint nicht sonderlich glücklich. Ausgerechnet in dem Moment, in dem sich die Wünsche der Aufständischen vom 17. Juni 1953 erfüllten, entfiel dieser Feiertag. Das ist paradox und zeugt von mangelnder historischer Tiefenschärfe. Der 17. Juni war weder im kollektiven Gedächtnis der Ost- noch der Westdeutschen verankert. Das ist mittlerweile etwas anders geworden. Die Überlegung, den 9. November als Gedenktag ins Auge zu fassen, ist kühn, aber nicht von der Hand zu weisen. Dieser Tag symbolisiert mit 1918 (Ausrufung der Republik), 1923 (Hitlers Marsch auf die Feldherrnhalle), 1938 (die „Reichskristallnacht") und 1989 (Fall der Mauer) gut die Ambivalenz der von tiefen Brüchen gekennzeichneten wechselvollen deutschen Geschichte im 20. Jahrhundert.[20]

10. In der Patriotismus-Frage scheint sich ein Wandel zu vollziehen.

Die Beispiele aus der Politik sind unübersehbar. Das gilt für alle Seiten des politischen Spektrums. Allerdings: Wenn zwei das Gleiche sagen, ist es noch nicht das Gleiche. Es kommt in Deutschland oft mehr darauf an, wer was sagt, nicht was wer sagt. Liberal-konservative Positionen haben bei diesem Thema, das gemeinhin als „rechts" gilt, den Nachteil, dass sie sich einer Kultur des Verdachts ausgesetzt sehen. Wer die Streitfelder des „Historikerstreits" vor dem Schlüsseljahr 1989 und danach vergleicht (z. B. Totalitarismus, deutsche Einheit, deutscher Sonderweg), erkennt eine gewisse Verschiebung der Konstellation, die eine Patriotismusdebatte begünstigt. Vor allem links-(liberale) Autoren wie Matthias Mattusek und Reinhard Mohr stießen jüngst die Patriotismusdebatte an[21] – vielleicht auch deshalb, weil die rot-grüne Bundesregierung dafür den Boden bereitet hatte (zum einen durch die Rhetorik, man denke an den „deutschen Weg", und die als selbstbewusst empfundene Politik Gerhard Schröders,

---

20 Vgl. Alexander Gallus (Hrsg.), Deutsche Zäsuren. Systemwechsel vom Alten Reich bis zum wiedervereinigten Deutschland, München 2006.

21 Eckhard Fuhr, Wo wir uns finden: Die Berliner Republik als Vaterland, Berlin 2005; Florian Langenscheidt (Hrsg.), Das Beste an Deutschland. 250 Gründe, unser Land zu lieben, Köln 2006; Claus Christian Malzahn, Deutschland, Deutschland. Kurze Geschichte einer geteilten Nation, München 2005; Matthias Matussek, Wir Deutschen. Warum uns die anderen gern haben können, Frankfurt a.M. 2006; Reinhard Mohr, Das Deutschlandgefühl. Eine Heimatkunde, Reinbek 2005; Richard Wagner, Der deutsche Horizont. Vom Schicksal eines guten Landes, Berlin 2006.

zum andern durch die Aussöhnung vieler einst systemkritischer Kräfte mit „ihrem" Staat). So dürften die Vorbehalte gegenüber einem deutschen Patriotismus weiter zurückgehen, zumal dieser, sofern er in Erscheinung tritt, keine aggressiven Züge aufweist. Die mit gewissem Nationalstolz verbundene Begeisterung für die deutsche Fußballmannschaft ist nur vor diesem Hintergrund zu verstehen.

IV. Auf dem Weg zur Normalisierung

Die Deutschen haben, wie es der ehemalige Bundespräsident Gustav W. Heinemann ausgedrückt hat, ein schwieriges Vaterland. Hatte dieser auf die Frage, ob er den Staat liebe, noch geantwortet, er liebe seine Frau, so bekundete Horst Köhler am Tage der Wahl zum Bundespräsidenten (23. Mai 2004) unumwunden, dass er sein Vaterland liebt. Auch dies zeigt den Wandel. Er entspricht dem verbreiteten Selbstverständnis bei anderen Nationen.

Um kein Missverständnis aufkommen zu lassen: Patriotismus kann nur in einem demokratischen Gemeinwesen gedeihen. Wer ihn wie eine Monstranz vor sich herträgt, schwächt ihn. Eine Nation, die sich ihrer Werte sicher weiß, muss nicht ständig ihre Identität unter Beweis stellen. Wenn sie jedoch – wie bei einer Fußballweltmeisterschaft – geschlossen hinter „ihrer" Mannschaft steht, so ist unaggressives Verhalten kein Grund für beckmesserhafte Kritik, sondern einer für Genugtuung. Das Land hat Zusammengehörigkeit demonstriert.

Gleichwohl: Das durch die Fußballweltmeisterschaft 2006 ausgelöste „Wir-Gefühl" dürfte bald nachlassen. Die Kritik am Gesundheitskompromiss mit seinen finanziellen Einschnitten, beschlossen während der WM-Tage, wird durch die ausgelassene Stimmung auf Dauer nicht überlagert, um nur ein Beispiel zu nennen. Was bleibt, ist der zwanglos-unverkrampfte Umgang mit den nationalen Symbolen. Deutschland ist auf dem Weg der Normalisierung. Der „lange Weg nach Westen" (Heinrich August Winkler) – er zeigt sich auch in der Aneignung patriotischer Regungen: der Zuneigung zum eigenen Land.

Die eindringlichen Worte Joachim Gaucks, von 1990 bis 2000 „Bundesbeauftragter für die Unterlagen des Staatssicherheitsdienstes der ehemaligen Deutschen Demokratischen Republik", verdienen es, gewürdigt zu werden: „Ich kann nur einer Nation vertrauen, die an sich glaubt. Die glaubt, dass sie fähig ist, aus dem ‚Schatten' von Schuld und Verbrechen herauszutreten."[22] Gauck, neben Jens Reich, Friedrich Schorlemmer und Richard Schröder eine der moralischen Autoritäten aus den neuen Bundesländern, will damit nicht die leidvolle Vergangenheit „entsorgen", sondern die Fixierung auf sie überwinden. Denn diese fördert nicht Zukunftsgewissheit, sondern lähmende Vergangenheitsorientiertheit. Die bitteren Lektionen der Geschichte sind gelernt, die Reali-

---

22 So Joachim Gauck, Wie die Deutschen die Freiheit schätzen- und liebenlernten, in: Frankfurter Allgemeine Sonntagszeitung v. 18. Juni 2006, S. 3.

täten der Gegenwart noch nicht hinreichend wahrgenommen. Patriotismus im Verständnis von Gemeinsinn hilft uns dabei. Er hält die Balance zwischen den Bindungen wie Verpflichtungen der Menschen im unmittelbaren Lebensumfeld und auf staatlicher Ebene.

Die institutionellen Rahmenbedingungen der Bundestagswahl vom 2. Dezember 1990

I. Einleitung

Die Wahl vom 2. Dezember 1990 unterschied sich grundlegend von allen Bundestagswahlen zuvor: Es handelte sich um die erste gesamtdeutsche Wahl zum Deutschen Bundestag. Was noch am 7. Oktober 1989, dem vierzigsten Jahrestag der DDR, von keinem Beobachter für möglich gehalten wurde, ist innerhalb eines Jahres eingetreten: die Wiedervereinigung Deutschlands. Die Massenflucht von DDR-Bürgern führte zu großen Demonstrationen – und damit zum Sturz des SED-Regimes. Die Mehrheit der DDR-Bürger wollte nicht nur Freiheit, sondern überwiegend auch Einheit. Dank einer günstigen internationalen Konstellation trat die DDR, inzwischen demokratisch legitimiert, am 3. Oktober 1990 der Bundesrepublik Deutschland bei. Zum ersten Mal konnten alle Deutschen am 2. Dezember 1990 an der Wahl zum Deutschen Bundestag teilnehmen. Die erste gesamtdeutsche Wahl, eine wichtige Etappe im Rahmen des Vereinigungsprozesses, vollzog sich nach Modalitäten, die sich gegenüber vorherigen Wahlen etwas voneinander unterschieden. Der folgende Beitrag soll die Änderung des Wahlsystems im Jahre 1990 einschließlich der kontroversen Stellungnahmen nachzeichnen und beurteilen.

In der Bundesrepublik Deutschland hat es in den ersten zwei Jahrzehnten ebenso zahlreiche wie heftige Kontroversen um das Wahlsystem gegeben.[1] Der Streit drehte sich darum, ob ein Verhältnis- oder ein Mehrheitswahlsystem für die politische Willensbildung geeigneter sei. Seither ist keine Wahlsystemdiskussion – von vereinzelten Vorstößen einmal abgesehen[2] – über die Einführung eines mehrheitsbildenden Wahlsystems mehr entbrannt.[3] Die Unterschiede zu früher liegen auf der Hand: Diesmal vollzog sich die Diskussion auf dem Boden des nicht in Frage gestellten Proportionalprinzips; die beiden großen Parteien zogen an einem Strang; die Auseinandersetzung

---

1 Vgl. zur Diskussion u.a. Rüdiger Bredthauer, Das Wahlsystem als Objekt von Politik und Wissenschaft. Die Wahlsystemdiskussion in der BRD 1967/68 als politische und wissenschaftliche Auseinandersetzung, Meisenheim am Glan 1973; Eckhard Jesse, Wahlrecht zwischen Kontinuität und Reform. Eine Analyse der Wahlsystemdiskussion und der Wahlrechtsänderungen in der Bundesrepublik Deutschland 1949–1983, Düsseldorf 1985.

2 Vgl. Günther Willms, Ein deutsches Tabu, in: Zeitschrift für Politikwissenschaft 33 (1986), S. 188–198.

3 Vgl. Eberhard Schütt-Wetschky, Wahlsystem und politisches System in der parlamentarischen Demokratie, in: Politische Bildung 19 (1986) 2, S. 3–17; Eckhard Jesse, Soll das Wahlsystem geändert werden? Überlegungen zu einem nicht aktuellen Thema, in: Rupert Breitling/Winand Gellner (Hrsg.), Machiavellismus – Parteien und Wahlen – Medien und Politik. Politische Studien zum 65. Geburtstag von Prof. Dr. Erwin Faul, Gerlingen 1988, Teil II, S. 27–41.

führte zu einer Änderung, die wiederum dank des Verfassungsgerichts eine Änderung der Änderung heraufbeschwor. Vielleicht war die umstrittene Regelung mit der „gespaltenen Fünfprozentklausel" charakteristisch für die schwierige Situation der Vereinigung, die von der vielbeschworenen „inneren Einheit" noch weit entfernt ist.

Zunächst sei das vierzig Jahre lang praktizierte Wahlverfahren in der DDR, das sich fundamental von dem in der Bundesrepublik unterschied, kurz beschrieben (Kapitel II). Die Menschen in der DDR hatten somit fast 60 Jahre lang auf demokratische Wahlen verzichten müssen, von den halbwegs freien Wahlen im Herbst 1946 einmal abgesehen.[4] Anschließend wird die politische Entwicklung in der DDR 1989/90 nachgezeichnet – vom Aufbruch von DDR-Bürgern in das Ausland über einen fundamentalen Umbruch im System, der sich u.a. in vielfältigen Demonstrationen ausdrückte, bis zum Zusammenbruch der DDR. Dieser mündete dank freier Wahlen schnell in die Einheit Deutschlands (Kapitel III). Das historisch angelegte Kapitel IV bezieht sich auf den politischen Streit um Wahlfragen (z.B. Wahltermin, Wahlgebiet, Wahlmodus) und die Verabschiedung des Wahlvertrages zwischen der Bundesrepublik Deutschland und der DDR. Im Mittelpunkt der Abhandlung steht – seiner Bedeutung wegen – das Urteil des Bundesverfassungsgerichts zum Wahlmodus (Kapitel V). Nach dem Inhalt werden die Auswirkungen erörtert, abschließend erfolgt die Bewertung. Das Schlusskapitel VI fragt mit Blick auf das „Superwahljahr" 1994, das auch die Bundestagswahl einschließt, nach möglichen Änderungen des Wahlsystems.

II. Wahlen im „realen Sozialismus" der DDR

Die Teilung Deutschlands nach 1945 in zwei politische Systeme mit unterschiedlichem Charakter war angesichts der gegensätzlichen Interessen der Alliierten nach dem Zweckbündnis im Zweiten Weltkrieg gegen Deutschland gleichsam unvermeidlich. Der Gleichschaltungsprozess in der Sowjetischen Besatzungszone (SBZ) schritt mit der Zwangsvereinigung von KPD und SPD im April 1946 schnell voran.[5] Die neue Sozialistische Einheitspartei Deutschlands (SED) errang dank der sowjetischen Besatzungsmacht ein faktisches Machtmonopol. Die beiden anderen Parteien – die CDU und die LDPD – verloren ihre Eigenständigkeit. Der abgesetzte Vorsitzende der CDU, Jakob Kaiser, ging in den Westen; der konzessionsbereite Vorsitzende der LDPD, Wilhelm Külz, starb 1948. In jenem Jahr wurden von der SED zwei weitere Parteien ins Leben gerufen – die Demokratische Bauernpartei Deutschlands (DBD) und die Natio-

4 Vgl. Günter Braun, Die Wahlen in der SBZ im Herbst 1946, in: Hermann Weber (Hrsg.), Parteiensystem zwischen Demokratie und Volksdemokratie. Dokumente und Materialien zum Funktionswandel der Parteien und Massenorganisationen in der SBZ/DDR 1945–1950, Köln 1982, S. 545–562; ders., Wahlen und Abstimmungen, in: Martin Broszat/Hermann Weber (Hrsg.), SBZ-Handbuch. Staatliche Verwaltungen, Parteien, gesellschaftliche Organisationen und ihre Führungskräfte in der Sowjetischen Besatzungszone Deutschlands 1945–1949, München 1990, S. 381–431.

5 Vgl. das umfassende, zahlreiche Bereiche einbeziehende SBZ-Handbuch von Broszat/Weber (Anm. 4).

naldemokratische Partei Deutschlands (NDPD). Die erste sollte die Bauernschaft in das neue politische System integrieren, die zweite nationale und ehemals nationalsozialistische Kräfte. Eine Eigenständigkeit kam beiden Parteien nicht zu, mögen auch „bürgerliche" Kräfte hier zeitweilig eine Heimstatt gefunden haben. Die Bedeutung der Blockparteien, die die Führungsrolle der Kommunisten anerkannten, erwies sich für die SED als ambivalent. Einerseits schirmten sie deren Herrschaft ab, andererseits hatten sie auch eine Nischenfunktion, die sich diejenigen zunutze zu machen suchten, die sich der aufdringlichen Haltung der SED erwehren wollten.[6] Innerhalb weniger Jahre, noch vor Gründung der DDR, vollzog sich die faktische Gleichschaltung der Parteien in der SBZ.

Der Marxismus-Leninismus, zu dessen Lehrgebäude sich die politische Führung der DDR bekannte, meinte die Entwicklungsgesetze der Menschheit und des sozialistischen Aufbaus zu kennen. Die Allgemeingültigkeit dieser Gesetze, die auf objektiven Grundlagen fuße, zeigt sich nach dem Autorenpaar Graf/Seiler in folgenden Merkmalen: Die dem Sozialismus vorangehende Formation, die kapitalistische Gesellschaftsordnung, weise einheitliche Wesensmerkmale auf; ausschließlich die Arbeiterklasse sei historisch dazu berufen, den Kapitalismus zu stürzen; die Arbeiterklasse könne ihre historische Mission nur unter Führung der marxistisch-leninistischen Partei erfüllen.[7] Jede Form des Pluralismus – insbesondere der gefürchtete „sozialistische Pluralismus" – galt als ein „,Modell' der Konterrevolution"[8]. Angesichts dieser Prämissen lag es auf der Hand, dass Wahlen ohne jede Bedeutung für die „Machtfrage" im Sozialismus waren und die ohnehin undemokratisch zusammengesetzte Volksvertretung gleichsam die Ohnmacht des Volkes verkörperte.

In der „Nationalen Front der Deutschen Demokratischen Republik", die jeweils eine Einheitsliste für die Wahlen aufstellte, waren die Parteien (SED, CDU, LDPD, DBD, NDPD) zusammen mit den Massenorganisationen vereinigt. Zu ihnen gehörten der Freie Deutsche Gewerkschaftsbund (FDGB), die Freie Deutsche Jugend (FDJ), der Demokratische Frauenbund Deutschlands (DFD), der Kulturbund der DDR (KB) sowie die Vereinigung der gegenseitigen Bauernhilfe (VdgB). Sie alle sollten die Bürger der DDR ideologisch erfassen, sie für die Ziele der SED gewinnen und sie letztlich auch kontrollieren. Somit waren sie keine unabhängigen Interessenverbände, dienten gleichwohl in engen Grenzen als Foren der auf Einzelfragen beschränkten Kritik.

Die Mandate in der Volkskammer, der obersten Volksvertretung der DDR, wurden nach einem vorher festgelegten Schlüssel vergeben.[9] Die SED erhielt 25,4 Prozent der

6 Vgl. Peter Joachim Lapp, Die ‚befreundeten Parteien' der SED. DDR-Blockparteien heute, Köln 1988.

7 Herbert Graf/Günther Seiler, Wahl und Wahlrecht im Klassenkampf, Berlin 1971, S. 153.

8 So lautet der Untertitel des folgenden Werkes: Arno Winkler, Pluralismus – „Modell" der Konterrevolution, Berlin 1982.

9 Vgl. Eckhard Jesse, Die Volkskammer der DDR: Befugnisse und Verfahren nach Verfassung und politischer Praxis, in: Hans-Peter Schneider/Wolfgang Zeh (Hrsg.), Parlamentsrecht und Parlamentspraxis in der Bundesrepublik Deutschland, Berlin 1989, S. 1821–1844.

500 Mandate, die vier Blockparteien bekamen je 10,4 Prozent. Dem FDGB standen 12,2 Prozent zu, der FDJ 7,4, dem DFD 6,4, dem KB 4,2 und der VdgB 2,8 Prozent. Die meisten Repräsentanten der Massenorganisationen gehörten zugleich der SED an, so dass diese auch formal eine absolute Mehrheit in der Volkskammer hatte. Lediglich ein einziges Mal wurde in der Geschichte der nicht frei gewählten Volkskammer das Prinzip der Einmütigkeit durchbrochen. Im März 1972 gab es im „Ja-Sager"-Parlament zum Gesetz zur Schwangerschaftsunterbrechung aus den Reihen der CDU 14 Gegenstimmen und acht Enthaltungen.

Wegen des fehlenden Parteienpluralismus bezeichneten die DDR-Bürger das Wählen sarkastisch als „Zettelfalten". Dem Wahlakt war bereits durch das Werfen des Stimmzettels in die Wahlurne Genüge getan. Der Bürger hatte keine Entscheidungsmöglichkeit, faktisch auch nicht in der Vorphase.[10] Gewiss konnten seit dem Jahre 1965 mehr Kandidaten aufgestellt werden. Doch in der Praxis hatte diese Prozedur keine Konsequenz für den Auswahlmechanismus. Als gewählt galt, wer mehr als 50 Prozent der Stimmen erhielt. Da der Wahlzettel bei der Stimmenabgabe nur gefaltet wurde, blieb es bei der einmal festgesetzten Reihenfolge. Obwohl die Verfassung geheime Wahl vorschrieb, war offene Wahl die Regel. Die wenigsten Bürger suchten die gewöhnlich in einer entfernten Ecke des Wahlraumes platzierten Wahlkabinen auf. Man wollte sich nicht verdächtig machen. Offene Wahl galt als Zeichen des Vertrauensbeweises für die Kandidaten der „Nationalen Front". Wer nichts zu verbergen habe, könne, so hieß es, sein Vertrauen auch offen bekunden.[11]

Die Wahlbeteiligung lag bei allen Wahlen zur Volkskammer über 98 Prozent (niedrigste Quote: 98,48 Prozent im Jahre 1971), die Zahl der Ja-Stimmen betrug jedes Mal deutlich über 99 Prozent (schlechtestes Ergebnis: 99,46 Prozent im Jahre 1954). Nichts erhellte offenkundiger den Versuch der SED, gesellschaftliche Harmonie vorzutäuschen. Die letzte, unter den Bedingungen der „Einheitsliste" durchgeführte Wahl im Jahre 1986 brachte ein Rekordergebnis. Niemals zuvor war der Wahleifer so groß gewesen (99,74 Prozent), und die Zustimmungsquote für die Kandidaten (99,94 Prozent) hatte nur 1963 um 0,01 Prozentpunkte höher gelegen. Lediglich 7512 Wähler hatten dem Wahlvorschlag ihre Zustimmung versagt. Weitaus mehr DDR-Bürger stellten zur gleichen Zeit einen Antrag auf Entlassung aus der DDR-Staatsbürgerschaft. Dieser auf den ersten Blick merkwürdige Umstand erklärt sich – von möglichen Wahlfälschungen abgesehen – wohl damit, dass ein demonstrativer Akt wie die Ablehnung der Einheitsliste lediglich Ärger verursachte, angesichts der ausgeklügelten Wahlprozedur auf Änderung aber ohnehin nicht zu hoffen war. Hingegen konnte ein hartnäckig betriebenes Ersuchen auf Ausreise zum Erfolg führen.

10 Vgl. hierzu Hans-Jürgen Brandt, Die Kandidatenaufstellung zu den Volkskammerwahlen der DDR. Entscheidungsprozesse und Auswahlkriterien, Baden-Baden 1983.

11 Vgl. in diesem Sinne Graf/Seiler, Wahl und Wahlrecht (Anm. 7); ähnlich: Autorenkollektiv unter Leitung von Oswald Unger (Hrsg.), Wahlsystem und Volksvertretungen in der DDR, Berlin 1988. Siehe zur Kritik u.a. Peter Joachim Lapp, Wahlen in der DDR. Wählt die Kandidaten der Nationalen Front!, Berlin 1982.

Die erste Verfassung aus dem Jahre 1949 war noch überwiegend eine bürgerlich-demokratische, in der beispielsweise die Unabhängigkeit der Gerichte verankert war. Die Praxis sah jedoch ganz anders aus. Im Jahre 1968 wurde die Diskrepanz zwischen Verfassungstheorie und Verfassungswirklichkeit beseitigt. Die neue DDR-Verfassung entsprach der Verfassung eines marxistisch-leninistischen Staates.[12] Die Unabhängigkeit der Justiz etwa blieb auch auf dem Papier nicht mehr erhalten. Die Totalrevision der DDR-Verfassung im Jahre 1974 tilgte alle Anklänge an die Einheit der deutschen Nation. Aber die normative Kraft des Faktischen sollte sich als stärker erweisen. In einem gewissen Sinn hielt die SED an der einen Nation fest, wenn auch in einem ganz anderen Verständnis: Die linientreue Ausrichtung der KPD bis zu ihrem Verbot 1956 (und auch in der Illegalität) sowie der DKP bis zum Kollaps des Kommunismus an der SED ist ein Indiz für die Geschlossenheit des Handelns.[13] Die SED propagierte die These von zwei deutschen Nationen und war gleichwohl interessiert daran, in der Bundesrepublik eine Kraft mit allen Mitteln zu fördern, die sich als ihr verlängerter Arm verstand.

Wenngleich das System der DDR – formal betrachtet – in den vierzig Jahren seines Bestehens nicht auf einer Einparteienherrschaft basierte, so war faktisch das Herrschaftsmonopol der SED[14] ungebrochen und durch vielfältige Mechanismen gestützt, nicht zuletzt durch ein weitverzweigtes System der Staatssicherheit.[15] Der Streit, ob die DDR auf einem Ein- oder einem Mehrparteiensystem fußte, muss daher als müßig gelten. In der DDR bis zur „Wende“ gab es keine Parteien mit unterschiedlichen oder gar gegensätzlichen Zielen. Aus kommunistischer Warte wurde dies damit begründet, dass nach der Überführung der Produktionsmittel in Staatseigentum die wirklichen Interessen des einzelnen Bürgers mit denen des Staates zusammenfielen. Damit sei die Macht der „alten Ausbeuterklasse“ abgeschafft worden. Das Gemeinwohl dürfe nun nicht durch abweichende Auffassungen gefährdet werden. Pluralismus galt für den real existierenden Sozialismus als gefährlich und verdammenswert – als eine „bürgerliche politische und ideologische Konzeption zur Verschleierung der unversöhnlichen Klassengegensätze zwischen Bourgeoisie und Proletariat und Konzeption der ideologischen Diversion des Imperialismus gegen den realen Sozialismus.“[16] Eine exponierte

12 Vgl. Siegfried Mampel, Die sozialistische Verfassung der Deutschen Demokratischen Republik. Kommentar, 2. Aufl., Frankfurt a. M. 1982.

13 An einem Teilbereich wird dies in der folgenden Studie gezeigt: Manfred Wilke/Hans-Peter Müller, SED-Politik gegen die Realitäten. Verlauf und Funktion der Diskussion über die westdeutschen Gewerkschaften in SED und KPD/DKP 1961 bis 1972, Köln 1990.

14 Vgl. beispielsweise Gero Neugebauer, Partei- und Staatsapparat. Aspekte der Instrumentalisierung des Staatsapparates durch die SED, Opladen 1978; Eberhard Schneider, Die SED der 80er Jahre. Das neue Programm und Statut der Partei, Köln 1977.

15 Vgl. (vor der „Wende“) Karl Wilhelm Fricke, Die DDR-Staatssicherheit. Entwicklung, Strukturen, Aktionsfelder, 3. Aufl., Köln 1989 (1982); (nach der „Wende“) ders., MfS intern. Macht, Strukturen, Auflösung der DDR-Staatssicherheit. Analyse und Dokumentation, Köln 1991.

16 Kleines Politisches Wörterbuch, 4. Aufl., Berlin 1983, S. 736.

Kampfansage galt der „Totalitarismus-Doktrin“[17]. Selbst das primär auf die Außenpolitik bezogene „neue politische Denken“, das eine Folgerung aus der Gefahr eines Krieges aus dem Nuklearzeitalter sein soll[18], hat das Herrschaftsmonopol der SED nicht in Frage gestellt.

Weder die strikte Ablehnung der Parteienvielfalt noch der von Lenin übernommene „demokratische Zentralismus“ – er zeichnete sich durch die Wählbarkeit aller leitenden Parteiorgane von unten nach oben aus, auch bei der Kandidatennominierung; strikte Weisungsbefugnis von oben nach unten; Verbot innerer Gruppenbildung; unbedingte Verbindlichkeit der Beschlüsse übergeordneter Instanzen – verlieh dem SED-Regime Stabilität. Jede – selbst innerparteiliche – Demokratie wurde abgeschnürt und eine mögliche innerparteiliche Opposition im Keim erstickt. Wer im Verdacht stand, gegen die Führung der SED zu opponieren, verlor seine Funktionen. Von innerparteilichen „Säuberungen“ waren sogar Vertreter des Politbüros betroffen.[19] Vielfach wurde die Stabilität der auf diesen Prinzipien basierenden kommunistischen Staaten im allgemeinen und die der DDR im besonderen überschätzt.[20] Die Ursachen für das Ende sind nicht monokausal zu erklären und dürften die Wissenschaft noch lange beschäftigen.[21] Die Nachgiebigkeit des Westens und seine Entschlossenheit müssen ebenso berücksichtigt werden wie interne sowjetische Faktoren, die freilich – in welchem Maße auch immer – eine Reaktion auf die Haltung des Westens darstellen.

III. Politische Entwicklung 1989/90 in der DDR

Der Zusammenbruch des „realen Sozialismus“ – die DDR war ein Eckstein im Fundament des internationalen Sozialismus – vollzog sich abrupt. Durch die Kommunalwahlen im Mai des Jahres 1989 schien sich insofern etwas geändert zu haben, als die Wahlbeteiligungs- wie die Zustimmungsquote das erste Mal unter 99 Prozent lag. Dieses Ergebnis war zudem nur durch massive Wahlfälschungen zustande gekommen, wie das unabhängige Gruppierungen seinerzeit behauptet hatten. Die Proteste von Frie-

17 Vgl. Autorenkollektiv unter Leitung von Gerhard Lozek, Die Totalitarismus-Doktrin im Antikommunismus. Kritik einer Grundkomponente bürgerlicher Ideologie, Berlin 1985.

18 Vgl. als einen der ersten wegweisenden Beiträge: Georgi Ch. Schachnasarow, Die politische Logik des Nuklearzeitalters, in: Sowjetwissenschaft. Gesellschaftswissenschaftliche Beiträge 37 (1984), S. 451–462; aus DDR-Sicht beispielsweise: Wolfgang Scheler, Neues Denken über Krieg und Frieden, in: Deutsche Zeitschrift für Philosophie 35 (1987), S. 12–20; zur Kritik: Wilhelm Bruns, Was ist neu am „neuen Denken“ in der DDR? Die Friedens- und Sicherheitspolitik steht im Zentrum, in: Aus Politik und Zeitgeschichte B 13/87, S. 3–14.

19 Vgl. Karl Wilhelm Fricke, Opposition und Widerstand in der DDR. Ein politischer Report, Köln 1984.

20 Selbst Zbigniew Brzezinski, der als einer der wenigen das Scheitern des „Experiments“ prophezeit hatte, rechnete die DDR zu den stabilsten Staaten im Ostblock. Vgl. ders., Das gescheiterte Experiment. Der Untergang des kommunistischen Systems, Wien 1989, S. 267 (Tabelle).

21 Ein interessanter Erklärungsversuch wird geboten bei Timothy Garton Ash, Im Namen Europas. Deutschland und der geteilte Kontinent, München 1993.

densgruppen und Vertretern der Kirchen gegen die Manipulationen anlässlich der Kommunalwahlen signalisierten bereits erste Ansätze einer oppositionellen Bewegung. Allerdings bestanden in der DDR keine polnische „Solidarität" und keine tschechische „Charta 77". Eine breite Opposition hatte sich aus vielerlei Gründen nicht herausbilden können. Die DDR-Staatsführung wachte angesichts des „Klassenfeindes" im Westen argwöhnisch über jede Form der Dissidenz, und wer antikommunistisch eingestellt war, versuchte eher über einen Ausreiseantrag in den Westen zu kommen, als dass er – die Machtverhältnisse im Auge – in der DDR opponierte. So erwies sich die Existenz der Bundesrepublik für die Herausbildung einer schlagkräftigen oppositionellen Bewegung als ambivalent. Die wenigen oppositionellen Kräfte in der DDR, die vor allem innerhalb der protestantischen Kirche in Erscheinung traten, unterschieden sich aber noch in einem anderen Punkt von der Opposition in Osteuropa: Diese war im Kern antikommunistisch, während sich in der DDR praktisch alle Kritiker auf den Boden des Sozialismus stellten und seine Pervertierung durch die Staatspartei anprangerten.

Die Massenflucht von DDR-Bürgern im Spätsommer und Herbst 1989 nach Ungarn, Polen und in die ČSSR ermutigte die im Lande Lebenden zu friedlichen Demonstrationen („Wir sind das Volk"). Erschütternde Bilder von Flüchtlingen, die sich in den Botschaften der Bundesrepublik aufhielten, gingen um die Welt. Das alte System erwies sich als zu entkräftet, als dass es die „Wende" zu verhindern gewusst hätte, zumal sich die oppositionelle Bewegung schnell verbreiterte. Der Sturz Honeckers kurz nach dem in gespannter Atmosphäre begangenen vierzigsten Jahrestag der DDR im Oktober 1989 konnte den Zerfall des kommunistischen Herrschaftssystems nicht aufhalten. Sein Nachfolger Egon Krenz ergriff in einer Manier des Nachtrabens nur halbherzige Maßnahmen.[22] Immerhin kam es unter ihm am 9. November 1989 zur – so nicht gewollten – Öffnung der Grenze. Die sich in den folgenden Tagen abspielenden Freudenszenen werden immer im Gedächtnis vieler Bürger in beiden Teilen Deutschlands haften bleiben. Insgesamt siedelten 1989 fast 350.000 Menschen aus der DDR in die Bundesrepublik über.

Obwohl sich die SED von ihrer Vergangenheit lossagte, führende Repräsentanten ausschloss (den langjährigen Generalsekretär Erich Honecker ebenso wie seinen Nachfolger Egon Krenz) und sich in „Partei des Demokratischen Sozialismus" (PDS) umtaufte (zunächst noch in SED/PDS)[23], verließen ihre Mitglieder sie scharenweise. Auch die bisherigen Blockparteien änderten innerhalb weniger Monate ihr Gesicht. Die CDU und die Liberalen lehnten sich an die Westparteien an. Für die DBD und die NDPD war der Umorientierungsprozess wegen fehlender Partner im Westen schwieriger. Sie gingen später in der CDU bzw. der FDP auf. Die seit 1946 nicht mehr exis-

22 Siehe die Rechtfertigungsschrift von Egon Krenz, Wenn Mauern fallen. Die friedliche Revolution: Vorgeschichte – Ablauf – Auswirkungen, Wien 1990.

23 Vgl. die offiziöse Sammlung einschlägiger Verlautbarungen: Manfred Behrend/Helmut Meier (Hrsg.), Der schwere Weg der Erneuerung. Von der SED zur PDS. Eine Dokumentation, Berlin 1991.

tierende Sozialdemokratie wurde – noch in der Endphase des Honecker-Regimes – neu ins Leben gerufen (zunächst als SDP). Zuerst allmählich, dann rapide, begann sich ein gesellschaftspolitischer Pluralismus herauszubilden.[24]

Als „starker Mann“ in der Übergangsphase erwies sich Hans Modrow, Ministerpräsident seit Mitte November 1989 und zuvor Bezirkssekretär der SED in Dresden. Die Arbeit wurde ihm, der weniger diskreditiert erschien als andere „Parteigrößen“, allerdings erleichtert, weil allen gesellschaftlichen Kräften an einem friedlichen Übergang zur Demokratie gelegen war. Am Anfang Dezember 1989 gebildeten „Runden Tisch“ versuchten die oppositionellen Bewegungen einen Konsens mit den traditionellen Riegen zu erzielen und diese zu kontrollieren.[25] Bereits auf der ersten Sitzung am 7. Dezember wurde ein (später vorgezogener) Wahltermin für die erste (und letzte) demokratische Wahl zur Volkskammer fixiert (auf den 6. Mai 1990). Im Januar 1990 verständigte man sich auf den später geänderten Entwurf eines Wahlgesetzes. Die Gegensätze zwischen „alten“ und „neuen“ Kräften verwischten sich bald. Ende Januar 1990 entsandten die oppositionellen Gruppierungen sogar je einen Minister ohne Geschäftsbereich in die Modrow-Regierung. Auf diese Weise wurde der Übergang von einem diktatorischen zu einem demokratischen System erleichtert, freilich auch die Verantwortung abgeschwächt.

Im Laufe der Monate veränderten die Demonstrationen ihren Charakter. Ursprünglich wollten die neuen Oppositionsbewegungen (z.B. das „Neue Forum“) die DDR erneuern und einen „dritten Weg“ zwischen Sozialismus und Kapitalismus anstreben. Aus der Losung „Wir sind das Volk“ wurde „Wir sind ein Volk“. Obwohl die fünf Länder im Jahre 1952 aufgelöst worden waren, war in der Bevölkerung das „Landesbewusstsein“ nicht verschwunden. Gleich nach dem Umbruch ließ es sich revitalisieren, kam der Ruf nach Bildung der alten Länder auf. Viele Bürger fühlen sich als „Sachsen“ oder „Thüringer“.[26] Besondere Empörung lösten in der Bevölkerung Meldungen über die Machenschaften der Staatssicherheit in der Vergangenheit aus. Was viele ahnten, erwies sich als Realität: Die DDR war mit einem Netz von Spitzeln überzogen gewesen. Allerdings lenkte (und lenkt) die Fixierung auf das Ministerium für Staatssicherheit von der Rolle der mächtigen SED ab. Die Staatssicherheit war kein „Staat im Staate“, sondern ein Instrument der Partei.

Der Druck der Bevölkerung nach der deutschen Einheit wurde in dem Maße stärker, in dem die Hegemonie der SED schwand. Das „Ende eines Experiments“[27] war nicht mehr aufzuhalten. Bundeskanzler Kohl trug der Stimmung Rechnung. Zwar

24 Zu Einzelheiten vgl. Gert-Joachim Glaeßner, Der schwierige Weg zur Demokratie. Vom Ende der DDR zur deutschen Einheit, Opladen 1991.

25 Vgl. Uwe Thaysen, Der Runde Tisch. Oder: Wo blieb das Volk? Der Weg der DDR in die Demokratie, Opladen 1990.

26 Vgl. Karlheinz Blaschke, Alte Länder – Neue Länder. Zur territorialen Neugliederung der DDR, in: Aus Politik und Zeitgeschichte B 27/90, S. 39–54.

27 So Rolf Reißig/Gert-Joachim Glaeßner (Hrsg.), Das Ende eines Experiments. Umbruch in der DDR und deutsche Einheit, Berlin 1991.

warnte er in seinem Zehn-Punkte-Plan vom 28. November 1989[28] vor übereilten Vorstellungen, benannte gleichwohl einige Stationen (ohne Terminierung) auf dem Weg zur deutschen Einheit. Allmählich bekannten sich – im Januar, spätestens Februar 1990 – fast alle politischen Gruppierungen in der DDR zur sich wie immer zu vollziehenden Einheit Deutschlands. Die Ende Januar beschlossene Vorverlegung des Wahltermins vom 6. Mai auf den 18. März ging auf PDS (sowie die früheren „Blockparteien") und SPD gleichermaßen zurück. Die jungen Oppositionsgruppen befürchteten, ein früher Wahltermin könne ihnen schaden. Ihr Ansinnen, im Wahlkampf auf Gastredner aus der Bundesrepublik zu verzichten, fand zwar in der Sitzung des „Runden Tisches" eine Mehrheit (22 gegen neun Stimmen bei sieben Enthaltungen), doch erklärten Sozial-, Christ- und Liberaldemokraten, sich an diesen Beschluss nicht gebunden zu fühlen.[29]

Zur Debatte stand nicht mehr das „Ob" einer Vereinigung, sondern nur das „Wie". Die ersten demokratischen Volkskammerwahlen – zu wählen waren 400 Abgeordnete in 15 Wahlkreisen – sollten das hinreichend zeigen. Das am 20. Februar verabschiedete Wahlgesetz[30] schrieb ein reines Verhältniswahlsystem vor, ohne jegliche Kautele für kleinere Parteien – im Gegensatz zur ursprünglichen vom Runden Tisch ins Auge gefassten Regelung, wonach die 15 Bezirke der DDR als Wahlkreise ohne überregionale Verrechnung dienen sollten. Allerdings sah das Wahlgesetz in § 8, Abs. 2 folgende Einschränkung vor, die sich gegen Parteien wie die Republikaner oder die NPD richtete: „Parteien oder andere politische Vereinigungen, die faschistische, militaristische, antihumanistische Ziele verfolgen sowie Glaubens-, Rassen- und Völkerhass bekunden oder verbreiten, die Personen und Gruppen aufgrund ihrer Nationalität, ihrer politischen Zugehörigkeit, ihres Geschlechts, ihrer sexuellen Orientierung oder ihrer körperlichen bzw. geistigen Behinderungen diskriminieren oder ihre Ziele mit Gewalt oder durch Androhung von Gewalt zu verwirklichen suchen, sind von der Wahl ausgeschlossen." Gemäß § 14 des Wahlgesetzes konnten – auf Wunsch der Bürgerbewegungen – neben Parteien auch „andere politische Vereinigungen und Listenvereinigungen" an der Wahl teilnehmen – „eine überaus bedeutsame Entscheidung für jene politischen ‚Bewegungen', die sich auf dieser Grundlage nunmehr nicht unter den für sie diskriminierenden Namen ‚Partei' schicken mussten."[31]

Der Wahlkampf war stark geprägt durch die Parteien in der Bundesrepublik.[32] Wer ohne Partner im Westen auskommen musste, hatte es angesichts der mehrheitlichen

---

28 Abgedruckt u.a. bei Volker Gransow/Konrad Jarausch (Hrsg.), Dokumente zu Bürgerbewegung, Annäherung und Beitritt, Köln 1991, S. 101–104.

29 Vgl. Thaysen, Der Runde Tisch (Anm. 25), S. 137.

30 Es ist abgedruckt in: Ingo von Münch (Hrsg.), Dokumente der Wiedervereinigung Deutschlands. Quellentexte zum Prozeß der Wiedervereinigung von der Ausreisewelle aus der DDR über Ungarn, die ČSSR und Polen im Spätsommer 1989 bis zum Beitritt der DDR zum Geltungsbereich des Grundgesetzes der Bundesrepublik im Oktober 1990, Stuttgart 1991, S. 84–94.

31 Thaysen, Der Runde Tisch (Anm. 25), S. 136.

32 Zu den Parteien und den Wahlen vgl. Thomas Ammer, Die Partei in der DDR und in den neuen

Westorientierung der Bevölkerung schwer. Eine DDR-Identität war entgegen den Annahmen mancher DDR-Forscher[33] in den vierzig Jahren offenkundig nicht entstanden. Die Wahlen endeten mit einem deutlichen Sieg jener Gruppierungen, die sich an der Union der Bundesrepublik Deutschlands ausrichteten, obwohl die Prognosen einen Sieg der SPD signalisiert hatten.[34] Allein die CDU vermochte über 40 Prozent der Stimmen auf sich zu vereinigen. Gemeinsam mit der neuen, der CSU nahestehenden DSU und dem „Demokratischen Aufbruch", einer sich an die Union anlehnenden Bürgerbewegung, errang sie fast 50 Prozent der Stimmen. Die organisatorisch ungefestigte Sozialdemokratie erreichte angesichts einer noch recht starken PDS nur gut die Hälfte des Anteils der CDU, zumal sie zum Teil mit dem verhassten Sozialismusverständnis der SED in Verbindung gebracht wurde.

Diejenigen oppositionellen Gruppierungen, die als erste auf die Straße gegangen waren, schnitten schlecht ab.[35] Unter dem Namen „Bündnis 90" erreichten „Demokratie Jetzt", „Neues Forum" sowie die „Initiative Frieden und Menschenrechte", die sich bei aller Heterogenität[36] für eine „neue DDR" aussprachen, lediglich 2,9 Prozent der Stimmen, die Grünen mit dem „Unabhängigen Frauenverband" gerade 2,0 Prozent. Ihrem Ziel – einer eigenständigen DDR – erteilten die Bürger eine klare Absage. Die alte Opposition war nun auch die neue Opposition, wenngleich unter ganz anderen Voraussetzungen, nämlich als legitimer Bestandteil des politischen Systems. Jede Partei hatte vor der Wahl klargestellt, dass eine Koalition mit der PDS, die 16,3 Prozent der Stimmen erhielt, nicht in Frage käme.

Die weiteren Stationen auf dem Weg zur deutschen Einheit vollzogen sich schnell[37], zumal auch die außenpolitischen Rahmenbedingungen günstig waren[38], wiewohl insbesondere die britische, die französische und die israelische Regierung

---

Bundesländern, in: Alf Mintzel/Heinrich Oberreuter (Hrsg.), Parteien in der Bundesrepublik Deutschland, 2. Aufl., Opladen 1992, S. 421–481; Jürgen W. Falter, Wahlen 1990. Die demokratische Legitimation für die deutsche Einheit mit großen Überraschungen, in: Eckhard Jesse/Armin Mitter (Hrsg.), Die Gestaltung der deutschen Einheit. Geschichte – Politik – Gesellschaft, Bonn/Berlin 1992, S. 163–188.

33 Vgl. beispielsweise Gebhard Schweigler, Nationalitätsbewusstsein in der BRD und der DDR, Düsseldorf 1973, S. 104: „Das Nationalstaatsbewusstsein der DDR-Bevölkerung scheint heute bereits so gefestigt zu sein, daß es auch durch eine Politik der Offenheit nicht mehr erschüttert werden könnte. Im Gegenteil, ein Öffnen der Grenzen könnte das Nationalstaatsbewusstsein der Bevölkerung noch verstärken, und zwar einmal, weil einzelne DDR-Bürger auf diesem Wege ihre Andersartigkeit persönlich erleben könnten, zum anderen aber, weil durch eine Politik der Öffnung letzte Reste der Unzufriedenheit beseitigt werden dürften."

34 Vgl. Peter Förster/Günter Roski, DDR zwischen Wende und Wahl. Meinungsforscher analysieren den Umbruch, Berlin 1990.

35 Zu den Bürgerbewegungen vgl. Helmut Müller-Enbergs/Marianne Schulz/Jan Wielgohs (Hrsg.), Von der Illegalität ins Parlament. Werdegang und Konzept der neuen Bürgerbewegung, Berlin 1991.

36 Dies wird deutlich in dem authentisch aus erster Hand geschriebenen Band: Wolfgang Rüddenklau, Störenfried. ddr-opposition 1986–1989. Mit Texten aus den „Umweltblättern", Berlin 1992.

37 Vgl. beispielsweise Eckhard Jesse, Der innenpolitische Weg zur deutschen Einheit. Zäsuren einer atemberaubenden Entwicklung, in: Ders./Mitter (Hrsg.), Gestaltung (Anm. 31), S. 111–141.

38 Vgl. dazu aus erster Hand: Horst Teltschik, 329 Tage. Innenansichten der Einigung, Berlin 1991.

unterschiedliche Bedenken gegen die deutschen Einheit – direkt oder indirekt – geltend machten, weniger die dortige Bevölkerung.[39] Nach der Volkskammerwahl bildete sich eine – später wieder beendete – Große Koalition aus der „Demokratischen Allianz“, der SPD und dem „Bund Freier Demokraten“, einem Zusammenschluss verschiedener liberaler Gruppierungen, unter Führung des CDU-Ministerpräsidenten Lothar de Maizière, der sich später – nach der Vereinigung – wegen seiner Verbindung zum Staatssicherheitsdienst aus der Politik zurückzog. Gemeinsam sprach man sich für den „Staatsvertrag“ aus, den „Vertrag über die Schaffung einer Währungs-, Wirtschafts- und Sozialunion zwischen der Bundesrepublik Deutschland und der Deutschen Demokratischen Republik.“[40] Zum 1. Juli 1990 wurde die DM in der DDR eingeführt. Damit war ein entscheidender Schritt auf dem Weg der Vereinigung getan.

Der „Einigungsvertrag“ folgte am 31. August 1990. Der „Vertrag zwischen der Bundesrepublik Deutschland und der Deutschen Demokratischen Republik über die Herstellung der Einheit Deutschlands“[41], nach komplizierten und hektischen Verhandlungen zustande gekommen[42], bildete die Rechtsgrundlage für die deutsche Einheit. Zuvor war der Beschluss der Volkskammer, der Bundesrepublik beizutreten (am 23. August 1990) – die Abgeordneten der PDS stimmten ebenso dagegen wie diejenigen vom Bündnis 90 –, über die Bühne gegangen. Die „Abwicklung der DDR“ – ein unschöner Ausdruck für einen bewegenden Vorgang – vollzog sich in Windeseile. Aber zu dem schnellen Tempo gab es wohl keine angemessene Alternative. Vom außenpolitischen Aspekt einmal abgesehen: Der Zustrom der Menschen aus der DDR wäre sonst kaum abgerissen.

Die staatsrechtliche Einheit Deutschlands verlief ohne nationalistisches Getöse, ohne „Nationalrausch“[43]. Wer Deutschland auf dem Weg in das „vierte Reich“[44] sah, musste schon an arger Blickverengung leiden oder auf winzige Splittergruppen, die ihr Süppchen zu kochen suchten, fixiert sein.[45] Die gegenteilige Kritik erhob den Vorwurf, vielen Bürgern der alten Bundesländer sei in ihrem Dornröschenschlaf die Tragweite der auf sie zukommenden Probleme nicht klar genug. Es könne keineswegs alles beim

39 Vgl. Günther Trautmann (Hrsg.), Die hässlichen Deutschen? Deutschland im Spiegel der westlichen und östlichen Nachbarn, Darmstadt 1991; Michael Wolffsohn, Der außenpolitische Weg zur deutschen Einheit. Das Ausland und die vollendeten Tatsachen, in: Jesse/Mitter, Gestaltung (Anm. 31), S. 142–162.

40 Vgl. Klaus Stern/Bruno Schmidt-Bleibtreu (Hrsg.), Staatsvertrag zur Währungs-, Wirtschafts- und Sozialunion, München 1990.

41 Vgl. dies. (Hrsg.), Einigungsvertrag und Wahlvertrag mit Vertragsgesetzen, Begründungen, Erläuterungen und Materialien, München 1990.

42 Vgl. dazu die Sicht eines Beteiligten: Wolfgang Schäuble, Der Vertrag. Wie ich über die deutsche Einheit verhandelte, Stuttgart 1991.

43 So aber Wolfgang Herles, Nationalrausch. Szenen aus dem gesamtdeutschen Machtkampf, München 1990.

44 So Heleno Saña, Das vierte Reich. Deutschlands später Sieg, Hamburg 1990.

45 Die unterschiedlichen Positionen gehen schon aus den Titeln der folgenden Bücher hervor: Michael Wolffsohn, Keine Angst vor Deutschland!, Erlangen 1990; Ulrich Wickert (Hrsg.), Angst vor Deutschland, Hamburg 1990.

alten bleiben.[46] Außerordentliche Einsparungen würden unumgänglich werden, damit die neuen Bundesländer nicht auf längere Zeit das „Armenhaus Deutschlands" blieben. In der atemberaubend schnellen Phase des deutschen Einigungsprozesses ist die von der Öffentlichkeit kaum gewürdigte Verabschiedung des Wahlvertrages eine wichtige Etappe auf dem Weg zur deutschen Einheit gewesen.[47]

IV. Die Diskussion über die Gestaltung des Wahlsystems und die Verabschiedung des Wahlvertrages

Schon im Frühjahr 1990, als sich die deutsche Einheit abzuzeichnen begann, wurde über die Frage gesamtdeutscher Wahlen diskutiert, und zwar im Sinne einer Verlängerung der Legislaturperiode. Die Koalitionsparteien machten sich für eine möglichst frühe Wahl eines gesamtdeutschen Parlaments stark, während der DDR-Ministerpräsident de Maizière mit Verweis auf die komplizierten innen- und außenpolitischen Aspekte der deutschen Einigung eher zu bremsen schien.[48] Die Meinung war verbreitet, am 2. Dezember – auf diesen Termin hatten sich die Parteien in der Bundesrepublik bereits im Sommer 1989 geeinigt – seien gesamtdeutsche Wahlen noch nicht möglich. Dieser Befund steht in einem krassen Gegensatz zur Entwicklung im Sommer des Jahres, als de Maizière just am Tage der Verabschiedung des Wahlvertrages – ohne Absprache mit dem sozialdemokratischen Koalitionspartner – angesichts der desolaten Lage in der DDR für einen schnellen Beitritt zur Bundesrepublik sowie für vorgezogene Bundestagswahlen (auf den 14. Oktober) plädierte. De Maizières Vorschlag, dem sich Bundeskanzler Kohl anschloss, löste bei den Sozialdemokraten viel Wirbel aus.[49] Sie „sahen sich als Opfer eines Komplotts."[50] Der frühere Wahltermin schien die Situation der SPD, die auf eine Zunahme der (wirtschaftlichen) Unzufriedenheit hoffte, weiter zu verschlechtern. Sie sperrte sich gegen jegliche Terminvorverlegung. Da Kohl die Auflösung des Parlaments über den Weg einer Vertrauensfrage verwarf und die Sozialdemokratie nicht zu einer Grundgesetzänderung zwecks vorzeitiger Auflösung des Parlaments bereit war, änderte sich am Wahltermin des 2. Dezember nichts. De Maizière versuchte, seinen Vorschlag durch eine entsprechende Resolution der Volkskammer der DDR vom 8. August aufzuwerten. Die Union konnte ihr Ziel, direkt nach dem Beitritt der DDR Wahlen abzuhalten, jedoch nicht durchsetzen. In der Retrospek-

---

46 In diesem Sinne Arnulf Baring, Deutschland, was nun? Ein Gespräch mit Dirk Rumberg und Wolf Jobst Siedler, Berlin 1991.

47 Indiz dafür ist beispielsweise, dass in einem einschlägigen und stattlichen Lexikon von dem Wahlvertrag kaum die Rede ist. Vgl. Werner Weidenfeld/Karl-Rudolf Korte (Hrsg.), Handwörterbuch zur deutschen Einheit, Frankfurt a.M./New York 1992. In dem Band von Glaeßner, Der schwierige Weg (Anm. 24) spielt der Wahlvertrag überhaupt keine Rolle.

48 Vgl. Archiv der Gegenwart, 60/1990, S. 34533 f.

49 Für Einzelheiten vgl. Schäuble, Der Vertrag (Anm. 42), S. 150–167.

50 Ebd., S. 160.

tive brachte der damalige Innenminister Schäuble für das Verhalten der SPD ein gewisses Verständnis auf.[51] Eine Verlängerung der Legislaturperiode wäre rechtlich, eine Verkürzung politisch problematisch gewesen.[52]

Die Geschichte des Wahlgesetzes (nicht nur dieses) ist eine Geschichte heftiger politischer Rangeleien. Sie wird nur in einer eher knappen Chronologie präsentiert[53]: Bereits im März und Mai 1990 hatten SPD einer- und CDU/CSU wie FDP andererseits ähnliche Gesetzesentwürfe in den Bundestag eingebracht.[54] Sie betrafen die Direktwahl der Westberliner Abgeordneten. Nach der Direktwahl der Ostberliner Abgeordneten bei der Volkskammerwahl am 18. März war ein solches Ansinnen von den Westalliierten positiv beschieden worden.

Die SPD favorisierte für die erste gesamtdeutsche Bundestagswahl eine auf das gesamte Wahlgebiet bezogene Fünfprozentklausel. Einen entsprechenden Antrag brachte sie im Ausschuss Deutsche Einheit am 4. Juli 1990 ein.[55] Bundesinnenminister Schäuble hingegen hatte schon frühzeitig gegen eine bundesweite Fünfprozentklausel votiert, weil sonst die Parteien und politischen Vereinigungen der DDR – Bündnis 90 ebenso wie die DSU – benachteiligt würden.[56] Auch in einer anderen Kernfrage gab es eine Differenz: Während die SPD für ein einheitliches Wahlgebiet war (Beitritt vor Wahl), sprach sich die Union zunächst für ein getrenntes Wahlgebiet aus (Wahl vor Beitritt). Die FDP stimmte der SPD in beiden Punkten zu. Diese brachte auf der gemeinsamen Sitzung der Ausschüsse Deutsche Einheit am 26. Juli 1990 folgenden Antrag ein: „Alle Abgeordneten des ersten gesamtdeutschen Parlaments werden nach ein- und demselben Wahlrecht gewählt. Dabei ist eine auf das gesamte Wahlgebiet bezogene 5-Prozent-Sperrklausel vorzusehen. Die Wahl findet statt, sobald die staatliche Einigung vollzogen ist."[57] Die Union stimmte jetzt der Forderung nach der Wahl in einem Wahlgebiet gemäß einheitlichem Wahlrecht zu, nicht jedoch einer bundesweiten Sperrklausel.

Angesichts der parteipolitischen Differenzen kam eine neue, von der Union, der SPD und der FDP befürwortete Variante ins Spiel. Die bundesweite Fünfprozentsperrklausel sollte beibehalten, allerdings durch die Einführung einer Listenverbindung gemildert werden: Parteien könnten nur mit ihnen nicht konkurrierenden Partnern (Ausnahme: Berlin) eine Listenverbindung eingehen. „Die Beschränkung auf regional

51 Vgl. ebd., S. 160.

52 Vgl. Hubert Weis, Verfassungsrechtliche Fragen im Zusammenhang mit der Herstellung der staatlichen Einheit Deutschlands, in: Archiv des öffentlichen Rechts 116 (1991), S. 19 f.

53 Vgl. zur Chronologie u.a. Archiv der Gegenwart 60 (1990), S. 34532–34534, S. 34732–34735, S. 34808–34814. Aus wissenschaftlicher Sicht: Michael Brenner, Die Entwicklung des Wahlrechts und der Grundsatz der Wahlrechtsgleichheit im wiedervereinigten Deutschland, in: Archiv des öffentlichen Rechts 116 (1991), S. 537–587. Aus der Sicht eines Beteiligten: Schäuble, Der Vertrag (Anm. 42), S. 79–100. Siehe auch Bundestagsdrucksache 11/7652 (neu), S. 1–9.

54 Vgl. Bundestagsdrucksache 11/6790 und 11/7072.

55 Vgl. Bundestagsdrucksache 11/7652 (neu), S. 4 f.

56 Vgl. Schäuble, Der Vertrag (Anm. 42), S. 86 f.

57 Bundestagsdrucksache 11/7652 (neu), S. 6.

nicht konkurrierende Parteien sei durch die besondere Situation der ersten gesamtdeutschen Wahl gerechtfertigt und die Ausnahme für Berlin finde ihre Rechtfertigung darin, dass sich hier Ost und West in einem Land zur Wahl zusammenfänden.“[58] In diesem Sinne erfolgte am 1. August die Verständigung. Die ursprüngliche Absicht, Listenverbindungen ganz zu tolerieren, wurde auf nicht miteinander konkurrierende Parteien eingeschränkt. Sonst ließe sich die Wirkung der Sperrklausel unterlaufen.

Anfang August 1990 war nach den geschilderten heftigen politischen Auseinandersetzungen der Weg für einen Wahlvertrag zwischen der Bundesrepublik Deutschland und der DDR frei. Als das Saarland im Jahre 1956 – ebenfalls nach Art. 23 GG – der Bundesrepublik beigetreten war, wurde das Wahlgesetz dort in Kraft gesetzt. Mit einem eigenen Wahlvertrag sollte jedoch augenscheinlich die Stellung der DDR „als gleichberechtigter Partner im Beitrittsverfahren betont werden.“[59] Tatsächlich konnte davon auch im Hinblick auf die Wahlrechtsgestaltung kaum die Rede sein. Der „Vertrag zur Vorbereitung und Durchführung der ersten gesamtdeutschen Wahl des Deutschen Bundestages zwischen der Bundesrepublik Deutschland und der Deutschen Demokratischen Republik“ (Wahlvertrag vom 3. August) wurde durch das „Gesetz zu dem Vertrag vom 3. August 1990 zur Vorbereitung und Durchführung der ersten gesamtdeutschen Wahl des Deutschen Bundestages zwischen der Bundesrepublik Deutschland und der Deutschen Demokratischen Republik sowie dem Änderungsvertrag vom 20. August 1990“ (Wahlvertragsgesetz vom 29. August) ergänzt.[60] Damit war die Entscheidung für ein einheitliches Wahlrecht in Ost und West gefallen, wohl die einzige angemessene Lösung.[61] Für die erste gesamtdeutsche Wahl sollte sich der Geltungsbereich des Bundeswahlgesetzes der Bundesrepublik gemäß Art. 1 auf das Gebiet der Länder Mecklenburg-Vorpommern, Brandenburg, Sachsen-Anhalt, Sachsen und Thüringen sowie auf das Gebiet von Berlin (Ost) erstrecken, ebenso – gemäß Art. 7 – auf Berlin (West). Gemäß Art. 1 Abs. 3 sind politische Vereinigungen im Sinne des Gesetzes über die Wahlen zur Volkskammer den Parteien im Sinne des Parteiengesetzes gleichgestellt. In der Anlage zum Wahlvertrag wurden die Änderungen des Bundeswahlgesetzes aufgeführt. Neben den genannten Bestimmungen ging es darum, die Anzahl der Abgeordneten von 518 auf 656 zu erhöhen und – angesichts der fortgeschrittenen Zeit – die einschlägigen Fristen für die Wahlen von 1990 zu verkürzen. Dem Wahlvertrag stimmten sowohl der Bundestag (am 23. August 1990) und der Bundesrat (am 24. August 1990) als auch die Volkskammer (am 22. August 1990) mit gro-

58 Ebd., S.8.

59 Brenner, Entwicklung (Anm. 53), S. 553.

60 Der „Wahlvertrag mit Begründung“ und das „Wahlvertragsgesetz mit Begründung“ sind abgedruckt in: Stern/Schmidt-Bleibtreu (Hrsg.), Einigungsvertrag und Wahlvertrag (Anm. 40), S. 191–194, S. 195–206.

61 Vgl. Walter Schmidt, Rechtliche Voraussetzungen „gesamtdeutscher“ Bundestagswahlen nach einem Beitritt gemäß Art. 23 S. 2 GG, in: Neue Juristische Wochenschrift 43 (1990), S. 1891–1893. Siehe dagegen Peter Weides/Michael Kremke, Verfassungsrechtliche Fragen zur ersten gesamtdeutschen Parlamentswahl, in: Neue Juristische Wochenschrift 43 (1990), S. 1888–1891.

ßer Mehrheit zu. Als Konsequenz des Wahlvertrages und des Wahlvertragsgesetzes verabschiedete man im September das Bundeswahlgesetz.[62]

„Die beiden wichtigsten (und umstrittensten) Bestimmungen betrafen somit die Sperrklausel (in den Deutschen Bundestag könne nur einziehen, wer im gesamten Wahlgebiet mindestens fünf Prozent der Zweitstimmen oder drei Direktmandate auf sich vereinige) und die nur für die Bundestagswahl 1990 vorgesehene Listenverbindung: Landeslisten verschiedener Parteien, die in keinem Land mit Ausnahme von Berlin miteinander konkurrieren, können verbunden werden.

Beide Vorschriften sahen sich heftiger Kritik ausgesetzt. Der Grund lag wegen des offenkundigen politischen Kalküls auf der Hand: Die Regelung basierte auf einem Kompromiss zwischen Union und SPD. Diese vermochte die bundesweite Fünfprozentklausel durchzusetzen und damit die PDS klein zu halten, die Union war bei der Installierung der Listenverbindung erfolgreich – das parlamentarische Überleben der insbesondere auf die CSU ausgerichteten DSU schien gewährleistet (und damit garantiert, dass die CSU, deren bundesweiter Einfluss sich durch den Einigungsprozess minderte, in den neuen Bundesländern der CDU nicht in die Quere kam). Da die DSU nur in den Ländern der ehemaligen DDR antrat, wo wiederum die CSU keine Listen aufstellte, bestand hiernach die Möglichkeit einer gemeinsamen Liste von CSU und DSU. In einem Fall könnte man – überspitzt – von einer „lex Anti-PDS" sprechen, im anderen Fall von einer „lex Pro-DSU". Die bundesweite Sperrklausel machte die parlamentarische Repräsentanz der PDS unter den gegenwärtigen Verhältnissen faktisch unmöglich (von der Grundmandatsklausel einmal abgesehen), die gewählte Form der Listenverbindung sicherte der DSU in jedem Fall den Einzug ins Parlament.[63]

Gegen das Wahlgesetz riefen die Grünen, die PDS und die Republikaner[64], die sich alle für eine Streichung der Klausel ausgesprochen hatten, sowie zwei Einzelpersonen (Bundestagsabgeordneter und Vorstandsmitglied der Grünen) das Bundesverfassungsgericht an, da es dem Grundsatz der Chancengleichheit nicht Rechnung trage. Das Bundesverfassungsgericht erklärte Ende September einstimmig die beiden erwähnten Vorschriften des neuen Wahlgesetzes für verfassungswidrig.[65] Wenige Tage nach der Entscheidung des Bundesverfassungsgerichts verabschiedete der Bundestag, dem seit

62 Es ist abgedruckt in: Bundeswahlleiter (Hrsg.), Rechtsgrundlagen für die Wahl zum 12. Deutschen Bundestag, 2. Aufl., Wiesbaden 1990, S. 11–24. Das folgende Werk berücksichtigt noch nicht das neue Gesetz: Wolfgang Schreiber, Handbuch des Wahlrechts zum Deutschen Bundestag. Kommentar zum Bundeswahlgesetz unter Einbeziehung der Bundeswahlordnung, der Bundeswahlgeräteverordnung und sonstiger wahlrechtlicher Nebenvorschriften, 4. Aufl., Köln 1990.

63 Zu den Strategien der Parteien vgl. auch Harald Barrios, Von der Revolution zum Beitritt: Die Entwicklung eines gesamtdeutschen Wahl- und Parteiensystems, in: Ulrike Liebert/Wolfgang Merkel (Hrsg.), Die Politik zur deutschen Einheit. Probleme – Strategien – Kontroversen, Opladen 1991, S. 139–159.

64 Sie führten an, dass sie in der Zeit vom 5. Februar bis zum 12. August in der DDR als verboten galten. Eine bundesweite Sperrklausel von fünf Prozent entspreche für sie faktisch einem Quorum von sechs Prozent.

65 Vgl. zu Einzelheiten Kapitel V dieser Abhandlung.

dem 3. Oktober, dem Tage der Vereinigung, auch 144 Abgeordnete der Volkskammer angehörten, in großer Eile eine Neufassung des Wahlgesetzes mit den entsprechenden Anpassungen[66], um den Wahltermin, den 2. Dezember, nicht zu gefährden. Sie trug den – noch zu erörternden –Vorgaben des Karlsruher Urteils voll Rechnung. Eine für Ost und West gesonderte Fünfprozentklausel wurde eingeführt; die Parteien in den neuen Bundesländern erhielten die Möglichkeit – analog den Bestimmungen des Länderwahlgesetzes der DDR –, Listenvereinigungen einzugehen. Die Grünen und die PDS, die für die Beseitigung der Sperrklausel eintraten, lehnten im Deutschen Bundestag die Neuregelung weiterhin ab. Die großen Parteien erklärten übereinstimmend, die getrennte Fünfprozentklausel und die Möglichkeit von Listenvereinigungen bestünden nur für diese Bundestagswahl. So ging die Bundestagswahl am 2. Dezember 1990 doch noch über die Bühne. Das Gerangel der Parteien um den Wahlvertrag wurde in der Bevölkerung eher mit Missbehagen aufgenommen, wenn es überhaupt Interesse fand.

V. Das Urteil des Bundesverfassungsgerichts zur Korrektur des Wahlvertrages

1. Begründung des Urteils

Dreimal wurde das Bundesverfassungsgericht im Einigungsprozess von Abgeordneten bzw. Parteien zur Schlichtung eines Konflikts angerufen. In dem ersten Fall ging es um die Klage von acht Bundestagsabgeordneten der Union, die sich gegen Art. 4 des Einigungsvertrages wandten. In Art. 4 wurden die durch die deutsche Einheit erforderlichen Änderungen des Grundgesetzes vermerkt, beispielsweise die Streichung von Art. 23 GG. Die Abgeordneten wollten die Festschreibung der Oder-Neiße-Linie als deutsche Ostgrenze verhindern. Das Bundesverfassungsgericht verwarf die Klage als „offensichtlich unbegründet“[67].

Der zweite, zeitlich aber an letzter Stelle rangierende Fall drehte sich um die Zulässigkeit von Unterstützungsunterschriften für nicht im Parlament vertretene Parteien. Die NPD und die ÖDP hatten das Gericht angerufen, weil sie es als nicht rechtens ansahen, für die Bundestagswahl 1990 Unterstützungsunterschriften beizubringen: Parteien in der DDR würden wegen der fehlenden Sperrklausel begünstigt, die fristgerechte Beibringung sei zudem aus technischen Gründen erschwert. Das Gericht gab der Klage statt: Alle in den neuen Bundesländern kandidierenden Parteien sowie alle Parteien in den alten Bundesländern mit einem Anteil von mindestens 75.000 Stim-

66 Vgl. Zehntes Gesetz zur Änderung des Bundeswahlgesetzes sowie zur Änderung des Parteiengesetzes, in: Stern/Schmidt-Bleibtreu, Einigungsvertrag und Wahlvertrag (Anm. 40), S. 207 f.
67 BVerfGE 82, 19.

men bei der letzten Bundestagswahl seien von der Pflicht befreit, Unterschriften beizubringen. In diesem Sinn erging die einstweilige Anordnung.[68]

Der dritte und weitaus bedeutendste Fall betraf die bereits erwähnte Klage von Abgeordneten der Grünen, der PDS und der Republikaner gegen den Wahlvertrag. Die Klage hatte Erfolg. Der zweite Senat des Bundesverfassungsgerichts erklärte in seinem Urteil vom 29. September 1990 die beiden umstrittenen Regelungen – die bundesweite Sperrklausel ebenso wie die Listenverbindung nicht miteinander konkurrierender Parteien – für nicht rechtens.[69] Da die erste gesamtdeutsche Wahl unter besonderen Umständen stattfinde, sei es nicht angängig, die Fünfprozentklausel auf das gesamte Wahlgebiet zu beziehen. Dadurch würden erst vor kurzem entstandene Parteien benachteiligt. Die Listenverbindung miteinander nicht konkurrierender Parteien verstoße gegen die Chancengleichheit, da nur ein kleiner Teil der Parteien im anderen Teil Deutschlands Partner finde.

Man müsse die Sperrklausel, die zu senken in das Benehmen der Parteien gestellt sei, getrennt auf die alten und die neuen Bundesländer anwenden. Allerdings reiche eine Regionalisierung der Sperrklausel zur Sicherung der Chancengleichheit noch nicht aus. Es biete sich die Zulassung von Listenvereinigungen für Parteien an, soweit sie im alten DDR-Gebiet ihren Sitz hätten. Im Gegensatz zur Listenverbindung („bloße Zählgemeinschaft“) setze eine Listenvereinigung, die Kandidaten unterschiedlicher Parteizugehörigkeit umfasse, „eine verfestigte Form des Zusammenwirkens“[70] voraus. Das Urteil ließ an Deutlichkeit nichts zu wünschen übrig: Da Bundestag, Bundesrat und Bundesregierung erklärt hätten, sie seien in der Lage, die erforderlichen Änderungen vorzunehmen, sehe der Senat „im gegenwärtigen Zeitpunkt davon ab, durch Erlass einer Anordnung nach § 35 BVerfGG selbst die rechtliche Grundlage für die Durchführung der Wahlen bereitzustellen.“[71]

Das Bundesverfassungsgericht stellte in seinem Urteil entsprechend früherer Rechtsprechung[72] den Grundsatz der Wahlgleichheit, der nicht bloß für die Stimmenabgabe, sondern für den gesamten Wahlvorgang gilt, in den Vordergrund. „Die erste gesamtdeutsche Wahl des Deutschen Bundestages, auf die sich die beanstandeten, gesetzgeberischen Maßnahmen beziehen, findet unter besonderen, so nicht wiederkehrenden Umständen statt, denen der Wahlgesetzgeber bei einer Sperrklausel Rechnung tragen muss.“[73] Aber eben dies habe er versäumt. Parteien oder politische Vereinigungen aus der DDR, von denen einige zudem erst – ohne ihr Verschulden – seit dem Umbruch beständen, müssten 23,75 Prozent der Stimmen erzielen, um an der Mandatsvergabe beteiligt zu sein. Die vorgesehene Konstruktion der Listenverbindun-

---

68 Vgl. BVerfGE 82, 353–383.
69 Vgl. BVerfGE 82, 322–352.
70 BVerfGE 82, 346.
71 BVerfGE 82, 352.
72 Vgl. Jochen Frowein, Die Rechtsprechung des Bundesverfassungsgerichts zum Wahlrecht, in: Archiv des öffentlichen Rechts 99 (1974), S. 72–110.
73 BVerfGE 82, 339.

gen genüge den Anforderungen der formalen Gleichheit schon deshalb nicht, „weil sie nicht alle Parteien in gleicher Weise begünstigt."[74]

Das Bundesverfassungsgericht verwarf keineswegs die Sperrklausel an sich, nicht einmal die besonderen Bedingungen der Bundestagswahl von 1990 legten einen solchen Schritt nahe. Allerdings sei eine bundesweite Absenkung der Sperrklausel nicht akzeptabel, weil sie die Parteien in der DDR benachteilige. Die Höhe müsse in beiden Bezugsgebieten dieselbe sein.

2. Auswirkungen des Urteils

Auch wenn die „zwei Herzstücke"[75] des Wahlvertrages für verfassungswidrig erklärt wurden, wäre bei dem ursprünglich von CDU/CSU, SPD und FDP vorgesehenen Wahlverfahren kein grundsätzlich anderes Ergebnis herausgekommen. Die Partei der Grünen mit dem Bündnis 90 hätte 26 Mandate zusätzlich erreicht, die PDS 17 ihrer 18 Mandate verloren (und nur das von Gregor Gysi errungene Direktmandat behalten) – dasselbe Wahlverhalten vorausgesetzt. Am Sieg der „schwarz-gelben" Koalition hat die Revision des Wahlgesetzes also nichts geändert, selbst wenn eine „Ampel"-Koalition arithmetisch, nicht jedoch politisch möglich gewesen wäre. Doch dürfen andere – mehr indirekte – Folgen nicht vergessen werden.

Eine wichtige Folge war ein weiterer Ansehensverlust der Parteien, die sich jedoch nicht in Urteilsschelte ergingen. Zu den positiven Auswirkungen des Urteils wurde die Schaffung „einer rechtspolitischen Kultur in der ehemaligen DDR" gerechnet: „Die Bürgerinnen und Bürger der ehemaligen DDR konnten erleben, dass in einem Rechtsstaat die etablierten Parteien ihr Anliegen nicht immer durchsetzen können."[76] Es mag sein, dass selbst eingefleischten Anhängern der PDS die von den großen Parteien klaglos ertragene Kurskorrektur imponiert hat. Vielleicht ist auf diese Weise – auch durch die parlamentarische Vertretung der PDS – systemüberwindende Opposition integriert und gemäßigt worden. Zudem kann sich jeder einen Eindruck von der Bundestagsarbeit der PDS machen. Insofern hätte sich die von manchen Kritikern des Urteils nachgesagte Privilegierung der PDS in einen Pyrrhussieg verwandelt.

Von den drei die Organklage verfechtenden Parteien vermochte nur die PDS zu profitieren. Jetzt konnte sie in den Deutschen Bundestag einziehen, dabei sogar die im Gebiet der alten Bundesländer erreichten 0,3 Prozent positiv verwerten und ein weiteres Mandat einstreichen. So hatte – das ist paradox – ausgerechnet die Partei der „Zweistaatlichkeit" vom Urteil des Bundesverfassungsgerichts zur Regelung zur ersten gesamtdeutschen Wahl einen Nutzen. Die DSU ging mit einem Ergebnis von 1,0 Pro-

74 BVerfGE 82, 343.

75 Brenner, Entwicklung (Anm. 53), S. 562.

76 So Christine Landfried, Das Wahlrechtsurteil vom 29. September 1990 zur 5-%-Klausel für die ersten gesamtdeutschen Wahlen, in: Gegenwartskunde 39 (1990), S. 470.

zent der Stimmen in den neuen Bundesländern ganz leer aus. Bei einer Listenverbindung mit der CSU hätte sie ein Mandat erhalten. Allerdings wäre ihr Wählerreservoir bei einer für sie günstigeren Regelung vermutlich besser ausgeschöpft worden. Die Republikaner blieben im Westen (2,3 Prozent) und im Osten (1,3) klar unter der Fünfprozenthürde. Auch die gegen die ursprüngliche Regelung klagenden Grünen der alten Bundesländer scheiterten mit 4,8 Prozent an der Fünfprozentklausel. In den neuen Bundesländern erreichten die Grünen mit dem Bündnis 90 6,0 Prozent der Stimmen. Auf diese Weise gelangten acht Repräsentanten der Bürgerbewegungen (sechs vom Bündnis 90 und zwei von den Grünen) in den Deutschen Bundestag. Es ist eine Paradoxie: Hätten die Grünen im alten und neuen Wahlgebiet in eine Listenvereinigung eingewilligt, wäre ihr gesamter Stimmenanteil verwertet worden. Sie wurden damit „zum Opfer ihrer Politik der ‚Nichtkolonisation'."[77] Auch unter der alten Regelung hätte das Wahlergebnis – ein gleiches Wahlverhalten vorausgesetzt – für die Grünen (einschließlich Bündnis 90) mit 5,1 Prozent der Stimmen zu einem Erfolg geführt.

Wäre bei einem anderen Wahlverfahren Berlin nicht der zukünftige Parlaments- und Regierungssitz geworden? Die Frage ist angesichts des hauchdünnen Ausgangs der Abstimmung – 337 votierten für Berlin, 320 für Bonn[78] – nicht eindeutig zu beantworten. Von den 18 PDS-Abgeordneten stimmten 17 für Berlin. Damit ist in etwa der Berlin-Vorsprung aufgezehrt. Allerdings votierten auch die Abgeordneten der Grünen und vom Bündnis 90 mehrheitlich für Berlin (im Verhältnis 6:2), so dass das Votum ihrer dann 34 Abgeordneten wohl den Ausschlag auch zugunsten von Berlin gegeben hätte.[79]

Insgesamt halten sich die Auswirkungen des Urteils schon deshalb in Grenzen, weil der Gesetzgeber nur für die Wahl im Jahre 1990 zu einer regionalisierten Sperrklausel und zur Möglichkeit von Listenvereinigungen verpflichtet wurde. Die Regelung ist also nicht auf Dauer angelegt. Anders hätte es vielleicht bei der Verabschiedung einer Zwei-, Drei- oder Vierprozentklausel ausgesehen. Deren präjudizierende Wirkung ist jedenfalls nicht völlig von der Hand zu weisen.

3. Bewertung des Urteils

Aufgrund handfester Erfahrungen mit der Wahlrechtsgestaltung in der Bundesrepublik (und ihren meistens parteipolitisch bedingten Kontroversen im Vorfeld) hat der Staatsrechtler Hans Meyer die folgende Feststellung getroffen: „Wohl bei keiner

---

77 Klaus von Beyme, Das politische System der Bundesrepublik Deutschland nach der Vereinigung, 6. Aufl., München 1991, S. 91.

78 Vgl. Udo Wengst, Wer stimmte für Bonn, wer für Berlin? Die Entscheidung über den Parlaments- und Regierungssitz im Bundestag am 20. Juni 1991, in: Zeitschrift für Parlamentsfragen 22 (1991), S. 339–344.

79 Es mag allerdings sein, dass manch ein Abgeordneter deshalb Berlin seine Stimme nicht gab, weil er einen Sieg der PDS zu verhindern suchte, die einen Ausgang für Berlin im Sinne einer „neuen Republik" instrumentalisieren wollte.

Gesetzgebung ist die jeweilige Parlamentsmehrheit notwendig so sehr im Eigeninteresse befangen wie bei der Wahlgesetzgebung, da es um die Basis ihrer eigenen Existenz als Mehrheit geht."[80] Daraus leitet Meyer folgende Konsequenz ab: „Das Gericht muss sich als der Hüter des fairen politischen Verfahrens von Machterwerb und Machterhalt sehen. Es muss daher die Verfassung mit besonderer Sensibilität gegenüber Wettbewerbsbeschränkungen und Diskriminierungen auslegen und gegenüber dem Wahlgesetzgeber strikt anwenden."[81] Ist das Gericht diesem hohen Anspruch gerecht geworden?

In der öffentlichen Meinung überwiegend begrüßt, galt das Urteil als eine erforderliche Sanktion, den taktisch bedingten Tüfteleien der Parteien Schranken gesetzt zu haben.[82] Für Michael Brenner etwa musste die Regelung des Wahlvertrages scheitern, weil sie „den großen Parteien der alten Bundesrepublik die Entscheidung über Parlamentseinzug oder -nichteinzug der kleinen DDR-Parteien in die Hand gab und das Verfahren daher einer Ausnahmemöglichkeit nach Gnaden gleichkam."[83]

Gewiss steht die Regelung im Ruch einer „kartellartigen Selbstbegünstigung der großen Parteien"[84], und es ist auch ganz offenkundig, dass die Parlamentsparteien nach einer sie nicht benachteiligenden Regelung suchten. *Corriger la fortune* – ein solches Verdikt haftete ihrem Verhalten an. Mit diesem Hautgout waren die Bestimmungen belastet. Mag sein, dass die vorherigen parteipolitischen Lavierereien den neuen Vorschriften das Genick gebrochen haben.

Die Intention des Verfassungsgerichts, keine Nachteile für die Parteien der neuen Bundesländer zulassen zu wollen, ist anerkennenswert. Tatsächlich aber war das Parteiensystem in Ost und West gar nicht so unterschiedlich, schon deshalb nicht, weil das des Westens auf den Osten übertragen wurde.[85] Insofern ist der Hinweis auf die „Überlebensfähigkeit des DDR-Parteiensystems beim Übergang zu einem gesamtdeutschen Parteiensystem"[86] eine Chimäre. Selbst die Annäherung vom Bündnis 90, einem originären Geschöpf der „Wende" in der DDR, an die Grünen erfolgte schnell. Sieht man von PDS und DSU ab, lagen faktisch gar keine Unterschiede im Parteiensystem der Bundesrepublik und der DDR vor.

---

80 Hans Meyer, Demokratische Wahl und Abstimmungen, in: Josef Isensee/Paul Kirchhof (Hrsg.), Handbuch des Staatsrechts der Bundesrepublik Deutschland. Bd II: Demokratische Willensbildung – Die Staatsorgane des Bundes, Heidelberg 1987, S. 266.

81 Ebd.

82 In diesem Sinne schon vor dem Urteilsspruch Rainer Wahl, Das Wahlrecht in der Sondersituation der deutschen Einigung, in: Neue Juristische Wochenschrift 43 (1990), S. 2585–2593.

83 Brenner, Entwicklung (Anm. 53), S. 547 f.

84 So ebd., S. 547.

85 Vgl. beispielsweise Andrea Volkens/Hans-Dieter Klingemann, Die Entwicklung der deutschen Parteien im Prozeß der Vereinigung, in: Jesse/Mitter, Die Gestaltung (Anm. 31), S. 189–214; siehe auch Hans-Joachim Veen, Abschluss, Neubeginn und Übergang. Die erste gesamtdeutsche Wahl und die Veränderungen der Wähler- und Parteistrukturen in Deutschland, in: Emil Hübner/Heinrich Oberreuter (Hrsg.), Parteien in Deutschland zwischen Kontinuität und Wandel, München 1992, S. 125–167.

86 Barrios, Von der Revolution (Anm. 63), S. 147 f.

Die Kommunisten in der DDR hatten vor der „Wende“ mit der DKP ihr exaktes Spiegelbild in der Bundesrepublik. Es kann nicht Schuld des Wahlgesetzgebers sein, dass die vor der „Wende“ in der DDR bestimmende Partei nach ihrer wie immer zu bewertenden „Häutung“ ohne größeren Bündnispartner im Westen dasteht.

Ist es wirklich zu rechtfertigen, dass die – jedenfalls faktisch – „Altpartei“ PDS ihren Stimmenanteil von 0,3 Prozent in den alten Bundesländern verwerten, die „Neupartei“ DSU den ihren von 1,0 Prozent in den neuen nicht in ein Mandat umsetzen konnte? Ein solcher Ausgang war vom Bundesverfassungsgericht wohl nicht beabsichtigt.

Die von ihm als Alternative zur bundesweiten Sperrklausel empfohlene regionalisierte Sperrklausel hat den entscheidenden Haken, dass die Wahl für ein Parlament erfolgt und damit dessen Funktionsfähigkeit durch eine getrennte Verrechnung gefährdet wird. Eine Zersplitterung im Parlament könnte so ermöglicht werden, da man als Bezugsgröße nicht ein Wahlgebiet zugrunde legt.

Nicht jede Kritik an der regionalisierten Sperrklausel ist allerdings tauglich. Der Freiburger Rechtswissenschaftler Rainer Wahl etwa bemängelt das extreme Ausmaß von Ungleichheit durch die unterschiedliche Größe der Wahlgebiete: „Während in Nordrhein-Westfalen ca. 635.000 Stimmen nötig wären, um einer Partei über die länderbezogene 5%-Hürde zu verhelfen, genügten einer Partei mit Schwerpunkt in Bremen hierfür bereits ca. 26.000 Stimmen – das entspricht einem Verhältnis von 24 zu 1!“[87] In Nordrhein-Westfalen leben aber auch vierundzwanzigmal mehr Wähler als in Bremen. Insofern ist es für eine Partei in Bremen im Kern auch nicht einfacher, ins Parlament zu gelangen.[88] In der Logik einer solchen Argumentation läge es, für Nordrhein-Westfalen eine Sperrklausel zu fordern, die nur ein 1/24 derjenigen von Bremen beträgt.

Die regionalisierte Sperrklausel ist kein Novum in Deutschland. Der Stadtstaat Bremen hat keine auf das gesamte Bundesland bezogene Sperrklausel. Eine Partei erhält schon dann Mandate, wenn sie in einem der beiden Wahlbereiche (entweder Bremen oder Bremerhaven) auf mehr als fünf Prozent kommt. Die mit dem Sinn der Sperrklausel – Sicherung der Funktionsfähigkeit des Parlaments – keineswegs zu rechtfertigende Bestimmung ist nicht bloß von theoretischer Bedeutung geblieben, wie das Beispiel der rechtsextremistischen DVU im Jahre 1987 zeigt. Sie erreichte zwar nur 3,4 Prozent der Stimmen, gelangte aber mit einer Quote von 5,4 Prozent in Bremerhaven in die Bürgerschaft (Bremer Ergebnis: 3,0 Prozent). Hingegen wurden die Grünen im

87 Wahl, Wahlrecht (Anm. 82), S. 2591.

88 Die gleiche Kritik muss gegenüber der Argumentation von Weis, Verfassungsrechtliche Fragen (Anm. 52), S. 22, gelten. „Bei einer regionalisierten, also jeweils getrennt auf das Gebiet der beiden deutschen Staaten bezogenen Sperrklausel hatte die Stimme eines westdeutschen Wählers einen deutlich geringeren Erfolgswert als die Stimme eines ostdeutschen Wählers. Denn im westlichen Zählgebiet waren erst ca. 1,95 Millionen Stimmen 5%, im östlichen aber schon ca. 0,58 Millionen Stimmen 5% der abgegebenen Stimmen.“ Tatsächlich unterschied sich der Erfolgswert in beiden Zählgebieten nicht voneinander. Das kleinere Zählgebiet hatte auch – seinem Anteil gemäß – entsprechend weniger Mandate zu vergeben.

Jahre 1979 durch diese Regelung benachteiligt. Mit 5,1 Prozent der Stimmen erhielten sie nur vier Mandate, da sie in Bremerhaven an der Fünfprozentklausel scheiterten. Eine solche Absurdität konnte bei der Bundestagswahl 1990 für dieselbe Partei oder für Listenvereinigungen allerdings nicht eintreten.

Manchen Kritikern an der Wahlgesetzgebung der Parteien ging es darum, die Sperrklausel generell zu Fall zu bringen. Für diese Forderung bot die Sondersituation der deutschen Einigung einen günstigen Resonanzboden. Auf diesen Zug ist das Gericht zu Recht nicht aufgesprungen. Insofern waren die Grünen, die PDS und die Republikaner mit dem Urteil nicht oder nur bedingt zufrieden. Es gibt folgende, zum Teil während der wahlrechtspolitischen Kontroverse 1990 auch vorgeschlagene Möglichkeiten für kleine Parteien, um an der Mandatsvergabe beteiligt zu sein[89]:

1. Eine Partei muss im gesamten Wahlgebiet mindestens fünf Prozent der Stimmen erzielen.
2. Eine Partei muss im gesamten Wahlgebiet mindestens drei Prozent der Stimmen erzielen.
3. Eine Partei muss keine Sperrklausel überwinden.
4. Eine Partei muss eine landesweite Prozenthürde überspringen.[90]
5. Eine Partei muss in einem der beiden Wahlgebiete eine gleich hoch bemessene Prozenthürde überwinden.
6. Eine Partei muss drei Direktmandate erringen (Alternativklausel).

Manche dieser Regelungen können vor den Kriterien eines demokratischen Wahlsystems bestehen, manche nicht. Schlüssig sind alle jene Bestimmungen, die auf das gesamte Wahlgebiet ausgerichtet sind (Varianten 1–3). Schließlich dient die die Wahlrechtsgleichheit limitierende Sperrklausel dazu, die Funktionsfähigkeit des Parlaments zu unterstützen. Dies geschieht aber nicht dadurch, dass man Parteien unterstützt, die regionale Schwerpunkte aufweisen (Varianten 4–6).[91]

Angesichts der Höhe der Sperrklausel hatten die Parteien eine Milderung der Sperrklausel in Form der Listenverbindung vorgesehen, um junge Parteien in der DDR nicht zu benachteiligen. Gewiss läßt sich mit Listenverbindungen und Wahlabsprachen viel Schindluder treiben[92], und das Wahlrecht in der Bundesrepublik kennt auch nur einparteiige Listenverbindungen, doch war die getroffene Lösung – die Zulassung

89 Außer acht gelassen wird an dieser Stelle das ursprünglich von der CDU befürwortete Modell, die Wahl in zwei Wahlgebieten mit unterschiedlicher Sperrklausel zu vollziehen (und dann erst die Vereinigung).

90 In diesem Fall ließe sich wieder nach dem Verrechnungsverfahren unterscheiden. Der Gewinn von Mandaten in Ländern kann entweder dazu führen, dass die Partei nur in dem jeweiligen Bundesland an der Mandatsvergabe beteiligt wird oder im ganzen Bundesgebiet.

91 Insofern ist auch die Grundmandatsklausel, die eine Möglichkeit zur Umgehung der Fünfprozentklausel bietet, nicht mit den Prinzipien der Wahlrechtsgleichheit vereinbar.

92 Vgl. Christoph Peter, Wahlabsprachen politischer Parteien und ihre rechtlichen Grenzen, Berlin 1964.

von Listenverbindungen miteinander nicht konkurrierender Parteien – insofern unproblematisch, als Manipulationsmöglichkeiten kaum möglich waren. Jedenfalls ist bei diesem „Huckepackverfahren" eine doppelte Verwertung (für Partei A und Partei B) ausgeschlossen, wie das für Wahlabsprachen aufgrund des Zweistimmensystems und der Grundmandatsklausel gilt und auch in der Vergangenheit praktiziert wurde.[93]

Die Funktionsfähigkeit des Parlaments wäre von der vorgesehenen Regelung nicht tangiert worden, da Listenverbindungen nur solche Parteien geschlossen hätten, die erhebliche Gemeinsamkeiten aufwiesen und im Parlament vermutlich kooperierten. Allerdings zieht eine grundsätzliche Ablehnung von Listenverbindungen (etwa deshalb, weil die kleinere Partei von der größeren abhängig wird) auch die Senkung der Fünfprozentklausel nach sich. Es war von den Parteien im Prinzip daher durchaus konsequent, das Festhalten an der bundesweiten Fünfprozentklausel mit einer Listenverbindung nicht miteinander konkurrierender Parteien abzumildern. Hingegen muss die Entscheidung des Bundesverfassungsgerichts als inkonsequent gelten, einerseits von einer regionalen Sperrklausel auszugehen und andererseits Listenvereinigungen auch über die Wahlgebiete hinaus zuzulassen.

Die zwei so umstrittenen Bestimmungen des Wahlvertrages – bundesweite Fünfprozentklausel und Listenverbindung – waren offenkundig besser als ihr Ruf. Immerhin standen mit einer solchen Regelung von Bundestag und Volkskammer für jede Partei drei Möglichkeiten zur Verfügung – „die der Ausdehnung auf das gesamtdeutsche Wahlgebiet, die der Fusion mit einer Partei im jeweils anderen Teil Deutschlands oder die des Eingehens einer Listenverbindung."[94]

Man wird den Eindruck nicht los, dass das Bundesverfassungsgericht sich „seiner staatspolitischen Verantwortung bewusst gewesen sein dürfte und ein Legitimations- und Anerkennungsdefizit des gewählten 12. Deutschen Bundestages in den neuen Bundesländern zu vermeiden suchte."[95] Offenkundig wollte das Gericht verhindern, dass die Bürgerbewegungen in den neuen Bundesländern ausgeschaltet werden, ohne allerdings hinreichend zu berücksichtigen, dass hierfür der Wahlvertrag (mit der Zulässigkeit der Listenverbindungen) faktisch bereits entsprechende Vorkehrungen getroffen hatte. In einer späteren Entscheidung sprach das Bundesverfassungsgericht denn auch davon, der Wahl zum 12. Deutschen Bundestag komme „eine herausgehobene staatspolitische Bedeutung" zu. Für die erste gesamtdeutsche Wahl sei „besonders wesentlich, dass ihre Durchführung auf einer rechtlichen Grundlage erfolgt, die mit den demokratischen Wahlgrundsätzen in vollem Umfang vereinbar ist."[96] Im Kern entsprach die Regelung des Wahlvertrages diesen Prinzipien. Die Wahlrechtsbestimmungen erwiesen sich zwar offenkundig als politisch motiviert, aber rechtlich als nur schwer angreifbar.

93 Vgl. für Einzelheiten Jesse, Wahlrecht (Anm. 1), S. 279–287.
94 So zu Recht Schäuble, Der Vertrag (Anm. 42), S. 96.
95 Brenner, Entwicklung (Anm. 53), S. 586.
96 BVerfGE 82, 369.

VI. Ausblick auf die Bundestagswahl 1994

Die erste gesamtdeutsche Wahl fand am 2. Dezember 1990 statt, jenem Tag, an dem die Bundestagswahl ohnehin abgehalten werden sollte. Sie bestätigte die christlich-liberale Regierung Kohl/Genscher, die das Gesetz des Handelns für sich zu nutzen verstand. Die Wahlergebnisse in den beiden Teilen Deutschlands unterschieden sich für die Union kaum. Die FDP schnitt in den neuen Bundesländern besser ab, die SPD in den alten. Sie hatte – zumal durch ihren Kanzlerkandidaten Oskar Lafontaine – vor den immensen Lasten einer Einigung gewarnt und damit den Eindruck entstehen lassen, die Vereinigung nicht so recht zu wünschen – jedenfalls nicht in dieser Schnelligkeit. Die Partei der Grünen scheiterte in den alten Bundesländern, wie erwähnt, sogar an der Fünfprozentklausel, während das Bündnis 90/Grüne in den neuen Bundesländern diese Hürde überwand.

Im Jahre 1994 gilt wieder das Bundestagswahlrecht von vor 1990, soweit es die Fünfprozentklausel betrifft. Insofern ließ sich nicht an die Ausnahmeregelung für die Wahl im Jahre 1990 anknüpfen. Es spricht wenig dafür, dass das Urteil des Bundesverfassungsgerichts eine präjudizierende Wirkung entwickeln könnte. Eine Senkung oder gar Streichung der Sperrklausel wird gewiss erörtert und gefordert, aber nicht aufgrund des Urteils, das einer Regionalisierung der Klausel den Vorzug gab – vielleicht deshalb, weil klar war, dass eine solche Konstruktion schwerlich wiederholbar sei. Auch eine vom Verfassungsgericht ins Spiel gebrachte Listenvereinigung hat in einem gefestigten Parteiensystem weder eine Berechtigung noch eine Zukunft, zumal die Grünen und das Bündnis 90 sich inzwischen zusammengeschlossen haben.

Angesichts der klaren Mehrheitsverhältnisse kam es in der letzten Legislaturperiode und auch in den zwei Dezennien zuvor nicht zu einer breiten Wahlsystemdiskussion, sofern man an die Grundalternative Verhältnis- oder Mehrheitswahl denkt. Sollte der Ausgang der Bundestagswahl zu einem Patt führen, könnte sich das ändern. Viel wird davon abhängen, ob die Partei der Republikaner, die für die Regierungsbildung ausfällt, in den Bundestag einziehen kann. In diesem Fall könnte sowohl eine „schwarz-gelbe" als auch eine „rot-grüne" Koalition unmöglich sein. Selbst der Weg über eine „Ampel"-Koalition dürfte dann schon aus arithmetischen Gründen, der Weg über eine „schwarze Ampel" aufgrund der massiven Interessengegensätze nicht gangbar sein – jedenfalls im Bund. Damit bliebe nur eine Große Koalition – keine verlockende Alternative.

Eine Wahlsystemdiskussion ist bei schwierigen Mehrheitsverhältnissen im Bund (oder in den Ländern) daher durchaus möglich, eine Abschaffung des Verhältniswahlrechts (und die Einführung eines stärker mehrheitsbildenden Modus wie in Italien) angesichts der unterschiedlichen Interessenlagen der Parteien aber ganz unwahrscheinlich, auch nicht sonderlich sinnvoll. Das geltende Wahlverfahren in der Bundesrepublik sollte nicht ohne Not geändert werden. Und „Not" muss bei einer schwierigen Mehrheitsbildung noch nicht eingekehrt sein. Das ist jedoch schon ein anderes Thema.

Grundmandatsklausel und Überhangmandate

Zwei wahlrechtliche Eigentümlichkeiten in der Kritik

I. Einleitende Bemerkungen

Der Ausgang der Bundestagswahl 1994 war denkbar knapp. Die christlich-liberale Koalition konnte insgesamt 48,4 Prozent der Stimmen für sich verbuchen, während SPD, Bündnis 90/Die Grünen und die PDS zusammen auf 48,1 Prozent kamen. Da die PDS nur 4,4 Prozent erreichte und damit unter der Fünf-Prozent-Hürde blieb, hätte das Ergebnis zu einer klaren Mandatsmehrheit der bisherigen Koalition führen müssen. Doch der Teufel steckt im (Wahlrechts-)Detail. Zwei wahlrechtliche Eigentümlichkeiten, die auf der Erststimme gründen, beeinflussten das Ergebnis maßgeblich. Die Zweitstimme war diesmal nicht allein für den Wahlausgang verantwortlich. Da die PDS insgesamt vier Direktmandate gewann, war sie wegen der Grundmandats- oder Alternativklausel von der Fünf-Prozent-Hürde befreit und zog mit 30 Mandaten ins Parlament ein. Dadurch wäre der Vorsprung der Koalition auf ganze zwei Mandate geschrumpft. Doch ein anderes wahlrechtliches Spezifikum vergrößerte den Abstand der Koalition insgesamt auf zehn Mandate. Die Union erhielt nämlich 12 Überhangmandate, die SPD deren vier. Sowohl die Regelung zur Grundmandatsklausel als auch – und vor allem – die zu den Überhangmandaten löste eine heftige politische und wissenschaftliche Diskussion aus. Eine Paradoxie liegt darin, dass die Regelung zu den Überhangmandaten weitaus stärker ins Kreuzfeuer der Kritik geriet[1] als die zur Grundmandatsklausel, obwohl deren Wirkung, wie gezeigt, deutlich größer ausgefallen ist. Nicht immer wurde auch der Zusammenhang zwischen beiden Bestimmungen, die jeweils zur Verzerrung von Stimmen- und Mandatsanteil führen, genügend gewürdigt. Wer von einem „handlungsrelevanten politischen Problem“[2] spricht, sollte dies auf die eine wie die andere Regelung beziehen und nicht bloß die Überhangmandate berücksichtigen.

Der folgende Beitrag soll den Hintergründen des Streits ebenso nachspüren wie den aktuellen Gegebenheiten: Wie sind die beiden Bestimmungen in das Wahlgesetz gekommen, welche Veränderungen sind mittlerweile eingetreten? Welche Auswirkungen haben die Regelungen gezeigt? Lassen sich Grundmandatsklausel und Überhangmandate rechtfertigen? Muss zwischen den beiden Bestimmungen differenziert werden? Wie sehen die Konsequenzen aus? Wer eine begründete Antwort auf diese Fra-

---

1 Im Jahre 1990 konnte davon keine Rede sein, obwohl seinerzeit die CDU bereits insgesamt sechs Überhangmandate erreicht hatte. Der Grund dürfte wesentlich darin zu suchen sein, dass die Koalition die Wahl ohnehin klar gewonnen hatte.

2 So Ludger Helms, Das Prinzip der Wahlgleichheit. Zum Streit über die Überhangmandats-Regelung, in: Recht und Politik 31 (1995), S. 72.

gen geben will, muss die Geschichte, die Auswirkungen und die demokratietheoretische Einordnung zu den beiden Bestimmungen gesondert abhandeln.

Zunächst geht es darum, die Geschichte der Grundmandatsklausel und der Überhangmandate nachzuzeichnen. Beide lassen sich bis auf das Jahr 1949 zurückverfolgen (Kapitel 2). Anschließend soll dargelegt werden, welche Auswirkungen sie in der Praxis tatsächlich hatten (Kapitel 3). Schließlich ist die demokratietheoretische Prüfung angesagt. Dafür wird zum einen der Maßstab der Wahlrechtssprechung des Bundesverfassungsgerichts zugrundegelegt, zum anderen der Maßstab des Verfassers (Kapitel 4). In den abschließenden Bemerkungen wird ein Fazit gezogen und ein kurzer Ausblick auf die weitere Entwicklung geboten (Kapitel 5).

II. Die Geschichte der Grundmandatsklausel und der Überhangmandate

1. Grundmandatsklausel

Bereits im ersten Wahlgesetz von 1949 war die Grundmandatsklausel vorgesehen. Seinerzeit war nach einigem Hin und Her durch die Ministerpräsidenten der Länder – entsprechend den Vorstellungen des Herrenchiemseer Konvents und entgegen den Intentionen des Parlamentarischen Rates – die Fünf-Prozent-Klausel eingeführt worden; durch eine Intervention der alliierten Militärgouverneure wurde sie auf die Länderebene bezogen.[3] Wer mehr als fünf Prozent der Stimmen in einem Bundesland erhielt, konnte an der Vergabe der für dieses Bundesland zu verteilenden Mandate beteiligt sein. Eine Partei, die in einem Bundesland ein Direktmandat zu erringen vermochte, war von der Hürde freigestellt. Ursprünglich wollte der Ministerpräsident von Württemberg-Hohenzollern, Gebhard Müller, nur jene Parteien an der Mandatsvergabe teilhaben lassen, die mindestens ein Direktmandat zu erzielen in der Lage waren. Dieser Vorschlag, der dazu dienen sollte, die Rolle des der FDP angehörenden Ministerpräsidenten von Württemberg-Baden, Reinhold Maier, in einem zukünftigen Südweststaat zu schwächen, wurde später zurückgezogen. Als Zugangshürde zum Parlament galt für die Ministerpräsidenten das Überwinden der Fünf-Prozent-Klausel oder der Gewinn eines Direktmandats. Die Grundmandatsklausel entstand damit eher zufällig und war nicht durch systematische Überlegungen zum Wahlrecht legitimiert, wie überhaupt die Einführung der Sperrklausel weniger aus Schutz vor einer Partei-

3 Vgl. Erhard H. M. Lange, Wahlrecht und Innenpolitik. Entstehungsgeschichte und Analyse der Wahlgesetzgebung und Wahlrechtsdiskussion im westlichen Nachkriegsdeutschland 1945–1956, Meisenheim am Glan 1975, S. 389–408; Eckhard Jesse, Wahlrecht zwischen Kontinuität und Reform. Eine Analyse der Wahlsystemdiskussion und der Wahlrechtsänderungen in der Bundesrepublik Deutschland 1949–1983, Düsseldorf 1985, S. 221–233; Ulrich Wenner, Sperrklauseln im Wahlrecht der Bundesrepublik Deutschland, Frankfurt a.M. 1986, S. 89–105.

enzersplitterung geschah, sondern mehr auf machtpolitisches Gerangel der großen Parteien zurückging.

Das lediglich für die Bundestagswahl 1953 geltende Wahlgesetz bezog die Fünf-Prozent-Klausel konsequenterweise auf die Bundesebene. Wer in den Bundestag einziehen wollte, musste mindestens fünf Prozent der Stimmen erreichen. Die Grundmandatsklausel zielte ebenso auf die Bundesebene: Der Gewinn eines Direktmandats genügte, um an der Mandatsvergabe beteiligt zu sein. Exakt dies war die Vorstellung der Ministerpräsidenten im Jahre 1949. Ging es 1949 den Initiatoren nicht darum, für Wahlabsprachen institutionelle Vorkehrungen zu schaffen[4], so war das 1953 anders, zumal die Einführung des Zweistimmensystems dem Vorschub leistete.[5] Hinzu kam jedoch die folgende Regelung: Parteien nationaler Minderheiten – gemeint war die dänische Minderheit im Südschleswigschen Wählerverband – blieben von der Hürde ausgenommen.[6] Sie musste nur den Wahlquotienten erreichen, um in den Deutschen Bundestag zu gelangen. Das seinerzeitige Hickhack um die Sperrklausel – in der zweiten Lesung wollten Opposition und Regierung noch eine Drei-Prozent-Klausel verankern – nahm zum Teil absurde Formen an und gereichte den Parteien nicht zur Ehre. Gemünzt auch auf die Sperrklauselregelung heißt es bei Erhard H. M. Lange: „Wer die Protokolle jener Tage liest, ist immer wieder überrascht über die Sorglosigkeit der Parlamentarier jener Zeit.“[7] Ulrich Wenner bezeichnet das Verhalten der Parteien analog als „politisches Pokerspiel“[8].

Das bis heute geltende Wahlgesetz aus dem Jahre 1956 änderte an der Sperrklausel in Höhe von fünf Prozent nichts, es verschärfte jedoch die Alternativklausel. Um die Sperrklausel zu unterlaufen, wurde der Erwerb von drei Direktmandaten als notwendig angesehen, weil es sich nicht rechtfertigen lasse, dass eine Partei mit einem Direktmandat in den Bundestag einziehe, nicht aber mit einem Stimmenanteil von 4,9 Prozent. Die SPD verfocht die Regelung von 1949, weil sie auf diese Weise hoffte, den Einzug von Parteien zu erleichtern, die der Union nicht nahestanden (Zentrum und Bayernpartei). DP und GB/BHE machten sich einen anderen Vorschlag zu eigen, der ihrer Interessenlage entsprach: Im Bundestag konnte vertreten sein, wer in mindestens zwei Bundesländern fünf Prozent der Stimmen erreicht oder drei Direktmandate im gesamten Bundesgebiet erringt.

In der Folge hat sich nichts an dieser Regelung geändert (§ 6 Abs. 5 Satz 1 BWahlG). In der Politik sind keine Versuche unternommen worden, die Grundmandatsklausel für ungültig zu erklären. Erst durch den Erfolg der PDS bei der Bundestagswahl 1994 rückte sie ins Zentrum der Kritik, ohne dass aber ein ernsthafter Ver-

4 Gleichwohl gab es auch bereits 1949 Wahlkreisabsprachen. So kandidierte die CDU/CSU nicht in allen 242 Wahlkreisen, sondern nur in 234.

5 Für Einzelheiten vgl. Kapitel 3.

6 Vgl. Ernst Becht, Die 5%-Klausel im Wahlrecht. Garant für ein funktionierendes parlamentarisches Regierungssystem?, Stuttgart u.a. 1990.

7 Lange, Wahlrecht und Innenpolitik (Anm. 3), S. 563.

8 Wenner, Sperrklauseln im Wahlrecht der Bundesrepublik Deutschland (Anm. 3), S. 108.

such gestartet worden wäre, sie abzuschaffen, obwohl kaum jemand in der Wissenschaft sie verteidigt.[9] Die Wahlprüfungsbeschwerde des Juristen Werner Hoppe, die 50 Staatsrechtslehrer unterstützten, führte zu keinem Erfolg. Das Bundesverfassungsgericht sprach sich 1997 in seinem Beschluss einstimmig für die Verfassungsmäßigkeit der Grundmandatsklausel aus.[10]

2. Überhangmandate

Ebenso wie die Grundmandatsklausel existiert auch die Überhangmandatsregelung seit der Bundestagswahl 1949. Erhalten Parteien in den Bundesländern mehr Direktmandate, als ihnen nach dem Anteil der Stimmen in diesen Ländern zustehen, so verbleiben ihnen diese. Die Gesamtzahl der Sitze erhöht sich um die angefallenen Überhangmandate.[11] Der Parlamentarische Rat sah ein Verhältnis von jeweils 50 Prozent Direkt- und Landeslistenmandaten vor. Die Ministerpräsidenten der Länder änderten die Relation: 60 Prozent Direktmandate, 40 Prozent Landeslistenmandate. So wurde die Möglichkeit, Überhangmandate zu erzielen, durchaus erleichtert, zumal die Alliierten eine Bundesliste verhinderten. Seinerzeit stand von vornherein fest, wie viele Landeslistenmandate auf die Bundesländer entfielen.

Das zweite Bundeswahlgesetz von 1953, ein erneutes Provisorium, änderte daran nichts. Landeslistenverbindungen waren noch nicht zugelassen. Wohl aber kam es zur Einführung des Zweistimmensystems. Zugleich wurde das Verhältnis zwischen Direktmandaten und den Landeslistenmandaten wieder auf 50:50 festgelegt. Die erste Neuerung begünstigte durch das unterschiedliche Votum von Erst- und Zweitstimme das Entstehen von Überhangmandaten, die zweite schwächte es ab.

Mit dem Bundeswahlgesetz aus dem Jahre 1956 wurde die Möglichkeit geschaffen, dass sich die einzelnen Landeslisten einer Partei zusammenschließen können. Seither steht damit die Anzahl der Abgeordneten, die auf ein Bundesland entfallen, nicht mehr fest. Die kleineren Parteien können auf diese Weise ihre Stimmen besser nutzen. Die Institutionalisierung einer faktischen „Bundesliste“ war konsequent. Allerdings blieb die Verrechnung bei den Überhangmandaten auf die Landesliste beschränkt, erstreckte sich somit nicht auf alle gewonnenen Landeslistenmandate (§ 6 Abs. 5 BWahlG). Der Hintergrund dafür, dass die Bestimmung eingeführt wor-

9 Zur Kritik statt vieler Becht, Die 5%-Klausel im Wahlrecht (Anm. 6), insbes. S. 159–166; Joachim Linck, Sperrklauseln im Wahlrecht, in: Juristische Ausbildung 9 (1986), S. 460–465; Werner Hoppe, Die Verfassungswidrigkeit der Grundmandatsklausel (§ 6 Abs. 6 Bundeswahlgesetz), in: Deutsches Verwaltungsblatt 110 (1995), S. 265–273; Gerald Roth, Mit drei Direktmandaten in den Bundestag? Zur Verfassungswidrigkeit der Grundmandatsklausel, in: Neue Juristische Wochenschrift 47 (1994), S. 3269–3272; zu den wenigen Verteidigern gehört: Norman Paech, Verfassungswidrigkeit der Grundmandatsklausel?, in: Neue Justiz 50 (1996), S. 617–622.

10 Vgl. das Urteil des Zweiten Senats des Bundesverfassungsgerichts, 2 BvC 3/96 vom 10. April 1997 (25 Seiten).

11 Tatsächlich handelt es sich um Landeslistenmandate, wie noch zu zeigen sein wird. Vgl. Kapitel IV.

den ist, geht weniger auf Manipulationsabsichten der Parteien zurück als vielmehr auf Vorstellungen, die dem personellen Element ausreichend Rechnung tragen wollten. Schließlich ist vorher schwer auszumachen, welche der beiden großen Parteien davon profitieren könnte.

Im Gegensatz zur Alternativklausel wurde diese Regelung des öfteren diskutiert, wohl vor allem deshalb, weil sie in der Praxis eine gewisse Rolle spielte. Im allgemeinen wurde in der Vergangenheit weniger ihre Rechtmäßigkeit bezweifelt als das Ausmaß. Nach der Bundestagswahl 1961, bei der es zu fünf Überhangmandaten gekommen war, erklärte das Bundesverfassungsgericht auf eine Wahlprüfungsbeschwerde hin, dass die Größe der Wahlkreise geändert werden müsse, um künftig Überhangmandate in Grenzen zu halten.[12] In der Folge ist so verfahren worden. Nach der Bundestagswahl 1994 löste die hohe Anzahl der Überhangmandate - insgesamt 16 - große Aufregung und heftige Kritik aus. Das Land Niedersachsen stellte gegen die Überhangmandatsregelung einen Normenkontrollantrag. Das Bundesverfassungsgericht kam in seiner umfangreichen Entscheidung im Jahre 1997 zu dem Ergebnis, dass Überhangmandate mit dem Grundgesetz vereinbar sind.[13] Allerdings fiel die Entscheidung mit 4 zu 4 überaus knapp aus.[14] In einem solchen Fall gilt die Regelung noch als verfassungsgemäß.

Das Spektrum der Meinungen in der Wissenschaft über die Überhangmandate ist breiter gefächert als das über die Grundmandatsklausel. Ablehnenden Positionen[15] stehen prinzipiell zustimmende[16] gegenüber. Schließlich gibt es eine „mittlere Auffassung", die das Votum für die Überhangmandate wesentlich von ihren Entstehungsursachen abhängig macht und sich damit stark der „zustimmenden Position" nähert.

---

12 Vgl. BerfGE 16 (1967), 130 ff.

13 Vgl. das Urteil des Zweiten Senats des Bundesverfassungsgerichts, 2 BvF 1/95 vom 10. April 1997 (98 Seiten).

14 Das Votum der nicht „das Urteil tragenden" Richter findet sich ebd., S. 46–98.

15 Vgl. die zahlreichen Publikationen von Helmut Nicolaus: Demokratie, Verhältniswahl & Überhangmandate. Eine Studie zum Wahlverfassungsrecht, Heidelberg 1995; ders., Wahlgesetzwidrigkeit der 16 Überhangmandate im 13. Bundestag. Fehlerhafte Gesetzesanwendung als Ursache der wundersamen Vermehrung der Überhangmandate, in: Neue Juristische Wochenschrift 48 (1995), S. 1001–1004; ders., Wahlunrecht und Ausgleichmandate, in: Zeitschrift für Rechtspolitik 28 (1995), S. 251–256; ders., Grundmandatsklausel, Überhangmandate & Föderalismus. Fünf Studien, Heidelberg 1996; ders., Die unzulängliche Rechtfertigung der Überhangmandate: Aufklärungsversuche, in: Zeitschrift für Parlamentsfragen 27 (1996), S. 383–393; vgl. ferner Klaus Unterpaul, Zunehmende Zahl der Überhangmandate unbedenklich? Zur Verfassungswidrigkeit der Überhangmandate, in: Neue Juristische Wochenschrift 47 (1994), S. 3267–3272; Stephan Höbe, Die Verfassungsmäßigkeit von Grundmandatsklausel und Überhangmandaten, in: Juristische Übungsblätter 28 (1996), S. 391–395.

16 Vgl. u. a. Ute Mager/Robert Uerpmann, Überhangmandate und Gleichheit der Wahl, in: Deutsches Verwaltungsblatt 110 (1995), S. 273–280; Hans-Jürgen Papier, Überhangmandate und Verfassungsrecht, in: Juristen-Zeitung 51 (1996), S. 265–274; Thomas Poschmann, Wahlrechtsgleichheit und Zweistimmensystem. Zur Frage der Verfassungsmäßigkeit von Überhangmandaten, in: Bayerische Verwaltungsblätter 41 (1995), S. 299–302; Waldemar Schreckenberger, Zum Streit über die Verfassungsmäßigkeit der Überhangmandate, in: Zeitschrift für Parlamentsfragen 26 (1995), S. 678–683.

Lägen sie im Wählerverhalten begründet (und nähmen sie keine gravierenden Ausmaße an), könnten sie als gerechtfertigt gelten, gingen sie hingegen auf eine verfehlte Wahlkreiseinteilung zurück, allerdings nicht.[17]

III. Die Auswirkungen der Grundmandatsklausel und der Überhangmandate

1. Grundmandatsklausel

Die Institution der Grundmandatsklausel hat insgesamt viermal dazu beigetragen (vgl. Tabelle 1), dass eine Partei, die nicht in der Lage war, fünf Prozent der (Zweit)Stimmen zu erreichen, in den Bundestag einziehen konnte: 1953 (zweimal), 1957 und 1994, nicht jedoch 1949. Im Jahre 1949 gelang es einer Reihe von Parteien (BP: 4,2 Prozent; DP: 4,0 Prozent; Zentrum: 3,1 Prozent; Wirtschaftliche Aufbauvereinigung: 2,9 Prozent; Deutsche Reichspartei: 0,8 Prozent; Südschleswigscher Wählerverband: 0,3 Prozent), die keine fünf Prozent der Stimmen erzielt hatten, in den Deutschen Bundestag einzuziehen. Das lag an der Fünf-Prozent-Klausel, die seinerzeit, wie erwähnt, noch auf die Länderebene bezogen war. Insofern spielte die Grundmandatsklausel 1949 keine Rolle.

Dies war bei der zweiten Bundestagswahl 1953 anders.[18] Um die DP, Koalitionspartner der Union und der FDP, zu unterstützen, verzichteten die CDU und die FDP in jeweils acht Wahlkreisen auf die Nominierung eigener Kandidaten zugunsten der DP. Das Ergebnis: In allen acht Fällen gewann der DP-Kandidat den Wahlkreis! Allerdings war die DP in zweien von ihnen auch nach den Zweitstimmen der Sieger, so dass diese unter Beteiligung der Kandidaten aller Parteien erfolgreich gewesen wären. Zudem hatte die DP zwei andere Wahlkreise ohne Wahlabkommen gewonnen. Ihr waren also vier Direktmandate ohne die Hilfe anderer Parteien zugefallen. Es bedurfte mithin nicht der Unterstützung durch andere Parteien, damit die DP ihr Zweitstimmenquorum in Höhe von 3,3 Prozent der Zweitstimmen verwerten konnte.

---

17 Vgl. etwa Markus Heintzen, Rechtsgutachten zu Fragen des Bundestagswahlrechts im Hinblick auf die Wahl zum 14. Deutschen Bundestag, erstattet im Auftrag der Reformkommission zur Größe des Deutschen Bundestages: Kommissions-Drucksache 9 (unveröffentlicht; als Manuskript vervielfältigt), insbes. S. 75–100; Steffen Kautz, Überhangmandate und die Gleichheit der Wahl, in: Neue Juristische Wochenschrift 48 (1995), S. 1871–1873; Wolfgang Löwer, Aktuelle wahlrechtliche Verfassungsfragen. Rechtsgutachten erstattet dem Deutschen Bundestag, Reformkommission zur Größe des Deutschen Bundestages: Kommissions-Drucksache 10 (unveröffentlicht; als Manuskript vervielfältigt), insbes. S. 101–155; Wolf Reinhard Wrege, Ende der Überhangmandate im Bundestag?, in: Juristische Ausbildung 19 (1997), S. 113–116.

18 Vgl. für die Wahlkreisabsprachen 1953 und 1957 Jesse, Wahlrecht zwischen Kontinuität und Reform (Anm. 3), S. 281–287.

Nötig war dagegen die Unterstützung des Zentrums durch die CDU. Im Wahlkreis 87 (Oberhausen) verzichtete daher die CDU auf die Benennung eines Wahlkreiskandidaten. Der Kandidat des Zentrums siegte, so dass die Partei für ihre 0,8 Prozent der Zweitstimmen insgesamt drei Mandate erhielt. Allerdings kandidierte Martin Heix, der den Wahlkreis 1949 gewonnen hatte, auf der nordrhein-westfälischen Liste des Zentrums an zweiter Stelle und zog damit in den Bundestag ein.[19] Hingegen scheiterte der Versuch von CSU und FDP, die Bayernpartei in den Deutschen Bundestag zu bringen, indem sie auf die Kandidatur eines eigenen Bewerbers im Wahlkreis 220 verzichteten. Ihn gewann der SPD-Kandidat. Insofern ließen sich die 1,7 Prozent der Stimmen der BP nicht verwerten.

Bei der Bundestagswahl 1957 setzte die CDU (diesmal ohne die FDP, die 1956 die Koalition verlassen hatte) die Wahlkreisabsprachen mit der DP, ihrem Koalitionspartner, fort. Waren es 1953 24, so belief sich ihre Zahl 1957 auf 12. Die Situation hatte sich für die DP verschärft, benötigte sie doch drei Direktmandate oder fünf Prozent der Stimmen, um wieder in den Deutschen Bundestag zurückzukehren. Die Wahlabkommen erwiesen sich als erfolgreich: Von den sechs Wahlkreisen, in denen die CDU auf die Aufstellung ihrer Kandidaten verzichtet hatte, gelang es den DP-Kandidaten in fünf Fällen, das Mandat zu gewinnen. In jedem dieser Wahlkreise hatte die CDU nach Zweitstimmen eine Mehrheit errungen, wäre also sehr wahrscheinlich auch ihr Kandidat gewählt worden. Lediglich in einem einzigen Wahlkreis (Stade-Bremervörde) konnte die DP ohne fremde Hilfe ein Direktmandat erringen und wäre somit an der Sperrklausel gescheitert (nicht jedoch nach der Regelung von 1949 und 1953), da sie nur 3,4 Prozent der Zweitstimmen auf sich zu vereinigen vermochte. Die SPD konnte der Föderalistischen Union (Zusammenschluss von Bayernpartei mit dem Zentrum) nicht helfen, erreichten ihre Kandidaten doch in keinem der vier Wahlkreise, in denen die SPD nicht mit eigenen Kandidaten angetreten war, eine Mehrheit.

Da die Parteien nur auf die Aufstellung von Wahlkreiskandidaten verzichteten, wurde ihnen kein Schaden zugefügt. Die Wähler konnten ja mit ihrer Zweitstimme für sie votieren. Durch die Wahlkreisabsprachen wurde nicht viel erreicht, sieht man einmal vom Gewinn des Direktmandats ab. Sie können das Wählerverhalten unter Umständen verändert haben, z. B. dadurch, dass ein Anhänger einer Partei, die auf die Aufstellung eines Wahlkreiskandidaten verzichtet hatte, ihr aus Verärgerung seine Zweitstimme entzieht. Möglich ist auch eine die Partei begünstigende Reaktion: Anhänger einer anderen Partei, für die auf die Aufstellung eines Kandidaten verzichtet wurde, honorieren dies und geben ihr die Zweitstimme in der irrtümlichen Annahme, damit einen Kompromiss eingegangen zu sein.

Die DP konnte zwar durch die Wahlabkommen 1957 noch einmal in den Bundestag einziehen. Die Kehrseite der Medaille war jedoch, dass sie als Anhängsel der Union

19 Auf diese Weise erreichte die Union bei 45,2 Prozent der Zweitstimmen die absolute Mehrheit der Mandate (244 von 487). Allerdings hätte die Union sie auch dann erzielt, wenn das Zentrum nicht in den Deutschen Bundestag gekommen wäre.

empfunden wurde. Umgekehrt musste die CDU mit einer negativen Resonanz in der öffentlichen Meinung rechnen, die in solchen Absprachen vielfach Manipulationen witterte. Seit dem Jahre 1957 fanden Wahlkreisabsprachen nicht mehr statt, obwohl das problematische Zweistimmensystem[20] sie begünstigt. „Occasionally and not very seriously there were suggestions that the coalition partner of the FDP should 'guarantee' the continued presence of the liberal party in the Bundestag when that party seemed particularly in danger of failing to win 5% of the vote."[21]

Tabelle 1: Bundestagsparteien dank der Grundmandatsklausel

Wahlperiode	Partei	Ergebnis	Direktmandate	Alle Mandate
2. WP (1953)	DP	3.3	10	15
2. WP (1953)	Zentrum	0.8	1	3
3. WP (1957)	DP	3.4	6	17
13. WP (1994)	PDS	4.4	4	30

Quelle: Zusammenstellung nach den amtlichen Wahlstatistiken.

Bei den Bundestagswahlen 1994 kam die Grundmandatsklausel wieder zu Ehren. Den Kandidaten der PDS (Manfred Müller, Christa Luft, Gregor Gysi, Stefan Heym) war es in vier Ostberliner Wahlkreisen gelungen, die meisten Stimmen zu erringen (Wahlkreis 249: 40,6 Prozent; Wahlkreis 258: 44,4 Prozent; Wahlkreis 260: 48,9 Prozent; Wahlkreis 261: 36,8 Prozent). Damit hatte die PDS die Fünf-Prozent-Hürde überwunden und konnte mit 30 Mandaten in den Deutschen Bundestag einziehen[22], nachdem sie bereits 1990 dank der gesondert für Ost und West geltenden Sperrklausel in den Bundestag gelangt war.[23] Vor der Bundestagswahl 1994 hatte die SPD der CDU den Vorschlag unterbreitet, in den Ostberliner Wahlkreisen auf die Aufstellung eigener Kandidaten zu verzichten und die der SPD zu unterstützen, damit die PDS keine drei Direktmandate erringen könne. Dieses Angebot der SPD wurde von der Union nicht aufgegriffen. Die SPD wollte mit dieser allerdings nur halbherzig vorgetragenen Initiative die „Rote-Socken"-Kampagne der Union unterlaufen. Die Union ging darauf nicht ein, weil sie die Gefahr sah, dass auf diese Weise der speziell nach den Landtagswahlen in Sachsen-Anhalt erhobene Vorwurf gegen die SPD, mit der PDS zusammenzuarbeiten, neutralisiert werden würde. Allerdings wäre durch die parlamentarische Nichtrepräsentanz der PDS der Wahlsieg für die Union und die FDP wahrscheinlicher gewesen.

---

20 Zur Kritik vgl. Jesse, Wahlrecht zwischen Kontinuität und Reform (Anm. 3), S. 261–311.

21 Geoffrey K. Roberts, Neglected Aspects of the German Electoral System, in: Representation 33 (1995), S. 127.

22 Kurioserweise verdankt sie den Einzug in das Parlament damit zwei parteilosen Kandidaten (Heym und Müller).

23 Vgl. dazu Eckhard Jesse, Die institutionellen Rahmenbedingungen der Bundestagswahl vom 2. Dezember 1990, in: Hans-Dieter Klingemann/Max Kaase (Hrsg.), Wahlen und Wähler. Analysen aus Anlaß der Bundestagswahl 1990, Opladen 1994, S. 15–41.

Durch den Gewinn von Direktmandaten bekam die Nachfolgepartei der SED Mandate für ihren Stimmenanteil im gesamten Bundesgebiet. Die einzelnen Fälle liegen gleichwohl anders. Der Hauptunterschied besteht darin, dass die DP 1953 (jedenfalls in einem Wahlkreis) und die PDS aus eigener Kraft die Direktmandate zu erringen vermochten, während das Zentrum und die DP 1957 auf fremde Hilfe angewiesen waren. Bietet sich bei der Beurteilung ein Unterschied, je nachdem, ob die Wahlkreise eigenständig oder nur durch fremde Hilfe gewonnen wurden? Hans Meyer scheint dieser Ansicht zuzuneigen. 1973 bezeichnete er die Grundmandatsklausel noch als verfassungswidrig, privilegiere sie doch Parteien ohne hinreichenden Grund. „Eine Partei, die drei Direktmandate erzielt, aber unter fünf Prozent bleibt, weist sich darüber hinaus in der Regel als eine Partei aus, die offensichtlich ‚einseitige', nämlich regional beschränkte Interessen verficht, und deren Einzug in das Parlament gerade durch die Sperrklausel verhindert werden soll."[24] Mittlerweile, nach der Bundestagswahl 1994, ist die Argumentation weitaus vorsichtiger. Jetzt verwirft er bloß das manipulative „Huckepackverfahren", wonach eine große Partei einer kleineren hilft, die Fünf-Prozent-Hürde durch den Gewinn von Direktmandaten zu umgehen.[25] Eine Regionalpartei wie die PDS trage nicht zur Parteienzersplitterung bei. „Auch die Handlungsfähigkeit des Parlaments wird durch eine Regionalpartei des Ausmaßes der PDS wie der CSU nicht beeinträchtigt, wie die letzte Legislaturperiode gezeigt hatte und wie diese zeigen wird."[26]

Man könnte auch umgekehrt argumentieren: Eine Partei, die nur mit Hilfe einer großen Partei ins Parlament gelangt, trägt nicht zu einer Funktionsunfähigkeit des Parlaments bei, weil sie die Partei, die ihr zur parlamentarischen Existenz geholfen hat, unterstützen dürfte. Es muss eine beträchtliche Nähe zu der größeren Partei vorliegen, denn sonst wäre nicht erklärlich, wieso sich diese bemüßigt gesehen hätte, ihr zum Einzug ins Parlament zu helfen. Andererseits ist es in der Tat ein Unding, dass eine Partei eine andere durch eine Art Manipulation ins Parlament bringt, ganz unabhängig davon, dass im Parlament eng zusammengearbeitet wird.

---

24 Hans Meyer, Wahlsystem und Verfassungsordnung. Bedeutung und Grenzen wahlsystematischer Gestaltung nach dem Grundgesetz, Frankfurt a.M. 1973, S. 238; siehe in diesem Tenor ders., Wahlgrundsätze und Wahlverfahren, in: Josef Isensee/Paul Kirchhof (Hrsg.), Handbuch des Staatsrechts der Bundesrepublik Deutschland, Bd. II, Heidelberg 1987, S. 288: Die Grundmandatsklausel „sollte gestrichen werden".

25 Es ist aber nicht richtig, dass die Klausel vor der Vereinigung „ausschließlich eine manipulative Funktion gehabt [hat]; zu keinem anderen Zweck ist sie 1949 erfunden worden". So Hans Meyer, Der Überhang und anderes Unterhaltsames aus Anlaß der Bundestagswahl 1994, in: Kritische Vierteljahresschrift für Gesetzgebung und Rechtswissenschaft 77 (1994), S. 350. Schließlich ist die DP 1953 durch eigene Kraft in den Bundestag eingezogen, und es lässt sich nicht nachweisen, dass die Grundmandatsklausel bei ihrer Einführung von vornherein diese Manipulationsfunktion gehabt hat.

26 Ebd., S. 352. Die Argumentation ist deshalb besonders brisant, weil Hans Meyer gegen die Verfassungswidrigkeit der Überhangmandate vor Gericht gezogen ist, nicht aber die Grundmandatsklausel einbezogen hat. Kritiker witterten hinter dem Vorgehen daher parteitaktische Motive. Vgl. Friedrich Karl Fromme, Bonner Staatsrechtslehrer Isensee widerspricht Meyer, in: Frankfurter Allgemeine Zeitung vom 27. Oktober 1994.

Es ließen sich Szenarios ausmalen, in denen der Grundmandatsklausel eine noch stärkere Bedeutung zukäme als in den fünfziger Jahren. So wäre vorstellbar (nicht jedoch zu rechtfertigen und nicht unbedingt praktikabel), dass CDU und SPD in jeweils drei „sicheren" Wahlkreisen systematisch auf die Aufstellung eines eigenen Kandidaten verzichteten und auf diese Weise den mit ihr befreundeten Parteien den Weg in den Deutschen Bundestag ebneten. Damit ließe sich fast jede (Zweit-)Stimme verwerten, immer vorausgesetzt, die kleinen Parteien stünden einer der beiden großen Parteien nahe. Eine solche „Kooperation" wäre schwerlich legitim und würde unter Umständen gar nicht einmal den gewünschten Erfolg bringen, weil die Wähler die taktischen Finessen der Parteien nicht nachvollziehen würden.

2. Überhangmandate

Bei den ersten vier Bundestagswahlen (1949–1961) und den letzten fünf (1980–1994) sind Überhangmandate angefallen (vgl. Tabelle 2). Die Ursachen gehen auf unterschiedliche Faktoren zurück, die sich teils bedingen, teils aufheben.[27] Mit Hans-Jörg Bücking kann man von drei Kategorien ausgehen[28]: Überhangmandate aufgrund unterdurchschnittlicher Wahlkreisgröße (unterdurchschnittliche Wahlkreisbevölkerung und/oder überdurchschnittlicher Anteil der nicht wahlberechtigten Minderjährigen), Überhangmandate aufgrund von Zufällen bei der Reststimmenverwertung, Überhangmandate aufgrund des Wählerverhaltens (vor allem: knappe Wahlkreismehrheiten; unterdurchschnittlich niedrige Wahlkreisgewinne infolge starker Drittparteien; Stimmensplitting; unterdurchschnittliche Wahlbeteiligung).

Bei der Bundestagswahl 1949 kamen – trotz des Einstimmensystems – zwei Überhangmandate zustande. Bei der Bundestagswahl 1953 erreichte die CDU deren zwei in Schleswig-Holstein, die sich im wesentlichen auf die dortigen geringen Wahlkreisgrößen zurückführen lassen. Das von der DP gewonnene Überhangmandat ist eine Reaktion auf die Wahlkreisabsprachen in Hamburg. Die DP hatte aufgrund des Verzichts von CDU und FDP, eigene Kandidaten aufzustellen, zwei Direktmandate errungen. Ihr geringer Zweitstimmenanteil von 5,9 Prozent führte zu einem Überhangmandat. Dies ist das einzige Mal, wo dank der Grundmandatsklausel Überhangmandate

---

27 Zu den Bundestagswahlen bis 1961 vgl. Karl Schwarz, Die Ursachen der Überhangmandate bei Bundestagswahlen und Möglichkeiten zu ihrer Beseitigung, in: Die Öffentliche Verwaltung 15 (1962), S. 373–378; für später siehe u. a. Papier, Überhangmandate und Verfassungsrecht (Anm. 16), insbes. S. 266–268; Löwer, Aktuelle wahlrechtliche Verfassungsfragen (Anm. 17), insbes. S. 102–112; mit weiteren Nachweisen Wolfgang Schreiber, Handbuch des Wahlrechts zum Deutschen Bundestag. Kommentar zum Bundestagswahlgesetz unter Einbeziehung der Bundeswahlordnung, der Bundeswahlgeräteverordnung und sonstiger wahlrechtlicher Nebenvorschriften, 5. Aufl., Köln u. a. 1994, § 6, Randnr. 15.

28 Vgl. Hans-Jörg Bücking, Der Streit um Grundmandatsklausel und Überhangmandate, in: Eckhard Jesse/Konrad Löw (Hrsg.), Wahlen in Deutschland, Berlin 1998, S. 141–216.

erzielt wurden. Bei den Bundestagswahlen 1957 und 1961 beruhten die Überhangmandate im wesentlichen wieder auf der überdurchschnittlich hohen Anzahl der Wahlkreise im Lande Schleswig-Holstein. Nach der Bundestagswahl 1961 wurde, wie bereits erwähnt, die Wahlkreiseinteilung neu zugeschnitten, um derart große Abweichungen zu vermeiden.

Tabelle 2: Überhangmandate bei den Bundestagswahlen 1949–1994

Wahlperiode (Wahljahr)	Zahl der Überhangmandate	davon	im Bundesland	Partei
1. WP (1949)	2	1	Bremen	SPD
		1	Baden	CDU
2. WP (1953)	3	2	Schleswig-Holstein	CDU
		1	Hamburg	DP
3. WP (1957)	3	3	Schleswig-Holstein	CDU
4. WP (1961)	5	4	Schleswig-Holstein	CDU
		1	Saarland	CDU
9. WP (1980)	1	1	Schleswig-Holstein	SPD
10. WP (1983)	2	1	Hamburg	SPD
		1	Bremen	SPD
11. WP (1987)	1	1	Baden-Württemberg	CDU
12. WP (1990)	6	2	Mecklenburg-Vorpommern	CDU
		3	Sachsen-Anhalt	CDU
		1	Thüringen	CDU
13. WP (1994)	16	3	Sachsen	CDU
		3	Thüringen	CDU
		2	Mecklenburg-Vorpommern	CDU
		2	Sachsen-Anhalt	CDU
		2	Baden-Württemberg	CDU
		3	Brandenburg	SPD
		1	Bremen	SPD

Quelle: Zusammenstellung nach amtlichen Wahlstatistiken.

Zu einem Überhangmandat ist es erst wieder 1980 gekommen, erneut in Schleswig-Holstein (die SPD hatte alle Wahlkreise gewonnen). Im Jahre 1983 erreichte die SPD in den Stadtstaaten Hamburg und Bremen nicht zuletzt aufgrund von Zufällen bei der Reststimmenverwertung je ein Überhangmandat, 1987 entfiel ein solches auf die CDU in Baden-Württemberg. Sechs Überhangmandate, alle zugunsten der CDU, entstanden bei der Bundestagswahl 1990 in den neuen Bundesländern, maßgeblich bedingt durch die niedrige Wahlbeteiligungsquote. Was sich hier bereits angedeutet hatte, setzte sich bei der Bundestagswahl 1994 fort.

Allein 13 der insgesamt 16 Überhangmandate entfielen auf die neuen Bundesländer. Hier fällt die beträchtliche Diskrepanz zwischen den vielen Wahlkreis- und den wenigen Landeslistenmandaten auf (vgl. Tabelle 3). In keinem Bundesland – ausgenommen Hamburg – deckt sich die Zahl der Wahlkreis- und Landeslistenmandate. Überhangmandate sind vornehmlich dort entstanden, wo die Zahl der Wahlkreismandate die der Landeslistenmandate übersteigt. Dies hängt wesentlich mit den kleinen Wahlkreisen zusammen, dem höheren Anteil an Minderjährigen und der niedrigen Wahlbeteiligungsquote. In Brandenburg, Sachsen und Thüringen hat jeweils eine Partei alle Direktmandate auf sich vereinigen können. Damit geht in diesen Ländern zumindest je ein Überhangmandat auf die fehlerhafte Wahlkreiseinteilung zurück, stand ihnen doch jeweils ein Wahlkreismandat weniger zu.

Die beiden Überhangmandate in Baden-Württemberg dürften vornehmlich auf das gehäufte Stimmensplitting zurückzuführen sein, obwohl auf dieses Bundesland mehr Landeslistenmandate als Wahlkreismandate entfallen sind. Viele FDP-Zweitstimmenwähler haben ihre Erststimme dem Kandidaten der CDU gegeben. Diese erreichte bei einem Anteil von 43,3 Prozent der Zweitstimmen 48,5 Prozent der Erststimmen. Das Überhangmandat zugunsten der SPD in Bremen ist Folge von Zufälligkeiten bei der Reststimmenwertung. Nach dem Zweitstimmenverhältnis kam die SPD, die alle drei Direktmandate gewonnen hatte, auf einen Quotienten von 2,6, dem aber nur zwei Listenmandate entsprachen.

Tabelle 3: Wahlkreis- und Landeslistenmandate bei der Bundestagswahl 1994

Bundesland	Wahlbeteiligung	Wahlkreismandate	Landeslistenmandate	
Baden-Württemberg	79.7	37	40	(42)
Bayern	76.9	45	47	
Berlin	78.6	13	14	
Brandenburg	71.5	12	8	(11)
Bremen	78.5	3	2	(3)
Hamburg	79.7	7	7	
Mecklenburg-Vorp.	72.8	9	4	(6)
Niedersachsen	81.8	31	36	
Nordrhein-Westfalen	81.9	71	77	
Rheinland-Pfalz	82.3	16	17	
Saarland	83.5	5	4	
Sachsen	72.0	21	15	(18)
Sachsen-Anhalt	70.4	13	8	(10)
Schleswig-Holstein	80.9	11	13	
Thüringen	74.9	12	9	(12)
Gesamt	79.0	328	328	(344)

Quelle: Zusammenstellung nach den amtlichen Wahlstatistiken. Die Zahlen in Klammern geben die Landeslistenmandate einschließlich der Überhangmandate an.

Wolfgang Löwer gelangt zu folgendem Befund: „Danach sind elf Überhangmandate durch die geringe Wahlbeteiligung entstanden, drei durch eine fehlerhafte Wahlkreiseinteilung, zwei durch Stimmensplitting und eines durch Reststimmenverwertung im Verhältnisausgleich bei durchschnittlicher Wahlbeteiligung."[29] Auch wenn dieses Ergebnis relativiert werden muss (so ist einerseits die klare Trennung zwischen den Ursachen nicht möglich und andererseits die fehlerhafte Wahlkreiseinteilung wohl zu gering gewichtet)[30], lässt sich zeigen, dass die Überhangmandate im vorhinein nicht auszuschalten sind. Der Gesetzgeber hat bei der gegenwärtigen Rechtslage also nur begrenzte Möglichkeiten, deren Zahl zu vermindern bzw. gar ganz auszuschalten. Sie können auf absurde Weise entstehen. Ein Beispiel aus der letzten Bundestagwahl: Auf die CDU wären 1994 zwei weitere Überhangmandate entfallen, wenn sie in Thüringen rund 4000 und in Sachsen rund 41 000 Stimmen weniger erhalten hätte.[31] Das Ergebnis ist in höchstem Maße paradox: Mit einem geringeren Stimmenanteil kann eine Partei mehr Überhangmandate erringen. Der Grund liegt darin, dass die CDU wohl die ihr nach dem proportionalen Anteil zustehenden 232 Sitze behalten kann. Jedoch bekäme Hessen statt Thüringen ein Mandat und Niedersachsen statt Sachsen. Thüringen und Sachsen verlören aber kein Mandat, da in beiden Ländern für die CDU ohnehin mehr Direktmandate angefallen sind als ihr nach dem Zweitstimmenanteil in diesen Ländern zustehen. Diese Überhangmandate wären damit kurioserweise die Landeslistenmandate in Hessen und Niedersachsen.

Leicht wären Szenarios denkbar, in denen sich die Überhangmandate beträchtlich steigern ließen, allerdings nicht in dem Maße, wie immer wieder behauptet. Vor der Bundestagswahl 1972 wurde das Stimmensplitting von Anhängern der sozial-liberalen Koalition propagiert – in der Annahme, damit Überhangmandate erzielen zu können. Hätten alle Zweitstimmenwähler der Liberalen mit ihrer Erststimme für die SPD votiert, so wäre auf die SPD bei allen drei Wahlen nur je ein Überhangmandat entfallen (1972 und 1980: Saarland; 1976: Schleswig-Holstein).[32] Überhangmandate in großer Anzahl ließen sich hingegen erzielen, wenn die Union oder die SPD ihre Wähler aufforderten, entweder ihre Erststimme der FDP bzw. dem Bündnis 90/ Die Grünen zu geben oder ihre Zweitstimme diesen Parteien. Im ersten Fall verbliebe den großen Parteien ihr Mandatsanteil, die Überhangmandate entfielen auf die FDP und das Bündnis 90/Die Grünen; im zweiten Fall bekämen die großen Parteien Überhangmandate und die kleinen Parteien den Mandatsanteil der großen. Die Wählerschaft der Par-

---

29 Löwer, Aktuelle wahlrechtliche Verfassungsfragen (Anm. 17), S. 112.

30 Der Bundeswahlleiter gelangt zum Ergebnis, dass bei Aufteilung der Wahlkreise nach gleicher Größe sechs Überhangmandate weniger angefallen wären. Vgl. das Urteil des Zweiten Senats des Bundesverfassungsgerichts (Anm. 13), S. 88.

31 Vgl. das Urteil des Zweiten Senats des Bundesverfassungsgerichts (Anm. 13), S. 12; Meyer, Der Überhang und anderes Unterhaltsames aus Anlaß der Bundestagswahl 1994 (Anm. 25), S. 321 f. – Der Sarkasmus Meyers ist überaus berechtigt. „Da wir sehr stolz sind auf die Exporterfolge unseres Wahlrechts, kann man sich vorstellen, welcher Hohn im Parallelfall über einen deutschen Autoexporteur hereinbrechen würde, wenn sich zum Beispiel in Japan herausstellen würde, dass die PKW von Mercedes im ersten Gang gelegentlich und unvorhersehbar auch rückwärts fahren. Es ist höchste Zeit, unser Wahlrecht in die Werkstatt zurückzurufen." Ebd., S. 322.

32 Vgl. die Berechnung bei Jesse, Wahlrecht zwischen Kontinuität und Reform (Anm. 3), S. 272–274.

teien hätte unter Umständen Mühe, einen solchen Vorschlag in großem Umfang nachzuvollziehen. Zudem ist er verfassungsrechtlich höchst bedenklich, denn es kann nicht Sinn des Zweistimmensystems sein, dass der Wähler sein Votum zu verdoppeln vermag. So bleiben nach § 6 Abs. 1 BWahlG die Zweitstimmen jener Wähler gänzlich unberücksichtigt, die mit ihrer Erststimme einen erfolgreichen parteilosen Kandidaten oder einen erfolgreichen Bewerber einer Partei, für die in dem betreffenden Lande keine Landesliste zugelassen ist, gewählt haben. Dies müsste auch für den Fall gelten, dass eine Partei nur zum Schein eine Landesliste einreicht.

IV. Die demokratietheoretische Einschätzung der Grundmandatsklausel und der Überhangmandate

1. Rechtsprechung des Bundesverfassungsgerichts

Das Bundesverfassungsgericht hat in der Vergangenheit die Regelung zu den Überhangmandaten[33] wie – mehr beiläufig – die zur Grundmandatsklausel[34] gerechtfertigt. Bekanntlich unterscheidet das Gericht bei der Wahlrechtsgleichheit zwischen Verhältnis- und Mehrheitswahl. Der Gesetzgeber habe sich für einen Typus zu entscheiden. Für die Verhältniswahl gelte nur die Zählwertgleichheit, für die Mehrheitswahl Erfolgswert- und Zählwertgleichheit.[35] Durchbrechungen der Erfolgswertgleichheit aus funktionalen Erfordernissen – wie etwa die Fünf-Prozent-Klausel zur Sicherung der parlamentarischen Arbeitsfähigkeit – bedürfen eines rechtfertigenden Grundes und gelten nur in begrenztem Maße.[36] Das Bundesverfassungsgericht kommt mit Blick auf die Grundmandatsklausel und die Überhangmandate in seinen Entscheidungen 1997 zu dem Ergebnis, sie seien verfassungsmäßig. Das Urteil bestätigt damit die frühere Rechtsprechung, auch wenn es in manchen Punkten von einstigen Argumentationsmustern abweicht.[37] Die Begründung lautet kurzgefasst wie folgt:

---

33 Vgl. BVerfGE 7, 63 ff.; BVerfGE 16, 130 ff.; BVerfGE 79, 169 ff.

34 Vgl. BVerfGE 4, 31 ff.; BVerfGE 6, 84 ff.

35 Vgl. u. a. BVerfGE 1, 248; BVerfGE 6, 90.

36 Statt vieler BVerfGE 11, 272; BVerfGE 78, 358.

37 Die folgenden Ausführungen können keine detaillierte Kritik der beiden Entscheidungen ersetzen. Diese zeichnen sich durch mangelnde Systematik und Stimmigkeit aus. Vgl. für Einzelheiten Bücking, Der Streit um Grundmandatsklausel und Überhangmandate (Anm. 28); Christofer Lenz, Grundmandatsklausel und Überhangmandate vor dem Bundesverfassungsgericht, in: Neue Juristische Wochenschrift 50 (1997), S. 1534–1537; Ralf Backhaus, Neue Wege beim Verständnis der Wahlgleichheit? Besprechung des Überhangmandate-Urteils des Bundesverfassungsgerichts, in: Deutsches Verwaltungsblatt 112 (1997), S. 737–744; Markus Heintzen, Die Bundestagswahl als Integrationsvorgang. Besprechung des Grundmandatsurteils des Bundesverfassungsgerichts, in: Deutsches Verwaltungsblatt 112 (1997), S. 744–749. Eine systematische Kritik der Wahlrechtsurteile des Bundesverfassungsgerichts von Anfang an steht bis jetzt noch aus. Siehe die frühere Abhandlung von Jochen Frowein, Die Rechtsprechung des Bundesverfassungsgerichts zum Wahlrecht, in: Archiv des öffentlichen Rechts 99 (1974), S. 72–110.

Zur Grundmandatsklausel: Zwar müsse bei der Verhältniswahl jeder Stimme prinzipiell der gleiche Erfolgswert zukommen, doch seien Differenzierungen bei Vorliegen eines zwingenden Grundes möglich. „Dazu gehören die Sicherung des Charakters der Wahl als eines Integrationsvorgangs bei der politischen Willensbildung des Volkes [...] und die Gewährleistung der Funktionsfähigkeit der zu wählenden Volksvertretung.“[38] Der Gesetzgeber habe sich an der politischen Wirklichkeit zu orientieren. Die Hürde von fünf Prozent dürfe aber nicht überschritten werden. „Der Gesetzgeber kann den Zugang zum Sitzzuteilungsverfahren und damit zum Parlament auch von der Überwindung einer von *mehreren* (alternativen) Hürden abhängig machen, wenn die Gesamtregelung im Wahlgebiet grundsätzlich keine höhere Sperrwirkung als 5 v. H. erzeugt.“[39] Die Differenzierung dürfe nicht willkürlich erfolgen, sondern bedürfe rechtfertigender Gründe. Hierzu zähle das Ziel einer „effektiven Integration des Staatsvolkes.“[40] Wie der Gewinn von Direktmandaten zeige, stelle eine solche Partei „eine besondere politische Kraft“[41] dar. Dies sei ein Indiz dafür, dass sie „Anliegen aufgegriffen hat, die eine Repräsentanz im Parlament rechtfertigen.“[42] Zudem läge eine Grundmandatsklausel in der deutschen Wahlrechtstradition. Da es nur äußerst selten vorkomme, dass eine Partei ohne einen Zweitstimmenanteil von fünf Prozent drei Direktmandate zu erringen imstande sei, bestehe die Gefahr einer Aufsplitterung der Parteien im Parlament nicht. Für die Zahl der Grundmandate bestünden keine Vorgaben. Auch müssten diese nicht in einem regional begrenzten Gebiet liegen.

Zu den Überhangmandaten: Das Wahlsystem in der Bundesrepublik Deutschland sei so angelegt, dass die Ergebnisse der Mehrheitswahl in den Wahlkreisen erhalten blieben. Der Gesetzgeber habe den Anfall von Überhangmandaten damit anerkannt und keinen vollen Verhältnisausgleich angestrebt. Der Erfolgswertgleichheit komme somit nur eine begrenzte Tragweite zu. „Die Rechtfertigung dieser differenzierenden Regelung ergibt sich aus der Entscheidung des Gesetzgebers für eine personalisierte Verhältniswahl mit ihrem besonderen Anliegen, durch die Wahl der Wahlkreiskandidaten eine engere persönliche Beziehung zumindest der Hälfte der Abgeordneten des Deutschen Bundestages zu ihrem Wahlkreis zu gewährleisten.“[43] Die Differenzierung der Erfolgswertgleichheit dürfe allerdings nicht den Charakter der Verhältniswahl aufheben. Davon könne im vorliegenden Fall jedoch nicht gesprochen werden. Allerdings müsste zur Wahrung der „gleichen Erfolgschance“[44] für die Wähler die Größe der Wahlkreise bei der übernächsten Bundestagswahl – im Zuge der Verkleinerung ihrer Zahl – neu zugeschnitten sein. Als Grenze für das Ausmaß der Überhangmandate führt

38 Urteil des Zweiten Senats des Bundesverfassungsgerichts (Anm. 10), S. 16.
39 Ebd., S. 17 (Hervorhebung im Original).
40 Ebd., S. 20.
41 Ebd., S. 21.
42 Ebd., S. 22.
43 Urteil des Zweiten Senats des Bundesverfassungsgerichts (Anm. 13), S. 34.
44 Ebd., S. 38.

das Gericht die Parallele der Fünf-Prozent-Klausel heran: „Das Fünf-Prozent-Quorum, das dort den rechtlichen Rahmen für einen schonenden Ausgleich zwischen parteibezogener Wahlgleichheit und Funktionsfähigkeit des Parlaments bietet, mag auch hier – bezogen auf die reguläre Gesamtzahl der Parlamentssitze – als Anhalt dienen, nach dem der Abweichung von den Prinzipien der hälftigen Zusammensetzung des Bundestages nach Wahlkreis- und nach Listenmandaten und der proportionalen Verteilung der Sitze nach dem Ergebnis der für die Parteien abgegebenen (Zweit-)Stimmen eine Grenze gesetzt ist.“[45]

Der Ansicht dieser vier das „Urteil tragenden“ Richter stand die der vier dissentierenden gegenüber. Sie sahen in den Überhangmandaten eine Verletzung der Erfolgswertgleichheit. Für die Durchbrechung der Wahlrechtsgleichheit in größerem Umfang gäbe es keine zwingenden Gründe. Durch das Versäumnis des Gesetzgebers bei der Wahlrechtsnovelle 1996 seien die einschlägigen Bestimmungen verfassungswidrig geworden. Die Richter plädierten zur Kompensation der Überhangmandate entweder für die Einführung von Ausgleichsmandaten oder für eine bundesweite Verrechnung der Überhangmandate mit den direkt gewonnenen Sitzen.

Bei immanenter Betrachtungsweise, also unter Zugrundelegung der Prämissen des Verfassungsgerichts, ist weder die Entscheidung zur Grundmandatsklausel noch zu den Überhangmandaten so haltbar. Zum einen liegt eine schwerlich zu rechtfertigende Durchbrechung des Erfolgswerts bei beiden zur Diskussion stehenden Bestimmungen vor, und zum anderen fällt diese beträchtlich aus. Sie ist somit willkürlich und der Spielraum für sie nicht eng genug bemessen.

Das Bundesverfassungsgericht kann nicht erst die Sperrklausel aus funktionalen Erwägungen rechtfertigen und sie dann konterkarieren. Nun gilt die Grundmandatsklausel als Ausnahme von der Ausnahme der Sperrklausel, stellt indirekt also die Proportionalität des Verhältnisses zwischen Stimmen und Mandaten wieder her, zumindest für Parteien mit wenigstens drei Direktmandaten. Wäre diese These stimmig, müsste die Fünf-Prozent-Klausel, die Parteienzersplitterung verhindern soll, abgeschafft werden. Der Selbstwiderspruch des Gerichts ist evident: Man kann nicht eigens die Fünf-Prozent-Klausel rechtfertigen und sie zugleich in Frage stellen. Eine Paradoxie liegt darin begründet, dass ausgerechnet der Gewinn von Direktmandaten, der mehrheitsbildenden Charakter hat, über die Anrechnung der Zweitstimmen die Voraussetzung für den proportionalen Charakter schafft. Das Argument, eine „effektive Integration des Staatsvolkes“[46] sei anstrebenswert, legitimiert die Sperrklausel, nicht aber deren Aushebelung.[47] Allenfalls ließe sich an eine Reduzierung der Höhe der Hürde denken. Im Gegensatz zu früher[48] war diesmal – und zwar zu Recht – nicht mehr davon die Rede, dass die Grundmandatsklausel ein personelles Element darstelle

45 Ebd., S. 44.
46 Urteil des Zweiten Senats des Bundesverfassungsgerichts (Anm. 10), S. 20.
47 Vgl. auch Heintzen, Die Bundestagswahl als Integrationsvorgang (Anm. 37), S. 744–749.
48 BVerfGE 1, 258; BVerfGE 6, 96.

und es gerechtfertigt sei, Schwerpunktparteien zu privilegieren. Die Erfolge einer kleinen Partei mittels der Grundmandatsklausel haben in der Tat nichts mit der „personellen“ Wirkung des bundesdeutschen Wahlsystems zu tun. Im Fall einer Schwerpunktpartei liegt ihr Erfolg darin begründet, dass sie in einem begrenzten Gebiet über eine große Anhängerschaft verfügt; im Fall des Huckepackverfahrens geht der Erfolg darauf zurück, dass eine große Partei in einigen Wahlkreisen keine Kandidaten aufstellt, damit die kleine mittels des Gewinns von drei Wahlkreisen in den Bundestag einziehen kann. Das Bundesverfassungsgericht hatte unter der Hand seine Begründung geändert, ohne aber darauf zu verweisen.

Die Kritik an der Rechtfertigung der Grundmandatsklausel gilt *mutatis mutandis* für die Verteidigung der Überhangmandatsregelung durch die das „Urteil tragenden“ Richter. Das Ausmaß der Überhangmandate hat solche Formen angenommen, dass der proportionale Charakter des Wahlverfahrens nicht mehr gewährleistet ist, jedenfalls nach den Prinzipien des Bundesverfassungsgerichts. Daher erklärt sich wohl die Kehrtwendung des Gerichts: Es ist vom Prinzip der Erfolgswertgleichheit mit Blick auf die Überhangmandate abgerückt. „Wenn man einmal damit beginnt, proporzzerstörende Elemente des Bundeswahlgesetzes als infolge gesetzgeberischen Systementscheids außerhalb der ‚Verhältniswahl‘ liegenden Regelungen zu behandeln und deshalb vom Gebot der Erfolgswertgleichheit freizustellen, bleibt von der Systemtheorie des BVerfG nichts übrig.“[49] Es heißt eigens, in der Vergangenheit wie in der Gegenwart, unabhängig davon, ob am Prinzip der Erfolgswertgleichheit festgehalten wird, Überhangmandate seien zu rechtfertigen, wenn sie eine „notwendige Folge des besonderen Charakters der personalisierten Verhältniswahl“[50] sind. Doch gehen sie, wie gezeigt, darauf eben nicht zurück. Die Argumentation, die einen Zusammenhang zwischen der Höhe der Sperrklausel und dem noch vertretbaren Ausmaß an Überhangmandaten konstruiert, ist ganz und gar nicht überzeugend. Tatsächlich dient die Fünf-Prozent-Klausel der „Sicherung der Handlungsfähigkeit und Entscheidungsfähigkeit des Parlaments“[51], wie das Gericht selbst kurz zuvor ausführt; einen solch zwingenden Grund kann es aber für die Rechtfertigung der Überhangmandate nicht präsentieren. So haben nach Meinung des Verfassers die das „Urteil tragenden“ Richter wohl einen Schritt in die richtige Richtung getan (Absage an das Prinzip der Erfolgswertgleichheit, jedenfalls mit Blick auf die Überhangmandate), aber ein falsches Ergebnis ermittelt, da die Rechtfertigung für die Überhangmandate so nicht stimmt. Hingegen sind die das „Urteil nicht tragenden“ Richter zwar im Prinzip[52] zum richtigen Ergebnis

49 Zutreffend Lenz, Grundmandatsklausel und Überhangmandate vor dem Bundesverfassungsgericht (Anm. 37), S. 1536.

50 So statt vieler Belege: BVerfGE 16, 140.

51 Ebd., S. 44.

52 Diese Einschränkung bezieht sich darauf, dass die Richter Überhangmandate in dem Rahmen für tolerabel ansehen, „der durch die mit jeder Sitzzuteilung verbundenen rechnerischen Unscharfen zwingend vorgegeben ist“. So Urteil des Zweiten Senats des Bundesverfassungsgerichts (Anm. 13), S. 84. Je vier Überhangmandate der CDU und der SPD wären damit gerechtfertigt gewesen, da sie

gekommen, jedoch wegen ihrer Orientierung am Prinzip der Erfolgswertgleichheit mit keiner überzeugenden Begründung.

Offenkundig sollte das Urteil im einen wie anderen Fall politisch vertretbar sein. Damit erklären sich wohl die neueren Argumentationsmuster, die in das bisherige Schema eingebaut werden.[53] Sachlich zwingende Begründungen für die Ausnahmeregelungen weiß das Gericht nicht zu präsentieren. Die folgende Aussage gilt trotz gewisser Auflockerungen der Wahlrechtsdogmatik des Gerichts noch immer: „Der tiefere Grund für derartige Ungereimtheiten dürfte indessen weniger in der Annahme begründet sein, das Bundesverfassungsgericht erhebe mit seinen vielfältigen strengen Anforderungen nur einen Schutzschild, hinter dem sich für das Judiz im Einzelfall vortrefflich beliebige Entscheidungen hervorzaubern ließen, sondern vielmehr darin, dass sich das Bundesverfassungsgericht – und mit ihm die gesamte (juristische) Wahlrechtsliteratur – beharrlich weigert, den sozialwissenschaftlichen Erkenntnisfortschritt zur Klassifizierung von Wahlsystemen zur Kenntnis zu nehmen."[54]

2. Analyse des Verfassers

Der Verfasser teilt die Rechtsprechung des Bundesverfassungsgerichts zum Wahlrecht ganz und gar nicht. Sie entspricht, wie eben erwähnt, wahrlich nicht den Erkenntnissen der Wahlsystemforschung. Die maßgeblich von Dieter Nohlen entwickelte Unterscheidung[55] zwischen dem (technischen) Verteilungsprinzip, das für den Wahlkreis gilt, und dem Repräsentationsprinzip, das entscheidend für die Auswirkungen ist, hat das Bundesverfassungsgericht bis jetzt nicht aufgegriffen. Dass das jeweilige Verteilungsprinzip wenig über die Funktionsweise des Wahlsystems aussagt, lässt sich leicht zeigen: Ein Wahlsystem, bei dem in jedem Wahlkreis zwei Mandate nach dem Pro-

---

sich innerhalb dieser Marge bewegen. Wenn Überhangmandate aber wegen des Fehlens zwingender Gründe abzulehnen sind, dann kann man nicht auf die „rechnerischen Unschärfen" abstellen, die sich bei der Überhangmandatsregelung leicht vermeiden lassen. Hier bleiben die dissentierenden Richter mithin der alten Position verhaftet. Siehe BVerfGE 79, 172.

53 Für Einzelheiten vgl. Backhaus, Neue Wege beim Verständnis der Wahlgleichheit? (Anm. 37), S. 737–744.

54 Bücking, Der Streit um Grundmandatsklausel und Überhangmandate (Anm. 28). Die Kritik an der „gesamten (juristischen) Wahlrechtsliteratur" bedarf einer gewissen Relativierung. Vgl. etwa Christopher Lenz, Die Wahlrechtsgleichheit und das Bundesverfassungsgericht, in: Archiv des öffentlichen Rechts 121 (1996), S. 337–358; ders., Ein einheitliches Verfahren für die Wahl des Europäischen Parlaments. Unverwirklichte Vorgabe der Gemeinschaftsverträge, Baden-Baden 1995; ders., Die Vorschläge der Reformkommission zur Änderung des Bundeswahlgesetzes, in: Zeitschrift für Rechtspolitik 29 (1996), S. 345–349; ders., Grundmandatsklausel und Überhangmandate vor dem Bundesverfassungsgericht, in: Neue Juristische Wochenschrift 50 (1997), S. 1534–1537.

55 Vgl. zusammenfassend Dieter Nohlen, Wahlrecht und Parteiensystem, 2. Aufl., Opladen 1990; siehe auch resümierend Lenz, Ein einheitliches Verfahren für die Wahl des Europäischen Parlaments (Anm. 54), insbes. S. 295–325.

porzprinzip vergeben werden, hat offensichtlich mehrheitsbildende Auswirkungen, obwohl das Verteilungsprinzip Proporz ist. Ein Wahlsystem, bei dem in jedem Wahlkreis vierzig Mandate nach dem Proporzprinzip zu vergeben sind, gehört klar in die Kategorie der Verhältniswahl. Was für die natürliche Hürde zutrifft, gilt auch für die künstliche: Ein Wahlsystem mit einer Zwei-Prozent-Klausel ist Verhältniswahl, ein solches mit einer Zwanzig-Prozent-Klausel Mehrheitswahl.

Das Bundesverfassungsgericht hat ebensowenig erkannt, dass sich die These von den zwei Grundtypen „Verhältniswahl" und „Mehrheitswahl" aufgrund von Zuordnungsproblemen schwerlich aufrechterhalten lässt. Diese beiden Typen dürfen nicht schematisch starr voneinander getrennt werden. Tatsächlich herrscht zwischen ihnen ein fließender Übergang.[56] Das unipolare Modell übertrifft an Plausibilität demzufolge das bipolare bei weitem. Um dies wieder anhand von Wahlsystemen mit der natürlichen und der künstlichen Hürde zu demonstrieren: Ein Wahlsystem, in dem in jedem Wahlkreis zehn Mandate vergeben werden, ist ebensowenig eindeutig zuzuordnen wie ein Wahlsystem mit einer Zehn-Prozent-Hürde. Wahlsysteme müssen daher an denselben Maßstäben gemessen werden, unabhängig davon, wie man sie eingruppiert. Man kann also das Prinzip der Wahlrechtsgleichheit nicht unterschiedlich danach interpretieren, ob es sich um Verhältnis- oder Mehrheitswahl handelt. Hingegen müsste generell vom Prinzip der „gleichen Erfolgschance"[57] ausgegangen werden. Dieses Prinzip wird aber sowohl durch die Grundmandatsklausel als auch durch die Überhangmandate verletzt.

Schließlich ist es nicht angängig, bei der Wahl für ein Bundesparlament eine Sonderregelung vorzunehmen, die in gewisser Weise Partialinteressen zur Geltung kommen lässt. Man kann die Sperrklausel bundesweit senken oder erhöhen, weil davon jede Partei in gleichem Umfang betroffen ist, aber es ist ein gravierender Verstoss gegen das Prinzip der gleichen Erfolgschance, dass eine kleinere Partei in den Bundestag einzieht, obwohl sie weniger Stimmen erreicht hat als eine andere, die an der Fünf-Prozent-Klausel scheitert – unabhängig davon, ob diese Partei nur durch fremde Hilfe oder aus eigener Kraft heraus die Grundmandatsklausel überwinden kann. Bei der Wahl für ein Bundesparlament darf es keine Privilegien für Parteien mit starken örtlichen Schwerpunkten geben. Föderale Zielsetzungen haben hier nichts zu suchen.[58]

Auch die Überhangmandatsregelung trägt dem Prinzip der gleichen Erfolgschance nicht angemessen Rechnung. Es ergibt sich eine Abweichung zwischen Stimmen- und Mandatsanteil, die nicht plausibel gemacht wird und zufallsbedingt sein kann. So ist es möglich, dass eine Partei mit mehr Stimmen weniger Mandate hat als eine andere

56 Vgl. etwa Meyer, Wahlsystem und Verfassungsordnung (Anm. 24), S. 152–190.

57 So zutreffend Lenz, Die Wahlrechtsgleichheit und das Bundesverfassungsgericht (Anm. 54), S. 356. Der Terminus „Erfolgschancengleichheit" taucht in der Entscheidung des Bundesverfassungsgerichts zu den Überhangmandaten mehrfach auf, ohne dass daraus Konsequenzen gezogen werden.

58 Anderer Auffassung ist Poschmann, Wahlrechtsgleichheit und Zweistimmensystem (Anm. 16), S. 302.

Partei.[59] Da es sich um die Wahl zu einem Bundesparlament handelt, überzeugt der Hinweis auf regionale Interessen nicht, zumal das Zustandekommen der Überhangmandate damit ohnehin nichts zu tun hat. Der Gesetzgeber ist nicht nur „nicht verpflichtet, föderale Belange bei der Gestaltung des Wahlrechts zum Bundestag als dem unitarischen Vertretungsorgan zu berücksichtigen“[60], sondern dazu auch gar nicht berechtigt. Es ist absurd, die Direktmandate auf die Landesebene zu beziehen, zumal unter dem Strich der Gewinn eines Überhangmandats im Bundesland A faktisch auf den Gewinn eines Listenmandats im Bundesland B hinausläuft.

Kritikwürdig ist also nicht, dass Stimmen- und Mandatsanteil sowohl bei der Grundmandats- als auch bei der Überhangmandatsregelung voneinander abweichen (das gilt schließlich ebenso für die Fünf-Prozent-Klausel), wie den Gegnern dieser beiden Regelungen immer wieder vorgehalten wird, weil sie die „Systemabweichung“[61] störe, sondern vielmehr der Umstand, dass ein hinreichend einleuchtender Zusammenhang zwischen dem abweichenden Stimmen- und Mandatsanteil fehlt. Die Zuordnung von Stimmen- und Mandatsanteil geschieht nicht in einer sinnvollen Weise. Der Befund ist paradox: Obwohl nach Meinung des Verfassers der Wahlrechtsgesetzgeber „einen viel größeren Spielraum als bisher angenommen“[62] hat und Mischformen zwischen Verhältniswahl und Mehrheitswahl durchaus zulässig sind (man denke an eine Acht-Prozent-Klausel oder eine Wahl im Viererwahlkreis), lässt sich daraus keineswegs der Schluss ziehen, alle Kombinationen zwischen der reinen Verhältniswahl und der relativen Mehrheitswahl seien vertretbar. Das gilt etwa für die Grundmandatsklausel und für die Überhangmandate. Der Verfasser kann sich daher trotz gleicher Prämissen nicht die Auffassung von Christofer Lenz zu eigen machen, wonach sich die Diskussion um die Überhangmandate und die Drei-Mandats-Klausel als „reine Rechtspolitik“ entpuppe: Die Bestimmungen seien missbrauchsanfällig, aber „nicht verfassungswidrig“.[63] Sie sind vielmehr nicht nur missbrauchsanfällig, sondern auch verfassungswidrig.

3. Konsequenzen

Das Urteil des Verfassers ist eindeutig. Grundmandatsklausel und Überhangmandate sind mit den Kriterien eines demokratischen Wahlrechts unvereinbar. Sie haben nichts damit zu tun, jenen Parteien einen Bonus zu verleihen, die besonders zugkräftige Bewerber präsentieren können. Schließlich ziehen die Kandidaten, die einen Wahl-

59 Eine ähnliche Konsequenz kann der Grundmandatsklausel innewohnen.

60 So das abweichende Votum der Bundesverfassungsrichter. Vgl. Urteil des Zweiten Senats des Bundesverfassungsgerichts (Anm. 13), S. 91.

61 Schreckenberger, Zum Streit über die Verfassungsmäßigkeit der Überhangmandate (Anm. 16), S. 680.

62 Lenz, Die Wahlrechtsgleichheit und das Bundesverfassungsgericht (Anm. 54), S. 356.

63 Ebd.

kreis gewonnen haben, in jedem Fall in das Parlament ein, unabhängig davon, wie viele Stimmen ihre Partei auf sich zu vereinigen vermochte. Man mag der Vorstellung zuneigen oder, wie der Verfasser, skeptisch gegenüberstehen, „die Persönlichkeitswahl aus ihrer engen Umklammerung durch den Parteienproporz der Verhältniswahl ein wenig zu lösen“[64], doch ist dies weder mit der Grundmandatsklausel- noch mit der Überhangmandatsregelung erreichbar. Welche Konsequenzen bieten sich an – im Hinblick auf eine „funktionale Verträglichkeit mit den bereits bestehenden Strukturen des Regierungssystems“[65]?

Die Alternativklausel müsste ersatzlos gestrichen werden – allerdings nicht in der jetzigen Situation. Gegenwärtig stünde jede Aktivität des Gesetzgebers in puncto Grundmandatsklausel, die nach Meinung selbst des Bundesverfassungsgerichts wohl legitim ist, jedoch nicht zwingend, im Ruch der Manipulation zuungunsten der PDS. Daher sollte sie erst dann abgeschafft werden, wenn die PDS oder eine andere Partei nach menschlichem Ermessen nicht (mehr) in der Lage ist, sich der Alternativklausel erfolgreich zu bedienen. Anders verhält es sich mit der Bestimmung zu den Überhangmandaten: Da nicht klar kalkulierbar ist, wie sich Überhangmandate demnächst auswirken werden[66] (abgesehen von der mit an Sicherheit grenzenden Wahrscheinlichkeit, dass sie entweder an die CDU oder die SPD fallen), sollte eine Regelung eingeführt werden, die ihnen faktisch einen Riegel vorschiebt: Die Überhangmandate würden sofort verschwinden[67], ließen sich die Direktmandate insgesamt von den auf die Parteien entfallenen Mandate abziehen, bevor eine Aufteilung der Listenmandate auf Länderebene erfolgt, wie dies Hans Meyer bereits 1973 vorgeschlagen hat.[68] Die Parteien verbinden ihre Landeslisten ja ebenfalls, um möglichst alle Reststimmen verwerten zu können. Zwei Einwände gehen in die Irre: Wer dann die „Anreizwirkung für orts- und bürgernahe Politik und Personalauswahl“[69] vermisst und den Vorwurf erhebt, dadurch lasse man „allerdings die föderalistische Ordnung im Rahmen der Bundestagswahl außer acht“[70], muss wissen, dass bei der gegenwärtigen Praxis weder von der einen noch der anderen Maxime die Rede sein kann, unabhängig davon, ob ihre Einlösung überhaupt Sinn macht. Sollte bei der Bundestagswahl 1998 aufgrund

---

64 Schreckenberger, Zum Streit über die Verfassungsmäßigkeit der Überhangmandate (Anm. 16), S. 683. Ähnlich, sogar noch dezidierter, Papier, Überhangmandate und Verfassungsrecht (Anm. 16), S. 271: „Dieses Anliegen findet letztlich im Demokratieprinzip seine Wurzeln.“

65 So Helms, Das Prinzip der Wahlgleichheit (Anm. 2), S. 75.

66 Allerdings spricht angesichts des bisherigen Wählerverhaltens manches dafür, dass sie in den neuen Bundesländern überproportional stark der CDU zugute kommen dürften.

67 Es ließe sich freilich der Fall konstruieren, dass eine Partei immer noch Überhangmandate erhält, wenn ihr nämlich insgesamt mehr Direktmandate zustehen als bundesweit Landeslistenmandate.

68 Vgl. Meyer, Wahlsystem und Verfassungsordnung (Anm. 24), insbes. S. 240–246. Ihm sind inzwischen viele gefolgt. Vgl. etwa die Arbeiten von Nicolaus (Anm. 15). Siehe u.a. auch Gerald H. Mann, Die unumgängliche Umkehr bei der Berechnung von Überhangmandaten: Reformvorschläge, in: Zeitschrift für Parlamentsfragen 27 (1996), S. 398–404.

69 So Papier, Überhangmandate und Verfassungsrecht (Anm. 16), S. 270.

70 So Mager/Uerpmann, Überhangmandate und Gleichheit der Wahl (Anm. 16), S. 278.

der Überhangmandate eine Stimmenmehrheit sich in eine Mandatsminderheit verkehren[71], so würde ein solches Wahlergebnis von vielen Bürgern wahrscheinlich als nicht legitim angesehen werden.

Die zweitbeste Lösung wäre die Vergabe von Ausgleichsmandaten an jene Parteien, die keine oder zu wenige Überhangmandate errungen haben. Diese in einigen Bundesländern praktizierte Lösung hätte den Vorzug, dass keine Verzerrung von Stimmen- und Mandatsanteil eintritt und alle Versuche, künstlich Überhangmandate herbeizuführen, im Keim erstickt werden, hingegen den Nachteil, eine schwankende und vergrößerte Abgeordnetenzahl in Kauf nehmen zu müssen.

V. Abschließende Bemerkungen

1. Zusammenfassung

Der Beitrag hat erstens die Geschichte zweier Eigentümlichkeiten des deutschen Wahlrechts nachgezeichnet, zweitens die bisherigen Auswirkungen analysiert und drittens geprüft, ob und inwiefern sich die Regelungen rechtfertigen lassen. Grundmandatsklausel und Überhangmandate schränken – wie die Fünf-Prozent-Klausel – den Verhältniswahlcharakter des bundesdeutschen Wahlsystems ein. Ihre Einführung geht mehr oder weniger auf die Stärkung der Direktmandate wie auf Zufälligkeiten zurück. Zunächst war nicht daran gedacht, den Stimmenanteil der eigenen Partei zu steigern. Später ist dieser Gesichtspunkt bei den Parteien auf Interesse gestoßen, ohne dass sie die Vorschriften zu großen Manipulationen benutzen konnten (erfolgreich in den fünfziger Jahren mit der Grundmandatsklausel durch die CDU, nicht erfolgreich in den siebziger Jahren mit der Überhangmandatsregelung durch die SPD). Die Ergebnisse der Bundestagswahl 1994, die diese Bestimmungen derart in den Mittelpunkt gerückt haben, sind hingegen zum einen – bei der Grundmandatsklausel – Ausfluss der hegemonialen Position der PDS im Osten Berlins, zum anderen – bei der Überhangmandatsregelung – Ausdruck von Zufälligkeiten, nicht jedoch eine Folge von Manipulationsversuchen.

Wer die Überhangmandate ablehnt, muss dies konsequenterweise auch für die Grundmandatsklausel tun und *vice versa.* In der Praxis wurde jedoch vielfach der Zusammenhang zwischen den beiden Bestimmungen nur unzureichend berücksichtigt. Anhänger der einen Regelung haben nicht notwendigerweise die andere negiert, sei es aus Unkenntnis, sei es aus taktischem Geschick, sei es aus blinder Fixierung auf „ihre" Regelung. Dabei ist aufgrund der Abweichung vom Proportionalprinzip und der nicht konsistent begründbaren Irregularität – im Gegensatz zur Fünf-Prozent-Klausel

---

71 Auch ein Anhänger der Überhangmandate wie Waldemar Schreckenberger sieht hierin offenbar ein Problem. Vgl. ders., Zum Streit über die Verfassungsmäßigkeit der Überhangmandate (Anm. 16), S. 682.

– die Analogie unübersehbar, auch wenn in dem einen Fall die großen Parteien davon profitieren (können), in dem anderen die kleinen.

Das Ergebnis fällt einigermaßen paradox aus: Das Bundesverfassungsgericht legt einen restriktiven Begriff der Erfolgswertgleichheit bei der Beurteilung des geltenden Wahlsystems zugrunde und rechtfertigt trotzdem Überhangmandate und die Grundmandatsklausel – mit wechselnden Begründungen, die zudem nicht stimmig sind. Harscher Kritik ist beizupflichten: „Allein [...] schon dadurch, dass das Bundesverfassungsgericht Mehrheits- und Verhältniswahl prinzipiell strikt voneinander trennt und sie darüber hinaus auch noch unterschiedlichen Gleichheitsanforderungen unterwirft, manövriert es sich in eine nahezu aussichtslose Situation, die es zwingt, jedes Mal beim Auftreten neuer realer Konstellationen (z. B. dem Eintreten des Anwendungsfalles der Grundmandatsklausel oder des Anfallens einer nie dagewesenen Anzahl von Überhangmandaten) oder auch nur neuer Argumente, seine maßgeblichen Kriterien zur Entscheidung über die Verfassungsmäßigkeit der Wahlrechtsnormen zu variieren, korrigieren oder alte partiell zu ignorieren, um an dem angestrebten, einmal mit unzureichendem Instrumentarium fixierten Ergebnis festzuhalten [...].“[72] Der Verfasser, der Wahlrechtsgleichheit nicht im Sinne von Erfolgswertgleichheit versteht, dem Gesetzgeber also einen weitaus größeren Spielraum bei der Gestaltung des Wahlrechts einräumt, kommt hingegen zu einer negativen Einschätzung. Gewinne mittels der Alternativklausel wie der Überhangmandatsregelung – beides ist bedingt durch die Abgabe der Erststimme – führen zu mehr Listenabgeordneten im Parlament. Das kann nicht der Sinn der ohnehin höchst problematischen[73] Erststimme sein.

2. Ausblick

Nach dem Urteil des Bundesverfassungsgerichts von 1997 und der Arbeit der Reformkommission zur Änderung des Bundeswahlgesetzes, die faktisch alles beim alten gelassen hat[74] (im Zuge der Verkleinerung des Deutschen Bundestages auf 598 Mitglieder für die Wahl im Jahre 2002 soll eine grundlegende Neueinteilung der Wahlkreise erfolgen), steht fest, dass die Bundestagswahlen 1998 weiterhin nach denselben Regelungen stattfinden. Werden also erneut die beiden wahlrechtlichen Eigentümlichkeiten das Ergebnis beeinflussen und unter Umständen sogar das „normale“ Resultat umkehren? Oder versuchen die Parteien die möglichen Wirkungen zu neutralisieren? Eine sichere Vorhersage ist aus zwei Gründen nicht möglich. Erstens lässt sich nicht mit Gewissheit vorhersagen, ob die spezifischen Bestimmungen wieder zur Geltung kom-

72 So treffend Bücking, Der Streit um Grundmandatsklausel und Überhangmandate (Anm. 28).

73 Vgl. dazu Jesse, Wahlrecht zwischen Kontinuität und Reform (Anm. 3), S. 307–311.

74 Vgl. für Einzelheiten Christofer Lenz, Die Vorschläge der Reformkommission zur Änderung des Bundeswahlgesetzes, in: Zeitschrift für Rechtspolitik 29 (1996), S. 345–349; Wolfgang Schreiber, Die Neueinteilung der Wahlkreise für die Wahl zum 14. Deutschen Bundestag – verfassungswidrig?, in: Zeitschrift für Rechtspolitik 30 (1997), S. 105–110.

men. Gegenwärtig spricht jedoch mehr dafür als dagegen, dass die PDS dank der Grundmandatsklausel erneut in den Bundestag einzieht und wegen des Ausbleibens grundlegender „Neuzuschnitte" der Wahlkreise abermals Überhangmandate zumal in den neuen Bundesländern anfallen.

Zweitens ist schwer einschätzbar, ob die Parteien entsprechende Versuche unternehmen, die Bestimmungen für die eigenen Interessen zu nutzen, z. B. dadurch, dass die CDU/CSU, SPD und das Bündnis 90/Die Grünen in einigen Wahlkreisen nur einen einzigen Wahlkreiskandidaten antreten lassen (um einen Sieg des Kandidaten der PDS zu vereiteln) oder die SPD in umkämpften Wahlkreisen durch besondere Aktivitäten versucht, Siege zu erringen (um Überhangmandate der Union zu verhindern). Der Aufruf des thüringischen SPD-Vorsitzenden Dewes an die CDU, sich in Berlin auf gemeinsame Wahlkreiskandidaten zu verständigen[75], ist ein Indiz für die erste Vorkehrung, die geplante „Wahlkreisoffensive 1998" der SPD, genannt auch „Erststimmenoffensive", ein Indiz für die zweite, obwohl eine derartige Intention nicht offengelegt worden ist.[76]

Diese und andere Taktierereien würden ohne Alternativklausel und ohne die Möglichkeit, Überhangmandate zu erhalten, entfallen. Bei der Mandatsvergabe sollte – unter Berücksichtigung der Fünf-Prozent-Klausel – ausschließlich der Anteil entscheidend sein, den die Parteien mit ihrer Zweitstimme erreicht haben. Damit wäre jeder Versuch unmöglich gemacht, dass eine Partei durch Zufall oder durch List mehr Mandate erhält, als ihr gemäß dem Stimmenverhältnis zusteht. Der Wähler wüsste so genau, was mit seiner Stimme passiert und was sie bewirkt.

---

75 Vgl. den Artikel von cpm. (= Claus Peter Müller), Dewes mit der PDS und ohne sie, in: Frankfurter Allgemeine Zeitung vom 13. Januar 1998.

76 Vgl. den Artikel: Neues von den Sozialdemokraten. Bei der Aktion „Wahlkreisoffensive 1998" setzt die SPD „Sozial- und Wohnporträts" ein, in: Frankfurter Allgemeine Zeitung v. 10. Januar 1998.

Die Bundestagswahl 2005 im Spiegel der repräsentativen Wahlstatistik

Die Wahlbeteiligung der 30- bis 34-jährigen Männer betrug bei der Bundestagswahl 2005 73,1 Prozent. 9,0 Prozent der Frauen votierten für die FDP. Von den 35- bis 44-Jährigen wählten 34,1 Prozent die SPD. 86,7 Prozent der SPD-Zweitstimmenwähler sprachen sich auch mit ihrer Erststimme für den Kandidaten der SPD aus. 24,6 Prozent der weiblichen Wähler im Alter von 45 bis 49 votierten im Osten für die CDU, hingegen 35,3 Prozent im Westen für die Union. Solche exakten Daten fördert die amtliche repräsentative Wahlstatistik zutage. Da ihre Ergebnisse erst mehrere Monate nach der Wahl vorliegen, finden sie in der Öffentlichkeit nicht die ihnen gebührende Aufmerksamkeit.

I. Das Instrumentarium der repräsentativen Wahlstatistik

Die deutsche repräsentative Wahlstatistik, die es seit 1953 gibt (für 1994 und 1998 hatte das Parlament sie – unverständlicherweise – ausgesetzt), dürfte einzigartig sein. Kein Land der Welt verfügt über ein derartiges Instrumentarium der Wahlforschung. Diese will das Verhalten der Wähler, das dank der Prinzipien des demokratischen Verfassungsstaates geheim ist, durch immer kompliziertere Methoden entschlüsseln. Die repräsentative Wahlstatistik ermittelt die Wahlbeteiligung und das Stimmverhalten nach Alter und Geschlecht. Sie ermöglicht damit aufschlussreiche Erkenntnisse. Die Rechtsgrundlage für die repräsentative Wahlstatistik ist das Wahlstatistikgesetz.

Bei der Bundestagwahl 2005 wurden die Wählerverzeichnisse von 2407 Wahlbezirken ausgewertet, um die Wahlbeteiligung von zehn Altersgruppen gesondert nach Alter und Geschlecht herauszufinden: von den 18- bis 20-Jährigen bis zu den über 70-Jährigen. Für das Stimmverhalten nach Alter und Geschlecht sind von den insgesamt rund 90.000 Wahlbezirken 2867 einbezogen worden, darunter 326 Briefwahlbezirke. Die Wähler erhielten Stimmzettel mit Unterscheidungsaufdrucken nach dem Geschlecht und nach fünf Altersgruppen (18 bis 24 Jahre, 25 bis 34 Jahre, 35 bis 44 Jahre, 45 bis 59 Jahre, ab 60 Jahre).[1] Das Wahlgeheimnis wird so nicht gefährdet.

Die Ergebnisse der Stichprobe weichen vom Gesamtergebnis nicht ab, sind daher repräsentativ. Die Wahlbeteiligung ausweislich der repräsentativen Wahlstatistik betrug 78,3 Prozent. Tatsächlich lag sie bei 77,7 Prozent. Der Grund für die geringfü-

1 Genau genommen handelt es sich um Geburtsjahrgänge. Zu den 18- bis 24-Jährigen gehören die 1981 bis 1987 geborenen Wähler. Die zwischen dem 19. September und dem 31. Dezember 1980 geborenen Wahlberechtigten tauchten also in der Kategorie der 25- bis 34-Jährigen auf, obwohl sie zum Zeitpunkt der Wahl noch keine 25 Jahre waren.

gig überhöhte Angabe ist darin zu sehen, dass sämtliche Wahlscheininhaber als Briefwähler gewertet werden. Tatsächlich aber machen „nur" ca. 90 Prozent der Wahlscheininhaber von der Briefwahl Gebrauch. Hingegen gibt es bei den Parteien keine Abweichungen zwischen der Stichprobe und dem gesamten Wahlergebnis.[2] Lediglich die Wahlresultate für die NPD und die Republikaner fielen bei der repräsentativen Wahlstatistik um 0,1 Punkte zu niedrig aus. Diese Statistik basiert auf dem tatsächlichen Wahlverhalten, nicht auf dem behaupteten (wie bei der Meinungsforschung). Bekanntlich sind der Genauigkeit von demoskopischen Untersuchungen Grenzen gesetzt. Das hat wieder einmal die letzte Bundestagswahl bewiesen. Angela Merkel konnte entgegen aller Prognosen das „Abwahlergebnis" Helmut Kohls von 1998 mit 35,2 Prozent nur um 0,1 Punkte übertreffen. Aber auch die Nachwahlbefragungen der Forschungsinstitute am Wahltag zeichnen sich durch Ungenauigkeiten aus. Auf ihr basiert die Ermittlung der Alters- und Geschlechtsstruktur der Wählerschaft. Insofern sollte es sich verbieten, diese Daten dann zu verwenden, obgleich präzise Angaben der repräsentativen Wahlstatistik vorliegen. Die Wirklichkeit sieht jedoch anders aus. Um nur ein Beispiel zu nennen: In der besten Einführung zum politischen System der Bundesrepublik nimmt Wolfgang Rudzio eine Tabelle „Die Wahl der Altersgruppen" für die Bundestagswahl 2002 und 2005 auf, die sich nur auf die Wahltagsbefragungen von Infratest dimap stützt. Sie weichen zum Teil von der exakten Statistik ab. So heißt es, dass bei der Bundestagswahl 2002 jeweils 36 Prozent der 35- bis 44-Jährigen für die SPD und die Union votiert haben[3]; tatsächlich lag der exakte Anteil für die Union bei 33,5 Prozent, für die SPD bei 39,3 Prozent.

Die repräsentative Wahlstatistik ist wegen ihrer Genauigkeit wichtig, etwa bei der Frage nach der unterschiedlichen Abgabe von Erst- und Zweitstimme (Stimmensplitting). Allerdings sind Alter und Geschlecht keine wahldeterminierenden Faktoren. Das Wahlverhalten wird ungeachtet der Erosion herkömmlicher Milieus stärker von der konfessionellen und der gewerkschaftlichen Bindung sowie von der Rolle der Spitzenkandidaten und spezifischer Themen bestimmt. Hier kann die repräsentative Wahlstatistik nicht weiterhelfen, muss die Wahlforschung nach wie vor auf Umfragen zurückgreifen. Insofern steht die Validität der Ergebnisse in einer gewissen Diskrepanz zu ihrer Relevanz.[4] Der folgende Beitrag gibt die wesentlichen Ergebnisse für die Bundestagswahl 2005[5] wieder: die Wahlbeteiligung, das Verhalten nach Geschlecht und Alter sowie das Stimmensplitting. Abschließend wird das unterschiedliche Wahlver-

---

2 Die 2002 erfolgte Einbeziehung von Briefwählern in die repräsentative Wahlstatistik war wegen der erhöhten Briefwahlquote notwendig geworden. Lag sie 1957 (bei ihrer Einführung) nur bei 4,9 Prozent, so betrug sie 1990 9,4 Prozent, 1994 13,4 Prozent, 1998 16,0 Prozent, 2002 18,0 Prozent und 2005 18,7 Prozent. So bleibt die Repräsentativität der Ergebnisse der Stichprobe gesichert.

3 Vgl. Wolfgang Rudzio, Das politische System der Bundesrepublik, 7. Aufl., Wiesbaden 2006, S. 178.

4 Vgl. Harald Schoen, Daten in der empirischen Wahlforschung, in: Jürgen W. Falter/Harald Schoen (Hrsg.), Handbuch Wahlforschung, Wiesbaden 2005, S. 102 f.

5 Vgl. Statistisches Bundesamt (Hrsg.), Wahl zum 16. Deutschen Bundestag am 18. September 2005, Heft 4: Wahlbeteiligung und Stimmabgabe der Männer und Frauen nach Altersgruppen, Wiesbaden 2006; Heft 5 (Textliche Auswertung der Wahlergebnisse) erscheint demnächst. Vgl. zusammenfas-

halten im Osten und Westen des Landes betrachtet.[6] Deskription überlagert dabei Analyse.

II. Wahlbeteiligung

Die Wahlbeteiligungsrate weist bei allen Bundestagswahlen einen typischen Verlauf auf, so auch diesmal (vgl. Tabelle 1). Sie steigt von den 21- bis 24-Jährigen (66,5 Prozent) kontinuierlich bis zu den 60- bis 69-Jährigen (85,0 Prozent). Bei den über 70-Jährigen sinkt sie auf 76,7 Prozent, bedingt durch Krankheit, nachlassendes politisches Interesse und Vereinsamung. Die 18- bis 20-Jährigen (70,0 Prozent) sind stets aktiver als die nächst ältere Gruppe. Das hat nichts mit dem Reiz des Neuen zu tun[7], sondern hängt mit der stärkeren Bindung der jüngsten Alterskategorie an die Familie und der weniger ausgeprägten Mobilität zusammen.[8]

War die Wahlabstinenz der Frauen früher größer (1957 betrug der Unterschied zu den Männern 3,3 Punkte), so reicht die Beteiligungsquote der Frauen (78,1 Prozent) mittlerweile bald an jene der Männer heran (78,5 Prozent). Nur bei den Erstwählern und den beiden ältesten Kohorten liegen die Männer vorn. Bei den 21- bis 59-Jährigen gehen die Frauen in allen Alterskategorien mehr zur Wahl. Der ein wenig stärkere Wahleifer der Männer kommt ausschließlich dadurch zustande, dass die Zahl der über 60-jährigen Wähler hoch ist und dass die Differenz in der Wahlbeteiligungsquote zwischen Männern (82,7 Prozent) und Frauen (73,1 Prozent) bei den über 70-Jährigen mit

---

send: Doreen Namislo/Karina Schirn/Margitta von Schwartzenberg, Wählerverhalten bei der Bundestagswahl 2005 nach Geschlecht und Alter. Ergebnisse der Repräsentativen Wahlstatistik, in: Wirtschaft und Statistik 3/2006, S. 220–237. Bereits einen Monat nach der Bundestagswahl waren in einem Sonderheft erste Ergebnisse veröffentlicht worden, die sich auf zehn Prozent der gesamten Stichprobe stützten. Vgl. Bundeswahlleiter (Hrsg.), Wahl zum 16. Deutschen Bundestag am 18. September, Sonderheft: Erste Ergebnisse aus der Repräsentativen Wahlstatistik für die Bundesrepublik Deutschland, Wiesbaden 2005.

6 Der Text knüpft an die folgenden Aufsätze in der Zeitschrift für Parlamentsfragen an: Hans Rattinger, Das Wahlverhalten bei der ersten gesamtdeutschen Bundestagswahl nach Alter und Geschlecht: Ergebnisse der repräsentativen Wahlstatistik, in: Zeitschrift für Parlamentsfragen 23 (1992), S. 266–280; Eckhard Jesse, Die Bundestagswahlen von 1990 und 2002 im Spiegel der repräsentativen Wahlstatistik, in: Zeitschrift für Parlamentsfragen 34 (2003), S. 645–656; siehe ferner: ders., Die Bundestagswahlen von 1953 bis 1972 im Spiegel der repräsentativen Wahlstatistik. Zur Bedeutung eines Schlüsselinstrumentes der Wahlforschung, in: Zeitschrift für Parlamentsfragen 6 (1975), S. 310–322; ders., Die Bundestagswahlen von 1972 bis 1987 im Spiegel der repräsentativen Wahlstatistik, in: Zeitschrift für Parlamentsfragen 18 (1987), S. 232–242.

7 So aber Claudio Caballero, Nichtwahl, in: Jürgen W. Falter/Harald Schoen (Hrsg.), Handbuch Wahlforschung (Anm. 4), S. 357. Dieses „start-up-slow-down-Modell" traf vor der Senkung des aktiven Wahlalters auf 18 nicht zu. Seinerzeit lag die Wahlbeteiligungsquote der 21-bis 24-Jährigen auch unter jener der nächstfolgenden Altersgruppe.

8 Vgl. Bernd Buchhofer/Jürgen Friedrichs/Hartmut Lüdtke, Hypothese über die Ursachen geringer Wahlbeteiligung von jüngeren Altersgruppen, in: Zeitschrift für Parlamentsfragen 1 (1970), S. 164–170.

fast zehn Punkten besonders krass ausfällt. Aufgrund ihrer höheren Lebenserwartung gibt es weitaus mehr allein stehende Frauen als allein stehende Männer, zumal Frauen in der Regel ältere Männer heiraten. Viele von ihnen fühlen sich sozial isoliert und bleiben dem Wahllokal fern.

Im Vergleich zur letzten Bundestagswahl ist die Beteiligung weiter gesunken[9], und zwar in jeder Altersgruppe, bei Frauen wie bei Männern. Am schwächsten ging sie mit 0,2 Punkten bei den 18- bis 20-Jährigen zurück, am stärksten bei den 25- bis 29-Jährigen (2,0 Punkte). Jetzt weist diese Gruppe fast die gleiche Quote auf wie die der ersten Alterskategorie. Gegenüber 2002 gibt es keine augenfälligen Verschiebungen bei der Wahlbeteiligung zwischen Männern und Frauen.

Tabelle 1: Wahlbeteiligung der Männer und Frauen nach Altersgruppen bei der Bundestagswahl 2005* (Angaben in Prozent; Differenz zu 2002 in Prozentpunkten)

Alter (von ... bis ...)	Männer	Frauen	Zusammen
18-20	70,3 (-0,0)	69,6 (-0,2)	70,0 (-0,2)
21-24	66,1 (-1,7)	66,9 (-1,6)	66,5 (-1,6)
25-29	69,0 (-2,5)	71,2 (-1,6)	70,1 (-2,0)
30-34	73,1 (-2,3)	75,9 (-2,1)	74,5 (-1,6)
35-39	77,0 (-1,6)	79,9 (-0,7)	78,4 (-1,2)
40-44	78,8 (-0,3)	80,6 (-0,4)	79,7 (-0,3)
45-49	79,1 (-1,3)	81,3 (-0,4)	80,2 (-0,9)
50-59	81,9 (-1,7)	83,1 (-1,2)	82,5 (-1,5)
60-69	85,5 (-1,4)	84,6 (-1,3)	85,0 (-1,4)
ab 70	82,7 (-1,7)	73,1 (-2,1)	76,7 (-1,7)
Alle	78,5 (-1,4)	78,1 (-1,3)	78,3 (-1,3)

* Anteil der Wähler mit Stimm- und Wahlscheinvermerk im Wählerverzeichnis an den Wahlberechtigten.
Quelle: Statistisches Bundesamt (Hrsg.), Wahl zum 16. Deutschen Bundestag am 18. September 2005, Heft 4: Wahlbeteiligung und Stimmabgabe der Männer und Frauen nach Altersgruppen, Wiesbaden 2006, S. 10.

III. Stimmabgabe nach dem Geschlecht

Die Differenz zwischen dem Wahlverhalten der Männer und jenem der Frauen ist bei den beiden großen Parteien nicht sonderlich groß (vgl. Tabelle 2).[10] Was das Wahlverhalten nach dem Geschlecht betrifft, so war in den fünfziger, sechziger und siebziger Jahren die Union eine Frauenpartei, die SPD eine Männerpartei. Das hat sich mittler-

9 Allerdings ist dies – im europäischen Maßstab betrachtet – kein Sonderfall. Vgl. etwa Kees Aarts/Bernhard Weßels, Wahlbeteiligung in Deutschland und bei europäischen Nachbarn, in: Jürgen W. Falter/Oscar W Gabriel/Bernhard Weßels (Hrsg.), Wahlen und Wähler. Analysen aus Anlass der Bundestagswahl 2002, Wiesbaden 2005, S. 595–617.

10 Die Frage, ob es überhaupt ein geschlechtsspezifisches Wahlverhalten gibt, wird an dieser Stelle ausgespart. Vgl. Ute Molitor, Wählen Frauen anders? Zur Soziologie eines frauenspezifischen politischen Verhaltens in der Bundesrepublik Deutschland, Baden-Baden 1992; Jürgen W. Falter/Siegfried Schumann, Vive la très petite difference! Über das unterschiedliche Wahlverhalten von Männern und Frauen bei der Bundestagswahl 1987, in: Max Kaase/Hans-Dieter Klingemann (Hrsg.), Wahlen und Wähler. Analysen aus Anlass der Bundestagswahl 1987, Opladen 1990, S. 109–142.

weile geändert. Die SPD schneidet bei den Frauen (35,5 Prozent) besser ab als bei den Männern (32,8 Prozent), die Union diesmal auch wieder (Männer: 34,8 Prozent; Frauen: 35,5 Prozent). Im Jahre 2002 lag der Männerstimmenanteil bei der Union 1,4 Punkte über dem der Frauen. Offenkundig hat Angela Merkel auf weibliche Wähler eher „gewirkt" als Edmund Stoiber. Die These, Differenzen zwischen den Geschlechtern im Wahlverhalten ließen sich „überwiegend auf eine gouvernementale Orientierung der Frauen zurückführen"[11], ist schwerlich haltbar und empirisch leicht widerlegbar.

Die Grünen sprechen seit den neunziger Jahren wohl aufgrund ihrer „weichen" Themen Frauen (8,8 Prozent) mehr an als Männer (7,4 Prozent). Im Vergleich zur letzten Wahl ist die Schere bei ihnen weiter auseinander gegangen. Sie verloren bei den Männern 0,8 Punkte, bei den Frauen nur 0,1: Damit kommen auf fünf männliche Wähler sechs weibliche. Bei den Freidemokraten (Männer: 10,7 Prozent; Frauen: 9,0 Prozent) und den Postkommunisten (Männer: 9,9 Prozent; Frauen: 7,6 Prozent) ist die geschlechtsspezifische Zusammensetzung der Wählerschaft umgekehrt. Während das Verhältnis 2002 fast ausgeglichen war (Männer: 4,3 Prozent; Frauen: 3,7 Prozent), sind jetzt vier von sieben Wählern der Linkspartei Männer. Noch deutlicher schlägt sich die Diskrepanz bei der rechtextremistischen NPD nieder (Männer: 2,2, Prozent; Frauen: 0,9 Prozent).[12] Wie die Wahlforschung vielfältig gezeigt hat, besteht bei radikalen Parteien ein männliches Übergewicht in der Wählerschaft.[13] Die verkürzt als „Emanzipation der Frauen"[14] umschriebenen Vorgänge sind der SPD und den Grünen zugute gekommen.

Tabelle 2: Stimmabgabe der Männer und Frauen bei der Bundestagswahl 2005 (Angaben in Prozent; Differenz zu 2002 in Prozentpunkten)

Partei	Männer	Frauen	zusammen
CDU/CSU	34,8 (-4,4)	35,5 (-2,3)	35,2 (-3,3)
SPD FDP	32,8 (-3,9)	35,5 (-4,7)	34,2 (-4,3)
Linke.PDS	10,7 (+2,6)	9,0 (+2,3)	9,8 (+2,4)
B90/Grüne	9,9 (+5,6)	7,6 (+3,9)	8,7 (+4,7)
Sonstige	7,4 (-0,8)	8,8 (-0,1)	8,1 (-0,5)
	4,4 (+0,9)	3,5 (+0,8)	4,0 (+0,9)

Quelle: Statistisches Bundesamt (Hrsg.), Wahl zum 16. Deutschen Bundestag am 18. September 2005, Heft 4: Wahlbeteiligung und Stimmabgabe der Männer und Frauen nach Altersgruppen, Wiesbaden 2006, S. 13. Lesehinweis: Die SPD erreichte 2005 bei den Frauen 35,5 Prozent, 2,3 Prozentpunkte weniger als 2002.

11 So aber Wolfgang Rudzio, Das politische System der Bundesrepublik Deutschland (Anm. 3), S. 177.

12 Vgl. Statistisches Bundesamt (Hrsg.), Wahl zum 16. Deutschen Bundestag am 18. September 2005, Heft 4 (Anm.5), S. 13.

13 Vgl. Kai Arzheimer, Die Wahl extremistischer Parteien, in: Jürgen W. Falter/Harald Schoen (Hrsg.), Handbuch Wahlforschung (Anm. 4), S. 416.

14 Vgl. Joachim Hofmann-Göttig, Emanzipation mit dem Stimmzettel. 70 Jahre Frauenwahlrecht in Deutschland, Bonn 1986.

IV. Stimmabgabe nach dem Alter

Die Differenz zwischen der besten (18 bis 24 Jahre: 36,9 Prozent) und der schlechtesten (25 bis 34 Jahre: 32,7 Prozent) Altersgruppe ist bei der SPD deutlich geringer als bei der Union (18 bis 24 Jahre: 26,4 Prozent; ab 60 Jahre: 43,3 Prozent), deren Wählerschaft mit zunehmendem Alter kontinuierlich wächst (vgl. Tabelle 3). Das ist für konservative Parteien charakteristisch, während bei der Sozialdemokratie ein solcher Zusammenhang fehlt. Die FDP hat ihren stärksten Anteil bei den 25- bis 34-Jährigen (13,1 Prozent), Bündnis 90/Die Grünen bei den 35- bis 44-Jährigen (11,5 Prozent), die Linkspartei bei den 45- bis 59-Jährigen (11,1 Prozent). Die übrigen Parteien schneiden bei den 18- bis 24-Jährigen (6,9 Prozent) am besten ab, nicht zuletzt dank der „jungen" NPD. Sie erreichte in der jüngsten Alterskohorte 3,8 Prozent, in der ältesten 0,7 Prozent.[15] Insgesamt fallen die Unterschiede beim Alter größer aus als beim Geschlecht. Die Meinungen differieren, wie stark lebenszyklische Faktoren den Wandel bestimmen.[16] Das „Ergrauen" der grünen Wählerschaft ist ein Indiz für die nachhaltige Prägung durch generationstypische Einstellungsmuster.

Im Vergleich zur letzten Bundestagswahl büßte die Union dort besonders ein, wo sie ohnehin schwach war: bei den 18- bis 24-Jährigen 5,6 Punkte, bei den über 60-Jährigen nur 2,7 Punkte. Die SPD hingegen verlor lediglich 1,2 Punkte bei den 18- bis 24-Jährigen, wohl aber über vier Punkte in allen anderen Altersgruppen. Die FDP hat gegenüber der Bundestagswahl 2002 in allen Altersgruppen deutlich gewonnen, bei den 18-bis 24-jährigen allerdings bloß 0,9 Punkte. Während die Linkspartei in allen Altersgruppen ihren Anteil nahezu gleichmäßig erhöhte, fielen die Verluste bei den Grünen unterschiedlich aus. Sie verlor in ihren Hochburgen (25 bis 34 Jahre; 35 bis 44 Jahre), ansonsten nur wenig. In ihrer schwächsten Altersgruppe konnte sie sich sogar um 0,1 Punkte steigern. Ist bei der Union ein Auseinanderdriften festzustellen, so bei Bündnis 90/Die Grünen ein Angleichungsprozess. Gleichwohl fällt die Altersstruktur bei der Wählerschaft der Grünen nach wie vor heterogener aus als bei der Union.

Wer Alter und Geschlecht miteinander kombiniert, stößt auf einen überraschenden Befund: Die SPD, die ansonsten überall deutlich verlor, vermochte bei den 18- bis 24-jährigen Männern 0,5 Punkte zu gewinnen. Hingegen büßte die Union in jeder Altersgruppe bei Männern und Frauen Stimmen ein, am meisten bei den 18- bis 24-jährigen Männern mit 7,0 Punkten. Das knappe weibliche Übergewicht innerhalb ihres Elektorats verdankt die Union der ältesten Wählergruppe. Die Ergebnisse für die Liberalen und die Grünen zeigen keine Besonderheiten. Die Frauen waren in jeder Altersgruppe bei den Freidemokraten schwächer, bei den Grünen stärker. Die Linkspartei hat ein augenfälliges Resultat zu verzeichnen: Während bei den 18- bis 24-jährigen

15 Vgl. Statistisches Bundesamt (Hrsg.), Wahl zum 16. Deutschen Bundestag am 18. September 2005, Heft 4 (Anm. 5), S. 80.

16 Vgl. etwa Jürgen W. Falter/Uwe W. Gehring, Alter – ein neues Cleavage?, in: Max Kaase/Hans-Dieter Klingemann (Hrsg.), Wahlen und Wähler. Analysen aus Anlass der Bundestagswahl 1994, Opladen/Wiesbaden 1998, S. 463–503.

Tabelle 3: Stimmabgabe der Männer und Frauen nach dem Alter bei der Bundestagswahl 2005 (Angaben in Prozent; Differenz zu 2002 in Prozentpunkten)

Alter (von ... bis ...)	Wahljahr	CDU/CSU			SPD			FDP			Linke.PDS			B90/Grüne			Sonstige		
		M	F	zus.	M	F	zus.	M	F	zus.	M	F	zus.	M	F	zus.	M	F	zus.
18-24	2005 zu 2002	26,3 (-7,0)	26,5 (-4,2)	26,4 (-5,6)	35,4 (+0,5)	38,5 (-2,8)	36,9 (-1,2)	12,2 (+0,7)	10,0 (+1,1)	11,1 (+0,9)	7,9 (+3,9)	7,6 (+4,2)	7,8 (+4,1)	10,0 (-0,9)	11,7 (+0,3)	10,9 (-0,3)	8,1 (+2,6)	5,7 (+1,5)	6,9 (+2,1)
25-34	2005 zu 2002	30,4 (-5,1)	30,0 (-2,2)	30,2 (-3,7)	30,7 (-3,7)	34,7 (-5,2)	32,7 (-4,4)	14,6 (+3,6)	11,5 (+3,0)	13,1 (+3,3)	7,8 (+4,3)	7,1 (+4,0)	7,4 (+4,1)	10,0 (-1,3)	11,8 (-0,8)	10,9 (-1,0)	6,5 (+2,0)	5,0 (+1,4)	5,7 (+1,6)
35-44	2005 zu 2002	31,8 (-3,5)	30,3 (-1,5)	31,1 (-2,4)	32,8 (-4,7)	35,4 (-5,7)	34,1 (-5,2)	11,0 (+3,2)	8,9 (+2,4)	9,9 (+2,7)	9,3 (+5,4)	8,1 (+4,3)	8,7 (+4,8)	10,0 (-1,7)	12,9 (-0,6)	11,5 (-1,1)	5,1 (+1,2)	4,5 (+1,2)	4,8 (+1,2)
45-59	2005 zu 2002	33,0 (-5,2)	33,2 (-3,6)	33,1 (-4,3)	33,3 (-4,3)	35,5 (-4,5)	34,4 (-4,4)	9,5 (+1,8)	8,7 (+1,6)	9,1 (+1,7)	12,6 (+7,6)	9,6 (+5,2)	11,1 (+6,4)	7,8 (-0,6)	9,5 (+0,2)	8,7 (-0,1)	3,8 (+0,6)	3,3 (+0,8)	3,6 (+0,7)
ab 60	2005 zu 2002	42,7 (-3,7)	43,8 (-1,8)	43,3 (-2,7)	32,6 (-4,4)	35,3 (-4,4)	34,1 (-4,4)	9,6 (+3,3)	8,2 (+2,8)	8,8 (+3,0)	9,2 (+4,7)	6,2 (+2,7)	7,5 (+3,6)	3,4 (±0)	4,4 (+0,3)	3,9 (+0,1)	2,6 (+0,2)	2,2 (+0,5)	2,3 (+0,3)
insgesamt	2005 zu 2002	34,8 (-4,4)	35,5 (-2,3)	35,2 (-3,3)	32,8 (-3,9)	35,5 (-4,7)	34,2 (-4,3)	10,7 (+2,6)	9,0 (+2,3)	9,8 (+2,4)	9,9 (+5,6)	7,6 (+3,9)	8,7 (+4,7)	7,4 (-0,8)	8,8 (-0,1)	8,1 (-0,5)	4,4 (+09)	3,5 (+0,8)	3,9 (+0,8)

Quellen: Statistisches Bundesamt (Hrsg.), Wahl zum 16. Deutschen Bundestag am 18. September 2005, Heft 4: Wahlbeteiligung und Stimmabgabe der Männer und Frauen nach Altersgruppen, Wiesbaden 2006, S. 15–17; Statistisches Bundesamt (Hrsg.), Wahl zum 15. Deutschen Bundestag am 22. September 2002, Heft 4: Wahlbeteiligung und Stimmabgabe der Männer und Frauen nach dem Alter, Wiesbaden 2003. Lesehinweis: Die FDP gewann 2005 bei den 18- bis 24-jährigen Frauen 10,0 Prozent der Zweitstimmen, 1,1 Prozentpunkte mehr als 2002.

Wählern kaum geschlechtsspezifische Diskrepanzen auftraten (Männer: 7,9 Prozent; Frauen: 7,6 Prozent), fiel das Ergebnis bei den über 60-Jährigen anders aus (Männer: 9,2 Prozent; Frauen: 6,2 Prozent).

V. Kombination der Erst- und Zweitstimmen

Die repräsentative Wahlstatistik ermöglicht auch Aussagen über das Stimmensplitting. Die unterschiedliche Abgabe von Erst- und Zweitstimme (zum Beispiel Erststimme für den Kandidaten der SPD, Zweitstimme für die CDU) hat zahlreiche Gründe. Manche wollen „ihrem" Kandidaten helfen, manche Überhangmandate herbeiführen, manche eine Koalition begünstigen.[17] Die Abweichungen zwischen Erst- und Zweitstimmen waren noch nie so groß wie dieses Mal, vielleicht auch deshalb, weil sich die Parteibindungen massiv gelockert haben.

Die Zweitstimmenwähler der Union und der SPD gaben zu 90,9 beziehungsweise 86,7 Prozent die Erststimme dem Kandidaten „ihrer" Partei (vgl. Tabelle 4). Dieser Befund spiegelt frühere Ergebnisse wider. Bei der FDP entschieden sich diesmal nur 29,0 Prozent ihrer Zweitstimmenwähler mit der Erststimme für den Kandidaten der eigenen Partei, fast 20 Prozentpunkte weniger als 2002. Die klare Koalitionsaussage zugunsten der Union – im Gegensatz zu 2002 – begünstigte wohl ein solches Votum. Über 60 Prozent der FDP-Wähler votierten für die Kandidaten der Union.[18] Bei Bündnis 90/Die Grünen hatte sich die Nähe zur SPD im Vergleich zur letzten Bundestagswahl leicht gelockert. Immerhin kreuzten noch 56,7 Prozent ihrer Wähler die sozialdemokratischen Kandidaten an. Bei der Linkspartei hingegen trat keine derartige Differenz zwischen Erst- und Zweitstimmen auf. 72,1 Prozent ihrer Zweitstimmenwähler präferierten auch den Kandidaten der eigenen Partei. Der Grund liegt auf der Hand: Die Linkspartei wollte mit keiner anderen Parteien koalieren, und keine andere Partei wollte mit ihr eine Koalition eingehen.

Die Richtung des Stimmensplittings ist vor allem interessant für die Frage, wie eng benachbart die Wähler die Parteien sehen, zumal vor dem Hintergrund einer möglichen Dreier-Koalition. Wie die Zahlen zeigen, besteht weder eine Nähe zwischen den Wählern der Union und der Grünen noch eine Affinität zwischen den Wählern der SPD und der FDP. Lediglich 7,1 Prozent der FDP-Wähler gaben ihre Stimme den Kandidaten der SPD und bloß 4,6 Prozent der Grünen-Wähler denen der Union. Hingegen sind die Wähler von SPD und Linkspartei – jedenfalls gemessen an diesen Zahlen – nicht soweit auseinander: 2,5 Prozent der SPD-Zweitstimmen Wähler votierten für die Kandidaten der Linkspartei und immerhin 17,3 PDS-Zweitstimmenwähler für den der SPD.

---

17 Vgl. Harald Schoen, Stimmensplitting bei Bundestagswahlen – ein Spiegelbild des Verhältnisses zwischen Bürger und Parteien?, in: Markus Klein u.a. (Hrsg.), 50 Jahre Empirische Wahlforschung in Deutschland. Entwicklung, Befunde, Perspektiven, Daten, Wiesbaden 2000, S. 361–388.

18 Es ist nicht klar zu entscheiden, ob es sich um überzeugte FDP-Wähler handelt oder um Anhänger der Union, die ihren möglichen Koalitionspartner stärken wollten.

Tabelle 4: Kombination der Erst- und Zweitstimmen bei der Bundestagswahl 2005 (Angaben in Prozent; Differenz zu 2002 in Prozentpunkten)

Zweitstimme = 100	2005				
	Erststimmen				
	CDU/CSU	SPD	FDP	Linke.PDS	B90/Grüne
CDU/CSU	90,9 (-1,3)	2,9 (+0,3)	3,5 (+0,5)	0,5 (+0,2)	0,9 (+0,2)
SPD	3,3 (+0,2)	86,7 (+0,3)	1,0 (+0,6)	2,5 (+0,1)	5,3 (-0,2)
FDP	60,2 (+24,1)	7,1 (-4,8)	29,0 (-18,7)	1,1 (+0,1)	1,4 (-0,5)
Linke.PDS	3,9 (+0,6)	7,3 (-2,3)	1,5 (-0,1)	72,1 (+1,2)	2,8 (+0,4)
B90/Grüne	4,6 (+0,6)	56,7 (-3,0)	1,1 (-0,3)	2,0 (+0,5)	34,7 (+2,1)

Quellen: Statistisches Bundesamt (Hrsg.), Wahl zum 16. Deutschen Bundestag am 18. September 2005, Heft 4: Wahlbeteiligung und Stimmabgabe der Männer und Frauen nach Altersgruppen, Wiesbaden 2006, S. 58 f.; Statistisches Bundesamt (Hrsg.), Wahl zum 15. Deutschen Bundestag am 22. September 2002, Heft 4: Wahlbeteiligung und Stimmabgabe der Männer und Frauen nach dem Alter, Wiesbaden 2003. Lesehinweis: Von den Wählern, die 2005 mit der Zweitstimme B90/Grüne wählten, gaben 56,7 Prozent ihre Erststimme der SPD, drei Prozentpunkte weniger als 2002.

VI. Unterschiede zwischen Ost- und Westdeutschland

Bekanntlich gibt es deutliche Unterschiede zwischen dem Wahlverhalten im Osten und im Westen der Republik. Das war auch 15 Jahre nach der deutschen Einheit nicht anders. 2002 wie 2005 entschied jeweils der Osten die Wahl. Wäre nur im Westen gewählt worden, hätte es jeweils für eine schwarz-gelbe Koalition gereicht. Im Osten gibt es schon seit 1994 eine arithmetische Mehrheit für rot-rot. Mithin hat Deutschland ein geteiltes Parteiensystem.[19] Wie schlägt sich dieser Sachverhalt bei der repräsentativen Wahlstatistik nieder?

Während die Wahlbeteiligung in den alten Bundesländern um 2,1 Punkte zurückging (auf 78,5 Prozent), stieg sie in den neuen um 1,7 Punkte (auf 74,5 Prozent). Wie bereits 2002 (und 1990) wählten erneut mehr ostdeutsche Frauen (75,0 Prozent) als Männer (74,5 Prozent).[20] Im Westen war es umgekehrt (Männer: 79,5 Prozent; Frauen: 78,8 Prozent). Der stärkere Wahleifer der Männer galt ebenso im Jahre 2002 (und 1990). Allerdings vollziehen sich leichte Angleichungstendenzen.

Zeigten sich bei der Union, der SPD, den Liberalen und den Grünen keine größeren alters- und geschlechtsspezifischen Abweichungen in der Wählerschaft zwischen

19 Vgl. unter anderem Eckhard Jesse/Roland Sturm (Hrsg.), Bilanz der Bundestagswahl 2005. Voraussetzungen, Ergebnisse, Folgen, Wiesbaden 2006; Jürgen W. Falter/Oscar W. Gabriel/Hans Rattinger/Harald Schoen (Hrsg.), Sind wir ein Volk? Ost- und Westdeutschland im Vergleich, München 2006; Eckhard Jesse/Thomas Schubert, Bundestagswahl 2005, in: Einsichten und Perspektiven, Themenheft 1/2006, S. 3–55.

20 Wie bereits eingangs erwähnt, weist die repräsentative Wahlstatistik eine etwas überhöhte Wahlbeteiligungsquote aus.

Ost und West (vgl. Tabelle 5), so war das bei der Linkspartei anders. Zum einen ist die Wählerschaft im Osten jünger als im Westen, zum andern weist sie im Osten ein nahezu ausgewogenes Geschlechterverhältnis auf (Männer: 26,2 Prozent; Frauen: 24,4 Prozent), nicht jedoch im Westen (Männer: 6,1 Prozent; Frauen: 3,8 Prozent). Beide Sachverhalte deuten auf ein größeres radikales Potential im Westen hin.

Nur 18,2 Prozent der männlichen 18- bis 24-jährigen Wähler haben in den neuen Bundesländern bei der letzten Bundestagswahl für die CDU votiert (2002: 23,9 Prozent), wohl aber 47,2 Prozent der über 60-jährigen Frauen in den alten (2002: 49,3 Prozent). Wo sie schwach war, verlor sie überproportional, bei den 18- bis 24-jährigen Männern in den alten Bundesländern 7,4 Punkte. In ihren Hochburgen brach sie allerdings nicht ein. Bei den über 60-jährigen Frauen im Osten steigerte die CDU ihren Anteil sogar von 28,8 auf 29,2 Prozent. Sie lag in den neuen Bundesländern mit 25,4 Prozent nur hauchdünn vor der Linkspartei (25,3 Prozent).

Die einzige Altersgruppe, bei der die SPD ihren Anteil erhöhen konnte, war die der 18-bis 24-jährigen Männer im Westen (von 34,4 Prozent auf 36,4 Prozent). Die Altersstruktur ist bei ihr, wie erwähnt, deutlich ausgewogener als bei der Union: Die Extremwerte lauten 39,5 Prozent (18- bis 24-jährige Frauen im Westen) und 25,5 Prozent (45- bis 59-jährige Männer im Osten). In den neuen Bundesländern verlor die FDP, die sonst überall zu gewinnen vermochte, bei den 18- bis 24-jährigen Männern (2002: 12,4 Prozent; 2005: 11,5 Prozent). Offenkundig kam der Populismus Jürgen Möllemanns im Osten des Landes seinerzeit gut an. Die Grünen legten im Osten insgesamt leicht zu (von 4,7 auf 5,2 Prozent), während sie im Westen Stimmeneinbußen hinnehmen mussten (von 9,4 auf 8,8 Prozent). Die Linkspartei konnte sich in jeder Altersgruppe im Osten wie im Westen steigern, bei Männern wie bei Frauen. Die Unterschiede zwischen der stärksten (30,8 Prozent bei den 45- bis 59-jährigen Männern im Osten) und der schwächsten Altersgruppe (2,3 Prozent bei den über 60-jährigen Frauen im Westen) sind krass. Diese Diskrepanz übertrifft die NPD noch: Einem Anteil von 9,5 Prozent bei den 18- bis 24-jährigen Männern im Osten steht ein Anteil von 0,4 Prozent bei den über 60-jährigen Frauen im Westen gegenüber:[21] Wie diese Fakten nachdrücklich zeigen, sind die neuen Bundesländer demokratisch nicht voll konsolidiert.[22]

---

21 Vgl. Statistisches Bundesamt (Hrsg.), Wahl zum 16. Deutschen Bundestag am 18. September 2005, Heft 4 (Anm. 5), S. 80 f.

22 Vgl. etwa den Beitrag von Harald Schoen/Siegfried Bühler, Feinde im Inneren: Politischer Extremismus im vereinigten Deutschland, in: Jürgen W. Falter u.a. (Hrsg.), Sind wir ein Volk? (Anm. 19), S. 188–211.

Tabelle 5: Stimmabgabe der Männer und Frauen nach dem Alter bei der Bundestagswahl 2005 differenziert nach Ost- und Westdeutschland (Angaben in Prozent)

Alter (von ... bis ...)	**CDU/CSU**				**SPD**				**FDP**				**Linke.PDS**				**B90/Grüne**				**Sonstige**			
	Ost		West		Ost		West		Ost		West		Ost		West		Ost		West		Ost		West	
	M	F	M	F	M	F	M	F	M	F	M	F	M	F	M	F	M	F	M	F	M	F	M	F
18-24	18,2	19,0	28,5	28,5	31,8	34,5	36,4	39,5	11,5	10,1	12,4	10,0	19,2	20,5	4,9	4,3	6,5	7,7	11,0	12,8	12,8	8,1	6,8	5,0
25-34	23,4	23,0	32,0	30,5	26,6	30,9	31,6	35,5	12,6	11,1	15,1	11,6	19,4	20,5	5,1	4,2	7,3	8,4	10,6	12,5	10,8	6,2	5,5	4,7
35-44	25,9	23,4	33,0	31,8	25,5	29,2	34,3	36,7	9,8	8,8	11,2	8,9	24,3	25,5	6,2	4,4	6,0	7,3	10,9	14,1	8,4	5,8	4,4	4,2
45-59	25,7	24,6	34,7	35,3	25,5	29,6	35,2	37,0	7,6	7,6	9,9	9,0	30,8	28,8	8,3	5,0	3,9	4,8	8,7	10,7	6,5	4,5	3,2	3,0
Ab 60	27,4	29,2	46,2	47,2	32,6	35,8	32,6	35,1	5,4	5,6	10,5	8,8	28,5	22,8	4,8	2,3	3,0	3,8	3,5	4,5	3,2	2,7	2,4	2,1
insgesamt	25,2	25,4	37,0	37,9	28,4	32,3	33,9	36,3	8,4	7,7	11,3	9,3	26,2	24,4	6,1	3,8	4,7	5,6	8,0	9,5	7,0	4,6	3,8	3,3

Quelle: Statistisches Bundesamt (Hrsg.), Wahl zum 16. Deutschen Bundestag am 18. September 2005, Heft 4: Wahlbeteiligung und Stimmabgabe der Männer und Frauen nach Altersgruppen, Wiesbaden 2006, S. 80 f.
Lesehinweis: 30,9 Prozent der ostdeutschen Frauen zwischen 25 und 34 Jahren wählten 2005 mit ihrer Zweitstimme SPD.

Koalitionsveränderungen 1949 bis 1994

Lehrstücke für 1998?

Die Bundesrepublik Deutschland ist eine Koalitionsdemokratie. Regierungsfähige Mehrheiten kommen erst durch Koalitionen zustande. Das trifft zumal auf die Bundesebene zu. Nur zwischen 1960 und 1961[1] gab es, abgesehen von drei kurzen Übergangszeiten 1962, 1966 und 1982[2], eine Einparteienregierung[3]. Es gilt weithin auch auf der Länderebene[4]. Koalitionen haben sich einerseits nach Wahlen neu gebildet, andererseits innerhalb der Legislaturperiode, gingen unter anderem auf Ursachen zurück, die in keinem direkten Zusammenhang zu Wahlen standen.

Wie ist es zu den Koalitionen auf Bundesebene zwischen 1949 und 1994 gekommen? Wie verliefen die Koalitionsveränderungen? Waren die Wahlen für den Koalitionswechsel entscheidend oder Vorgänge zwischen den Wahlen? Lässt sich aus der Vorgeschichte der seitherigen Koalitionsbildungen und -änderungen eine Entwicklung für 1998 extrapolieren? Wie stellt sich das koalitionspolitische Szenario vor der Bundestagswahl 1998 dar? Warum ist die Bildung einer großen Koalition nicht nur wahrscheinlich, sondern auch erwägenswert?

---

1 Die exakten Angaben finden sich in den Abschnitten I und II dieses Beitrages. Sie sind den zuverlässigen „Datenhandbüchern" von Peter Schindler entnommen. Vgl. ders., Datenhandbuch zur Geschichte des Deutschen Bundestages 1949 bis 1982, hrsg. vom Presse- und Informationszentrum des Deutschen Bundestages, 3. Aufl., Baden-Baden 1984; Datenhandbuch zur Geschichte des Deutschen Bundestages 1980 bis 1984. Fortschreibungs- und Ergänzungsband zum Datenhandbuch Bundestag 1949 bis 1982. Eine Veröffentlichung der Wissenschaftlichen Dienste des Deutschen Bundestages (Verfasser: Peter Schindler), Baden-Baden 1986; Datenhandbuch zur Geschichte des Deutschen Bundestages 1980 bis 1987. Eine Veröffentlichung der Wissenschaftlichen Dienste des Deutschen Bundestages (Verfasser: Peter Schindler), Baden-Baden 1988; Peter Schindler (Verfasser und Bearbeiter), Datenhandbuch zur Geschichte des Deutschen Bundestages 1983 bis 1991. Mit Anhang: Volkskammer der Deutschen Demokratischen Republik, Baden-Baden 1994.

2 Zwischen dem 19. November und dem 13. Dezember 1962 sowie dem 28. Oktober und 1. Dezember 1966 gab es jeweils nach dem Rücktritt der FDP-Minister eine Alleinregierung der CDU/CSU, zwischen dem 17. September und dem 1. Oktober 1982 eine solche der SPD. Diese Phasen der drei Minderheitsregierungen für wenige Wochen finden bei der folgenden Auflistung verständlicherweise keine Berücksichtigung.

3 Hier wie im Folgenden werden CDU und CSU, die im Deutschen Bundestag stets eine Fraktion gebildet haben, nur als eine Partei geführt.

4 Vgl. Uwe Jun, Koalitionsbildung in den deutschen Bundesländern. Theoretische Betrachtungen, Dokumentation und Analyse der Koalitionsbildungen auf Länderebene seit 1949, Opladen 1994; Sabine Kropp/Roland Sturm, Koalitionen und Koalitionsvereinbarungen. Theorie, Analyse und Dokumentation, Opladen 1998; Rainer Kunz, Die Bedeutung der Koalitionen in den westdeutschen Parteiensystemen, Diss., Augsburg 1979.

Mit „Koalitionsveränderung" ist im folgenden jede parteipolitische Veränderung der betreffenden Koalition im Bund gemeint (Hinzukommen oder Ausscheiden eines Koalitionspartners) – sei es nach Wahlen, sei es innerhalb der Legislaturperiode. Außer acht bleibt der Befund[5], dass sich zuweilen innerhalb der Koalition die Gewichte verschoben haben. So bekam die CSU nach der Bundestagswahl 1993 ein Ministeramt mehr (insgesamt fünf), die FDP hingegen eines weniger (insgesamt drei). Der Begriff geht gleichwohl weit über den von Manfred G. Schmidt verwandten Begriff „Machtwechsel" hinaus (der Autor nennt die Jahre 1966, 1969, 1982)[6], deckt sich aber ebensowenig mit dem Terminus „Regierungswechsel", wie ihn Michael Th. Greven interpretiert. Dieser bezieht sich auch auf die intraparteiliche Ebene und berücksichtigt demnach den Wechsel von Adenauer zu Erhard ebenso wie den von Brandt zu Schmidt[7]. In der öffentlichen Meinung hat sich für den Regierungswechsel 1969 der ungenaue Begriff „Machtwechsel"[8] und für den von 1982 der mittlerweile anders besetzte Terminus „Wende"[9] herausgebildet.

I. Koalitionsbildungen und -veränderungen nach den Wahlen

Für die Entwicklung einer Wettbewerbsdemokratie in der Bundesrepublik erscheint es wichtig, dass Konrad Adenauer viele seiner Parteifreunde zu überspielen vermochte[10] und nicht mit einer großen Koalition liebäugelte. Dies gilt zumal vor dem Hintergrund, dass nach 1945 zunächst fast überall Allparteienregierungen, selbst unter Einschluss der Kommunisten[11], entstanden waren, um einen breiten Konsens zu festigen. In diesem Punkt traf sich Adenauer mit Kurt Schumacher, seinem großen

5 Gleiches gilt für den Sachverhalt, dass als Koalitionsveränderung nicht zählt, wenn ein Minister trotz politisch deutlich zurechenbarer Einordnung anfangs parteilos gewesen ist, wie das etwa auf Siegfried Balke (ab 1. Januar 1954 CSU) und Klaus Kinkel (der am 16. Januar 1991 die Aufnahme in die FDP beantragt hat) zutrifft. Hans Leussink, der der SPD nahestand, blieb in seiner gesamten Amtszeit (1969–1972) parteilos.

6 Vgl. Manfred G. Schmidt, Machtwechsel in der Bundesrepublik (1949–1990). Ein Kommentar aus der Perspektive der vergleichenden Politikforschung, in: Bernhard Blanke/Helmut Wollmann (Hrsg.), Die alte Bundesrepublik. Kontinuität und Wandel, Opladen 1991, S. 179–203.

7 Vgl. Michael Th. Greven, Regierungswechsel und Parteiensystem, in: Ebd., S. 204–222.

8 Vgl. Arnulf Baring, Machtwechsel. Die Ära Brandt-Scheel, Stuttgart 1982. Siehe auch Karl Dietrich Bracher, Vom Machtwechsel zur Wende, in: Ders./Wolfgang Jäger/Werner Link, Republik im Wandel 1969–1974. Die Ära Brandt, Stuttgart/Mannheim 1986, S. 7–12.

9 Vgl. Amulf Baring, Die „Wende": Rückblick und Ausblick, in: Wilhelm Bleek/Hans Maull (Hrsg.), Ein ganz normaler Staat? Perspektiven nach 40 Jahren Bundesrepublik, München/Zürich 1989, S. 103–116.

10 Vgl. für Einzelheiten Franz Alt, Es begann mit Adenauer. Der Weg zur Kanzlerdemokratie, Freiburg/Brsg. 1975.

11 Vgl. Jens Ulrich Klocksin, Kommunisten im Parlament. Die KPD in Regierungen und Parlamenten der westdeutschen Besatzungszonen und der Bundesrepublik Deutschland (1945–1956), 2. Aufl., Bonn 1994.

Gegenspieler von der SPD. Sie setzten sich gegenüber anderslautenden Positionen in den eigenen Reihen durch. So wünschten die Ministerpräsidenten der Länder eine große Koalition. In mancher Hinsicht war die kleine bürgerliche Koalition durch die Politik im Frankfurter Wirtschaftsrat präjudiziert, auch wenn die Union nicht stärkste Partei geworden wäre. „Dass sich bald innerhalb dieses heterogenen Gebildes je ein Gravitationszentrum um den politischen Katholizismus der CDU/CSU und den protestantischen und laizistischen Liberalismus der FDP herauskristallisieren würde, war damals noch nicht abzusehen."[12] Schließlich ist der Befund von Jürgen W. Falter richtig, dass sich die Wahlen von 1949 aufgrund erstaunlicher Kontinuitäten im Wahlverhalten zum Jahre 1932 „ebensosehr als letzte Weimarer wie als erste bundesrepublikanische Wahl"[13] bezeichnen lassen. Neben Union und FDP war die konservative DP der dritte Partner in der Koalition, die zunächst nur über eine knappe parlamentarische Mehrheit verfügte.

Das Ergebnis der Bundestagswahl im Jahre 1953 ist wegen des überaus guten Abschneidens der Union, die ihren Stimmenanteil fast um 50 Prozent erhöhte (von 31,0 auf 45,2 Prozent) und damit erheblich die Parteienkonzentration förderte, vielfach als ein „Wahlwunder"[14] bezeichnet worden. Nachdem der Lizenzierungszwang aufgehoben worden war, schien sich zunächst eine Auffächerung des Parteiensystems anzubahnen, wie dies die Ergebnisse der Landtagswahlen Anfang der fünfziger Jahre nahelegten. Die Union erreichte 1953 sogar ganz knapp die absolute Mehrheit der Mandate. Sie besaß zwar „nur" 243 Mandate von insgesamt 487. Doch war auf der Liste des Zentrums, das lediglich mit Hilfe der Union in den Bundestag gekommen war (sie hatte in einem Wahlkreis auf die Aufstellung eines eigenen Kandidaten verzichtet), ein Abgeordneter der CDU in den Bundestag gelangt. Gleichwohl setzte die Union die Koalition mit der FDP und der DP fort, nahm sogar noch den erstmals in den Bundestag eingezogenen „Gesamtdeutschen Block der Heimatvertriebenen" in das Bündnis mit auf, um auf diese Weise über eine verfassungsändernde Zweidrittel-Mehrheit zu verfügen. Die DP war dank der Alternativklausel in den Deutschen Bundestag eingezogen.

Bei der Bundestagswahl 1957 kam es zu einem bisher einmaligen Ergebnis: Die Union erreichte nicht nur die absolute Mehrheit der Mandate, sondern mit 50,2 Prozent auch die der Stimmen. Eine Koalition wurde – aus Loyalität zur DP – erneut gebildet. Gegenüber der letzten Koalitionsbildung 1956 war prinzipiell keine Änderung eingetreten, da der „Ministerflügel" der FDP noch vor der Wahl 1957 zur DP übergetreten war. Diese konnte 1957 – anders als 1953 – nur aufgrund von Wahlabsprachen mit

12 So im Kern treffend, wenn auch wohl etwas überzeichnend Jürgen Dittberner, FDP – Partei der zweiten Wahl. Ein Beitrag zur Geschichte der liberalen Partei und ihrer Funktionen im Parteiensystem der Bundesrepublik, Opladen 1987, S. 105.

13 Jürgen W. Falter, Kontinuität und Neubeginn. Die Bundestagswahl 1949 zwischen Weimar und Bonn, in: Politische Vierteljahresschrift 22 (1981), H. 2, S. 260.

14 So von Dolf Sternberger, Das deutsche Wahlwunder (1953), in: Ders., Die große Wahlreform. Zeugnisse einer Bemühung, Köln/Opladen 1964, S. 117–130.

der CDU ins Bundesparlament zurückkehren. Fünf ihrer sechs Direktmandate erreichte die DP bloß deshalb, weil die CDU darauf verzichtet hatte, Wahlkreiskandidaten aufzustellen. Lediglich in einem einzigen Wahlkreis war die DP die nach Zweitstimmen stärkste Partei.[15] Der GB/BHE, der 1953–1955 der bürgerlichen Koalition angehört hatte, scheiterte an der Fünfprozentklausel, obwohl er mit 4,6 Prozent der Stimmen einen höheren Anteil zu verbuchen vermochte als die DP.

Die Bundestagswahlen 1961 führten zu einer Koalition der CDU/CSU mit der FDP. „Eine Zweierkoalition SPD-FDP war aufgrund der nach wie vor sachlichen Gegensätze keine glaubhafte Alternative."[16] Dieser Grund verhinderte eine Koalition, nicht die knappe Mehrheit von 15 Mandaten, die immerhin noch um drei über jener der sozial-liberalen Koalition 1969 lag. Adenauer blieb Kanzler, obwohl die Liberalen im Wahlkampf eigens versichert hatten, zwar eine Koalition mit der CDU/CSU (sofern diese keine absolute Mehrheit erreichen sollte), aber ohne Adenauer bilden zu wollen. Ihr Vorsitzender, Erich Mende, blieb dafür – zunächst – der Regierung fern. In einem „Koalitionsvertrag" wurde festgelegt, Adenauer zum Kanzler – wenngleich nicht für die volle Legislaturperiode – gemeinsam zu wählen. Fortan sollte an der FDP, die mit einem Stimmenanteil von 12,8 Prozent ihr bestes Ergebnis erreicht hatte, das Image einer „Umfall"-Partei haften. Der Wahlausgang des Jahres 1965 ließ nur die Fortsetzung der bisherigen Koalition zu, auf die sich die Partner vor der Wahl auch festgelegt hatten. Eine sozial-liberale Koalition war mit einer hauchdünnen Mehrheit von sechs Stimmen nicht machbar, eine große Koalition, über die allenthalben diskutiert wurde, jedenfalls unter dem Kanzler Ludwig Erhard nicht. Sein Wahlsieg war so klar ausgefallen, dass Willy Brandt noch am Wahlabend erklärte, nicht mehr als Spitzenkandidat zur Verfügung zu stehen.

Nach der Bundestagswahl 1969 übernahm Willy Brandt, der Außenminister der großen Koalition, das Amt des Bundeskanzlers. Das Experiment einer sozial-liberalen Koalition wurde eingegangen. Die Mehrheit von 12 Mandaten war nur knapp, doch entschlossen sich Brandt und Walter Scheel, die Vorsitzenden von SPD und FDP, zu einem solchen Wagnis. Was sich mit der Wahl Gustav W. Heinemanns zum Bundespräsidenten im Frühjahr 1969 dank der Mithilfe der FDP abgezeichnet hatte, fand damit seine Vollendung. Die Liberalen, in der Zeit der großen Koalition allmählich „gewendet", wollten nicht immer nur der CDU/CSU ein verlässlicher Partner sein.[17]

Die wegen der Übertritte von Abgeordneten aus den Reihen der SPD und der FDP zur Union vorgezogene Bundestagswahl 1972 bestätigte nicht nur dieses „historische

15 Vgl. für Einzelheiten zu den Ergebnissen der DP bei den Bundestagswahlen 1953 und 1957 Eckhard Jesse, Wahlrecht zwischen Kontinuität und Reform. Eine Analyse der Wahlrechtssystemdiskussion und der Wahlrechtsänderungen 1949–1983, Düsseldorf 1985, S. 279–287.

16 Hans-Peter Schwarz, Die Ära Adenauer. Epochenwechsel 1957–1963. Mit einem einleitenden Essay von Johannes Gross, Stuttgart/Wiesbaden 1983, S. 232.

17 Vgl. Lothar Albertin, Die koalitionspolitische Umorientierung der FDP 1966–1969: Fall oder Modell?, in: Ders. (Hrsg.), Politischer Liberalismus in der Bundesrepublik, Göttingen 1980, S. 211–221.

Bündnis“ (so die von manchen seiner Anhänger stilisierte Bezeichnung der Koalition), sondern brachte der SPD auch einen triumphalen Wahlsieg: Zum bisher einzigen Mal schnitt die SPD (45,8 Prozent) bei Bundestagswahlen besser ab als die Union (44,9 Prozent). Rainer Barzel, der Spitzenkandidat der Union, musste bereits 1973 den Vorsitz an Helmut Kohl abgeben. Im Jahre 1976 blieb ein Regierungswechsel aus. Obwohl die Union nach einem polarisiert geführten Wahlkampf („Freiheit oder Sozialismus“) unter ihrem Spitzenkandidaten Helmut Kohl den Anspruch auf das Kanzleramt anmeldete – die Union hatte mit 48,6 Prozent der Stimmen den zweithöchsten Sieg ihrer Geschichte errungen –, musste sie in der Opposition verbleiben. Denn die Liberalen hatten vor der Wahl klargemacht: Sie wollten mit der SPD unter Helmut Schmidt die Koalition fortführen. Angesichts der offenkundigen Asymmetrie des Parteiensystems gab es auf Seiten insbesondere der CSU Überlegungen, eine „vierte Partei“ ins Leben zu rufen. Der vorübergehenden Aufkündigung der Fraktionsgemeinschaft mit der CDU 1976 lagen augenscheinlich solche Überlegungen zugrunde (nach dem Motto „getrennt marschieren, vereint schlagen“). Doch blieben sie Makulatur, auch nach der Bundestagswahl 1980, als die Union unter Franz Josef Strauß nicht die sozial-liberale Koalition ablösen konnte. Gleichwohl gingen die Gemeinsamkeiten zwischen der SPD und den Liberalen zur Neige – in der Wirtschaftspolitik ebenso wie in der Außenpolitik.

Die Bundestagswahl 1983, nach dem für Helmut Kohl erfolgreichen konstruktiven Mißtrauensvotum, bestätigte in gleichsam plebiszitärer Weise klar die neue Koalition aus CDU/CSU und FDP. Das Wahljahr 1983 zeigte eine Paradoxie: Einerseits löste eine konservativ-liberale Koalition die SPD von der Regierung ab, andererseits zog erstmals seit 1961 mit den Grünen eine „vierte Partei“ ins Bundesparlament, die sich als Repräsentantin einer linksökologischen Politik verstand.[18] Vier Jahre gab es zur Weiterführung der Koalition keine angemessene Alternative. Die CDU/CSU verlor ebenso an Stimmen wie die SPD. Derselbe Befund – Fortsetzung der bisherigen Koalition einerseits, Verluste der großen Parteien andererseits – wiederholte sich unter ganz anderen Vorzeichen: Die Bundestagswahl am 2. Dezember 1990 war die erste gesamtdeutsche Bundestagswahl: Die PDS zog in den Bundestag ein, ebenso das ostdeutsche Bündnis 90 mit den dortigen Grünen, nicht aber die Grünen aus dem Westen. Die Bundestagswahlen 1994 änderten nichts an der Regierungsbildung, jedoch schrumpfte die Mehrheit beträchtlich. Zwei wahlsystemspezifische Eigentümlichkeiten, die beide mit der Erststimme zusammenhingen, beeinflussten das Endresultat: (1) Die PDS kehrte mit 4,4 Prozent der Stimmen nur dank der Alternativklausel ins Parlament zurück. (2) Acht der zehn Mandate, die CDU/CSU und FDP mehr als die SPD,

18 Vgl. Manfred Berger u.a., Regierungswechsel und politische Einstellungen. Eine Analyse der Bundestagswahl 1983, in: Zeitschrift für Parlamentsfragen 14 (1983), S. 556–582; Werner Süß, Wahl und Führungswechsel. Politik zwischen Legitimation und Elitenkonsens. Zum Bonner Machtwechsel 1982/83, in: Hans-Dieter Klingemann/Max Kaase (Hrsg.), Wahlen und politischer Prozess. Analysen aus Anlass der Bundestagswahl 1983, Opladen 1986, S. 39–83.

das Bündnis 90/Die Grünen und die erneut erfolgreiche PDS hatten, gingen auf Überhangmandate zurück.[19]

Das überraschende Ergebnis dieses historiographischen Überblicks: Unter dem Strich sind durch Bundestagswahlen Koalitionsveränderungen 1953 und 1961 (jeweils in marginaler Form) und 1969 (in größerer Form) eingetreten. Nach allen anderen Wahlen wurde diejenige Koalition fortgesetzt, die zuvor bestand. Der Grund für die geringe Zahl der Koalitionsveränderungen ist zum einen wesentlich in der geringen Anzahl der Parlamentsparteien zu suchen, zum anderen in der Segmentierung und Asymmetrie des Parteiensystems. Von 1961 bis 1983 bestand der Bundestag aus drei Parteien, von 1983 bis 1990 aus vier, seither sind fünf vertreten (wobei eine für Koalitionsbildungen nicht in Frage kommt). Damit hängt wesentlich die Asymmetrie zusammen: Von Ende der vierziger bis Anfang der neunziger Jahre bestand in Deutschland eine solche Parteienasymmetrie. Zunächst profitierte die Union lange von ihr. Was sie verlor, fing die FDP zum Teil auf. Später, nach der Umorientierung der Liberalen, kam die Asymmetrie – unter den Bedingungen eines Dreiparteiensystems – der SPD zugute. Auf diese Weise wurde ein Regierungswechsel durch Wahlen faktisch unmöglich gemacht. Erst durch die Grünen und durch ihren allmählichen Kurswechsel in Richtung Pragmatismus, hervorgerufen auch infolge ihres Zusammenschlusses mit dem ostdeutschen Bündnis 90, entstand eine Art „Zwei-Parteienblöcke-System".

Unter „Asymmetrie" wird nicht „das Größenverhältnis nur der beiden größten Parteien herangezogen und die Frage gestellt, ob nicht eine der beiden aufgrund ihres längerfristigen Wählerpotentials über strukturelle Vorteile im Machtwettbewerb verfügt."[20] Wer diese Definition zugrundelegt, kommt zu absurden Ergebnissen: So hätte 1969, 1976 und 1980 eine Asymmetrie zugunsten der CDU/CSU, der stärksten Partei, bestanden. Tatsächlich müssen die Stimmenanteile der Parteien, die eine Koalition miteinander eingehen wollen, addiert werden, damit der Begriff der „Asymmetrie" einen Sinn in einem Mehrparteiensystem macht.

Die SPD hat bisher niemals vor der Wahl gesagt, dass sie eine Koalition mit den Grünen anstrebt, nicht 1983, nicht 1987 – in jenen Jahren dominierte der „fundamentaloppositionelle" Flügel der Grünen, der an einem Bündnis mit der SPD uninteressiert war – und nicht 1990. Selbst im Jahre 1994 hielt sich die SPD damit zurück und

19 Zur Problematik dieser beiden Spezifika vgl. Eckhard Jesse, Grundmandatsklausel und Überhangmandate. Zwei wahlrechtliche Eigentümlichkeiten in der Kritik, in: Max Kaase/Hans-Dieter Klingemann (Hrsg.), Wahlen und Wähler. Analysen aus Anlaß der Bundestagswahl 1994, Opladen 1998, S. 15–41.

20 Oskar Niedermayer, Das gesamtdeutsche Parteiensystem, in: Oscar W. Gabriel/Oskar Niedermayer/Richard Stöss (Hrsg.), Parteiendemokratie in Deutschland, Opladen 1997, S. 107. Siehe auch ders., Zur systematischen Analyse der Entwicklung von Parteiensystemen, in: Oscar W. Gabriel/Jürgen W. Falter (Hrsg.), Wahlen und politische Einstellungen in westlichen Demokratien, Frankfurt a.M. 1996, S. 19–49. Sinnvoll ist Niedermayers Interpretation nur für Systeme, in denen zwei Parteien im Parlament vertreten sind oder in denen kleinere Parteien aus prinzipiellen Erwägungen nicht als „koalitionsfähig" gelten.

propagierte keine Koalition mit dem Bündnis 90/Die Grünen[21] – nach Meinung von Wolfgang Thierse aus „politisch guten Gründen."[22] Die Sozialdemokraten wollten zwar eine Koalition mit dem Bündnis 90/Die Grünen eingehen, aber ohne dies eigens groß zu verkünden – aus Angst vor einem möglichen Verlust im Kern „bürgerlich" eingestellter Wählerschichten. Auf diese Weise stellte sie indirekt das alternierende Parteiensystem in Frage. Was für 1994 galt, trifft auf die Bundestagswahlen 1998 zu. Die SPD hat sich bis zum Sommer 1998 nicht zu einem klaren Votum für ein rot-grünes Bündnis durchringen können. Weniger deshalb, weil sie vom Modell der großen Koalition fasziniert wäre, sondern vor allem wohl, weil sie fürchtet, eine zu enge Verbindung mit dem Bündnis 90/Die Grünen könne ihr schaden – einerseits bei der Arbeiterschaft, ihrer Stammwählerschaft, andererseits in der „neuen Mitte", die die Partei für sich gewinnen will.

II. Koalitionsveränderungen zwischen den Wahlen

In der Bundesrepublik hat es auf Bundesebene Koalitionsveränderungen nicht nur direkt nach Wahlen gegeben, sondern auch während der Legislaturperiode. Den Anfang machte der GB/BHE. Er schied bereits am 23. Juli 1955 insbesondere wegen innerer Zerwürfnisse – sie entzündeten sich unter anderem an der „Saarfrage" – aus der bürgerlichen Koalition aus[23], nachdem die beiden Minister Waldemar Kraft und Theodor Oberländer kurz zuvor ihre Fraktion verlassen hatten. Der Hospitation der siebenköpfigen „Gruppe Kraft/Oberländer" bei der CDU/CSU-Fraktion folgte am 20. März 1956 der Eintritt in die Union. Die FDP verließ 1956 die Koalition. Die Union begann ein „Grabenwahlsystem" zu propagieren, das keine Verrechnung zwischen Direkt- und Landeslistenmandaten vorsah. Ohnehin schon bestehende Spannungen aufgrund unterschiedlicher außen- und vor allem deutschlandpolitischer Positionen zwischen der Union und der FDP verschärften sich dadurch. Als die FDP drohte, sie werde in den Bundesländern Koalitionen mit der SPD eingehen, wenn die Union ihren Wahlrechtsvorschlag, der die Größe der FDP im Bundestag halbiert hätte, nicht zurückzöge, gab die Union nach. Doch angesichts der Eigendynamik der Entwicklung stürzten die „Jungtürken" Wolfgang Döring, Erich Mende, Walter Scheel und Willi Weyer in Nordrhein-Westfalen den CDU-Ministerpräsidenten Karl Arnold mittels

21 Vgl. Eckhard Jesse, Die Koalitionsszenarien vor der Bundestagswahl 1994, in: MUT 1994, H. 10, S. 6–16.

22 So Wolfgang Thierse, Gegen die Vergeudung der Zukunft. Wie konsequent muss die Opposition sein?, in: Freitag vom 17. Juni 1994, S. 3.

23 Für Einzelheiten vgl. Franz Neumann, Der Block der Heimatvertriebenen und Entrechteten 1950–1960. Ein Beitrag zur Geschichte und Struktur einer politischen Interessenpartei, Meisenheim am Glan 1968; Richard Stöss, Der Gesamtdeutsche Block (BHE), in: Ders. (Hrsg.), Parteien-Handbuch. Die Parteien der Bundesrepublik Deutschland 1945–1980, Band II: FDP bis WAV, Opladen 1984, S. 1424–1459.

eines konstruktiven Mißtrauensvotums.[24] Daraufhin schied der „Ministerflügel" um Franz Blücher, Fritz Neumayer, Hermann Schäfer und Viktor-Emanuel Preusker aus der Bundestagsfraktion der FDP aus. Nachdem der CDU-Bundesvorstand die Empfehlung ausgesprochen hatte, die Koalition nur mit den loyalen Teilen der FDP fortzusetzen, nahm diese das zum Anlass und kündigte die Koalition am 25. Februar 1956 auf. Hans-Peter Schwarz weist auf einen vernachlässigten Sachverhalt hin: „Eigentlich bedeuteten Koalitionen zwischen SPD und FDP in den Ländern ja durchaus nichts Sensationelles; aber das Neue an dem Düsseldorfer Handstreich war eben die erklärte Stoßrichtung auf eine SPD-FDP-Koalition auch in Bonn gewesen. [...] Einer der tragenden Pfeiler der Adenauer-Koalition von 1949 war jedenfalls geborsten und auch später nicht mehr ganz reparierbar."[25] Die 16 Abgeordneten um den „Ministerflügel" bildeten eine Fraktion „Arbeitsgemeinschaft Freier Demokraten", später umbenannt in „Demokratische Arbeitsgemeinschaft", die am 21. März 1956 Aufnahme in die Regierungskoalition fand (ab dem 26. Juni unter dem Namen „Freie Volkspartei"). DP und FVP fusionierten am 14. März 1957 zur Fraktion DP (FVP).

Im Jahre 1960 schied die DP aus der Bundesregierung aus. Am 1. Juli 1960 verließen neun Abgeordnete, darunter die beiden Bundesminister Hans-Joachim von Merkatz und Hans-Christoph Seebohm, ihre Fraktion unter anderem deswegen, weil der Parteivorsitzende Heinrich Hellwege Kontakte zur FDP geknüpft hatte.[26] Am 20. September 1960 traten diese Abgeordneten der CDU bei. Von dem Tag an gab es bis zur nächsten Wahl nur noch Minister aus den Reihen der CDU und CSU.

Ungeachtet der Gemengelage von Gründen im einzelnen für die Sezessionen: Der Hintergrund für alle drei Koalitionsveränderungen lag wesentlich in der Angst der kleinen Parteien begründet, von der Union aufgerieben zu werden. Man könnte die Koalitionen gleichsam als „Vorstufen von Fusionsprozessen"[27] ansehen, wobei Intentionen und Auswirkungen auseinandergingen. Die „Ministerflügel" traten jeweils die Flucht nach vorn an. So retteten diese Männer zwar ihre persönliche Karriere, erwiesen ihrer Partei aber wohl einen Bärendienst. GB/BHE und DP zerfielen, Parteifusionen fruchteten nichts. Ihr Zusammenschluss im Jahre 1960 zur „Gesamtdeutschen Partei" ist aufgrund unterschiedlicher Interessenlagen – hier eine Partei, die sich wesentlich um die Vertriebenen und Flüchtlinge zu kümmern suchte und ihre Integration vorantrieb, da eine Gruppierung, deren Klientel vornehmlich die einheimische (Land-)Bevölkerung

24 Vgl. für Einzelheiten Erhard H. M. Lange, Vom Wahlrechtsstreit zur Regierungskrise. Die Wahlrechtsentwicklung Nordrhein-Westfalens bis 1956, Köln u.a. 1980.

25 Hans-Peter Schwarz, Die Ära Adenauer. Gründerjahre der Republik 1949–1957. Mit einem einleitenden Essay von Theodor Eschenburg, Stuttgart/Wiesbaden 1981, S. 311.

26 Für Einzelheiten vgl. Hermann Meyn, Die Deutsche Partei. Entwicklung und Problematik einer national-konservativen Rechtspartei, Düsseldorf 1965.

27 Peter Haungs, Koalitionen und Koalitionsstrategien in der Bundesrepublik. Geschichte und Systematik, in: Hans-Georg Wehling (Red.), Westeuropas Parteiensysteme im Wandel, Stuttgart u.a. 1983, S. 109.

war – als „widernatürliche Ehe“[28] bezeichnet worden. Der Misserfolg war programmiert. Hingegen verstand es die FDP ungeachtet heftiger interner Auseinandersetzungen, sich auf der politischen Bühne des Bundes zu behaupten. Trotz der Abspaltung sollte die Partei „weiter ein Kampfplatz unterschiedlicher sozialer und ideologischer Gruppierungen bleiben“. Einig war sie in einem Punkt. Sie sah „eine ihrer politischen Hauptaufgaben darin, die Adenauer-Ära möglichst bald zu Ende zu bringen.“[29]

Die große Koalition im Jahre 1966 steht im Vergleich zu den vorherigen drei Koalitionsveränderungen auf einer weit höheren Stufe. Sie ist eine Zäsur in der Geschichte der Bundesrepublik Deutschland – nicht nur für das Parteiensystem, sondern auch für die innen- und außenpolitische Entwicklung insgesamt. Obwohl sie bloß drei Jahre dauerte, veränderte sie die Republik nachhaltig und bahnte den Weg zur sozial-liberalen Koalition. Ihrem Zustandekommen ging eine Krise der konservativ-liberalen Koalition voraus, aber auch reserviertes Verhalten der eigenen Partei gegenüber Ludwig Erhard, dem nicht zugetraut wurde, die wirtschaftliche Rezession in den Griff zu bekommen, zumal als dessen notorische Führungsschwäche sich zu einem Autoritätsverfall ausweitete. Während es die SPD, um „salonfähig“ zu werden, in die Regierung zog, wollte die FDP nicht in den Abwärtssog der Regierung Erhard geraten. So war der Streit über die Steuererhöhungen (zum Ausgleich des Haushalts), welche die FDP entschieden ablehnte, mehr Anlass als Ursache des Bruchs. Am 28. Oktober 1966 traten die vier FDP-Minister Erich Mende, Ewald Bucher, Rolf Dahlgrün und Walter Scheel zurück und machten damit den Weg für eine große Koalition frei, denn eine solche sozial-liberaler Couleur war weder mehrheitsfähig noch mehrheitswillig. Gleichwohl stimmten am 8. November 1966 SPD- und FDP-Abgeordnete einem Antrag zu, Erhard möge die Vertrauensfrage stellen. Zum ersten Mal in der Geschichte der Bundesrepublik hatten SPD und FDP im Parlament geschlossen gegen die Union gestimmt und ihr auf diese Weise eine Niederlage beigebracht. Dieser Befund änderte nichts an der Bildung einer großen Koalition, die am 1. Dezember mit der Wahl Kurt-Georg Kiesingers zum Bundeskanzler begann.

> „Die markante Zäsur [...] entbehrte des Abrupten, ganz gewiss des Abenteuerlichen und auch des Riskanten. Denn die Große Koalition wurde zum einen im normalen Verfahren der Koalitionsverhandlungen und im Rahmen der parteipolitischen Möglichkeiten des existierenden Systems gebildet. Und sie förderte zum anderen, durchaus in Einklang mit der jungen Tradition des Bonner Parlamentarismus, ein Stück Normalität zutage, das auf der Bundesebene bislang noch nicht praktiziert worden war und die politischen Optionsmöglichkeiten der Republik zweifellos bereicherte.“[30]

---

28 So Thomas von der Vring, Reform oder Manipulation? Zur Diskussion eines neuen Wahlrechts, Frankfurt a.M. 1968, S. 90.

29 Hans-Peter Schwarz (Anm. 25), S. 312.

30 Klaus Hildebrand, Von Erhard zur Großen Koalition. 1963–1969. Mit einem einleitenden Essay von Karl Dietrich Bracher, Stuttgart/Wiesbaden 1984, S. 243.

Eine ähnliche, wenn nicht größere Bedeutung kommt dem Regierungswechsel im Jahre 1982 zu. Auch hier nahm die FDP eine entscheidende Rolle ein. Sie wollte nicht in den Abwärtssog der in sich zerstrittenen SPD – etwa in der Frage der „Nachrüstung“ oder der Kernenergie – gezogen werden. Allerdings war ihre Strategie anders als 1966. Damals suchte sie aus der Regierung herauszukommen und strebte – mangels Alternative – den Eintritt in eine neue nicht an. Jetzt war es anders: „Sehnsucht nach der Opposition kannte die liberale Führungsspitze nicht. Sie wollte Politik unbedingt in der Rolle der Regierungspartei gestalten.“[31] Hingegen war die Rolle der SPD vertauscht: Seinerzeit strebte sie fast um jeden Preis in die Regierung; nun wurde der Verlust der Regierung im Bund – bei allem Ärger über die FDP[32] – in weiten Teilen der Partei auch als befreiend empfunden. Helmut Schmidt gab am 17. September vor dem Deutschen Bundestag das Ende der sozial-liberalen Regierung bekannt und plädierte für sofortige Neuwahlen.[33] Dies lehnten Union und FDP ab. Ihre Abgeordneten wählten Helmut Kohl am 1. Oktober 1982 mittels des konstruktiven Mißtrauensvotums zum Kanzler. Die christlich-liberale Koalition unter Kohl hält bis heute [1998] an. Augenscheinlich erwies sich ihre programmatische Nähe in der Wirtschafts- und Finanzpolitik wie in der Außenpolitik als ein festigendes Band. Auch in der Deutschlandpolitik fanden die Regierungsparteien beträchtliche Gemeinsamkeiten[34] – über die deutsche Einheit hinaus.

Am Rande ist erwähnenswert, dass nach der deutschen Einheit am 3. Oktober 1990 die Bundesregierung um fünf „Bundesminister für besondere Aufgaben“ bis zu den nächsten Wahlen aufgestockt wurde. Zu ihnen zählte Hansjoachim Walther von der DSU; diese war zwar in der Volkskammer vertreten, jedoch nicht im Bundestag. Ein wie immer gearteter Zusammenschluss mit der CSU blieb aus.[35] Die CSU stellte sogar die Unterstützung der DSU im Jahre 1993 offiziell ein.[36]

Im Rahmen dieses Abschnitts über Koalitionsänderungen innerhalb der Legislaturperiode müssen auch zwei Ereignisse genannt werden, die zu keinen Konsequenzen führten. Im positiven Fall wären sie von beträchtlicher Tragweite gewesen: die Ver-

---

31 So Wolfgang Jäger, Die Regierungen Schmidt/Genscher. Pragmatismus als Regierungsprogramm, in: Ders./Werner Link, Republik im Wandel 1974–1982. Die Ära Schmidt. Mit einem abschließenden Essay von Joachim C. Fest, Stuttgart/Mannheim 1987, S. 221.

32 Vgl. etwa Klaus Bölling, Die letzten 30 Tage des Kanzlers Helmut Schmidt. Ein Tagebuch, Reinbek bei Hamburg 1982.

33 Vgl. u.a. Klaus Bohnsack, Die Koalitionskrise 1981/82 und der Regierungswechsel 1982, in: Zeitschrift für Parlamentsfragen 14 (1983), S. 5–32; Johannes Merck, „Klar zur Wende?“ Die FDP vor dem Koalitionswechsel in Bonn 1980–1982, in: Politische Vierteljahresschrift 28 (1987), H. 4, S. 384–402.

34 Vgl. beispielsweise Karl-Rudolf Korte, Deutschlandpolitik in Helmut Kohls Kanzlerschaft. Regierungsstil und Entscheidungen 1982–1989, Stuttgart 1998.

35 Es liegt auf der Hand, dass die Koalitionsbildung nach den Bundestagswahlen – wegen des Fehlens der DSU im Kabinett – nicht als Koalitionsänderung gewertet werden kann. Walther war ins Kabinett delegiert worden.

36 Vgl. Eckhard Jesse, Die CSU im vereinigten Deutschland, in: Aus Politik und Zeitgeschichte B 6/1996, S. 29–35.

handlungen von Repräsentanten der Union mit der SPD im Jahre 1962 zwecks Bildung einer großen Koalition sowie der Versuch der CDU/CSU-Fraktion im Jahre 1972, als es Rainer Barzel nicht gelang, Willy Brandt durch ein konstruktives Mißtrauensvotum abzulösen. Die Verhandlungen 1962 erwiesen sich als eine Art „Probelauf" für 1966[37]; und die Ereignisse des Jahres 1972 hätten zu einer (wohl kurzfristigen) Alleinregierung von CDU/CSU führen können. Ein konstruktives Mißtrauensvotum wurde, zumal unter den seinerzeitigen Umständen mit den Übertritten zur Fraktion der Union, von der Bevölkerung mehrheitlich kaum als legitim angesehen. Selbst das konstruktive Mißtrauensvotum von 1982, das unter weitaus weniger turbulenten Begleiterscheinungen stattfand, bedurfte ein halbes Jahr später der „Legitimierung" durch eine Bundestagswahl, obwohl die Regierung Kohl/Genscher über eine regierungsfähige Mehrheit verfügte.

III. Systematik der Koalitionsveränderungen

Wer diese Koalitionsveränderungen nach und zwischen Wahlen einzuordnen versucht, hat verschiedene Möglichkeiten der Systematisierung. So lässt sich unter anderem unterscheiden nach dem Nutzen für die daran beteiligten Kräfte, nach den Hintergründen, nach den Urhebern der Koalitionsveränderung, nach ihren inhaltlichen Konsequenzen. Im folgenden wird ausschließlich unterschieden nach der Größe der Veränderung. Es bieten sich die folgenden Kategorien an, abgestuft nach der Stärke des Wandels:

1. Koalitionsveränderung durch Wegfall oder Hinzutritt einer dritten kleineren Partei;
2. Koalitionsveränderung durch Wegfall oder Hinzutritt einer zweiten kleineren Partei;
3. Koalitionsveränderung durch Wegfall oder Hinzutritt der ersten kleineren Partei;
4. Koalitionsveränderung durch große Koalition beziehungsweise Allparteienkoalition;
5. Koalitionsveränderung durch Ablösung der bisherigen Hauptregierungspartei unter Einbeziehung einer kleineren Regierungspartei;
6. Koalitionsveränderung durch die Oppositionspartei(en) ohne Einbeziehung einer bisherigen Regierungspartei.

Die vierte Kategorie muss weiter differenziert werden: Im Fall a) behält die bisherige Regierungspartei das Amt des Kanzlers bei und nimmt die zweitgrößte Partei als Juniorpartner in die Regierung auf. Im Fall b) gibt die bisherige Regierungspartei das Amt des Kanzlers ab und begnügt sich mit der Rolle als zweite Kraft. Der Fall a) steht der Kategorie 2 und 3 nahe, der Fall b) der Kategorie 5.

---

37 Vgl. u.a. Kurt Klotzbach, Der Weg zur Staatspartei. Programmatik, praktische Politik und Organisation der deutschen Sozialdemokratie 1945 bis 1965, Berlin/Bonn 1982, S. 520–529.

Wie lassen sich die Koalitionsveränderungen einordnen? Die drei aufgrund der Wahlen (1953, 1961, 1969) fallen in die erste Kategorie (1953), in die dritte (1961) und in die fünfte (1969). Nur dieser Regierungswechsel ist von effektiver Bedeutung für das politische System gewesen. Die anderen Koalitionsveränderungen sind gleichsam vernachlässigbar, interessant nur für die daran beteiligten Parteien. Die fünf Koalitionsveränderungen während der Wahlen (1955, 1956, 1960, 1966, 1982) gehören in die erste Kategorie (1955), in die zweite (1956), in die dritte (1960), in die vierte (1966) und in die fünfte (1982). Von erheblicher Tragweite erwiesen sich die beiden Veränderungen 1966 und 1982.

Ein Vergleich zwischen den Koalitionsveränderungen unmittelbar nach den Bundestagswahlen und zwischen ihnen ergibt folgenden Befund: Das hohe Maß an Kontinuität ist auffallend – einerseits Ausdruck der Stabilität der kleinen Koalitionen, andererseits Folge der Asymmetrie des Parteiensystems. Die Bundesrepublik ist, was die Bundesebene angeht, nicht durch eine Vielzahl von Koalitionsveränderungen gekennzeichnet. Diese vollziehen sich häufiger aufgrund politischer Veränderungen – etwa im Parteiensystem – als aufgrund von Wahlen. Die Unterschiede zwischen beiden erscheinen nicht groß. Zwei der größeren Regierungswechsel fanden zwischen den Wahlen statt, nicht nach Wahlen. Steht dieser Befund nicht in einem gewissen Gegensatz zur gängigen Aussage, dass der Bürger in der Bundesrepublik nicht nur seine Partei wählt, sondern auch die Regierung, da vorher bekannt ist, wer mit wem zu koalieren beabsichtigt? Das ist nur zum Teil richtig: Zum ersten bezogen sich die drei (unerheblichen) Koalitionsveränderungen während der Wahlen auf die Anfangszeit; zum zweiten stellen die beiden Beispiele 1966 und 1982 die These, dass die Wahlen auch über die Regierungen entscheiden, nicht direkt in Frage. Eine große Koalition kann schwerlich vor der Wahl angekündigt werden; und die „Wende" der FDP im Jahre 1982 wurde ein halbes Jahr später durch eine Neuwahl gleichsam politisch legitimiert. Hinzu kommt: Der Wechsel der FDP zur Union im Jahre 1982 lässt sich unter anderem auch damit erklären, dass die Liberalen fürchteten, eine weitere Bindung an die SPD werde ihnen bei der nächsten Wahl zum Nachteil gereichen. Sie handelten entsprechend dem Gesetz der antizipierten Reaktion. Insofern können Koalitionsveränderungen innerhalb der Legislaturperiode zumindest indirekt auch auf Wahlen zurückgehen.

Untersucht man die Koalitionsveränderungen nach Art der Koalition, so ergibt sich folgendes Ergebnis: Allparteienregierungen sind bisher ebenso ausgeblieben wie reine Regierungswechsel. Meistens schied ein kleiner Koalitionspartner aus oder kam dazu. Zweimal wurde die Hauptregierungspartei abgelöst – einmal durch Wahlen (1969), ein anderes Mal durch die Umorientierung der FDP innerhalb der Legislaturperiode (1982).

IV. Koalitionspolitisches Szenario vor der Bundestagswahl 1998

In welche Kategorie fällt eine Koalitionsveränderung – wenn es denn eine gibt – nach der Bundestagswahl 1998? Die Antwort auf diese Frage hängt entscheidend vom Wahlausgang ab. Gelangen – ein unwahrscheinliches Szenario – nur die beiden großen Parteien ins Parlament, erübrigt sich eine Koalition: Die größte Partei regiert, die andere opponiert. Das wäre der konkurrenzdemokratische Musterfall. Kommen drei Parteien ins Parlament, so gibt es mit an Sicherheit grenzender Wahrscheinlichkeit eine Koalition (entweder die CDU/CSU mit der FDP oder die SPD mit dem Bündnis 90/Die Grünen), da keine Partei alleine eine Mehrheit erlangen dürfte. Wenn beide kleinen Partner der zwei großen Parteien ins Parlament gelangen (damit also insgesamt vier), dann kommt entweder die Fortsetzung der „schwarz-gelben" Koalition zustande oder – erstmals – die Bildung einer „rot-grünen". Sollte zusätzlich (noch) die PDS dem neuen Bundestag angehören, wird eine Große Koalition wahrscheinlich.

Die parlamentarische Repräsentanz der PDS, sei es nun durch Überwindung der Fünfprozenthürde, sei es durch den Gewinn von drei Direktmandaten, erschwert das Zustandekommen einer „schwarz-gelben" wie das einer „rot-grünen" Koalition. Denn die Mandate für die PDS zählen indirekt bei der „Gegenseite", der parlamentarischen Opposition mit. SPD und Bündnis 90/Die Grünen müssen also, um eine Regierung bilden zu können, mehr Mandate auf sich vereinigen als CDU/CSU, FDP und die PDS zusammen. CDU und SPD haben sich in den PDS-Hochburgen nicht auf einen einzigen Kandidaten im Wahlkreis einigen können. Ausgerechnet die Partei, die sich – erklärtermaßen sowohl juristisch als auch historisch Nachfolgepartei der SED – für vierzig Jahre Diktatur und Misswirtschaft noch immer politisch zu verantworten hätte, profitiert davon, dass sich die Angleichung an den Westen nicht im erwarteten Tempo vollzieht.

Ungeachtet des „Sündenfalls von Magdeburg"[38] dürften SPD und Bündnis 90/Die Grünen im Bund dementsprechend eine Tolerierung durch die PDS nicht akzeptieren: Beide Parteien haben versichert, dass sie sich nicht durch die PDS tolerieren lassen wollen. Hingegen fordern die Unterzeichner der „Erfurter Erklärung" von allen drei Parteien, „der Verantwortung nicht aus [zu] weichen, sobald die Mehrheit für den Wechsel möglich wird."[39] Diese Haltung ist konsequenter, allerdings nicht wünschenswerter: Wenn die PDS als eine im Kern demokratische Partei betrachtet wird, muss

---

38 So Klaus Harpprecht, Der Sündenfall von Magdeburg. Die SPD kann und darf die Vorgeschichte der PDS nicht vergessen. Warum versucht sie es?, in: Die Zeit vom 2. Juli 1998. Siehe dazu auch die ausführliche Diskussion in der Zeitschrift für Parlamentsfragen: Wolfgang Renzsch/Stefan Schieren, Große Koalition oder Minderheitsregierung: Sachsen-Anhalt als Zukunftsmodell des parlamentarischen Regierungssystems in den neuen Bundesländern?, in: Zeitschrift für Parlamentsfragen 28 (1997), S. 391–407; Winfried Steffani, Zukunftsmodell Sachsen-Anhalt? Grundsätzliche Bedenken, in: Zeitschrift für Parlamentsfragen 28 (1997), S. 717–722.

39 Erfurter Erklärung: Bis hierher und nicht weiter. Verantwortung für die soziale Demokratie, in: Daniela Dahn u.a. (Hrsg.), Eigentum verpflichtet. Die Erfurter Erklärung, Heilbronn 1997, S. 176.

sie auch bei Koalitionsüberlegungen Berücksichtigung finden – in den Bundesländern wie im Bund. Wer sie hingegen als eine weithin extremistische Partei ansieht, kann mit ihr weder koalieren noch sich von ihr tolerieren lassen. Es ist nicht einleuchtend, dass man einer Koalition in den neuen Bundesländern skeptisch gegenübersteht, hingegen einer Tolerierung zustimmt. Inzwischen ist eine strategische „Begradigung" insofern erfolgt, als SPD-Bundesgeschäftsführer Franz Müntefering eigens erklärt hat, die SPD sei in jedem Bundesland in der Entscheidung frei, welche Folgen sie aus den Wahlergebnissen für die PDS zieht.[40] Damit räumt Müntefering indirekt ein, die Bundes-SPD habe nichts dagegen einzuwenden, wenn die SPD in den neuen Ländern sogar Koalitionen mit der PDS bildet. So spricht zwei Monate vor der Wahl manches für die Vermutung, dass die SPD nach dem 27. September in Mecklenburg-Vorpommern die erste Koalition mit der PDS bildet – keine acht Jahre nach der „Wende". Hingegen hält Müntefering strikt daran fest, dass sich eine sozialdemokratisch geführte Bundesregierung weder indirekt noch direkt von der PDS abhängig machen werde. Die Unionsparteien und die Liberalen stellen diese Aussage in Frage – wahrscheinlich ohne triftigen Grund. Denn ein Bündnis mit der PDS brächte der SPD nicht nur einen schweren Glaubwürdigkeitsverlust, sondern führte auch zu internen Zerwürfnissen. Die Partei bekäme bei späteren Wahlen wohl die Quittung.

Erst recht wahrscheinlich wird eine große Koalition durch den Einzug einer Rechtsaußenpartei ins Parlament, da keine andere Partei bereit ist, mit ihr zu koalieren. Allerdings ist mit dem parlamentarischen Erfolg einer solchen Partei auf Bundesebene nach heutigem Stand (Juli 1998) nicht zu rechnen[41] – Bundestagswahlen sind Hauptwahlen, keine Nebenwahlen –, zumal die DVU und die Republikaner sich gegenseitig Wähler wegnehmen. Vorhersagen sind nicht nur wegen des unberechenbaren Wählers schwierig. Die Fünfprozentklausel kann starke Verzerrungen begünstigen. Sollte etwa die FDP knapp über fünf Prozent liegen, das Bündnis 90/Die Grünen und die PDS knapp darunter, so wäre eine Fortsetzung der konservativ-liberalen Koalition selbst dann möglich, wenn die SPD fast fünf Prozentpunkte mehr auf sich vereinigte als die CDU/CSU. Das Beispiel verdeutlicht, dass die gängige Auffassung, die Fünfprozentklausel begünstige die großen Parteien, in dieser Verabsolutierung nicht stimmt.[42] Es kommt wesentlich darauf an, wer mit wem zusammenzugehen beabsichtigt.

40 Vgl. z. B. Karl Feldmeyer, Die SPD-Führung gibt den Weg für Bündnisse mit der PDS in den Ländern frei, in: Frankfurter Allgemeine Zeitung v. 27. Juli 1998; Peter Jochen Winters, PDS-Führung begrüßt die Empfehlung der SPD, in: Frankfurter Allgemeine Zeitung v. 28. Juli 1998.

41 Meinungsumfragen können angesichts der verbreiteten Stigmatisierung der rechtsextremen Parteien kein annähernd genaues Bild vermitteln.

42 Der Verfasser hat mehrfach vorgeschlagen, dem Wähler eine Nebenstimme zu geben, die dann in Kraft tritt, wenn die Partei, für die er mit der Hauptstimme votiert, an der Fünfprozenthürde scheitert. Vgl. Eckhard Jesse (Anm. 15), S. 258–260. Konsequenz dieser Regelung wäre die Abschaffung des bisherigen höchst kritikwürdigen Zweistimmensystems. Siehe dazu auch Harald Schoen, Stimmensplitting bei Bundestagswahlen: eine Form taktischer Wahlentscheidung?, in: Zeitschrift für Parlamentsfragen 29 (1998), S. 223–244.

Die Erfahrung spricht gegen eine energische „Wende“: Bundestagswahlen – „Hauptwahlen“, keine „Nebenwahlen“ – sind, von den Anfangsjahren abgesehen, als der Aggregatzustand des Parteiensystems noch flüssig war – nie „Erdrutschwahlen“ gewesen. Auf Bundesebene hat es bisher keinen „ungefilterten“ Wechsel gegeben. 1966, als die große Koalition zustandekam, blieb die Union, 1969, als zum ersten Mal eine sozialliberale Koalition gebildet wurde, die SPD und 1982, als die Kanzlerschaft Kohls begann, die FDP. Auf diese Weise ist jeweils der Wechsel abgefedert worden, nicht zum Nachteil der Elastizität des politischen Systems. Der Übergang erfolgte in mancher Hinsicht gleitend. Nur im Jahre 1969 wurde er aufgrund des Wahlergebnisses umgesetzt. Hätte die FDP (5,8 Prozent) etwas weniger Stimmen bekommen, wäre die eingetretene Konstellation nicht möglich gewesen, auch dann nicht, hätte die „koalitionsunwürdige“ NPD (4,3 Prozent) bundesweit parlamentarische Repräsentanz erlangt.

Wer wird Kanzler in einer großen Koalition? Kohl hat der Öffentlichkeit gegenüber nachdrücklich erklärt, als Kanzler einer großen Koalition nicht zur Verfügung zu stehen. Noch ist trotz der Eindeutigkeit suggerierenden Meinungsumfragen – Kohl-Malus hin, Schröder-Bonus her[43] – nicht ausgemacht, dass die SPD die Union schlägt. Da der Einzug der FDP in das Parlament als sicher gilt, sind „Leihstimmen“ aus den Reihen der Union für die Liberalen als Ausnahme anzusehen. Die SPD bekommt in der „Mitte“ mit Schröder zwar mehr Stimmen als zuvor, hält jedoch nicht ihre linke Wählerschaft zusammen. Nur wenn die Union so viel verlöre, wie sie 1994 (41,5 Prozent) gegenüber 1990 (43,8 Prozent) eingebüßt hat, und die SPD so viel gewönne, wie sie 1994 (36,4 Prozent) gegenüber 1990 (33,5 Prozent) zugelegt hat, ergäbe sich ein winziger Vorsprung der SPD (39,3 Prozent) gegenüber der Union (39,2 Prozent). Insgesamt dürfte für SPD und Bündnis 90/Die Grünen ein Plus-Summen-Spiel herauskommen. Die Stimmen, die die SPD links verliert, kommen weitgehend dem Bündnis 90/Die Grünen zugute.

Schröder – und wohl ebenso Schäuble – steht nur als Chef einer großen Koalition zur Verfügung, nicht als Vize. Schröder und Rühe oder: Schäuble und Lafontaine – so heißt mithin die personelle Konstellation einer großen Koalition. Im ersten Fall „lauerte“ Schäuble im Hintergrund, im zweiten Fall Schröder. Dass der Kanzler und der Kandidat auf dieses Amt frank und frei erklären, bei einer großen Koalition nicht zur Verfügung zu stehen oder nicht „im zweiten Glied“, liegt in der Natur der politischen Sache. Und ebenso gewiss können Politiker vor einer Wahl keine große Koalition propagieren, stoßen sie damit doch nicht nur ihre Mitglieder, sondern auch einen beträchtlichen Teil ihrer Anhänger vor den Kopf. Wer sie allerdings – wie Helmut Kohl – für ausgeschlossen erklärt, schwächt den demokratischen Konsens. Die Formulierung „Für uns kommt eine große Koalition nicht in Frage“[44] lässt sich – nach meinem

---

43 Siehe hierzu Frank Brettschneider, Kohl oder Schröder: Kommt es auf den Kanzler an?, in: Zeitschrift für Parlamentsfragen 29 (1998), S. 401–421.

44 Siehe dieses Kohl-Zitat in dem folgenden Artikel: Kohl schließt Beteiligung der Union an großer Koalition aus, in: Frankfurter Allgemeine Zeitung v. 4. Juli 1998.

Urteil – nur so deuten. Sie wird indirekt durch die im selben Interview getroffene Äußerung relativiert, eine Tolerierung einer SPD-Minderheitsregierung scheide ebenfalls aus. Beide Szenarios auszuschließen, lässt sich mit der Logik kaum vereinbaren. Was soll denn passieren, wenn keine regierungsfähige Mehrheit für die eine oder andere Seite besteht? Insofern ist die Haltung der SPD, wie sie aus den folgenden Worten ihres Spitzenkandidaten spricht, sowohl unter demokratischen als auch unter praktischen Gesichtspunkten vertretbarer: „Wer im Herbst mit wem koalieren wird, ist völlig offen – das wird wohl sehr knapp werden.“[45]

Was geschieht, sollte die Union lediglich dank der Überhangmandate mehr Sitze erhalten als die SPD? Eine Verfassungskrise könnte die Folge sein. Denn in Deutschland gilt eine Mehrheit, die nicht durch Stimmen, sondern „nur“ durch Mandate zustandekommt, kaum als demokratisch hinlänglich legitim. Wäre eine „israelische“ Lösung – in der ersten Hälfte der Legislaturperiode stellt Partei A, in der zweiten Hälfte Partei B den Kanzler – eine „salomonische Lösung“? Wohl kaum, denn dann bildet sich eine Art Opposition in der Koalition, weil die Partei, deren Spitzenmann nicht im Kanzleramt ist, Sand ins Getriebe streuen könnte.

Und was passiert, vereinigte die Union zwar mehr Mandate auf sich als die SPD, der „linke Block“ aber mehr als der „rechte“? Wer die Rolle der Partei hervorkehrt, kommt zum Ergebnis, dass die Union – als stärkste Partei – den Kanzler zu stellen hat, wer den „Block“ betont, muss der SPD zugestehen, dass sie – als die den stärksten „Block“ dominierende Partei – den Kanzler bestimmt. Das häufig ge- und missbrauchte Wort von der Verfälschung des Wählerwillens dürfte dann die Runde machen. Eine große Koalition könnte in dem einen wie dem anderen Fall an der Unnachgiebigkeit der Partner scheitern. Beide Konstellationen wären für die Geschichte der Bundesrepublik neu. Eine in den letzten Monaten zuweilen ins Spiel gebrachte Minderheitenregierung welcher Couleur auch immer, für den Fall, dass angesichts der parlamentarischen Repräsentanz der PDS keine regierungsfähige Mehrheit des gemäßigt rechten oder des gemäßigt linken „Lagers“ zustandekommt, ist so unrealistisch wie politisch abwegig. Das gilt auch für die Annahme, dass diese Regierung sich nicht von der PDS tolerieren ließe, sondern von einer kleineren demokratischen Partei.

Vorangehend ist nur herausgestellt worden, dass eine große Koalition wahrscheinlich ist. Aber ist sie auch wünschenswert? Welche Argumente lassen sich gegen sie vorbringen? Kann derjenige, der ein prinzipieller Anhänger der britischen Konkurrenzdemokratie ist, überhaupt das Modell der großen Koalition sinnvollerweise als Alternative ins Auge fassen? Einigen sich die Partner nicht auf dem kleinsten gemeinsamen Nenner? Wie glaubwürdig ist eine große Koalition, wenn sich die Parteien im Wahlkampf „angiften“ und dann ein Bündnis eingehen? Werden dadurch nicht die Mitglieder der beiden Parteien überfordert? Fördert eine große Koalition nicht gerade den Erfolg von Flügelparteien und sogar den außerparlamentarischen Protest? Erweist sie

45 Siehe dieses Schröder-Zitat in dem folgenden Artikel: Schröder: Entscheidung über Rot-Grün erst im Herbst, in: Frankfurter Allgemeine Zeitung v. 17. Juli 1998.

sich als eine autoritäre (Schein-)Lösung? Jedenfalls ist eine große Koalition wahrlich kein Musterfall einer parlamentarischen Demokratie.

Gleichwohl dürfte sie für eine Legislaturperiode und unter den gegenwärtigen Umständen sinnvoll sein. Die „satte" Union könnte sich nicht aus der Verantwortung stehlen; für die „hungrige" SPD wäre es angesichts der übersteigerten Erwartungshaltung vieler Wähler vorteilhaft, in einer von ökonomischen Zwängen geprägten Zeit die „bremsende" Wirkung der Union als Alibi zu benennen. Obwohl dieses Jahr volljährig geworden, müsste das Bündnis 90/Die Grünen in der Opposition seine „Kinderkrankheiten" weiter kurieren, und der „immerwährenden Regierungspartei"[46] FDP täte es gut, sich in der Opposition zu regenerieren. Die PDS hätte keine Aussicht, das „Zünglein an der Waage" zu spielen und könnte nicht mit ihren verführerischen Sirenenklängen locken.

Schließlich ist unter demokratietheoretischen Aspekten eine große Koalition, von der viele Politiker hinter den Kulissen nicht nur negativ reden, für vier Jahre in schwierigen Zeiten, die wir wahrlich haben, kein Sündenfall. Gewiss, „überdimensionierte Koalitionen [bedürfen] einer besonderen Rechtfertigung."[47] Diese liegt in der Notwendigkeit für tiefgreifende Reformen und unpopuläre Maßnahmen begründet, damit sich die Bundesrepublik Deutschland im neuen Jahrhundert mannigfaltigen Herausforderungen, um nur die vielbeschworene „Globalisierung" zu nennen, gewachsen zeigt. Wer wie Roman Herzog in seiner „Berliner Rede" davon spricht, „der Nachholbedarf an Reformen hat sich bei uns geradezu aufgestaut"[48], muss auch Wege aufzeigen, wie sich der „Reformstau", der mittlerweile beinahe sprichwörtliche, endlich auflösen lässt. Eine große Koalition ist hierfür am besten geeignet: Die Blockierung durch den Bundesrat entfällt, und es wird erkennbar: Die großen Parteien sind weit weniger voneinander entfernt, als es (Wahlkampf-)Rhetorik und Lagermentalität suggerieren. Das gilt nicht nur für die Frage der überfälligen Steuerreform, für Kürzungen von Subventionen, für die Senkung der Lohnnebenkosten, für weitere Änderungen in der Gesundheitspolitik, für den Umbau des Sozialstaates im allgemeinen. „Eine Selbstblockade der politischen Institutionen", so Roman Herzog noch einmal, „können wir uns nicht leisten."[49] Sie ist am ehesten durch eine große Koalition zu brechen. Diese ist damit in der gegenwärtigen Situation nicht bloß das „geringere Übel", sondern eine erwägenswerte Alternative.

Die Erfahrung mit der effektiven großen Koalition der Jahre 1966 bis 1969[50] ermutigt durchaus zur Wiederholung. „Im Gegensatz zu einem weitverbreiteten Vorurteil

---

46 Vgl. Theo Schiller, Die FDP: Partei der wechselnden Wechselwähler. Portrait einer immerwährenden Regierungspartei, in: Hans-Georg Wehling (Anm. 27), S. 63–85.

47 So Peter Haungs (Anm. 27), S. 110.

48 Roman Herzog, „Berliner Rede" vom 26. April 1997, in: Ders., Das Land erneuern. Reden zur Lage der Nation, hrsg. von Manfred Bissinger, Hamburg 1997, S. 253.

49 Ebd., S. 239.

50 Vgl. Reinhard Schmoeckel/Benno Kaiser, Die vergessene Regierung. Die große Koalition 1966–1969 und ihre langfristigen Wirkungen, Bonn 1991; Heribert Knorr, Der parlamentarische Entscheidungsprozess während der Großen Koalition 1966 bis 1969. Struktur und Einfluss der Koalitionsfraktionen und ihr Verhältnis zur Regierung der Großen Koalition, Meisenheim am Glan 1975.

über die Große Koalition waren die Jahre zwischen 1966 und 1969 keineswegs nur Jahre der Sanierung von Wirtschaft und Staatsfinanzen, der Austerität und der Disziplinierung, sondern zugleich auch Jahre mit gewichtigen Politikänderungen; nicht zuletzt schuf man auch Grundlagen für die Politik in den siebziger Jahren."[51] Allerdings ist die Konstellation im Jahre 1998 eine andere als im Jahre 1966 – auch wenn wie damals CDU/CSU und FDP die Regierung stellen und der Reformstau offenkundig ist. Zum ersten wäre eine große Koalition 1998 die Folge einer Wahl. Zum zweiten hätte die SPD – im Gegensatz zu 1966 – eine Alternative in Form des Bündnis 90/Die Grünen (wenn dies nicht von der PDS durchkreuzt wird). Zum dritten steht nicht fest, ob die SPD als Hauptregierungspartei oder nur als Juniorpartner (wie 1966) agieren kann. Viertens: Seinerzeit war die SPD die treibende Kraft für eine große Koalition, obwohl diese innerparteilich höchst umstritten war; heute meldet offenkundig die Union, um ihre schlechtere Ausgangsposition wissend, weniger Vorbehalte an. Fünftens: Es entfällt wohl eine Legitimation, wie sie seinerzeit für den Fall einer großen Koalition vielfach genannt wurde: die Einführung eines mehrheitsbildenden Wahlsystems – schon deshalb, weil die Gegenkräfte, selbst innerhalb von Union und SPD, unüberwindlich wären. „Zusammen mit dem ‚Machtwechsel' von 1969 war sie [die große Koalition] eine wichtige Etappe auf dem Weg der Bundesrepublik in die ‚Normalität' und Stabilität westlicher Demokratien."[52] Womöglich wird man diesen Befund später für die große Koalition von 1998 ff. und die folgende „grün-rote" Koalition konstatieren. Mag sein, dass diese die Konsequenz jener ist. Ein „echter" Regierungswechsel, wie er für parlamentarische Demokratien üblich sein sollte, steht aus.

Die output-orientierten Wähler sähen vermutlich keinen Anlass, bei der nächsten Wahl die Flügelparteien zu bedienen. Paradox genug, dass das blockierte System indirekt durch die PDS wieder wetterfest gemacht würde. Ausgerechnet diese Partei, gewiss kein leidenschaftlicher Verfechter des demokratischen Verfassungsstaates, trüge, insofern wider erklärten Willen, durch ihre parlamentarische Existenz zur Stabilisierung des Systems im neuen Jahrhundert bei. Auf diese Weise verlöre sie wohl an Stimmen. Intention und Auswirkung vertauschten sich in grotesker Weise.

Wie ist eine große Koalition 1998 nach dem entwickelten Schema einzuordnen? Die Antwort hängt wesentlich davon ab, welche Partei den Kanzler stellt. Sollte dies erneut die CDU/CSU sein, dann wäre der Fall a) der vierten Kategorie gegeben; würde die SPD das Amt des Kanzlers innehaben, gehörte die Große Koalition zum Fall b). „Wenn es rechnerisch geht, wird Schröder Rot-Grün zumindest versuchen müssen. Sonst würde die Partei nicht mitziehen."[53] Diese Äußerung Erhard Epplers, eines Parteigängers einer „rot-grünen" Koalition, lässt sich in dem Sinne deuten, dass

---

51 Manfred G. Schmidt (Anm. 6), S. 194.

52 Beatrix W. Bouvier, Zwischen Godesberg und Großer Koalition. Der Weg der SPD in die Regierungsverantwortung. Außen-, sicherheits- und deutschlandpolitische Umorientierung und gesellschaftliche Öffnung der SPD 1960–1966, Bonn 1990, S. 332.

53 Zitiert nach dem Artikel von Henning Krumrey/Ines Zöttl, Schwankende Elefanten, in: Focus v. 27. Juli 1998, S. 25.

nach einem solchen Bündnis, das bald scheitern könnte, eine große Koalition folgt. Sie erscheint dann erst möglich und wohl auch sinnvoll, wenn die arithmetisch andere Alternative „verbraucht" ist.

Die Meinungsumfragen zeigen ein überraschendes Bild. Die große Koalition, über die weitaus weniger gesprochen wird als 1965/66, ist bei der Bevölkerung beliebter als vermutet: Bei der Frage, welche Parteien nach der Bundestagswahl zusammengehen sollten, schnitt die große Koalition am besten ab, wenn auch nur knapp. 31 Prozent präferierten sie (16 Prozent mit einem Bundeskanzler von der SPD, 15 Prozent mit einem von der CDU), 30 Prozent eine „rot-grüne" und 13 Prozent eine „schwarz-gelbe" Koalition, 16 Prozent unterstützten keine dieser drei Varianten, und zehn Prozent machten keine Angabe.[54] Offenbar haben selbst entschiedene Anhänger der jetzigen und der „alternativen" Koalition den Eindruck, es gäbe eine bessere Alternative. Augenscheinlich gilt die eine weithin als „verbraucht", die andere als „riskant".

Wer trotz geringer Fallzahlen eine Aussage aufgrund der bisherigen Entwicklung zu wagen sucht, müsste angesichts der verbreiteten Beharrungskraft auf eine Fortsetzung der konservativ-liberalen Koalition schließen. Diese könnte dann im Laufe der Legislaturperiode auseinanderfallen. Doch wird die Rechnung in einer parlamentarischen Demokratie häufig ohne den Wähler gemacht. Glücklicherweise ist er es, der den Strategien der Parteien und der Wahlforscher Grenzen setzt. Die beiden anderen Möglichkeiten sind der ungefilterte Regierungswechsel (die „rot-grüne" Koalition löst die „schwarz-gelbe" ab) oder der abgemilderte Regierungswechsel in Form einer großen Koalition (entweder mit einem CDU- oder mit einem SPD-Kanzler). Wie immer die Wahlen ausgehen: Eine Allparteienkoalition ist ausgeschlossen. Kommt die PDS in den Bundestag, werden die anderen Parteien keineswegs mit ihr kooperieren. Zieht die PDS nicht in den Bundestag ein, entfällt jegliche Notwendigkeit für eine Allparteienkoalition. Die Alternative ist die Fortsetzung der bisherigen Koalition oder die Bildung einer neuen „rot-grünen".

Koalitionswechsel der FDP, wie 1969 und 1982, haben diese in existentielle Schwierigkeiten gebracht, da der Prozess mit einem partiellen Austausch der Wähler- und der Mitgliederschaft verbunden war.[55] Gleichwohl ist dieser irgendwann nötig, um nicht als Anhängsel einer anderen Partei wahrgenommen zu werden. Gegenwärtig jedoch sind bestimmte Voraussetzungen (zum Beispiel programmatische Nähe zur anderen großen Partei) für einen Wechsel nicht gegeben. Eine „Ampel-Koalition" stellt wegen der Festlegung der FDP keine realistische Annahme dar. Selbst für den Fall, dass sich als Alternative nur eine große Koalition anbietet, könnten die Liberalen ihren „Umfall" nicht plausibel erklären. Hinzu kommt die klare Festlegung der SPD und des Bündnis 90/Die Grünen, mit der FDP keine Koalition eingehen zu wollen.

---

54 Vgl. die Tabelle ebd., S. 21.

55 Vgl. Oskar Niedermayer, Möglichkeiten des Koalitionswechsels. Zur parteiinternen Verankerung der bestehenden Koalitionsstruktur im Parteiensystem der Bundesrepublik Deutschland, in: Zeitschrift für Parlamentsfragen 13 (1982), S. 85–110.

Bei allen drei größeren Regierungswechseln – 1966, 1969 und 1982 – nahmen die Liberalen eine entscheidende mehrheitsbildende Rolle wahr.[56] 1966 stellten sie durch ihren mehr oder weniger provozierten Auszug die Weichen für eine große Koalition und begannen sich in der Opposition politisch umzuorientieren. Ergriffen sie nach der Bundestagswahl 1969 die Chance, zur Bildung einer Koalition mit der SPD, um Reformen auf den Weg zu bringen, so gingen sie 1982 – mitten in der Legislaturperiode als Juniorpartner der SPD – in einem riskanten Manöver ohne Umweg zur CDU/CSU. In beiden Fällen zahlte sich der Kurswechsel aus – für die Partei, aber auch für die Elastizität und Kontinuität des politischen Systems. Im Jahre 1998 ist eine solche Initiative der FDP weder zu erwarten noch überhaupt möglich. Sie steht an der Seite der Union, hat aber nicht deren Möglichkeit, gegebenenfalls ein anderes Koalitionsmodell zu favorisieren.

V. Fazit: Keine gravierenden Unterschiede, keine „Lehrstücke"

Die drei Koalitionsveränderungen nach den Bundestagswahlen und die fünf zwischen ihnen lassen keine gravierenden Unterschiede erkennen. Die Stabilität der Koalitionen geht wesentlich zum einen auf die geringe Anzahl der Parteien im Parlament zurück, zum anderen auf die eingeschränkte Möglichkeit des Koalitionswechsels wegen der „Koalitionstreue" der FDP und der Asymmetrie des Parteiensystems in der Vergangenheit.

Die drei größeren Regierungswechsel – zwei während der Legislaturperiode (1966, 1982), einer nach Wahlen (1969) – waren zu unterschiedlich, als dass sich Allgemeingültiges, zumal bei knappem Wahlergebnis, über das Koalitionsszenario 1998 aussagen ließe. Doch spricht vieles für eine große Koalition. „Eine ‚Checkliste', mittels derer der jeweils aktuelle Wahrscheinlichkeitsgrad von Machtwechseln zuverlässig ermittelbar wäre, ist auch aus einer systematischen empirischen Analyse zurückliegender Regierungswechsel größeren Stils nicht herauszuholen. Zu zahlreich sind die denkbaren Faktoren, die auch in Zukunft die Ablösung einer Regierung herbeiführen können."[57] Das erklärt wohl den Befund, dass der Vorgeschichte von Koalitionsveränderungen eine geringe Aufmerksamkeit entgegengebracht wird.[58] „Lehrstücke" für die Koalitionsbildung im Jahre 1998 sind die bisherigen Erfahrungen nur begrenzt.

---

56 Siehe zur Rolle der FDP auch Christian Søe/Hans Vorländer, Der Kampf um Überleben und Einfluss. Rolle und Funktion der FDP in der westdeutschen Politik, in: Hans Vorländer (Hrsg.), Verfall oder Renaissance des Liberalismus. Beiträge zum deutschen und internationalen Liberalismus, München 1987, S. 173–190.

57 So Ludger Helms, „Machtwechsel" in der Bundesrepublik Deutschland. Eine vergleichende empirische Analyse der Regierungswechsel von 1966, 1969 und 1982, in: Jahrbuch für Politik 4 (1994), Halbband 2, S. 244.

58 Vgl. ebd., S. 226.

Mehr plebiszitäre Elemente in der Parteiendemokratie?

Die Mitglieder des Parlamentarischen Rats haben sich nach dem Zweiten Weltkrieg in ihren Beratungen 1948/49 über die Gestalt der neuen Verfassung – des Grundgesetzes – für eine repräsentative Demokratie entschieden. Plebiszitären Elementen auf Bundesebene wurde eine strikte Absage erteilt (mit Ausnahme der Frage einer territorialen Neugliederung des Bundesgebiets). Die Abgeordneten handeln zwar im Namen des Volkes, jedoch ohne dessen bindenden Auftrag. Sie müssen also nicht notwendigerweise den jeweiligen Mehrheitswillen vollziehen. Die Einfügung direktdemokratischer Mechanismen in das politische Geschehen stand von daher lange nicht auf der Tagesordnung. Allerdings findet seit einiger Zeit ein bemerkenswerter Bewusstseinswandel statt – bedingt auch durch eine Unzufriedenheit mit den politischen Parteien.

I. Kritik an Auswüchsen der Parteiendemokratie

In den letzten Jahren hat sich eine Reihe von Kritikern an der Parteiendemokratie zu Wort gemeldet. Bemängelt wurde und wird „Parteibuchdenken", das Allzuständigkeitsgehabe der Parteien, ihr Finanzgebaren, ihre „Staatszentriertheit", Personalrekrutierung, Machtorientierung und mangelnde Transparenz. All dies ließ das Wort von der „Parteienverdrossenheit" aufkommen.[1] Manche sprachen gar von „Politikverdrossenheit".[2] An Belegen mangelt es nicht: Die Identifikation mit etablierten Parteien ist ebenso zurückgegangen wie das Vertrauen der Bürger in die großen Parteien. Die gesunkene, im europäischen Maßstab allerdings immer noch auf einem beträchtlichen Niveau liegende Wahlbeteiligung gilt ebenso als ein Symptom für die kritische Haltung gegenüber Parteien wie die Erfolge von rechten und linken Flügelparteien. Vor allem die großen Parteien haben darüber hinaus erhebliche Rückgänge bei den Mitgliedern zu beklagen.

Bei aller Berechtigung der Kritik bedarf so mancher Einwand allerdings der Relativierung. Erstens steht es um die Parteien keineswegs derart schlecht wie vielfach

---

1 Vgl. etwa folgendes spektakuläre Interview: Richard von Weizsäcker im Gespräch mit Gunter Hofmann und Werner A. Perger, Frankfurt a.M. 1992. Siehe hierzu Gunter Hofmann/Werner A. Perger (Hrsg.), Weizsäckers Parteienkritik in der Diskussion, Frankfurt a.M. 1992; Hans Wallow (Hrsg.), Richard von Weizsäcker in der Diskussion. Die verdrossene Gesellschaft, Düsseldorf u.a. 1993. Ferner Jürgen Rüttgers, Dinosaurier der Demokratie. Wege aus der Parteienkrise und Politikverdrossenheit, Hamburg 1993; Frank Christian Starke, Krise ohne Ende? Parteiendemokratie vor neuen Herausforderungen, Köln 1993.

2 Vgl. Helmut Herles/Friedrich W. Husemann (Hrsg.), Politikverdrossenheit. Schlagwort oder Zeichen der Krise, München 1993.

behauptet. Manche Kritik an ihnen unter dem Stichwort „Selbstsüchtigkeit" erwächst keineswegs aus einer selbstlosen Haltung der Bürger, sondern ist vielmehr auch Ausdruck eines Antiparteienaffekts. Zweitens hat sich etwa bei den Bundestagswahlen des Jahres 1994 gezeigt: Die von vielen als unvermeidlich angesehene Zersplitterung des Parteiensystems fand nicht statt. Ihm wohnt offenbar eine größere Stabilität inne als angenommen.[3] Wie auch immer das Maß an Parteienverdrossenheit einzuschätzen ist[4] – zumindest hat die Rede davon in allen Parteien Diskussionen über Reformen ausgelöst.[5] Die dabei ins Auge gefassten Möglichkeiten sind vielfältig.[6] Den meisten von ihnen liegt kein übergreifendes Konzept zugrunde. Die einen wollen den Anteil von Frauen in der Politik erhöhen (mit oder ohne Quote), die anderen „Seiteneinsteigern" mehr Chancen geben, um nur zwei Beispiele aus der Fülle der Vorschläge zu erwähnen.

Die folgenden Ausführungen beziehen sich ausschließlich auf solche Reformüberlegungen, die eine Verstärkung der plebiszitären Elemente anstreben. Generell lässt sich dabei zwischen Personal- und Sachplebisziten unterscheiden. Die ersten beziehen sich auf die Wahl von Personen, die zweiten auf Entscheidungen über Sachfragen. Eine weitere Differenzierung ergibt sich aus der Unterscheidung zwischen „Parteibürgern" und den nicht parteipolitisch gebundenen „Wahlbürgern". Es stehen also insgesamt vier Varianten zur Verfügung: erstens personalplebiszitäre und zweitens sachplebiszitäre Elemente jeweils für die „Parteibürger", drittens personalplebiszitäre und viertens sachplebiszitäre Elemente jeweils für die „Wahlbürger". Wer der Vielschichtigkeit der Problematik gerecht werden will, muss zwischen diesen Ebenen angemessen differenzieren.[7]

II. Stärkere Mitwirkungsrechte für die „Parteibürger"

1. Personalplebiszitäre Elemente

Die Nominierung der Kandidaten vollzog sich in der Vergangenheit vor allem durch Delegiertenversammlungen. Um dem Partizipationswillen der Bürger Rechnung zu tragen, wurde in jüngster Zeit vielfach für die Urwahl plädiert. Allerdings blieb der

3 Vgl. etwa Eckhard Jesse, Mehr Beständigkeit als Bruch. Das Parteiensystem vor und nach der Wiedervereinigung, in: Ralf Altenhof/ders. (Hrsg), Das wiedervereinigte Deutschland. Zwischenbilanz und Perspektiven, Düsseldorf 1995, S. 45–68.

4 Vgl. etwa einerseits Hans Herbert von Arnim, Ist die Kritik an den politischen Parteien berechtigt?, in: Aus Politik und Zeitgeschichte B 11/1993, S. 11–23; andererseits Peter Lösche, Parteienverdrossenheit ohne Ende? Polemik gegen das Lamentieren deutscher Politiker, Journalisten, Politikwissenschaftler und Staatsrechtler, in: Zeitschrift für Parlamentsfragen 26 (1995), S. 149–159.

5 Vgl. Stefan Beil/Norbert Lepszy, Die Reformdiskussion in den Volksparteien (= Interne Studien der Konrad-Adenauer-Stiftung, Nr. 115), Sankt Augustin 1995; Thomas Leif, Hoffnung auf Reformen? Reformstau und Partizipationsblockaden in den Parteien, in: Aus Politik und Zeitgeschichte B 43/1993, S. 24–33.

6 Vgl. etwa Karl-Heinz Blessing (Hrsg.), SPD 2000. Die Modernisierung der SPD, Bonn 1993; Rüttgers, Dinosaurier der Demokratie (Anm. 1), insbesondere S. 239–255.

7 Der Bereich der Kommunalpolitik bleibt an dieser Stelle ausgeklammert.

Wandel weitgehend nur Rhetorik. Nur in einigen Fällen fand diese Urwahl bei der Bestimmung der Wahlkreiskandidaten statt. Die Beteiligung der Parteimitglieder lag im Schnitt nicht höher als 20 Prozent. Im Jahre 1993 musste sogar die Wahl zur Hamburger Bürgerschaft wiederholt werden, weil nach Auffassung des Hamburgischen Verfassungsgerichts bei der Kandidatenaufstellung der CDU gravierende Verstöße gegen Prinzipien innerparteilicher Demokratie vorgekommen sind.[8]

Die Enquete-Kommission „Verfassungsreform" des Deutschen Bundestages hatte 1976 für die Auswahl der Wahlkreiskandidaten bereits die Briefwahl aller Parteimitglieder vorgeschlagen. Auf diese Weise soll der Kandidat eine breitere Legitimationsbasis erhalten; es spricht manches dafür, dass sich zudem eher gemäßigte Positionen durchsetzen, da die nicht so engagierten Mitglieder vermutlich stärker zur Mitte tendieren. Auch die Gemeinsame Verfassungskommission von Bundestag und Bundesrat nahm 1993 positiv auf die Möglichkeit der Urwahl von Wahlkreiskandidaten Bezug. Diese ließe sich durchaus auf die Wahl der Kandidaten für die Landeslisten erweitern, wenngleich dabei die Gefahr einer Überforderung der „Parteibürger" gegeben sei. Wunderdinge sollte man von der Wahl der Kandidaten durch alle Mitglieder nicht erwarten; vielleicht würde das innerparteiliche Leben reger.

Die Vorschläge nach einer Verstärkung der personalplebiszitären Elemente reichen jedoch weiter, beziehen sich nicht nur auf die Bewerber für die Parlamente: Personen für Spitzenämter in der Partei sollen von allen Mitgliedern gewählt werden, nicht mehr bloß von Delegierten. Das bekannteste Beispiel ist die Bestimmung des Vorsitzenden der SPD durch eine konsultative Mitgliederbefragung am 13. Juni 1993. Dabei setzte sich Rudolf Scharping (40,3 Prozent) gegen Gerhard Schröder (33,2 Prozent) und Heidemarie Wieczorek-Zeul (26,5 Prozent) unter großem Echo der Partei und der Öffentlichkeit durch.[9]

Ebenso hat die CDU ihren Spitzenkandidaten für die nordrhein-westfälische Landtagswahl 1995 durch Urwahl bestimmt (Helmut Linssen gewann bei einer Beteiligungsquote von gut 40 Prozent mit 59,6 Prozent der Stimmen gegen Norbert Lammert), ohne dass die Befürchtungen, es könne zu parteiinternen Auseinandersetzungen kommen, die die eigenen Energien binden, Wirklichkeit geworden sind. Ähnliches galt für die Wahl des Hamburger Landesvorsitzenden der SPD im Jahre 1994, des Berliner Spitzenkandidaten 1995 und des thüringischen Landesvorsitzenden 1996. Gleich-

8 Vgl. für Einzelheiten Jörn Ipsen, Kandidatenaufstellung, innerparteiliche Demokratie und Wahlprüfungsrecht. Anmerkung zum Urteil des Hamburgischen Verfassungsgerichts vom 4. Mai 1993 – HVerfG 3/93, und Christian Koenig, Mandatsrelevanz und Sanktionen im verfassungsrechtlichen Wahlbeschwerdeverfahren, jeweils in: Zeitschrift für Parlamentsfragen 25 (1994), S. 235–240, 241–253.

9 Der Modus der Abstimmung wies einen „Geburtsfehler" auf: Die relative Mehrheit genügte für den Sieger. Bei einem zweiten Wahlgang wäre vermutlich Gerhard Schröder gewählt geworden. Inzwischen lautet § 39b, Abs. 3 des Organisationsstatuts der SPD: „Gewählt ist, wer mehr als die Hälfte der abgegebenen gültigen Stimmen erhalten hat. Hat kein Kandidat/keine Kandidatin diese Mehrheit erhalten, so findet zwischen den beiden Bestplatzierten eine Stichwahl statt. Gewählt ist dann, wer die meisten Stimmen auf sich vereinigt."

wohl ist das folgende Urteil über die personalplebiszitäre Erweiterung der Mitwirkungsrechte vielleicht etwas zu euphorisch, denkt man daran, dass Rudolf Scharping von innerparteilichen Gegnern zunehmend demontiert und im Herbst 1995 auf dem Parteitag von den Delegierten durch Oskar Lafontaine abgewählt wurde: „Eine Mobilisierung fand statt, und die Mitgliederentscheidung über Kandidaturen oder Parteiämter stärkte die Position des Gewählten. Sie wirkte darüber hinaus durch ihre demokratische Legitimation integrierend auf die unterlegenen Bewerber und Gruppen. Der Ausbau der Kandidatenwahlen könnte auch frischen Wind in die vom Lokalismus blockierten Ortsverbände bringen."[10] Dass dadurch Parteigremien an Bedeutung verlieren, liegt auf der Hand, muss aber kein Manko sein, wenn damit nicht ein Verlust an Sachverstand im politischen Handeln einhergeht. Ob auch die Wahl des Parteivorsitzenden von allen Mitgliedern vorgenommen werden soll, ist bei allen Parteien umstritten. „Zerreißproben" sind nicht auszuschließen. Mag sein, dass beim Wahlkampf die Anhänger des unterlegenen Kandidaten weniger mobilisierungsfähig sind, unter Umständen sogar „Sand ins Getriebe" streuen.

Wenn es stimmt, dass sich ein neuer Typus von Parteimitgliedern herausbildet, „dem es weniger um die soziale Einbindung als zunehmend darum geht, die gemeinsamen Überzeugungen politisch mitzugestalten, der die Mitgliederrechte stärken und sich politisch aktiv beteiligen möchte"[11], so kann dem sinnvollerweise am ehesten durch eine Stärkung der personalplebiszitären Elemente Rechnung getragen werden. Aber dies ist in den Parteien aus einer Reihe unterschiedlicher Gründe nur schwer durchzusetzen. Bei der CDU/CSU überwiegt wegen der Gefahr des Populismus und der Unkalkulierbarkeit des Ausgangs nach wie vor Skepsis gegenüber einer plebiszitären Öffnung auch in personellen Fragen. Auf dem Karlsruher Parteitag der CDU 1995 wurde beschlossen: Eine Mitgliederbefragung ist nur unter Zustimmung der absoluten Mehrheit des Bundesvorstandes möglich. Die Konsequenz liegt auf der Hand: Gegen die Führungsspitze „läuft nichts". Die CSU lehnt Mitgliederbefragungen bisher ganz ab, wahrscheinlich nicht zuletzt deshalb, weil sie durch dieses Instrument ihre Geschlossenheit gefährdet sieht. Bei der SPD liegen die Gründe für das Beharrungsvermögen etwas anders: „Vor allem der linke Parteiflügel fürchtete um seine nach 1982 allmählich errungene Vormacht im Delegiertenkörper und lehnte alle innerparteilichen plebiszitären Elemente scharf als ‚Amerikanisierung' ab."[12]

Wer sich zur Mitgliederbefragung entschließt, kann nicht auf halbem Wege stehen bleiben. Es ist sinnlos, ihr einen konsultativen Charakter zu verleihen. Das Ergebnis muss bindend sein. Eine Partei, die sich über den Ausgang einer konsultativen Befragung hinwegsetzt, macht sich nicht nur unglaubwürdig, sondern lähmt auch ihre Ent-

10 Karlheinz Niclauß, Das Parteiensystem der Bundesrepublik Deutschland, Paderborn 1995, S. 195.

11 Hans-Joachim Veen/Viola Neu, Politische Beteiligung in der Volkspartei. Erste Ergebnisse einer repräsentativen Untersuchung unter CDU-Mitgliedern (= Interne Studien der Konrad-Adenauer-Stiftung, Nr. 113), Sankt Augustin 1995, S. 9.

12 Franz Walter, Die SPD nach der deutschen Vereinigung. Partei in der Krise oder bereit zur Regierungsübernahme?, in: Zeitschrift für Parlamentsfragen 26 (1995), S. 101.

scheidungskraft. Bisher allerdings sind alle konsultativen Mitgliederentscheidungen entsprechend ihres Ausgangs umgesetzt worden.

Unter dem Strich ergibt sich, dass die personalplebiszitären Elemente überwiegend zu befürworten sind. Freilich sollten ihre Gefahren auch nicht verkannt werden, so z.B., wenn die politische Führung gleichsam cäsaristisch die Delegierten gegen das eigene Parteivolk ausspielt. Der Mitgliederbefragung bei der SPD 1993 im Hinblick auf den Parteivorsitz haftete ein solch bitterer Beigeschmack an. Gleichwohl gilt: „Der Ausbau der unmittelbaren Mitwirkung bei den Personalentscheidungen auf lokaler und regionaler Ebene ist das einzige Mittel, die hier bestehenden Verkrustungen des Parteienstaats aufzulösen.“[13]

2. Sachplebiszitäre Elemente

In der Vergangenheit konnten die Mitglieder von Parteien nicht über einzelne Sachfragen entscheiden. Lediglich das inzwischen abgeschwächte Basiskonzept der Grünen ließ sich so auslegen, als binde das Votum der Mitglieder die Parlamentarier in den eigenen Reihen. Doch mittlerweile fand bei SPD und FDP ein Meinungswandel statt. Auf diese Weise glaubte man, dem Ruf von Parteimitgliedern nach stärkerer Mitbestimmung Rechnung zu tragen. Die Parteien haben unterschiedliche Quoren für die Mitgliederbefragung getroffen. Bei der SPD genügen schon zehn Prozent der Mitglieder, ein Beschluss des Parteitages, eine Drei-Viertel-Mehrheit des Parteivorstandes oder zwei Fünftel der Bezirksvorstände. Die FDP führt einen Mitgliederentscheid durch auf Antrag des Parteivorstandes, von fünf Landesverbänden, einem Drittel der Kreisverbände oder von fünf Prozent der Mitglieder. Dagegen reichen bei Bündnis 90/Die Grünen zwei Landesverbände oder zehn Prozent der Mitglieder aus. Der Parteivorstand hat nicht die Möglichkeit, eine solche Befragung zu initiieren. CDU und CSU sehen einen Mitgliederentscheid bei Sachfragen als Konzession an den „Zeitgeist“ und können ihm nichts Positives abgewinnen: Wer Richtungsentscheidungen an die – häufig überforderten – Mitglieder delegiere, schwäche die repräsentative Demokratie. Ein markantes Beispiel ist die Mitgliederbefragung über den „großen Lauschangriff“ bei der FDP gewesen. Im Dezember 1995 hatten die Mitglieder der FDP sich mit einer Zwei-Drittel-Mehrheit (exakt: 63,6 Prozent) für die Möglichkeit des elektronischen Abhörens von Wohnungen als Mittel zur Bekämpfung der organisierten Kriminalität ausgesprochen. Daraufhin gab die Bundesjustizministerin Sabine Leutheusser-Schnarrenberger ihr Amt auf. Mit der indirekt formulierten Ankündigung, sie werde bei einem ihr nicht genehmen Ausgang der Abstimmung zurücktreten, verquickte sie – systemwidrig – eine Sach- mit einer Personalfrage.

Wer Mitgliederentscheide zu Sachfragen durchführt, unterminiert den Führungswillen der Partei und fördert deren Verantwortungsscheu. Die Entscheidung über

13 Karlheinz Niclauß, Das Parteiensystem der Bundesrepublik Deutschland (Anm. 10), S. 181 f.

Sachfragen muss bei der Parteiführung und den Delegierten liegen. Andernfalls könnten Entscheidungen der Parteibasis, die unter Umständen mit der Materie nicht hinreichend vertraut sind, die politisch Verantwortlichen blockieren. Mitgliederentscheide in Sachfragen dürften die Parteien vor eine Zerreißprobe stellen. Es besteht zudem die Gefahr, dass die Partei sich mehr mit sich selbst befasst als mit dem politischen Gegner und ihre Handlungsfähigkeit einbüßt. Für eine schwache Parteiführung erweist sich ein Mitgliederentscheid als verführerischer Ausweg. Aber dieser Ausweg ist ein Irrweg. „Jede Partei braucht ein Zentrum, in dem professionell und insiderhaft Strategien konzipiert, evaluiert und fortlaufend korrigiert werden können. Diese Aufgabe kann der Parteiführung niemand abnehmen – sie braucht dafür Autonomie.“[14]

Allerdings gibt es ein Gegenargument, das ernstgenommen zu werden verdient, wie nicht nur das Beispiel des „großen Lauschangriffs“ zeigt. Die Position der Delegierten spiegelt häufig nicht annähernd die Mehrheitsstimmung in der Partei wider. Zweimal hatten die Delegierten von Bundesparteitagen der Einführung des „Lauschangriffs“ eine Absage erteilt, obwohl die Bundestagsfraktion mehrheitlich anderer Auffassung war. Nur mittels eines Mitgliederentscheids konnten Parteiführung und die Masse der Parteimitglieder sich über das Votum der Delegierten hinwegsetzen. Für Kritiker entsteht so ein „präsidialer oder cäsaristischer Parteientypus.“[15] Es ließe sich aber auch umgekehrt argumentieren: Die Delegierten sehen mehr die Interessen der Partei, die politische Führung und die Mitglieder eher die der Wähler. Ein anderes Beispiel: Die Stimmung innerhalb der SPD gegen den NATO-Nachrüstungsbeschluss war unter den Delegierten weit ausgeprägter als in der politischen Führung und der Mitgliederschaft – wohl auch deshalb, weil die Parteiführung ihrer Überzeugungs- und Politikgestaltungsaufgabe nicht hinreichend gerecht geworden ist.

Insgesamt muss der Mitgliederentscheid bei sachplebiszitären Fragen negativ beurteilt werden. Bei häufiger Anwendung geraten sogar die Prinzipien der repräsentativen Demokratie in Gefahr, da eine Art imperatives Mandat entsteht. Mit gewisser Übertreibung lässt sich folgender paradoxer Vorgang konstatieren: Während das Bündnis 90/Die Grünen von manchen „basisdemokratischen“ Vorstellungen Abschied nimmt (z.B. dem Rotationsprinzip), greifen andere Parteien diese nun in verwässerter Form auf.

III. Stärkere Mitwirkungsrechte für die „Wahlbürger“

1. Personalplebiszitäre Elemente

In der Vergangenheit begnügte sich der „Wahlbürger“ vielfach damit, bei der Wahl sein Kreuzchen für die Partei zu machen, der er sich – am ehesten – verbunden fühlte. Durch die Zunahme unkonventioneller Partizipationsformen (etwa Bürgerinitiativen)

14 Joachim Raschke, Demokratie als Ausrede, in: Der Spiegel, Nr. 4 (1996), S. 53. Freilich unterscheidet Raschke unzureichend zwischen einem Personal- und einem Sachplebiszit.

15 So Peter Lösche, „Das zerreißt die Parteien“, in: Der Spiegel, Nr. 52 (1995), S. 17.

macht sich jedoch seit einiger Zeit ein Wandel bemerkbar. Auch „Wahlbürger" fordern mehr Partizipationsrechte. Einleuchtend ist der bereits von der Enquete-Kommission „Verfassungsreform" des Deutschen Bundestages unterbreitete Vorschlag, den Einfluss des Wählers am Auswahlprozess der Kandidaten zu steigern – analog dem des Parteimitglieds. Sie hatte die Einführung der begrenzt-offenen Liste befürwortet. Der Wähler soll mit seiner Zweitstimme die Möglichkeit haben, die von den Parteien aufgestellte Reihenfolge der Kandidaten zu verändern. Obwohl seit dem Vorschlag der Enquete-Kommission mittlerweile zwei Jahrzehnte vergangen sind und langjährige Erfahrungen in Bayern keine negativen Effekte gezeitigt haben, blieb ihm bis heute die Verwirklichung versagt – leider. Dabei wurden gegen ihn keine substantiellen Einwände erhoben. Die Gemeinsame Verfassungskommission von Bundestag und Bundesrat wollte in ihrem Schlussbericht 1993 einer derartigen Reform allerdings auch keinen Verfassungsrang verleihen.

Eine „freie Liste" ist weder erwünscht – sie entlässt die Parteien aus der Verantwortung – noch bei Bundestags- und Landtagswahlen überhaupt praktikabel – die Wähler haben keinen angemessenen Überblick über geeignete Kandidaten. Vorwahlen nach amerikanischem Vorbild sind angesichts des festen Parteiengefüges ebenfalls kein geeignetes Modell für die Bundesrepublik Deutschland. Gänzlich abwegig ist auch der Vorschlag von Hans Herbert von Arnim, den Ministerpräsidenten eines Bundeslandes direkt durch die Bevölkerung wählen zu lassen.[16] Eine solche Praxis hebelte das parlamentarische System aus und wäre dysfunktional. Was soll etwa passieren, wenn der Kandidat der Partei X gewählt würde, die Partei Y aber die Mehrheit im Parlament erhielte? Nur in einem präsidentiellen Regierungssystem – wie z.B. in Frankreich und den USA – wäre die Direktwahl des Ministerpräsidenten sinnvoll, weil dieser mit der ihm zugestandenen Macht und Legitimation durchaus gegen die Parlamentsmehrheit, wenn auch nicht ohne Schwierigkeiten, Politik machen könnte. Das parlamentarische Gefüge in der Bundesrepublik basiert jedoch darauf, dass Regierung und parlamentarische Mehrheit gegenüber der parlamentarischen Opposition an einem Strang ziehen. Wie steht es mit der vielfach geforderten Volkswahl des Bundespräsidenten? Das parlamentarische System wird zwar dadurch nicht gefährdet, aber gleichwohl ist ein solch direktdemokratisches Element wenig durchdacht. Nur drei Einwände: Erstens nimmt der Bundespräsident vornehmlich repräsentative Funktionen wahr, und es mutet seltsam an, ihn deswegen direkt durch das Volk wählen zu lassen. Der Eindruck würde sich einstellen, dem Bürger solle eine Ventilfunktion eingeräumt werden. Zweitens: Es ist eine der wichtigsten Aufgaben des Präsidenten, integrierend zu wirken. Durch eine Volkswahl ließe der „einigende" Effekt vermutlich nach. Drittens: Die Legitimationsbasis des Präsidenten wäre aufgrund der Direktwahl eine andere – dieser Umstand könnte eine unerwünschte Verschiebung der verfassungspolitischen Konstellationen nach sich ziehen.

---

16 Vgl. Hans Herbert von Arnim, Staat ohne Diener. Was schert die Politiker das Wohl des Volkes?, München 1993, insbesondere S. 322–325.

Zu den Reformen der Parteien in den letzten Jahren gehört, dass sie sich Nicht-Mitgliedern „öffnen" – in welcher Form auch immer (z.B. durch Gastmitglieder für ein Jahr bei der CDU).[17] Beim Bündnis 90/Die Grünen können „freie Mitarbeiter" für die Partei kandidieren. Am Modell der Mitgliederpartei sollte jedoch nicht gerüttelt werden[18], da Wählerparteien gleichgerichtete Interessen nicht ausreichend bündeln und austarieren können.

Fazit: Die Beurteilung der personalplebiszitären Elemente fällt ganz unterschiedlich aus. Die Skala reicht von „sehr zu begrüßen" (begrenzt-offene Liste) über „bedenkenswert" (Gastmitglieder) und „bedenklich" (Volkswahl des Bundespräsidenten) bis „entschieden abzulehnen" (Direktwahl der Ministerpräsidenten).

2. Sachplebiszitäre Elemente

Eine lange Zeit lag der Ablehnung direktdemokratischer Elemente bei Sachentscheidungen ein breiter Konsens zugrunde. Die im Jahre 1970 vom Deutschen Bundestag eingesetzte Enquete-Kommission „Verfassungsreform" lehnte in ihrem Schlussbericht (1976) alle Formen unmittelbarer Beteiligung in Sachfragen ab. Auch die 1991 gebildete Gemeinsame Verfassungskommission von Bundestag und Bundesrat votierte gegen plebiszitäre Elemente (1993). Es gibt aber einen gewichtigen Unterschied zwischen 1976 und 1993: Herrschte seinerzeit in dieser Frage Konsens zwischen den tragenden politischen Gruppierungen, sprachen sich jetzt die Repräsentanten der SPD und von Bündnis 90/Die Grünen für die Aufnahme direktdemokratischer Mechanismen ins Grundgesetz aus.

Diese trügen dazu bei, der Entfremdung zwischen Wählern und Gewählten entgegenzuwirken. Die Demokratie werde so gefestigt und nicht unterminiert. Das Volk sei in der Lage, wie Beispiele aus anderen Ländern zeigten, auch komplexe Sachverhalte angemessen zu beurteilen, zumal die Bundesrepublik nach mehr als vier Jahrzehnten erfolgreicher Demokratie als stabil gelten könne. Missbräuche, etwa die Durchsetzung von Sonderinteressen, ließen sich durch entsprechende Vorkehrungen leicht ausschließen (z.B. keine Abstimmung über Finanzfragen oder die Notwendigkeit eines Abstimmungsquorums). CDU/CSU und FDP zeigten sich von diesen Argumenten nicht beeindruckt: Das parlamentarische System würde durch die Einfügung direktdemokratischer Mechanismen in Mitleidenschaft gezogen. Bei Plebisziten habe der Bürger nur die Möglichkeit, sich zwischen Ja und Nein zu entscheiden. Zudem privilegierten sie aktive Minderheiten und könnten damit die Bürgerschaft bevormunden. Vor allem trügen sie nicht zu einer Überwindung der Parteienverdrossenheit bei. Fak-

17 Vgl. hierzu die vagen Überlegungen von Claus Leggewie (Die Kritik der Politischen Klasse und die Bürgergesellschaft. Muss die Bundesrepublik neugegründet werden?) und Warnfried Dettling (Parteien im eigenen Saft? Von der Krise zur Reform), jeweils in: Aus Politik und Zeitgeschichte B 31/1993, S. 7–13, 14–18.

18 Vgl. Peter Haungs, Plädoyer für eine erneuerte Mitgliederpartei. Anmerkungen zur aktuellen Diskussion über die Zukunft der Volksparteien, in: Zeitschrift für Parlamentsfragen 25 (1994), S. 108–115.

tisch hänge es von den Parteien ab, ob ein Volksentscheid zustandekommt und erfolgreich verläuft.[19] Sah die eine Seite in der Einfügung sachplebiszitärer Elemente eher Chancen, erkannte die andere darin mehr Gefahren.

Wer das Für und Wider abwägt, sollte anerkennen, dass die Beibehaltung der gegenwärtigen Praxis keineswegs automatisch eine „Verharzung" politischer Entscheidungsprozesse begünstigt und – umgekehrt – die Einführung plebiszitärer Elemente für die Wählerschaft das repräsentative System nicht schlechthin aus den Angeln hebt, wie die Praxis in den Bundesländern zeigt. Die Vermischung repräsentativer und plebiszitärer Mechanismen muss keineswegs systemwidrig sein.

Bis auf den Sonderfall von Hamburg sehen mittlerweile alle Landesverfassungen plebiszitäre Elemente vor, darunter auch die der neuen Bundesländer. Allerdings wurde von ihnen bisher eher spärlich Gebrauch gemacht, sei es, dass bestimmte Bereiche (Finanzen) einer Abstimmung entzogen sind, sei es, dass hohe Quoren vor einer Abstimmung überwunden werden müssen.[20] Die bisherigen Volksentscheide fielen unterschiedlich aus.[21] Nicht immer – wenngleich häufig – spiegelt sich bei dem Ausgang eines Volksentscheids die jeweilige parteipolitische Mehrheit des Landes wider. So musste die CSU am 1. Oktober 1995 beim Volksentscheid über eine kommunale Bürgerbeteiligung eine deutliche Niederlage hinnehmen. Nur 38,7 Prozent sprachen sich für ihren Entwurf aus, 57,8 Prozent votierten für die Bürgeraktion „Mehr Demokratie in Bayern", hinter der fast alle anderen Parteien standen (u.a. SPD, FDP, Bündnis 90/Die Grünen). Allerdings hatten nur etwa 37 Prozent der wahlberechtigten Bevölkerung daran teilgenommen – eine Quote, die in Bayern auch sonst nicht höher liegt. Was die territoriale Neugliederung der Bundesländer betrifft, so hatte eine Volksabstimmung im Jahre 1951 zu dem Bundesland Baden-Württemberg geführt (Zusammenschluss von Baden, Württemberg-Baden, Württemberg-Hohenzollern). Im Mai 1996 haben sich die Bürger der Bundesländer Berlin (hier kam allerdings eine Mehrheit zustande) und Brandenburg gegen eine Fusion ausgesprochen, obwohl Abstimmungsmehrheiten der Parlamente für eine Vereinigung bereits vorlagen. Durch sachplebiszitäre Elemente würde der parlamentarische Betrieb also keineswegs lahmgelegt. Dem trägt auch die Organisation der Plebiszite in den Bundesländern Rechnung: Die Volksinitiative soll den Bürgern die Möglichkeit einräumen, dem Parlament einen Gesetzentwurf zu unterbreiten. Lehnt dieses ihn ab, findet ein Volksbegehren statt. Erst wenn eine genügend große Anzahl der Bevölkerung das Volksbegehren unterstützt, kommt eine Volksabstimmung über den Gesetzentwurf zustande. Stimmt die Mehrheit dafür (und ist ein entsprechendes Quorum der Beteiligung erreicht), gilt der Entwurf als angenommen.

---

19 Vgl. die knappe Zusammenfassung der beiderseitigen Argumente bei Wolfgang Fischer, Formen unmittelbarer Demokratie im Grundgesetz, in: Aus Politik und Zeitgeschichte B 52–53/1993, S. 16–18.

20 Vgl. Claus Hoff/Antonio Kempf, Dokumentation zur plebiszitären Praxis und Verfassungsrechtslage in den Bundesländern, in: Zeitschrift für Parlamentsfragen 24 (1993), S. 14–21.

21 Vgl. Otmar Jung, Daten zu Volksentscheiden in Deutschland auf Landesebene (1946–1992), in: Zeitschrift für Parlamentsfragen 24 (1993), S. 5–13.

Auch andere Einwände gegenüber der Einfügung plebiszitärer Elemente im Hinblick auf Sachentscheidungen sind nicht sonderlich stimmig. So ist das „historische Argument“ wenig überzeugend. Die drei Volksabstimmungen im Dritten Reich[22] – 1933 (Austritt Deutschlands aus dem Völkerbund), 1934 (Personalunion von Reichskanzler und -präsident) und 1938 („Anschluss“ Österreichs) – können nicht als triftiger Beleg gegen plebiszitäre Elemente in einem demokratischen Verfassungsstaat herhalten. Der Parlamentarische Rat stand in der Tat unter einem Weimarer Trauma. Dabei führte keine der beiden Volksabstimmungen in der ersten deutschen Demokratie auf Reichsebene zu ihrem Ziel, weil das Quorum von mindestens 50 Prozent Ja-Stimmen der Wahlberechtigten verfehlt wurde. Immerhin kann aber nicht der demagogische Charakter der Initiativen verkannt werden. Dies gilt für das Scheitern der entschädigungslosen Enteignung der deutschen Fürstenvermögen (1926)[23] wie für die Ablehnung des Young-Plans (1929)[24], der – angeblich – zur Versklavung Deutschlands führe. Dadurch ist die ohnehin labile Weimarer Republik nicht stabilisiert worden.[25] Andere Versuche, sich der plebiszitären Elemente auf Reichsebene zu bedienen, scheiterten schon im Vorfeld des Zulassungs- oder des Eintragungsverfahrens (Volksbegehren).

Gleichwohl lassen sich bestimmte Argumente gegen die Einführung sachplebiszitärer Elemente nicht vom Tisch wischen.[26] Bereits jetzt bemängeln Kritiker zu Recht, das politische System habe sich in eine Art „Stimmungsdemokratie“ gewandelt. Politische Führungsbereitschaft schwindet.

Soll man diese Entwicklung noch fördern? Zudem könnten politische Debatten durch Emotionalisierungen und Konfrontationen vergiftet werden – vor allem in einer politischen Krisensituation. Die Praxis anderer Staaten wie der Schweiz – der Staat des Plebiszits schlechthin – gibt zu übertriebenen Hoffnungen keinen Anlass, wiewohl die Übertragbarkeit der schweizerischen Erfahrungen wegen des andersartigen Regierungssystems – dem Modell des „gütlichen Einvernehmens“ – auf die parlamentarische Demokratie der Bundesrepublik Deutschland nur begrenzt möglich ist. Das politische Desinteresse scheint durch zahlreiche Urnengänge eher verstärkt worden zu sein. Neuerungen haben es schwer, akzeptiert zu werden.

---

22 Vgl. Otmar Jung, Plebiszit und Diktatur. Die Volksabstimmungen der Nationalsozialisten, Tübingen 1995.

23 SPD und KPD wollten das Vermögen der Fürsten den Arbeitslosen zukommen lassen. Diese Volksabstimmung führte zu einer Mobilisierung und Polarisierung der Bevölkerung. Vor allem vergrößerte sich dadurch die Distanz zwischen der SPD und den bürgerlichen Parteien. 36,3 Prozent der Wahlberechtigten stimmten mit Ja.

24 Die „Nationale Opposition“ (DNVP, NSDAP und Stahlhelm) suchte die Neuregelung der Reparationsfrage zu hintertreiben. Der berühmt-berüchtigte § 4 des Gesetzentwurfs sah die Bestrafung für Reichskanzler und Reichsminister vor. Trotzdem stimmten 13,8 Prozent der stimmberechtigten Bevölkerung für das Gesetz. Die Opposition gegen den Young-Plan bot der extremen Rechten hinreichend Möglichkeiten, gegen die Weimarer Republik zu agitieren.

25 Vgl. hierzu die umfassende Diskussion zwischen Stefan Meineke und Otmar Jung, in: Jahrbuch für Politik 2 (1992), S. 203–230; 3 (1993), S. 63–92; 4 (1994), S. 105–156; 5 (1995), S. 67–116.

26 Zur Diskussion vgl. u.a. Karsten Bugiel, Volkswille und repräsentative Entscheidung. Zulässigkeit und Zweckmäßigkeit von Volksabstimmungen nach dem Grundgesetz, Baden-Baden 1991.

Das wohl stärkste Argument gegen die Einführung sachplebiszitärer Elemente lautet wie folgt: Bei Wahlen können die politisch Verantwortlichen am Wahltag „belangt“ werden, nicht aber bei Volksabstimmungen. Wie soll das Volk sich selbst zur Verantwortung ziehen? Zudem ist nicht auszuschließen, dass Politik einen stark populistischen Charakter annimmt und die Prinzipien der repräsentativen Demokratie – auch wenn nur wenige Abstimmungen stattfinden – ins Hintertreffen geraten, weil sich das Entscheidungsmuster der Politik nach plebiszitären Maßstäben ausrichtet.

Alles in allem verspricht die Einfügung sachplebiszitärer Elemente keinen Fortschritt für die Bundesebene. Sind erst einmal Mechanismen zur Erweiterung sachplebiszitärer Elemente geschaffen, lassen sie sich ohne Not schwerlich wieder rückgängig machen. Die Risiken überlagern die möglichen Vorteile.

IV. Resümee

Gelegentlich wird mit Blick auf den Auf- und Umbruch in der DDR im Jahre 1989/90 die Einführung „Runder Tische“ abseits der Parlamente empfohlen, um den mündigen Bürger stärker an der politischen Willensbildung zu beteiligen. Solche Parallelen gehen angesichts eines demokratisch legitimierten politischen Systems am Kern der Sache vorbei. Was für die Abschaffung einer Diktatur sinnvoll erschien, nützt nicht notwendigerweise zur Erneuerung des demokratischen Verfassungsstaates. Wer in der parlamentarischen Demokratie die Losung „Wir sind das Volk“ ins Spiel bringt, trägt zu einer Schwächung der Parteien bei.

Anhänger und Kritiker der Einführung direktdemokratischer Elemente sollten sich von ihnen nicht zu viel versprechen – im Positiven wie im Negativen. Wenn das gesamte politische System massive Funktionsschwächen erkennen lässt – z.B. weil ein ausreichender Konsens zwischen den tragenden gesellschaftlichen Gruppierungen fehlt –, helfen auch keine plebiszitären Mechanismen.

Die Einführung personalplebiszitärer Elemente kann dazu beitragen den „Parteibürger“ und den „Wahlbürger“ stärker politisch zu motivieren; hingegen dürfte die Aufnahme sachplebiszitärer Elemente kein angemessenes Mittel sein, den demokratischen Verfassungsstaat auf eine tragfähigere Basis zu stellen. Das gilt für die direktdemokratischen Elemente auf Wähler- und Parteienebene. Aus Gründen der Effizienz und der demokratischen Legitimität liegt es auf der Hand, dass „im überwiegenden Bereich der Politikentscheidungen eine erweiterte Mitwirkung nur über die Personalauswahl erfolge kann.“[27] Die Verantwortungsscheu der Parteien und der Politiker wird bei einem Votum über Sachfragen eher gefördert, denn gehemmt. Parteien und Politiker sind es, die dem Wähler gegenüber mit klaren, überzeugenden und handlungsorientierten Konzeptionen aufwarten müssen. Auch deswegen wären sachplebiszitäre Reformen kontraproduktiv.

---

27 Karlheinz Niclauß, Das Parteiensystem der Bundesrepublik Deutschland (Anm. 10), S. 191.

Parteiensystem im Wandel?

Das deutsche Parteiensystem vor und nach der Bundestagswahl 2005

I. Einleitung

Exakt sechs Monate nach der überraschenden Ankündigung von Neuwahlen durch den damaligen SPD-Parteivorsitzenden Franz Müntefering und den damaligen Bundeskanzler Gerhard Schröder als Folge der verlorenen Landtagswahl in Nordrhein-Westfalen wurde Angela Merkel zur Bundeskanzlerin Deutschlands gewählt. 15 Jahre nach der deutschen Einheit ereigneten sich damit drei Neuheiten: Der Regierungschef, der mit 51 Jahren noch nie so jung war, ist eine Frau und kommt aus dem Osten des Landes. Überraschend war nicht nur der Ausgang der Wahl, sondern auch die eine oder andere Folge. Merkels Vorgänger legte am Tag der Kanzlerwahl sein Abgeordnetenmandat nieder, und Franz Müntefering, der neue Vizekanzler, der nach der Wahl als starker Mann der SPD galt, hatte zuvor das Amt des Parteivorsitzenden an Matthias Platzeck abgegeben. Dieser Rücktritt zog den Rücktritt des CSU-Vorsitzenden Edmund Stoiber vom (noch nicht angetretenen) Amt des Wirtschaftsministers nach sich. Die Wirklichkeit überholte damit die kühnsten Spekulationen. Alle politischen Auguren gingen zu Beginn des Jahres 2005 von einer Fortsetzung der Regierung Schröder bis zur Bundestagswahl im Herbst 2006 aus, dem Ende der Legislaturperiode.

Das hiesige Parteiensystem zeichnete sich lange durch ein hohes Maß an Stabilität aus. Bald nach der Bundestagswahl 1949 setzte eine Parteienkonzentration ein, die das traditionell buntscheckige deutsche Parteiensystem homogenisierte.[1] Neben der Union und der SPD konnten sich nur die Liberalen, aufgrund ihrer Funktion im Parteiensystem als „Partei der zweiten Wahl“[2] apostrophiert, im Wettbewerb der Parteien behaupten. Zwischen 1961 und 1980 gab es lediglich drei Fraktionen im Bundesparlament. Bei der Bundestagswahl 1983 zogen die Grünen das erste Mal in den Bundestag ein. Mit der deutschen Einheit wuchs durch die PDS die Zahl der Bundestagsparteien auf fünf.

Das Parteiensystem war zugleich lange durch eine Asymmetrie gekennzeichnet. Bis Ende der sechziger Jahre profitierte die Union davon. Die kleinen Parteien waren überwiegend bürgerlich ausgerichtet. Die FDP fungierte als eine Art Auffangbecken für die Union. Die Asymmetrie setzte sich fort, zunächst zugunsten der SPD. Die Liberalen

1 Vgl. u.a. Peter Lösche, Kleine Geschichte der deutschen Parteien, 2. Aufl., Stuttgart u.a. 1994; Robert Hofmann, Geschichte der deutschen Parteien. Von der Kaiserzeit bis zur Gegenwart, München 1993; Emil Hübner/Heinrich Oberreuter (Hrsg.), Parteien und Wahlen in Deutschland, München 2003.

2 So Jürgen Dittberner, FDP – Partei der zweiten Wahl. Ein Beitrag zur Geschichte der liberalen Partei und ihrer Funktionen im Parteiensystem der Bundesrepublik, Opladen 1987.

wechselten zur Zeit der Großen Koalition 1966 bis 1969 ihren Kurs und koalierten mit der SPD, während die Union ohne Koalitionspartner dastand. Der Regierungswechsel im Herbst 1982, bestätigt durch die Wahl im Frühjahr 1983, führte einerseits die Asymmetrie fort (jetzt wieder zugunsten der Union) und schwächte sie andererseits ab (durch das Aufkommen der zunächst freilich weder koalitionswilligen noch -fähigen Grünen). Diese Doppelfunktion der Bundestagswahl 1983 erlebte, freilich in anderer Weise, im Wiedervereinigungsjahr 1990 eine Neuauflage. Einerseits deutete sich erstmals eine Symmetrie[3] des Parteiensystems durch die pragmatischer gewordenen Grünen an, andererseits zog mit der PDS eine fünfte, nicht als koalitionsfähig geltende Partei ins Parlament, welche die sich anbahnende Symmetrie zu konterkarieren schien. In der Folge konnte die PDS zunächst kein Regierungsbündnis auf Bundesebene gefährden: nicht 1994, nicht 1998, nicht 2002. Das Ausscheiden vieler Fundamentalisten bei den Grünen[4] führte zu einem rot-grünen „Block". 1998, also erst nach fast 50 Jahren, fand ein ungefilterter Regierungswechsel statt. Die „asymmetrische Stabilität des Parteiensystems"[5] schien damit beendet.

Nach der Bundestagswahl 2005 besaß Schwarz-Gelb zwar mehr Stimmen als Rot-Grün, doch reichte es wegen der Stärke der Linkspartei nicht zu einem Regierungswechsel. Steht der Bundesrepublik nicht nur eine Auffächerung des Parteiensystems bevor, sondern auch eine Auflösung der herkömmlichen Koalitionsmuster? Bedarf es künftig einer Dreier-Koalition, weil die Bindung an die großen Parteien abnimmt? Im Vordergrund steht mithin die Frage nach Wandel und Kontinuität des deutschen Parteiensystems. Bahnt sich mit der letzten Bundestagswahl ein Einschnitt an? Gibt es eine strukturelle linke Mehrheit im Osten? Steht eine Umorientierung der Grünen bevor? Wodurch unterscheidet sich der Regierungswechsel des Jahres 2005 von den früheren Regierungswechseln, etwa von der Großen Koalition in der zweiten Hälfte der sechziger Jahre? Wie fluide ist das Parteiensystem?

Der folgende Beitrag erörtert nach einer knappen Analyse der Bundestagswahl 2005 charakteristische Dimensionen des Parteiensystems wie seine prägenden Konfliktstrukturen. Anhand dieser Eigenschaften soll das Wahlverhalten im Osten und im Westen des Landes ebenso eingeordnet werden wie das Szenario für das künftige Parteiensystem. Der – drastisch formuliert – Kelch einer Großen Koalition ging 1994, 1998 und 2002 knapp an der Bundesrepublik Deutschland vorüber. Diesmal war das anders:

---

3 Dieser Begriff bedarf freilich einer dreifachen Einschränkung: Erstens propagierte die SPD noch kein Bündnis mit den Grünen; zweitens war der Stimmenabstand zwischen Schwarz-Gelb und Rot-Grün beträchtlich; drittens scheiterten die Grünen (im Westen), nicht zuletzt wegen der Ablehnung der (sofortigen) Wiedervereinigung, an der Fünfprozenthürde.

4 Vgl. die Standardwerke von Joachim Raschke, Die Grünen. Wie sie wurden, was sie sind, Köln 1992; Die Zukunft der Grünen. „So kann man nicht regieren", Frankfurt a.M./New York 2001.

5 In diesem Sinne Richard Stöss, Mehr Kontinuität als Wandel. Das Parteiensystem vor und nach der deutschen Vereinigung, in: Roland Czada/Helmut Wollmann (Hrsg.), Von der Bonner zur Berliner Republik. 10 Jahre Deutsche Einheit (= Sonderheft 19 der Zeitschrift Leviathan), Wiesbaden 2000, S. 313.

Die beiden Wahlverlierer mussten wohl oder übel eine solche Koalition bilden. Die Frage nach dem Ausmaß der Koalitionsveränderung 2005 im Vergleich zu früheren Koalitionswechseln gilt es ferner zu klären.

II. Bundestagswahl 2005: Voraussetzungen, Ergebnisse, Folgen

Die Vorgänge im Umfeld der Bundestagswahl 2005 sind ungewöhnlich. Das betrifft die Voraussetzungen, das Wahlergebnis und die Folgen. Noch im Frühjahr des Jahres 2005 deutete nichts auf eine Neuwahl hin, obwohl die SPD eine Wahl nach der anderen verloren hatte, zum Teil sogar zweistellige Verluste hinnehmen musste (am 2. Februar 2003 in Hessen 10,3 Punkte und in Niedersachsen 14,5 Punkte; am 5. September 2004 im Saarland 13,6 Punkte).[6] In Hessen und in Schleswig-Holstein fiel das Amt des Ministerpräsidenten an die CDU. Mit dem Wahlausgang in Nordrhein-Westfalen am 22. Mai 2005 überschlugen sich die Ereignisse. Das Ende der letzten rot-grünen Koalition auf Landesebene veranlasste den Parteivorsitzenden Franz Müntefering und den Kanzler Gerhard Schröder zu einem Coup, den sie als einen Befreiungsschlag verstanden wissen wollten. Noch am Wahlabend stellten sie Neuwahlen in Aussicht. Dabei gehe es um eine Abstimmung über die Reformpolitik der Bundesregierung. Allerdings war das von SPD-Seite geäußerte Argument, es sei nötig, die „Blockadepolitik" und damit das „strukturelle Patt" (Franz Müntefering) zu beenden, insofern unzutreffend, als ein Wahlsieg von Rot-Grün im Bundestag nichts an den Mehrheitsverhältnissen im Bundesrat geändert hätte. Freilich bestand bei der Sozialdemokratie die Hoffnung, in einem solchen Falle seien Union und FDP stärker zu einem Einlenken bereit. Eine Auflösung der (tatsächlichen oder vermeintlichen) Blockadepolitik ermöglichte freilich nur den Amtsverlust von Rot-Grün bei der Bundestagswahl.

Die Neuwahlankündigung löste schnelle Reaktionen bei den Parteien aus. So beschloss die Union binnen einer Woche die Kanzlerkandidatur Angela Merkels. Und die FDP legte sich auf die Unterstützung der Union fest. „Die nachhaltigsten Auswirkungen auf die Struktur des Parteiensystems hatte dabei die Formierung einer gesamtdeutschen Linkspartei."[7] Oskar Lafontaine, Vorsitzender der SPD von 1995 bis 1999, verließ die SPD und ging zu der im Januar 2005 als Protest gegen Schröders Sozialreformen ins Leben gerufenen „Wahlalternative Arbeit und Soziale Gerechtigkeit" (WASG), die bei der nordrhein-westfälischen Landtagswahl 2,2 Prozent der Stimmen erreicht hatte. Um eine Konkurrenz der beiden Linksgruppierungen zu vermeiden (und damit ein Scheitern an der Fünfprozenthürde), hatte die WASG eine Kandidatur

---

6 Vgl. für Einzelheiten Eckhard Jesse, Nach der gescheiterten Vertrauensfrage: Zur Lage der Parteien und des Parteiensystems in Deutschland, in: Zeitschrift für Parlamentsfragen 36 (2005), S. 600–615.

7 So Florian Grotz, Bundestagswahl 2005: Kontext, Ergebnisse, absehbare Konsequenzen, in: Zeitschrift für Staats- und Europawissenschaften 3 (2005), S. 470–495, hier S. 475.

auf den offenen Listen der PDS beschlossen. Der Sonderparteitag der PDS fand sich am 17. Juli 2005 auf Wunsch der WASG zu einer Namensänderung bereit: Fast 75 Prozent der Delegierten stimmten für den Namen „Die Linkspartei".[8] Gysi und Lafontaine bildeten das gleichberechtigte Spitzenduo der Partei im Wahlkampf.

Die gewünschte Ablehnung der Vertrauensfrage am 1. Juli (die Abgeordneten von CDU/CSU und FDP stimmten geschlossen mit nein; bei den Grünen gab es mehr Ja-Stimmen als Enthaltungen, während dies bei der SPD umgekehrt war) verlief ebenso glatt wie die Auflösungsprozedur am 21. Juli durch den Präsidenten, der sich auf die Einschätzung des Kanzlers berufen hatte. Das Bundesverfassungsgericht segnete den Vorgang unter Anknüpfung an das Urteil aus dem Jahre 1983 ab.[9] Da es sich um eine Inszenierung im Parlament handelte, ist dieses Votum höchst umstritten. Nur ein Richter erkannte die Rechtmäßigkeit der Klagen der beiden Abgeordneten gegen die Auflösung des 15. Deutschen Bundestages an. Auguren gingen angesichts der klaren Meinungsumfragen lange von einer Ablösung der rot-grünen Bundesregierung durch die schwarz-gelbe Opposition aus. Die Grünen rückten etwas von der SPD ab, die Liberalen hingegen näherten sich der Union an. Die Situation im Jahre 2005 war also spiegelverkehrt im Vergleich zu jener des Jahres 2002. Seinerzeit bildeten SPD und Grüne eine Art „Block", während sich die FDP nicht zu einer förmlichen Koalitionsfestlegung auf die Union durchringen konnte.

Doppelte Paradoxien kennzeichneten den Wahlkampf. Die zerstrittene SPD trat weithin geschlossen auf und setzte auf Schröder, die im Prinzip geschlossene Union wirkte mitunter zerstritten (etwa bei der Nominierung von Paul Kirchhof für das Amt des Finanzministers) und setzte nicht im gleichen Maße auf Merkel. Die Regierungsparteien gerierten sich mit ihren Angriffen gegen die Vorschläge von Schwarz-Gelb als Opposition und warnten vor einer „schwarzen Republik", die Oppositionsparteien präsentierten sich eher als Regierung und gaben konkrete Reformmaßnahmen bekannt. So plädierte die Union (nicht die FDP) für eine Erhöhung der Mehrwertsteuer um zwei Punkte. Es war eine strategische Meisterleistung, dass und wie Schröder von seinem Scheitern, dem Grund für die Neuwahlen, abzulenken wusste. Er hielt im Wahlkampf mit seiner Kritik an der „sozialen Kälte" der Union und der FDP nicht mehr im vollen Umfang an der Agenda 2010 fest und pries „soziale Gerechtigkeit".

Wie 2002 setzten die Regierungsparteien, vor allem die Sozialdemokraten, zum Teil auf das Spiel mit der Angst. War es seinerzeit die Furcht vor einer deutschen Kriegsbeteiligung im Irak, so suchten sie diesmal die Furcht vor den mit einem Regierungswechsel möglicherweise verbundenem wirtschafts-, sozial- und steuerpolitischen Veränderungen zu schüren. Allerdings hinterließ auch die Union im Wahlkampf keinen überzeugenden Eindruck. Immerhin sagte sie den Wählern eher, was sie nach der

8 Landesverbänden ist es weiterhin gestattet, im Anhang das Kürzel „PDS" zu verwenden.

9 Vgl. Heinrich Pehle, Verfassungspraxis im Zwielicht? Die Problematik „unechter Vertrauensfragen" und „vorgezogener" Bundestagswahlen, in: Eckhard Jesse/Roland Sturm (Hrsg.), Bilanz der Bundestagswahl 2005. Voraussetzungen, Ergebnisse, Folgen, Wiesbaden/München 2006, S. 177–187.

Wahl bei einem Sieg der Opposition erwarte. Ihr auf ökonomische Themen fixierter Wahlkampf wies technokratische Züge auf, so dass manche den Eindruck gewinnen konnten, dem Vorwurf der SPD („soziale Kälte") wohne mehr als ein Gran Berechtigung inne.

Die Popularität des Kanzlers trieb der SPD zwar Stimmen zu, aber die Einbußen der Partei blieben deutlich. Ein Teil der Öffentlichkeit orientierte sich nach der Wahl weniger an ihren Verlusten in Höhe von 4,3 Punkten, wohl aber an den Umfragewerten im Mai, die bei etwa 25 Prozent für die SPD lagen. Ein Vergleich von Umfragen mit Ergebnissen ist jedoch wenig seriös. Das Wahlresultat fiel glimpflicher aus als von der Partei befürchtet. Die Forschungsgruppe Wahlen stellte fest: „Die Wahlniederlage der SPD basiert auf hoher Unzufriedenheit mit der Bundesregierung und fortschreitendem Vertrauensverlust in die Kompetenzen der SPD. Zum Ende der Legislaturperiode sehen nur noch 34 Prozent Deutschland gut aufgestellt, 60 Prozent sprechen von einer schlechten Zukunftsvorbereitung der Republik."[10]

Die Union, deren größere Kompetenz auf den meisten Politikfeldern außer Frage stand, wie die Daten der Forschungsinstitute zeigen,[11] wobei kennzeichnend war, dass ein Teil der Wähler keiner Partei die Lösung der ökonomischen Probleme zutraute, sank auf das Niveau von 1998 (35,1 Prozent) bei der Kohl-Abwahl. Angela Merkel, keine Kandidatin mit sonderlich viel Charisma, vermittelte wenig Aufbruchstimmung, und die Ministerpräsidenten der Union glichen dieses Defizit nicht aus. Aus dem Hoffnungsträger Paul Kirchhof wurde im Laufe des Wahlkampfs ein Risikofaktor für die Union. Viele Wähler waren verunsichert: Welches Steuerkonzept sollte umgesetzt werden?

Hatten die beiden großen Parteien bei den Landtagswahlen 2004 in Sachsen mit 50,9 und in Brandenburg mit 51,3 Prozent der Stimmen nur gut die Hälfte der Wähler erreicht, so wurde dies vielfach mit spezifischen landespolitischen Gegebenheiten im Osten Deutschlands erklärt. Jetzt aber bekamen die beiden Volksparteien, die jeweils deutlich verloren, bundesweit zusammen keine 70 Prozent der Stimmen (bei einer Wahlbeteiligung unter 80 Prozent). Ihre Bindekraft und Integrationsfähigkeit hatte nachgelassen. Die SPD übertraf nur knapp das schwache Ergebnis aus dem Jahr 1990 mit ihrem Spitzenkandidaten Oskar Lafontaine, und die Union blieb hinter dem von 2002 mit ihrem Spitzenkandidaten Edmund Stoiber klar zurück. 2002 und in den neunziger Jahren war der addierte Anteil der beiden Parteien ebenfalls gefallen, wenngleich nicht so krass. Bei den Wahlen von 1990 an, also mit der deutschen Einheit, betrug der Anteil der beiden großen Parteien zwischen 76,0 und 77,9 Prozent. Er lag damit nicht mehr über 80 Prozent, wie bei den drei Wahlen in den achtziger

10 Forschungsgruppe Wahlen, Bundestagswahl. Eine Analyse der Wahl vom 18. September 2005, Mannheim 2005, S. 12.

11 Vgl. u.a. ebd., S. 52–59.

12 Vgl. Jürgen Dittberner/Rolf Ebbighausen, Parteiensystem in der Legitimationskrise. Studien und Materialien zur Soziologie der Parteien in der Bundesrepublik Deutschland, Opladen 1973.

Jahren. Bei den beiden Bundestagswahlen in den siebziger Jahren erzielten die Volksparteien über 90 Prozent (bei einer Wahlbeteiligung von über 90 Prozent!). Dass Parteienforscher seinerzeit von einer „Legitimationskrise" des Parteiensystems gesprochen hatten,[12] ist ein politikwissenschaftlicher Treppenwitz. In den sechziger Jahren betrug der Anteil für die beiden Volksparteien auch über 80 Prozent, ebenso 1957 (1953: 74,0 Prozent). Nur bei der allerersten Bundestagswahl, die noch Züge des Weimarer Parteiensystems trug,[13] erhielten die beiden großen Parteien lediglich 60,2 Prozent der Stimmen. Auch wenn diese Verluste mit schwindender Parteiidentifikation, gesunkener Wahlbeteiligung (sie fiel bei einer Bundestagswahl noch nie so niedrig aus wie diesmal: 77,7 Prozent) und massiven Mitgliederrückgängen positiv korrelieren (so hatte die SPD Ende 1990 943.402 Mitglieder, Ende 2004 nur noch 605.807),[14] muss dem Konzept der Volkspartei keineswegs das Totenglöcklein geläutet werden, wenn die Forschung es nicht in einen engen Zusammenhang mit Milieugebundenheit bringt.[15]

Wer das Erst- mit dem Zweitstimmenergebnis vergleicht (vgl. Tabelle 1), kommt zu überraschenden Befunden. Die Union erreichte 5,2 Punkte mehr Erst- als Zweitstimmen, die SPD 4,2 Punkte mehr. Eine so hohe Differenz hatte weder die eine noch die andere Partei bei einer früheren Bundestagswahl aufzuweisen. Die Erklärung bei der Union ist einfach: Viele FDP-Zweitstimmenwähler hatten für deren Kandidaten votiert, offenkundig deshalb, weil sie ein Bündnis mit der Union wünschten. Die FDP konnte nur 4,7 Prozent der Erststimmen auf sich vereinigen. Die Differenz von 5,1 Punkten zwischen Erst- und Zweitstimmen war bei ihr noch nie so groß wie dieses Mal. Das gute Erststimmenergebnis der SPD ging zum einen auf die Unterstützung durch die Grünen-Wähler zurück, die wegen der größeren Distanz der beiden Parteien diesmal freilich etwas geringer ausfiel als 2002, zum anderen auf die Unterstützung von Zweitstimmenwählern der Linkspartei. Anders als 2002 erreichte diese mehr Zweit- als Erststimmen (2002: -0,3 Punkte; 2005: +0,7 Punkte). Im Jahre 2005 war der Einzug der Partei in den Bundestag sicher. Linke Sympathisanten fühlten sich demnach nicht bemüßigt, um Direktmandate zu kämpfen.

13 Vgl. Jürgen W. Falter, Kontinuität und Neubeginn. Die Bundestagswahl 1949 zwischen Weimar und Bonn, in: Politische Vierteljahresschrift 22 (1981), S. 236–263.

14 Vgl. Oskar Niedermayer, Parteimitgliedschaften im Jahre 2004, in: Zeitschrift für Parlamentsfragen 36 (2005), S. 384.

15 Vgl. Everhard Holtmann, Repräsentation des Volkes durch Volksparteien? Nach wie vor hohes Maß an Parteiidentifikation, in: Eckhard Jesse/Roland Sturm (Anm. 9), S. 211–233. Siehe auch Ulrich Eith, Parteibindungen in Deutschland. Einstellungsprofile, Wahlrelevanz, politische Handlungsmöglichkeiten, Sankt Augustin 2005.

Tabelle 1: Bundestagswahlergebnisse 2005 nach Erst- und Zweitstimmen (in Prozent)

	Erststimmen	Zweitstimmen
Wahlbeteiligung	77,7	77,7
Ungültige	1,8	1,6
Gültige	98,2	98,4
SPD	38,4	34,2
CDU	32,6	27,8
CSU	8,2	7,4
GRÜNE	5,4	8,1
FDP	4,7	9,8
Die Linke	8,0	8,7
Offensive D	0,0	0,0
REP	0,1	0,6
NPD	1,8	1,6
Die Tierschutzpartei	0,0	0,2
GRAUE	0,0	0,4
PBC	0,1	0,2
DIE FRAUEN	0,0	0,1
FAMILIE	0,2	0,4
BüSo	0,1	0,1
BP	0,0	0,1
ZENTRUM	0,0	0,0
Deutschland	0,0	0,0
AGFG	0,0	0,0
APPD	0,0	0,0
50Plus	-	0,0
MLPD	0,0	0,1
Die PARTEI	0,0	0,0
PSG	-	0,0
Pro DM	-	0,0
CM	0,0	-
DSU	0,0	-
HP	0,0	-
HUMANWIRTSCHAFTS-PARTEI	0,0	-
STATT Partei	0,0	-
UNABHÄNGIGE	0,0	-
Übrige	0,3	-

Quelle: Zusammenstellung nach den amtlichen Wahlstatistiken.

Die FDP war diejenige Kraft, die am stärksten auf (Sozial-)Reformen gesetzt hatte. Manch einer, der ein schwarz-gelbes Bündnis wünschte, wollte diesen Teil der Koalition stärken, sei es wegen der Spitzenkandidatin der Union, sei es wegen der Reformkraft der FDP. Dieser Strategie wohnte ein hohes Risiko inne. Bei zusätzlichen Gewinnen von knapp einem Prozent für die FDP (aus den Reihen der Unionswähler) wäre es ebenfalls zu einer großen Koalition gekommen: freilich mit dem gravierenden Unterschied, dass der Kanzler Gerhard Schröder geheißen und Angela Merkel nicht mehr das Amt der Fraktionsvorsitzenden ausgeübt hätte. Die folgende These der Forschungsgruppe Wahlen ist wenig plausibel: „Die Gewinne der FDP sind größtenteils auf die Debatte um eine Große Koalition zurückzuführen. Viele Wähler aus dem bürgerlichen Lager wollten eine Große Koalition verhindern, die zum Schluss an Attraktivität verlor."[16] Mit der Wahl für die FDP konnte der Wähler doch keine Große Koalition verhindern. Die Angst, die Liberalen würden an der Fünfprozenthürde scheitern, war bar jeder Plausibilität. Sie profitierten vor allem davon, dass sie sich, anders als 2002, fest an die Seite der Union stellten, die Grünen vermutlich von der leichten Distanz zu ihrem großen Koalitionspartner.

Hätten die Grünen wie 2002 einen Lagerwahlkampf geführt, wären die Stimmeneinbußen wohl höher ausgefallen. Das Ergebnis ist angesichts der für sie wenig tröstlichen Ausgangsbasis (der Wähler wusste, dass ihnen künftig eine oppositionelle Rolle zufällt, ob es nun eine schwarz-gelbe oder eine Große Koalition gibt) recht beachtlich, zumal sie mit ihrem Spitzenkandidaten Joschka Fischer nicht mehr so punkten konnten wie 2002. Offenkundig ist die grüne Klientel von den Einschnitten im sozialen Sektor weitaus weniger betroffen als die der Sozialdemokraten.

Die Linkspartei hatte leichtes Spiel. Nach dem desaströsen Ergebnis von 2002 (eine Reihe situativer Faktoren war zusammengekommen) ebnete Gerhard Schröder ihr diesmal in einem zweifachen Sinne den Weg in den Bundestag: zum einen durch die nicht sonderlich gut kommunizierte Sozialreform („Hartz IV"), die auf beträchtliche Kritik stieß (nicht nur bei den Anhängern der PDS), zum anderen durch die plötzliche Initiierung von Neuwahlen. So fand sich die WASG schnell bereit, das Angebot der PDS zur Kandidatur auf ihrer Liste anzunehmen. Die Linkspartei erfuhr eine Westausweitung, die ihr bei dieser Wahl nutzte. Wer nicht die Parteien einzeln berücksichtigt, sondern die Ergebnisse der beiden „Lager"[17] zusammenfasst, kommt zu einem erstaunlichen Befund: 51,1 bzw. 51,0 heißt die Zahl, die Kontinuität und Wandel zugleich verkörpert. So hoch war nämlich der prozentuale Anteil der Stimmen von SPD, Grünen und PDS (bzw. der Linkspartei) – im Jahre 2002 (51,1 Prozent) wie bei der Wahl im Jahre 2005 (51,0 Prozent). Der Wandel zeigt sich in der Linksverschiebung. Die Union und die FDP kamen auf 45,9 (2002) und auf 45,0 Prozent (2005). 1998 war das Gewicht der drei linken Parteien noch stärker: 52,7 Prozent versus 41,3 Prozent. Wir haben also offenkundig eine strukturelle Mehrheit zugunsten dieser Kräfte. „Es führt für die Union nicht weiter, die Wahlniederlagen 1998, 2002 und 2005 jeweils als spezifische ‚Betriebsunfälle' zu interpretieren (‚Kohl-Überdruss', ‚Irak-Krieg', ‚Kirchhof-Effekt')."[18] Die drei linken Parteien bilden zwar eine (rein rechnerische) Mehrheit, aber nur eine negative. Sie sind sich einig in dem, was sie nicht wollen (eine schwarz-gelbe Regierung), aber nicht einig in dem, was sie wollen.

Kontinuität symbolisiert die Größenordnung, Wandel die andere Koalitionskonstellation. Angesichts des Erstarkens der Linkspartei hatte es weder zu einer Koalition für Rot-Grün noch Schwarz-Gelb gereicht. So war eine Koalition der Verlierer, der beiden großen Parteien nämlich, unvermeidlich. Die Paradoxie besteht darin, dass die

---

16 Forschungsgruppe Wahlen (Anm. 10), S. 12.

17 Der Begriff ist ungenau, da die SPD und die Grünen sich geweigert hatten, mit der Linkspartei zu kooperieren. Diese wiederum attackierte die beiden Parteien heftig, machte also keine Avancen.

18 Stephan Eisel, Reale Regierungsopposition gegen gefühlte Oppositionsregierung, in: Die politische Meinung 50 (2005), Nr. 12, S. 47–52, hier S. 47.

Union mit einem Verlust von 3,3 Prozent in die Regierung gelangte, die FDP mit einem Gewinn in der Opposition verharren muss.

Im Wahlkampf wollte keine politische Kraft eine Große Koalition. Sie wurde unvorsichtigerweise zum Teil sogar kategorisch ausgeschlossen. Durch das gute Ergebnis der Linkspartei gab es jedoch keine angemessene Alternative. Andere Varianten standen nicht ernsthaft zur Debatte. Rot-gelb-grün verbot sich schon deshalb, weil die FDP im Wahlkampf klar auf eine Koalition mit der Union gesetzt hatte, eine „schwarze Ampel" wegen der anderen Ausrichtung der Grünen ebenso. Im ersten Fall wären die Liberalen wortbrüchig geworden, im zweiten die Grünen. Ein rot-dunkelrot-grünes Bündnis, das nach außen hin unisono Ablehnung erfuhr, kam erst recht nicht in Frage (ebenso wie eine Tolerierung von Rot-Grün). Und Neuwahlen wären ein Armutszeugnis für die politische Klasse gewesen.

Schröders reklamierter Führungsanspruch nach der Wahl zielte ins Leere, da seine Partei, wenn auch knapp, hinter der Union lag, ebenso sein früherer Koalitionspartner hinter dem potenziellen der Union. Durch die Nachwahl in Dresden erhöhte sich der Vorsprung der Union um ein Mandat von drei auf vier. (Die SPD erreichte neun Überhangmandate, die CDU derer sieben).[19] Das Argument, CDU und CSU seien zwar eine Fraktion, aber zwei Parteien, und deshalb komme der SPD das Amt des Kanzlers zu, konnte nicht einmal die eigene Anhängerschaft überzeugen. Da Schröder am Wahlabend Angela Merkel attackiert und ihr in schroffer Form das Recht abgesprochen hatte, das Kanzleramt zu bekleiden, stellte sich die Union schon deshalb geschlossen hinter ihre Spitzenkandidatin. Vielleicht sicherte Schröder so Merkel wider Willen die Kanzlerschaft.

Immerhin hatte Schröder, und nicht Kohl, gegen heftige Widerstände in der eigenen Partei mit der „Agenda 2010" im Jahre 2003 die längst überfällige wirtschafts-, sozial- und finanzpolitische Kurskorrektur auf den Weg gebracht, wenn auch mit Halbheiten und nicht immer gut durchdacht.[20] Wohl nur eine sozialdemokratisch geführte Bundesregierung konnte den bitteren Reformprozess starten. Eine Große Koalition muss daran anknüpfen.

Die Erwartungen, die sich an die neue Regierung richten, sind groß, die Probleme ebenso: eine Arbeitslosigkeit von über fünf Millionen Menschen, massive Verschuldung, „leere Kassen", eine ungute demographische Entwicklung. Auch in der Renten-, Steuer- und Gesundheitspolitik erscheinen durchgreifende Reformen nötig. Deutschland ist nicht gut „aufgestellt". Ein Beispiel: Nahm Deutschland 1990 den dritten Platz der EU-Länder beim Bruttoinlandsprodukt je Einwohner ein, rangiert es jetzt auf Platz 11.[21] Wird die schwarz-rote Regierung mit ihrer Mehrheit im Bundestag und im Bundesrat den Erwartungen entsprechen? Es dürfte ein Vorteil sein, dass an der Spitze der bei-

19 Es hätte wegen der Überhangmandate leicht passieren können, dass die mandatsstärkste Partei nicht über die meisten Stimmen verfügt.

20 Vgl. den Beitrag von Roland Sturm, Eine Bilanz mit Schatten? Die Arbeit der rot-grünen Regierung auf zentralen Politikfeldern, in: Eckhard Jesse/ders. (Anm. 9).

den Volksparteien mit Angela Merkel und Matthias Platzeck Politiker stehen, bei denen aufgrund ihrer naturwissenschaftlichen Ausbildung Pragmatismus Ideologie überlagert.

III. Dimensionen des Parteiensystems und des Parteienwettbewerbs

Wer das Parteiensystem und den Parteienwettbewerb zu untersuchen gedenkt, muss ein Analyseraster bilden. Die Meinung in der Forschung über die spezifischen Merkmale und ihre Operationalisierung differiert. Die folgenden Ausführungen greifen einige Charakteristika heraus. Zu den wesentlichen Eigenschaften eines Parteiensystems mit Blick auf die elektorale Ebene gehören u.a. die Fragmentierung, die Asymmetrie und die Volatilität.[22] Zu den kennzeichnenden Eigenschaften des Parteienwettbewerbs mit Blick auf die gouvernementale Ebene zählen die Polarisierung und die Segmentierung.[23] Wie werden diese Eigenschaften gemessen?

Mit Fragmentierung ist die Zahl der „effektiven Parteien" gemeint. Sie verbindet die Zahl der Parteien mit ihrer Größe. Ein Parteiensystem, bei dem alle vier Parteien jeweils 25 Prozent aufweisen, wäre demnach ein Vierparteiensystem. Ist eine Partei bedeutend stärker als die anderen drei Parteien, nimmt der Grad der Fragmentierung ab. Die Zahl der „effektiven Parteien" wird ermittelt durch den Kehrwert der Summe der quadratierten Stimmenanteile aller Parteien.[24] Wer die Ergebnisse der nicht ins Parlament eingezogenen Parteien einbezieht, kommt zu einem Resultat, das die Fragmentierung ein wenig höher erscheinen lässt.

Unter Asymmetrie ist gemeinhin das Größenverhältnis der beiden größten Parteien zueinander zu verstehen.[25] Dabei wird die Differenz zwischen der größten und der zweitgrößten Partei gebildet. Dieses Verfahren ist unter den Bedingungen eines

---

21 Vgl. den Artikel (mit vielen weiteren aufschlussreichen Angaben): Zur Lage der Nation, in: Die Welt v. 17. September 2005, S. 5.

22 Vgl. hierzu den wegweisenden Aufsatz von Oskar Niedermayer, Zur systematischen Analyse der Entwicklung von Parteiensystemen, in: Oscar W. Gabriel/Jürgen W. Falter (Hrsg.), Wahlen und politische Einstellungen in westlichen Demokratien, Frankfurt a.M. u.a. 1996, S. 19–49.

23 Vgl. ders., Parteiensystem, in: Eckhard Jesse/Roland Sturm (Hrsg.), Demokratien des 21. Jahrhunderts im Vergleich. Historische Zugänge, Gegenwartsprobleme, Reformperspektiven, Opladen 2003, S. 261–288.

24 Vgl. u.a.: Markku Laakso/Rein Taagepera, ‚Effective' Number of Parties. A Measure with Application to West Europe, in: Comparative Politics 12 (1979), S. 3–27.

25 Oskar Niedermayer legt bei seinen Berechnungen für die Asymmetrie stets die Differenz zwischen dem Stimmenanteil der Union und dem der SPD zugrunde. Vgl. ders., Das gesamtdeutsche Parteiensystem, in: Oscar W. Gabriel/Oskar Niedermayer/Richard Stöss (Hrsg.), Parteiendemokratie, Opladen 1997, S. 106–130; ders., Die Bundestagswahl 1998: Ausnahme oder Ausdruck langfristiger Entwicklungen der Parteien und des Parteiensystems?, in: Ders. (Hrsg.), Die Parteien nach der Bundestagswahl 1998, Opladen 1999, S. 9–35; ders., Die Entwicklung des deutschen Parteiensystems bis nach der Bundestagswahl 2002, in: Ders. (Hrsg.), Die Parteien nach der Bundestagswahl 2002, Opladen 2003, S. 9–41.

Zweiparteiensystems sinnvoll, jedoch nicht bei einem Mehrparteiensystem, zumal dann nicht, wenn sich zwei Parteilager gegenüberstehen. So gab es, stellt man nur auf die beiden größten Parteien ab, bei der Bundestagswahl 1976 eine Asymmetrie von 6,0 Punkten zugunsten der Union gegenüber der SPD. Da diese aber in der FDP einen Koalitionspartner hatte, stellte sie weiterhin den Kanzler. Eine solche Vorgehensweise ist irreführend formal. Es erscheint daher angemessener, die Differenz zwischen zwei „Parteiblöcken“ zu messen.

Die Volatilität betrifft die Veränderungen der Stimmenanteile der Parteien gegenüber der vorherigen Wahl. Gemessen durch die Addition aller Stimmenveränderungen, wird dieser Wert halbiert, da Gewinne der einen Partei sich als Verluste bei einer anderen Partei niederschlagen.[26] Es handelt sich dabei nur um eine Netto-Volatilität. Die tatsächlichen Wählerströme, wie sie Wählerwanderungsbilanzen ermitteln wollen,[27] lassen sich damit nicht abbilden. Tatsächlich ist die Volatilität höher. Auch eine Partei, die insgesamt Stimmen verliert, hat Stimmen von den Konkurrenten gewonnen. Die erhöhte Wählermobilität aufgrund der nachlassenden Mileubindung muss sich mithin nicht in einer erhöhten Volatilität niederschlagen.

Polarisierung kann höchst unterschiedlich verstanden werden.[28] Sie hängt für den Verfasser mit den gesellschaftlichen Konfliktstrukturen zusammen. Nach Seymour M. Lipset und Stein Rokkan bestimmten vier Konfliktlinien die Herausbildung der Parteiensysteme: der Zentrum-Peripherie-Konflikt; der Staat-Kirche-Konflikt; der Stadt-Land-Konflikt; der sozio-ökonomische Konflikt zwischen Gewerkschaften und Unternehmern.[29] Die These der Autoren, die Parteiensysteme seien seit dem Beginn des 20. Jahrhunderts „eingefroren“, lässt sich – u.a. angesichts des Postmaterialismus – schwerlich halten. Das deutsche Parteiensystem ist in zweifacher Weise polarisiert: durch den alten sozio-ökonomischen Links-Rechts-Gegensatz einerseits sowie durch den neuen politisch-kulturellen Libertarismus-Autoritarismus-Gegensatz. Dabei muss eine libertäre Ausrichtung nicht notwendigerweise „links“, eine autoritäre nicht notwendigerweise „rechts“ sein.[30]

Die Segmentierung stellt darauf ab, in welchem Maße die Parteien untereinander als koalitionsfähig gelten. Parteiensysteme, die eine hohe Segmentierung aufweisen, zeichnen sich dadurch aus, dass vielen Parteien ihre Koalitionsfähigkeit bestritten wird. Ein nicht-segmentiertes Parteiensystem liegt vor, wenn alle Parteien untereinander

26 Vgl. Mogens H. Pedersen, The Dynamics of European Party Systems. Changing Patterns of Electoral Volatility, in: European Journal of Political Research 7 (1979), S. 1–26.

27 Vgl. etwa Infratest dimap, Wahlreport. Wahl zum 16. Deutschen Bundestag 18. September 2005, Berlin 2005.

28 Vgl. Oskar Niedermayer (Anm. 22), S. 26–28.

29 Vgl. Seymour M. Lipset/Stein Rokkan, Cleavage Structure, Party Systems, and Voter Alignments. An Introduction, in: Dies. (Hrsg.), Party Systems and Voter Alignments. Cross-National Perspectives, New York 1967, S. 1–64.

30 Ein Teil der Forschung nimmt aber durch Formulierungen wie „linkslibertär“ und „rechtsautoritär“ eine solche Zuordnung vor.

koalitionsfähig sind. Es bedarf der Unterscheidung zwischen den Parteien, die prinzipiell für eine Koalitionsbildung nicht in Frage kommen (in der Regel betrifft es solche extremistischer Couleur), und jenen, die nur für bestimmte Parteien als koalitionsfähig gelten.

Das deutsche Parteiensystem zeichnete sich bis zur deutschen Einheit insgesamt durch eine niedrige Fragmentierung aus, überwiegend durch eine Asymmetrie zugunsten der Union, durch eine unterschiedlich große Volatilität, eine eher geringe Polarisierung und eine schwache Segmentierung. So stand durch Koalitionsaussagen vor der Wahl in der Regel bereits die Art der jeweiligen Koalition fest.

IV. Wahlverhalten in den alten und den neuen Ländern

Der überraschende Ausgang der Bundestagswahl 2005 hat manch andere aufschlussreiche Aspekte in den Hintergrund treten lassen. Dazu gehört die strukturelle linke Asymmetrie in den neuen Ländern.[31] Erneut, wie bereits 2002, entschied der Osten, in dem nur 18,5 Prozent der Wähler beheimatet sind, die Wahl. Über 60 Prozent votierten für die drei Linksparteien, ebenso 1998 und 2002. Wäre nur im Westen gewählt worden, hätte es für eine schwarz-gelbe Koalition gelangt.[32] Bei den Bundestagswahlen 1990 stimmten die Deutschen in beiden Landesteilen für Schwarz-Gelb. Der Wunsch nach einer schnellen Einheit begünstigte im Osten das Votum für die Union. 1994 hatte Schwarz-Gelb im Westen die Mehrheit, nicht aber im Osten (wegen der dort stärkeren Präferenzen für die PDS). Insgesamt gab das Ergebnis im Westen den Ausschlag. Der Urnengang 1998 förderte ein analoges Abschneiden wie 1990 zutage, diesmal allerdings zugunsten von Rot-Grün in beiden Landeshälften. Die Union hatte im Osten nur 27,3 Prozent erreicht, die SPD hingegen 35,1 Prozent (vgl. Tabelle 2). Im Jahre 2002 änderte sich daran nichts Prinzipielles: Die Union steigerte sich um einen Punkt auf 28,3 Prozent, die SPD um 4,8 Punkte.

Die Gründe für die linke Asymmetrie des Ostens (ungeachtet der hohen Volatilität aufgrund der wenig ausgeprägten Parteibindungen) sind wesentlich in der historisch bedingten Versorgungsmentalität der Bürger zu suchen. Gleichheit zählt mehr als Freiheit. Die Idee des Sozialismus ist bei vielen Bürgern, die sich fremd im eigenen Land fühlen, noch nicht entzaubert, zumal die ökonomische Lage nicht nur zu Optimismus Anlass bietet. Seit 1949 sind über fünf Millionen Menschen in den Westen abgewandert. Auch deswegen mangelt es an bürgerlichen Lebensweisen und Leitbildern. Kritik an der massiven „Entbürgerlichung“ wird im Osten zum Teil als Kritik an den Ostdeutschen aufgefasst.

---

31 Vgl. u.a. Steffen Schoon/Nikolaus Werz, Die Bundestagswahlen 2005 in den neuen Ländern, in: Deutschland Archiv 38 (2005), S. 972–980.

32 Jedenfalls gilt das unter der Voraussetzung, dass der im Westen erreichte Stimmenanteil von 4,9 Prozent für die Linkspartei wegen der Fünfprozenthürde nicht mitgezählt wird.

Tabelle 2: Wahlverhalten im Wahlgebiet Ost und im Wahlgebiet West bei den Bundestagswahlen 1990 bis 2005 im Vergleich (in Prozent)

	Gesamt	Ost	West
Bundestagswahlen 1990			
SPD	33,5	24,3	35,7
CDU/CSU	43,8	41,8	44,3
FDP	11,0	12,9	10,6
B90/Gr.	5,0	6,1	4,8
PDS	2,4	11,1	0,3
Rechtsextreme Parteien	2,4	1,6	2,6
Sonstige	1,9	2,2	1,7
Bundestagswahlen 1994			
SPD	36,4	31,5	37,5
CDU/CSU	41,5	38,5	42,1
FDP	6,9	3,5	7,7
B90/Gr.	7,3	4,3	7,9
PDS	4,4	19,8	0,9
Rechtsextreme Parteien	1,9	1,3	2,0
Sonstige	1,6	1,1	1,9
Bundestagswahlen 1998			
SPD	40,9	35,1	42,3
CDU/CSU	35,1	27,3	37,0
FDP	6,2	3,3	7,0
B90/Gr.	6,7	4,1	7,3
PDS	5,1	21,6	1,2
Rechtsextreme Parteien	3,3	5,0	2,8
Sonstige	2,7	3,6	2,4
Bundestagswahlen 2002			
SPD	38,5	39,7	38,3
CDU/CSU	38,5	28,3	40,8
FDP	7A	6,4	7,6
B90/Gr.	5,6	4,7	9,4
PDS	4,0	16,9	1,1
Rechtsextreme Parteien	1,0	1,7	0,9
Sonstige	5,0	2,3	1,9
Bundestagswahlen 2005			
SPD	34,2	30,4	35,1
CDU/CSU	35,2	25,4	37,5
FDP	9,8	8,0	10,2
B90/Gr.	8,1	5,2	8,8
PDS	8,7	25,3	4,9
Rechtsextreme Parteien	2,2	4,2	1,7
Sonstige	1,7	1,5	1,8

Quelle: Zusammenstellung nach den amtlichen Wahlstatistiken.

Die SPD lag bei den letzten drei Wahlen im Osten vorne. Allerdings verlor sie diesmal 9,2 Punkte und übertraf nur knapp die 30-Prozent-Marke. Die CDU verlor unter Angela Merkel 3,0 Punkte gegenüber der vorherigen Wahl unter Edmund Stoiber und 2,0 Punkte gegenüber 1998. Das Ergebnis von 25,3 Prozent ist desaströs und u.a. mit der folgenden Paradoxie erklärbar: Die Spitzenkandidatin mit der atemberaubenden „Seiteneinsteiger"-Karriere (Bundesministerin von 1990 bis 1998; Generalsekretärin der CDU von 1998 bis 2000; Parteivorsitzende seit dem Jahre 2000), die ihre ostdeutsche Vergangenheit kaum in den Vordergrund gerückt hat, galt im Osten weithin als Westdeutsche, im Westen hingegen als Ostdeutsche. „Offenkundig begrenzten das Fehlen jeder Form von Ostalgie, die Ankündigung von Einschnitten und der Verzicht sowohl auf eine politische Vision als auch auf eine emotionale Wahlkampfführung die Ausstrahlung Merkels besonders in den neuen Ländern."[33]

Das Abschneiden von gelb und grün ist ebenfalls durch Kontinuität gekennzeichnet. Bis auf den Ausnahmefall des Vereinigungsjahres 1990 (der Genschereffekt wirkte sich im Osten seinerzeit ebenso aus wie die Erinnerung an die mutige Rolle der Bürgerrechtler) schneiden Liberale und Grüne im Osten schlechter ab: Der Mittelstand ist gleichermaßen unterentwickelt wie postmaterialistisches Gedankengut. Jedoch nähern sich die Ergebnisse beider Landesteile an. Bei den letzten drei Wahlen rangierte die FDP jeweils vor den Grünen.

Allerdings: Ost ist nicht gleich Ost.[34] Das zeigt sich besonders bei Landtagswahlen. In drei von fünf Ländern stellt die CDU den Ministerpräsidenten. In Sachsen konnte sie sich erneut, wie stets seit 1990, als stärkste Partei behaupten, wenn auch nur mit einem Anteil von 30,4 Prozent. Offenbar gibt es hier am ehesten einen Mentalitätswandel. Das Land orientiert sich in mannigfacher Weise an Baden-Württemberg und Bayern. Die FDP übertraf mit 10,2 Prozent gar den Stimmenanteil der Partei im Bund um 0,4 Punkte. Gegenüber dem „schwarzen" Sachsen weist Brandenburg, wo nur jeder fünfte Wähler sein Kreuz bei der CDU gemacht hat, ein eher gegenläufiges Wahlverhalten auf. Die PDS schnitt in Sachsen am schlechtesten ab, in Brandenburg am besten.

Überraschend ist weniger das Ergebnis der (erweiterten) PDS im Osten (sie liegt prozentual gleichauf mit der CDU, nur 1.289 Stimmen hinter ihr) – dass der Partei mehr als jede vierte Stimme zufällt, hätte im Vereinigungsjahr 1990 wohl niemand vermutet – als ihr Abschneiden im Westen. Diesmal vervierfachte die Linkspartei mit 4,9 Prozent ihr bisher bestes Resultat (1998: 1,2 Prozent). In einigen westlichen Ländern kam sie auf über fünf Prozent: im Saarland mit 18,5 Prozent (dank des „Lafontaine-Effektes") in Bremen mit 8,4 Prozent, in Berlin (West) mit 7,2 Prozent, in Hamburg mit 6,3 Prozent, in Rheinland-Pfalz mit 5,6 Prozent, in Hessen mit 5,3 Prozent und in Nordrhein-Westfalen mit 5,2 Prozent. Offenkundig spielten Protestwahlelemente eine

33 Steffen Schoon/Nikolaus Werz (Anm. 31), S. 977.

34 Vgl. Eckhard Jesse, Die Landtagswahlen in den neuen Bundesländern 1990 bis 2004, in: Deutschland Archiv 37 (2004), S. 952–962.

große Rolle. Dem Bündnis mit der WASG wohnt für die Linkspartei ohnehin ein Risiko inne, geht sie doch damit partiell des Ost-Bonus' verlustig. Sie ist so Milieu- und Protestpartei gleichermaßen. Die SPD in der Opposition hätte gute Aussichten gehabt, in das Wählerreservoir der Linkspartei einzubrechen, zumal kulturell-lebensweltliche Konflikte zwischen der Ost- und der West-Linken nach wie vor eine Rolle spielen. Im Gegensatz zum Jahr 2002, als die PDS vor allem Schwarz-Gelb attackierte, griff sie diesmal in erster Linie den „Neoliberalismus" der rot-grünen Bundesregierung an. Das zahlte sich aus.

Nicht nur der linke, sondern auch der rechte Rand reüssiert im Osten eher als im Westen, freilich auf einem deutlich niedrigeren Niveau. So konnte die antikapitalistisch auftrumpfende NPD in den neuen Ländern 3,6 Prozent der Stimmen erreichen, in den alten bloß 1,1. Der Osten ist offenkundig demokratisch noch nicht voll konsolidiert.[35] Die Prägekraft von über 40 Jahren Diktatur war wohl doch stärker als zunächst vermutet und verblasst nicht von heute auf morgen. Hinzu kommen die nicht nur ökonomisch schwierigen Probleme der Transformation. Die Lebensleistungen der Menschen im Osten Deutschlands in den letzten 15 Jahren fanden zu wenig Anerkennung.

Eine „schwarze Ampel", die „weniger Staat" auf ihre Fahnen schreiben würde, trüge kaum zum Zusammengehörigkeitsgefühl von Ost und West bei. Nur 38 Prozent der Ostdeutschen votierten 2005 für schwarz, gelb oder grün, lediglich 40 Prozent der Westdeutschen für SPD und PDS. Hingegen gaben im Osten 56 Prozent der SPD und der PDS ihre Stimme, während im Westen die Union, die FDP und die Grünen auf diesen Anteil gekommen sind. Viele Ostdeutsche sähen eine solche Koalition der „Globalisierer" als soziale Provokation an. Die Ressentiments gegenüber „dem" Westen nähmen unter Umständen zu.

Die Fixierung auf den Ost-West-Vergleich lässt vergessen, dass Deutschland auch eine Nord-Süd-Differenz im Wahlverhalten aufweist. Im stärker protestantisch geprägten Norden tut sich die Union schwer. „Schon 2002 konnten die Christdemokraten keine Mehrheit jenseits des ‚Weißwurstäquators' erringen."[36] Das zeigte sich erneut, wenngleich die CSU mit einem Verlust von 9,4 Prozentpunkten in Bayern einen großen Einbruch erleben musste: Der Spitzenkandidat war kein Bayer. Das Ergebnis für die CSU im Jahre 2005 fiel damit nicht aus dem Rahmen, wohl aber das vom Jahre 2002.

Wie Tabelle 3 erhellt, hat sich die Fragmentierung des deutschen Parteiensystems erhöht. Solche Angaben sind aber zum Teil wenig substantiell, wie sich bei der Asymmetrie zeigt. Obwohl im Jahre 2005 die Asymmetrie zugunsten von Schwarz-Gelb (2,7 Punkte) größer war als die Asymmetrie zugunsten von Rot-Grün (1,2 Punkte) 2002, reichte es seinerzeit für ein rot-grünes, diesmal aber nicht für ein schwarz-gelbes Bündnis. Der Einzug der PDS in den Bundestag machte ein solches unmöglich. Die Volatilität weist seit dem Jahre 1994 keine charakteristischen Abweichungen auf.

35 Vgl. Uwe Backes, Polarisierung aus dem Osten? Linke und rechte Flügelparteien bei der Bundestagswahl 2005, in: Eckhard Jesse/Roland Sturm (Anm. 9), S. 157–176..

36 Steffen Schoon/Nikolaus Werz (Anm. 31), S. 976.

Würde die Fragmentierung, die Asymmetrie und die Volatilität nur auf die neuen Länder bezogen, kämen im Durchschnitt höhere Werte heraus. Die Fragmentierung wäre deutlich größer. So erhielt die stärkste Partei, die SPD, bei der Bundestagswahl 2005 nur 30,4 Prozent. Derart niedrig lag der Anteil für die größte Partei noch nie. Auch die Volatilität ist im Osten stärker. Die SPD verlor bei der letzten Bundestagswahl 9,3 Punkte, die PDS gewann 8,4 Punkte. Was die Asymmetrie betrifft, lag sie 1990 bis 2002 im Osten höher als im Westen (bei den ersten beiden Wahlen zugunsten von Schwarz-Gelb, bei den späteren zugunsten von Rot-Grün), nicht jedoch 2005.

Tabelle 3: Größe des deutschen Parteiensystems 1990–2005 (in Prozentpunkten bei Asymmetrie und Volatilität)

	Fragmentierung[1]	Asymmetrie[2]	Volatilität[3]
1990	3,13	16,3	-
1994	3,16	4,7	7,2
1998	3,32	-6,3	7,7
2002	3,22	-1,2	6,5
2005	3,78	2,7	8,1

Quelle: Errechnung nach den Wahldaten.

1 Effektive Parteienanzahl; Kehrwert der Summe der quadrierten Stimmenanteile aller Parteien ohne Sonstige.
2 Unterschiede im Größenverhältnis der Stimmenanteile von CDU/CSU, FDP im Vergleich zu SPD, Grüne.
3 Halbierte Summe der Stimmenveränderungen aller Parteien.

V. Szenario für das künftige Parteiensystem

Es mag manches dafür sprechen, dass herkömmliche Koalitionsmuster (Schwarz-Gelb versus Rot Grün) schon deshalb nicht mehr zur Debatte stehen, weil die durch Schröders Neuwahl-Coup gestärkte Linkspartei um Gysi und Lafontaine sie blockiert, zumal diese Partei wegen der sozialdemokratischen Regierungsbeteiligung eher gestärkt als geschwächt erscheint. Eine Zweier-Koalition könnte künftig durch eine Dreier-Koalition ersetzt werden. Drei Möglichkeiten bieten sich an: Rot-Gelb-Grün („Ampel“), Schwarz-Gelb-Grün („schwarze Ampel“), Rot-Grün-Dunkelrot („Linksbündnis“). In allen drei Fällen wären die Grünen dabei, in zwei von drei die Liberalen, in einem Fall die Postkommunisten.

Ein Bündnis mit der Linkspartei stand nach der Bundestagswahl nicht zur Debatte. Die beiden großen Parteien buhlten stattdessen um die Gunst von Liberalen und Grünen, weil sie eine Große Koalition vermeiden wollten. Da die FDP eine „Ampel“-Koalition vehement abgelehnt hatte (obwohl es durchaus Gemeinsamkeiten der Liberalen mit Rot-Grün gibt, etwa in der Sicherheits- und Außenpolitik) und nicht einmal zu Sondierungen bereit gewesen war, tauchte die ungewöhnliche Variante einer schwarz-gelb-grünen Koalition als mögliche Alternative auf. Das wäre eine Art „Bogenkoalition“ gewesen (über die SPD hinweg).

Sie hätte die gängigen Koalitionsmuster aus einer Reihe von Gründen auf den Kopf gestellt, konnte jedoch schon wegen der Orientierung der Grünen an der SPD nicht Wirklichkeit werden. Die Grünen stehen für eine „multikulturelle Gesellschaft“; die Christdemokraten, vor allem die Christsozialen repräsentieren mit ihrer Idee von einer deutschen „Leitkultur“ eher die Gegenposition. Die einen wandeln auf den Spuren der 68er, die anderen sehen die Folgen der damaligen kulturellen Revolution skeptisch (Stichwort „gleichgeschlechtliche Partnerschaft“). Diese Wahrnehmung, bei Politikern der jüngeren Generation aller Richtungen jedoch weniger prägend, ist das größte Hindernis für ein solches Bündnis. Viele verharren in alten ideologischen Schützengräben. Und: Ein Probelauf für Schwarz-Grün war in den Ländern bisher ausgeblieben, ebenso eine „schwarze Ampel“. Ein Teil der grünen Basis würde bei einem solchen Experiment auf die Barrikaden gehen, eine Zerreißprobe sich ankündigen. Die Genugtuung vieler Anhänger der Grünen, die nicht „Steigbügelhalter“ für „neoliberale“ Experimente sein wollten, über das Scheitern von Schwarz-Gelb bei der Bundestagswahl war beredt genug. Auf der anderen Seite galten die Grünen für große Teile der Union bis vor kurzem als eine Art Feindbild, an dem sich die eigene Klientel „abarbeiten“ konnte. Unterschiedliche lebensweltliche Vorstellungen und kulturelle Gegensätze bestehen nach wie vor.

Solche Reaktionen ignorieren jedoch vielfältigen Wandel in der Anhängerschaft der beiden Parteien. Die Grünen sind nicht nur die Partei des jugendlich-konfessionellen Hedonismus in den Großstädten, die Christdemokraten keineswegs mehr bloß die christlich geprägte Partei älterer Wähler in ländlichen Gegenden. Durch Auflockerung der herkömmlichen Milieus – das sozio-ökonomische Cleavage erodiert ebenso wie das konfessionelle – nimmt die Ideologisierung ab und die Individualisierung zu. Dieser Umstand erhöht die Manövrierfähigkeit der Parteien. Peter Gauweiler ist bei der Union zum Teil ein Außenseiter geworden wie Hans-Christian Ströbele bei den Grünen. Der postmaterialistische Gestus, der das Aufkommen der Grünen begünstigt hat, geht angesichts der angespannten ökonomischen Entwicklung zurück. Die „Generation Golf (Florian Illies) bzw. die „Generation Reform“ (Paul Nolte) liegen quer zu den herkömmlichen Lagern. Die Grünen und Liberalen konkurrieren um nahezu dasselbe Wählerklientel, etwa um das der Besserverdienenden. Gewiss, durch die fortschreitende Emanzipation der Frau dominiert in der Wählerschaft der Grünen der Frauenanteil, bei der Union, anders als früher, der Männeranteil.[37] Aber auch die

37 Allerdings scheint nach den ersten, noch ungenauen Auszählungen der repräsentativen Wahlstatistik die Union bei den Frauen (34,5 Prozent) knapp besser abgeschnitten zu haben als bei den Männern (34,0 Prozent). Vgl. Statistisches Bundesamt (Hrsg.), Sonderheft: Erste Ergebnisse aus der repräsentativen Wahlstatistik für die Bundesrepublik Deutschland, Wiesbaden 2005, S. 10.

Union ist längst von tradierten Frauen- und Familienbildern abgerückt, wiewohl ein beträchtlicher Teil der Bevölkerung dies (noch) nicht angemessen wahrnimmt.

So kompliziert ein derartiges Dreiecksverhältnis auch wäre: Was die Politikfelder betrifft, gibt es aufgrund der geschilderten Veränderungen bei allen massiven Unvereinbarkeiten gleichwohl Gemeinsamkeiten, etwa in der Finanzpolitik. Hier sind die Schnittmengen der Grünen mit der Union und der FDP größer als mit der SPD. Die Grünen plädieren ebenso für Subventionsabbau und rücken das Prinzip der Subsidiarität in den Vordergrund. Eine weitere Annäherung ist durch den Zusammenbruch der DDR-Diktatur begünstigt worden. Ostdeutsche Repräsentanten vom Bündnis 90/Die Grünen, die zum Teil oppositionellen Kreisen entsprangen, verbindet mit den Positionen der Union die Kritik an der halbherzigen Aufarbeitung der Vergangenheit. Sie weisen eine andere Sozialisation auf als die in der partiellen Gegnerschaft zum westdeutschen Staat entstandenen Grünen. Allerdings sind diese längst weder eine „Einthemenpartei" noch eine „Eingenerationenpartei" mehr. Nur noch ein Drittel der heutigen Mitglieder war der Partei im Zuge der radikalen Umweltschutzbewegung in den achtziger Jahren beigetreten, ein Drittel stieß erst nach dem Regierungsbeginn 1998 zu ihr.

Wie sehen die strategischen Optionen der drei kleinen Oppositionsparteien aus? Im Bundestag ist die Partei der Grünen in der Mitte zwischen der Linkspartei und der FDP angesiedelt. Es besteht die Chance der eigenständigen Profilierung ebenso wie die Gefahr innerparteilicher Konflikte angesichts verschiedener, ja gegensätzlicher Optionen. Heute ist die Partei der Grünen in keiner Landesregierung mehr vertreten. Mit der SPD hätte sie nur in Bremen und in Rheinland-Pfalz eine Mehrheit. In dem einen Land regiert die SPD mit der FDP, in dem anderen mit der CDU. Die Linkspartei hingegen ist an zwei Landesregierungen als Juniorpartner der SPD beteiligt: in Mecklenburg-Vorpommern und Berlin, wo jeweils im September 2006 Wahlen anstehen. Die FDP hat in den Ländern die günstigste Ausgangsbasis: In Baden-Württemberg, Niedersachsen, Nordrhein-Westfalen, Rheinland-Pfalz und Sachsen-Anhalt regiert sie mit.

Die Grünen haben auf ihrer „25. Ordentlichen Bundesversammlung" am 15. Oktober 2005 einen Beschluss gefasst, der ihre Offenheit zum Ausdruck bringt. Sie sehen sich als „eigenständige Kraft"[38], die die „Oppositionsführerschaft" zu erringen sucht. Zwar heißt es als Reverenz an die SPD, die Partei strebe keine Äquidistanz zu den anderen Parteien an, doch zugleich findet sich folgende Formulierung: „Wenn wir GRÜNE im Bund mittelfristig nicht nur auf die Karte Rot-Grün oder auf die Rolle der Opposition beschränkt werden wollen, müssen wir auch dran arbeiten, neue Bündnisse parlamentarisch möglich zu machen. Das gilt ebenso für die Länderebene. Immer gehen Inhalte vor Macht." Und kryptisch wird vermerkt, dass neue Bündnisse nicht

38 Dieses Zitat samt der folgenden Zitate ist dem Beschluss der Partei entnommen: „Grün macht den Unterschied. Für die ökologische und solidarische Modernisierung unseres Landes", in: www.gruene-partei.de/cms/gruene_work/rubrik/6/6257.beschluesse.htm (1. November 2005).

im Parlament, sondern in der Gesellschaft beginnen, „bei den Wählerinnen und Wählern". Die Partei äußert sich in dem Beschluss gegenüber der FDP ablehnender als gegenüber der Union

In einem Strategiepapier vom 12. Dezember 2005 votierte der FDP-Vorsitzende Guido Westerwelle für einen „Politikwechsel"[39], für stabile Zwei-Parteien-Koalitionen (offenbar mit Blick auf die drei anstehenden Landtagswahlen im Frühjahr, bei denen die FDP jeweils ihre Regierungsbeteiligung zu verteidigen hat) und massiv gegen die Grünen. „Es ist [...] nicht sinnvoll, die Grünen mit einer neuen Machtperspektive aus ihrer zunehmenden Bedeutungslosigkeit herauszuführen. Die Grünen sind mit ihrem kollektivistischen und staatsbürokratischen Grundansatz ein politischer Gegner und kein strategischer Partner der FDP." Allerdings heißt es in dem Papier auch, die Frage künftiger Koalitionsaussagen auf Bundesebene werde dann beantwortet, wenn sie anstehe, und Länderkoalitionen hätten sich am Wohl des jeweiligen Landes zu orientieren.

Bei der Linkspartei stellen sich derartige Überlegungen momentan nicht. Weder ihre potentiellen Bündnispartner noch die Postkommunisten bringen das Thema vollmundig zur Sprache. Gleichwohl fassen Außenstehende wie Verdi-Chef Frank Bsirske ein Bündnis der Linkspartei mit der SPD und den Grünen ins Auge.[40] Der Dresdner Parteitag im Dezember 2005, auf dem führende Repräsentanten für ein Bündnis mit der SPD und den Grünen unter bestimmten Bedingungen votierten (u.a. Ablehnung der Bundeswehreinsätze im Ausland und Ablehnung von Hartz IV), billigte ein bereits geschlossenes Kooperationsabkommen mit der WASG, wonach spätestens Ende 2007 die Vereinigung vollendet sein soll. Eine Satzungsänderung ermöglicht nun eine Doppelmitgliedschaft in der Linkspartei und der WASG. Die WASG ist heterogen ausgerichtet. Einerseits sind Teile von ihr gemäßigter als die Postkommunisten, andererseits dogmatischer. So wird bisweilen der Rückzug aus den Landesregierungen von Berlin und Mecklenburg-Vorpommern gefordert. Konflikte sind programmiert.

Die strategische Position der SPD ist nicht besser als die der Union, wenngleich sie eine Option mehr zu haben scheint. Schließlich dürfte die FDP nicht bereit sein, auch nur dem Gedanken an eine „Ampel"-Koalition nahe zu treten; ein linkes Bündnis der SPD mit den Grünen und der Linkspartei ist gegenwärtig ebenso schwer vorstellbar. Auch die „Schwampel"-Variante ist momentan nicht eben wahrscheinlich. Sollte es dazu kommen, könnten die SPD und die Linkspartei näher zusammenrücken. Die Stärkung einer Partei am rechten Rand läge dann ebenso nahe. Die Zukunft des deutschen Parteiensystems war noch nie so offen wie nach der Bundestagswahl 2005.

Was die erwähnten gesellschaftlichen Konfliktstrukturen betrifft, gibt es erstaunliche Affinitäten zwischen den Grünen und den Liberalen. Es handelt sich um Parteien

---

39 Dieses Zitat samt der folgenden Zitate ist dem Papier von Guido Westerwelle entnommen: „Liberales Bündnis mit dem Bürger", in: www.liberale.de/portal/service (13. Dezember 2005).

40 Vgl. das folgende Interview: Bsirske: Rot-Rot-Grün kann Chance bekommen, in: Freie Presse v. 12. Dezember 2005, S. 4.

(das gilt ebenso für die Union), die alle „weniger Staat" wollen und die die unaufhaltsame Globalisierung eher als Chance begreifen. Auch mit Blick auf die politisch-kulturelle Konfliktlinie bestehen vielfältige Berührungspunkte. Beide Parteien sind eher auf dem libertären Pol einzuordnen, jedenfalls stärker als die Union. Wie das Beispiel zeigt, spielen neben diesen Konfliktlinien weitere Elemente für die Frage der Koalitionsgeneigtheit eine Rolle (z.B. Konkurrenzdenken). Die Gemeinsamkeiten gesellschaftlicher Grundüberzeugungen scheinen bei diesen beiden Parteien gegenwärtig noch nicht groß genug zu sein. SPD und PDS weisen mit ihrer freilich unterschiedlich starken Orientierung am Staat Ähnlichkeiten auf; im Gegensatz zur nicht ganz libertär eingestellten SPD ist die Linkspartei überwiegend autoritär ausgerichtet.

Die Frage der Segmentierung hängt eng mit der Frage der gesellschaftlichen Polarisierung zusammen. Die Linkspartei ist im Bund weder koalitionsfähig noch koalitionswillig. In den neuen Bundesländern stellt sich dies jedoch weitgehend anders dar. Von den vier anderen Parteien wäre die SPD bereit, mit der Union, den Grünen und der FDP zu koalieren. Hingegen tun sich die Union, die FDP und die Grünen schwer, ein Bündnis einzugehen. Allerdings: Der Ausgang der Bundestagswahl hat Auflockerungstendenzen begünstigt, Abschottungstendenzen abgeschwächt.

VI. Koalitionsveränderungen im Vergleich

Wie ist die Art der Koalitionsveränderung im Jahre 2005 im Vergleich zu früheren Koalitionswechseln unter dem Gesichtspunkt der Größenordnung einzuordnen? Als Koalitionsveränderungen von Belang sollen jene gelten, bei denen eine der beiden großen Parteien entweder aus der Koalition ausschied oder neu dazu kam.[41] Ein bisher nicht eingetretener Sonderfall wäre, dass zwar beide große Parteien in der Regierung bleiben, das Kanzleramt aber auf die andere Partei übergeht. Keine Berücksichtigung finden jene Koalitionsveränderungen, bei denen eine der kleineren Parteien der Regierung beitrat (wie z.B. der Gesamtdeutsche Block/Block der Heimatvertriebenen und Entrechteten 1953) oder sie verließ (wie z.B. die FDP 1956).

Es gab in dem genannten Sinne bisher zwei Koalitionsveränderungen zwischen Wahlen (1966 und 1982) und deren zwei nach Wahlen (1969 und 1998). Der Koalitionswandel des Jahres 2005 fällt unter die letzte Kategorie. So klar abgrenzbar das ist, so schwierig mag es sein, den jüngsten Koalitionswechsel nach der Größe der Veränderung[42] einzuordnen. Die geringste Koalitionsveränderung lag 1966 vor. Die bisherige Regierungspartei stellte erneut den Kanzler, die SPD gesellte sich als Juniorpartner dazu und löste die FDP ab. Der zweitgeringste Wandel geschah 1969. Der Junior-

41 Zur differenzierteren Systematisierung vgl. Eckhard Jesse, Koalitionsveränderungen 1949 bis 1994: Lehrstücke für 1998?, in: Zeitschrift für Parlamentsfragen 29 (1998), S. 460–477.

42 Das ist nur ein Aspekt unter anderen. So ließe sich danach fragen, welcher Koalitionswechsel die größten Veränderungen in der Politik mit sich brachte. Die Policy-Forschung misst einem solchen Gesichtspunkt besondere Relevanz zu.

partner SPD wurde Seniorpartner, die FDP kam neu hinzu. Die zweitstärkste Veränderung betraf das Jahr 1982. Die Oppositionspartei CDU/CSU wurde Hauptregierungspartei; die FDP, der kleine Partner, blieb an der Macht. Die größte Veränderung trat offenkundig 1998 mit dem ungefilterten Regierungswechsel ein: Zwei Oppositionsparteien gelangten in die Regierung, zwei Regierungsparteien in die Opposition.

Der Regierungswechsel des Jahres 2005 war gravierender als der von 1969, weil die bisherige Oppositionspartei Hauptregierungspartei wurde; er fiel weniger gravierend aus, weil die bisherige Hauptregierungspartei im Gegensatz zu 1969 weiterhin an der Regierung beteiligt ist, wenn auch nur als Juniorpartner. Je nach Perspektive, ob sich der Fokus auf die Regierungs- oder die Oppositionspartei richtet, ist der Regierungswechsel von 2005 schwerwiegender als der von 1969 oder weniger schwerwiegend. Die Zahl von nur fünf Koalitionsveränderungen dieser Art zeigt ein überaus hohes Maß an Koalitions- und damit auch an Parteienstabilität.

Die Koalitionswechsel standen oft, aber nicht immer in Verbindung mit einer Änderung der Kanzlerschaft. Bei den Übergängen von Konrad Adenauer zu Ludwig Erhard 1963 und von Willy Brandt zu Helmut Schmidt 1974 blieb jeweils dieselbe Koalitionskonstellation bestehen. Hingegen leitete der Beginn der Kanzlerschaften von Kurt Georg Kiesinger (1966), Willy Brandt (1969), Helmut Kohl (1982), Gerhard Schröder (1998) und Angela Merkel (2005) jeweils einen Koalitionswechsel ein. Die geringe Zahl von acht Kanzlern seit dem Beginn der zweiten deutschen Demokratie dementiert jegliches Krisengerede und zeigt die Festigkeit der Parteien.[43] Im Schnitt lag die Amtszeit bei acht Jahren. Nur Willy Brandt und Helmut Kohl kamen nicht im ersten Anlauf an die Regierungsspitze.

Im Vergleich zur Großen Koalition der Jahre 1966 bis 1969[44] liegen wesentliche Unterschiede vor, auch wenn die Union erneut Senior- und die SPD nur Juniorpartner ist. Seinerzeit stellte im Gegensatz zu diesmal die vorherige Regierung bereits den Kanzler. Das ermöglichte Kontinuität. Damals wünschte eine Reihe von Politikern aus beiden Lagern ein solches Bündnis, während 2005 kaum ein Politiker dieses Modell empfahl. Die erste Große Koalition vollzog sich nicht direkt im Anschluss an eine Wahl, sondern innerhalb einer Legislaturperiode. Seinerzeit wurde die Große Koalition gebildet, weil der Juniorpartner, die FDP, weder Interesse an einer Fortsetzung der bisherigen Koalition noch an einer Koalition mit der sozialdemokratischen Opposition zeigte. Binnen kurzem schwanden bei großen Teilen der Partei jedoch diese weltanschaulichen Vorbehalte, so dass Anfang der siebziger Jahre das Wort vom „historischen Bündnis" aus Sozialdemokraten und Liberalen die Runde machte. Ob die neue Große Koalition für die Liberalen „Wendejahre" bedeuten, ist nach den vorangegangenen Überlegungen nahezu auszuschließen. Hingegen steht die weitere Ent-

43 Vgl. u.a. Peter März, An der Spitze der Macht. Kanzlerschaften und Wettbewerber in Deutschland, 2. Aufl., München 2003.

44 Vgl. dazu unter einem spezifischen Parteiengesichtspunkt: Klaus Schönhoven, Wendejahre. Die Sozialdemokratie in der Zeit der großen Koalition 1966–1969, Bonn 2004.

wicklung der Grünen in den Sternen. Gleiches gilt für die Frage, ob die neue Große Koalition ebenso bis zum Ende der Legislaturperiode hält wie die alte.

Sollte die SPD bei den Landtagswahlen „abgestraft" werden und Stimmen an die Linkspartei verlieren, könnte dies zu einer Zerreißprobe führen. Innerhalb der großen Koalition verbietet es sich für die Partei, einen Linkskurs einzuschlagen. Auf diese Weise ist es ihr kaum möglich, enttäuschte Wähler von der Linkspartei zurückzugewinnen. Die erste Große Koalition im Bund begünstigte das Entstehen einer außerparlamentarischen Opposition von links und parlamentarische Erfolge der NPD in den Ländern. Es hängt von vielen Unwägbarkeiten ab (Gelegenheits- wie Angebotsstrukturen), ob die im Vergleich zur Zeit vor dreißig Jahren weitaus militanter agierende NPD[45] erneut ähnlich gute Ergebnisse zu erzielen vermag. Die gefestigte politische Kultur in den alten Ländern spricht dagegen. Hingegen dürften sich Erfolge am linken Rand des politischen Spektrums in Mandaten niederschlagen, weniger in öffentlichen Protesten. Schließlich ist eine solche Partei bereits im Bundestag etabliert.

VII. Schlussthesen

Erstens: Hätte die PDS bei der Bundestagswahl 2002 drei Direktmandate erreicht (statt deren zwei), wäre der von ihr errungene Stimmenanteil von vier Prozent bei der Mandatsvergabe berücksichtigt worden. Die Konsequenz dieses Unterlaufens der Fünfprozenthürde: eine Große Koalition. Im Jahre 2002 bestand also keine Wählermehrheit mehr für Rot-Grün, wohl aber eine Regierungsmehrheit. Bei der Bundestagswahl 2005 verlor Rot-Grün auch diese. In diesem Jahr reichte es zum ersten Mal nicht für ein konservativ-liberales oder rot-grünes Zweierbündnis. Die logische Konsequenz hieß: Große Koalition. Jede andere Koalitionsvariante wäre mit einem Bruch eines Wahlversprechens verbunden gewesen. Allerdings hatten Vertreter der Union und der SPD ein solches Bündnis vor der Wahl ausgeschlossen.

Zweitens: Das Parteiensystem in den neuen Ländern unterscheidet sich nach wie vor von dem in den alten. Die Linkslastigkeit im Osten ist wesentlich strukturell begründet, weniger situativ. Paternalistisches Denken überwiegt. Die Hoffnung richtet sich vielfach auf einen stärkeren staatlichen Interventionismus. Die Erfahrungen aus der DDR lösen sich nur langsam auf. Die Christdemokraten, die Liberalen und die Grünen sind bei den letzten drei Wahlen deutlich unter-, die SPD und vor allem die PDS stark überrepräsentiert.

Drittens: Da wegen der abnehmenden Integrationskraft der großen Parteien auf Bundesebene eine Mehrheit für eine schwarz-gelbe oder rot-grüne Koalition schwerer zu erreichen sein wird, kommen andere Koalitionskonstellationen ins Spiel, immer vorausgesetzt, die Linkspartei etabliert sich als eine parlamentarische Kraft. Solange

45 Vgl. u.a. Eckhard Jesse, Das Auf und Ab der NPD, in: Aus Politik und Zeitgeschichte B 42/2005, S. 31–38.

die SPD die Regierungspolitik mitbestimmt und damit einen Kurs der Mitte mitträgt, ist damit zu rechnen. Die extreme Rechte dürfte es selbst unter der sie begünstigenden Konstellation einer Großen Koalition nicht über die Fünf-Prozent-Hürde schaffen. Die Last der leidvollen Vergangenheit wirkt nach.

Viertens: Vieles spricht dafür, dass sich die Zahl der Optionen für die Parteien vergrößert, besitzt doch weder das Modell der Minderheitenregierung noch das der Großen Koalition in Deutschland eine sonderliche Attraktivität. Die Grünen und die Union werden eine Option mehr erhalten als bisher. Schwarz-grüne Koalitionen auf Länderebene dürften eine Frage der Zeit sein. Eine funktionierende Länderkoalition ist eine Voraussetzung für ein solches Experiment auf Bundesebene (gemeinsam mit den Liberalen).

Fünftens: Da die FDP aufgrund ihres Images als „Umfallerpartei" und wegen ihres wenig überzeugenden Kurses der Offenheit 2002 sowie der massiven gesellschaftlichen Probleme auf absehbare Zeit nicht die Affinität zur Union aufgibt, spricht vieles dafür, dass die Unionsparteien sich ebenso um die Grünen bemühen werden wie die Sozialdemokraten (im Verbund mit der Linkspartei). Die Grünen könnten in eine zentrale Rolle geraten. Dieses beidseitige Werben dürfte sie auf eine heftige Zerreißprobe stellen. In der Opposition stehen sie in einer schwierigen Position zwischen der Linkspartei, die jegliche Sozialreformen als „soziale Zumutung" geißelt, und den Liberalen, die mangelnden Reformwillen attackieren. Die Abkehr der Grünen von der Fixierung auf die SPD würde einen Gezeitenwechsel in der deutschen Politik bedeuten.

Sechstens: Sollten die erwähnten Koalitionskonstellationen nicht zustande kommen oder nicht funktionieren, werden sich die Stimmen aus der Politik, der Politikwissenschaft und der Publizistik für ein mehrheitsbildendes Wahlsystem mehren. Dieses bringt mit großer Wahrscheinlichkeit eine Alleinregierung der Union oder der SPD hervor. Die Einführung eines solchen Wahlsystems gälte zwar als manipulativer Akt gegenüber den kleineren Parteien, doch wäre sie unter bestimmten Umständen geboten (z.B. durch die permanente Politikblockade einer weder koalitionswilligen noch koalitionsfähigen Partei). Die Entwicklung des Parteiensystems in der Bundesrepublik Deutschland ist offener denn je. Das gilt für die Zahl der Parlamentsparteien wie für Koalitionsszenarien.

Streitbare Demokratie und politischer Extremismus von 1949 bis 1999

I. Einleitende Überlegungen

Kaum ein innenpolitisches Thema bewegte im Westen Deutschlands die Gemüter derart wie die Frage nach dem tatsächlichen oder vermeintlichen politischen Extremismus. Dieser Sachverhalt galt für die Anfangszeit ebenso wie er für die Gegenwart zutrifft. Allerdings sind beträchtliche Veränderungen zu verzeichnen. Eng damit verbunden ist die Frage danach, auf welche Weise sich der demokratische Verfassungsstaat in der Bundesrepublik seiner Gegner erwehren soll. Auch diese Thematik spielt seit fünfzig Jahren eine große Rolle, wiewohl ebenfalls aufschlussreiche Wandlungen eingetreten sind.

Dieser Beitrag verknüpft die Frage des politischen Extremismus[1] mit der nach dem Demokratieschutz. Welcher Zusammenhang besteht zwischen der Stärke des politischen Extremismus und der Abwehrbereitschaft des demokratischen Systems? Vier Varianten bieten sich: 1. Starker Extremismus, starke Abwehrbereitschaft; 2. Schwacher Extremismus, schwache Abwehrbereitschaft; 3. Starker Extremismus, schwache Abwehrbereitschaft; 4. Schwacher Extremismus, starke Abwehrbereitschaft. Antworten auf die Zusammenhänge zwischen Extremismus und Demokratieschutz fließen jeweils bei den folgenden drei Fragenbündeln ein:

(1) Wie hat sich im Jahre 1949 für die politisch Verantwortlichen die Situation dargestellt? Welche Vorkehrungen zum Schutz des demokratischen Verfassungsstaates wurden getroffen und welche Maßnahmen praktiziert? Welche Rolle spielte der politische Extremismus von rechts und von links in den Anfangsjahren der zweiten deutschen Demokratie? (2) Wie nimmt sich im Jahre 1999, ein halbes Jahrhundert danach, die Lage aus – mit Blick auf die beiden Varianten des Extremismus und mit Blick auf die Konzeption des Demokratieschutzes? Welche Perspektiven bieten sich an? In welche Richtung könnte die Entwicklung verlaufen? (3) Welche Gründe sind für Kontinuität und Wandel namhaft zu machen? Wo lagen die entscheidenden Zäsuren für Kontinuität und Wandel? Gibt es bei der streitbaren Demokratie Unterschiede in der Wahrnehmung von Links- und Rechtsextremismus? Der Aufbau gestaltet sich nach diesen drei Komplexen: Vergangenheit, Gegenwart, Gründe für die Entwicklung. Das Thema ist für eine Standortbestimmung der zweiten deutschen Demokratie von zentraler Bedeutung. Denn wenn die Kräfte des politischen Extremismus ein größeres

1 Uwe Backes, Politischer Extremismus in demokratischen Verfassungsstaaten. Elemente einer normativen Rahmentheorie, Opladen 1989.

Gewicht erlangen sollten, hat dies Konsequenzen für zahlreiche Politikfelder, könnten jene, die ihm widerstehen möchten, sich in die Defensive gedrängt sehen. Ließe sich die folgende Paradoxie formulieren, die den Demokratieschutz prinzipiell ad absurdum führt? Gegen kleinere antidemokratische Gruppierungen vorzugehen, ist wohl möglich, aber kaum sinnvoll; sich gegen größere antidemokratische Kräfte zu wehren, ist wohl sinnvoll, aber kaum möglich. Die abschließenden Überlegungen wollen mithin die Frage nach den Hoffnungen und Befürchtungen der Verfassungsväter vor dem Hintergrund der bisherigen Entwicklung beantworten.

II. Ausgangspunkt 1949 und Folgen

Der Parlamentarische Rat zeigte sich darin einig, dass eine Anknüpfung an die Weimarer Republik gerade mit Blick auf den Demokratieschutz um nahezu jeden Preis vermieden werden sollte. Es war Friedrich Karl Fromme, der in einer bei Theodor Eschenburg angefertigten Dissertation die retrospektive Sicht der Verfassungsväter herausgearbeitet hat. Das Grundgesetz stellt nach Fromme eine Reaktion auf Weimar wie auf das Dritte Reich dar. Die Orientierung an der Vergangenheit überlagerte alle anderen Überlegungen. Der Parlamentarische Rat „sah in der Weimarer Verfassungsentwicklung eine Entelechie zur Diktatur.“[2] Die entsprechenden Schutzbestimmungen im Grundgesetz sind vor diesem Hintergrund zu sehen. Das gilt für die Wertgebundenheit der Verfassung (nach Art 79 Abs. 3 dürfen u.a. die in den Art. 1 und 20 niedergelegten Grundsätze nicht geändert werden), das Vereinigungs- (Art. 9, Abs. 2) und Parteienverbot (Art. 21, Abs. 2) sowie die Möglichkeit der Verwirkung von Grundrechten (Art. 18 GG), um die wesentlichen Elemente der Streitbarkeit zu erwähnen.

Die „Anti-Weimar-Atmosphäre“[3] hat nicht nur die Beratungen des Parlamentarischen Rates bestimmt, sondern auch die zu den verfassunggebenden Versammlungen der Länder. Gibt es in der Diagnose hier keine Zweifel, so muss man die pejorative Sicht des Göttinger Staatsrechtlers Werner Weber nicht teilen: „Wie die geisterhafte Erscheinung eines nach verfehltem Leben unglücklich Abgeschiedenen hat die Weimarer Verfassung die Bonner Beratungen erfüllt und bedrückt.“[4] Der „kopernikanischen Wende“[5] ließe sich auch Gutes abgewinnen: So war die Illegitimierungsstrategie eine geeignete Antwort auf die Legalitätstaktik des politischen Extremismus. Die Konzeption der streitbaren Demokratie, wie sie im Grundgesetz fixiert worden ist,

---

2 Friedrich Karl Fromme, Von der Weimarer Verfassung zum Bonner Grundgesetz. Die verfassungspolitischen Folgerungen des Parlamentarischen Rates aus Weimarer Republik und nationalsozialistischer Diktatur, 2. Aufl., Tübingen 1962, S. 21.

3 Armin Scherb, Präventiver Demokratieschutz als Problem der Verfassungsgebung nach 1945, Frankfurt a.M. 1987, S. 189.

4 Werner Weber, Spannungen und Kräfte im westdeutschen Verfassungssystem, 3. Aufl., Berlin 1970, S. 9

5 Klaus Stern, Das Staatsrecht der Bundesrepublik Deutschland, Bd. 1, München 1977, S. 468.

wollte die Hilflosigkeit der relativistisch geprägten Demokratie des Weimarer Typs überwinden, die allerdings trotz der verfassungsrechtlichen Ausgestaltung nicht ganz so schwach hätte sein müssen, wie sie es war.[6] Ihr zentraler Gedanke ist die Vorverlagerung des Demokratieschutzes in den Bereich des nicht-gewaltförmigen politischen Handelns. Der demokratische Staat soll sich seiner Gegner nicht erst dann erwehren können, wenn diese Strafgesetze verletzen. Neben der Vorverlagerung sind als weitere Charakteristika Wertgebundenheit und Abwehrbereitschaft zu nennen. Die Kopplung von Werthaftigkeit mit Wehrhaftigkeit ist konsequent gewesen, weniger jedoch ihre praktische Umsetzung. Schließlich dürften nur solche Prinzipien für unabänderbar erklärt werden, die dem Schutz des demokratischen Staates dienen. Das ist jedoch mit der Republik und dem Bundesstaat anders. Befürworter der parlamentarischen Monarchie und des Einheitsstaats können ihre Vorstellungen nicht durchsetzen, obwohl sie weit entfernt davon sind, mit diktatorischen Vorstellungen zu liebäugeln. Wertgebundenheit verliert ihren Sinn, wenn keine Abwehrbereitschaft vorliegt. Diese ist – umgekehrt – ohne jene hinfällig.

Der demokratische Staat, der die Werte der Toleranz und der Liberalität auf seine Fahnen geschrieben hat, darf sich niemals des Waffenarsenals seiner Gegner bedienen. Insofern widerspricht die jakobinische Devise „Keine Freiheit den Feinden der Freiheit" dem Geist der deutschen Verfassung.[7] Bei der Form des Demokratieschutzes, zu der sich das Grundgesetz bekennt, handelt es sich in der Tat um ein „Grenzproblem der freiheitlichen demokratischen Grundordnung."[8] In anderer Weise stellte das Freiheitsverständnis der Weimarer Republik „ein Grenzproblem der Demokratie" dar. Vom Standpunkt der Weimarer Reichsverfassung betrachtet, gab es nämlich keine verfassungsfeindlichen Ziele, sondern lediglich verfassungsfeindliche Mittel. Die gesamte Verfassung stand zur Disposition des Gesetzgebers und lieferte damit die Instrumente zur weithin legalen Selbstliquidierung. Gegen die Verankerung eines unantastbaren Verfassungskerns machten und machen Kritiker insbesondere zwei Einwände geltend[9], die freilich in einem gewissen Spannungsverhältnis zueinander stehen. Erstens: Art. 79 Abs. 3 GG führe zu gesellschaftlicher Starrheit und schränke die Volkssouveränität ein. Das Grundgesetz werde sich neuen Entwicklungen nicht geschmeidig genug anpassen, und durch die „Ewigkeitsklausel" binde es nachfolgende Generationen. Zweitens: Die in Art. 79 Abs. 3 GG verbürgten „Ewigkeitswerte" seien faktisch Makulatur. Antidemokratische Gruppierungen setzten sich – unter der Voraussetzung, sie hätten genügend Macht – über sie schnell hinweg. Eine solche Verfassungsbestimmung stehe nur auf dem Papier, gaukele eine trügerische Sicherheit gegenüber dem politischen Extremismus vor und schwäche damit die Abwehrbereitschaft. Beide Ein-

6 Christoph Gusy, Weimar – die wehrlose Republik? Verfassungsschutzrecht und Verfassungsschutz in der Weimarer Republik, Tübingen 1991.

7 Uwe Backes, Schutz des Staates. Von der Autokratie zur streitbaren Demokratie, Opladen 1998.

8 BVerfGE 5, 139.

9 Brun-Otto Bryde, Verfassungsentwicklung. Stabilität und Dynamik im Verfassungsrecht, Baden-Baden 1982.

wände verkennen die Intention des Verfassungsgebers. Einerseits sind die verankerten „Ewigkeitswerte" weitgehend solcher Natur, dass sie die Fortentwicklung der gesellschaftlichen Ordnung innerhalb des demokratischen Rahmens nicht behindern. Durch den Verzicht auf eine Änderung des demokratischen und sozialen Bundesstaates bleibt das politische System flexibel. Und der Einwand, eine diktatorische Bewegung setze sich im Zweifel über die Grundsätze des Verfassungskerns hinweg, rennt offene Türen ein. Der Parlamentarische Rat war sich dieser Tatsache durchaus bewusst. Nur wollte er durch die Festschreibung eines Verfassungskerns erreichen, dass Gegner der Demokratie dann offen die Legalität verletzen müssten. Ein Legalitätskurs, wie ihn die Hitler-Bewegung mit beträchtlichem Erfolg 1933 steuerte, ist auf diese Weise unmöglich. Der „Maske der Legalität" (Thomas Dehler) könnten sich diktatorische Bestrebungen nicht bedienen.

Wurde das Demokratieschutzkonzept mit seinen wehrhaften, wertgebundenen und präventiven Elementen bereits 1949 im Grundgesetz entwickelt (und schon vorher in den Landesverfassungen), so spielte der feststehende Begriff der „streitbaren Demokratie", der sich erst in den siebziger Jahren im Zuge der Auseinandersetzung um die Treuepflicht im öffentlichen Dienst eingebürgert hatte, seinerzeit noch keine Rolle. Die Entstehungsgeschichte dieses Terminus ist insofern kurios, als der erstmalige Gebrauch auf die Übersetzung des Begriffs „militant democracy" aus einem zunächst in englischer Sprache publizierten Buch von Karl Mannheim zurückgeht, das im Jahre 1951 auf deutsch erschien.[10] Zudem wurde der Begriff hier in einer anderen Konnotation verwendet. Richard Thoma, einer der führenden Rechtspositivisten der Weimarer Zeit, sprach noch vor der Verabschiedung des Grundgesetzes von einer „befestigte[n] Demokratie."[11] Hätte das Bundesverfassungsgericht in seinem KPD-Urteil 1956 nicht den Ausdruck der „streitbaren Demokratie" gebraucht, sondern den der „befestigten Demokratie" übernommen, hieße das Konzept heute vielleicht so. Im übrigen wurden und werden Termini wie „abwehrbereit", „wachsam", „wehrhaft", „militant", „kämpferisch" mehr oder weniger synonym zu „streitbar" verwandt.

Der politische Extremismus spielte zu Beginn der Bundesrepublik Deutschland nur eine untergeordnete Rolle. Die KPD, die bei den Landtagswahlen zwischen 1946 und 1948 teilweise zweistellige Ergebnisse erzielt hatte, kam bei der ersten Bundestagswahl 1949 noch auf 5,7 Prozent. Sie hatte bereits ihren Höhepunkt überschritten, als die Bundesregierung gegen diese Partei, die in ihrem „Programm der nationalen Wiedervereinigung Deutschlands" (1952) zum Sturz des „Adenauer-Regimes" aufrief, im November 1951 einen Verbotsantrag beim Bundesverfassungsgericht stellte. Dieses gab ihm 1956 statt. Die KPD bildete in der Folge eine Reihe von Tarn- und Ersatzorganisationen.

---

10 Karl Mannheim, Diagnose unserer Zeit. Gedanken eines Soziologen (1941), Zürich u.a. 1951, S. 17.

11 Richard Thoma, Wesen und Erscheinungsformen der modernen Demokratien (1949), in: Ulrich Matz (Hrsg.), Grundprobleme der Demokratie, Darmstadt 1973, S. 66–106, hier S. 106.

Gegen die in Teilen neonationalsozialistische Sozialistische Reichspartei (SRP) wurde drei Tage zuvor – am 19. November 1951 – ein Verbotsantrag gestellt. Sie hatte bei der Landtagswahl in Niedersachsen im Mai 1951 (11,0 Prozent) und bei der Wahl zur bremischen Bürgerschaft im Oktober desselben Jahres (7,7 Prozent) große Erfolge erzielt und besser abgeschnitten als die Deutsche Rechtspartei 1949 bei der Bundestagswahl (1,8 %). Aufgrund der landesbezogenen Fünfprozentklausel (8,1 Prozent in Niedersachsen) war diese mit fünf Mandaten in den Deutschen Bundestag eingezogen. Die Situation des Rechtsextremismus unterschied sich zu Anfang der fünfziger Jahre von der des Linksextremismus: Während der Niedergang der KPD offen zutage lag, erzielte die SRP nach der Aufhebung des Lizenzierungszwangs unerwartet hohe Wahlergebnisse. Angesichts gravierender historischer Belastungen und zahlreicher sozialer Probleme – u.a. Millionen Flüchtlinge und Vertriebener – erwies sich die Situation im Nachkriegsdeutschland als ungeklärt. So wenig berechtigt die Parallelisierung im nachhinein auch erscheinen mag: Die Erinnerung an „1933" war im In- und Ausland überaus lebendig und wurde vielfach beschworen.

Der antitotalitäre Grundkonsens in rigider Form war seinerzeit so verbreitet, dass eine Differenzierung zwischen der rechts- und der linksextremistischen Variante mit Blick auf die Ablehnung des demokratischen Verfassungsstaates nicht für sinnvoll galt. Das herrschende Demokratieverständnis hatte sich in einer Art Überkompensation vom Relativismus der Weimarer Zeit weit entfernt. So wurden bis zum Inkrafttreten des Vereinsgesetzes von 1964 insgesamt 328 Verbotsverfügungen gegen Organisationen des rechten und linken Spektrums ausgesprochen. Gegen die für verfassungsfeindlich erachteten Vereinigungen kam es unabhängig von Überlegungen politischer Opportunität zu einem Verbot. Allerdings bedarf die hohe Zahl der Relativierung. Die Verbote gingen vom jeweiligen Landesministerium des Innern und nicht vom Bundesinnenministerium aus. Gegen eine bundesweit tätige Vereinigung extremistischer Couleur war demnach eine Reihe von Verbotsverfügungen notwendig. Zum Teil erfolgte das Verbot gar auf der Ebene der Regierungspräsidien. So erging eine entsprechende Verfügung gegen die „Gesellschaft für deutsch-sowjetische Freundschaft" neunzehnmal. Insgesamt handelte es sich um 40 links- und 24 rechtsextremistische Organisationen, die der Bann des Verbots traf.[12]

Gleichwohl: Der politische Extremismus war zu Beginn der Bundesrepublik schwach. Hingegen erwies sich die Abwehrbereitschaft als überaus kräftig, auch in administrativer Hinsicht, bedingt u.a. durch ein ausuferndes politisches Strafrecht.[13] Zum Teil vollzog sie sich in rigorosen Formen, die der Liberalität der Ordnung kein Ruhmesblatt ausstellten. Beispielsweise wurden Mitglieder der KPD nach dem Ver-

12 Eckhard Jesse, Streitbare Demokratie in Vergangenheit, Gegenwart und Zukunft. Eine umstrittene Konzeption zwischen Kontinuität und Wandel, in: Konrad Löw (Hrsg.), Terror und Extremismus in Deutschland, Berlin 1994, S. 11–27.

13 Reinhard Schiffers, Zwischen Bürgerfreiheit und Staatsschutz. Wiederherstellung und Neufassung des politischen Strafrechts in der Bundesrepublik Deutschland 1949–1951, Düsseldorf 1989.

bot für ihre Aktivitäten vor dem Verbot zur Rechenschaft gezogen.[14] Kritik entzündete sich daran seinerzeit kaum. Die Mehrheitskultur der sich unsicher fühlenden „Schönwetterdemokratie" reagierte gegen beide Extrempositionen des politischen Systems überängstlich.

III. Standortbestimmung 1999 und Perspektiven

50 Jahre nach der Verabschiedung des Grundgesetzes ist Deutschland nicht mehr geteilt, die zweite Diktatur auf deutschem Boden verschwunden. In vielfacher Hinsicht nimmt sich die Situation des Demokratieschutzes und des politischen Extremismus anders aus als Ende der vierziger, Anfang der fünfziger Jahre. Die Kritik gegenüber der streitbaren Demokratie ist harscher geworden, obwohl diese in mannigfaltiger Form nur noch abgeschwächt praktiziert wird. Die Einwände gegenüber dem Demokratieschutz sind teilweise widersprüchlich. Die eine Position bemängelt, das Konzept der streitbaren Demokratie habe im Laufe der Jahrzehnte mehr und mehr an Wirksamkeit verloren und leide an Entkräftung. Eine Ausschöpfung und beherztere Anwendung der Abwehrinstrumente sei für den Schutz der Demokratie dringend erforderlich.[15] Die andere Variante weist in die entgegengesetzte Richtung: Das ideologieanfällige Prinzip der streitbaren Demokratie messe der Staatsräson gegenüber der Idee individueller Entfaltungsmöglichkeit überhöhte Bedeutung zu. „Die ‚Lehre von der streitbaren Demokratie' – konsequent weitergeführt – [kann] in ein autoritäres Staatsverständnis einmünden."[16]

Wer hat Recht? Weder die eine noch die andere Seite trifft ins Schwarze. Denn in aller Regel steht nicht einer „weichen" eine „harte" Linie gegenüber. Entscheidend für die Bewertung ist vielmehr, gegen welche extremistische Kraft vorgegangen wird. In der Regel ist es so, dass die etablierten Parteien sich gegenseitig vorwerfen, nicht entschieden genug ihren „benachbarten" Extremismus zu bekämpfen. Das Ergebnis fällt, stellt man ausschließlich auf die Verbotspraxis ab, eindeutig aus: Seit dem Vereinsgesetz von 1964 ist keine inländische linksextremistische Organisation auf Bundesebene mehr verboten worden. Hingegen wurden zahlreiche rechtsextremistische Organisationen durch die Exekutive ausgeschaltet – in den neunziger Jahren allein 15, davon fünf durch den Bundesminister des Innern („Nationalistische Front", 27. November 1992; „Deutsche Alternative", 10. Dezember 1992; „Nationale Offensive", 22. Dezem-

14 Alexander von Brünneck, Politische Justiz gegen Kommunisten in der Bundesrepublik Deutschland 1949–1968, Frankfurt a.M. 1978.

15 Friedrich Karl Fromme, Die streitbare Demokratie im Bonner Grundgesetz. Ein Verfassungsbegriff im Wandel, in: Bundesministerium des Innern (Hrsg.), Verfassungsschutz und Rechtsstaat. Beiträge aus Wissenschaft und Praxis, Köln u.a. 1981, S. 185–218.

16 Eckart Bulla, Die Lehre von der streitbaren Demokratie. Versuch einer kritischen Analyse unter besonderer Berücksichtigung der Rechtsprechung des Bundesverfassungsgerichts, in: Archiv des öffentlichen Rechts 98 (1973), S. 340–360, hier S. 330.

ber 1992; „Wiking Jugend“, 10. November 1994; „Freiheitliche Deutsche Arbeiterpartei“, 24. Februar 1995) und zehn durch die Innenminister der Bundesländer. Durch die fremdenfeindlichen Ausschreitungen in der ersten Hälfte der neunziger Jahre – verstärkt in den neuen Bundesländern – sah sich der Staat zu einer solchen mehr oder weniger symbolischen Geste veranlasst.

Die Haltung des demokratischen Verfassungsstaates gegenüber Rechts- und Linksextremismus ist sehr unterschiedlich, nahezu gegenläufig: Beim Rechtsextremismus orientiert sich der demokratische Staat zunehmend am Legalitätsprinzip, jedenfalls bei neonationalsozialistisch angehauchten Vereinigungen. Insgesamt viermal stellten die Bundesregierungen beim Bundesverfassungsgericht einen Antrag, bestimmten Personen (Otto Ernst Remer, Gerhard Frey, Heinz Reisz, Thomas Dienel) gemäß Art. 18 GG bürgerliche Aktivrechte zu entziehen. Alle Anträge, die sich ohne Ausnahme gegen Rechtsextremisten richteten, wurden vom Gericht abschlägig beschieden. Bei antidemokratischen Organisationen von links legen die politisch Verantwortlichen großzügig das Opportunitätsgebot zugrunde, wenn sie überhaupt noch, sofern sie keine Gewalt anwenden und propagieren, in den Verfassungsschutzberichten des Bundes und einiger Länder als extremistisch firmieren.

Die Demokratieschutzkonzeption der Bundesrepublik Deutschland nähert sich damit immer mehr der Praxis in anderen westlichen Demokratien an, was die extreme Linke betrifft. Diese übernehmen partiell die Konzeption der streitbaren Demokratie bei der Auseinandersetzung mit Gruppierungen von rechtsaußen. Der Demokratieschutz ist in Frankreich[17] mit Blick auf die nicht gewalttätige extreme Rechte aufgehoben worden („aufheben“ verstanden im Sinne von bewahren), in Deutschland mit Blick auf die nicht gewalttätige extreme Linke partiell ebenso („aufheben“ hier allerdings verstanden im Sinne von beseitigen). Dies gilt etwa für das Verhalten gegenüber der PDS.

Was den politischen Extremismus betrifft, so konnte der Rechtsextremismus bei Wahlen auf Bundesebene nicht reüssieren[18], hingegen zuweilen auf Landesebene (die NPD in der zweiten Hälfte der sechziger Jahre, die DVU und die REP Ende der achtziger, Anfang bzw. Ende der neunziger Jahre). Keiner rechtsextremistischen Partei ist seit 1953 der Einzug in den Deutschen Bundestag gelungen. Bei der Bundestagswahl 1998 kamen die drei Rechtsaußenparteien REP, DVU und NPD bundesweit zusammen nur auf 3,3 Prozent. Hingegen zog bei allen Wahlen seit dem Jahre 1990 die aus der SED hervorgegangene PDS in den Deutschen Bundestag ein: 1990 mit bundesweit 2,4 Prozent (dank der für das Wahlgebiet Ost und West gesondert geltenden

17 Isabelle Canu, Der Schutz der Demokratie in Deutschland und Frankreich. Ein Vergleich des Umgangs mit politischem Extremismus vor dem Hintergrund der europäischen Integration, Opladen 1997.

18 Peter Dudek/Hans-Gerd Jaschke, Entstehung und Entwicklung des Rechtsextremismus in der Bundesrepublik. Zur Tradition einer besonderen politischen Kultur, 2 Bde., Opladen 1984; Oliver Sowinski, Die Deutsche Reichspartei 1950–1965. Organisation und Ideologie einer rechtsradikalen Partei, Frankfurt a.M. 1998.

Sperrklausel), 1994 mit bundesweit 4,4 Prozent (dank des Gewinns von vier Direktmandaten) und 1998 mit bundesweit 5,1 Prozent (dank der Überwindung der Fünfprozentklausel). Von 1953 bis 1990 war im Deutschen Bundestag keine linksextremistische Partei vertreten. Die PDS weist zwar ganz andere Strukturen als die SED auf und ist in ihrem innerparteilichen Leben wie in ihrer ideologischen Ausrichtung insgesamt keine kommunistische Partei mehr. Doch kann diese Partei, die sich beispielsweise nicht dazu durchringt, die DDR als „Unrechtsstaat" zu klassifizieren und die SED-Herrschaft von Anfang an als illegitim anzusehen, wahrlich kein Gralshüter des demokratischen Verfassungsstaates sein. Sie duldet, ja fördert offen linksextremistische Strukturen (kommunistische und „autonome" Plattformen; Marxistisches Forum etc.) und schließt in ihre Bündnispolitik kommunistische Parteien des mehr oder weniger orthodoxen Typs ein. Dies wird in der Politik, der Wissenschaft und der Publizistik nicht immer mit der gebotenen Deutlichkeit zur Sprache gebracht.

Man kommt nicht um den Befund herum, dass die „Erosion der Abgrenzung"[19] weit fortgeschritten ist, jedenfalls gegenüber Positionen von linksaußen, im intellektuellen Milieu mehr als in der praktischen Politik. Allerdings ist auch eine gegenläufige Entwicklung zu verzeichnen: Die extreme Linke ist in den neunziger Jahren weitaus weniger einflussreich als in den siebziger und achtziger Jahren. Was die extreme Rechte betrifft, fällt ebenfalls eine Paradoxie auf: Einerseits ist sie von der öffentlichen Meinung gänzlich an den Rand gedrückt und stigmatisiert, trat entgegen anderslautenden – differenzierten[20] oder plumpen[21] – Behauptungen eine „Erosion der Abgrenzung" weithin nicht ein. Andererseits existiert der Rechtsextremismus in seinen verschiedensten Schattierungen – zumal im subkulturellen Milieu – in einem Umfang, wie das in den siebziger und achtziger Jahren nicht der Fall gewesen ist (z.B. Durchführung von Demonstrationen).

Die Perspektiven sind vielfältig: Sollte der parteipolitische Rechtsextremismus weiter zunehmen, könnte die Konzeption der streitbaren Demokratie eine generelle Aufwertung erfahren, und zwar selbst in jenen Kreisen, in denen sie bisher weithin auf Misstrauen stößt. Allerdings ist auch ein anderes Szenario möglich: Viele wissen nichts mehr mit Demokratieschutz anzufangen, sind bei Aktivitäten der Sicherheitsbehörden von vornherein skeptisch und bringen allen Formen der streitbaren Demokratie Misstrauen entgegen.[22] Die Konsequenz wäre, dass nach dem administrativen Verfassungs-

19 Wolfgang Rudzio, Die Erosion der Abgrenzung. Zum Verhältnis zwischen der demokratischen Linken und Kommunisten in der Bundesrepublik Deutschland, Opladen 1988; Alexander Gallus, Für und wider eine „Erosion der Abgrenzung". Der politische Extremismus aus vergleichend-historischer Perspektive, in: Ralf Altenhof/Eckhard Jesse (Hrsg.), Das wiedervereinigte Deutschland. Zwischenbilanz und Perspektiven, München 1995, S. 69–98.

20 Armin Pfahl-Traughber, Brücken zwischen Rechtsextremismus und Konservativismus, in: Wolfgang Kowalski/Wolfgang Schroeder (Hrsg.), Rechtsextremismus. Einführung und Forschungsbilanz, Opladen 1994, S. 160–182.

21 Jens Mecklenburg (Hrsg.), Handbuch Deutscher Rechtsextremismus, Berlin 1996.

22 Claus Leggewie/Horst Meier, Republikschutz. Maßstäbe für die Verteidigung der Demokratie. Mit zwei Exkursen von Alexander Molter und Wolfgang Stenke, Reinbek bei Hamburg 1995.

schutz auch der argumentative Verfassungsschutz in die Defensive geriete. Der Konsens ginge verloren, welche Gruppierungen als extremistisch zu gelten haben. So ringt sich Friedrich Karl Fromme in geradezu melancholisch klingender Form zu dem Fatalismus durch, dass die Konzeption der streitbaren Demokratie „zeitbezogen und zeitgebunden war, und dass sich auch die zweite deutsche Demokratie letzten Endes ohne dieses Verfassungsprinzip behelfen muss, möge es auch für Verfassungshistoriker noch so interessante Spuren im Grundgesetz hinterlassen haben."[23]

Cum grano salis gilt: Der politische Extremismus ist stärker und schwächer zugleich als zu Beginn der Republik 1949. Stärker deshalb, weil er im subkulturellen Milieu vielfache Gewaltbereitschaft an den Tag legt; schwächer deshalb, weil er im allgemeinen – jedenfalls gilt das für Parteien, die an Wahlen teilnehmen – nicht mehr die frühere Aggressivität besitzt. Das trifft für rechts wie links zu. Die Abwehrbereitschaft ist in weiten Teilen kaum noch gegeben – jedenfalls gegenüber linksaußen. Ist der Verzicht auf ein Verbot so zu deuten, dass die betreffende Gruppierung inzwischen ein gewisses Maß an Salonfähigkeit erreicht hat? Wer verbotene Vereinigungen unter die Lupe nimmt, mag diesen Gedanken als überzeugend empfinden. Man verbietet auffallenderweise rechtsextemistische Vereinigungen, zu denen selbst andere rechtsextremistische Gruppierungen auf Distanz gehen. Aber das ist nur die eine Seite der Medaille: Weil extremistische Parteien aufgrund von Prozessen der Akkulturation gemäßigter – der Komparativ ist weniger als der Positiv – geworden sind (man vergleiche die KPD der fünfziger Jahre mit der DKP der sechziger bis achtziger Jahre und der PDS der neunziger Jahre einerseits, ebenso die SRP der fünfziger Jahre mit der NPD der sechziger Jahre und den REP der neunziger Jahre andererseits), wäre ein Verbotsantrag mit großen Risiken verbunden, hat doch das Bundesverfassungsgericht im KPD-Urteil Pflöcke eingerammt und jedem Missbrauch einen Riegel vorgeschoben: „Eine Partei ist auch nicht dann schon verfassungswidrig, wenn sie diese obersten Prinzipien einer freiheitlichen demokratischen Grundordnung nicht anerkennt, sie ablehnt, ihnen andere entgegengesetzt. Es muss vielmehr eine aktiv kämpferische, aggressive Haltung gegenüber der bestehenden Ordnung hinzukommen, sie muss planvoll das Funktionieren dieser Ordnung beeinträchtigen, im weiteren Verlauf diese Ordnung selbst beseitigen wollen. Das bedeutet, dass der freiheitlich-demokratische Staat gegen Parteien mit einer ihm feindlichen Zielrichtung nicht von sich aus vorgeht; er verhält sich vielmehr defensiv, er wehrt lediglich Angriffe auf seine Grundordnung ab."[24]

---

23 Friedrich Karl Fromme, Das Prinzip der „streitbaren Demokratie" im Wandel (1980), in: Eckhard Jesse (Hrsg.), Bundesrepublik Deutschland und Deutsche Demokratische Republik. Die beiden deutschen Staaten im Vergleich, 4. Aufl., Berlin 1985, S. 89.

24 BVerfGE 5, 141.

IV. Gründe für Kontinuität und Wandel

Im Gegensatz zur Weimarer Republik besteht unter den großen Parteien ein Basiskonsens über die Grundlagen der Demokratie. Darin hat sich seit dem Jahre 1949 im Prinzip nichts geändert. Auch in der Bejahung der Konzeption der streitbaren Demokratie und der Ablehnung des politischen Extremismus weiß man sich prinzipiell einig. In dieser Hinsicht ist die Bundesrepublik Deutschland weit von der Weimarer Republik entfernt. Doch wie eine nähere Analyse zeigt, wird dieser rhetorische Konsens von mannigfachem Dissens überlagert.

Zwei wesentliche Zäsuren sind für den Komplex Extremismus und streitbare Demokratie auszumachen: „1968" und „1989". Diese Jahreszahlen symbolisieren tiefgreifende Wandlungen. Das eine Jahr stellt den Aufbruch der linksintellektuellen Jugend nicht nur im Westen Deutschlands dar. Das andere besiegelt das so überraschende wie schnelle Ende des Kommunismus auf dem Boden Ostdeutschlands mit Konsequenzen für die vereinigte Bundesrepublik.

„1968"[25] symbolisiert mit der Studentenbewegung und ihren Folgen einen nahezu kulturrevolutionären Bruch. Dieser fiel besonders deutlich in Deutschland aus. Die 68er-Bewegung war nicht ausgerichtet am Kommunismus der Moskauer Prägung, sondern mischte marxistische, hedonistische und antiautoritäre Elemente. Die Protestbewegung, die vom SDS ausging[26], zeichnete sich in Deutschland durch eine Reihe von Eigentümlichkeiten aus. Hierzu gehörte etwa eine forcierte Form der Vergangenheitsbewältigung als Reaktion auf eher halbherzige Aufarbeitungsversuche im ersten Nachkriegsjahrzehnt. Die Entstehung einer neuen, an der DDR orientierten Partei ging allerdings nicht auf die 68er-Bewegung zurück, obwohl sie in dieselbe Zeit fiel. Es kam in den sechziger Jahren vermehrt zu Überlegungen aus demokratischen Kreisen, ob und inwiefern das Verbot der KPD noch zeitgemäß sei. Erstens wollte man der misslichen Situation entgehen, sich immer wieder dem wenig schmeichelhaften Vergleich mit den Diktaturen Spaniens und Portugals, in denen kommunistische Parteien ebenfalls verboten waren, ausgesetzt zu sehen. Zweitens schien die Existenz einer kommunistischen Partei aus Gründen der Equilibristik opportun, zumal nicht nur das östliche Ausland die Erfolge der NPD argwöhnisch beobachtete. Drittens gewann der Gedanke zunehmend an Boden, eine Demokratie wie die Bundesrepublik könne auch eine an der DDR ausgerichtete Partei verkraften und integrieren, hatte doch das in den fünfziger Jahren vorherrschende „Stabilitätstrauma" (Kurt Sontheimer) nachgelassen. Viertens war das Verbot im Zuge der allmählich einsetzenden Entspannung ein propagandistisch leicht auszubeutendes Manko, obgleich

25 Ingrid Gilcher-Holtey (Hrsg.), 1968. Vom Ereignis zum Gegenstand der Geschichtswissenschaft, Göttingen 1998; Wolfgang Kraushaar (Hrsg.), Frankfurter Schule und Studentenbewegung. Von der Flaschenpost zum Molotowcocktail. 1946–1995, 3 Bde., Hamburg 1998.

26 Siegward Lönnendonker (Hrsg.), Linksintellektueller Aufbruch zwischen „Kulturrevolution" und „kultureller Zerstörung". Der Sozialistische Deutsche Studentenbund (SDS) in der Nachkriegsgeschichte (1946–1969). Dokumentation eines Symposiums, Opladen 1998.

Gesichtspunkte mit Blick auf eine „neue Ostpolitik" seinerzeit nur eine marginale Rolle spielten.

Zur Zeit der Großen Koalition fand man eine Lösung, die sowohl Gegner wie Befürworter einer „Wiederzulassung" der kommunistischen Partei einigermaßen befriedigte. Durch die Verabschiedung des Achten Strafrechtsänderungsgesetzes vom Mai 1968 wurde die Betätigung für kommunistische Ersatzorganisationen erst dann strafbar, wenn die Legislative einen Antrag auf Verfolgung stellte. Die Bundesregierung ließ durchblicken, sie werde gegen eine neue kommunistische Partei nicht vorgehen, auch wenn sie sich an der Politik Moskaus orientiere. Eine „Wiederzulassung" der KPD war nicht erreichbar. So sprach die 1968 ins Leben gerufene DKP etwas verschleiernd von einer „Neukonstituierung" und vermied Reizvokabeln wie die „Diktatur des Proletariats", obgleich an ihrer Abhängigkeit von der SED – in ideologischer, organisatorischer und finanzieller Hinsicht – von Anfang kein Zweifel bestand.[27]

Hingegen wären die Proteste gegen den aufsehenerregenden Extremistenbeschluss keineswegs so stark und erfolgreich gewesen, wenn sich der DKP nicht ein beträchtlicher Teil der 68er-Bewegung angeschlossen hätte. Am 28. Januar 1972 wurde ein „Radikalenerlass", so der missverständliche Ausdruck, von den Ministerpräsidenten der Länder und vom Bundeskanzler verabschiedet. Dieser Extremistenbeschluss sollte daran erinnern, dass in den öffentlichen Dienst nur eingestellt werden dürfe, wer sich zur freiheitlichen demokratischen Grundordnung bekennt. Neu war daran lediglich die „Regelanfrage". Einstellungsbehörden fragten bei den Verfassungsschutzämtern an, ob gerichtsverwertbare Erkenntnisse über den Bewerber vorlagen. Die öffentlichen Reaktionen gegen den Beschluss standen in einem unangemessenen Verhältnis zur Praxis. Offenbar war durch den Wandel der politischen Kultur zumal im intellektuellen Milieu, nicht zuletzt aufgrund der 68er-Bewegung, die Einsicht geschwunden, dass der demokratische Staat des Schutzes gegen antidemokratische Bestrebungen auch von links bedarf. Viele Kritiker wollten nicht wahrhaben, dass Mitglieder der vor allem von dem Beschluss betroffenen DKP, die sich keines Gesetzesverstoßes schuldig gemacht hatten, das Gebot der Verfassungstreue verletzten. Die DKP war in weiten Teilen der außerparlamentarischen Protestbewegungen gut integriert, und manch eine demokratische Organisation ging mit ihr eine Mesalliance ein.[28] Aus der einstigen Verfemung des Kommunismus war in vielen Kreisen bestenfalls eine modische Toleranz gegenüber dem Kommunismus geworden, die sich vehement gegen einen „primitiven Antikommunismus" wandte. In der Öffentlichkeit entstand über den Extremistenbeschluss und seine Auswirkungen häufig ein falscher Eindruck. Das Duckmäusertum – gleichsam der archimedische Punkt der Kritik – ist mehr durch Hysterie verbreitende

---

27 Wilhelm Mensing, Wir wollen unsere Kommunisten wieder haben ... Demokratische Starthilfen für die Gründung der DKP, Zürich/Osnabrück 1989.

28 Fritz Vilmar u.a., Was heißt hier kommunistische Unterwanderung? Eine notwendige Analyse – und wie die Linke darauf reagiert, Frankfurt a.M. u.a. 1981; Manfred Wilke, Einheitsgewerkschaft zwischen Demokratie und antifaschistischem Bündnis, Melle 1985.

und desinformierende „Komitees gegen Berufsverbote“[29] gefördert worden als etwa durch eine rigide Einstellungspraxis. Die wahren Gründe der Ablehnung – etwa 1.000 Personen wurden wegen mangelnder Verfassungstreue nicht in den öffentlichen Dienst übernommen – hat man mitunter verschleiert. Manche Medien und viele Betroffene zeichneten – aus Berechnung, Unwissenheit oder Sensationshascherei – ein Zerrbild der Realität. Dieses Zerrbild wirkte aber auf viele nachhaltig ein, dass „Verunsicherung“ entstand. Sie diente dann Kritikern als Beleg für die eigenen Behauptungen. Insgesamt ist die Geschichte des Extremistenbeschlusses eine Geschichte seiner beständigen Rücknahme.[30]

Hingegen konnte die Herausforderung des Terrorismus, der ein Spaltprodukt der radikalen Studentenbewegungen gewesen ist, durch Augenmaß und Bestimmtheit zugleich gemeistert werden, so dass der Rest der winzigen „Roten Armee Fraktion“ 1998 seine Auflösung bekanntgegeben hat. Nach dem „deutschen Herbst“ 1977 geriet die „zweite Generation“ in die völlige Isolation.[31] Der Zusammenbruch der DDR verstärkte die Agonie der RAF und besiegelte im Grunde deren Ende. Das Jahr „1989“ ist mit dem faktischen Ende des „realen Sozialismus“ auf deutschem Boden verbunden. Das Ende der Diktatur im Osten Deutschlands 1989 hatte auch Konsequenzen für die Bundesrepublik Deutschland. So gut wie alle linksextremistischen Gruppierungen wurden geschwächt, lösten sich zum Teil gar auf. Ein „Kommandosozialismus“ fand kaum noch Befürworter. Aber das ist nur die eine Seite. Durch den Beitritt der DDR zur Bundesrepublik Deutschland gelangte in Form der PDS eine Partei auf die politische Bühne, die in den neuen Bundesländern über viel Rückhalt verfügt und von den Verwerfungen profitiert, für die größtenteils die SED verantwortlich zu machen ist. Zunächst gingen alle demokratischen Parteien auf Distanz zu ihr. Doch als die Wahlerfolge der PDS anhielten und sich noch steigerten, setzte ein Umdenken zumal bei der SPD ein. 1994 wurde in Sachsen-Anhalt ein „Magdeburger Modell“ ins Leben gerufen und 1998 fortgesetzt (Tolerierung der Landesregierung durch die PDS). Im Jahre 1998 ist durch das „Schweriner Modell“ eine Verschärfung eingetreten: In Mecklenburg-Vorpommern kam es zur ersten Koalition mit der PDS auf Landesebene. Im Jahre 1999 – zehn Jahre nach dem Zusammenbruch des Kommunismus im Osten Deutschlands – könnten weitere derartige Bündnisse in den Ländern folgen.

Dieser Befund zeigt nachhaltig, in welchem Maße die Abwehrbereitschaft gegenüber der extremen Linken geschwunden ist. Wenn die PDS als eine demokratische Partei gilt, muss sie auch im Bund mitregieren können. Wenn sie es nicht ist, verbietet es sich, mit ihr Koalitionen auf Landesebene einzugehen. Hinzu kommen zwei andere

---

29 Horst Bethge u.a., Die Zerstörung der Demokratie in der BRD durch Berufsverbote, 2. Aufl., Köln 1976.

30 Eckhard Jesse, Streitbare Demokratie in der Bundesrepublik Deutschland. Das Beispiel des Extremistenbeschlusses von 1972, Habilitationsschrift an der Universität Trier 1989; Gerard Braunthal, Politische Loyalität und Öffentlicher Dienst. Der „Radikalenerlaß“ von 1972 und die Folgen, Marburg 1992.

31 Tobias Wunschik, Baader-Meinhofs Kinder. Die zweite Generation der RAF, Opladen 1997.

Umstände, die die Einbeziehung der PDS in die politische Verantwortung erklären: Zum einen sind es machtpolitische Überlegungen der SPD, die in den neuen Bundesländern nicht an großen Koalitionen mit der Union interessiert ist. Zum andern ist die Auffassung auch im Westen verbreitet, eine regional derart große Partei dürfe nicht „ausgegrenzt" werden, könnte sich doch sonst der Vorwurf der „Kolonialisierung" verstärken. Die meisten Ostdeutschen nehmen die PDS nicht als extremistisch wahr, wie die Meinungsforschung deutlich zeigt.[32] Sie gilt für viele geradezu als „Partei der Ostdeutschen".

Insofern besteht ein Zusammenhang zwischen „1968" und „1989": Beide Entwicklungen begünstigten die vielbeschworene „Erosion der Abgrenzung" gegenüber linksaußen. 1968 deshalb, weil eine größere, Offenheit für „systemkritische" Positionen entstand; „1989" paradoxerweise auch, weil die PDS vielfach als „ostdeutsches Gewächs" firmiert, die einen „demokratischen Sozialismus" anstrebt, und nicht (mehr) mit der vierzigjährigen SED-Herrschaft in enge Verbindung gebracht wird. Die extreme Rechte konnte weder von „1968" noch von „1989" profitieren. Die 68er-Bewegung erkannte ungeachtet ihres Plädoyers für mehr Liberalität die extreme Rechte nicht als legitim an (in diesem Punkt herrschte Übereinstimmung mit den „etablierten" Kräften), und nach 1989 hatte der Rechtsextremismus keinen Bonus, obwohl auch er in der DDR unterdrückt war, wenngleich die extreme Rechte bei Wahlen in den neuen Bundesländern zunehmend besser abschneidet als in den alten. Immerhin hat sich nach 1989 eine – insgesamt schwache – „Neue Rechte" etabliert, die weniger antikommunistisch als vielmehr antiliberal agiert und agitiert.[33] Durch die subkulturellen fremdenfeindlichen Ausschreitungen zumal in den neuen Ländern ist die extreme Rechte insgesamt weiter isoliert worden, weil die Auffassung vorherrscht, sie habe die ideologische Munition geliefert.

V. Abschließende Überlegungen

Die Verfassungsväter standen unter einem doppelten Schock – in ganz Deutschland hatte sich nach 1933 der Nationalsozialismus durchgesetzt und in zwölf Jahren große Verheerungen angerichtet. In dem östlichen Teil Deutschlands begann sich nach 1945 unter der Ägide der Sowjetunion eine andersartige Diktatur herauszubilden. Einerseits wollte man die neugegründete Demokratie mit wirksameren Schutzvorkehrungen aus-

32 Elisabeth Noelle-Neumann/Renate Köcher (Hrsg.), Allensbacher Jahrbuch der Demoskopie 1993–1997, Bd. 10, München/Allensbach 1997, S. 878–882.

33 Wolfgang Gessenharter/Jürgen Fröchling (Hrsg.), Rechtsextremismus und Neue Rechte in Deutschland. Neuvermessung eines politisch-ideologischen Raumes?, Opladen 1998; Steffen Kailitz, Die „89er" und die Renaissance des „Jungkonservatismus", in: Uwe Backes/Eckhard Jesse (Hrsg.), Jahrbuch Extremismus & Demokratie, Bd. 8., Baden-Baden 1996, S. 161–180; Armin Pfahl-Traughber, Konservative Revolution und Neue Rechte. Rechtsextremistische Intellektuelle gegen den demokratischen Verfassungsstaat, Opladen 1998.

statten als die abwehrschwache Weimarer Republik. Andererseits sollte alles verhindert werden, was in irgendeiner Weise an die vergangene oder gegenwärtige Diktatur erinnern könnte.

Wie sind die damaligen Hoffnungen und Befürchtungen im Lichte der bisherigen Entwicklung zu sehen? Der Verfasser kommt zu einem paradox anmutenden Ergebnis: Die Hoffnungen, wonach der politische Extremismus aufgrund der Mechanismen der streitbaren Demokratie keine Rolle mehr spielen werde, gingen nicht in Erfüllung.[34] Es hat verschiedene Wellen des Rechts- und Linksextremismus gegeben. Wahlerfolge des Rechtsextremismus in einzelnen Ländern traten zumeist abrupt auf und verschwanden meistens ebenso schnell (mit gewissen Einschränkungen bei den REP in den neunziger Jahren). Hingegen sind die Erfolge der extremen Linken nicht so kurzlebig. Offenkundig ist hier das Wählerpotential gefestigter.

Die Befürchtungen, die extremistischen Bestrebungen könnten den demokratischen Verfassungsstaat auf eine schiefe Ebene bringen, sind gleichfalls nicht eingetreten. Die politische Kultur in der Bundesrepublik Deutschland hat sich liberalisiert, der „Ruf nach dem Staat" ist zurückgegangen. Das ist ein Positivum. Jedoch sind zunehmend gegenläufige Tendenzen erkennbar, etwa in der Auseinandersetzung mit Sekten und Psychogrupppen. So ist von den Innenministern der Ländern der Beschluss gefasst worden, „Scientology" vom Verfassungsschutz überwachen zu lassen, obwohl diese Organisation kaum in der engeren Bedeutung des Begriffs politische Bestrebungen an den Tag legt. Manche Verhaltensweise staatlicher Stellen grenzt an „Sektenjagd".[35] Das Bündnis 90/Die Grünen nimmt in dieser Frage eine betont kritische Position ein. Allerdings wird dessen prinzipielle Liberalität dadurch entwertet, dass die Partei generell den Verfassungsschutz als obrigkeitliche Überwachungsinstanz negiert. Auch manche Sonderbestimmungen gegen den Rechtsextremismus, z.B. „Auschwitz-Gesetz" und seine Verschärfung[36], sind kein Ausweis rechtsstaatlicher Liberalität, sondern erscheinen nur erklärbar durch ein merkwürdiges Amalgam von antifaschistischen mit autoritären Vorstellungen. Auf diese Weise dürfte abseitigen Positionen wohl kaum der Boden entzogen werden.

Es gilt folgende Paradoxie: Wäre das Demokratieschutzkonzept des Grundgesetzes konsequent umgesetzt worden, hätte sich unter Umständen staatliche Illiberalität gezeigt. Das „Superabwehrsystem"[37] – es bedurfte der Modifizierung in der Praxis. Wollte die Konzeption der streitbaren Demokratie überleben, musste sie abgerüstet

34 Uwe Backes/Eckhard Jesse, Politischer Extremismus in der Bundesrepublik Deutschland, 4. Aufl., Bonn 1996; Jürgen W. Falter/Hans-Gerd Jaschke/Jürgen R. Winkler (Hrsg.), Rechtsextremismus. Ergebnisse und Perspektiven der Forschung, Opladen 1996; Patrick Moreau/Jürgen Lang, Linksextremismus. Eine unterschätzte Gefahr, Bonn 1996.

35 Martin Kriele, Sektenjagd, in: Zeitschrift für Rechtspolitik 31 (1998), S. 231–234.

36 Eckhard Jesse, Streitbare Demokratie und „Vergangenheitsbewältigung", in: Bundesamt für Verfassungsschutz (Hrsg.), Verfassungsschutz in der Demokratie, Köln u.a. 1990, S. 255–305.

37 Rudolf Schuster, Relegalisierung der KPD oder Illegalisierung der NPD? Zur politischen und rechtlichen Problematik von Parteiverboten, in: Zeitschrift für Politik 31 (1968), S. 416, 427.

werden. In der politischen Wirklichkeit spielten die drei Hauptinstrumente der streitbaren Demokratie – Parteienverbot, Vereinigungsverbot und Verwirkung der Grundrechte – eher eine marginale Rolle. Jedenfalls kann prinzipiell keine Rede davon sein, dass ein „Extremismus der Mitte“[38] und eine Art systematische „Stigmatisierung“ seitens „etablierter“ Kräfte[39] unbequeme Positionen ins antidemokratische Abseits rückt. Einerseits ist dieser Wandel zu begrüßen, andererseits kritikwürdig, da die Varianten des politischen Extremismus häufig nicht mit denselben Maßstäben gemessen werden und Doppelbödigkeit eingekehrt ist.[40]

Es besteht nämlich kein direkter Zusammenhang zwischen der Stärke des politischen Extremismus, die im europäischen Maßstab eher niedrig ausfällt[41], und jener der streitbaren Demokratie. Die Abwehrbereitschaft gegenüber dem politischen Extremismus ist nicht durch Äquidistanz gekennzeichnet. Es stimmt keineswegs, dass „die Institutionen der inneren Sicherheit in erster Linie ihre beobachtende Aufmerksamkeit und ihre repressiven Staatsschutzmaßnahmen gegen links“[42] richteten. Verbreitet ist zunehmend eine Gemengelage zwischen einer antiextremistischen, einer antifaschistischen und einer wertrelativistischen Sichtweise. Gegenwärtig heißt es, man könne eine Partei wie die PDS, die im Osten 20 Prozent der Stimmen bekommt, nicht „ausgrenzen“; vor 1990 lautete das Argument, es sei nicht nötig, gegen eine Partei wie die DKP, die lediglich 0,2 Prozent auf sich vereinigt, entschieden vorzugehen. Wie die Beispiele zeigen, erfährt „Größe“ eine gegenläufige Interpretierbarkeit. Bei der Einschätzung einer Gruppierung von rechtsaußen spielen solche Überlegungen keine Rolle.

Insgesamt gilt: Die deutsche Schutzkonzeption hat sich nach rechts offenbar als ein Bollwerk erwiesen, nach links hingegen weniger. Die streitbare Demokratie erschöpft sich keineswegs in den von der Verfassung vorgesehenen Schutzvorkehrungen. Sie basiert auf einer Reihe abgestufter Maßnahmen. An dem einen Ende der Skala sind die Parteienverbote angesiedelt, am anderen stehen vage gehaltene, praktisch folgenlose Aufrufe zur Verteidigung des demokratischen Verfassungsstaates. Die geistig-politische Auseinandersetzung mag vielfach bereits genügen, um der Legalitätstaktik von Extremisten einen Riegel vorzuschieben; ohne Verankerung durch verfassungsrecht-

---

38 Wolfgang Kraushaar, Extremismus der Mitte. Zur Geschichte einer soziologischen und sozialhistorischen Interpretationsfigur, in: Hans-Martin Lohmann (Hrsg.), Extremismus der Mitte. Vom rechten Verständnis deutscher Nation, Frankfurt a.M. 1994, S. 23–50.

39 Hans-Gerd Jaschke, Streitbare Demokratie und Innere Sicherheit. Grundlagen, Praxis und Kritik, Opladen 1991; Werner Süß, Friedensstiftung durch präventive Staatsgewalt. Eine Untersuchung zu Theorie und Praxis staatlicher Gewalt in der Bundesrepublik Deutschland, Opladen 1984.

40 Martin Kutscha, Verfassung und „streitbare Demokratie“. Historische und rechtliche Aspekte der Berufsverbote im öffentlichen Dienst, Köln 1979.

41 Eckhard Jesse, Formen des politischen Extremismus. Westliche Demokratien Europas im Vergleich, in: Ders./Steffen Kailitz (Hrsg.), Prägekräfte des 20. Jahrhunderts. Demokratie, Extremismus, Totalitarismus, Baden-Baden 1997, S. 127–168.

42 Heinz Lynen von Berg, Die ‚streitbare Demokratie' und ihr Rechtsextremismus. Die Entwicklung des deutschen Rechtsextremismus seit 1949 und politische Reaktionen, in: Rainer Schneider-Wilkes (Hrsg.), Demokratie in Gefahr? Zum Zustand der deutschen Republik, Münster 1997, S. 416 f.

lich gesicherte Abwehrinstrumente müsste sie in Krisenzeiten folgenlos verhallen. Die Konsequenz sollte daher nicht lauten, die im Grundgesetz vorgesehenen Institute selbst in Zweifel zu ziehen oder gar ihre Abschaffung zu verlangen. Allein ihre Existenz hat eine für die parlamentarische Demokratie in der Bundesrepublik förderliche Eigenschaft: Verfechter des politischen Extremismus (müssen) wissen, dass einer Legalitätstaktik Grenzen gesetzt sind.

Es war der 1989 verstorbene Dolf Sternberger, Doyen der westdeutschen Politikwissenschaft, der in einer schnell berühmt gewordenen Abhandlung ein leidenschaftliches Plädoyer zugunsten der Verfassung abgelegt und mit einer glücklichen Wendung für den „Verfassungspatriotismus" plädiert hatte, ohne dabei zu vergessen, dass auch im demokratischen Verfassungsstaat die Freiheit nicht absolut sein kann: „Das Wesen und Bestreben des Verfassungsstaates ist die Sicherung der Freiheit. Nicht die Freiheit allein, gleichsam die nackte Freiheit macht es aus, sondern die Sicherung der Freiheit, die gesicherte Freiheit, gleichsam die gepanzerte Freiheit."[43] Für Sternberger – und nicht bloß für ihn – ist die Freiheit nur zu haben innerhalb des Panzers der Verfassung. Diese Devise sollte fünfzig Jahre nach Gründung der Bundesrepublik Deutschland weiterhin gültig sein.

43 Dolf Sternberger, Verfassungspatriotismus, Hannover 1982, S. 16.

Demokratieschutz

I. Einleitung

Jeder Staat der Welt schützt sich gegen Angriffe von innen und außen. Das war so, ist so, wird weiterhin so sein. Aber der Schutz von Diktaturen fällt offenkundig anders aus als der Schutz von Demokratien. Die Objekte des Schutzes weichen ebenso krass voneinander ab wie seine Instrumente. Uwe Backes hat sieben Säulen des – wertfrei gesprochen – Staatsschutzes herausgearbeitet. Dabei unterscheidet er zwischen Außenpolitik, den Institutionen, dem politischen Prozess, der politischen Kultur, den sozio-ökonomischen Rahmenbedingungen, dem Strafrecht und der Streitbarkeit[1], ohne eine Wechselbeziehung dieser Elemente zu leugnen. Sie sind mit unterschiedlichem Inhalt gefüllt. So dient die Außenpolitik in der Autokratie auch der Eroberung; so zeichnen sich Institutionen hier durch Willkürherrschaft und eine politisierte Justiz aus, nicht durch Rechtsstaatlichkeit und eine unabhängige Justiz; so ist der politische Prozess keineswegs von Pluralismus und liberaler Öffentlichkeit bestimmt, die politische Kultur nicht von Toleranz und Mündigkeit; so sind die sozio-ökonomischen Rahmenbedingungen durch staatliche Kontrolle und Privilegien gekennzeichnet; so dient das Strafrecht der Kriminalisierung der politischen Opposition, weniger der Bekämpfung politisch orientierter Gewalt; so ist die Streitbarkeit umfassender Natur, keineswegs – wie beim Konzept der streitbaren Demokratie – auf die Begrenzung der Freiheitsrechte des politischen Extremismus ausgerichtet. Gewiss weicht die Realität von dieser idealtypischen Zuordnung mitunter ab, doch wird auf diese Weise deutlich: „Staatsschutz" ist nicht gleich „Staatsschutz". In dem einen Fall geht es um den Schutz der Demokratie, im anderen um den der Diktatur.

Das Problem des Demokratieschutzes ist vielfältig. Zum einen handelt es sich um Gruppierungen, die den Verfassungsstaat mit Gewalt bedrohen und/oder sogar systematisch Gewalt anwenden, zum anderen um solche, die ihm auf andere Weise den Kampf angesagt haben: durch Legalitätstaktik. Dieser Beitrag behandelt nur die Frage des Demokratieschutzes vor jenen Kräften, die Gewalt entsagen: „Man" hält sich im Rahmen der Legalität, ohne diese jedoch als legitim anzusehen. Während es allgemeine Akzeptanz findet, dass sich der demokratische Verfassungsstaat gegenüber Gruppierungen verteidigen muss, die Gewalt zur Erreichung ihrer Ziele propagieren oder gar praktizieren, weichen die Auffassungen ab, wie man sich gegenüber den Kräften zu verhalten hat, die sich an der Legalität orientieren, obwohl ihre Ziele mit denen der Demokratie nicht im Einklang oder zumindest in einem Spannungsverhältnis stehen. Die Kernfrage lautet dabei: Soll der Demokratieschutz dort anfangen, wo eine Verletzung Gewalt sanktionierender strafrechtlicher Normen vorliegt, oder ist eine

---

1 Vgl. Uwe Backes, Schutz des Staates. Von der Autokratie zur streitbaren Demokratie, Opladen 1998, S. 59.

Vorverlagerung nötig? Im Folgenden gilt es, im einzelnen zu prüfen, von welchen demokratietheoretischen Prämissen die Bundesrepublik Deutschland und andere demokratische Verfassungsstaaten ausgehen und wie die Praxis aussieht.

Nach einem Überblick zum Forschungsstand (Abschnitt II) wird das Konzept der streitbaren Demokratie erläutert (Abschnitt III), wie es in der Bundesrepublik Deutschland Verfassungsrang genießt. Anschließend stellt der Autor am Beispiel von Wertgebundenheit (Abschnitt IV) und Abwehrbereitschaft (Abschnitt V) dar, wie die demokratischen Verfassungsstaaten damit umgehen. Theorie und Praxis finden gleichermaßen Berücksichtigung. Dies führt zur Beantwortung der Frage, ob die weitverbreitete These richtig ist, Deutschland sei mit Blick auf den Demokratieschutz ein Sonderfall (Abschnitt VI).

Der Vergleich, der den Blick für spezifische Ausprägungen, aber auch für Schwächen im jeweils eigenen System zu schärfen vermag, verlangt, will er aussagekräftig sein, ein methodisch sauberes Vorgehen. Wer etwa die (zudem noch perhorreszierte) Praxis in der Bundesrepublik mit der (hehren) Theorie in anderen westlichen Demokratien vergleicht, kommt angesichts der gewählten Dimensionen notwendigerweise zu einem verzerrten Ergebnis. Umgekehrt ist es auch nicht angängig, die Verfassungstheorie in der Bundesrepublik mit der Verfassungspraxis in anderen westlichen Demokratien zu konfrontieren. Die Vergleichsebenen müssen stimmen. Entweder wird die verfassungsrechtliche Ausgestaltung miteinander verglichen (was nur begrenzten Erkenntniswert besitzt) oder die Praxis. Sofern dies angesichts der schwierigen Materiallage überhaupt möglich ist, macht die Gegenüberstellung deutlich, wie wenig bestimmte Klischees mit der Wirklichkeit gemein haben. Im übrigen geht es an dieser Stelle nicht um einen systematischen Vergleich. Die komparativen Hinweise dienen mehr der Illustration.

II. Forschungsstand

Es ist bezeichnend, dass zwei deutsche Emigranten – Karl Loewenstein und Karl Mannheim – das Konzept der streitbaren Demokratie entfaltet haben. Das Schicksal der Weimarer Republik warf die Frage auf, ob die Demokratie nicht Mechanismen zum eigenen Schutz vorsehen kann und soll. Karl Loewenstein entwickelte während der Emigration in einer Reihe von Abhandlungen ein systematisches Konzept zum Schutz des demokratischen Staates. Angesichts totalitärer Ideologien wie Bewegungen müsse die Demokratie „militant" reagieren und jenen, die sie zu beseitigen trachten, vorübergehend die Rechte beschneiden, z.B. durch Partei- oder Vereinigungsverbote.[2] Karl Mannheim wandte sich in einem Buch von 1941 gegen das *Laissez-faire*-Prinzip. Tole-

2 Vgl. Karl Loewenstein, Militant Democracy and Fundamental Rights (I + II), in: American Political Science Review 31 (1937), S. 417–432, 638–658.

ranz dürfe man nicht mit Neutralität verwechseln. „Um zu überleben, muss unsere Demokratie eine streitbare Demokratie werden.“[3] Während die streitbare Demokratie für Loewenstein nur als ein situationsorientiertes Krisenkonzept galt, war diese Form der Demokratie nach Mannheim die Folge einer irreversiblen Entwicklung. Allerdings lassen sich direkte Verbindungslinien zwischen den Gedankengängen der beiden Autoren und denen der Mitglieder des Parlamentarischen Rates nicht nachweisen. Es war Friedrich Karl Fromme, später lange (1974–1997) innenpolitischer Ressortleiter der „Frankfurter Allgemeinen Zeitung“, der in einer bei Theodor Eschenburg angefertigten Dissertation die retrospektive Sicht der Verfassungsväter herausgearbeitet hat. Die entsprechenden Schutzbestimmungen seien nur vor diesem Hintergrund zu verstehen.[4]

Der Demokratieschutz gegenüber Bestrebungen, die sich in ein demokratisches Gewand kleideten, war zunächst ein vernachlässigtes Forschungsfeld. In den Anfangsjahren wurden Partei- und Vereinigungsverbote in der Bundesrepublik Deutschland weithin als selbstverständlich angesehen. Im Zuge des Extremistenbeschlusses von 1972 setzte eine heftige Diskussion über Sinn und Unsinn, Chancen und Gefahren der streitbaren Demokratie ein. Dabei überwogen klar die Kritiker der streitbaren Demokratie, wurde doch gemutmaßt, es komme zu einer unvertretbaren Einschränkung der Freiheitsrechte.[5] Schlagworte wie „Duckmäusertum“ und „Gesinnungsschnüffelei“ spielten in der Diskussion eine große Rolle.

Angesichts der schwierigen Materiallage ist um die Frage, ob und wie man Extremisten vom öffentlichen Dienst in den westlichen Demokratien fernhält, lange ein Bogen gemacht worden. Anfang der Achtziger Jahre haben sich zwei voluminöse Sammelbände dieser vernachlässigten Thematik angenommen. Es handelt sich zum einen um die von Mitgliedern der Deutschen Sektion der Internationalen Juristen-Kommission verfasste Studie unter der Ägide des Heidelberger Staatsrechtslehrers Karl Doehring[6], zum andern um eine von der Friedrich-Ebert-Stiftung angeregte und von Ernst-Wolfgang Böckenförde, Christian Tomuschat und Dieter C. Umbach herausgegebene

---

3 Karl Mannheim, Diagnose unserer Zeit. Gedanken eines Soziologen (1941), Zürich u.a. 1951, S. 17. Es handelt sich um ein Kuriosum insofern, als der Begriff der „streitbaren Demokratie“ damit von einem Übersetzer geprägt wurde.

4 Vgl. Friedrich Karl Fromme, Von der Weimarer Verfassung zum Bonner Grundgesetz. Die verfassungspolitischen Folgerungen des Parlamentarischen Rates aus Weimarer Republik und nationalsozialistischer Diktatur (1960), 3. ergänzte Aufl., Berlin 1999.

5 Vgl. z.B. (aus unterschiedlicher Sicht): Martin Kutscha, Verfassung und „streitbare Demokratie“. Historische und rechtliche Aspekte der Berufsverbote im öffentlichen Dienst, Köln 1979; Joachim Hirsch, Der Sicherheitsstaat. Das ‚Modell Deutschland', seine Krise und die neuen sozialen Bewegungen, Frankfurt a.M. 1980; Wolf-Dieter Narr (Hrsg.), Wir Bürger als Sicherheitsrisiko. Berufsverbot und Lauschangriff. Beiträge zur Verfassung unserer Republik, Reinbek bei Hamburg 1977. Der Verfasser dieses Beitrages gehört(e) zu den Anhängern der streitbaren Demokratieschutzkonzeption: Eckhard Jesse, Streitbare Demokratie. Theorie, Praxis und Herausforderungen in der Bundesrepublik Deutschland, Berlin 1980.

6 Vgl. Karl Doehring u.a., Verfassungstreue im öffentlichen Dienst europäischer Staaten, Berlin 1980.

Untersuchung.[7] Die Studien über diesen Komplex gelangen wenn nicht zu gegensätzlichen, so doch zumindest zu unterschiedlichen Schlussfolgerungen. Die Länderberichte in der von der Friedrich-Ebert-Stiftung angeregten Projektuntersuchung kommen – *cum grano salis* – zu dem Ergebnis, dass die anderen westlichen Demokratien ein höheres Maß an Liberalität aufweisen als die Bundesrepublik. Es herrsche weitgehend ein Dienst- und Gesetzlichkeitsmodell vor: Entscheidend sei die Einhaltung der gesetzlichen Bestimmungen. Besondere Anforderungen an das Beamtenverhältnis würden nicht gestellt. Dort werde das Treueprinzip, wenn es denn überhaupt existiert, nur auf das Amt bezogen. Dagegen weisen nach den Berichten in dem von der „Deutschen Sektion der Internationalen Juristen-Kommission" initiierten Sammelband die westlichen Demokratien vielfältige Schutzvorkehrungen auf, fordern durch ein unauffälligeres Verfahren aber weniger Kritik heraus. In den meisten Staaten bestehe kein Anspruch auf Übernahme in den öffentlichen Dienst, und die Auswahlverfahren, die den Behörden zum Teil einen weiten Ermessensspielraum geben, seien nicht immer durchsichtig, so dass sich „klammheimlich" der eine oder andere Bewerber abschieben lasse. Wohl verzichtet man auf „Regelanfragen" bei der Einstellung in den öffentlichen Dienst, doch könnten bei Personen für zum Teil vage umschriebene Vertrauensfunktionen genaue Auskünfte eingezogen werden. Bei der Ablehnung einer Bewerbung fehle in den westeuropäischen Ländern ein Begründungszwang wie in der Bundesrepublik, und auch der Gerichtsschutz sei viel weniger ausgeprägt.[8]

Die breiter angelegte Studie von Gregor Paul V. Boventer arbeitet einerseits die demokratietheoretische Diskussion insbesondere im angelsächsischen Bereich zwischen 1918 und 1945 heraus und andererseits die Praxis nach 1945 – vornehmlich am Beispiel der Bundesrepublik Deutschland (und am Rande auch der westlichen Demokratien).[9] Leider begnügt sich Boventer mehr damit, die einschlägigen Regelungen zu schildern, analysiert er weniger die Praxis.[10] Dieser Umstand erklärt sich wesentlich mit der mangelnden Transparenz in diesem von den Sicherheitsbehörden als „delikat" angesehenen Bereich.

---

7 Vgl. Ernst-Wolfgang Böckenförde/Christian Tomuschat/Dieter C. Umbach, Extremisten und öffentlicher Dienst. Rechtslage und Praxis des Zugangs zum und der Entlassung aus dem öffentlichen Dienst in Westeuropa, USA, Jugoslawien und der EG, Baden-Baden 1981.

8 Zu den Gründen für die unterschiedliche Interpretation, die u.a. auf den methodischen Ansatz zurückgeht, vgl. Eckhard Jesse, Der Schutz demokratischer Verfassungsstaaten vor extremistischen Bestrebungen. Die demokratische Abwehrbereitschaft auf dem Prüfstand, in: Ders. (Hrsg.), Politischer Extremismus in Deutschland und Europa, München 1993, S. 133–147.

9 Vgl. Gregor Paul V. Boventer, Grenzen politischer Freiheit im demokratischen Staat. Das Konzept der streitbaren Demokratie in einem internationalen Vergleich, Berlin 1985.

10 Dies gilt auch für die folgende Studie von Erich Edwin Brunner, Die Problematik der verfassungsrechtlichen Behandlung extremistischer Parteien in den westeuropäischen Verfassungsstaaten (unter vergleichender Berücksichtigung Westdeutschlands, Österreichs, Frankreichs und der Schweiz), Zürich 1965; die Arbeit von Chih-kuan Wu – Streitbare Demokratie. Ihre Entwicklung in Deutschland und ihre Rezeption in Taiwan (Republik China), Frankfurt a.M. 1998 – hält nicht, was der Titel verspricht.

Helmut Steinberger hat in seiner Arbeit über das amerikanische Antisubversionsrecht zu zeigen versucht, dass sich die streitbare Demokratie ohne jeglichen Wertbezug nicht verteidigen lässt.[11] Poppers Lösungsvorschlag für das „Paradox der Toleranz" überzeuge nicht, da eine Begrenzung der Toleranz nur auf der Grundlage wertbezogener Kritik möglich erscheine. Isabelle Canu behauptet in ihrem politikwissenschaftlichem Vergleich zwischen dem Demokratieschutz in der Bundesrepublik Deutschland mit dem in Frankreich einerseits, dass Frankreich, „stolz auf seine freiheitlich-liberale Tradition, sich als liberal gegenüber allen politischen Ideen gibt"[12], andererseits kann sie im Nachbarland repressive Maßnahmen gegen (gewaltlose) rechtsextremistische Bestrebungen nachweisen. Ihre Hinweise auf einen europaweiten Demokratieschutz besitzen Aktualität.

In den neunziger Jahren sind zwei umfassende, grundsätzlich angelegte Kritiken aus politikwissenschaftlicher Sicht an Theorie und Praxis der streitbaren Demokratie erschienen: Hans-Gerd Jaschke versucht in seiner Habilitationsschrift den Nachweis zu führen, dass die streitbare Demokratie mit ihrem Primat der Exekutive die diskursive Auseinandersetzung verdrängt.[13] Die Extremismus- wie Totalitarismustheorie wird ebenso verworfen wie ein unreflektierter Antifaschismus. Die streitbare Demokratie führe zu Feindbildern; demgegenüber plädiert der Autor für geistig-politische Auseinandersetzung. Noch schärfer als Jaschke gehen Claus Leggewie und Horst Meier mit dem Konzept der streitbaren Demokratie ins Gericht.[14] Sie erteilen diesem eine Fundamentalabsage, weil sie von ihm eine Vitalisierung des Freund-Feind-Gegensatzes befürchten. Die Autoren orientieren sich am Gewaltkriterium als der entscheidenden Grenze, um zwischen legaler und illegaler Politik unterscheiden zu können. Sie erweisen sich damit als Verfechter eines relativistischen, nicht wertgebundenen Demokratieverständnisses – mit einer Ausnahme: Ihr Plädoyer für „eine nachholende Ächtung des Nazismus"[15] läuft auf ein Verbot aller Gruppierungen hinaus, die an die Ziele der NSDAP anknüpfen. Die Position der Autoren zeichnet sich damit durch mangelnde Konsequenz aus.

Die knappe Bestandsaufnahme sollte verdeutlichen, dass die vergleichende (politikwissenschaftliche) Forschung zum Demokratieschutz nach wie vor zu wünschen

---

11 Vgl. Helmut Steinberger, Konzeptionen und Grenzen freiheitlicher Demokratie. Dargestellt am Beispiel des Verfassungsrechtsdenkens in den Vereinigten Staaten von Amerika und des amerikanischen Antisubversionsrechts, Berlin u.a. 1987.

12 Isabelle Canu, Der Schutz der Demokratie in Deutschland und Frankreich. Ein Vergleich des Umgangs mit politischem Extremismus vor dem Hintergrund der europäischen Integration, Opladen 1997, S. 14.

13 Vgl. Hans-Gerd Jaschke, Streitbare Demokratie und innere Sicherheit. Grundlagen, Praxis und Kritik, Opladen 1992.

14 Vgl. Claus Leggewie/Horst Meier, Republikschutz. Maßstäbe für die Verteidigung der Demokratie. Mit zwei Exkursen von Alexander Molter und Wolfgang Stenke, Reinbek bei Hamburg 1995.

15 Ebd., S. 317. Zur Kritik an dieser Position vgl. Eckhard Jesse, Der Streit um die streitbare Demokratie. Fundamentalkritik an der Schutzkonzeption des Grundgesetzes und an der Praxis, in: Politische Vierteljahresschrift 38 (1997), S. 577–583.

übrig lässt. Dies gilt in noch weit höherem Maße, wenn Mittel- und Osteuropa einbezogen wird. Der zum Teil unbefriedigende Kenntnisstand erklärt sich wesentlich mit der schwierigen Materiallage. Auch die beiden großen Handbücher unter der Ägide von Wolfgang Ismayr über die politischen Systeme West-[16] und Osteuropas[17] berühren den Demokratieschutz bezeichnenderweise nur am Rande.

III. Konzeption der streitbaren Demokratie

Wer davon ausgeht, dass sich der demokratische Verfassungsstaat in den meisten Ländern Europas erst nach dem Ende des Ersten Weltkrieges herausgebildet hat (als sich Parlamentarisierung und allgemeines Wahlrecht zusammen durchsetzten), kann die Konzeption der streitbaren Demokratie im engeren Sinne historisch schlechterdings nicht früher verorten. Ihre Entstehung ist im Zusammenhang mit der politischen Entwicklung der Zwischenkriegszeit zu sehen, als autoritäre und totalitäre Bewegungen das Ende vieler der nach dem Ersten Weltkrieg entstandenen parlamentarischen Demokratien herbeiführten. Die streitbare Demokratie ist vor allem auch eine Konsequenz der Pervertierung des Prinzips der Volkssouveränität. Wie der Totalitarismus die Massendemokratie zur Voraussetzung hat, ging die streitbare Demokratie aus den Erfahrungen des Totalitarismus hervor. Totalitäre Ideologien, Bewegungen und Herrschaftssysteme charakterisieren das Massenzeitalter des 20. Jahrhunderts.[18]

Der Erfolg antidemokratischer Bewegungen in der Zwischenkriegszeit beruhte auf vielen Faktoren: wirtschaftlichen, politischen, sozialen.[19] Er hing auch damit zusammen, dass die Demokratie des Weimarer Musters nicht angemessen auf diktatorische Bestrebungen zu reagieren wusste. Deren Verfechter hatten nämlich ihre Taktik verändert. Die Verfassung sollte legal, unter Umgehung des direkten Gesetzesbruchs, aus den Angeln gehoben werden. Einer solchen Legalitätstaktik[20] standen die ohnehin ungefestigten Demokratien in vielen europäischen Staaten einigermaßen hilflos gegenüber.

---

16 Vgl. Wolfgang Ismayr (Hrsg.), Die politischen Systeme Westeuropas, Opladen 1997.

17 Vgl. ders. (Hrsg.), Die politischen Systeme Osteuropas, Opladen 2002.

18 Vgl. zusammenfassend Karl Dietrich Bracher, Das 20. Jahrhundert als Zeitalter der ideologischen Auseinandersetzungen zwischen demokratischen und totalitären Systemen, in: Klaus W. Hempfer/Alexander Schwan (Hrsg.), Grundlagen der politischen Kultur des Westens. Ringvorlesung an der Freien Universität Berlin, Berlin u.a. 1987, S. 211–235.

19 Vgl. beispielsweise die Analyse von Karl J. Newman, Zerstörung und Selbstzerstörung der Demokratie. Europa 1918–1938, 2. Aufl., Stuttgart 1984 (1965).

20 Die Legalitätstaktik der Nationalsozialisten war prinzipieller Natur und keine Taktik zur Verschleierung eines Putsches. Vgl. etwa Albrecht Tyrell, Der Wegbereiter – Hermann Göring als politischer Beauftragter Hitlers in Berlin 1930–1932/33, in: Manfred Funke u.a. (Hrsg.), Demokratie und Diktatur. Geist und Gestalt politischer Herrschaft in Deutschland und Europa, Düsseldorf 1987, insbes. S. 191.

Gewiss: Wenn Extremisten versuchten, das demokratische System mit Gewalt zu beseitigen, wie dies die KPD in den Anfangsjahren der Weimarer Zeit tat, konnte man gegen sie aufgrund des Gesetzesverstoßes vorgehen. Ein relativistisches, formales Demokratieverständnis ließ es jedoch nicht zu, der propagandistischen Unterminierung der demokratischen Ordnung eine geistig-politische Auseinandersetzung im demokratischen Sinne entgegenzusetzen. So äußerte der SPD-Minister Eduard David bei den Verfassungsberatungen gegenüber den Rechtsparteien: „[Die Verfassung ...] gibt Ihnen die Möglichkeit, auf legalem Wege die Umgestaltung in Ihrem Sinne zu erreichen, vorausgesetzt, dass Sie die erforderliche Mehrheit des Volkes für Ihre Anschauungen gewinnen. Damit entfällt jede Notwendigkeit politischer Gewaltmethoden. Die Bahn ist frei für jede gesetzlich friedliche Entwicklung. Das ist der Hauptwert einer echten Demokratie."[21] So entfiel in der Tat „jede Notwendigkeit politischer Gewaltmethoden" für den politischen Extremismus, aber keineswegs, was damals viele übersahen, das Erfordernis einer effektiven Sicherung der Verfassung und ihrer tragenden Elemente. Die von liberalem Ideengut getragene Vision eines *free market place of ideas* erstarrte zum demokratischen Dogma. Was nach David den Schutz der Demokratie verbürgen sollte, unterminierte ihn gerade. Die Möglichkeit der legalen Beseitigung der Demokratie war für die Feinde des „Systems" eine Verlockung. Der Verzicht auf Gewaltanwendung bedeutete nicht notwendigerweise eine Preisgabe der politischen Umsturzabsichten.

Zwei Entwicklungen trafen also zusammen, die in ihrer brisanten Kombination den Niedergang des demokratischen Verfassungsstaates begünstigten.[22] Einerseits die Verabsolutierung der als alleinige Quelle demokratischer Legitimation geltenden Volkssouveränität, die unter keinen Umständen eingeschränkt werden dürfe. Der rousseauistisch inspirierte Glaube an die ursprüngliche Güte der Menschennatur galt als derart fundiert, dass man Schutzmaßnahmen nicht für erwägenswert hielt. Andererseits das Aufkommen extremistischer Bestrebungen in einer Massengesellschaft, die der Demokratie mit deren eigenen Mitteln zu Leibe rückten, auf einen gewaltsamen Sturz des „Systems" verzichteten, jedoch in ihrer Propaganda dem „System" mit brutaler Deutlichkeit den Kampf ansagten. Das schrankenlose Freiheitsverständnis stieß auf einen machiavellistisch orientierten Extremismus, der die Demokratie nicht mit Gewalt aus den Angeln zu heben versuchte, sondern sich geschickt den neuen Bedingungen anpasste.

Obwohl sich autoritäre und totalitäre Bewegungen herausbildeten, misslangen in Deutschland alle Putschversuche. Aufstände von Minderheiten waren in einer Demokratie des 20. Jahrhunderts aufgrund des staatlichen Waffenmonopols und der fehlen-

---

21 Zitiert nach Gotthard Jasper, Der Schutz der Republik. Studien zur staatlichen Sicherung der Demokratie in der Weimarer Republik 1922–1930, Tübingen 1963, S. 10.

22 Allerdings geriet weder der demokratische Verfassungsstaat an sich in eine existentielle Krise, noch beruhte der Niedergang demokratischer Systeme in erster Linie auf den geschilderten Entwicklungen. Hier wird jedoch das Augenmerk auf den für die Entstehungsgeschichte der streitbaren Demokratie entscheidenden Punkt gerichtet.

den Legitimationsbasis ziemlich chancenlos. Wichtiger als das direkte Anrennen gegen den Staat wurde die geistige Bekämpfung des politischen Systems mittels vielfältiger Formen der Propaganda (z.B. durch Medien oder Massenaufmärsche).[23] Es mag auf den ersten Blick paradox anmuten: In dem Moment, in dem die Massendemokratie historisch zu triumphieren schien, traten ihre erbittertsten Gegner in Gestalt totalitärer Bewegungen von rechts und links auf den Plan. Das Ausmaß des Erfolges der demokratischen Bewegung bestimmte *grosso modo* die Schärfe und Unerbittlichkeit antidemokratischer Akteure. Jedenfalls gilt das für Deutschland, wenn auch mit Abstrichen. Die Krisensituation der Demokratie zu Beginn der dreißiger Jahre rief erst recht deren totalitäre Widersacher auf den Plan. Außerdem gab es eine Reihe scharfer Gegner der Massendemokratie, die nicht zu den Repräsentanten des Totalitarismus gehörten (wie etwa die Deutschnationalen).

Die im Grundgesetz verankerte Konzeption der streitbaren Demokratie will die Hilflosigkeit der relativistisch geprägten Demokratie des Weimarer Typs überwinden. Ihr zentraler Gedanke ist die Vorverlagerung des Demokratieschutzes in den Bereich des legalen politischen Handelns. Der demokratische Verfassungsstaat soll sich seiner Gegner nicht erst erwehren können, wenn diese Strafgesetze übertreten. Die Legalitätstaktik von Extremisten bedarf in dieser Sicht einer Illegitimierungsstrategie des demokratischen Verfassungsstaates. Jenen extremistischen Bewegungen, die die Legalordnung mit Gewalt bekämpfen, sei es in der Form systematischer Gewaltanwendung (Terrorismus), sei es in der Form punktueller Aktionen oder Aufstände, kann die moderne Demokratie wirksam begegnen. Die vielfältige Facetten aufweisende Legalitätstaktik von Extremisten stellt demgegenüber eine neuartige Herausforderung dar. Dabei bietet sich eine Hauptabstufung zwischen denen an, die die demokratische Ordnung ablehnen und denen, die sie – jedenfalls verbal – bejahen.

Die Demokratie Weimarer Prägung konnte gegenüber solchen Gruppierungen nichts unternehmen, da sie sich (überwiegend) keines Verstoßes gegen Gesetze schuldig machten.[24] Als Legalitätstaktik muss nicht nur das Verhalten jener gelten, die das demokratische System offen ablehnen, sondern auch das derjenigen Organisationen, die sich einer Tarnung befleißigen. Wer nur auf verbale Bekenntnisse abstellt, läuft Gefahr, der Anpassungsstrategie extremistischer Kräfte auf den Leim zu gehen. Er würde die Äußerungen der betreffenden Organisation für bare Münze nehmen, ohne zu prüfen, ob ihnen unter Umständen eine Verschleierungstendenz zugrunde liegt. Während extremistische Kräfte in der Weimarer Republik ihre Legalitätstaktik noch mit einer unverhohlenen Ablehnung des demokratischen Verfassungsstaates verbanden, entwickelten manche extremistischen Organisationen rechts und links in der Bun-

---

23 Vgl. zur totalitären Ideenwelt, die auf demokratische Systeme in vielfältiger Form einwirkte, und zur teils von links, teils von rechts forcierten Kulturkritik Intellektueller: Karl Dietrich Bracher, Zeit der Ideologien. Eine Geschichte politischen Denkens im 20. Jahrhundert, Stuttgart 1982.

24 Diese Position versucht Christoph Gusy zu relativieren. Vgl. ders., Weimar – die wehrlose Republik? Verfassungsschutzrecht und Verfassungsschutz in der Weimarer Republik, Tübingen 1991.

desrepublik Deutschland eine spezifische Form politischer Mimikry – offenkundig eine Reaktion auf Theorie und Praxis der streitbaren Demokratie. Der demokratische Staat der Gegenwart muss daher nicht nur Verstöße von Extremisten gegen die Strafgesetze ahnden, sondern auch die Legalitätstaktik in den beiden genannten Formen konterkarieren.

Für den demokratischen Verfassungsstaat liegt eine besondere Schwierigkeit darin, im einzelnen herauszufinden, welche Organisationen extremistisch ausgerichtet sind. Naturgemäß ist die Unterscheidung bei jenen Gruppierungen am schwersten, die die freiheitliche Ordnung preisen. Einerseits muss der demokratische Verfassungsstaat großzügig im Umgang mit „Abweichlern" sein und im Zweifel zugunsten der betreffenden Organisationen entscheiden, andererseits deutlich die Grenzen zu antidemokratischen Richtungen markieren, auch wenn diese sich in das Renommiergewand einer demokratische Zuverlässigkeit heuchelnden Sprachstrategie hüllen. Für die Beurteilung kommt es nicht nur auf die Programmatik an, sondern ebenso auch auf die politische Praxis, die Vorstellungen der Anhänger und die Strategien der Führungsspitze. Diese Aufgabe wird in der Praxis häufig dadurch erschwert, dass sich manche Organisationen im geistigen Grenzbereich zwischen Demokratie und Extremismus bewegen.

Die streitbare Demokratie im Verständnis eines präventiven Demokratieschutzes (und nur in diesem Sinne erscheint der Terminus angebracht) ist in vielen demokratischen Verfassungsstaaten unbekannt. Wer sich bloß gegen die offenen Demokratiefeinde wendet, erfasst nicht die Strategie jener Extremisten, die den demokratischen Staat zu unterwandern suchen. So heißt es bei Karl R. Popper, einem der markantesten Verteidiger der „offenen Gesellschaft": „In einer Demokratie sollte sich der volle Schutz der Minoritäten nicht auf jene erstrecken, die das Gesetz verletzen, und insbesondere nicht auf jene, die andere zur gewaltsamen Abschaffung der Demokratie anstiften."[25] Wer die Demokratie auf einem nicht gewaltsamen Weg beseitigen will, kann ebenfalls nicht den vollen Schutz in Anspruch nehmen.

Die Trennung zwischen Zielen und Mitteln führt nicht weiter. Horst Meier etwa macht die Grenzziehung zwischen verfassungsgemäß und verfassungsfeindlich von der Frage abhängig, „ob jemand zum Einsatz gewaltsamer *Mittel*"[26] greift. „Diese allein machen ausnahmslos jedes politische Ziel ‚verfassungswidrig'. Mit der Gewaltgrenze liegt ein Kriterium vor, das ungleich berechenbarer und transparenter ist, als die Karlsruher Exegese eines ideologieanfälligen Begriffes der ‚freiheitlichen demokratischen Grundordnung' jemals sein kann."[27] Nicht „diese allein", sondern „allein diese" erweisen politische Ziele als verfassungsfeindlich: Jeder Befürworter von Gewalt ist ein Extremist, aber nicht jeder Extremist befürwortet Gewalt. Der Vorteil der größeren

25 Karl R. Popper, Die offene Gesellschaft und ihre Feinde (1944/45), Bd. 2, 2. Aufl., Bern 1970, S. 198.
26 Horst Meier, Parteiverbote und demokratische Republik. Verfassungspolitische Perspektiven eines radikalen Pluralismus, in: Merkur 43 (1989), S. 722 (Hervorhebung im Original).
27 Ebd., S. 722. Ausführlicher ders., Parteiverbote und demokratische Republik, Baden-Baden 1993.

Berechenbarkeit und Transparenz – in der Tat ist relativ leicht zu entscheiden, ob eine Gruppierung Gewalt anwendet oder Gewalt verkündet – wird mit dem Nachteil erkauft, dass die Orientierung an der Gewaltgrenze gegen die gefährlichste Form des politischen Extremismus überhaupt nicht „greift". Wer die Verfassungsfeindlichkeit von Zielen leugnet, gibt das Konzept der streitbaren Demokratie auf.

Allerdings wirft die Vorverlagerung des Demokratieschutzes für die zu gewährleistende Liberalität des Staates gravierende Probleme auf. Viele Fragen stecken voller Zünd-, ja Sprengstoff: Wird nicht gerade dadurch, dass die Legalität des Verhaltens keineswegs der einzige Maßstab für die Beurteilung ist, die Demokratie unterminiert? Spielt man auf diesem Wege Legalität und Legitimität gegeneinander aus? Wie kann sich eine im Ruch der Verfassungsfeindlichkeit stehende Organisation überzeugend gegen den Vorwurf wehren, sie tarne sich? Gibt es eine „Grauzone" zwischen Demokratie und Extremismus? Muss ein Rechtsstaat sich nicht ausschließlich an den Gesetzen orientieren? Fördert die streitbare Demokratie, wenn auch unbeabsichtigt, vielleicht gerade McCarthyismus? Wie immer man solche Fragen beantwortet – dem Konzept der streitbaren Demokratie sind offenkundig Gefahren eigen.

Wer zutiefst von dem Glauben an das freie Spiel der Kräfte und Ideen beseelt ist und dies als die Vollendung des demokratischen Verfassungsstaates betrachtet, findet keine Rechtfertigung für ein Vorgehen wider jene extremistischen Gruppierungen, die innerhalb des Rahmens der Legalität agieren. Nach 1945 war in Deutschland die Auffassung über die Notwendigkeit verbreitet, die demokratische Ordnung vor ihren Gegnern zu schützen. Die Verfassungsgebung in den Ländern hat die Arbeit des Parlamentarischen Rates in der Frage des Demokratieschutzes durch zahlreiche „Vorgaben" wesentlich beeinflusst.[28] Während die Verfassungsberatungen in den Ländern noch durch eine stärker antifaschistische Ausrichtung gekennzeichnet waren, überwog im Parlamentarischen Rat Antiextremismus. Art. 9, Abs. 2 GG sieht die Möglichkeit des Vereinigungsverbots vor, Art. 21, Abs. 2 die des Parteienverbots. Art. 18 erlaubt die Verwirkung der Grundrechte, um drei wesentliche Maßnahmen des präventiven Demokratieschutzes zu nennen.

Für alle Varianten der streitbaren Demokratie gilt, dass sie drei Charakteristika umfassen: (1) die Wertgebundenheit, (2) die Abwehrbereitschaft und (3) die Vorverlagerung des Demokratieschutzes, wobei dieser letzte Punkt eine Präzisierung des zweiten darstellt.

(1) Mit Wertgebundenheit ist gemeint, dass der Verfassungsstaat eine Wertordnung zur Grundlage hat, die er nicht zur Disposition gestellt wissen will. Zum demokratischen Minimalkonsensus zählen insbesondere die Menschenrechte.

---

28 Vgl. Armin Scherb, Präventiver Demokratieschutz als Problem der Verfassungsgebung nach 1945, Frankfurt a.M. 1987, S. 186–248.

(2) Zur Abwehrbereitschaft gehört die Verteidigung des demokratischen Verfassungsstaates gegenüber extremistischen Positionen. Demokratie ist also weder mit der Lehre der Volkssouveränität noch mit formal verstandenen Prinzipien wie Pluralismus und Toleranz identisch.
(3) Als Vorverlagerung des Demokratieschutzes gilt der Sachverhalt, dass der demokratische Verfassungsstaat es sich vorbehält, nicht erst bei einem Verstoss gegen (Straf-)Gesetze zu reagieren. Der politische Extremismus kann bereits im Bereich legalen, aber verfassungsfeindlichen Handelns gestört werden.

Der Zusammenhang von Wehrhaftigkeit und Werthaftigkeit liegt auf der Hand. Ein Staat, der auf unveränderbaren Werten ruht, hat das Recht der Abwehrbereitschaft. Und Abwehrbereitschaft ohne Wertgebundenheit führt sich ad absurdum. Was die Zuordnung von Wehrhaftigkeit und Werthaftigkeit betrifft, gibt es prinzipiell vier Variationen:

(1) Wertgebundenheit (+)/Abwehrbereitschaft (+)
(2) Wertgebundenheit (+)/Abwehrbereitschaft (–)
(3) Wertgebundenheit (–)/Abwehrbereitschaft (+)
(4) Wertgebundenheit (–)/Abwehrbereitschaft (–)

Die erste ist dadurch gekennzeichnet, dass ein Staat sich in der Verfassung zu unantastbaren Werten bekennt und auch Vorsorge zu ihrem Schutz trifft. Die zweite Variante zeichnet sich dadurch aus, dass die Verfassung wohl Werte schützt, aber keine Vorkehrungen gegen ihre Beseitigung trifft. Die dritte basiert auf dem Wertrelativismus, sieht gleichzeitig aber Schutzmaßnahmen zugunsten der Einhaltung der Verfassung vor. Die vierte Variante schließlich verzichtet sowohl auf die Wertgebundenheit als auch auf Schutzvorkehrungen. Wertrelativismus und Verzicht auf Abwehrbereitschaft fallen zusammen. Auf dieses Schema kommt der Verfasser beim Vergleich zurück.

IV. Wertgebundenheit

Der Parlamentarische Rat war sich angesichts der desaströsen Hinterlassenschaft des Nationalsozialismus und des realen Sozialismus, wie er sich in der damaligen sowjetisch besetzten Zone, der späteren DDR, zu etablieren schien, über ein streitbares Demokratieverständnis (fast) einig. Der demokratische Verfassungsstaat sollte geschützt werden – auch und gerade vor gewaltloser Infiltration politisch extremer Bestrebungen. Das Grundgesetz kennt ein „Ewigkeitsgebot". Art. 79, Abs. 3 GG lautet folgendermaßen: „Eine Änderung dieses Grundgesetzes, durch welche die Gliederung des Bundes in Länder, die grundsätzliche Mitwirkung der Länder bei der Gesetzgebung oder die in den Artikeln 1 und 20 niedergelegten Grundsätze berührt werden, ist unzulässig." Diese Werte und institutionellen Verfahrensnormen sind die Legitimationsbasis der Streitbarkeit.

Gegenüber einem solchen Verfassungskern werden zwei Hauptargumente ins Feld geführt[29], die in einem Spannungsverhältnis zueinander stehen. Einerseits heißt es, Art. 79, Abs. 3 begünstige gesellschaftliche Starrheit und limitiere die Volkssouveränität, andererseits: Antidemokratische Gruppierungen würden „im Fall eines Falles" diesen „Papierkram" ignorieren. Beide Einwände überzeugen nicht: Schließlich schränken die für unantastbar erklärten Prinzipien die gesellschaftliche Offenheit nicht ein[30]; und eine Bewegung, die sich über die geschützten Werte hinwegsetzt, bricht damit – für jedermann klar erkennbar – die Legalität.

Die Verfassungen der meisten anderen europäischen Demokratien[31] weisen nicht so rigide Vorschriften zur Begrenzung einer Verfassungsänderung auf wie das Grundgesetz. Allerdings gibt es einige Parallelfälle: In Griechenland bestimmt der dortige Art. 110, Abs. 1 der Verfassung die Unveränderbarkeit wesentlicher Bestimmungen wie etwa die Staatsform der parlamentarischen Republik oder auch den Schutz der Menschenwürde. Art. 290 der portugiesischen Verfassung listet die von einer Verfassungsrevision ausgenommenen Bereiche auf (u.a. die nationale Unabhängigkeit, die republikanische Regierungsform, die Trennung von Kirche und Staat, die Unabhängigkeit der Gerichte). Dieser Artikel geht sogar weit über die „Ewigkeitsklausel" des bundesdeutschen Grundgesetzes hinaus. So ist zum Beispiel selbst das Verhältniswahlsystem von einer Änderung ausgenommen.

Immerhin legen die meisten anderen europäischen Verfassungen erschwerte Quoren für eine Verfassungsänderung zugrunde. Die spanische Verfassung von 1978 macht für eine Gesamt- oder eine Teilrevision sogar die Auflösung des Parlaments und eine Neuwahl erforderlich, wenn es auch keine Grenzen der Verfassungsänderung gibt. Das neugewählte Parlament hat die neue Verfassung auszuarbeiten, wofür mindestens eine Zweidrittel-Mehrheit beider Kammern notwendig ist. Danach muss die Verfassung in einem Referendum ratifiziert werden. Es sind also zahlreiche Kautelen zur Verhinderung eines Missbrauchs vorgesehen. In Norwegen dürfen Verfassungsänderungen nicht dem Geist der Verfassung widersprechen. Der skandinavische Staat ist insofern eine Ausnahme, als Verfassungen des 18. und 19. Jahrhunderts – die norwegische stammt von 1812 – keine entsprechenden Bestimmungen vorsahen (USA, Belgien, Schweiz).[32] In anderer Hinsicht ist Großbritannien, das auf eine geschriebene Verfas-

---

29 Vgl. Brun-Otto Bryde, Verfassungsentwicklung. Stabilität und Dynamik im Verfassungsrecht, Baden-Baden 1982.

30 Allerdings ist die „Ewigkeitsgarantie" für die Republik und den Bundesstaat unbegründet. Denn weder die Einführung einer (parlamentarischen) Monarchie noch die eines Einheitsstaates widerspricht demokratischen Grundsätzen.

31 Vgl. für Nachweise Adolf Kimmel (Hrsg.), Die Verfassungen der EG-Mitgliedsstaaten, München 1987; Herwig Roggemann (Hrsg.), Die Verfassungen Mittel- und Osteuropas. Einführung und Verfassungstexte mit Übersichten und Schaubildern, Berlin 1999.

32 Vgl. auch Christian Tomuschat, Rechtsvergleichende Analyse. Der öffentliche Dienst im Spannungs-

sung verzichtet, ein Sonderfall: Weder nach dem Gesetzesrecht noch nach dem Gewohnheitsrecht bedarf es qualifizierter Mehrheiten. Eine Reihe von Verfassungen ermöglicht Änderungen durch Plebiszite.

Die nach dem Zweiten Weltkrieg verabschiedeten Verfassungen Italiens (in Art. 139) und der V. Französischen Republik (in Art. 89) schreiben die republikanische Staatsform vor. Gemäß Art. 54 der italienischen Verfassung hat jeder Bürger sogar die Pflicht, „der Republik die Treue zu bewahren und die Verfassung und die Gesetze zu achten."[33] Die betonte Wertgebundenheit des Grundgesetzes und der Verfassungen Griechenlands wie Portugals ist ein Reflex auf die geschichtliche Erfahrung. Bezeichnenderweise verzichtet die im Jahre 1983 verabschiedete niederländische Verfassung auf die Festschreibung bestimmter Artikel. Die gesamte Verfassung steht zur Disposition des Gesetzgebers.[34] Die Möglichkeit einer Totalrevision gilt auch für Russland und Bulgarien – freilich erst durch eine eigens gewählte Versammlung. Die anderen Staaten Osteuropas schreiben besondere Anforderungen für die Änderung der Verfassung vor. „Mehrere Verfassungen enthalten einen unveränderlichen Verfassungskern – so die Verfassungen Bulgariens, Rumäniens, Tschechiens, Moldovas, Russlands und der Ukraine. Gegen Verfassungsänderungen geschützt sind die Grundrechte und Grundfreiheiten, die Unverletzlichkeit des Staatsgebietes (Ukraine, Rumänien) und – besonders ausgeprägt – in Rumänien darüber hinaus die republikanische Staatsform und die Bestimmungen bezüglich der ‚Unverletzlichkeit der Rechtspflege, des politischen Pluralismus und der Amtssprache' (Art. 148 Rumänischen Verfassung). Die Regelung der tschechischen Verfassung, der zufolge eine Änderung der wesentlichen Bestandteile des demokratischen Rechtsstaates unzulässig ist (Art. 9, Abs. 2 Tschechischen Verfassung), lässt offen, welche Verfassungsvorschriften konkret gemeint sind."[35] Offenkundig ist die diktatorische Vergangenheit eine wesentliche Ursache für die Einführung solcher auf „ewig" angelegten Schutzbestimmungen.

V. Abwehrbereitschaft

1. Parteien- und Vereinigungsverbote

Die Schutzvorkehrungen, die den Verfassungsstaat in der Bundesrepublik „diktaturfest" machen sollten, wurden nicht exzessiv praktiziert.[36] In der Anfangszeit war dies –

verhältnis zwischen politischer Freiheit und Verfassungstreue. Standards für die Behandlung politischer Extremisten in Westeuropa, in: Böckenförde/Tomuschat/Umbach (Anm. 7), S. 649.

33 Der Text der italienischen Verfassung findet sich u.a. bei Kimmel (Anm. 31), S. 205–232 (Zitat: S. 213).

34 Allerdings sind die nach 1945 erlassenen Verfassungen von Spanien und Österreich änderbar. Eine Totalrevision ist jeweils nur durch ein Plebiszit möglich.

35 So Wolfgang Ismayr, Die politischen Osteuropas im Vergleich, in: Ders. (Anm. 17), S. 15.

36 Die vier Anträge auf Grundrechtsverwirkung gemäß Art. 18 GG – 1960 gegen Otto Ernst Remer,

bezogen auf Parteien- und Vereinigungsverbote – durchaus anders. Die junge Demokratie reagierte verunsichert, und manche Vorkehrung – wie das erste Strafrechtsänderungsgesetz von 1951[37] – war nicht frei von Alarmismus.

1952 wurde die Sozialistische Reichspartei (SRP) verboten, 1956 die Kommunistische Partei Deutschlands (KPD). Die im Oktober 1949 gegründete SRP hatte durch ihre Erfolge im Mai (11,0 Prozent in Niedersachsen) und im Oktober 1951 (7,7 Prozent in Bremen) für Furore gesorgt. Das Bundesverfassungsgericht stützte sein Urteil gegen die SRP unter anderem auf die Rekrutierung der Führungsschichten aus ehemals aktiven Nationalsozialisten, das Verhalten der Anhängerschaft, die fehlende innerparteiliche Demokratie sowie auf die Programmatik, die sich im Kern nicht von der Vorstellungswelt der NSDAP unterscheide.[38] Zu diesen Punkten wurden handfeste Beweise präsentiert. Nach dem Urteil wurde es still um die SRP-Funktionäre, sieht man einmal von Otto Ernst Remer ab, der vielfältig und unrühmlich von sich reden machte.[39]

Die KPD, die mit 5,7 Prozent der Stimmen in den ersten Bundestag eingezogen war, hatte sklavisch die Politik der KPdSU und der SED unterstützt – mit der Folge, dass sie kontinuierlich an Stimmen verlor. So erreichte sie in Nordrhein-Westfalen 1947 14,0 Prozent der Stimmen, 1950 5,5 Prozent und 1954 nur noch 3,8 Prozent. Das Parteiverbotsverfahren zog sich lange hin. Das Gericht ging auf die Zielsetzung der KPD ein, befasste sich mit der Betätigung der Partei im Sinne des Marxismus-Leninismus und beurteilte deren allgemeines politisches Erscheinungsbild. In allen Punkten verstieß die KPD nach Meinung des Gerichts gegen die Prinzipien der freiheitlichen demokratischen Grundordnung. Das Verbot der KPD wurde wesentlich damit begründet, dass sich die Forderung nach der „proletarischen Revolution“ und die nach der „Diktatur des Proletariats“ mit den Prinzipien der freiheitlichen demokratischen Grundordnung nicht vereinbaren lasse.[40]

Die junge Demokratie wollte mit den beiden Verboten Exempel statuieren. Diese waren nicht nur rechtmäßig, sondern wohl auch zweckmäßig. Die Urteile des Gerichts, die den Freiraum für das Wirken politischer Parteien großzügig auslegten,

---

1969 gegen Gerhard Frey, 1992 gegen Heinz Reisz und gegen Thomas Dienel – scheiterten sämtlich. Sie wurden wegen offenkundiger Aussichtslosigkeit von der Bundesregierung nicht weiter verfolgt. Die Kritik an Art. 18 GG ist heftig und im Kern berechtigt bei Leggewie/Meier (Anm. 13), S. 82–92.

37 Vgl. Alexander von Brünneck, Politische Justiz gegen Kommunisten in der Bundesrepublik Deutschland 1949–1968, Frankfurt a.M. 1978.

38 Vgl. für Einzelheiten Otto Büsch/Peter Furth, Rechtsradikalismus im Nachkriegsdeutschland. Studien über die „Sozialistische Reichspartei“ (SRP), Berlin/Frankfurt a.M. 1957; Norbert Frei, Vergangenheitspolitik. Die Anfänge der Bundesrepublik und die NS-Vergangenheit, München 1996, S. 326–360.

39 Vgl. Eckhard Jesse, Biographisches Porträt: Otto Ernst Remer, in: Uwe Backes/Eckhard Jesse (Hrsg.), Jahrbuch Extremismus & Demokratie, Bd. 6, Bonn 1994, S. 207–221.

40 Vgl. für Einzelheiten Hans Kluth, Die KPD in der Bundesrepublik. Ihre politische Tätigkeit und Organisation 1945–1956, Köln/Opladen 1959; Patrick Major, The Death of the KPD. Communism and Anti-Communism in West Germany, 1945–1956, Oxford 1997.

zeichneten sich in hohem Maße durch Zurückhaltung und Liberalität aus. Der antitotalitäre Konsens war so verbreitet, dass eine Differenzierung zwischen der rechts- und der linksextremistischen Variante nicht für sinnvoll angesehen wurde. Die Angst gegenüber „früher" und „drüben" war vorherrschend.

In der zweiten Hälfte der sechziger Jahre kam es zu einer anderen Verbotsdiskussion. Die 1964 gegründete Nationaldemokratische Partei Deutschlands (NPD) gelangte in mehrere Landesparlamente und erreichte in Baden-Württemberg 1968 sogar 9,8 Prozent. Öfters erscholl der Ruf nach einem Verbot. Noch vor der Bundestagswahl 1969, bei der die Partei knapp an der Fünfprozentklausel scheiterte, entschloss sich die Bundesregierung dazu, Verbotspläne nicht weiter zu verfolgen. Zu einem anderen Ergebnis kam die Politik im Jahre 2000. Nicht zuletzt wegen fremdenfeindlicher Übergriffe wurde gegen die radikalisierte NPD, die allerdings bei Wahlen nicht reüssieren konnte (Bundestagswahl 1998: 0,3 Prozent; Bundestagswahl 2002: 0,4 Prozent), ein übereiltes Verbotsverfahren eingeleitet[41] – von Bundesregierung, Bundestag und Bundesrat. Die Wissenschaft machte dagegen überwiegend Bedenken geltend.[42] Aufgrund verschiedener Pannen (z.B. waren V-Leute in der Führungsspitze der Partei vertreten) setzte das Bundesverfassungsgericht die Eröffnung der Hauptverhandlung zu Anfang des Jahres 2001 ab, und im März 2003 stellte es das Verfahren wegen der V-Mann-Affären ein.[43] Das ist kein Sieg der aggressiv-kämpferisch gegen die freiheitliche Demokratie gerichteten Strategie der NPD[44], jedoch eine peinliche Niederlage der Exekutive, die das Gebot der Liberalität missachtete. (Nur die FDP hatte sich gegen ein Verbot der NPD gewandt). Gewiss sollen extremistische Parteien beobachtet werden, aber die demokratische Ordnung muss sich dabei (und bei anderen Maßnahmen) strikt an rechtsstaatliche Prinzipien halten.[45] Das Verfahren gegen die NPD kann eine heilsame Lehre sein.

---

41 Vgl. den Sarkasmus bei Ingo von Münch, Der „Aufstand der Anständigen", in: Neue Juristische Wochenschrift 54 (2001), S. 728–733.

42 Vgl. Horst Meier, „Ob eine konkrete Gefahr besteht, ist belanglos". Kritik der Verbotsanträge gegen die NPD, in: Leviathan 29 (2001), S. 439–468; Eckhard Jesse, Soll die Nationaldemokratische Partei Deutschlands verboten werden? Der Parteiverbotsantrag war unzweckmäßig, ein Parteiverbot ist rechtmäßig, in: Politische Vierteljahresschrift 42 (2001), S. 683–697; Michael Henkel/Oliver Lembcke, Die Dilemmata des Parteiverbots. Probleme der wehrhaften Demokratie im Umgang mit dem Rechtsextremismus, in: Zeitschrift für Parlamentsfragen 32 (2001), S. 572–587.

43 Zur Diskussion um das NPD-Verbot vgl. die beiden Sammelbände: Heinz Lynen von Berg/Hans-Jochen Tschiche (Hrsg.), NPD – Herausforderung für die Demokratie?, Berlin 2002; Claus Leggewie/Horst Meier (Hrsg.), Verbot der NPD oder Mit Rechtsradikalen leben? Die Positionen, Frankfurt a.M. 2002.

44 Vgl. etwa die folgende Selbstdarstellung: Holger Apfel (Hrsg.), „Alles Große steht im Sturm". Tradition und Zukunft einer nationalen Partei. 35 Jahre NPD – 30 Jahre JN, Stuttgart 1999.

45 Vgl. Lars Oliver Michaelis, Politische Parteien unter der Beobachtung des Verfassungsschutzes. Die Streitbare Demokratie zwischen Toleranz und Abwehrbereitschaft, Baden-Baden 2000; Uwe Backes, Probleme der Beobachtungs- und Berichtspraxis der Verfassungsschutzämter – am Beispiel von REP und PDS, in: Bundesamt für Verfassungsschutz (Hrsg.), Bundesamt für Verfassungsschutz. 50 Jahre im Dienst der inneren Sicherheit, Köln u.a. 2000, S. 213–231.

Bis zum Inkrafttreten des Vereinsgesetzes im Jahr 1964 war von der Bestimmung des Art. 9, Abs. 2 GG rege Gebrauch gemacht worden: Es kam allein zu 328 Verbotsverfügungen. Die hohe Zahl erklärt sich damit, dass Verbote gegen dieselbe Organisation auf der Landesebene erfolgten – zum Teil sogar auf der Ebene der Regierungspräsidien. Zudem orientierte sich die Exekutive seinerzeit am Legalitätsprinzip. Die Ausschaltung von insgesamt 64 Vereinigungen (40 links- und 24 rechtsextremistischen) aus dem politischen Leben hat der Liberalität wohl eher geschadet, die innere Sicherheit kaum gestärkt. Seit 1964 sind vom Bundesministerium des Innern insgesamt 26 Vereinigungen verboten worden. Es handelt sich in 15 Fällen um ausländische Vereinigungen, in zehn Fällen um rechtsextremistische (1980: „Wehrsportgruppe Hoffmann"; 1982: „Volkssozialistische Bewegung Deutschlands/Partei der Arbeit"; 1983: „Aktionsfront Nationaler Sozialisten/Nationale Aktivisten"; 1989: „Nationale Sammlung"; 1992: Nationalistische Front"; „Deutsche Alternative"; „Nationale Offensive"; 1994: „Wiking Jugend"; 1995: „Freiheitliche Deutsche Arbeiterpartei"; 2000: „Blood & Honour Division Deutschland, White Youth") und – im Jahre 1983 – um die kriminelle Vereinigung „Hell's Angels Motor-Club".[46] Zusätzlich gab es Verbote von Gruppierungen, die nur in einem Land aktiv waren (wie die Hamburger „Nationale Liste" im Jahre 1995). Die meisten Verbote gegen rechtsextremistische Vereinigungen in den neunziger Jahren waren eine Folge der fremdenfeindlichen Ausschreitungen. Wer Verbote verwirft oder allenfalls als ultima ratio zu berücksichtigen gedenkt, legt nicht die Axt an die Wurzeln der streitbaren Demokratie. Sie sind nur der Endpunkt einer Vielzahl abgestufter Schutzmaßnahmen.[47] Umgekehrt sprechen Verbote nicht für autoritäres Gehabe der Exekutive, da die Gerichtsentscheidungen in der Regel zu deren Gunsten ausgegangen sind.

Da die Verfassungen mancher europäischer Demokratien keine ausgeprägte Wertbestimmheit aufweisen, liegt die Annahme nahe, dass Vorschriften über Parteien- und Vereinsverbote international kaum eine Rolle spielen. Diese Vermutung bestätigt sich mehr oder weniger. Auffallenderweise unterscheiden viele Verfassungen im Gegensatz zum Grundgesetz nicht strikt zwischen Parteien und Vereinen. Das gilt für ältere Verfassungen, u.a. jedoch auch für die Schwedens von 1975 und für die der Niederlande von 1983.

In der Regel wird den Parteien kein Bekenntnis zum demokratischen System abverlangt. In Österreich etwa sind Schutzvorkehrungen gegen Parteien (ausgenommen solche nationalsozialistischer Observanz[48]) nicht vorgesehen – „Resultat einer Auffassung, die in der Demokratie den nach formalen Ordnungsregeln sich abspielen-

---

46 Vgl. die folgende Auflistung: Vom BMI verfügte Vereinsverbote (nach dem Inkrafttreten des Vereinsgesetzes – 12. 09.1964), Stand vom 4. Februar 2003.

47 Vgl. Cornelia Grundmann, Das Vereinsverbot – ein überholtes Instrument der streitbaren Demokratie?, in: Bundesministerium des Innern (Hrsg.), Verfassungsschutz: Bestandsaufnahme und Perspektiven. Beiträge aus Wissenschaft und Praxis, Halle (Saale) 1998, S. 120–145.

48 Der österreichische Staatsvertrag von 1955 sieht in seinem Art. 9 die Auflösung aller faschistischen Organisationen vor.

den politischen Machtkampf erblickt."[49] Der Hinweis, dass das österreichische Vereinsrecht die Möglichkeit vorsieht, die Bildung gesetz-, rechtswidriger oder staatsgefährlicher Vereinigungen zu untersagen, geht insofern in die Irre, als der Verstoß sich fast ausschließlich auf Gewalt sanktionierende strafrechtliche Bestimmungen bezieht, also nicht in den Bereich der streitbaren Demokratie fällt.

Frankreich und die Schweiz betonen im Vergleich zu Österreich das Prinzip des Verfassungsschutzes stärker – freilich „mit dem Vorbehalt, man wolle nicht die Verfechtung einer politischen Idee durchkreuzen, solange die betreffende Zielsetzung auf ‚legalem' Wege erreicht werden soll, vielmehr nur beabsichtigte oder zu befürchtende Rechtswidrigkeiten, Gewaltsamkeiten verhindern."[50] Die Analogie zur Weimarer Verfassung und zu ihrer Interpretation durch liberale Staatsrechtslehrer ist offenkundig. Als streitbar kann dieses Verfassungsverständnis nicht gelten. Der Art. 4 der französischen Verfassung verpflichtet die Parteien zur Respektierung der nationalen Souveränität und der Demokratie; eine Konkretisierung in einem Parteiengesetz ist jedoch bisher unterblieben, so dass die Bestimmung allenfalls „appellativen" Charakter besitzt.

In Art. 6 der spanischen Verfassung von 1978 wird eigens die Sonderstellung der Parteien hervorgehoben, in Italien ist gemäß Verfassungstext die Neugründung der faschistischen Partei untersagt, doch weicht die Praxis davon ab. Auch wenn die italienische Verfassung nicht eigens die Möglichkeit eines Parteienverbots statuiert, gibt es Interpretationen, wonach die Existenz einer undemokratischen Partei mit dem Geist der Verfassung unvereinbar sei.[51] Großbritannien sieht keinerlei Vorkehrungen gegenüber Parteien und Vereinigungen vor. Es kennt „keine Ansätze zu einer streitbaren Demokratie im Bereich der Vereinigungsfreiheit"[52], empfindet sie vielmehr als Fremdkörper.

Etwas differenzierter stellt sich die Situation für Spanien und Portugal dar, deren Verfassungen aus der zweiten Hälfte der siebziger Jahre stammen. Gemäß Art. 22, Abs. 5 der spanischen Verfassung sind Geheimbünde und paramilitärische Vereinigungen verboten; ähnlich lautet Art. 46, Abs. 4 der portugiesischen Verfassung, der eigens von einem Verbot für Organisationen spricht, die „die Ideologie des Faschismus vertreten."[53] Andere Einschränkungen sind nicht vorgesehen. Offenbar ist das eine Reaktion auf die historischen Erfahrungen mit der rechten Variante des politischen Extremismus.

Parteiverbote (insbesondere gegen faschistische Parteien) wurden in den westlichen Demokratien in der Zwischenkriegszeit mehrfach ausgesprochen, später noch in den Niederlanden (1955 und 1978 gegen solche aus dem rechtsextremen Spek-

49 Brunner (Anm. 10), S. 214.
50 Ebd., S. 320.
51 Vgl. Hans-Joachim Trappe, Die verfassungsrechtliche Stellung der politischen Parteien in Italien, in: Jahrbuch des öffentlichen Rechts 18 (1969), S. 195.
52 Boventer (Anm. 9), S. 192.
53 Zitiert nach Kimmel (Anm 31), S. 290.

trum).[54] Obwohl die griechische und die portugiesische Verfassung stark wertbetont ausgerichtet sind, gibt es – eigentümlicherweise – kein Parteiverbotsverfahren. Es liegt damit ein Spannungsverhältnis zwischen der mangelnden Abwehrbereitschaft und der betonten Werthaftigkeit vor. In der Schweiz ist es gerade umgekehrt. Einerseits konnten, wie das in den dreißiger Jahren der Fall gewesen ist, der Vereinsbildung Schranken gesetzt werden, andererseits steht die Verfassung in toto zur Disposition des Gesetzgebers. Abwehrbereitschaft und Wertrelativismus kommen also nicht zur Deckung. Das führt ebenfalls zu einem gewissen Spannungsverhältnis.

Die Verfassungsvorschriften in den mittel- und osteuropäischen Demokratien weichen von denen der westeuropäischen Ländern etwas ab: „Das ausdrückliche Bekenntnis ausnahmslos aller neuen Verfassungen zum politischen Parteienpluralismus ist verbunden mit ebenso signifikanten Vorschriften zur Eingrenzung von Parteienmacht, um künftige Machtusurpation einzelner Parteien auszuschließen und damit den politischen Prozess offen zu halten."[55] Allerdings geht aus den jeweiligen Verfassungsbestimmungen nicht immer klar hervor, ob sich der Staat vor extremistischen Zielen oder nur vor einer gewaltsamen Machtergreifung zu schützen gedenkt.[56] Der letzte Fall ließe sich nicht im Sinn der streitbaren Demokratie deuten. Die polnische Verfassung legt in Art. 13 klar fest, von welchen Positionen sie sich distanziert: „Verboten ist das Bestehen politischer Parteien und anderer Organisationen, die sich in ihren Programmen auf totalitäre Methoden oder Handlungspraktiken des Nazismus, Faschismus oder Kommunismus berufen, sowie solcher, deren Programm oder Tätigkeit rassischen oder völkischen Hass oder Gewaltanwendung zum Zwecke der Machtergreifung oder der Einflussnahme auf die Staatspolitik veranlasst oder zulässt oder die Verheimlichung von Strukturen oder der Mitgliedschaft vorsieht."[57] Gleiches gilt für Art. 37, Abs. 2 der rumänischen Verfassung: „Die Parteien oder Organisationen, die durch ihre Ziele oder ihre Tätigkeit den politischen Pluralismus, die Grundsätze des Rechtstaates oder die Souveränität, die Unversehrtheit oder die Unabhängigkeit Rumäniens bekämpfen, sind verfassungswidrig."[58]

In zahlreichen Ländern lassen sich Parteien ebenso wie sonstige politische Vereinigungen verbieten (z. B. Dänemark, Irland, Norwegen), ohne dass sich das Verfahren dabei unterscheidet. In Frankreich ist die trotzkistische „Kommunistische Revolutionäre Liga" zweimal (1968 und 1973) verboten (und neu gegründet) worden. Das in der Türkei 1998 verhängte Verbot der Partei des früheren Premierministers Necmettin Erbakan, die die Trennung von Staat und Kirche aufheben wollte, wurde im Jahr 2003 vom Europäischen Gerichtshof für Menschenrechte in Straßburg als rechtens angese-

54 Tomuschat (Anm. 32), S. 651.

55 Herwig Roggemann, Einführung, in: Ders. (Anm. 31), S. 87.

56 Auch in der einschlägigen Literatur wird dieser Unterschied zuweilen verwischt. Vgl. z.B. John Finn, Electorial Regimes and the Proscription of Anti-democratic Parties, in: Terrorism and Political Violence 12 (2002), Nr. 3–4, S. 51–77.

57 Zitiert nach Roggemann (Anm. 31), S. 677 f.

58 Zitiert nach ebd., S. 745.

hen.[59] Leider sind annähernd genaue Angaben über die Zahl der Vereinigungsverbote in den meisten europäischen Demokratien nicht zu ermitteln. Gewiss liegen sie deutlich unter denen in der Bundesrepublik. Keineswegs lässt sich immer sicher entscheiden – das gilt zumal für Osteuropa –, ob die Verbote dem Schutz der Aufrechterhaltung des Pluralismus dienten oder seiner Einschränkung. Ein sonderlich hohes Maß an Transparenz existiert jedenfalls nicht. Offenbar gehört dieser Bereich zu den *arcana imperii*. Das gilt erst recht für die folgende Materie.

2. Schutz des öffentlichen Dienstes vor Unterwanderung

Kein Komplex der streitbaren Demokratie löste eine solche Auseinandersetzung aus, wie der zum Teil in irrationalen Formen geführte Streit um die Fernhaltung von Extremisten aus dem öffentlichen Dienst. Insbesondere bei vielen Gegnern des Extremistenbeschlusses – ein weitaus treffender Terminus als jener des „Radikalenerlasses" – herrschten recht simple argumentative Strickmuster vor. Durch diesen Konflikt ist im Grunde die Konzeption der streitbaren Demokratie – mit ihren Chancen und Gefahren gleichermaßen – erst wieder in das Bewusstsein eines großen Teils der Bevölkerung gedrungen. Ihre Wurzeln waren weithin verdorrt. Dass allen der öffentliche Dienst offen steht, sofern sie sich keines Verstoßes gegen Strafgesetze schuldig gemacht haben, sahen und sehen viele als normal an.

Hingegen galt es bis in die sechziger Jahre hinein als selbstverständlich, den Staatsdienst für Repräsentanten extremistischer Bewegungen zu versperren. Doch vom Jahre 1972 an – der Extremistenbeschluss wollte angesichts des propagierten „Marsches durch die Institutionen" insbesondere von Teilen der Studentenschaft lediglich daran erinnern, dass Verfassungsfeinden nicht der Zugang zum öffentlichen Dienst eröffnet wird – musste diese Position zunehmend zurückweichen. Eine indirekte Folge des Extremistenbeschlusses war die alsbald ins Schussfeld der Kritik geratene „Regelanfrage". In weiten Teilen der politischen Parteien und der öffentlichen Meinung setzte sich die Auffassung durch, der Extremistenbeschluss sei ein Fehler gewesen. Die von heftiger Kritik begleitete Geschichte des Extremistenbeschlusses ist eine Geschichte seiner ständigen Rücknahme gewesen.[60] Es wurde nicht nur der Status quo ante wiederhergestellt, sondern auch Mitgliedern extremistischer Organisationen der Zugang zum öffentlichen Dienst erleichtert – eine bis Mitte der sechziger Jahre für undenkbar gehaltene Möglichkeit. Das politische Koordinatensystem hat sich also verschoben,

59 Vgl. den folgenden Artikel: Verbot „zum Schutz der Demokratie", in: Junge Freiheit vom 21. Februar 2003, S. 8.

60 Vgl. dazu ausführlich Gerald Braunthal, Politische Loyalität und Öffentlicher Dienst. Der „Radikalenerlaß" von 1972 und die Folgen, Marburg 1992. Der Verfasser setzt in seiner ungedruckten Habilitationsschrift (Streitbare Demokratie in der Bundesrepublik Deutschland. Das Beispiel des Extremistenbeschlusses von 1972, Trier 1989) die Akzente etwas anders – und zwar in dem Sinne, dass der Beschluss mit seinen Folgen keine Illiberalität hervorgerufen hat.

aber nicht im Sinne mancher Kritiker des (angeblichen) McCarthyismus. Für viele anglo-amerikanische Politikwissenschaftler, meist in der Wolle gefärbte Liberale, galt in den siebziger und achtziger Jahren die Freiheitlichkeit als bedroht. Einige „catchwords" zur Beurteilung der Schutzvorkehrungen im allgemeinen und des Extremistenbeschlusses im besonderen mögen das verdeutlichen: „Erosion of civil liberties"[61] – „antidemocratic reglementation"[62] – „excessive legalism", „mistake"[63] – „a powerful device for tightening the public ideological climate against Marxist and other radical ideas"[64] – „dangerous lack of tolerance", „anxiety syndrome", „lack of self-confidence of officials"[65] – „an exhaustive screening procedure"[66] – „indication of the governments' lack of sensitivity to civil liberties issues."[67]

Die Regelanfrage wurde weniger wegen der ihr innewohnenden Gefahr für die Liberalität aufgegeben als vielmehr aufgrund der heftigen Kritik aus dem In- und Ausland. Das Duckmäusertum, das bei vielen Bewerbern für den öffentlichen Dienst bestand, hatte seine Ursache nicht so sehr in den Fehlentscheidungen der Behörden als in der massiven Kritik der Gegner des Extremistenbeschlusses, so dass sich uninformierte Personen eingeschüchtert sahen. Insgesamt dürften ungefähr 1.000 Personen wegen mangelnder Verfassungstreue nicht in den öffentlichen Dienst eingestellt worden sein – vornehmlich Mitglieder linksextremistischer Organisationen. Gerade die starke Formalisierung des Einstellungsverfahrens schiebt nicht überprüfbaren Mechanismen einen Riegel vor. Die Internationale Arbeitsorganisation (ELO), die älteste Sonderorganisation der UNO, setzte eine dreiköpfige Kommission ein und ließ prüfen, ob die Bundesrepublik gegen Bestimmungen der ILO verstoße. Mit einem Ergebnis von 2:1 fiel die Entscheidung zuungunsten der Bundesrepublik aus.[68] Die hiesige Praxis sei völkerrechtswidrig. Wer sich legal verhalte, dürfe nicht vom öffentlichen Dienst ausgeschlossen werden. Die Bundesrepublik akzeptierte das Votum nicht und verwies auf die hiesige Rechtsprechung.

Bei diesen und anderen Kontroversen unterblieb in der Regel der Vergleich zu anderen Staaten. Die nicht-deutschen Staaten erwiesen sich offenkundig als großzügiger bei der Einstellung in den öffentlichen Dienst, zumal bei „niedrigen Rängen",

---

61 So Lewis Edinger, West Germany: Problems and Prospects, in: Political Science Quarterly 93 (1978), S. 33.

62 Eva Kolinsky, Parties, Opposition and Society in West Germany, London/Sydney 1984, S. 240.

63 David P. Conradt, The German Polity, 3. Aufl., New York/London 1986 (1978), S. 62, 66.

64 So Geoff Eley, Nazism. Politics and the Image of the Past: Thoughts on the West German Historikerstreit 1986–1987, in: Past and Present 121 (1988), S. 183, Anm. 23.

65 Kenneth H. F. Dyson, Left-wing Political Extremism and the Problem of Tolerance in Western Germany, in: Government and Opposition 10 (1975), S. 329, S. 330, S. 330.

66 Peter J. Katzenstein, Policy and Politics in West Germany. The Growth of a Semisovereign State, Philadelphia 1987, S. 270.

67 Gerald Braunthal, Public Order and Civil Liberties, in: Gordon Smith/William Paterson/Peter H. Merkl (Hrsg.), Developments in West German Politics, London 1989, S. 322.

68 Vgl. Peter Voegeli, Völkerrecht und „Berufsverbote" in der Bundesrepublik Deutschland 1976–1992. Die Kontrollverfahren der Internationalen Arbeitsorganisation in Theorie und Praxis, Berlin 1995.

aber auch im gesamten Erziehungsbereich. So waren und sind Mitglieder der französischen KP „in nicht unerheblichem Umfang im öffentlichen Dienst, insbesondere in der Lehrerschaft, tätig."[69] Eine besondere Treuepflicht für den öffentlichen Dienst besteht nicht oder wird nur „funktionell-amtsbezogen" interpretiert, also etwa auf den sicherheitsrelevanten Bereich angewendet. Allerdings zogen bei der Frage, wie die Mitgliedschaft in der kommunistischen Partei zu gewichten sei, in den siebziger und achtziger Jahren die „meisten Länder Diskretion und Geschmeidigkeit einer rechtsstaatlichen Postulaten entgegenkommenden Prägnanz der Regelung bei weitem"[70] vor. Maßnahmen der Prävention grundsätzlicher Art fehlen jedoch.

Was den Begründungszwang und den Rechtsschutz bei Ablehnungen, überhaupt die Transparenz betrifft, sind Defizite in den nicht-deutschen Staaten offenkundig, die Strategien der Umgehungen vielfältig. Aufgrund des Ermessensspielraums der Einstellungsbehörden ist es also kaum möglich, Daten darüber zu erhalten, wie viele Personen aus politischen Gründen nicht in den öffentlichen Dienst eingestellt und/oder aus ihm entlassen worden sind. Die Behörden in Griechenland und Italien müssen ablehnende Bescheide begründen, während in Belgien, Dänemark, Frankreich, Irland, Österreich, Schweden, der Schweiz und in den USA von dieser Vorschrift keine Rede ist. Die Möglichkeit der gerichtlichen Anfechtung ist in den meisten Staaten unterentwickelt, besonders in Österreich, Belgien, Irland und der Schweiz. Großbritannien kennt weder einen Begründungszwang bei Ablehnungen noch einen Rechtsschutz. Angesichts dieser Regelungen ist der Nachweis meistens schwer möglich, dass die Nichteinsteilung auf politische Gründe zurückgeht, wenn es denn der Fall sein sollte.[71]

Über die Praxis in osteuropäischen Demokratien liegt noch weniger zuverlässiges Informationsmaterial vor. In den neuen Bundesländern wurde ein beträchtlicher Teil der Personen aus dem öffentlichen Dienst entfernt (allerdings keineswegs jeder), der als „Inoffizieller Mitarbeiter" (IM) für den Staatssicherheitsdienst aktiv war. Mehrere Staaten wie Tschechien und Polen haben sich in abgeschwächter Form am ostdeutschen Modell orientiert.[72] Die inoffizielle Mitarbeit für den Geheimdienst, nicht die Tätigkeit für die „Staatspartei" kann zur Entlassung aus dem öffentlichen Dienstverhältnis führen.

---

69 Kay Hailbronner, Treuepflicht und die Grenzen politischer Betätigung im öffentlichen Dienst Frankreichs, in: Doehring u.a. (Anm. 6), S. 157.

70 Tomuschat (Anm. 32), S, 656.

71 Vgl. Gerald Braunthal, Political Loyalty and Public Service in West Germany. The 1972 Decree against Radicals and its Consequences, Amherst 1990, S. 138–151 (Kapitel „Civil Service Loyalty in Other Countries"). In der deutschen Fassung (Anm. 60) fehlt dieses Kapitel.

72 Vgl. Petra Bock/Edgar Wolfram (Hrsg.), Umkämpfte Vergangenheit. Geschichtsbilder, Erinnerung und Vergangenheitspolitik im internationalen Vergleich, Göttingen 1999; Helmut König/Michael Kohlstruck/Andrea Wöll (Hrsg.), Vergangenheitsbewältigung am Ende des zwanzigsten Jahrhunderts, Opladen/Wiesbaden 1998, insbesondere S. 195–323.

VI. Deutschland als Sonderfall?

Im Abschnitt über die Konzeption der streitbaren Demokratie ist von vier Varianten gesprochen worden, was das Verhältnis von Wertgebundenheit und Abwehrbereitschaft betrifft. Konsequent ist die Verbindung zwischen Wertgebundenheit und Abwehrbereitschaft. Die Bindung an Werte verlangt die Bereitschaft, sie zu schützen. Umgekehrt gilt das ebenso für Wertrelativismus und Negierung des Demokratieschutzes. Diese Variante, wie sie in Großbritannien heimisch ist, hat bisher keine negativen Konsequenzen gezeigt, wenngleich eine Ergänzung insofern angebracht sein mag, als in der Praxis mannigfache (andere) Schutzmechanismen bestehen.

Die zweite und die dritte Variante sind in sich nicht stimmig. Insofern schneidet das Verfassungssystem der Bundesrepublik besser ab als das manch anderer europäischer Demokratien. Denn nur diejenige Demokratie kann glaubwürdig gegen ihre Gegner vorgehen, die sich zu Werten bekennt. Außerdem sieht das Grundgesetz den demokratischen Verfassungsstaat prinzipiell von rechts und links als bedroht an, während eine Reihe westeuropäischer Demokratien, sofern sie wertbestimmende Elemente sowie Schutzvorkehrungen akzeptieren, vor allem gegen extremistische Bestrebungen von rechts gewappnet ist. Das hängt wesentlich mit der spezifischen historischen Situation anderer Länder zusammen. Kommunisten kämpften dort für die Beseitigung der (rechten) Diktatur bzw. Okkupation. In Osteuropa hingegen ist der Antiextremismus (von der Theorie her) stärker entwickelt, auch wenn die Verfassungswirklichkeit diesem Befund zum Teil widerstreitet. Schließlich hat das Grundgesetz mit der Vorverlagerung des Demokratieschutzes eine Konsequenz gezogen, die eine angemessene Antwort auf extremistische Bestrebungen enthält. Wer nur auf den Schutz der demokratischen Ordnung vor Gewalt abstellt, nimmt die Legalitätstaktik extremistischer Bestrebungen nicht oder nicht hinreichend zur Kenntnis.

Ein anderes Problem ist die politische Praxis. Wie wird von den Abwehrmechanismen Gebrauch gemacht? Die Mittel, derer sich die demokratischen Staaten beim Schutz der Verfassung bedienen, sind vielfältiger Natur. Seit dem Zweiten Weltkrieg verzichten die westeuropäischen Demokratien faktisch auf Parteiverbote[73], und nur selten kam es zu Vereinigungsverboten (überwiegend im rechtsextremistischen Bereich). Zurücksetzungen im öffentlichen Dienst für Extremisten, sofern sie keine Gewalt anwenden, sind nur schwer nachweisbar.[74] Auch die Entwicklung in der Bundesrepublik Deutschland fällt nicht völlig aus dem Rahmen. Will man in toto eine Kategorisierung vornehmen, beruht eine Dichotomie – hier die Bundesrepublik Deutschland als tendenziell autoritäres Regime, dort andere westliche Demokratien als Gralshüter der Liberalität – nicht auf einer angemessenen Perzeption der Wirklich-

73 Eine der wenigen Ausnahmen ist das 1978 ausgesprochene Verbot der „Niederländischen Volksunion“. Vgl. Theo L. Bellekom, Zulassung zum und Ausschluss aus dem öffentlichen Dienst in den Niederlanden, in: Böckenförde/Tomuschat/Umbach (Anm. 7), S. 327.

74 Die Praxis in den osteuropäischen Demokratien lässt noch nicht erkennen, in welche Richtung die Entwicklung geht.

keit. Eher zutreffend mag die Kontinuumsvorstellung sein. Zwischen der Bundesrepublik und den anderen europäischen Demokratien Europas bestehen auffällige Parallelen. Keiner dieser Staaten verzichtet völlig auf Schutzvorkehrungen.

Die Antwort auf die Frage, ob Demokratieschutz nur in der Bundesrepublik angesichts der Weimarer Erfahrungen Niederschlag gefunden hat, muss differenziert ausfallen. Erstens dürfte er in der Bundesrepublik noch nicht (oder nicht mehr) heimisch sein, so sehr man auch allerorten nicht müde wird, sich auf den Grundsatz der streitbaren Demokratie zu beziehen. Zweitens gibt es auch im Ausland Versuche, Extremisten von Schalthebeln der Macht fernzuhalten, ohne dass dafür entsprechende Bestimmungen vorliegen. Man greift, wie das Beispiel des öffentlichen Dienstes offenbart, zu eher informellen Mechanismen, die wenig Aufmerksamkeit erregen.

VII. Schluss

1. Zusammenfassung

Jeder Vergleich zwischen der Entwicklung in Deutschland und den anderen westlichen Demokratien steht unter einem wichtigen Vorbehalt: Der Einblick in sicherheitsrelevante Bereiche ist nur begrenzt möglich. Der Annahme, alle westeuropäischen Demokratien außer der Bundesrepublik Deutschland verschrieben sich einem formalistischen Demokratieverständnis, wohnt ein hohes Maß an Weltfremdheit inne: Die meisten Demokratien unterlaufen aufgrund vielfältiger Loyalitätspflichten das Kriterium der Gewaltgrenze. In Schlüsselpositionen des Staates können Extremisten nicht eindringen, auch wenn sie Gewalt als Mittel der Politik weder anwenden noch propagieren.

Die in der Bundesrepublik geltende Konzeption der streitbaren Demokratie unterscheidet sich sowohl von der formalen Demokratie des Weimarer Musters als auch von einem Demokratietyp, der nach außen streitbare Elemente meidet, faktisch aber jedenfalls teilweise für ihre Geltungskraft indirekt Sorge trägt. Der Unterschied zur Bundesrepublik liegt wohl vor allem darin, dass die Bekämpfung in einer „diskreteren", jedenfalls weniger auffälligen Art geschieht. Manchmal erfahren Repräsentanten extremistischer Gruppierungen – z.B. durch das geringere Maß an Formalisierung – nicht einmal die Gründe ihrer Zurücksetzung. Vor allem besteht wegen des fehlenden Begründungszwangs und des wenig ausgeprägten Rechtsschutzes die Gefahr von Benachteiligungen, ohne dass die Betroffenen davon überhaupt Kenntnis erhalten. Systemkritische, aber nicht extremistische Positionen könnten daher leichter ins Abseits geraten.

Allerdings ist die in westlichen Demokratien praktizierte größere Gelassenheit gegenüber extremistischen Störungen für diese auch von Vorteil, wirkt sie doch einer öffentlichen Stigmatisierung entgegen. Viele Demokratien orientieren sich zwecks Abwehr politischer Unterwanderung von Extremisten an dem, was in der Bundesrepublik offen verteidigt und begründet wird. Damit unterscheidet sich weniger die Verfassungspraxis voneinander als vor allem die Verfassungstheorie. Das martialisch anmutende Instrumentarium des Grundgesetzes ist nicht typisch für die Verfassungswirklichkeit der Bundesrepublik, die Abwehrschwäche hingegen keineswegs charakteristisch für die Praxis westlicher Demokratie. Wie die politische Wirklichkeit auf eindrucksvolle Weise zeigt, praktiziert keine westliche Demokratien die Regeln der Freiheit ungefiltert. Die Alternative zur Wehrhaftigkeit bundesdeutschen Musters ist also nicht Wehrlosigkeit. Demokratieschutz ist kein deutsches Phänomen, wohl aber die spezifische Konzeption der streitbaren Demokratie. Die demokratische Streitbarkeit soll einerseits dafür Sorge tragen, dass extremistische Bestrebungen keine Oberhand gewinnen, und andererseits darf sie sich nicht so entwickeln, dass sie selbst repressive Züge annimmt. Es handelt sich also um ein demokratisches Dilemma, um eine Gratwanderung: Der demokratische Verfassungsstaat muss vermeiden, aus Angst vor Mord Selbstmord zu begehen. „Keine Freiheit für die Feinde der Freiheit" – diese dem Jakobinismus zugeschriebene militante Devise ist keine angemessene Beschreibung des Demokratieschutzkonzepts.

2. Perspektiven

Gewiss hat sich der demokratische Verfassungsstaat bei allen Schwächen bewährt. Aber dauerhaft muss er nicht sein. „Nach aller historischen Erfahrung mit dem Aufstieg und Niedergang von Staaten, Herrschaftssystemen, politischen und gesellschaftlichen Ordnungen und Wertsystemen ist es jedoch zweifelhaft, ob der in den modernen Demokratien erreichte Stand erhalten bleibt oder perfektioniert werden kann: Schon jetzt zeigen sich allerorten die Grenzen der Reformfähigkeit, ohne dass aber erkennbar würde, worin die Alternativen zu den dringend gebotenen Reformen bestehen können."[75] Die Richtigkeit dieses Befundes vorausgesetzt, kann das nicht heißen, auf Demokratieschutz zu verzichten. Die nicht auf Verbotsinstrumentarien verkürzte Konzeption der streitbaren Demokratie leistet dazu einen Beitrag.[76] Eingangs war von dem Staatsschutz die Rede, wie er für jedes Land der Welt gleichermaßen gilt. Es sollte deutlich geworden sein, dass der in Demokratien praktizierte Schutz nicht mit dem in Diktaturen auf eine Stufe gestellt werden kann, auch wenn der Schutz auf Vorverlagerung basiert. Und weiter lässt sich erkennen: In der Praxis spielt es weniger eine Rolle, ob diese Form des Demokratieschutzes vorgesehen ist oder nicht. Im Zuge des Europäisierungsprozesses könnten sich Angleichungen vollziehen. Eine realistische Möglichkeit wäre die, dass die Vorverlagerung gegenüber bestimmten rechtsextremisti-

---

75 Horst Möller, Diktatur- und Demokratieforschung im 20. Jahrhundert. Über den Sinn des Vergleichs, in: Vierteljahrshefte für Zeitgeschichte 51 (2003), S. 50.

76 Vgl. dazu Armin Scherb, Streitbare Demokratie und politische Bildung. Grundlagen und Bauelemente eines normativ-pädagogischen Konzepts, Hamburg 2003.

schen Bestrebungen (z.B. die Beobachtungsstelle für Rassismus und Fremdenfeindlichkeit) auch in anderen Demokratien Platz greift[77] und die Vorverlagerung gegen linksextremistische in Deutschland an Bedeutung verliert (z.B. der Verzicht des Verfassungsschutzes auf die Beobachtung von Gruppierungen, die keine Gewalt anwenden). Mag sein, dass auch die Herausforderung des Islamismus Annäherungen im Demokratieschutz fördert. Wünschenswert wären nicht nur „Maßnahmen und Programme gegen Rechtsextremismus“[78], sondern auch gegen Linksextremismus – ohne dabei die Liberalität der demokratischen Ordnung zu gefährden. Diese Form der antiextremistischen Orientierung entspräche dem Verständnis des demokratischen Verfassungsstaates.

77 Vgl. die Ausführungen von Canu (Anm. 12), S. 291–323.
78 Vgl. Heinz Lynen von Berg/Roland Roth (Hrsg.), Maßnahmen und Programme gegen Rechtsextremismus wissenschaftlich begleitet. Aufgaben, Konzepte und Erfahrungen, Opladen 2003.

Verfassungsschutzberichte des Bundes und der Länder im Vergleich

Zwischen Kontinuität und Wandel

I. Einleitende Bemerkungen

Jahr für Jahr erscheinen in der Bundesrepublik Deutschland Verfassungsschutzberichte, um über verfassungsfeindliche Bestrebungen aufzuklären. Wurden sie früher kaum zur Kenntnis genommen, hat sich dies mittlerweile geändert. Das liegt wesentlich an Grenzfällen, die in den einzelnen Bundesländern eine unterschiedliche Bewertung erfahren, aber auch daran, dass Verfassungsschutzberichte eine größere Verbreitung als früher finden.

Die Bundesrepublik Deutschland versteht sich als streitbare Demokratie. Die Grenze zwischen Extremismus und Demokratie verläuft danach nicht zwischen der Ablehnung der Gewalt auf der einen und der Bejahung bzw. Anwendung der Gewalt auf der anderen Seite. Schließlich kann jemand Gewalt ablehnen und gleichwohl extremistische Ziele verfechten.[1] Insofern ist die Erstellung und Veröffentlichung solcher Berichte konsequent.

Verfassungsschutzberichte sollen einen Beitrag zur geistig-politischen Auseinandersetzung mit dem politischen Extremismus leisten. Wird dieser Anspruch erfüllt? Hat sich auf Bundesebene im Laufe der Jahrzehnte etwas geändert? Bestehen aussagekräftige Unterschiede zwischen den Ländern? Ist seit der Wiedervereinigung ein Wandel eingetreten? Welche Einschätzung erfahren Grenzfälle wie die Partei der „Republikaner“ (REP) und die „Partei des Demokratischen Sozialismus“ (PDS)? Messen die Berichte die rechte und die linke Variante des Extremismus mit derselben Elle? Oder liegt eine Schieflage in der Wahrnehmung des politischen Extremismus von rechts und links vor? Eine solche Untersuchung lässt auch Rückschlüsse auf die Verankerung der streitbaren Demokratie in der Bundesrepublik Deutschland zu.

Zunächst erfolgt ein kurzer Überblick zur Geschichte der Verfassungsschutzberichte im Bund und in den Ländern; anschließend werden die des Bundes wie der Länder mit Blick auf Kontinuität und Wandel unter die Lupe genommen. Danach geht es darum, sich mit der (Fundamental-)Kritik an den Berichten auseinanderzusetzen, Detailkritik zu üben und Reformvorschläge zu präsentieren. Der Beitrag kann angesichts der Vielzahl der Berichte nicht systematisch, sondern nur exemplarisch sein. Im Vordergrund steht die Frage nach der Äquidistanz der Berichte gegenüber rechts- und linksextremistischen Bestrebungen.

---

1 Anderer Auffassung sind Claus Leggewie/Horst Meier, Republikschutz. Maßstäbe für die Verteidigung der Demokratie, Reinbek bei Hamburg 1995.

II. Geschichte der Verfassungsschutzberichte

Verfassungsschutzberichte sind, wie vieles andere in Deutschland, eine Folge der Last der Vergangenheit. Sie wurden im Bund nach den antisemitischen Schmierereien um die Jahreswende 1959/60 ins Leben gerufen. Veröffentlicht seit dem Berichtszeitraum 1961 (über „Rechtsradikalismus") und 1964 (auch über „Linksradikalismus"), zuerst in der Beilage zu der von der Bundeszentrale für politische Bildung herausgegebenen Wochenzeitung „Das Parlament" (als Einzelberichte über „Rechtsradikalismus"[2] und „Linksradikalismus"[3]), erscheinen sie seit 1969 (zunächst mit dem Berichtszeitraum 1968)[4] eigenständig als Broschüre des Bundesministeriums des Innern. Die Ereignisse der Jahre 1969 und 1970 wurden ausnahmsweise in einem Bericht zusammengefasst.[5]

Betrug der Umfang des Verfassungsschutzberichtes 1969/1970 nur 72 Seiten, so nahm dieser in der Folge beträchtlich zu (1986: 288 Seiten). Die Straffung des Berichts von 1987 auf 197 Seiten hielt nicht lange an. Bereits der Bericht für das Jahr 1994 (300 Seiten) übertraf den für das Jahr 1986. Der Bericht von 2001 (385 Seiten) ist der bisher ausführlichste. Die Steigerung des Umfangs ist ein Indiz für die erhöhte Aufmerksamkeit, die dem Verfassungsschutzbericht entgegengebracht wird.

Die Innenministerien der Bundesländer legen ähnlich angeordnete Verfassungsschutzberichte vor, eine Reaktion auf die von der Ständigen Konferenz der Innenminister der Länder im Jahre 1974 beschlossene Konzeption „Verfassungsschutz durch Aufklärung" - Niedersachsen seit 1975 (mit Unterbrechungen), Bayern seit 1976, ebenso Rheinland-Pfalz und Schleswig-Holstein (jeweils mit Unterbrechungen), Hessen seit 1977 (mit Unterbrechungen), Baden-Württemberg und Nordrhein-Westfalen seit 1978, Berlin seit 1990, Hamburg seit 1993, Bremen seit 2003. Nur das kleinste Flächenland Saarland verzichtet auf eine solche Publikation, breitet auf seiner Web-Seite aber seit einigen Jahren Grundinformationen aus. Die neuen Bundesländer geben ausführliche

2 Vgl. Bericht nach Erkenntnissen der Verfassungsschutzbehörden. Rechtsradikalismus in der Bundesrepublik. Ein Erfahrungsbericht, in: Aus Politik und Zeitgeschichte B 20/62, S. 241–252; Erfahrungen aus der Beobachtung und Abwehr rechtsradikaler und antisemitischer Tendenzen im Jahre 1962, in: Ebd., B 14/63, S. 3–21; Erfahrungen aus der Beobachtung und Abwehr rechtsradikaler und antisemitischer Tendenzen im Jahre 1963, in: Ebd., B 26/64, S. 3–21; Erfahrungen aus der Beobachtung und Abwehr rechtsradikaler und antisemitischer Tendenzen im Jahre 1964, in: Ebd., B 11/65, S. 3–23; Rechtsradikalismus in der Bundesrepublik im Jahre 1965. Erfahrungen aus der Beobachtung und Abwehr rechtsradikaler und antisemitischer Tendenzen im Jahre 1962, in: Ebd., B 11/66, S. 3–38; Erfahrungen aus der Beobachtung und Abwehr rechtsradikaler und antisemitischer Tendenzen im Jahre 1966, in: Ebd., B 24/67, S. 3–38; Rechtsradikalismus in der Bundesrepublik im Jahre 1967. Erfahrungen aus der Beobachtung und Abwehr rechtsradikaler und antisemitischer Tendenzen im Jahre 1967, in: Ebd., B 15/68, S. 3–40.

3 Kommunistische Tätigkeit in der Bundesrepublik im Jahre 1964, in: Aus Politik und Zeitgeschichte B 33/65, S. 3–36; Die kommunistische Tätigkeit in der Bundesrepublik im Jahre 1965, in: Ebd., B 20/66, S. 3–30; Die kommunistische Tätigkeit in der Bundesrepublik im Jahre 1966, in: Ebd., B 28/67, S. 3–32; Die kommunistische Tätigkeit in der Bundesrepublik im Jahre 1967, in: Ebd., B 30/68. S. 3–32.

4 Vgl. Bundesministerium des Innern (Hrsg.), betrifft: Verfassungsschutz 1968, Bonn o.J. (1969).

5 Vgl. dass. (Hrsg.), betrifft: Verfassungsschutz 1969/70, Bonn o.J. (1971).

Berichte heraus – Mecklenburg-Vorpommern[6], Sachsen-Anhalt und Thüringen seit dem Berichtszeitraum 1992, Brandenburg und Sachsen seit 1993. Der Umfang des Berichts für Nordrhein-Westfalen reicht an den für den Bund heran. Die Berichte für die Länder Baden-Württemberg, Bayern und Hamburg fallen gleichfalls besonders ausführlich aus.

Nirgendwo sonst in der Welt macht der Verfassungsschutz derart eingehend seine Erkenntnisse publik. Allerdings gibt es in Staaten wie Österreich, der Schweiz und Tschechien „Staatsschutzberichte" (dies ist die Terminologie in der Schweiz), freilich jeweils mit einer gewissen Konzentration auf gewalttätige Gruppierungen.

III. Verfassungsschutzberichte des Bundes

Die Verfassungsschutzberichte erscheinen spät, mitunter erst in der zweiten Hälfte des dem Berichtszeitraum folgenden Jahres, zuerst als hektographierte, später als gedruckte Fassung. Zu Beginn des auf den Berichtszeitraum folgenden Jahres legt das Bundesamt für Verfassungsschutz die Rohfassung dem Innenministerium vor. Umredigierungen, höflich formuliert, sind manchmal der Grund für das verzögerte Erscheinen. Das Innenministerium setzt die Gewichte und prüft die Gewichtungen. Dieser heikle Vorgang und Anweisungen im Vorfeld machen aus den Berichten bis zu einem gewissen Grad ein Instrument politischer Einflussnahme. Man denke nur an die Einordnung der PDS.

Die Gliederung der Verfassungsschutzberichte[7] hat sich im Laufe der Jahre nur unwesentlich geändert. Anfangs hießen die mit vielen Tabellen, Daten und Zitaten versehenen Rubriken wie folgt: „Rechtsradikale Bestrebungen", „Linksradikale Bestrebungen", „Spionageabwehr", „Sicherheitsgefährdende Bestrebungen von Ausländern". Im Berichtsjahr 1973 wurde der Terminus „radikal" durch „extremistisch" ersetzt. Der damalige Innenminister Werner Maihofer begründete dies wie folgt: „Der Begriff ‚extremistisch' trägt [...] der Tatsache Rechnung, dass politische Aktivitäten oder Organisationen nicht schon deshalb verfassungsfeindlich sind, weil sie eine bestimmte nach allgemeinem Sprachgebrauch ‚radikale', das heißt eine bis an die Wurzel einer Fragestellung gehende Zielsetzung haben. Sie sind extremistisch' und damit verfassungsfeindlich im Rechtssinne nur dann, wenn sie sich gegen den [...] Grundbestand unserer freiheitlich rechtsstaatlichen Verfassung richten."[8] Vorübergehend (von 1978 an) wurde eine gesonderte Rubrik „Terrorismus" aufgenommen.

---

6 Eine Zeitlang erschien nur ein knapper, sich ausschließlich auf das Land beschränkender „Extremismusbericht" bzw. „Jahresbericht", der einem „Verfassungsschutz Journal" beigelegt war.

7 Im von Uwe Backes und Eckhard Jesse hrsg. Jahrbuch Extremismus & Demokratie wird jeweils der neueste Verfassungsschutzbericht kritisch gewürdigt (Bonn 1989–1994, Baden-Baden 1995 ff.). Rezensenten waren u.a. Werner Billing, Manfred Funke, Wolfgang Gessenharter, Franz Greß, Eike Hennig, Burkhard Hirsch, Hans-Gerd Jaschke, Claus Leggewie/Horst Meier, Anton Pelinka, Geoffrey Roberts, Jürgen Seifert, Stefan Wolle.

8 Verfassungsschutzbericht (VSB) 1974, S. 4.

Seit dem Verfassungsschutzbericht 2000 lauten dessen Teile wie folgt: „Verfassungsschutz und Demokratie", „Rechtsextremistische Bestrebungen", „Linksextremistische Bestrebungen", „Sicherheitsgefährdende und extremistische Bestrebungen von Ausländern", „Spionage und sonstige nachrichtendienstliche Aktivitäten", „Scientology-Organisation". In allen Kapiteln finden sich Vergleiche zum Vorjahr zwecks besserer Einschätzung des Gefährdungspotentials. Die drei zentralen Abschnitte befassen sich mit rechtsextremistischen und linksextremistischen Bestrebungen sowie sicherheitsgefährdenden und extremistischen Aktivitäten von Ausländern.[9] Der knappe Teil über „Verfassungsschutz und Demokratie" präsentiert lediglich allgemeine, vor allem juristisch gehaltene Ausführungen zur Thematik. Das Kapitel über „Spionage und sonstige nachrichtendienstliche Aktivitäten" benennt die Nachrichten- und Sicherheitsdienste der Russischen Föderation und anderer Staaten. Seit dem Verfassungsschutzbericht für das Jahr 1982 findet sich am Ende ein „Sachwortregister"[10], seit 1997 ein Fußnotenverzeichnis. Die zunehmende wissenschaftliche Gestaltung fällt ebenso auf wie die verbesserte optische Präsentation. Struktur und Aussagegehalt der Berichte bieten gleichwohl keine streng wissenschaftlichen Standards genügenden Analysen zum politischen Extremismus. Wer das erwartet, verkennt ihre Funktion. Solche Berichte sollen hieb- und stichfeste Informationen über die als extremistisch geltenden Organisationen liefern, nicht die komplexe Ursachenproblematik erörtern oder etwa Überlegungen zu rechts- und linksextremistischen Einstellungen in der Bevölkerung ausbreiten.

Änderte sich im Gefolge des Regierungswechsels Ende der sechziger Jahre nichts, hielten sich die Unterschiede vor und nach 1982 in engen Grenzen. Das letzte Vorwort des FDP-Innenministers Gerhard Baum zum VSB hob in erster Linie auf die Überzeugungskraft politischer Auseinandersetzungen ab, dagegen relativierte sein Nachfolger Friedrich Zimmermann den Vorranganspruch der politisch-geistigen Bekämpfung. Im Gegensatz zur bis dahin üblichen Gliederung stand ab dem Jahre 1983 das Kapitel „linksextremistische Bestrebungen" an erster Stelle. Die Gewichtungen waren gegenüber früher etwas verschoben. Der Leser erhielt mehr Informationen über die Bemühungen der DKP um „Aktionseinheit" mit den Sozialdemokraten. Als die SPD mit den Grünen im Jahre 1998 die Bundesregierung übernahm, änderte man wiederum die Reihenfolge. Im Vorwort des Bundesinnenministers Otto Schily für den Verfassungsschutzbericht 1998 hieß es: „Vor allem dem Rechtsextremismus in seinen herausragenden Erscheinungsformen der Fremdenfeindlichkeit und des Antisemitismus, aber auch allen anderen Formen von Extremismus muss weiterhin mit Nachdruck und Entschlossenheit entgegengetreten werden."[11] Die rechtsextremistischen Bestrebungen rangieren seither vor den linksextremistischen. Der Reihenfolge ent-

9 Diese Abgrenzung ist unscharf. So können Ausländer durchaus für rechts- und linksextremistische Bestrebungen verantwortlich sein und Deutsche sich für extremistische islamistische Organisationen engagieren.

10 Erst seit dem Bericht für das Jahr 2002 heißt es korrekt „Register". Denn in dem „Sachwortregister" waren stets auch „Personen" aufgeführt.

11 VSB 1998, S. 3.

sprach auch eine Rangfolge. Die Passagen über den Rechtsextremismus wurden ausgeweitet. Insgesamt gesehen zeichnete die Verfassungsschutzberichte des Bundes, ob sie nun unter der Ägide der SPD oder der Union standen, über die Jahrzehnte hinweg ein hohes Maß an Kontinuität aus.

Doch hat sich in den neunziger Jahren – noch vor dem Regierungswechsel – einiges geändert, nicht zum Vorteil für die Substanz der Berichte. Kommen wir exemplarisch zum letzten Verfassungssschutzbericht: Die rechtsextremistischen Bestrebungen werden stärker aufgefächert als die von linksaußen. Von folgenden Kategorien ist die Rede: gewaltbereite Rechtsextremisten; Neonazismus (vor einigen Jahren hieß es angemessen-sachlicher: „Neonationalsozialismus"); Parteien; Intellektualisierungsbemühungen im Rechtsextremismus; antisemitische Agitation; internationale Verbindungen; Agitations- und Kommunikationsmedien. Hingegen lauten die Kategorien zum Linksextremismus: gewalttätiger Linksextremismus; Parteien und sonstige Gruppierungen; Aktionsfelder; Agitations- und Kommunikationsmedien.

Der jüngste Verfassungsschutzbericht ist für die rechte Variante des Extremismus fast doppelt so umfangreich wie für die linke. Damit setzt sich eine in den neunziger Jahren begonnene Tendenz fort, obwohl die tatsächliche Gefahrenlage dies kaum rechtfertigen dürfte. Der Verfassungsschutzbericht über den Berichtszeitraum 1989 sah für linksextremistische Bestrebungen 80 Seiten vor, für die von rechts 40. Der Wandel lässt sich nicht allein mit den fremdenfeindlichen Ausschreitungen vor allem zu Anfang der neunziger Jahre erklären. Bis zum Jahre 1990 ist zudem die Zahl der Links- und Rechtsextremisten im öffentlichen Dienst dokumentiert worden (zuletzt fast 1500 Links- und 213 Rechtsextremisten), seither fehlt sie.

Offenkundig legt der Verfassungsschutzbericht die Messlatte für die beiden Extremismen nicht gleich hoch an. Rechtsextremistische Bestrebungen werden ausführlicher, konkreter und detaillierter nachgezeichnet als linksextremistische. In den letzten Berichten tauchen weitaus mehr Extremisten von rechts namentlich auf als von links. Warum werden unter der Überschrift „Agitations- und Kommunikationsmedien" neun Seiten für den Rechtsextremismus verwandt, für den Linksextremismus hingegen nicht einmal deren zwei? Detailliert nennt der Bericht Namen von rechtsextremistischen organisationsunabhängigen Verlagen und Vertriebsdiensten (wie den Grabert- oder den Arndt-Verlag), nicht jedoch solche von linksextremistschen. Mangel an Material kann nicht der Grund sein. Die Proportionen werden auf diese Weise wohl kaum gewahrt. Gleiches gilt für die „Intellektualisierungsbemühungen im Rechtsextremismus". Hier ist nicht nur von Intellektualisierungsbemühungen im Umfeld der NPD die Rede, sondern auch von der umstrittenen Wochenzeitung „Junge Freiheit".[12] „Mitunter deuten rechtextremistische Intellektuelle in ihren Texten extremistische Positionen nur an und sind um verbale Mäßigung bemüht, um auf diese Weise zu einer Erosion der Abgrenzung zum demokratisch-konservativen Lager beizutragen. So wol-

12 Vgl. u.a. Matthias Weber, Zeitschriftenporträt: Junge Freiheit, in: Uwe Backes/Eckhard Jesse (Hrsg.), Jahrbuch Extremismus & Demokratie, Bd. 14, Baden-Baden 2002, S. 203–226.

len sie ihren Positionen den Anschein von Seriosität geben und eine größere Breitenwirkung erreichen."[13] Ist der Verfassungsschutz für ein Organ wie die „Junge Freiheit" zuständig? Zweifel sind angebracht. Wer diese nicht teilt, muss danach fragen, warum für die Variante von links ein analoger Abschnitt fehlt. Tatsächlich ist die „Erosion der Abgrenzung"[14] zwischen Demokraten und Extremisten im linken Umfeld weiter fortgeschritten.

Am Beispiel der Flügelparteien PDS und REP lässt sich ebenso eine gewisse Ungleichbehandlung zeigen. Die Partei der REP wurde bis zum Berichtszeitraum 1992 mit keiner Silbe in den Berichten des Bundes erwähnt.[15] Die PDS kam 1990 nur am Rande vor – in der Übersicht zu den wichtigsten linksextremistischen und linksextremistisch beeinflussten Organisationen tauchte sie nicht auf, im nächsten Bericht war lediglich ein kurzer Abschnitt von einer halben Seite enthalten. Tenor: „Ein endgültiges Urteil, ob die PDS als eine Organisation mit verfassungsfeindlicher Zielsetzung anzusehen ist, kann aber noch nicht getroffen werden: Die PDS ist noch eine Partei im Umbruch."[16] 1993 (wie bereits 1992) fand sich ein gut einseitiges Unterkapitel „Linksextremistische Positionen in der ‚Partei des Demokratischen Sozialismus' (PDS)", während für die Partei der REP ein eigenes Kapitel reserviert war. Das Unterkapitel bezog sich vor allem auf die „Kommunistische Plattform" (KPF), „die sich offen zur ‚revolutionären Idee der sozialistischen Alternative' bekennt."[17] Für die REP differenzierte der VSB wie bei extremistischen Gruppierungen generell nach der „Zielsetzung", der „Teilnahme an Wahlen", der „Organisation" und nach „Gerichtsverfahren". Hieß es bei der Tabelle über die Mitglieder linksextremistischer Gruppierungen, dass die „mehrere tausend Personen zählende Anhängerschaft der ‚Kommunistischen Plattform' in der PDS [...] in dieser Übersicht nicht berücksichtigt"[18] ist, lautete die Passage zu den REP folgendermaßen: „Hierbei wurden die etwa 23.000 Mitglieder der Partei ‚Die Republikaner' (REP) nicht berücksichtigt. Es liegen zwar Anhaltspunkte für rechtsextremistische Bestrebungen dieser Partei vor [...], dies reicht jedoch nicht aus, um alle Mitglieder als Rechtsextremisten einzustufen."[19] Seit dem Berichtszeitraum 1994 sind die Mitglieder der REP in der Tabelle aufgeführt, obwohl man nicht davon ausgehen könne, „dass alle Mitglieder bewusst rechtsextremistische Ziele verfolgen oder unterstützen."[20] Von diesem Jahre an wird die Organisation wie NPD und DVU bei den rechtsextremistischen Parteien genannt, nicht mehr in einer gesonder-

13 VSB 2003, S. 89 (Pressefassung).

14 Vgl. das wichtige Werk von Wolfgang Rudzio, Die Erosion der Abgrenzung. Zum Verhältnis zwischen der demokratischen Linken und Kommunisten in der Bundesrepublik Deutschland, Opladen 1988.

15 Ende 1992 beschlossen die Verfassungsschutzbehörden die bundesweite Beobachtung der Partei mit nachrichtendienstlichen Mitteln.

16 VSB 1991, S. 53.

17 VSB 1993, S. 55.

18 Ebd., S. 22.

19 Ebd., S. 74.

20 VSB 1994, S. 78.

ten Kategorie wie noch im Jahr zuvor. Auch die Würdigung der PDS nahm im Jahr 1994 zu, insbesondere die der KPF. Seit diesem Jahr finden die Mitglieder der Partei gesonderte Berücksichtigung. Die Mitglieder der Kommunistischen Plattform und anderer linksextremistischer Gruppen in der PDS tauchen beim Linksextremismuspotential auf.

Der Bericht für 1995, der die PDS erstmals an der Spitze der linksextremistischen Parteien und sonstigen Gruppierungen aufführte, nahm eine weitere Verschärfung vor, untersuchte Herkunft und Zielsetzung, das Verhältnis zum Parlamentarismus und zur Gewalt, offen linksextremistische Strukturen in der PDS und die Zusammenarbeit mit Linksextremisten. Gleichwohl zählte der Bericht ihre Mitglieder (bis auf die der KPF und anderer Gruppen) nicht zum Linksextremismus, hieß es doch: „Die ‚Partei des Demokratischen Sozialismus' (PDS) ist gesondert ausgewiesen, da nicht davon ausgegangen werden kann, dass alle Mitglieder linksextremistische Ziele verfolgen oder unterstützen."[21] Diese Einschränkung bei den REP hielt das Innenministerium nicht davon ab, deren Mitglieder beim Extremismuspotential zu erfassen. In den folgenden Jahren hat sich an der Einordnung nichts Prinzipielles geändert, auch nicht durch den Regierungswechsel 1998 und die Koalitionen der SPD mit der PDS in Mecklenburg-Vorpommern (seit 1998) und Berlin (seit 2002). Auf die extremistischen Strukturen innerhalb der Partei weist der Bericht weiter hin; seit dem Berichtsjahr 1998 kommt die PDS allerdings erst nach der DKP an zweiter Stelle. Die Veränderungen bei den REP mit der Wahl von Rolf Schlierer zum Vorsitzenden im Dezember 1994 wurden vom Verfassungsschutzbericht zwar erwähnt: „Der Bundesvorsitzende Dr. Rolf Schlierer ist um ein seriöses, konservatives Erscheinungsbild seiner Partei bemüht, gleichwohl machen Teile der Partei ihre Ablehnung gegenüber der freiheitlichen demokratischen Grundordnung deutlich."[22] Aber die Partei gilt nach wie vor ohne Abstriche als rechtsextremistisch. Eine Sonderstellung wie der PDS wird den REP nicht eingeräumt. Immerhin firmiert die Partei seit dem Berichtsjahr 2000 bei den rechtsextremistischen Parteien nicht mehr an der Spitze, sondern am Ende. Zudem ist die Berichterstattung in den jüngsten Berichten etwas knapper und vorsichtiger gehalten als Ende der neunziger Jahre.

Nach den Fakten – weniger nach Opportunitätsüberlegungen – fällt ein extremismustheoretischer Vergleich zwischen den REP und der PDS schwerlich zugunsten der SED-Nachfolgepartei aus.[23] So ist der Verfassungsschutzbericht auch hier trotz manch deutlicher Formulierung gegenüber der PDS nicht in der Balance. Es leuchtet wenig ein, wieso die Partei der REP nicht ebenso gesondert aufgelistet wird wie die PDS. Durch die Unterscheidung zwischen kommunistischen und kommunistisch beeinflussten Organisationen erfolgte mit dem Verfassungsschutzbericht von 1976 eine notwen-

---

21 VSB 1995, S. 24.

22 VSB 2002, S. 86.

23 Vgl. Eckhard Jesse, Die ideologischen Positionen der PDS und der REP – ein Vergleich, in: Uwe Backes/Eckhard Jesse (Hrsg.), Extremismen im Vergleich, Göttingen 2005.

dige Differenzierung. Für rechtsaußen gilt sie nicht, wobei es eine Überlegung wert wäre, die Partei der REP auf diese Weise von (anderen) rechtsextremistischen Gruppierungen abzusetzen, zumal die Schönhuber-Position kaum noch relevant ist. Der im Dezember 1992 von den Innenministern gefasste Beschluss, diese Partei in toto als extremistisch zu klassifizieren und sie mit nachrichtendienstlichen Mitteln zu beobachten (nicht zuletzt als eine Reaktion auf die fremdenfeindlichen Exzesse mit ihrer verheerenden Wirkung im In- und Ausland), bedürfte der Überprüfung.

IV. Verfassungsschutzberichte der Länder

Trifft die Verschiebung des Koordinatensystems auch auf die Länder zu? Der Vergleich kann sich einerseits auf die Verfassungsschutzberichte der Länder untereinander erstrecken, andererseits auf Kontinuitäten und Diskontinuitäten innerhalb eines Landes. Ein – nicht publizierter – Beschluss der Innenminister von 1976 sollte „den Rahmen für die Berichterstattung über extremistische Bestrebungen festlegen", jedoch nicht, um „eine einheitliche, wortgleiche Formulierung in den Jahresberichten des Bundes und der Länder zu erreichen." Immerhin mag man der etwas gewundenen Äußerung ein Nachlassen des Konsensus im Bereich der inneren Sicherheit entnehmen. Wäre ein solcher Beschluss sonst nötig gewesen?

Die Verfassungsschutzberichte der Länder sind ähnlich strukturiert wie die des Bundes. In ihnen werden – mehr oder weniger – dieselben Vereinigungen aufgeführt, sieht man von regionalen Schwerpunktsetzungen ab. In der Vergangenheit ergaben sich gewisse Abweichungen zwischen Nordrhein-Westfalen und den übrigen Ländern in der Berichterstattung über DKP-beeinflusste Organisationen. „Die Aufnahme extremistisch beeinflusster Organisationen in diesen Bericht bedeutet nicht, dass die eigene Zielsetzung dieser Organisation als extremistisch zu beurteilen ist."[24] Eine solche Einschränkung fehlte in anderen Verfassungsschutzberichten. Man erfuhr wenig über solche Gruppierungen. Zum Teil (1981 und 1982) wurden die DKP-beeinflussten Gruppierungen wie die „Deutsche Friedens-Union" und die „Deutsche Friedensgesellschaft – Vereinigte Kriegsdienstgegner" nicht einmal erwähnt. Dieser Befund war insofern eine Paradoxie, als deren Aktive im bevölkerungsreichsten Bundesland in den achtziger Jahren wahrlich keine *Quantité négligeable* bildeten. Über die Bündnispolitik der DKP sagten die nordrhein-westfälischen Berichte wenig aus. Die Einwirkungsmöglichkeiten mittels Aktionseinheit und Volksfrontpolitik blieben weitgehend ausgeblendet, so dass der Leser sich nicht annähernd ein exaktes Bild von kommunistischer Bündnispolitik machen konnte. Zu außerparlamentarischen Protestbewegungen, der eigentlichen Nahtstelle zwischen demokratischen und anti-demokratischen Gruppierungen, fanden sich nur wenige Hinweise. Offenbar befürchtete man, eine solche Information ließe sich als Überwachung demokratischer Aktivitäten auslegen. Seit

24 VSB Nordrhein-Westfalen 1987, S. 32.

dem Zusammenbruch des Kommunismus in der DDR tauchen die DKP-beeinflussten Gruppierungen überhaupt nicht mehr auf. Die Schwäche dieser Berichte besteht weniger in der unvollständigen Erfassung marxistisch-leninistischer Gruppierungen als vielmehr in der unzureichenden Darstellung ihrer Aktivitäten. Dieses Defizit wird etwa bei einem Vergleich mit den bayerischen Verfassungsschutzberichten deutlich. Sie haben die Strategie der DKP genauer unter die Lupe genommen. Vor allem ist die größte kommunistisch beeinflusste Organisation, die Vereinigung der Verfolgten des Naziregimes – Bund der Antifaschisten (VVN-BdA)[25], ausführlich behandelt, während sie in Nordrhein-Westfalen keine Erwähnung findet.

Lange stand in unionsregierten Ländern wie Baden-Württemberg und Bayern der Linksextremismus jeweils vor dem Rechtsextremismus. Das war Ende der neunziger Jahre nirgendwo mehr der Fall. Als letztes Bundesland stellte Berlin um. Allerdings hat der Verfassungsbericht für Hamburg im Jahre 2002 eine Verschiebung vorgenommen, wohl eine Reaktion auf die Gefahr des Islamismus nach dem 11. September 2001. Nach den sicherheitsgefährdenden und extremistischen Bestrebungen von Ausländern folgt der Linksextremismus, erst dann der Rechtsextremismus. Die Reihenfolge in den anderen Berichten drückt offenkundig eine Rangfolge aus. Über die rechte Variante des Extremismus wird ausführlicher informiert als über die linke. Das ist teilweise eine Folge der fremdenfeindlichen Ausschreitungen, zumal in der ersten Hälfte der neunziger Jahre. Vor der deutschen Vereinigung wurde der Extremismus von links im Schnitt doppelt so umfangreich abgehandelt wie der von rechts. Nach dem Regierungswechsel 1987 in Hessen änderte sich an der Struktur der Berichte nichts Grundlegendes. Allerdings: Blieben vorher die Adressaten kommunistischer Bündnispolitik so gut wie ausgespart, hieß es jetzt, die VVN-BdA strebe breite Bündnisse u.a. mit der Sozialdemokratie an. Unter der sozial-liberalen Regierung war mehr die Ablehnung der DKP-Politik seitens der Friedensbewegung herausgekehrt worden. Insgesamt kann das Beispiel der hessischen Verfassungsschutzberichte nicht die These von der Brüchigkeit des Verfassungskonsensus stützen.

In den Ländern waren überwiegend dieselben Organisationen Beobachtungsobjekte des Verfassungsschutzes. Blieb dieser prinzipielle Konsens nach einem Regierungswechsel in den neunziger Jahren bestehen? Wie sieht es in Niedersachsen und Rheinland-Pfalz aus, wo jeweils die SPD die CDU als Regierungspartei abgelöst hatte, in dem einen Fall zunächst mit dem Bündnis 90/Die Grünen[26], in dem anderen mit der FDP? Unterschiede sind auffallend, freilich nicht so gravierend, wie man vermuten möchte.

---

25 Im Oktober 2002 schlossen sich die westdeutsche „Vereinigung der Verfolgten des Naziregimes – Bund der Antifaschistinnen und Antifaschisten in der Bundesrepublik" mit dem ostdeutschen „Verband ehemaliger Teilnehmer am antifaschistischen Widerstand, Verfolgter des Nazi-Regimes und Hinterbliebener – Bund der Antifaschisten" zusammen. Der Name des Westverbandes erstreckt sich nun auf die gesamte Vereinigung.

26 Von 1990 bis 1994 regierte die SPD in Niedersachsen mit dem Bündnis 90/Die Grünen, von 1994 bis 2003 alleine. Seit jenem Jahr stellt die CDU gemeinsam mit der FDP die Regierung.

Der niedersächsische Innenminister Glogowski deutete im Vorwort zum Verfassungsschutzbericht 1989 eine gewisse Distanzierung an – der Bericht falle „in die Amtszeit der früheren Landesregierung", seine „Schwerpunktsetzung"[27] damit in deren Verantwortung. Der Rechtsextremismus ist in der Folgezeit in den Berichten stark ausgeweitet, der nicht-gewalttätige Linksextremismus ausgedünnt worden. Zwar wird noch über die DKP informiert, jedoch nicht mehr über eine DKP-beeinflusste Organisation wie die VVN-BdA. Im VSB für das Jahr 1994 hieß es blauäugig, nach einer Meldung der „taz" prüfe der PDS-Bundesvorstand, „wie die weitere ‚Unterwanderung' fast aller westdeutschen Landesverbände der PDS durch den BWK gestoppt werden kann."[28] Ein Jahr später lautete die Formulierung, man prüfe Verdachtsmomente, ob „in der PDS bzw. der Kommunistischen Plattform und der Arbeitsgemeinschaft Bund Westdeutscher Kommunisten (BWK) in und bei der PDS linksextremistische Bestrebungen entwickelt und vertreten werden."[29] Als sei dies seinerzeit nicht klar entscheidbar gewesen. Im Bericht für das Jahr 1996 war erstmals ein Kapitel über die Kommunistische Plattform der PDS enthalten. Diese setzte sich in den folgenden Jahren fort. Charakteristisch ist die Fixierung auf den gewaltbereiten Linksextremismus. Immerhin fand in den Verfassungsschutzberichten für die Jahre 2001 und 2002 die trotzkistisch orientierte Vereinigung „linksruck" Berücksichtigung. Nach dem Regierungswechsel im Jahre 2003 setzte der erste Bericht unter der Ägide von CDU und FDP die Akzente etwas anders: Das trifft nicht auf die Ausführungen zur „extremistischen Neuen Rechten" zu, ebenso nicht auf die Partei der REP: Den Satz „im übrigen hat es Schlierer verstanden, Kritiker seines politischen Kurses aus der Partei hinauszudrängen"[30], könnte man in dem Sinne interpretieren, dass Schlierer den rechten Flügel „ausgegrenzt" hat. Wohl aber sind die Ausführungen zum Linksextremismus konturierter geworden.

Nun ist nicht mehr nur von der Kommunistischen Plattform die Rede, sondern von der PDS insgesamt. Diese halte auch nach der Verabschiedung ihres Grundsatzprogramms 2003 „an ihrem alten Feindbild- und Klassendenken" fest, wenngleich das Programm als Erfolg der reformorientierten Kräfte gilt. Trotzdem heißt es: „Solange sich die PDS in ihrer Programmatik ‚entschieden gegen jede Form des Antikommunismus' wendet und in ihren Reihen offen linksextremistisch wirkende Zusammenhänge wie die KPF duldet, die über einen nicht unerheblichen Einfluss auf die Ausrichtung der Partei verfügen, erscheinen ihre Reformbemühungen und das Bekenntnis zum Grundgesetz formal und nicht überzeugend."[31]

Was für Niedersachsen gilt, trifft abgeschwächt auf Rheinland-Pfalz zu. Zwar war bis zum Berichtszeitraum 1994 von der VVN/BdA die Rede (ihre Bündnisarbeit schließe das Zusammenwirken mit „revolutionär-marxistischen" und „autonomen Kräften" nicht aus), doch später tauchte sie nicht mehr auf. Dagegen findet die PDS

27 VSB Niedersachsen 1989, S. 3

28 VSB Niedersachsen 1994, S. 85.

29 VSB Niedersachsen 1995, S. 71.

30 VSB Niedersachsen 2003, S. 63 (Pressefassung).

31 VSB Niedersachsen 2003, S. 100 (Pressefassung).

Erwähnung, keineswegs bloß die Kommunistische Plattform. Im neuesten Bericht heißt es: „Die PDS akzeptiert nach wie vor in ihren Reihen offen extremistische Strukturen [...] und arbeitet kontinuierlich mit deutschen und ausländischen linksextremistischen Parteien zusammen."[32] Ansonsten sind die Passagen über den nicht-gewalttätigen Linksextremismus stark ausgedünnt.

Was die Verfassungsschutzberichte zum Gespött vieler behauptet hatten, erwies sich nach dem Zusammenbruch des „realen Sozialismus" als überaus treffend. Eine ganze Reihe von Organisationen, die sich wie DFU oder VVN/BdA nach außen hin ein Mäntelchen der Überparteilichkeit umgehängt hatten, war von der DKP ideologisch, organisatorisch und finanziell abhängig. Gleichwohl gilt nun der nicht-gewalttätige Linksextremismus mehr oder weniger als vernachlässigenswert. Er ist zwar stark geschwächt, aber das dürfte kein Grund sein, ihn nahezu völlig zu ignorieren.

In manchen Berichten etwa taucht(e) die VVN-BdA nicht mehr auf. Nordrhein-Westfalen war bereits genannt worden. Der Verfassungsschutzbericht von Baden-Württemberg beschönigte unter dem sozialdemokratischen Innenminister Frieder Birzele die Richtung dieser Organisation geradezu – an der Basis gewännen „vermehrt demokratische Positionen an Raum". Das politische Spektrum werde „von der VVN-BdA, die im übrigen vom Finanzamt Stuttgart als gemeinnützig anerkannt ist, selbst als von ‚demokratischen Organisationen bis zu autonomen Gruppierungen' reichend charakterisiert."[33] Ist der Hinweis auf das Selbstverständnis der Gruppierung aussagekräftig? (Es muss nicht verwundern, dass dieser Bericht ausweislich des Personenverzeichnisses 34 Rechtsextremisten namentlich erwähnte, aber nur vier Linksextremisten – die drei Terroristen Birgit Hogefeld, Sieglinde Hoffmann, Christian Klar sowie den Funktionär der kommunistischen „Vereinigung für Sozialistische Politik" Winfried Wolf, der als PDS-Spitzenkandidat auf der baden-württembergischen Landesliste in den Bundestag gelangt war).[34] Unter der christlich-liberalen Regierung ab 1996 erfolgte eine Revision. Die VVN-BdA sei „unverändert die bedeutendste linksextremistisch beeinflusste Organisation im Land."[35] An dieser Einschätzung, die den Lesern der baden-württembergischen Berichte eine Legislaturperiode lang vorenthalten wurde, hat sich bis heute nichts geändert.[36]

Während der Verfassungsschutz von Nordrhein-Westfalen seit Jahren kein kritisches Wort für die VVN-BdA übrig hat, befasste er sich von 1994 an auf vielen Seiten mit der rechten Wochenzeitung „Junge Freiheit" – ohne klares Ergebnis. Einerseits nehme die Zeitung sich mehr und mehr zurück, transportiere antidemokratisches Gedankengut „z.B. überwiegend über Anspielungen"[37], andererseits hätten sich 1995 „verunglimpfende und diffamierende Angriffe gegen Verfassungsorgane wie den Bun-

32 VSB Rheinland-Pfalz 2003, S. 86.
33 VSB Baden-Württemberg 1995, S. 114.
34 Vgl. VSB Baden-Württemberg 1995, S. 172 f.
35 VSB Baden-Württemberg 1997, S. 119.
36 Vgl. VSB Baden-Württemberg 2003, S. 225–229.
37 VSB Nordrhein-Westfalen 1995, S. 110.

destag und das Bundesverfassungsgericht"[38] gehäuft. Auf vielen Seiten breitete und breitet der nordrhein-westfälische Verfassungsschutzbericht Anhaltspunkte für den Verdacht rechtsextremer Bestrebungen durch dieses Periodikum aus. Daran hält der Bericht bis heute fest. Im neuesten heißt es, die „Junge Freiheit" sei „einer um Intellektualisierung bemühten geistigen Strömung innerhalb des Rechtsextremismus zuzurechnen, die vielfach als ‚Neue Rechte' bezeichnet wird."[39] Der Verfassungsschutz bemüht sich – polemisch formuliert – geradezu rührend um die sogenannte „Neue Rechte" im allgemeinen und die umstrittene „Junge Freiheit" im besonderen – mit eigenen Schriften[40] und Veranstaltungen, aus denen dann Bücher hervorgehen.[41] Während die „Junge Freiheit" ausgiebig „zerlegt" wird, fehlt – beispielsweise – jeglicher Hinweis auf die „Junge Welt", obwohl manch ein Artikel in dem ohnehin klar linksextremistischen Organ mit gewalttätigen „Autonomen" sympathisiert. Ist nicht die Annahme naheliegend, dass die nordrhein-westfälische Behörde dank politischer Vorgaben ihre Energien zu sehr auf die „Junge Freiheit" konzentriert? Allein auf die Zeitschriften der „Neuen Rechten" entfielen im Jahre 1995 44 Seiten, auf den gesamten Linksextremismus (ohne den Terrorismus) 53. In den letzten Jahren ist allerdings ein gewisser Rückgang zu verzeichnen. Gleichwohl: Diese Proportionen können nicht stimmen. Man muss wahrlich kein Freund der „Jungen Freiheit" sein, deren Spalten mitunter voller Häme gegenüber (tatsächlichen oder vermeintlichen) Schattenseiten des demokratischen Verfassungsstaates sind, um die Vorgehensweise problematisch zu finden. Grundsätzlich sollte bei der Nennung organisationsungebundener Publikationen durch eine staatliche Behörde äußerste Vorsicht geboten sein, zumal dann, wenn die extremistische Tendenz nicht eindeutig ist. Ansonsten laufen Verfassungsschutzberichte Gefahr, jene Erscheinungen zu begünstigen, die sie zu bekämpfen suchen.

Verfassungsschutzberichte anderer Länder, die in der Vergangenheit von der „Neuen Rechten" gesprochen haben (Baden-Württemberg, Hamburg, Niedersachsen, Rheinland-Pfalz), verwenden diesen höchst missverständlichen Begriff[42] praktisch

---

38 VSB Nordrhein-Westfalen 1995, S. 18.

39 VSB Nordrhein-Westfalen 2003, S. 94.

40 Vgl. Innenministerium des Landes Nordrhein-Westfalen (Hrsg.), Die Kultur als Machtfrage. Die neue Rechte in Deutschland, Düsseldorf o.J. (2003).

41 Vgl. Wolfgang Gessenharter/Thomas Pfeifer (Hrsg.), Die Neue Rechte – eine Gefahr für die Demokratie?, Wiesbaden 2004; siehe auch Stephan Braun/Daniel Hörsch (Hrsg.), Rechte Netzwerke – eine Gefahr, Wiesbaden 2004. Zur Reaktion der angegriffenen Seite: Institut für Staatspolitik, Die „Neue Rechte". Sinn und Grenze eines Begriffs, Alberoda 2003; Dieter Stein (Hrsg.), Phantom „Neue Rechte". Die Geschichte eines politischen Begriffs und sein Missbrauch durch den Verfassungsschutz, Berlin 2005.

42 Vgl. u.a. Eckhard Jesse, Von der Linken lernen? Vier rechtsextremistische Intellektuelle im Vergleich, in: Uwe Backes (Hrsg.), Rechtsextreme Ideologien in Geschichte und Gegenwart, Köln 2003, S. 261–288; anderer Auffassung Helmut Fröchling, Die Neue Rechte im Fokus des Verfassungsschutzes, in: Wolfgang Gessenharter/Helmut Fröchling (Hrsg.), Rechtsextremismus und Neue Rechte in Deutschland. Neuvermessung eines politisch-ideologischen Raumes?, Opladen 1998, S. 119–138; siehe dazu: Wolfgang Cremer, Stellungnahme zu dem Beitrag von Helmut Fröchling „Die Neue Rechte im Fokus des Verfassungsschutzes", in: Ebd., S. 139–143.

nicht mehr, wenn auch zuweilen von „Intellektualisierungsbemühungen im Rechtsextremismus“[43] oder vom „diskursorientierten Rechtsextremismus“[44] die Rede ist. Im hamburgischen Bericht von 1995 hieß es, der Begriff der „Neuen Rechten“ finde auf Publizisten in der Grauzone von Rechtsextremismus und demokratischem Konservatismus Anwendung. Durch die Berufung auf einen „antitotalitären Konsens“[45] wichen sie dem Vorwurf der Verfassungsfeindlichkeit aus. Der hamburgische Bericht bezeichnete diese Richtung als *„neue“ „Neue Rechte“*, wobei Unterstreichung, Kursivdruck und Anführungszeichen dem Original entstammen.[46] Über die „Junge Freiheit“, die in Berlin ihren Sitz hat, wurde berichtet, nicht dagegen über die Hamburger Monatszeitschrift „Konkret“, für die es nicht seitenlanger Interpretationen bedürfte, um die extremistische Ausrichtung nachzuweisen. Mittlerweile ist der Hamburger Verfassungsschutzbericht von solch unklaren Begriffen abgerückt. Bereits zwischen 1971 und 1977 tauchte in den Verfassungsschutzberichten des Bundes der diffuse Begriff der „Neuen Rechten“ auf, allerdings in anderer Konnotation als heute.[47]

Insgesamt wird mit Blick auf die PDS in den Verfassungsschutzberichten Tacheles geredet, auch, wie erwähnt, in Nordrhein-Westfalen. Das muss angesichts der Offenherzigkeit der PDS im Westen nicht verwundern. Wie in den Ausführungen zu ihr stets hervorgehoben wird, sind die Erkenntnisse ohne den Einsatz nachrichtendienstlicher Mittel gewonnen worden. Der Hamburger Bericht sah in der ersten Hälfte der neunziger Jahre kein eigenes Kapitel für die PDS vor und nannte sie nicht im umfassenden Stichwortverzeichnis. Als bei der Hamburger Bürgerschaftswahl im Jahre 1993 eine „Linke Alternative – Wehrt Euch!“ antrat (sie umfasste den Bund Westdeutscher Kommunisten, gemeinsam mit seiner Vorfeldorganisation „Volksfront gegen Reaktion, Faschismus und Krieg“ sowie DKP, MLPD, PDS/LL und VVN/BdA), erwähnte der VSB Hamburgs dieses Bündnis nur am Rande, ohne die PDS und die anderen Gruppierungen aufzuzählen. Damit kam er seiner Berichtspflicht nicht nach. (Wohl aber war der Wahlkampf der rechtsextremistischen 0,0-Prozent-Partei „Nationale Liste“ berücksichtigt worden, von dem der REP und der DVU gar nicht zu reden). Mittlerweile weist der Hamburger Bericht ein eigenes Kapitel über die PDS auf. Diese ist so radikal, dass deren Bundespartei bei den letzten Wahlen nicht die PDS, sondern eine Absplitterung der Grünen („Regenbogen“) unterstützt hat. Am deutlichsten ist der bayerische Verfassungsschutzbericht. Von Anfang an lässt dieser aufgrund vielfältiger Belege keinen Zweifel an den linksextremistischen Zügen der PDS insgesamt – nicht bloß der einen oder anderen Arbeitsgemeinschaft.

Die Einordnung der PDS in den Verfassungsschutzberichten der neuen Bundesländer, wo diese Partei im Schnitt mittlerweile über zwanzig Prozent der Stimmen besitzt,

---

43 Vgl. VSB Rheinland-Pfalz 2003, S. 40 f.
44 Vgl. VSB Berlin 2003, S. 64–66.
45 VSB Hamburg 1995, S. 50.
46 VSB Hamburg 1995, S. 50.
47 Vgl. Uwe Backes/Eckhard Jesse, Neue Linke und Neue Rechte – ein Vergleich, in: Dies. (Hrsg.), Jahrbuch Extremismus & Demokratie, Bd. 5, Bonn 1993, insbes. S. 21–24.

fällt anders aus. Sie ist im Osten weitaus stärker gesellschaftlich verankert und gemäßigter. Der Verfassungsschutzbericht Brandenburgs negiert sie beständig, erwähnt sie mit keinem Wort. In einer Broschüre der dortigen Abteilung Verfassungsschutz wurden die Wahlergebnisse extremistischer Parteien aufgelistet. Eingangs findet sich folgender bemerkenswerter Einschub: „In rund fünfzehn Jahren waren Linksextremisten – *so wie sie in Brandenburg definiert werden* – nur selten in der Lage, flächendeckend anzutreten.“[48] In den beiden Ländern Mecklenburg-Vorpommern und in Berlin, in denen die PDS als kleiner Koalitionspartner der SPD agiert, sind sämtliche Hinweise auf verfassungsfeindliche Ziele einzelner PDS-Gruppierungen gestrichen. Noch im Berliner Verfassungsschutzbericht für das Jahr 2000 gab es ein Kapitel „Linksextremistische Gruppierungen in der ‚Partei des Demokratischen Sozialismus‘ (PDS)“. Es hieß unumwunden: „Auch wenn die Partei sich nach ihrem äußeren Erscheinungsbild nicht als marxistisch-leninistische Partei darstellt, sind doch sowohl im Programm wie auch im Statut der PDS die Existenz extremistischer Strömungen in der Partei verankert.“[49] Jetzt gilt das nicht mehr. In den Verfassungsschutzberichten der drei anderen Länder firmiert die PDS zwar nicht als extremistisch, aber Anhaltspunkte für verfassungsfeindliche Bestrebungen kommen zur Sprache. Während die Berichte Sachsen-Anhalts und Thüringens nur die Kommunistische Plattform der PDS erwähnen, tauchen in dem sächsischen Bericht zusätzlich Ausführungen zum Marxistischen Forum der PDS im Sinne seiner Verfassungsfeindlichkeit auf.[50]

Auch die Verfassungsschutzberichte der neuen Bundesländer berichten mehr über den Rechts- als über den Linksextremismus. Der sächsische Bericht zeichnet sich durch eine Reihe aufschlussreicher „Hintergründe“ aus, die bestimmte Themen – wie den Zustand der rechtsextremistischen Szene nach Jahren des Erfolgs oder die Protestformen sächsischer Autonomer – vertieft behandeln. Im letzten Bericht geht es um die „Nutzung des Internets durch Extremisten“, ebenso um „Reaktionen von extremistischen Gruppierungen zu den kriegerischen Auseinandersetzungen im Irak.“[51] An die PDS wagt man sich in diesen Kapiteln – ein Unikat im Vergleich zu anderen Berichten[52] – ebenso nicht heran. In den „Hintergründen“ für den Berichtszeitraum 1994 sind im Beitrag über „Extremistische Agitation“ indirekt die Gründe genannt: „Der breite gesellschaftliche Konsensus bei der Ablehnung des Rechtsextremismus hat darüber hinaus Auswirkungen in Fragen der Bündnispolitik, denn er ermöglicht Aktionen unter

---

48 Jonas Grutzpalk/Helmut Müller-Enbergs, Rechts und links der Demokratie. Extremisten zur Landtagswahl 2004, Potsdam 2004, S. 5 (Hervorhebung nicht im Original).

49 VSB Berlin 2000, S. 110.

50 Als verfassungsfeindlich wird ferner die Arbeitsgemeinschaft „Junge Genossinnen in und bei der PDS“ klassifiziert, ohne dass aber dafür ein eigenes Kapitel vorgesehen ist. Vgl. VSB Sachsen 2003, S. 100 (Pressefassung).

51 VSB Sachsen 2003, S. 161–168, S. 169–172 (Pressefassung).

52 Allerdings scheint der Verfassungsschutzbericht von Berlin daran anzuknüpfen. Im jüngsten Bericht gibt es ein Kapitel zu dem folgenden Thema: „Der Irak-Krieg aus der Perspektive rechts-, links- und ausländerextremistischer Gruppierungen“. Vgl. VSB Berlin 2003, S. 14–31.

Nutzung nichtextremistischer gesellschaftlicher Kräfte."[53] Offenkundig ist der „breite gesellschaftliche Konsensus" bei der Ablehnung des Linksextremismus eine Chimäre.[54] In dem Beitrag heißt es eigens, „linker Extremismus [hat] im Bewusstsein der Bevölkerung an Bedeutung verloren."[55]

Die Verfassungsschutzämter der Länder geben ebenso wie das Bundesamt für Verfassungsschutz zu einschlägigen Themen Sonderpublikationen heraus, die über die Informationen der Verfassungsschutzberichte hinausgehen. Dieser Versuch der Vertiefung verdient Lob. Hingegen ist die ausführliche Schilderung der Situation im Bundesgebiet durch die Verfassungsschutzberichte vieler Länder höchst kritikwürdig. Ihre Existenzberechtigung besteht darin, sich auf die landesspezifischen Gegebenheiten zu konzentrieren.

V. (Fundamental-)Kritik, Kritik der Kritik, Reformvorschläge

Extremisten lehnen in einer „Haltet den Dieb"-Methode die herkömmlichen Verfassungsschutzberichte ab. Das gilt für die rechte[56] wie für die linke Seite[57]. Die Kritik ist ausschließlich politisch motiviert, basiert auf einer Dämonisierung des Verfassungsschutzes. Der „alternative Verfassungsbericht", den diese Kräfte anbieten, ist keine demokratische Alternative. Wer Zweifel hegt, sollte den „alternativen Verfassungsschutzbericht" der VVN/BdA studieren. Das „SchwarzBraunBuch" versammelt hauptsächlich Autoren linksextremistischer Couleur wie Jupp Angenforth, Diether Dehm, Gerd Deumlich, Uwe-Jens Heuer, Ulla Jelpke, Otto Köhler und Erwin Siemantel. Man will die „Entstellungen" der Verfassungsschutzberichte aufdecken. Innenminister Kanther habe gefälscht, um die VVN/BdA als extremistisch bezeichnen zu können. Die Gefahr von rechts werde immer größer. Ein antifaschistischer Konsens sei nötig. Die Forderung lautet: „Auflösung und Verbot aller neonazistischen Organisationen und Parteien."[58]

---

53 VSB Sachsen 1994, S. 86.

54 Vgl. auch Eckhard Jesse, Amtstexte als Zeichen politischen Wandels. Die Verfassungsschutzberichte des Bundes und der Länder im Vergleich, in: Frankfurter Allgemeine Zeitung v. 9. April 1997. Aussagen aus dem Artikel sind in diesen Text eingeflossen. Vgl. auch, wenngleich überzogen, Christiane Hubo, Verfassungsschutz des Staates durch geistig-politische Auseinandersetzung. Ein Beitrag zum Handeln des Staates gegen Rechts, Göttingen 1998.

55 VSB Sachsen 1994, S. 82.

56 Vgl. Claus Nordbruch, Der Verfassungsschutz. Organisation, Spitzel, Skandale, Tübingen 1999, insbes. S. 147–237; Klaus Kunze, Geheimsache Politprozesse, Uslar 1998.

57 Vgl. Martin Kutscha/Norman Paech (Hrsg.), Im Staat der „inneren Sicherheit". Polizei, Verfassungsschutz, Geheimdienste, Datenkontrolle im Betrieb. Beiträge und Dokumente, Frankfurt a.M. 1981; Fritz Seibert, Schnüffler, Fälscher, Provokateure. Methoden & Praktiken des „Verfassungsschutzes", Frankfurt a.M. 1985.

58 Jupp Angenforth, Ein Plädoyer für die Grundrechte und das Menschenrecht. Wozu brauchen wir diesen alternativen Verfassungsschutzbericht?, in: Anne Rieger/Ulrich Sander im Auftrag der Vereinigung der Verfolgten des Naziregimes/Bund der Antifaschisten (Hrsg.), SchwarzBraunBuch, Bonn 1995, S. 10.

Nicht besser ist es mit dem „alternativen Verfassungsschutzbericht" bestellt, den Josef Schüsslbrunner von rechtsaußen anbietet. Er beklagt die Einseitigkeit der gegenwärtigen Berichte wegen „des ideologisch bestimmten Extremismusbegriffs". So würden „verfassungsfeindliche Tendenzen in etablierten Parteien und sonstigen Organisationen wie Kirchen und Gewerkschaften"[59] bewusst verschwiegen. Der Erwerb der deutschen Staatsangehörigkeit ohne Aufgabe der früheren Staatsangehörigkeit soll ein Verstoss gegen das Selbstbestimmungsrecht des Volkes sein.

Verfassungsschutzberichte kollidieren nicht mit dem Parteienprivileg. Das Bundesverfassungsgericht hat sie eigens für rechtens erklärt.[60] Die NPD behauptete in ihrer Organklage von 1975, die sie betreffenden Etikettierungen im Verfassungsschutzbericht als Partei mit verfassungsfeindlicher Zielsetzung verstießen gegen das Parteienprivileg. Das Gericht entschied, der Antrag sei offensichtlich unbegründet. Zwar dürften gegen Parteien bis zur Entscheidung des Bundesverfassungsgerichts keine rechtlichen Sanktionen verhängt werden, doch handle es sich in diesem Fall um Werturteile des Bundesinnenministers in Erfüllung seiner verfassungsrechtlichen Pflicht, die freiheitliche Ordnung zu sichern. Allerdings sei nicht jedes negative Werturteil zulässig, sofern es auf sachfremden Erwägungen beruhe. Die inkriminierten Passagen könnten jedoch als Teil der für die Demokratie konstitutiven geistigen Auseinandersetzungen gelten. Die NPD wandte sich im übrigen nicht gegen die Berichte an sich, sondern „nur" gegen ihre dortige Erwähnung. Ähnliche Argumentationsmuster sind von linksaußen bekannt.

Wird darauf verzichtet, die Namen der entsprechenden verfassungsfeindlichen Organisationen aufzuführen, gerät die geistige Auseinandersetzung mit den Formen des Extremismus in die Defensive. Der Vorwurf, die Berichte könnten den genannten Organisationen im politischen Willensbildungsprozess schaden, mutet grotesk an – als sei das ein schädlicher Nebeneffekt bei der geistig-politischen Extremismusbekämpfung. Extremistische Organisationen fassen eine Erwähnung stets als „hoheitliche Verrufserklärung" auf. Es kann nicht sein, dass als linksextremistisch nur noch gewalttätige Gruppierungen gelten. Das wäre eine Abkehr von der streitbaren Demokratie. Hingegen widerstreitet es ebenso ihren Prinzipien, in den Verfassungsschutzberichten großzügig organisationsunabhängige Periodika zu erwähnen, zumal sie nicht eindeutig auf extremistischen Spuren wandeln.

---

59 So Josef Schüsslburner, Beispiel einer dem Rechtsstaatsprinzip entsprechenden Gliederung eines alternativen Verfassungsschutzberichtes entsprechend der Umschreibung der freiheitlichen demokratischen Grundordnung durch das Bundesverfassungsgericht, in: Hans-Helmuth Knütter/Stefan Winckler (Hrsg.), Der Verfassungsschutz. Auf der Suche nach dem verlorenen Feind, München 2000, S. 423; siehe auch ders., Verfassungsschutz, Gedankenpolizei, Staatsschutz, Grundgesetzpolizei – was ist die Lösung?, in: Ebd., S. 365–419.

60 Vgl. u.a. BVerfGE 20, 56; 39, 360; 40, 287. Siehe dazu ausführlich Lars Oliver Michaelis, Politische Parteien unter der Beobachtung des Verfassungsschutzes. Die Streitbare Demokratie zwischen Toleranz und Abwehrbereitschaft, Baden-Baden 2000.

Bekanntlich ist in einem streitbaren Verfassungsstaat der Demokratieschutz vorverlagert. Revolutionären Zielen folgt nicht automatisch revolutionäres Verhalten auf dem Fuß. Gleichwohl handelt es sich um Formen des politischen Extremismus. Auch wird übersehen, dass Verfassungsfeinde sich oftmals keines Verstoßes gegen die Strafgesetze schuldig machen. Wäre das der Fall, brauchte man weder die Konzeption der streitbaren Demokratie noch die Diagnose einschlägiger Berichte zu bemühen. Kritiker sehen in der Nennung von Organisationen einen Akt der Stigmatisierung und Ächtung. Streitbare Demokratie erschöpft sich jedoch nicht in Partei- und Vereinsverboten. Viel wichtiger ist die geistig-politische Bekämpfung extremistischer Organisationen. Berichte ohne präzise Hinweise auf antidemokratische Gruppierungen wären nicht bloß entschärft, sondern schlechterdings unbrauchbar. Das ist der unvermeidliche Preis einer streitbaren Demokratie, zumal sie sich dem Opportunitätsprinzip verpflichtet weiß. Man könnte eher den umgekehrten Vorwurf erheben, dass die Berichte den politisch delikaten Bereich der Verzahnung von extremistischem und demokratischem Engagement nicht ausreichend erhellen, was das linke organisatorische Spektrum betrifft.

Eine scharfe, keineswegs verfassungsfeindliche Kritik an den Verfassungsschutzberichten stammt von Jürgen Seifert, einem „kritischen" Juristen und Politologen aus Hannover.[61] Die Gruppen würden nicht aufgrund konkreter Tatbestände aufgeführt, sondern letztlich aufgrund ihrer Gesinnung. So gerieten unter Umständen bereits gesellschaftsverändernde Positionen in den Verdacht der Verfassungsfeindlichkeit. Der Autor sieht in den Berichten „hoheitliche Verrufserklärungen". Zum Teil rennt Seifert, wie oben gezeigt, offene Türen ein. In der Tat können sich bereits nicht-gewalttätige Kräfte in den Berichten wiederfinden: Denn extremistisch ist nicht erst die Gruppierung, die Gewalt propagiert oder gar anwendet. Und die Nennung in den Berichten ist für die betreffende Gruppierung ein Nachteil, soll sie auch sein. Was die Kritik betrifft, gesellschaftsverändernde Positionen tauchten zuweilen im Verfassungsschutzbericht wieder auf, kommt es auf die Art der Veränderung an. Bleibt sie im Rahmen des Grundgesetzes, dürfen ihre Repräsentanten nicht genannt werden; stellt sie die Verfassung in Frage, sieht der Sachverhalt anders aus.

Die Annahme, die Beobachtungen des Verfassungsschutzes verlören bei seiner stärkeren gesellschaftlichen Akzeptanz den „überwiegenden einstmaligen Charakter ‚hoheitlicher Verrufserklärungen' zugunsten einer wissenschaftlich orientierten Politikberatung"[62], ist schon deshalb unrealistisch, weil die Auswirkungen für die beobachteten Gruppierungen negativ sind. Es ist schwer, sich eine extremistische Strömung vorzustellen, die die negative Sanktionierung als „wissenschaftlich orientierte Politik-

61 Vgl. Jürgen Seifert, Hoheitliche Verrufserklärungen? Verfassungsschutzberichte von Bund und Ländern im Vergleich, in: Vorgänge 21 (1982), Nr. 55, S. 46–60; etwas vorsichtiger ders., Extremismus in Daten und Trends, in: Uwe Backes/Eckhard Jesse (Hrsg.), Jahrbuch Extremismus & Demokratie, Bd. 10, Baden-Baden 1998, S. 382–385.

62 So Hans-Gerd Jaschke, Die Zukunft der „streitbaren Demokratie", in: Totalitarismus und Demokratie 1 (2004), S. 121.

beratung" akzeptiert. Die Demokratie kann auf das angemessene Bild eines Feindes nicht verzichten. Dieses darf aber nicht auf ein ideologisiertes Feindbild hinauslaufen.[63] Der „Verfassungsschutz durch Aufklärung" mit seinen Verfassungsschutzberichten ist entgegen manchen Unterstellungen nicht die Ausgeburt „eines modernisierten Feindbildes."[64]

Kritikwürdiger erscheinen begriffliche Unklarheiten und der häufige Kategorienwechsel, der längerfristige Vergleiche erschwert oder gar unmöglich macht, angesichts veränderter Konstellationen aber unumgänglich sein kann. Außerdem sind Opportunitätsüberlegungen ein schweres Manko. So geraten die Berichte in Gefahr, ihre Funktion als ein nützliches Instrument der geistig-politischen Auseinandersetzung einzubüßen.[65] Ist diese Kritik von Albrecht Funk berechtigt, schießt sein Urteil weit über das Ziel hinaus, wenn er dem Verfassungsschutz wie den Verfassungsschutzberichten Erkenntnisarmut vorwirft[66], verkennt er damit doch die Aufgabe solcher Berichte.

Ungeachtet mancher Schelte: Die Beibehaltung der graphisch gut gestalteten und auch inhaltlich verbesserten Verfassungsschutzberichte ist sehr zu wünschen. Auf diese Weise entsteht eine gewisse Transparenz in einem Bereich, der gemeinhin als ein *arcanum imperii* gilt. Eine saubere Auflistung der wichtigsten extremistischen Gruppierungen bietet für die Extremismusforschung eine notwenige, wenngleich noch nicht hinreichende Datengrundlage. Wie diese exemplarische Analyse zeigte, zollen manche Berichte dem Zeitgeist Tribut. Ließ sich bis Ende der achtziger Jahre ungeachtet mancher Akzentverschiebungen ein breiter Konsens beobachten, ist seit den Neunzigern ein Wandel eingetreten. Die Verfassungsschutzberichte gewännen an Renommee, sprächen sie Ungewissheiten offen aus und brächten sie auch Gegenargumente zur Sprache.[67] Manche Organisation ist eben nicht einfach zu verorten: entweder demokratisch oder extremistisch. Zudem ließe sich die Möglichkeit einer rechtlichen Prüfung, ob die Aufnahme der jeweiligen Organisation tragfähig ist, noch ausbauen.

---

63 Vgl. zum Unterschied zwischen „Bild eines Feindes" und „Feindbild" Eckhard Jesse, Funktionen und Strukturen von Feindbildern im politischen Extremismus, in: Bundesamt für Verfassungsschutz (Hrsg.), Feindbilder im politischen Extremismus. Gegensätze, Gemeinsamkeiten und ihre Auswirkungen auf die Innere Sicherheit. Ein Symposion des Bundesamtes für Verfassungsschutz, Köln 2004, S. 3–18.

64 So aber Meier/Leggewie (Anm. 1), S. 109.

65 Vgl. etwa die Kritik von Albrecht Funk, Verfassungswidrige, extremistische, radikale und verfassungstreue Parteien. Zur Überprüfung der „Republikaner" durch die Ämter für Verfassungsschutz, in: Kritische Justiz 22 (1989), S. 467–474.

66 Vgl. ders., Der erkenntnisarme Verfassungsschutz. Strukturelle Grenzen bei der Erfassung des Rechtsextremismus, in: Wilhelm Heitmeyer (Hrsg.), Das Gewalt-Dilemma. Gesellschaftliche Reaktionen auf fremdenfeindliche Gewalt und Rechtsextremismus, Frankfurt a.M. 1994, S. 340–365.

67 Vgl. Uwe Backes, Probleme der Beobachtung und Berichtspraxis der Verfassungsschutzämter – am Beispiel von REP und PDS, in: Bundesministerium des Innern (Hrsg.), 50 Jahre Verfassungsschutz in Deutschland, Köln 2000, S. 213–231.

VI. Abschließende Bemerkungen

Das Ergebnis der Untersuchung ist nicht auf einen klaren Nenner zu bringen. Verfassungsschutzberichte sind zumal in einem demokratischen Verfassungsstaat, der sich als streitbare Demokratie versteht, ein nützliches Instrument zur Information der Öffentlichkeit über verfassungsfeindliche Bestrebungen. Sie können der Extremismusforschung Material zur Verfügung stellen, sollen diese jedoch nicht ersetzen. Ursachenforschung zum politischen Extremismus etwa gehört nicht zu ihren Funktionen. Der Anspruch, alle wesentlichen extremistischen Strömungen zu erfassen, verdient Anerkennung. Unnötig erscheinen demgegenüber ausführliche Informationen in den einzelnen Verfassungsschutzberichten der Länder über die bundespolitische Lage.

Die Praxis lässt zu wünschen übrig. Zwar sind die Verfassungsschutzberichte ausführlicher geworden, aber deswegen nicht unbedingt differenzierter. Die Äquidistanz gegenüber rechts- und linksaußen ist nicht immer gewahrt. Die Aufnahme von (tatsächlichen oder vermeintlichen) Rechtsextremisten erhält in der Regel Beifall vom intellektuellen *mainstream*, die von (tatsächlichen oder vermeintlichen) Linksextremisten schafft häufig Ärger. Für den Verfassungsschutz von Bayern gilt die PDS als eine eindeutig extremistische Partei, für den von Brandenburg als eine eindeutig demokratische. Manche nicht-militanten, extremistischen Linken finden keine Erwähnung mehr, hingegen zum Teil rechte intellektuelle Zirkel. Der Wandel der Berichte ist eine Folge der gesellschaftlichen Entwicklung. So ist seit über dreißig Jahren keine linksextremistische deutsche Organisation mehr verboten worden, hingegen eine Vielzahl von rechtsaußen. Im Vergleich zu manchen Medien zeichnen sich die Verfassungsschutzberichte durch ein größeres Maß an Ausgewogenheit aus. Insofern sind weniger sie für die Schieflage in der Perzeption der Extremismen von rechts und links verantwortlich zu machen. Sie spiegeln bloß den Einstellungswandel in abgeschwächter Form wider.

Die veränderte Sichtweise der Verfassungsschutzberichte gegenüber als extremistisch geltenden Kräften bei einem Regierungswechsel ist kritikwürdig. So nimmt die streitbare Demokratie im allgemeinen und die Einrichtung des Verfassungsschutzberichtes im besonderen Schaden. Unter Hinweis auf diesen Sachverhalt haben es Extremisten leicht, den Wert solcher Berichte in Zweifel zu ziehen.

Die differenzierte Einordnung von PDS und REP in ihnen kann ein Lackmustest für die streitbare Demokratie sein, die einerseits konsequent die Feinde der Demokratie beim Namen nennen, andererseits konsequent jeder Form staatlicher Illiberalität eine Absage erteilen soll. Wägen die Berichte das Pro und Contra ab, so ist das keine Schwäche, sondern ein Beweis ihrer Glaubwürdigkeit.

Fließende Grenzen zum Rechtsextremismus?

Zur Debatte über Brückenspektren, Grauzonen, Vernetzungen und Scharniere am rechten Rand – Mythos und Realität

I. What's right?: Einleitende Überlegungen

Im Jahre 1993 wurde in Frankreich ein „Appell zur Wachsamkeit"[1] veröffentlicht. Die Initiatoren glaubten vor den die Demokratie delegitimierenden Strategien rechter Zirkel warnen zu müssen und riefen ein „Komitee der Wachsamkeit" ins Leben. Ist in Deutschland ein solches „Komitee der Wachsamkeit" erforderlich? Dringen rechtsextreme Ideologien, Zirkel und Organisationen gleichsam unaufhaltsam in die demokratische Mehrheitskultur vor? Werden sie salonfähig gemacht? Rutscht die Bundesrepublik damit nach rechts ab, wie vielmals geargwöhnt[2]? Oder trifft eher folgende Behauptung Claus Leggewies den Kern der Sache? „Erwünscht ist, auch in Hörsälen und Seminarräumen, weniger das systematische, *alles* ergründende, damit auch wilde und gefährliche Nach-Denken als das politisch korrekte Vor-Sprechen."[3]

Mit Begriffen wie „Brückenspektrum", „Grauzone", „Vernetzung" und „Scharnier" soll der Sachverhalt umschrieben werden, dass sich die Grenze zwischen dem demokratischen Konservatismus und dem Rechtsextremismus verwischt und die extreme Rechte folglich eine Aufwertung erfährt. Die Untersuchung geht der Frage nach, ob der demokratische Konservatismus erodiert. Gelegentlich scheint es dabei unerlässlich, auch das Pendant der linken Variante des Extremismus anzusprechen, ohne dass der Beitrag deswegen in toto vergleichend angelegt ist.

Er analysiert zunächst die Ergebnisse der Publizistik und der Forschung zur Frage der Grauzone am rechten Rand. Der Tenor der meisten Publikationen ist eindeutig (Kapitel II). Dann seien die Befunde des Verfassers verdeutlicht, bezogen auf unterschiedliche Ebenen. Der ebenso eindeutige Tenor steht in krassem Gegensatz zu der dominierenden Lesart (Kapitel III). Schließlich geht es darum, die Gründe für eine derartige Diskrepanz zu benennen und zu gewichten (Kapitel IV). Die abschließenden Ausführungen schlagen – anknüpfend an das Leggewie-Eingangszitat und unter Berücksichtigung der doppeldeutigen „What's right?"-Frage – den Bogen zu den einführenden Überlegungen.

1 Abgedruckt in Richard Faber/Hajo Funke/Gerhard Schoenberner (Hrsg.), Rechtsextremismus. Ideologie und Gewalt, Berlin 1995, S. 292 f.

2 Friedbert Pflüger, Deutschland driftet. Die Konservative Revolution entdeckt ihre Kinder, Düsseldorf 1994.

3 Claus Leggewie, Vergesst '68! Denkt gefährlich!, in: Kursbuch 116/1994, S. 139 f. (Hervorhebung im Original).

Ein Wort zur Terminologie: Der Begriff der „Neuen Rechten" ist wenig geeignet, jenes Spektrum zwischen Konservatismus und Rechtsextremismus zu erfassen, das viele Autoren im Auge haben.[4] Mit der schwammigen Vokabel[5], deren ubiquitärer Gebrauch in einem bemerkenswerten Gegensatz zu ihrer mangelnden Trennschärfe steht, sollten vielmehr intellektuelle Strömungen charakterisiert werden, die sich positiv auf die „konservative Revolution" der Weimarer Zeit beziehen[6], Übereinstimmungen zur französischen *Nouvelle Droite* um Alain de Benoist aufweisen und in mancher Hinsicht die „Neue Linke" zum Vorbild genommen haben. Der Verfasser analysiert die Frage der Abgrenzung ausschließlich mit Blick auf die extremistische Rechte – unabhängig von der Einordnung der „Neuen Rechten", deren Repräsentanten in der Tat häufig in einem Grenzbereich von rechtsdemokratisch und rechtsextremistisch angesiedelt sind. Vielfach wird in der Diskussion – wohl bewusst – nicht ausreichend zwischen einer demokratischen und einer antidemokratischen Rechten sowie einer möglichen Grauzone differenziert.

II. Perzeption: Publizistik und Forschung

Auch wenn die Frage nach den Grenzen zum Rechtsextremismus bisher nirgendwo systematisch untersucht worden ist, erschien in den neunziger Jahren eine Überfülle an Literatur dazu, wobei die Art und Weise der Auseinandersetzung meistens oberflächlicher Natur ist.[7] Frühere Arbeiten[8] konnten diesem Thema auch keine anderen

4 So etwa Wolfgang Gessenharter, Die „Neue Rechte" als Scharnier zwischen Neokonservatismus und Rechtsextremismus in der Bundesrepublik, in: Rainer Eisfeld/Ingo Müller (Hrsg.), Gegen Barbarei. Essays Robert M.W. Kempner zu Ehren, Frankfurt a.M. 1989, S. 424–452; Susanne Mantino, Die „Neue Rechte" in der „Grauzone" zwischen Rechtsextremismus und Konservatismus. Eine systematische Analyse des Phänomens „Neue Rechte", Frankfurt a.M. u.a. 1993; Mark Terkessidis, Kulturkampf, Volk, Nation. Der Westen und die Neue Rechte, Köln 1995.

5 Uwe Backes/Eckhard Jesse, Neue Linke und Neue Rechte – Ein Vergleich, in: Dies. (Hrsg.), Jahrbuch Extremismus & Demokratie, Bd. 5, Bonn 1993, 7–28.

6 Vgl. Günter Bartsch, Revolution von rechts? Ideologie und Organisation der Neuen Rechten, Freiburg/Brsg. 1975; Margret Feit, Die „Neue Rechte" in der Bundesrepublik. Organisation – Ideologie – Strategie, Frankfurt a.M./New York 1987; Martina Koelschtzky, Die Stimme ihrer Herren. Ideologie und Strategie der „Neuen Rechten" in der Bundesrepublik, Köln 1986; Klaus Schönekäs, Bundesrepublik Deutschland, in: Franz Greß/Hans-Gerd Jaschke/Klaus Schönekäs, Neue Rechte und Rechtsextremismus in Europa. Bundesrepublik, Frankreich, Großbritannien, Opladen 1990, S. 218–349; Jost Müller, Mythen der Rechten. Nation, Ethnie, Kultur, Berlin/Amsterdam 1995; Uwe Worm, Die Neue Rechte in der Bundesrepublik. Programmatik, Ideologie und Presse, Köln 1995.

7 Raimund Hethey/Peter Kratz (Hrsg.), In bester Gesellschaft. Antifa-Recherche zwischen Konservatismus und Neo-Faschismus, Göttingen 1991; Peter Kratz, Gaddafi – Mechtersheimer – Schönhuber. Quellen und rotgrüne Querverbindungen neofaschistischer Deutschland-Vereiniger, hrsg. von der Bonner Initiative Gemeinsam gegen Neofaschismus, Bonn 1990; ders., Rechte Genossen. Neokonservatismus in der SPD, Berlin 1995; Ursel Sieber u.a., Deutsche Demokraten. Wie rechtsradikal sind CDU & CSU?, Göttingen 1994; Bernd Siegler/Oliver Tolmein/Charlotte Wiedemann, Der Pakt. Die Rechten und der Staat, Göttingen 1993; Rolf Seeliger, Grauzone zwischen Union und der

Einsichten abgewinnen. Zumal Antifa-Positionen werden von dieser Thematik geradezu magisch angezogen.

Viele versuchen, die Unionsparteien in die rechtsextremistische oder doch zumindest ganz rechte Ecke zu rücken, z.B. durch eine Konstruktion von Parallelen zu Rechtsaußengruppierungen. Noch simpler ist das Argumentationsschema, zwischen beiden Richtungen bestehe faktisch kein Unterschied mehr: „Der CDU und vor allem der CSU gefährlichen Populismus vorzuwerfen, weil sie den Rechtsaußenparteien mit Ressentiments gegen Europa und gegen Ausländer Stimmen abjagen wollten, geht fehl. Denn der Vorwurf setzt voraus, solche Kampagnen würden wider besseres Wissen oder wider eigene Empfindungen betrieben, wofür es keinen Beleg gibt."[9]

Bei dem immer wiederkehrenden Unterfangen, den Nachweis zu führen, die demokratischen Parteien unternähmen nichts gegen den Rechtsextremismus, bedient man sich zuweilen Stereotypen, die das Attribut „dialektisch" verdienen. Um die These aufrechtzuerhalten, dass trotz des Verbots dreier Vereinigungen durch das Bundesinnenministerium im Jahre 1992 nichts gegen den Rechtsextremismus unternommen wird, heißt es: „An eine inhaltliche Auseinandersetzung mit volksverhetzender, rassistischer Ideologie, wie sie in den Strafgesetzen eindeutig unter Strafe gestellt ist, will Seiters sich hingegen nicht heranwagen. Aus gutem Eigeninteresse."[10] Wie hätte man wohl argumentiert, wären die Verbote nicht erfolgt und gäbe es die Strafgesetze nicht? Man suggeriert geradezu einen „Pakt" zwischen Rechtsextremisten und den staatstragenden Kräften, einschließlich der SPD: „Von der SPD bis zu den militanten Neofaschisten zieht sich ein gemeinsames Band, das sich am kürzesten mit der ‚Republikaner'-Parole ‚Deutschland zuerst!' ausdrücken lässt. Es unterscheidet sich die Wortwahl und die Gestik des Vortrags."[11] Nicht viel anders heißt es in einem „Handbuch" über „Drahtzieher im braunen Netz": „Der Staat betreibt den Abbau demokratischer Rechte, rechte Konservative und Neonazis rücken bei der Feindbildbestimmung des Anti-Antifaschismus und der Geschichtsleugnung zusammen."[12] Offenkundig handelt es sich um eine Art Stellvertreterkrieg. Gemeint ist weniger die extremistische Rechte als die demokratische Mitte. Die Politik der „Einverleibung der DDR durch die BRD" erscheint für den RAF-Verteidiger und MfS-Informanten Klaus Croissant, der zu einem einschlägigen Band ein Vorwort beigesteuert hat, „in ihrer ideologischen Stoßrichtung

---

Neuen Rechten. Personen, Institutionen, Identifikationen, München 1990; Michael Venner, Nationale Identität. Die neue Rechte und die Grauzone zwischen Konservatismus und Rechtsextremismus, Köln 1994; Worm, Die Neue Rechte in der Bundesrepublik (Anm. 6).

8 Hans-Dieter Bamberg, Die Deutschland-Stiftung e.V. – Studien über Kräfte der „demokratischen Mitte" und des Konservatismus in der Bundesrepublik Deutschland, Meisenheim 1978; ders., Gefährdung unserer Demokratie von rechts. Die Feinde in Gesellschaft und Staat, Hannover 1980; Conrad Taler, Rechts, wo die Mitte ist. Der neue Nationalismus in der Bundesrepublik, Frankfurt a.M. 1972.

9 Sieber u.a., Deutsche Demokraten (Anm. 7), S. 11.

10 Siegler/Tolmein/Wiedemann, Der Pakt (Anm. 7), S. 58 f.

11 Ebd., S. 159.

12 Antifaschistisches Autorenkollektiv (Hrsg.), Drahtzieher im braunen Netz. Ein aktueller Überblick über den Neonazi-Untergrund in Deutschland und Österreich, Hamburg 1996, S. 248.

weitaus gefährlicher [...] als die verbalradikalen Phrasen rechtsextremistischer Scharfmacher."[13] Verbreitet ist auch folgende Strategie der Diskreditierung: Wird in einem rechtsextremistischen Periodikum ein Autor oder eine Partei positiv erwähnt, gilt dies für manche Kritiker als ein hinreichender Beleg der Nähe, ohne auf die bewusste, aber unfreiwillige Vereinnahmung – je nach Perspektive – hinzuweisen und auch ohne zu prüfen, ob die inkriminierten Aussagen an sich rechtsextremistisch sind. Behauptete personelle Klüngelei gilt als strategische Klüngelei, unterstellte personelle Überlappungen firmieren als ideologisch-organisatorische Vernetzungen. Wer etwa zu einem Sammelband von einer (Un-)Person wie Rainer Zitelmann, der als „der" Mann der „Neuen Rechten" durch einen Teil der Medien geistert, eine Abhandlung beisteuert, sieht sich dem Vorwurf ausgesetzt, mit den Positionen des Herausgebers zu liebäugeln oder zumindest dessen Reputierlichkeit aufzuwerten. Es kommt vielfach weniger darauf an, was man schreibt, sondern wo man schreibt.

In Publikationen wissenschaftlichen Zuschnitts ist ebenfalls die Auffassung verbreitet, die extreme Rechte sei im Vormarsch. Bei Peter Steinbach heißt es mit Bezug auf die Diskussion über die NS-Vergangenheit in der zweiten Hälfte der achtziger Jahre, ohne den Sachverhalt zu präzisieren: Die Terminologie von Bundestagsabgeordneten erinnere „an die gängigen Behauptungen der rechtsextremistischen Zeitungen und an die Propagandareden der ‚Republikaner'. Die Grenzen zwischen der Rechten und der Mitte verschwammen zusehends."[14] Hans-Ulrich Wehler spricht im Hinblick auf eine Reihe von Büchern und Zeitschriften explizit ebenso von einer „Erosion der Abgrenzung" nach rechts wie Martin Greiffenhagen implizit.[15] Selbst ein dem Extremismusansatz verpflichteter Autor wie Armin Pfahl-Traughber[16] verwendet die ursprünglich für die linke Grauzone gebrauchte Formel von der „Erosion der Abgrenzung"[17] – bei aller Distanzierung von verschwörungstheoretischen und dramatisierenden Konstruktionen. Wolfgang Gessenharter, der mit seinen programmatischen Beiträgen über die „Neue Rechte" als Scharnier zwischen Konservatismus und Rechtsextremismus[18] die

13 Hethey/Kratz (Hrsg.), In bester Gesellschaft (Anm. 7), S. 8.

14 Peter Steinbach, Der Historikerstreit, in: Heiner Lichtenstein/Otto R. Romberg (Hrsg.), Täter – Opfer – Folgen. Der Holocaust in Geschichte und Gegenwart, Bonn 1995, S. 106.

15 Hans-Ulrich Wehler, Angst vor der Macht? Die Machtlust der Neuen Rechten, Bonn 1995, S. 11; Martin Greiffenhagen, Rechtsextremismus in Deutschland, in: Europäische Rundschau 22 (1994), Heft 2, S. 103.

16 Armin Pfahl-Traughber, Brücken zwischen Rechtsextremismus und Konservativismus, in: Wolfgang Kowalsky/Wolfgang Schroeder (Hrsg.), Rechtsextremismus. Einführung und Forschungsbilanz, Opladen 1994, S. 160, 163; ders., Rechtsextremismus. Eine kritische Bestandsaufnahme nach der Wiedervereinigung, 2. Aufl., Bonn 1995, S. 272.

17 Wolfgang Rudzio, Die Erosion der Abgrenzung. Zum Verhältnis zwischen der demokratischen Linken und Kommunisten in der Bundesrepublik Deutschland, Opladen 1988.

18 Wolfgang Gessenharter, Die „Neue Rechte" als Scharnier zwischen Neokonservatismus und Rechtsextremismus in der Bundesrepublik, in: Eisfeld/Müller (Hrsg.), Gegen Barbarei (Anm. 4), S. 424–452; ders., Konservatismus und Rechtsextremismus – Nähen und Distanzen, in: Gewerkschaftliche Monatshefte 50 (1989), S. 561–570.

Diskussion beflügelt hat, sucht mit dem Buch „Kippt die Republik?“[19] diese These möglichst umfassend zu belegen. Der Asylkompromiss zwischen den tragenden Parteien im Jahre 1992 gilt ihm als ein bedenkliches Entgegenkommen an die „Neue Rechte“. Dabei sollte er gerade durch die Senkung der Zahl der Asylbewerber dazu dienen, der extremen Rechten das Wasser abzugraben – mit Erfolg, wie sich gezeigt hat. Noch drastischer heißt es bei Uwe Worm[20]: „Der geradezu durch Suggestion und Kollektivsymbolik herbeigeredete sogenannte Asylkompromiss ist eines der jüngsten und wichtigsten Beispiele dafür, dass es im politischen Spektrum immer wieder zur Einbindung von Teilen oder Begrifflichkeiten der ‚Neuen Rechten‘ kommt.“

Den Behauptungen von einer „Erosion der Abgrenzung“ nach rechts(außen) liegt nur selten eine historische Perspektive zugrunde und niemals ein Vergleich zwischen rechts und links, ob nun auf organisatorischer oder ideologisch-intellektueller Ebene – ein Desiderat der Forschung. Wer vergleicht, kann schwerlich eine „Erosion der Abgrenzung“ nach rechts sehen und kommt eher zu einem umgekehrten Ergebnis, welche Dimension man auch betrachtet.[21] Aber dieses Thema ist nahezu tabuisiert.

III. Befund: Staatliche Institutionen und intellektuelles Milieu

Bei der Frage nach der Grauzone muss man sich darüber im klaren sein, worauf sie sich bezieht. Dem Verfasser geht es zum einen um das Verhalten staatlicher Institutionen und der Parteien, die maßgeblich die politische Willensbildung, prägen, zum anderen um die Rolle der Medien einschließlich der intellektuellen Szene, die auch charakteristisch für die politische Kultur und die kulturelle Hegemonie sind. Ein Blick auf die *vox populi* kann zudem aufschlussreich sein.

Die Abgrenzung von Rechtsaußenpositionen gilt für die demokratischen Parteien ohne Ausnahme, auch die Parteien der rechten Mitte gehen ihnen gegenüber auf strikte Distanz. Um dies nur an der CSU zu zeigen, der am weitesten rechts angesiedelten Volkspartei. Sie zeichnet sich durch Abschottung zur extremistischen Rechten und Linken aus. Gegenüber der Partei der REP gelang es ihr, einen klaren Abgren-

19 Wolfgang Gessenharter, Kippt die Republik? Die Neue Rechte und ihre Unterstützung durch Politik und Medien, München 1994.

20 Worm, Die Neue Rechte in der Bundesrepublik (Anm. 6), S. 11.

21 Um nicht missverstanden zu werden: Der Vergleich zwischen den Extremismen ist für die Frage nach der „Erosion der Abgrenzung“ keine conditio sine qua non; er rückt aber vielfach die Proportionen zurecht. Vgl. Uwe Backes, Rechts- und linksradikale Intellektuelle in Deutschland. Mechanismen zur Delegitimierung des demokratischen Verfassungsstaates, in: Eckhard Jesse (Hrsg.), Politischer Extremismus in Deutschland und Europa. München 1993, S. 111–131; Uwe Backes/Eckhard Jesse, Politischer Extremismus in der Bundesrepublik Deutschland, 4. Aufl., Bonn 1996; Olaf Konstantin Krüger, Eine Republik errötet. Vom ambivalenten Verhältnis zu PDS und Republikanern, Aachen 1995.

zungskurs durchzuhalten – aus prinzipieller Motivation wie aus taktischem Interesse. Immer wieder ist kritisch auf die populistische, politikunfähige und in weiten Teilen auch extremistische Strategie der REP hingewiesen worden.[22] Die CSU versteht sich als Partei der „kämpferischen Mitte". In ihrem neuen Grundsatzprogramm heißt es: „Die parlamentarische Demokratie, der starke und liberale Rechtsstaat, die Soziale Marktwirtschaft und die föderative Ordnung sind für die CSU die Bauelemente unseres demokratischen Staates und die Markierung der politischen Mitte. Diese Mitte kann am besten von Volksparteien gesichert und auch für die Zukunft ausgebaut werden. Deshalb geht für uns die Ablehnung jedes Extremismus mit unserem Kampf gegen eine Zersplitterung des Parteienspektrums und gegen das Erstarken extremer Parteien Hand in Hand."[23] Solche Formulierungen sind für die CSU nicht Rhetorik geblieben. Gleiches gilt für die CDU, wie zahlreiche Publikationen etwa der Konrad-Adenauer-Stiftung belegen. Bekanntlich geht die Union sogar so weit, dass rechts von ihr „keine demokratisch legitimierte Partei entstehen darf"[24], womit ihr strategisches Ziel gleichsam per definitionem den Erfolg einer rechten demokratischen Partei ausschließt. Es hat in der Parteiengeschichte der Bundesrepublik Deutschland seitens demokratischer Gruppierungen niemals – mit gewissen Abstrichen für die frühe Phase – gravierende Tendenzen in Richtung einer Zusammenarbeit mit rechtsextremen oder auch nur dezidiert rechten Kräften gegeben, von einer Koalition gar nicht zu reden. Was im Jahre 1968 für die baden-württembergische CDU galt (Ablehnung einer wie immer gearteten Zusammenarbeit mit der NPD, die auf 9,8 Prozent der Stimmen gekommen war), war auch ein Vierteljahrhundert später im „Ländle" noch akut: Als die CDU nach der Landtagswahl im Jahre 1992 mit der Partei der REP (10,9 Prozent) eine rechnerische Mehrheit gehabt hatte, stand weder eine Koalition mit der damaligen Schönhuber-Partei noch ein „Magdeburger Modell" mit umgekehrten Vorzeichen zur Debatte. Statt dessen verhandelte die CDU nicht nur mit der SPD, sondern auch – wenngleich erfolglos – mit den Grünen. Nach dem Zusammenbruch des „realen Sozialismus" in der DDR ist keine Aufwertung rechtsextremistischer Tendenzen erfolgt. Die zeitweiligen Erfolge rechtsextremistischer und rechtspopulistischer Parteien Ende der achtziger, Anfang der neunziger Jahre führten erst recht zu einem deutlichen Abgrenzungskurs der demokratischen Gruppierungen. Ließ ein Politiker Avancen gegenüber einer Rechtspartei erkennen, wurde er flugs zurückgepfiffen. Von den Schaltzentralen der Macht ist die extreme Rechte ausgeschlossen – ganz im Gegensatz zur Weimarer Republik, als der freiheitlich-demokratische Basiskonsens weder in den Führungsetagen der Wirtschaft noch bei den kulturellen Eliten ausgeprägt war.

---

22 CSU-Landesleitung (Hrsg.), Republikaner-Politik: Schaden für Deutschland. Chronologie des Versagens, München 1994; Gerhard Hirscher, Die Republikaner. Auseinandersetzung mit einer Protestpartei zwischen Rechtspopulismus und Rechtsextremismus, München 1990.

23 CSU-Landesleitung (Hrsg.), Grundsatzprogramm der Christlich-Sozialen Union in Bayern, München 1993, S. 148.

24 So Theo Waigel, zit. nach Gessenharter, Die „Neue Rechte" als Scharnier (Anm. 18), S. 425.

Entgegen manchen Annahmen ist die deutsche Justiz heute – anders als damals – keineswegs auf dem rechten Auge blind. Gleiches gilt für die Polizei, wie empirische Erhebungen zeigen.[25] Bekanntlich werden aufgrund der Rechtslage von der Justiz besonders rechtsextreme Propagandadelikte geahndet. Die Aktivitäten der Bundesprüfstelle für jugendgefährdende Schriften bekommen immer wieder Autoren aus dem rechts-, nicht aber solche aus dem linksextremen Milieu zu spüren.[26] Weshalb dieses Ungleichgewicht?

Der Verfassungsschutz, der gemeinhin als „rechts" gilt, ist in einigen Bundesländern eigentümlicherweise dazu übergegangen, vor der „neuen Rechten" zu warnen und auf Grauzonen aufmerksam zu machen. Eine vergleichbare Warnung findet sich gegenüber der „neuen Linken" nicht. So spricht der Verfassungsschutzbericht von Brandenburg für den Berichtszeitraum 1994 von einer „Grauzone zwischen Rechtsextremismus, Rechtsradikalismus und Nationalkonservatismus". In dem baden-württembergischen Verfassungsschutzbericht 1994 heißt es ohne erläuternde Beispiele, die Trennlinie „zwischen ‚klassischen' Rechtsextremisten und der ‚Neuen Rechten'" werde immer brüchiger. Hingegen ist der nordrhein-westfälische Verfassungsschutzbericht mit seinen Bemerkungen zur „Neuen Rechten" nicht nur ausführlicher, sondern auch konkreter, wenngleich noch nicht deutlich genug. So sieht er Vereinnahmungstendenzen durch die „Neue Rechte" und bezieht sich dabei auf den umstrittenen Ullstein-Band von Schwilk/Schacht[27], der vereinzelt auch „Beiträge mit eindeutig rechtsextremistischer Zielsetzung"[28] enthalte. Eine Konkretisierung unterbleibt. Unabhängig davon, ob dies so stimmt: Gehört eine solche Feststellung in den Verfassungsschutzbericht, dessen Aufgabe vornehmlich darin besteht, organisatorische Strukturen in extremistischen Milieus zu erfassen? Der Nachweis wäre mühelos zu führen, dass sich in einer Fülle von Sammelbänden und Zeitschriften (nicht nur in dem Periodikum der ehemals DKP-abhängigen „Blätter für deutsche und internationale Politik") Autoren aus der extremen Linken gemeinsam mit Demokraten ein Stelldichein geben – etwa in Readern zum

25 Hans-Gerd Jaschke, Eine verunsicherte Institution. Die Polizei in der Auseinandersetzung mit Rechtsextremismus und Fremdenfeindlichkeit, in: Wilhem Heitmeyer (Hrsg.), Das Gewalt-Dilemma. Gesellschaftliche Reaktionen auf fremdenfeindliche Gewalt und Rechtsextremismus, Frankfurt a.M. 1994, 305–339; ders., Auf dem rechten Auge blind? Innere Sicherheit, streitbare Demokratie und das Primat der Gesinnungsjustiz, in: Gerhard Paul (Hrsg.), Hitlers Schatten verblasst. Die Normalisierung des Rechtsextremismus, Bonn 1989, S. 164–194.

26 Eckhard Jesse, Streitbare Demokratie und „Vergangenheitsbewältigung", in: Bundesamt für Verfassungsschutz (Hrsg.), Verfassungsschutz in der Demokratie. Beiträge aus Wissenschaft und Praxis, Köln u.a. 1990, S. 255–305.

27 Heimo Schwilk/Ulrich Schacht (Hrsg.), Die selbstbewusste Nation. „Anschwellender Bocksgesang" und weitere Beiträge zu einer deutschen Debatte, 3. Aufl., Berlin/Frankfurt a.M. 1995.

28 Vgl. für die Belege: Ministerium des Innern des Landes Brandenburg (1995, S. 30); Innenministerium Baden-Württemberg (1995, S. 76); Innenministerium des Landes Nordrhein-Westfalen (1995, S. 114). – Auch der Verfassungsschutzbericht des Bundes trifft Aussagen über die „Neue Rechte", wenn auch nur knapp. Vgl. Bundesministerium des Innern (1995, S. 157).

Rechtsextremismus.[29] Aber darüber redet kaum einer. Der „Kampf gegen rechts" schweißt demokratische und antidemokratische Positionen von links vielfach zusammen. In einer Antifa-Schrift wird behauptet, der Verfassungsschutz sorge dafür, dass das rechtsextremistische Netzwerk „unbeobachtet operieren kann, indem die Struktur der Organisation gänzlich verschwiegen wird."[30] So abenteuerlich verdreht firmiert die Observierung von Rechtsextremisten durch den Verfassungsschutz.

Wie Studien zeigen, ist die „Medienlandschaft" in Deutschland alles andere als rechtslastig; dies gilt auch für die Zeit seit der deutschen Einheit.[31] Stellt sich heraus, dass ein dezidiert Rechter wie Alfred Schickel eine Rezension oder ein „Konservativer Revolutionär" wie Armin Mohler einen Essay für den Rundfunk verfasst hat, schlagen die Wellen hoch, lassen Konsequenzen nicht auf sich warten. Intellektuelle, die sich als entschiedene Anti-68er verstehen, verfügen über keine „gute Presse". Gewiss hat in den letzten Jahren eine Reihe von Organen für Aufsehen gesorgt, wie die frühere Monats- und jetzige Wochenzeitung „Junge Freiheit". Doch ist es ihr bisher trotz massiver Anstrengungen kaum geglückt, aus dem Bereich der *lunatic fringe* herauszukommen. Vornehmlich Politiker, die in der Union nicht (mehr) das Sagen haben – etwa Heinrich Lummer (CDU) oder Peter Gauweiler (CSU) –, schreiben für Blätter wie die „Junge Freiheit". Deren Kurs ist auch heute noch nicht klar demokratisch-konservativ, obwohl rechtsextreme Publizisten wie Hans-Ulrich Kopp und Andreas Molau aus der Redaktion ausgeschieden sind. „Erfolgreicher" war da schon der Verleger Herbert Fleissner mit Titeln, deren Autoren – man denke etwa an Leon Degrelle, Wilfried van Oven, Wolfgang Strauß – nicht anders denn als rechtsextrem bezeichnet werden können.[32] Sie sind allerdings weder im Ullstein noch im Propyläen Verlag erschienen.[33] Auch in der Festschrift für Armin Mohler, einem notorischen Repräsentanten der „Konservativen Revolution", tummeln sich Demokraten und Rechtsextremisten.[34]

---

29 Beispielsweise Christoph Butterwegge/Horst Isola (Hrsg.), Rechtsextremismus im vereinten Deutschland. Randerscheinung oder Gefahr für die Demokratie, 2. Aufl., Bremen/Berlin 1991; Matthias von Hellfeld (Hrsg.), Dem Hass keine Chance. Der neue rechte Fundamentalismus, Köln 1989; Hethey/Kratz (Hrsg.), In bester Gesellschaft (Anm. 7); Siegfried Jäger (Hrsg.), Rechtsdruck. Die Presse der Neuen Rechten, Berlin 1988; Helmut Kellershohn (Hrsg.), Das Plagiat. Der Völkische Nationalismus der Jungen Freiheit, Duisburg 1994; Hans-Martin Lohmann (Hrsg.), Extremismus der Mitte. Vom rechten Verständnis deutscher Nation, Frankfurt a.M. 1994.

30 Annette Linke, Der Multimillionär Frey und die DVU. Daten, Fakten, Hintergründe, Essen 1994, S. 147.

31 Beate Schneider/Klaus Schönbach/Dieter Stürzebecher, Journalisten im vereinigten Deutschland. Strukturen, Arbeitsweisen und Einstellungen im Ost-West-Vergleich, in: Publizistik 38 (1993), S. 353–382.

32 Hans Sarkowicz, Rechte Geschäfte. Der unaufhaltsame Aufstieg des deutschen Verlegers Herbert Fleissner, Frankfurt a.M. 1994; Armin Pfahl-Traughber, Ullsteins Beiträge zu einer national-konservativen Tendenzwende, in: Die Neue Gesellschaft/Frankfurter Hefte 41 (1994), S. 824–830.

33 Fleissner ist Ende des Jahres 1995 aus dem Ullstein Verlag ausgeschieden. Anders: Maria Zens, Vergangenheit verlegen. Über die Wiederherstellung nationaler Größe im Hause Ullstein, in: Blätter für deutsche und internationale Politik 38 (1993), S. 1364–1375.

34 Ulrich Fröschle/Markus Josef Klein/Michael Paulwitz (Hrsg.), Der andere Mohler. Lesebuch für einen Selbstdenker. Armin Mohler zum 75. Geburtstag, Limburg 1995.

Eine realistische Sichtweise muss allerdings folgenden Umstand berücksichtigen: Es liegt in der Natur der Sache, dass Autoren aus dem demokratischen und dem extremistischen Bereich in Berührung miteinander kommen. Doch sind solche Überlappungen – was die extreme Rechte betrifft – bei weitem die Ausnahme. Das Meinungsklima ist ihnen abträglich. Daher gehören gemeinsame Bände, Zirkel und Veranstaltungen entgegen notorischen Behauptungen nicht zur Regel. Manche Kritiker treiben ein regelrechtes Verwirrspiel, um Schnittmengen zu konstruieren. So heißt es über Hans-Gerd Jaschke: „Die ideengeschichtliche Rekonstruktion des Rechtsextremismusforschers und Mitarbeiters am Frankfurter Institut für Sozialforschung stieß bei den Protagonisten der ‚Neuen Rechten' auf so viel Zustimmung, dass sie diesen ursprünglich in der Beilage von Das Parlament erschienenen Aufsatz in ihr Jahrbuch aufgenommen haben. Diese Veröffentlichungsstrategie gehört zu dem diskursiven Verwirrspiel, das die ‚Neue Rechte' in den vergangenen Jahren betrieben hat. Doch nicht allein die Publikationspraxis ist hier von Interesse, symptomatisch ist vielmehr das Verfahren einer unkritischen Rekonstruktion der ‚Konservativen Revolution' in der gegenwärtigen Rechtsextremismusforschung, von dem sich die Epigonen der Weimarer Rechten anscheinend eine ideengeschichtliche Aufwertung versprechen können."[35]

Alle außerparlamentarischen Proteströmungen seit dem Ende des Zweiten Weltkrieges – bei denen sich demokratische Mehrheits- und extremistische Minderheitskultur verzahnen – waren in der Bundesrepublik im linken Spektrum angesiedelt. Linksextremistische Bewegungen können sich heutzutage von den an der Konstitution öffentlicher Meinung in besonderem Maße beteiligten Gruppen viel eher akzeptiert oder doch zumindest toleriert fühlen als rechtsextremistische, die nach wie vor – und vielleicht sogar in verstärktem Maße – tabuisiert und stigmatisiert werden. Eine empirische Untersuchung kommt zu einem aufschlussreichen Ergebnis: „Die Rechtsextremisten spüren ihre Isolation, die Ablehnung der Gesellschaft. Die Linksextremisten empfinden sich als getragen von der Sympathie eines großen Teils der Gesellschaft, wobei sie verständlichenweise diesem Teil der Gesellschaft die größere moralische Integrität zusprechen. Sie bewegen sich darum mit größerer Freiheit in der Öffentlichkeit, wählen Wohnformen (Wohngemeinschaft), Geselligkeitsformen und Protestformen, die weithin sichtbar sind (Demonstrationen, Bürgerinitiativen, Friedensbewegung), während sich die Rechtsextremisten gerade umgekehrt eher geheimbündlerisch verstecken."[36] Auch wenn diese Aussage die Integration von Linksextremisten wohl überzeichnet, gerade nach dem Zusammenbruch des Kommunismus, ist doch folgendes Phänomen schwerlich zu leugnen: Die Abgrenzung zwischen linken Demokraten und Linksextremisten wird zumal bei vielen Intellektuellen nicht annähernd mit jener Schärfe vorgenommen, wie das immer noch gegenüber rechts gilt.

---

35 Jost Müller, Mythen der Rechten. Nation, Ethnie, Kultur, Berlin/Amsterdam 1995, S. 151.

36 Elisabeth Noelle-Neumann/Erp Ring, Das Extremismus-Potential unter jungen Leuten in der Bundesrepublik Deutschland 1984, Bonn 1984, S. 192.

Allerdings müssen manche Vorkommnisse Verwunderung und scharfe Kritik hervorrufen. So wurde 1993 durch den geschäftstüchtigen Rechtsextremisten Gerhard Frey bekannt, dass der berühmte Grundgesetzkommentator Gerhard Maunz jahrelang als sein Berater und sogar als Autor für die „Nationalzeitung" tätig gewesen sein soll.[37] Auch wenn noch manches unklar zu sein scheint – Gerhard Frey hat naturgemäß größtes Interesse daran, die Kooperation als möglichst umfassend zu deklarieren –, ist die Person Maunz ins Zwielicht geraten. Immerhin hat dieser sich nicht offen dazu bekannt, weil er um die Konsequenzen – einhellige öffentliche Empörung – nur zu gut wusste. Daraus könnte man schließen, dass sich ansonsten vielleicht mehr Personen auf rechtsextremistische Positionen einlassen würden, wäre die gesellschaftliche Ächtung nicht so stark. Das Beispiel lässt sich demnach auch umgekehrt in dem Sinne deuten, dass der *cordon sanitaire* zwischen demokratischen Rechten und antidemokratischen Rechten funktioniert. Der erste BND-Chef Gehlen und der frühere bayerische Innenminister Seidl sollen ebenfalls mit Frey gekungelt haben – jedenfalls nach dessen Angaben.

Die massive Isolierung rechtsextremer Kräfte in der Mehrheitskultur – besonders im intellektuellen Milieu – lässt sich ferner daran ermessen, wie schwer es ehemaligen Rechtsextremisten fällt, gesellschaftliche Akzeptanz zu finden. Eine weitverbreitete Vorstellung ließe sich so zusammenfassen: Einmal rechtsextremistisch – immer rechtsextremistisch. Ein Beispiel: Die kulturpolitische Monatszeitschrift MUT war mit ihrem Redakteur Bernhard C. Wintzek bis Ende der siebziger, Anfang der achtziger Jahre auf nationalistischem Kurs und orientierte sich danach in eine konservative Richtung um. Seit den neunziger Jahren repräsentiert das Blatt Positionen von der linken bis zur rechten Mitte. Obwohl Wintzek in einem Beitrag eigens auf seine Vergangenheit kritisch Bezug genommen hat[38] und der Tenor seines Periodikums seit vielen Jahren keinerlei Gelegenheit für irgendeinen Soupçon mehr bietet, wird es nach wie vor häufig im rechtsextremistischen oder doch zumindest neurechten Spektrum verortet.[39] Selbst ein Kenner der Materie wie Wolfgang Gessenharter spricht noch heute davon, es handle sich um ein „stramm konservatives Blatt"[40].

---

37 Linke, Der Multimillionär Frey und die DVU (Anm. 30), S. 121–129; Michael Stolleis, Theodor Maunz – Ein Staatsrechtslehrerleben, in: Kritische Justiz 26 (1993), S. 393–396.

38 Bernhard C. Wintzek, Maß und Mitte, in: MUT 296/1992, S. 27–31.

39 Astrid Lange, Was die Rechten lesen. Fünfzig rechtsextreme Zeitschriften. Ziele, Inhalte, Taktik, München 1993, S. 112 f.; Wehler, Angst vor der Macht? (Anm. 15).

40 Gessenharter, Kippt die Republik? (Anm. 19), S. 127 f. – Ein besonderes Kabinettstückchen ist Uwe Worm mit seiner „Würdigung" der Zeitschrift MUT gelungen. Auf vier Seiten, die vor Fehlern strotzen, zitiert er – bei 16 Anmerkungen – kein einziges Mal direkt aus MUT. Alle Achtung! Die aus zweiter Hand gearbeiteten Passagen sagen mehr über Worm aus als über MUT. Vgl. Worm, Die Neue Rechte in der Bundesrepublik (Anm. 6), S. 78–81. Bei seiner sechsseitigen „Analyse" von MUT schafft es Michael Venner immerhin, ein Zitat direkt aus MUT zu präsentieren. Da Periodika wie MUT nur selten bzw. unvollständig in öffentlichen Bibliotheken zugänglich seien, „muss vor allem bei der Untersuchung der früheren Jahrgänge auf Sekundärliteratur zurückgegriffen werden". MUT gehört für den Autor – ausgerechnet neben dem rechtsexstremen Blatt „Nation Europa" – zu den Zeitschriften in der Grauzone. Venner, Nationale Identität (Anm. 7), S. 97–100, hier 90.

Sind bei der Bevölkerung die Vorbehalte gegenüber der extremen Rechten, mehr als ein halbes Jahrhundert nach dem Ende des Zweiten Weltkrieges, geringer geworden? Davon kann keine Rede sein – trotz der vielerorts behaupteten Ausländerfeindlichkeit. Nichts hat der Partei der REP so geschadet wie die fremdenfeindlichen Übergriffe zu Beginn der neunziger Jahre. Die Ablehnung des Rechtsextremismus in jeder Form ist nicht nur im intellektuellen Milieu weitverbreitet, sondern auch bei der sogenannten „schweigenden Mehrheit", wenngleich dort rechtspopulistische Gedankengänge zuweilen auf Sympathie stoßen. Auf die Frage nach der Einschätzung, ob in einem geschilderten Fall ein Rechtsextremist oder ein Linksextremist bei einer Diskussion vom Publikum ausgepfiffen worden ist, nannten doppelt so viele den Rechtsextremisten.[41] Wie die Meinungsforschung gezeigt hat, ist die Gruppe der Rechtsextremisten weitaus mehr geächtet als irgendeine andere. Im Jahre 1992 wollten 77 Prozent der Deutschen keine Rechtsextremisten als Nachbarn haben, 67 Prozent keine Drogenabhängigen, 66 Prozent keine Betrunkenen, 64 Prozent keine Zigeuner und 61 Prozent keine Linskextremisten.[42] Durch die deutsche Vereinigung ist entgegen manchen Annahmen – mit Blick auf die Labilität der politischen Kultur in den neuen Bundesländern – das rechtsextremistische Potential nicht größer geworden. Eine „Erosion der Abgrenzung", wie sie Wolfgang Rudzio für das Verhältnis zwischen linksdemokratischen und linksextremistischen Kräften vor der deutschen Vereinigung nachgewiesen hat und wie sie heute nach dem Zusammenbruch des Kommunismus unvermindert – wenngleich in abgeschwächter Form – fortbesteht, findet auf dem rechten Spektrum damit kein gleichrangiges Pendant, auch was die Bevölkerung betrifft – ungeachtet aller Behauptungen von interessierter Seite über gefährliche rechtspopulistische Anwandlungen.

Ist nun die These von einer „Erosion der Abgrenzung" ganz aus der Luft gegriffen? Ihr Aufkommen hängt auch damit zusammen, dass sich im letzten Jahrzehnt ein Kreis entschieden konservativer und offensiv auftretender, nicht dem Milieu der „alten Rechten" entstammender Publizisten zu Wort gemeldet hat, der die Methoden der „68er" mitunter nachahmt – Unterschriftenaktionen durchführt, Tabubrüche begeht,

---

41 Die Frage lautete folgendermaßen: „Ich möchte Ihnen nun von einem Vorfall erzählen, der sich kürzlich bei einer großen öffentlichen Diskussion ereignet hat. Ein Linksextremer und ein Rechtsextremer diskutieren miteinander. Einer von beiden wurde vom Publikum aus gepfiffen. Was meinen Sie, welcher von den beiden wurde ausgepfiffen: der Linksextreme oder der Rechtsextreme?" Es waren vor und nach dem Zusammenbruch des Kommunismus in Deutschland praktisch keine Unterschiede feststellbar. Im September 1989 fielen auf den Linksextremisten 20 Prozent, auf den Rechtsextremisten 39 Prozent, im April 1992 auf den Linksextremisten 24 Prozent, auf den Rechtsextremisten 46 Prozent (nur in den alten Bundesländern). Vgl. Elisabeth Noelle-Neumann/Renate Köcher (Hrsg.), Allensbacher Jahrbuch der Demoskopie 1984–1992, München 1993, S. 604.

42 Die Frage hieß: „Auf dieser Liste hier steht eine Reihe ganz verschiedener Personengruppen. Könnten Sie einmal alle heraussuchen, die Sie nicht gern als Nachbarn hätten?" Edgar Piel, Spuren der NS-Ideologie im Nachkriegsdeutschland, in: Heinrich Oberreuter/Jürgen Weber (Hrsg.), Freundliche Feinde? Die Alliierten und die Demokratiegründung in Deutschland, München/Landsberg am Lech 1996, S. 167.

offensiv auftritt und dank geschickter Vermarktungsstrategien viel Lärm entfacht. Rainer Zitelmann – zwischen 1987 und 1992 Wissenschaftlicher Assistent an der Freien Universität Berlin, später Cheflektor des Ullstein Verlages (1992–1993) und jetzt als Ressortleiter für „Zeitgeschichte" bei der Tageszeitung „Die Welt" tätig – gilt wegen seiner guten Kontakte als *spiritus rector* derjenigen, die sich dezidiert als Anti-68er verstehen und etwas vollmundig das Wort von den „89ern" für sich reklamieren.[43] Mit einer Reihe von ihm herausgegebener und unterstützter Sammelbände[44] hat er die politische Kultur der Bundesrepublik zu beeinflussen gesucht.[45] Gegner sehen in diesen Büchern Beispiele dafür, „dass auch etabliert-konservative publizistische Eliten in Deutschland die fremdenfeindlichen Stimmungen schüren."[46]

Am deutlichsten wird Zitelmanns politisches Credo in seiner Streitschrift „Wohin treibt unsere Republik?". Hier wendet er sich gegen die unaufhörliche Linksverschiebung der Bundesrepublik Deutschland aufgrund des erfolgreichen Wirkens der 68er-Bewegung: „Wie feiner Staub, der mit hohem Druck durch alle Ritzen und undichten Stellen der Gesellschaft gepresst wird, hat sich die Ideologie der 68er heute in allen Bereichen der Gesellschaft festgesetzt."[47] Auch wer diese Kernthese Zitelmanns als überzogen ansieht, dürfte sich schwertun, darin und in anderen Maximen einen rechtsextremen Gehalt auszumachen. Die früheren 68er sind zwar häufig an den Schalthebeln der Macht, haben ihre Position aber gemäßigt und einstige programmatische Vorstellungen (Beseitigung des „Monopolkapitals", Einführung der „Rätedemokratie") längst aufgegeben. Die Charakterisierung der Bundesrepublik als eine Art „DDR light"[48] ist weit hergeholt und läuft auf eine fahrlässige Einebnung der Unterschiede zwischen einem demokratischen Verfassungsstaat und einer keineswegs kommoden Diktatur hinaus. Wie dieser programmatische Band deutlich macht, handelt es sich bei Zitelmann, der mittlerweile seine politische Heimat auf dem rechten Flügel der FDP gefunden hat, um einen in der Wolle gefärbten National-Liberalen oder National-Konservativen, der eine „Wende im intellektuellen Milieu"[49] anstrebt. Wer immer wieder den „antitotalitären Konsens"[50] einfordert, kann schwerlich als Parteigänger der extremen Rechten gelten, auch nicht im Sinne der Konzeption einer „Neuen Rechten". Die forsche Art des Zirkels um Zitelmann hat eine massive Reaktion ausgelöst, die auch vor Insinuationen nicht zurückschreckt, Zitelmann sei Anhänger oder doch zumindest Wegbereiter der antidemokratischen Rechten. Man sollte diese Strategie

---

43 Roland Bubik (Hrsg.), Wir 89er. Wer wir sind – was wir wollen, Berlin 1995.

44 Z.B. Schwilk/Schacht (Hrsg.), Die selbstbewusste Nation (Anm. 27).

45 Michael Schneider, „Volkspädagogik" von rechts. Ernst Nolte, die Bemühungen um die „Historisierung" des Nationalsozialismus und die „selbstbewusste Nation", Bonn 1995.

46 Hans-Gerd Jaschke, Rechtsextremismus und Fremdenfeindlichkeit. Begriffe, Positionen, Praxisfelder, Opladen 1994, S. 50.

47 Rainer Zitelmann, Wohin treibt unsere Republik?, Frankfurt a.M./Berlin 1994, S. 37.

48 Ebd., S. 202.

49 Ebd., S. 114.

50 Ebd., S. 13, 203.

freilich umgekehrt deuten: So bleiben Konservative, die sonst möglicherweise nach rechtsaußen abwandern würden, im demokratischen Bereich integriert.

Das Neuartige ist also weniger eine Erosion der Abgrenzung nach rechtsaußen als vielmehr die Existenz einer prinzipiell demokratischen Rechten im intellektuellen Milieu, zumal in der jüngeren Generation. Diese beiden Aspekte dürfen nicht miteinander verwechselt werden. Allerdings gesellen sich zu diesen „89ern" auch Repräsentanten einer Richtung, die zumindest Ideologiefragmente der „Neuen Rechten" aufgreift und mit ihren Vorstellungen – etwa der Propagierung nationaler Machtpolitik – insofern in einer gewissen Spannung zu den Prinzipien des demokratischen Verfassungsstaates gerät. Der theoretische Kopf dieser Strömung ist wohl Karlheinz Weißmann, ein vielfältig ausgewiesener Autor.[51] Freilich fehlen bei ihm – und nicht nur bei ihm – Elemente, durch die sich ein beträchtlicher Teil der „konservativen Revolutionäre" der Weimarer Zeit auszeichnete – neuheidnisches Denken etwa, und die Kritik gegenüber dem Liberalismus fällt vergleichsweise moderat aus.

IV. Interpretation: Diskrepanz zwischen Perzeption und Befund

Offenkundig lassen sich Perzeption und Befund nicht auf einen Nenner bringen. Die Wahrnehmung der meisten Autoren aus Wissenschaft und Publizistik, die sich zu dieser Thematik geäußert haben, geht davon aus, dass die Grenzen fließend geworden sind und die extreme Rechte längst salonfähig ist. Der in nuce erörterte Befund fällt dagegen anders aus. Was mögen die Ursachen für diese Diskrepanz sein? Scharfe Kritiker der „rechten Szene"[52] nehmen häufig für bare Münze, was diese ihnen berichtet. „Antifaschisten" und „Faschisten" ziehen hier an einem Strang. Beide haben größtes Interesse an stattlichen Erfolgen der extremen Rechten, wollen aus unterschiedlichen Gründen den Eindruck erwecken, diese seien in tonangebenden Kreisen einflussreich. Maßlose Übertreibungen der einen werden von den anderen selten auf ihren wahren Kern reduziert, nicht zuletzt deshalb, um ein Feindbild aufbauen zu können. Und zu den „Erfolgen" zählt natürlich, dass man den Nachweis dafür bringen will, wie stark die „rechte Szene" ist und auf Sympathie im gesellschaftlichen Umfeld stößt. Hierzu gehören beispielsweise Berichte über finanzielle Unterstützung aus angesehenen „bürgerlichen" Kreisen.[53]

---

51 Karlheinz Weißmann, Rückruf in die Geschichte. Die deutsche Herausforderung: Alte Gefahren – Neue Chancen, Berlin 1992.

52 Michael Schmidt, Heute gehört uns die Straße. Der Inside-Report aus der Neonazi-Szene, Düsseldorf u.a. 1993; Michael Schomers, Deutschland ganz rechts. Sieben Monate als Republikaner in BRD & DDR, Köln 1990; Yaron Svoray/Nick Taylor, In der Höhle des Löwen. Ein Israeli ermittelt in der Neonazi-Szene, München 1994.

53 Franziska Hundseder, Rechte machen Kasse. Gelder und Finanziers der braunen Szene, München 1995.

Lassen sich „die meisten Rechtsextremismusforscher dem linken Spektrum zuordnen“[54], vergrößert sich dieser *bias* noch dadurch, dass die Thematik der „Grauzone“ wiederum jene besonders anzieht, die erpicht darauf sind, Verbindungslinien zwischen Demokraten und Rechtsextremisten zu ziehen. Viele wollen weniger die extreme Rechte als vielmehr die gemäßigte Rechte bloßstellen. Nicht selten ist der eine oder andere einschlägige Autor – vor allem aus den Reihen der Publizistik – fest im extremen Milieu verankert (u.a. Kurt Hirsch, Martina Koelschtzky, Peter Kratz, Reinhard Kühnl, Oliver Tolmein) – wenngleich der anderen (linken) Seite. So ist eine „Haltet den Dieb“-Reaktion programmiert. Manch eine unbequeme Organisation wie etwa die „Gesellschaft für bedrohte Völker“ oder die „Internationale Gesellschaft für Menschenrechte“ wurde als rechtsextremistisch unterwandert bezeichnet, hatte sie doch mit antikommunistischem Impetus den Finger auf eine wunde Stelle des „Realsozialismus“ gelegt.[55] Ein beträchtlicher Teil der Profession – dies gilt zumal für die empirisch arbeitende Rechtsextremismusforschung – hat sich der „Grauzonen“-Thematik bisher nicht angenommen, vielleicht auch deshalb, weil keine Notwendigkeit empfunden wurde, ihr nachzugehen. Auch das erklärt die augenfällige Diskrepanz zwischen Behauptung und Befund.

Bereits vor der deutschen Einheit – im Grunde seit dem Regierungswechsel 1982 – sind bestimmte Ereignisse (Reagans Bitburg-Besuch; „Historikerstreit“; Jenninger-Rede zur „Reichskristallnacht“ etc.) als Tendenzen einer „Entsorgung der Geschichte“ interpretiert worden. Damit würde dem demokratischen Fundament Substanz entnommen. Offenbar hat die Linke das Gefühl, sie sei dabei, die kulturelle Hegemonie zu verspielen.[56] Kein anderes Thema als der „Rechtsextremismus“ eignet sich angesichts der Last der leidvollen Geschichte besser, den demokratischen Konservatismus in die Defensive zu drängen. Manchen Anhängern eines linken Pluralismus fällt es schwer, sich zur Einsicht durchzuringen, dass der demokratische Verfassungsstaat einen konservativen Diskurs einschließt. Seit der zweiten Hälfte der sechziger Jahre ist eine – von Jürgen Habermas wie von Rainer Zitelmann unisono konstatierte – Linksverschiebung in wesentlichen gesellschaftlichen Bereichen eingetreten, die die immer schon verbreitete Sensibilität gegenüber Gefahren von rechts in eine Hypersensibilität gesteigert hat.

Möglicherweise ist der Übergangsbereich zwischen Demokratie und Rechtsextremismus stärker, als er nach dieser Analyse erscheint; manche geben sich aus Furcht vor Isolation und Ächtung nicht zu erkennen. Dieses von Niklas Luhmann mit dem

---

54 Wolfgang Kowalsky, Rechtsaußen. ... und die verfehlten Strategien der deutschen Linken, Frankfurt a.M./Berlin 1992, S. 10.

55 Jürgen Wüst, Angriffe von links und rechts. Menschenrechts-Organisationen und der Vorwurf des politischen Extremismus, in: Liberal 37 (1995), Heft 4, S. 62–68; ders., Die Internationale Gesellschaft für Menschenrechte (IGFM) im Visier von Antifa und Staatsicherheit, in: Uwe Backes/Eckhard Jesse (Hrsg.), Jahrbuch Extremismus & Demokratie, Bd. 8, Baden-Baden 1996, S. 37–53.

56 Matthias von Hellfeld, Modell Vergangenheit. Rechtsextreme und neokonservative Ideologien in der Bundesrepublik, Köln 1987; ders., Die Nation erwacht. Zur Trendwende der deutschen politischen Kultur, Köln 1993.

Begriff der „Kommunikationslatenz" umschriebene Phänomen ist janusköpfig, weist also Vor- und Nachteile auf, die in enger Wechselbeziehung zueinander stehen. Zu den ersten sind zu rechnen, dass es dadurch der extremen Rechten erschwert wird, in der Mehrheitskultur Fuß zu fassen und sie ihre Ideen nur abgeschwächt zum Ausdruck bringen kann. Zu den letzten zählt umgekehrt, dass eine Auseinandersetzung mit einer Position, die sich nicht offen zu erkennen gibt, kaum möglich ist. Man kann ein Phantom – einen Rechtsextremismus ohne Rechtsextremisten – nicht angemessen bekämpfen. Die Parallelen zum Antisemitismus liegen auf der Hand.[57] Die Schatten der Vergangenheit sind nach wie vor lang, die „Faschismuskeule"[58] ist nicht begraben. Mit zeitlichem Abstand wird nicht nur der Nationalsozialismus, sondern auch alles, was tatsächlich oder vermeintlich in seiner Tradition steht, als nicht weniger gefährlich angesehen. Klaus Schönekäs konstatiert zu Recht: „Von entscheidender Bedeutung für die Chancen rechter Politik in der politischen Kultur der Bundesrepublik ist [...] das als ‚Schatten von Auschwitz' metaphorisch umschreibbare Nachwirken der deutschen Vergangenheit."[59] Und diese „Schatten von Auschwitz" dauern auch nach der deutschen Einheit fort – „1989" überlagert nicht „1945" –, gelten selbst für jene dezidiert Rechten, die keineswegs dem „Auschwitz-Mythos" huldigen. Wer davon spricht, dass „Hitlers Schatten verblasst"[60], erfasst weder die Zeitgeisttendenzen noch die politischen Tiefenströmungen in Deutschland.

Es handelt sich um eine merkwürdige Schieflage: Die (linke) Publizistik und auch ein Teil der Forschung halten daran fest, dass die extreme Rechte auf dem Vormarsch ist. Auf breiter Front vorgetragene, der Monotonie tibetanischer Gebetsmühlen gleichende Warnungen vor der extremen Rechten stehen allerdings in einem merkwürdigen Kontrast zu deren eher randständigen Bestrebungen. Jene überlagern diese somit bei weitem. Kritiker, die einer realistischen Sicht der „Vernetzungen" am rechten Rand das Wort reden[61], geraten zuweilen in den Verdacht, als wollten sie diese herunterspielen. Es ist jedoch wohl eher umgekehrt: Wer derart auf – vermeintliche – Grauzonen fixiert ist, unterliegt einem Wirklichkeitsverlust und verliert tatsächliches rechtsextremistisches Gedankengut aus dem Auge.[62]

---

57 Werner Bergmann/Rainer Erb, Kommunikationslatenz, Moral und öffentliche Meinung. Theoretische Überlegungen zum Antisemitismus in der Bundesrepublik Deutschland, in: Kölner Zeitschrift für Soziologie und Sozialpsychologie 38 (1986), S. 223–246.

58 Hans-Helmuth Knütter, Die Faschismus-Keule. Das letzte Aufgebot der deutschen Linken, Frankfurt a.M./Berlin 1993.

59 Klaus Schönekäs, Bundesrepublik Deutschland, in: Franz Greß/Hans-Gerd Jaschke/Klaus Schönekäs, Neue Rechte und Rechtsextremismus in Europa. Bundesrepublik, Frankreich, Großbritannien, Opladen 1990, S. 307.

60 Gerhard Paul (Hrsg.), Hitlers Schatten verblasst. Die Normalisierung des Rechtsextremismus, Bonn 1989.

61 Wolfgang Kowalsky, Comeback oder Abgesang der Rechtsintellektuellen?, in: Die Neue Gesellschaft/Frankfurter Hefte 41 (1994), S. 830–834.

62 Eckhard Jesse, Zur Überschätzung der ‚Neuen Rechten'. Die Sichtweise der Extremismusforschung, in: Die Neue Gesellschaft/Frankfurter Hefte 42 (1995), S. 152–154.

V. What's right?: Abschließende Überlegungen

Wie gesehen, steht die (Rechts-)Extremismusforschung auf schwankendem Boden, weil kein hinreichender Konsens über das, was als (rechts-)extrem zu gelten hat, (mehr) besteht. Bei manch einem präjudiziert die Fragestellung offenkundig das Ergebnis, wonach sich das politische Gefüge nach rechts verschoben habe, zumal seit der Wiedervereinigung – eine „Stärkung rechter Positionen"[63] sei eingetreten. Auch die Konzeption vom „Extremismus der Mitte", die seit einiger Zeit Zustimmung findet[64], fügt sich in dieses Bild. Das Sündenregister vieler Publikationen ist lang.[65] Ein demokratischer Verfassungsstaat wie die Bundesrepublik Deutschland benötigt ein *agreement on fundamentals*. Ungeachtet aller Auseinandersetzungen zwischen den Kontrahenten sollte unter den tragenden gesellschaftlichen Kräften Übereinstimmung darin bestehen, wer zu den demokratischen Kräften gehört und wer nicht. Es ist daher nicht nur legitim, sondern auch notwendig, sorgsam zu beobachten, ob die Grenzen zwischen dem demokratischen Konservatismus und dem Rechtsextremismus erodieren, etwa durch eine „Neue Rechte". Gerade demokratische Konservative müssten aus Gründen der Glaubwürdigkeit das größte Interesse daran haben, nicht mit einer Richtung identifiziert zu werden, die einen Brückenschlag nach rechtsaußen sucht. Auffallend ist folgender Befund: Zumal jene fühlen sich mit Argusaugen zur Beobachtung des rechten Randbereichs verpflichtet, die selbst zum linken Randbereich zählen und mit den Prinzipien des demokratischen Verfassungsstaates auf Kriegsfuß stehen. Eine antiextremistische Sichtweise ist vielen (nicht: allen) Kritikern nicht eigen. Der von den Gründungsvätern der deutschen Politikwissenschaft und jüngst auch von Jürgen Habermas beschworene „antitotalitäre Konsens"[66] – er steht leider auf tönernen Füßen. Um auf Claus Leggewies Eingangszitat zurückzukommen: Ein politisch kor-

63 Greiffenhagen, Rechtsextremismus in Deutschland (Anm. 15), S. 104.

64 Claus Leggewie, Druck von rechts. Wohin treibt die Bundesrepublik?, München 1993; Wolfgang Kraushaar, Extremismus der Mitte. Zur Geschichte einer soziologischen und sozialhistorischen Interpretationsfigur, in: Hans-Martin Lohmann (Hrsg.), Extremismus der Mitte. Vom rechten Verständnis deutscher Nation, Frankfurt a.M. 1994, S. 23–50; Jürgen Trittin, Gefahr aus der Mitte. Die Republik rutscht nach rechts, Göttingen 1993; kritisch: Uwe Backes/Eckhard Jesse, Extremismus der Mitte? – Kritik an einem modischen Schlagwort, in: Dies. (Hrsg.), Jahrbuch Extremismus & Demokratie, Bd. 7, Baden-Baden 1995, S. 13–26.

65 Diese Kritik bezieht sich nicht nur auf Deutschland, sondern cum grano salis auch auf Österreich. Vgl. neuerdings: Reinhold Gärtner, Die ordentlichen Rechten. Die „Aula", die Freiheitlichen und der Rechtsextremismus, Wien 1996; Wolfgang Purtscheller (Hrsg.), Die Rechte in Bewegung. Seilschaften und Vernetzungen der „Neuen Rechten", Wien 1996; Antifaschistisches Autorenkollektiv (Hrsg.), Drahtzieher im braunen Netz (Anm. 12).

66 So die Wendung von Jürgen Habermas. Vgl. ders., Zur Auseinandersetzung mit den beiden Diktaturen in Deutschland in Vergangenheit und Gegenwart, in: Deutscher Bundestag (Hrsg.), Materialien der Enquete-Kommission „Aufarbeitung von Geschichte und Folgen der SED-Diktatur in Deutschland" (12. Wahlperiode des Deutschen Bundestages), Band IX, Baden-Baden/Frankfurt a.M. 1995, S. 690. Es wird allerdings nicht klar, wieso sich erst heute – „zum erstenmal" – ein solcher Konsens herauszubilden vermochte. Warum bedurfte es dazu des Zusammenbruchs der DDR?

rektes linkes Nach-Sprechen beherrscht nahezu die intellektuelle Szene, nicht jedoch ein gefährliches rechtes Vor-Denken – auch und gerade bei diesem Thema, wobei nicht beabsichtigt ist, den Spieß umzudrehen und den Extremismusverdacht in toto zurückzugeben. Die intellektuelle Auseinandersetzung kann durch ritualisierte Beschwörungen zum Erliegen kommen. Der Umstand fördert weder die Streitkultur noch die Abwehrkraft des demokratischen Verfassungsstaates, dem beständige Herausforderungen zwecks Selbstvergewisserung der eigenen Prinzipien gut tun. Wenn die Auffassung verbreitet ist, die Grenzen gegenüber der extremen Rechten verwischten, so ist das, wie gezeigt, überwiegend ein Perzeptionsproblem.

Für eine vergleichend ausgerichtete politikwissenschaftliche Extremismusforschung[67] gibt es viel zu tun – den Strömungen von rechts oder links nachzugehen, die den demokratischen Verfassungsstaat zu delegitimieren suchen und sich dabei demokratischer Kräfte bedienen, ist nicht nur eine anspruchsvolle Aufgabe, sondern auch eine nützliche. Allerdings benötigen wir weder ein Auschwitz-Gesetz noch einen „Appell zur Wachsamkeit". (In Frankreich ist die Zahl derer, die keine Rechtsextremisten als Nachbarn haben wollen, mit 33 Prozent bedeutend niedriger.[68]) Die Abwehrmechanismen der hiesigen politischen Kultur mit ihren erstaunlichen Mentalitätswandlungen funktionieren gegen rechts (anders als in Weimar), und zwar zum Teil in einer so rigorosen Weise, dass auch über jeglichen Verdacht erhabene Kräfte des Verfassungsbogens in eine anrüchige rechte Ecke geraten. Der „Blick nach rechts" ist überscharf entwickelt, der nach links hingegen getrübt. Die vielberufene „Erosion der Abgrenzung" nach rechts existiert – glücklicherweise – so nicht, wohl aber – leider – eine „Expansion der Ausgrenzung", jedenfalls bei einem Teil der einschlägigen Autoren. Rechten „Scharnieren" wird vielfach mit inquisitorischem Eifer nachgespürt, während für die „Erosion der Abgrenzung" nach links z.T. das intellektuelle Sensorium fehlt. Hier ist die Profession gefordert.

67 „Vergleichend" bezieht sich dabei ebenso auf rechte und linke Extremismen wie auf verschiedene Länder. Studien zum ersten Bereich sind Mangelware, zum zweiten häufig oberflächlich gestrickt.

68 Piel, Spuren der NS-Ideologie im Nachkriegsdeutschland (Anm. 42), S. 167.

Die Auseinandersetzung mit der NPD

I. Einleitung

Nach den Wahlen am 17. September 2006 in Mecklenburg-Vorpommern, dem Bundesland mit der größten Arbeitslosigkeit, war die öffentliche Aufregung über das Abschneiden der Nationaldemokratischen Partei Deutschlands (NPD) erneut groß. Zum zweiten Mal zog die rechtsextremistische Partei in ein ostdeutsches Landesparlament ein. Was der NPD 2004 in Sachsen mit 9,2 Prozent gelungen war, schaffte sie im nord-östlichen Bundesland mit 7,3 Prozent der Stimmen. Die anderen Parteien äußerten am Wahlabend Entsetzen, Journalisten ebenso. Der Ministerpräsident Mecklenburg-Vorpommerns sprach im Fernsehen von „Neonazis" und „braunen Brüdern", auf die das „katastrophale Ergebnis" zurückzuführen sei. Kaum jemand benannte den Sachverhalt, dass die NPD bei der Berliner Abgeordnetenhauswahl am selben Tag mit 2,6 Prozent die Fünfprozenthürde nicht überwinden konnte, obwohl sich die strukturellen Bedingungen keineswegs ungünstiger für eine „Opposition zum System" ausnahmen: im Bund eine große Koalition unter der Führung der Union und im Land ein rot-rotes Bündnis. Die Linkspartei, die ungeachtet ihrer Funktion als Milieupartei viele Unzufriedene anzieht, gehörte bekanntlich jeweils der Regierung an. Bereits vor der Wahl am 17. September hatten die Fraktionsvorsitzenden der SPD die Prüfung eines neuen Verbotsantrages gegen die NPD empfohlen. Nach der Wahl votierte Peter Struck abermals dafür, die Chancen für ein neues Verbotsverfahren auszuloten.

Die NPD ist in einer isolierten Position. Zuweilen entsteht jedoch ein gegenteiliger Eindruck. Anders lässt sich der Eifer kaum erklären, mit dem der „Kampf gegen rechts" im allgemeinen und die Auseinandersetzung mit der NPD im besonderen geführt wird – zum Teil in einer Weise, die nicht immer den Geist der Liberalität atmet. Beim Thema Rechtsextremismus bleibt Gelassenheit oft auf der Strecke, grassiert Alarmismus. Der folgende Beitrag will prüfen, ob die Auseinandersetzung mit der NPD in einer angemessenen Form erfolgt. Fällt eine Diskrepanz zwischen Realität und Wahrnehmung auf? Welchen Einfluss hat die Stärke der NPD und deren Grad des Extremismus auf die Auseinandersetzung? Zunächst geht es um eine Charakterisierung dieser Partei – mit besonderem Blick auf ihren Wandel. Anschließend behandelt der Verfasser drei wesentliche Bereiche: Parteien, Medien und Wissenschaft. Er stellt gravierende Defizite im Umgang mit der NPD heraus. Das geschieht nicht in systematischer Form, sondern mehr schlaglichtartig. Daraus ergeben sich Empfehlungen für alle drei Felder. Die Schlussbetrachtung zieht ein Fazit. Der Beitrag zielt auf das allgemeine Problem, ob eine gewisse Fehlwahrnehmung mit dem Schwinden des antiextremistischen Konsenses in Verbindung steht.[1]

1 Vgl auch Uwe Backes/Eckhard Jesse, Antiextremistischer Konsens – Prinzipien und Praxis, in: Dies. (Hrsg.), Jahrbuch Extremismus & Demokratie, Bd. 12, Baden-Baden 2000, S. 13–30.

II. Wandel der NPD

Ins Leben gerufen am 28. November 1964 als Sammelbecken des „nationalen Lagers" unter Einschluss kleiner national-konservativer Kreise, trat die NPD die Nachfolge der erfolglosen Deutschen Reichspartei (DRP) an, die den organisatorischen Kern der neuen Partei bildete.[2] Sie vermochte das Parteiensystem niemals nennenswert zu beeinflussen.[3] Nach den Erfolgen in der zweiten Hälfte der sechziger Jahre folgte ein jahrzehntelanger Abwärtstrend, der in den letzten Jahren gestoppt werden konnte. Der erste Vorsitzende Fritz Thielen (1964–1967), von der national-konservativen Deutschen Partei (DP) zur NPD gestoßen, war eine bloße Galionsfigur und musste bald Adolf von Thadden (1967–1971) Platz machen. Von Thadden, fest im „nationalen Lager" verhaftet, verfocht einen eher besitzbürgerlich orientierten Rechtsextremismus[4] und setzte sich von nationalsozialistischer Ideologie ab.[5] Die Niederlage bei der Bundestagswahl 1969 zeitigte bald personelle Konsequenzen. Thadden trat auf dem Parteitag 1971 zurück, um eine Amtsübernahme des radikaleren bayerischen Landesvorsitzenden Siegfried Pöhlmann zu vereiteln.

Unter Thaddens Nachfolger Martin Mußgnug, der die Partei von 1971 bis 1990 mehr verwaltete als führte, blieb die NPD ein „braver Haufen" Ewiggestriger ohne jede Ausstrahlung. Auf dem Bundesparteitag im Juni 1991 reüssierte nach dem Rücktritt Mußgnugs Günter Deckert, ein wegen Verfassungsfeindlichkeit aus dem Schuldienst entlassener Gymnasiallehrer, gegenüber seinem Konkurrenten Jürgen Schützinger, der (wie Mußgnug) die NPD in die Deutsche Liga für Volk und Heimat (DLVH) überführen wollte. Der Parteivorsitzende Deckert (1991–1995)[6] setzte mit der Fokussierung auf die „Ausländerfrage" einen neuen Schwerpunkt. Zudem verstand sich Deckert als „Geschichtsrevisionist", der deswegen mehrfach verurteilt wurde. So hatte er sich augenscheinlich das „Leuchter-Gutachten" zu Eigen gemacht. Der offizielle Grund für seine Amtsenthebung lautete: Veruntreuung von Parteigeldern. In der von Deckert bestimmten Phase geriet die Partei wieder starker in die Schlagzeilen, wenngleich nur in negative.

Udo Voigt ein ehemaliger Hauptmann der Bundeswehr und diplomierter Politikwissenschaftler, besiegte auf dem Bundesparteitag in Bad Dürkheim im Mai 1996

---

2 Vgl Uwe Hoffmann, Die NPD. Entwicklung, Ideologie und Struktur, Frankfurt a.M. 1999.

3 Vgl. Lazaros Miliopoulos, Die NPD als Machtfaktor im deutschen Parteiensystem, in: Uwe Jun/Henry Kreikenbom/Viola Neu (Hrsg.), Kleine Parteien im Aufwind. Zur Veränderung der deutschen Parteienlandschaft, Frankfurt a.M. 2006, S. 223–245.

4 Vgl. Peter Dudek/Hans-Gerd Jaschke, Entstehung und Entwicklung des Rechtsextremismus in der Bundesrepublik. Zur Tradition einer besonderen politischen Kultur, 2 Bde., Opladen 1984.

5 Vgl. Eckhard Jesse, Biographisches Porträt: Adolf von Thadden, in: Uwe Backes/Eckhard Jesse (Hrsg.), Jahrbuch Extremismus & Demokratie, Bd. 2, Bonn 1990, S. 228–238.

6 Vgl. Gerhard Hertel, Biographisches Porträt: Günter Deckert, in: Uwe Backes/Eckhard Jesse (Hrsg.), Jahrbuch Extremismus & Demokratie, Bd. 9, Baden-Baden 1997, S. 202–212.

knapp seinen Vorgänger (mit 88 gegen 83 Stimmen). In der Folge öffnete sich die Partei Kräften mit zum Teil neonationalsozialistischen Positionen, nicht zuletzt bedingt durch den Zulauf von Mitgliedern verbotener Vereinigungen in der ersten Hälfte der neunziger Jahre. Voigt sorgte mit seinem strategischen Konzept von 1997, das auf dem Parteitag von 1998 abgesegnet wurde, für beträchtliche Aufmerksamkeit, inner- wie außerhalb der Partei.[7] Es stützt sich auf drei Säulen: Mit der „Schlacht um die Köpfe" ist die Programmatik gemeint, mit der „Schlacht um die Straße" die Massenmobilisierung und mit der „Schlacht um die Wähler" die Wahlteilnahme. Mit den Worten Voigts: „Keine von ihnen ist ohne die anderen sinnvoll oder auch nur möglich. Alle Mitglieder, insbesondere die Amtsträger der NPD sind aufgefordert, je nach eigenen Stärken und Schwächen den Schwerpunkt ihres Einsatzes innerhalb dieses Dreiecks zu wählen, das von drei Säulen aufgespannt wird, ohne jedoch eine einzelne Säule aus den Augen zu verlieren."[8] Nach dem sensationellen Erfolg in Sachsen fügte der Parteivorsitzende auf dem Parteitag in Leinefelde im Oktober 2004 dem Dreisäulenkonzept eine neue Säule hinzu: den „Kampf um den organisierten Willen". Damit ist die Bündelung aller Kräfte des „nationalen Lagers" gemeint – von der Deutschen Volksunion (DVU) bis zu den „Freien Kameradschaften". Das soll martialisch klingen, doch sieht die Wirklichkeit bescheidener aus. Gleichwohl: Die Radikalisierung der Partei war unverkennbar.

Die NPD zog zwischen 1966 und 1968 in sieben Landesparlamente ein. Scheiterte sie noch im September 1965 bei der Bundestagswahl (2,0 Prozent) und im März 1966 bei der Hamburger Bürgerschaftswahl (3,9 Prozent) an der Fünfprozenthürde, setzte danach eine Siegesserie ein. Wahl für Wahl erreichte sie bis 1968 den Einzug in das jeweilige Landesparlament: im November 1966 in Hessen (7,9 Prozent) und in Bayern (7,4 Prozent), im April 1967 in Rheinland-Pfalz (6,9 Prozent) und Schleswig-Holstein (5,8 Prozent), im Juni 1967 in Niedersachsen (7,0 Prozent), im Oktober 1967 in Bremen (8,8 Prozent). Das beste Ergebnis erzielte die Partei nach den „Osterunruhen" der außerparlamentarischen Opposition 1968 im Gefolge des Attentats auf Rudi Dutschke in Baden-Württemberg (9,8 Prozent).

Die Gründe für das Scheitern liegen u. a. an der verbesserten ökonomischen Lage, der vehementen Kritik an der NPD, der es nicht gelang, sich als Garant von „Law and Order" zu profilieren. Dem relativ knappen Scheitern an der Fünfprozentklausel bei der Bundestagswahl 1969 mit 4,3 Prozent der Stimmen folgte ein tiefer Absturz. Bei den Bundestagswahlen 1972 ereichte die Partei nur noch 0,6 Prozent. Das hing wesentlich damit zusammen, dass die Union als konservative Kraft die Unzufriedenheit bündeln konnte. Der Ausgang der Bundestagswahlen zwischen 1976 und 2002 war für die

---

7 Vgl. Eckhard Jesse, Biographisches Porträt: Udo Voigt, in: Uwe Backes/Eckhard Jesse (Hrsg.), Jahrbuch Extremismus & Demokratie, Bd. 18, Baden-Baden 2006, S. 207–219.

8 Strategiepapier des NPD-Parteivorstandes, in: Holger Apfel (Hrsg.), „Alles Große steht im Sturm." Tradition und Zukunft einer nationalen Partei. 35 Jahre NPD – 30 Jahre JN, Stuttgart 1999, S. 360.

NPD nicht weniger deprimierend: Sie erzielte 1976 ganze 0,3 Prozent, 1980 und 1983 jeweils 0,2 Prozent, 1987 0,6 Prozent und 1990, im Jahr der Vereinigung, von der sie nicht profitieren konnte, 0,3 Prozent. 1994 verzichtete die Partei gar auf eine Wahlteilnahme. Bei den Bundestagswahlen 1998 (0,3 Prozent) und 2002 (0,4 Prozent) verfehlte die Partei ebenso das für die staatliche Teilfinanzierung wichtige Quorum von 0,5 Prozent. Selbst bei den Landtagswahlen kam sie in den siebziger, achtziger und neunziger Jahren niemals auch nur in die Nähe der Fünfprozenthürde.

2004 sollte sich dies jedoch ändern.[9] Bekam sie bei der Landtagswahl in Thüringen am 13. Juni 2004 1,6 Prozent und bei der im Saarland am 5. September 4,0 Prozent, so setzte bei der Landtagswahl in Sachsen 14 Tage später ein Höhenflug ein: 9,2 Prozent. Dieser Erfolg der Partei erklärt sich wesentlich mit der aggressiven Kampagne gegen „Hartz IV" („Schnauze voll?"). Die NPD hielt sich im Wahlkampf mit offen ausländerfeindlichen Parolen zurück, schürte aber Ängste vor der EU-Osterweiterung.[10] Im eher konservativ geprägten Sachsen war der Partei unter der Ägide Voigts in einigen Gebieten, vor allem in der Sächsischen Schweiz, eine gewisse soziale Verankerung gelungen. Mit dem Unfalltod Uwe Leichsenrings im Sommer 2006 verlor die Partei ihren populärsten, im Lande verwurzelten Politiker.

Die NPD erreichte bei der Bundestagswahl 2005 1,6 Prozent der Zweitstimmen. Das ist das beste Ergebnis bei einer Bundestagswahl nach 1969. In den neuen Ländern kam sie auf 3,6 Prozent (in Sachsen sogar auf 4,8 Prozent), in den alten Bundesländern dagegen nur auf 1,1, Prozent. Hier fallen ihr angesichts einer stärkeren Parteiidentifikation, einer gefestigteren politischen Kultur und besserer ökonomischer Bedingungen Erfolge wesentlich schwerer. Bei der Landtagswahl in Mecklenburg-Vorpommern im September 2006 konnte die NPD, wie eingangs erwähnt, an den Erfolg in Sachsen anknüpfen (7,3 Prozent). Sie war in einem Bundesland mit großer Perspektivlosigkeit zumal jüngerer Menschen in einer komfortablen Situation. Die vor allem sozialpopulistisch argumentierende Partei, die auch bei diesem Wahlkampf Anklänge an neonationalsozialistische Parolen weitgehend mied, wurde tatkräftig von „Freien Kameradschaften" unterstützt.[11]

Die NPD sog in der zweiten Hälfte der sechziger Jahre ein beträchtliches Protestwählerpotential auf. Die bei den Männern und den Älteren überrepräsentierte Partei war vor allem dort stark, wo die NSDAP ihre Hochburgen gehabt hatte (in ländlichmittelständischen Gebieten mit einem hohen Anteil an Protestanten). Auch bei der

9 Vgl. Marc Brandstetter, Die NPD im 21. Jahrhundert. Eine Analyse ihrer aktuellen Situation, ihrer Erfolgsbedingungen und Aussichten, Marburg 2006.

10 Vgl. Henrik Steglich, Die NPD in Sachsen. Organisatorische Voraussetzungen ihres Wahlerfolges 2004, Göttingen 2005; Marc Brandstetter, Die sächsische NPD: Politische Struktur und gesellschaftliche Verwurzelung, in: Zeitschrift für Parlamentsfragen 38 (2007), S. 349–267.

11 Vgl. Nikolaus Werz/Steffen Schoon, Die mecklenburg-vorpommersche Landtagswahl vom 17. September 2006: Ein halber Regierungswechsel und das Ende des Dreiparteiensystems, in: Zeitschrift für Parlamentsfragen 38 (2007), S. 67–83.

Arbeiterschaft, an sich der klassischen SPD-Klientel, gewann die Partei überproportional viel an Stimmen. Die jüngsten Erfolge gehen zum Teil auf andere Wählergruppen zurück. Die NPD ist vor allem bei den unteren Schichten überrepräsentiert. Die Daten für Sachsen bei der Landtagswahl 2004 sind verallgemeinerbar: Wie die repräsentative Wahlstatistik zeigt, schnitt die NPD bei Männern (12,6 Prozent) deutlich besser ab als bei Frauen (5,9 Prozent), bei Jüngeren (18- bis 24-Jährige: 16,0 Prozent) weitaus besser als bei Älteren (ab 60 Jahre: 4,3 Prozent). Das beste Ergebnis erzielte die NPD bei den 18- bis 24-jährigen Männern (20,0 Prozent), das schlechteste bei den über 60-jährigen Frauen mit 2,7 Prozent.[12] Allerdings übertraf die Zahl der über 60-jährigen Frauen, die NPD gewählt haben, die Zahl der 18- bis 24-jährigen männlichen Wähler. Die Ergebnisse bei der Bundestagswahl verdeutlichen nicht nur den Unterschied zwischen den Geschlechtern und den Altersgruppen, sondern auch den zwischen Ost und West: Die NPD bekam bei den 18- bis 24-jährigen Männern in den neuen Bundesländern 9,5 Prozent der Stimmen, aber nur 0,4 Prozent bei den über 60-jährigen Frauen in den alten Bundesländern. Die eine Gruppe hat also fast 25mal so oft die NPD gewählt wie die andere.

Die Bereitschaft, einer Partei wie der NPD im Osten (bei Bundestags- wie Landtagswahlen) eher die Stimme zu geben als im Westen, hängt mit der geringeren Parteiidentifikation zusammen. Die neuen Bundesländer sind demokratisch weniger gut konsolidiert. Zwei spezifische Faktoren erklären das dort bessere Abschneiden dieser Partei: zum einen die Erblast des „realen Sozialismus" (die DDR war keine weltoffene Gesellschaft, die den Umgang mit „Fremden" eingeübt hatte), zum andern der nicht zuletzt auch ökonomisch schwierige Transformationsprozess (der Übergang von der Diktatur zur Demokratie produzierte „Vereinigungsverlierer"), der sich verbindet mit Perspektivlosigkeit, Verödung von Landstrichen, Zukunftspessimismus, schwach ausgeprägter Religionsbindung sowie Entbürgerlichungstendenzen im Osten des Landes. Allerdings: Die Wählerschaft der NPD ist wie Flugsand. Es besteht keine enge Bindung an die Partei, die vor allem mit Protest Stimmen sammelt und spezifisch landespolitische Themen vernachlässigt.

Der von seinen Vorgängern nach außen hin demonstrierten Verfassungstreue (bei Günter Deckert war dies schon anders) befleißigt sich der Vorsitzende Voigt nicht. Er predigt revolutionären Kampf, macht kein Hehl aus der Auffassung, die Verfassungsordnung in Deutschland zu stürzen. Voigt ließ keinen Zweifel an seiner Legalitätstaktik aufkommen. Die Partei halte sich an die Gesetze, solange die Bundesrepublik existiere, aber sie erstrebe deren Überwindung. Die klare Ablehnung des demokratischen Verfassungsstaates ist für die NPD damit also kennzeichnend. War die Partei früher eher deutschnational orientiert, tritt sie heute als nationalrevolutionäre Kraft nahezu klassenkämpferisch auf und wendet sich vehement gegen die Globalisierung, gegen die USA, gegen den Kapitalismus. Die Idee der „Volksgemeinschaft" nimmt bei ihr

12 Vgl. Statistisches Landesamt des Freistaates Sachsen (Hrsg.), Wahlen im Freistaat Sachsen 2004 – Sächsischer Landtag. Ergebnisse der Repräsentativen Wahlstatistik, Kamenz 2004, S. 27.

einen breiten Raum ein. Für die NPD spielt der Antikommunismus als Klammer – im Gegensatz zur Zeit vor 40 Jahren – kaum mehr eine Rolle, auch wenn er bei der letzten Bundestagswahl 2005 partiell revitalisiert worden ist.

Die NPD, die zur Zeit ihrer großen Wahlerfolge Ende der sechziger Jahre über 25.000 Mitglieder zählte, besaß Ende 2006 etwa 7.000 (2005: 6.000; 2004: 5.300).[13] Auch wenn dies die Mitgliederzahl nicht ausweist, ist die NPD unter Voigt deutlich gefestigter als unter Mußgnug. Dessen fehlgeschlagener Versuch, die NPD in eine rechtsextreme Sammlungsbewegung unter dem Namen Deutsche Allianz (später: DLVH) überzuleiten, führte zur Abspaltung und damit weiteren Schwächung der Partei. Der Herausgeber einer verbreiteten Postille unter wechselndem Namen (heute: „National-Zeitung") Gerhard Frey, der zur Zeit der Parteigründung im Abseits gestanden hatte, scheiterte 1975 bei dem Versuch, den stellvertretenden Vorsitz in der NPD zu erlangen, und wandelte 1987 seine bereits 1971 als Vereinigung ins Leben gerufene Deutsche Volksunion in eine Partei um. Seinerzeit kam es zu einer Annäherung zwischen den beiden Rechtsaußenformationen und zu vereinzelten Wahlabsprachen. Am 15. Januar 2005 schlössen DVU und NPD einen „Deutschland-Pakt", so der pompöse Ausdruck. Die beiden Parteien wollen bis Ende 2009 nicht mehr gegeneinander antreten. Der „Bruderkampf' sei eingestellt. Die Verbindung der NPD mit den militanten „Freien Kameradschaften" wie mit der nationalistischen, aber nicht neonationalsozialistischen DVU kommt einer Gratwanderung gleich. Die Geschlossenheit, von der die Partei spricht, ist damit weniger gegeben, als es nach außen erscheinen mag.

III. Umgang mit der NPD

1. Parteien

Der Versuch der etablierten Parteien, die NPD durch drei Anträge zu verbieten, hat in mehrfacher Hinsicht die parlamentarische Demokratie beschädigt.[14] Sie haben sich in dieser Angelegenheit nicht mit Ruhm bekleckert. Es lag vieles im Argen: vor den Verbotsanträgen, während des Verfahrens und auch nach seinem Scheitern. Die Parteien entfachten nach dem Sprengstoffanschlag im Juli 2000 auf eine Gruppe jüdischer

13 Vgl. Bundesministerium des Innern (Hrsg.), Verfassungsschutzbericht 2006, Berlin 2007, S. 81.

14 Vgl. Lars Flemming, Das NPD-Verbotsverfahren. Vom „Aufstand der Anständigen" zum „Aufstand der Unfähigen", Baden-Baden 2005; zur Sichtweise des Verfassers: Soll die Nationaldemokratische Partei Deutschlands verboten werden? Der Parteiverbotsantrag war unzweckmäßig, ein Parteiverbot ist rechtmäßig, in: Politische Vierteljahresschrift 42 (2001), S. 683–697; Der gescheiterte Verbotsantrag gegen die NPD. Die streitbare Demokratie ist beschädigt worden, in: Politische Vierteljahresschrift 44 (2003), S. 292–301. Aus der Sicht eines der beiden Bevollmächtigten der Bundesregierung: Hans Peter Bull, Verfehltes Verfahren, Niederlage der abwehrbereiten Demokratie oder Sieg der Toleranz? Zur Einstellung des NPD-Verbotsverfahrens, in: Martin H. W. Möllers/Robert Chr. van Ooyen (Hrsg.), Politischer Extremismus 2. Terrorismus und wehrhafte Demokratie, Frankfurt a.M. 2007, S. 430–452.

Immigranten aus Russland eine hektische Verbotsdiskussion, obwohl dieses Verbrechen unaufgeklärt blieb. Bis auf die Liberalen unterstützten alle Parteien nach einigem Hin und Her ohne Not ein Verbot. In der Debatte wurde nicht immer zwischen fremdenfeindlichen Exzessen und der NPD unterschieden. Symbolische Politik dominierte offenkundig. Die übereilt gestellten Verbotsanträge wiesen schwere Mängel auf. Bald kam heraus, dass bis zu 15 Prozent der Vorstandsmitglieder der Partei im Bund und in den Ländern als V-Leute agierten. Drei Richter des Bundesverfassungsgerichts sahen darin zu Recht ein nicht behebbares Verfahrenshindernis. Eine Prozessentscheidung, nicht Sachentscheidung, führte das Scheitern des Verfahrens herbei. Damit wurde der Politik eine „Ohrfeige" erteilt, nicht aber der NPD ein Persilschein ausgestellt.[15] Die Hauptverantwortlichen Otto Schily und Günther Beckstein kamen mit einem blauen Auge davon. Die Parteien gingen kleinlaut zur Tagesordnung über, zeigten kaum Selbstkritik. Sie beabsichtigten zwar, eine Geheimdienstreform in die Wege zu leiten, doch blieb diese aus. Keine größere politische Gruppierung wollte sich (bis auf die FDP) beim „Kampf gegen rechts" übertrumpfen lassen.

Eine andere Maßnahme zur Beschränkung des Spielraums der NPD ist das Unterfangen der PDS, wie es in einer Reihe von Parlamenten – vergeblich – versucht worden ist, in das Grundgesetz und in Landesverfassungen eine „antifaschistische Klausel" aufzunehmen. In Sachsen beispielsweise brachte die PDS folgenden Antrag ein: „Rassistische, fremdenfeindliche und antisemitische Aktivitäten sowie eine Wiederbelebung und Verbreitung nationalsozialistischen Gedankenguts nicht zuzulassen, ist Pflicht des Landes und Verpflichtung aller im Land."[16] Auch diese Initiative liegt ursprünglich vor den NPD-Erfolgen. Denn bereits im Jahre 2001 hatte die PDS im Deutschen Bundestag einen ähnlichen Versuch unternommen. Damit wäre eine Aufwertung jener Position verbunden gewesen, die nur in rechtsextremistischen Bestrebungen eine Gefahr für den demokratischen Verfassungsstaat sieht. Zum einen würde eine derartige Klausel die Verfassung als Ausdruck einer antifaschistischen Ordnung uminterpretieren, zum anderen den Spielraum für rechtsextremistische Parteien einengen, was etwa das Demonstrationsrecht betrifft. Eine Generalklausel gegen die bloße Bekundung einer Meinung ist in einem demokratischen Verfassungsstaat unzulässig. Der sächsische PDS-Abgeordnete Klaus Bartl erklärte in einem Interview mit dem DKP-Organ „Unsere Zeit" ganz unumwunden: „Das Versammlungsrecht muss seine Handhabe, den Missbrauch des Demonstrationsrechts für neonazistische Umtriebe zu unterbinden, aus einer entsprechenden Verfassungslage schöpfen. Des-

---

15 Die NPD hatte als Rechtsvertreter Horst Mahler erkoren – ausgerechnet ihn, der zuvor für „ein Verbot der Parteien" (Franz Schönhuber/Horst Mahler, Schluss mit deutschem Selbsthass. Plädoyers für ein anderes Deutschland, Berg am See 2000, S. 65) eingetreten war und später mit bizarren Stellungnahmen zum Verbotsverfahren aufwartete. Nach dem Scheitern des Verfahrens verließ Mahler die ihm zu brav erscheinende Partei.

16 Sächsischer Landtag, 4. Wahlperiode, Gesetzentwurf der PDS vom 12. April 2005, Drucksache 4/1238.

halb wollen wir eine antifaschistische Klausel im Grundgesetz verankern."[17] Wer gegen den Abbau demokratischer Rechte votiert und stets hervorhebt, niemand dürfe wegen seiner politischen Einstellung ein Nachteil erwachsen, und zugleich eine antifaschistische Klausel propagiert, argumentiert doppelbödig. Auf diese Weise darf der demokratische Verfassungsstaat die NPD nicht schwächen. Es gibt keine Parteien minderen Rechts. Das Grundgesetz weist, anders als die PDS immer wieder behauptet, einen antifaschistischen Impetus nicht auf.[18]

Die einfache Wahrheit, wonach jeder Rechtextremist ein Antidemokrat, aber nicht jeder Antidemokrat ein Rechtsextremist ist, scheint für die PDS nicht zu gelten.[19] Schließlich gibt es neben rechtsextremistischen Bestrebungen vielfältige linksextremistische Bestrebungen, ebenso fundamentalistische, die sich gegen die freiheitlich-demokratische Grundordnung stellen. Eine solche Bestimmung mit hoher Symbolkraft würde in gewisser Weise eine Kehrtwendung vom bisherigen verfassungspolitischen Konsens einleiten. Damit wäre der Weg in eine andere Republik beschritten. Das Bekenntnis zu einem wertgebundenen Antiextremismus – nicht einseitig zum Antifaschismus, nicht einseitig zum Antikommunismus – ist die Devise des demokratischen Verfassungsstaats. Ansonsten wird der prinzipielle Gegensatz von extremistisch und demokratisch durch den von rechts und links verwischt. Daher dürfte das folgende Vorgehen ebenso kritikwürdig sein. Nach dem Einzug der NPD in den sächsischen Landtag gaben die Vorsitzenden der anderen fünf Fraktionen eine Erklärung ab.[20] Es sei nötig, die Wähler der NPD „für die demokratische Wertegemeinschaft zurück zu gewinnen. Zur Erreichung dieses Ziels ist eine sachorientierte und erfolgreiche Regierungsarbeit ebenso wichtig wie das kritische und zugleich konstruktive Wirken der demokratischen Opposition."[21] Musste eine solche Erklärung angesichts der Isolation der NPD überhaupt sein? War es notwendig, die PDS als „demokratische Opposition" zu bezeichnen? Der Schluss der Erklärung lautete wie folgt: „Trotz unterschiedlicher politischer Auffassungen sind wir uns darin einig, dass die Verteidigung der Demokratie Vorrang vor den Parteiinteressen haben muss. Wir wollen, dass Sachsen ein weltoffenes und tolerantes Land bleibt."[22] Als sei dies ohne eine solche Erklärung zweifelhaft! Kritikwürdig erscheint ebenso, dass auf NPD-Redner nur ein Redner der Regierung und einer aus den Reihen der parlamentarischen Opposition antwortet.[23] Wieso müssen solche Absprachen sein – gegen eine Partei, die sich im Landtag schnell und mannigfach diskreditiert hat? Die politische Auseinandersetzung sollte gefragt sein.

---

17 Klaus Bartl, Keine linke Schnapsidee: Antifa-Klausel ins Grundgesetz, in: Unsere Zeit v. 31. Januar 2003.

18 Wäre das der Fall, erwiese sich eine solche Formel ohnehin als überflüssig.

19 Vgl. Tim Peters, Der Antifaschismus der PDS aus antiextremistischer Sicht, Wiesbaden 2006.

20 Vgl. Ulrich Brümmer, Parteiensystem und Wahlen in Sachsen. Kontinuität und Wandel von 1990–2005 unter besonderer Berücksichtigung der Landtagswahlen, Wiesbaden 2006, S. 237–239.

21 Fritz Hähle/Cornelius Weis/Peter Porsch/Holger Zastrow/Antje Hermenau, Erklärung vom 12. Januar 2005.

22 Ebd.

2. Medien

Das Thema Rechtsextremismus erfährt hohes mediales Interesse. Medien neigen häufig zu einer plakativen Berichterstattung über den Rechtsextremismus im Allgemeinen und die NPD im Besonderen. Hysterie überlagert mitunter Sachlichkeit. Oft wird nicht ausreichend unterschieden zwischen Gewaltexzessen, dem parteiförmigen Rechtsextremismus und Rechts(außen)intellektuellen. Eine Studie zum Thema Rechtsextremismus und Medien führt vier Defizite auf: Doppelstrategie von Kriminalisierung und Ausgrenzung; reaktive Haltung; dramatisierende, emotionalisierende und stereotypisierende Sichtweise; Wahrnehmung als monolithische Kraft.[24] Das Verhalten vòn Fernsehjournalisten nach der sächsischen Landtagswahl gegenüber Vertretern der NPD war kein Ruhmesblatt. Wieso wollten sich Journalisten demonstrativ als Gegner der NPD profilieren? Konnte jemand daran zweifeln?

Die Verhinderung von NPD-Demonstrationen kommt häufig vor – sei es, dass die Polizei erklärt, sie könne die Sicherheit der Teilnehmer aufgrund zu erwartender Zusammenstöße mit (vielfach zum Teil linksextremistischen) Gegendemonstrationen nicht gewährleisten, sei es, dass diese den Zug von Rechtsextremisten stoppen. Häufig überragt die Zahl der Gegendemonstranten die der Demonstranten. In Göttingen etwa verhinderten im Oktober 2005 4.000 Personen einen Aufmarsch der NPD: „Keine Stunde nachdem die 250 Neonazis den Bahnhofsplatz verlassen hatten, war offensichtlich, dass die 3.800 Polizeibeamten den genehmigten Marschweg nicht freimachen konnten."[25] Da die Gerichte die Kundgebungen genehmigen und das durch die Stadtverwaltungen ausgesprochene Verbot nicht gutheißen, ist eine solche Verhaltensweise unter rechtsstaatlichen Gesichtspunkten höchst bedenklich. Das Demonstrationsrecht ist politisch neutral. Seit 2005, durch eine Verschärfung des Volksverhetzungs-Paragraphen im Strafgesetzbuch, macht sich strafbar, wer „öffentlich oder in einer Versammlung den öffentlichen Frieden dadurch stört, dass er die nationalsozialistische Gewalt- und Willkürherrschaft billigt, verherrlicht oder rechtfertigt". Halten die Teilnehmer die Auflagen ein, dürfte einer Kundgebung nichts im Wege stehen. Medien informieren ihre Rezipienten nicht ausreichend darüber. Sie sehen es offenbar nicht als Missstand an, wenn eine solche Demonstration verhindert wird, und berichten nur wenig über Ausschreitungen „gegen rechts".

Der NPD-Vorsitzende Udo Voigt, ein strategischer Kopf, wartet seit Jahren mit provozierenden Parolen auf. Das gilt etwa für die „Volksfront von rechts", den „Kampf um die Straße", die Bezeichnung Berlins als „Reichshauptstadt". Medien und Öffentlich-

---

23 In Mecklenburg-Vorpommern ist dies nicht anders.

24 Vgl. Hauke Hartmann, Rechtsextremismus und Medien – Informieren statt Moralisieren. Zur Notwendigkeit einer verbesserten Berichterstattung über Rechtsextremismus, in: Sozialpädagogisches Institut (Hrsg.), Ideologie und Strategien des Rechtsextremismus – Wie geht man als Journalist/in damit um? Dokumentation des Werkstattgesprächs am 8. Mai 2006 in Berlin, Berlin 2006, S. 14–25, hier S. 14 f.

25 Andreas Speit, NPD-Demo verhindert, in: die tageszeitung v. 11. November 2005, S. 4.

keit gehen der Propaganda auf den Leim, weil sie zu wenig den Realitätsgehalt solchen Bramarbasierens abzuschätzen vermögen. Es war den Rechtsextremisten nur recht, dass die Gegenseite das ursprünglich von ihnen kreierte Schlagwort der „national befreiten Zonen", von Sprachwissenschaftlern zum „Unwort des Jahres 2000" gewählt, aufgegriffen, öffentlichkeitswirksam bekannt gemacht und „in den Rechtsextremismus reimportiert"[26] hat. Uwe-Karsten Heyes Wort von den „No-go-Areas" für Menschen anderer Hautfarbe kurz vor der Fußballweltmeisterschaft war Wasser auf die Mühlen der „Szene", die sich bestätigt sehen konnte.

Die NPD weiß auch sonst, wie sie Aufmerksamkeit erregen und Medien „füttern" kann. Einige Beispiele: Nach Lafontaines Chemnitzer Rede, in der er vor der Konkurrenz durch „Fremdarbeiter" gewarnt hatte, erklärte der NPD-Sprecher Klaus Beier: „Es würde mich nicht wundern, wenn Lafontaine in die Fußstapfen von Horst Mahler und Bernd Rabehl tritt."[27] Der Trick besteht darin, den Eindruck zu erwecken, andere passten sich der – angeblich – diskursbestimmenden NPD an. Der Parteivorsitzende Voigt meinte mit Bück auf die „Leitkultur"-Diskussion der großen Parteien etwa: „Sie zeigen damit dem Wähler, dass die Forderungen der NPD aus der Mitte des Volkes kommen und berechtigt sind."[28] So kann Zwietracht in der demokratischen Öffentlichkeit entstehen. Diese durchschaut oft nicht die Tricks der NPD. Wenn die rechtsextremistische Partei eine Immobilie erwerben will, um (angeblich) ein Schulungszentrum zu errichten, kehrt große Aufregung in die jeweilige Gemeinde ein, deren Bürger diese zur Wahrnehmung des Vorkaufsrechts unter Druck setzen. Tatsächlich kommen mitunter Scheingeschäfte zustande, die der NPD Geld bringen.[29]

3. Wissenschaft

Wissenschaftliche Beiträge zur NPD sind nicht stets von Nüchternheit getragen. Oft wird von Autoren, die sich sonst durch analytische Distanz auszeichnen, massiv wertend argumentiert. So heißt es, der Rechtsextremismus dringe im Osten Deutschlands, wo dessen Stärke, wie erwähnt, tatsächlich größer ist, in die Mitte der Gesellschaft vor. Selbst überaus besonnene Autoren wie Harald Schoen und Siegfried Bühler teilen diese Position und argumentieren empiriefern. „So kandidieren angesehene Personen für rechtsextreme Parteien oder bekennen sich öffentlich dazu, für eine solche Partei

---

26 So Uta Döring, „National befreite Zonen". Zur Entstehung und Karriere eines Kampfbegriffs, in: Andreas Klärner/ Michael Kohlsruck (Hrsg.), Moderner Rechtsextremismus in Deutschland, Hamburg 2006, S. 177–206, hier S. 199.

27 Zitiert nach Felix Serrao, NPD: Lafontaine bringt die Sache auf den Punkt, in: Der Tagesspiegel v. 18. Juni 2005, S. 4.

28 Udo Voigt, Der Trick mit der deutschen Leitkultur. Beckstein auf NPD-Kurs, in: Deutsche Stimme, Nr. 12/2004, S. 2.

29 Vgl. Matthias Bartsch/Michael Fröhlingsdorf/Marc Widmann, „Eine Art Erpressung", in: Der Spiegel v. 21. August 2006, S. 38 f.

zu votieren."[30] Wer die Kandidatenlisten etwa der NPD sichtet, kann eine derartige Position nicht teilen. Für diese Partei treten „angesehene Personen" schon deshalb nicht an, weil sie um die Konsequenzen wissen. Sie wären binnen kurzer Zeit keineswegs mehr „angesehen".

Die Zahl der Publikationen zu Parteien am „rechten Rand" ist Legion. Gleiches gilt für den „linken Rand" keineswegs. Oft wird dieser nicht unter extremismustheoretischen Gesichtspunkten untersucht, sondern unter parteisoziologischen.[31] Das ist ein legitimer Untersuchungsansatz, der jedoch bei der NPD weithin unterbleibt. Die Strategie der Entlarvung muss schon deshalb nicht im Vordergrund stehen, weil die Partei, kein „Wolf im Schafspelz", selber nicht die Ablehnung des „Systems" leugnet.

Der Begriff der „Dresdner Schule" ist ein anderes Beispiel für die Vorspiegelung von öffentlichem Einfluss, die der Verwirrung selbst der Wissenschaft dient. Der Landtagsabgeordnete Jürgen Gansel, ein Theoretiker der Partei, hatte im Mai 2005 – als Gegenpol zur Frankfurter Schule – großspurig die „Dresdner Schule" ins Leben gerufen. Damit wollte er dem „Neomarxismus" wie dem „Liberalkapitalismus" den Kampfansagen. Seine giftigen Schlag- und Reizworte sollten provozierende Aufmerksamkeit hervorrufen. Die Rede ist u. a. von der „Frankfurter Giftküche", dem „völkerverschlingenden Globalismus", der „massiven Landnahme durch kultur- und rassefremde Menschen", dem „Wohl der Plutokraten" und „identitätskastrierten Gegenwartskrüppeln."[32] Das „Bildungswerk für Heimat und nationale Identität" unter dem Leiter Peter Dehoust, dem Herausgeber von „Nation & Europa", habe die Aufgabe, die Denkansätze der „Dresdner Schule" zu popularisieren. Die Ankündigung blieb bisher bloße Ankündigung. Die Wissenschaft hat zu wenig auf ein derartiges Propagandamanöver der NPD hingewiesen. Die vom Hardliner Gansel verwendeten Reizwörter zielten auf Provokation.

---

30 So Harald Schoen/Siegfried Bühler, Feinde im Inneren. Politischer Extremismus im vereinigten Deutschland, in: Jürgen W. Falter/Oscar W. Gabriel/Hans Rattinger/Harald Schoen (Hrsg.), Sind wir ein Volk? Ost- und Westdeutsche im Vergleich, München 2006, S. 188–211, hier S. 208.

31 Vgl. etwa Gero Neugebauer/Richard Stöss, Die PDS. Geschichte, Organisation, Wähler, Konkurrenten, Opladen 1996. Hier sprechen die Autoren mit Blick auf die Frage nach der Verfassungsfeindlichkeit der PDS davon, „den Begriff der Partei nicht mit einem normativen Demokratiegebot [zu] überfrachten" (ebd., S. 13). Bei der Auseinandersetzung mit dem Rechtsextremismus der NPD verfahren Neugebauer und Stöss jedoch ganz anders. Sie bescheinigen der PDS „Integrationsleistungen für das politische System der Bundesrepublik Deutschland […]. Sie dient als Ansprechpartner für das antiwestliche Potential im Osten, sie repräsentiert die vernachlässigten Ziele und Werte im Parteiensystem und signalisiert Art und Ausmaß der Unzufriedenen" (ebd., S. 286). Es wäre undenkbar, dass sie dies für die NPD gelten ließen.

32 Die Erklärung des Landtagsabgeordneten Jürgen Gansel zu Wesen und Wollen der „Dresdner Schule" ist abgedruckt in: Backes/Jesse (Anm. 7), S. 147–153.

IV. Empfehlungen

1. Parteien

Politikern demokratischer Parteien ist zu empfehlen, die NPD – demokratisch gewählt, aber keineswegs demokratisch gesittet – im Parlament nicht durch Geschäftsordnungstricks zu schikanieren. Wenden Abgeordnete anderer Parteien bei Reden von NPD-Repräsentanten diesen den Rücken zu, ist das kein guter Stil. Wer Mitglieder rechtsextremistischer Parteien (zurück-)grüßt, biedert sich nicht an, sondern beachtet Gebote des Anstandes. Demokratische Abgrenzung gebietet keineswegs Stigmatisierung.[33] Absprachen aller anderen Parteien gegen NPD oder DVU, wie sie in den Ländern verbreitet sind, in deren Parlamenten solche Gruppierungen sitzen, stellen keinen Beleg für Konfliktfreude dar. Die Ablehnung jeglicher Kooperation mit der NPD versteht sich. Gleichwohl: (Indirekte) Beschimpfungen der NPD-Wähler haben zu unterbleiben. Schließlich wollen und sollen demokratische Kräfte die Stimmen von Bürgern, die für eine Rechtsaußenformation votiert haben, oft aus Protest („Denkzettelwahlen"), zurückgewinnen. Zustimmung verdient folgendes Diktum Gregor Gysis vor der Bundestagswahl 2005 (mit der Einschränkung, dass er von „rechtsextremistischen" Parteien hätte sprechen und „linksextremistische" zusätzlich erwähnen sollen): „Es ist die Aufgabe aller Demokraten, rechte Parteien zu verhindern. [...] Wenn wir die Dinge nicht ansprechen, überlassen wir die Protestwähler rechten Parteien."[34] Eine konservative demokratische Partei tut gut daran, ihren „rechten Rand" zu pflegen, eine linke demokratische ihren „linken Rand". So bleiben sie unterscheidbar und bieten extremistischen Strömungen weniger offene Flanken. Auch wenn kein Automatismus besteht: Wer eine rechtsextremistische Kraft im Parlament nicht wünscht, muss einen konservativen Flügel bei den Volksparteien akzeptieren. Und wer keinen antidemokratischen Nationalismus fördern will, sollte demokratischen Patriotismus fordern.

Die Auseinandersetzung demokratischer Parteien mit den Zielen der NPD wertet diese keineswegs auf. Vielmehr erfährt der Bürger, was an den Parolen aus der Sicht demokratischer Kräfte nicht stimmt. Wer eine Meinung totschweigt, zeigt keine Souveränität. Soziale Ängste von Wählern sind sehr ernst zu nehmen. Demokratische Parteien sollten sich kritisch fragen, was sie für oder gegen den Einzug einer Rechtsaußenpartei in ein Parlament getan oder auch nicht getan haben. Die Tabuisierung heikler Themen (etwa im Wahlkampf) hilft nicht – im Gegenteil; eine differenzierte Sichtweise ist gefragt, keine grobe Vereinfachung. „Demokratische Politiker sollten planmäßig die Themen identifizieren, mit denen die NPD kampagnenfähig werden könnte, und diese selbst besetzen. Bisher hecheln sie der NPD immer nur hinterher."[35]

---

33 Vgl. Ralf Grünke, Geheiligte Mittel? Der Umgang von CDU/CSU und SPD mit den Republikanern, Baden-Baden 2006.

34 Zitiert nach dem Interview: „Keine Stimme für Schröder", in: Der Spiegel v. 20. Juni 2005, S. 38.

35 So Toralf Staud, Moderne Nazis. Die neuen Rechten und der Aufstieg der NPD, Köln 2005, S. 212.

2. Medien

Die öffentliche Meinung sollte von selektiver Wahrnehmung Abstand nehmen. Das herkömmliche Gebot der klaren Trennung zwischen Information und Kommentar gilt auch für diesen Komplex. So unappetitlich viele Äußerungen sein mögen: Beleidigungen verbieten sich wie konfrontative Gesten. Andernfalls tritt ein Mitleids- und Märtyrereffekt ein. Repräsentanten der NPD sind bei einem Interview ebenso professionell korrekt zu behandeln wie Vertreter anderer Parteien, Pöbeleien in der Regel durch Entzug des Wortes zu ahnden.

Gesinnungsfeste" Journalisten, moralisch erhaben, springen der etablierten Politik im „Kampf gegen rechts" guten Gewissens zur Seite. Dabei kommt kritische Distanz ebenso zu kurz wie sachliche Information. „An die Stelle von Aufklärung, Ursachenanalyse und politischer Auseinandersetzung neigen sie dazu, eine Gefühlskultur gegen Rechts zu etablieren und damit das Extremismusproblem zu entpolitisieren."[36] Die Kampagnefähigkeit der NPD wird so nicht unterbunden. Die dramatisierende Darstellung von Ereignissen, an denen Rechtsextremisten beteiligt waren trägt ebenso wenig zur Aufhellung des Phänomens bei wie mangelnde Differenzierung. Nicht jeder Rechtsextremist verficht neonationalsozialistisches Gedankengut. Das trifft auch für manche Repräsentanten der NPD zu. Solche Differenzierungen fördern die Aufklärung über eine Partei, der selbst ihre Wähler keine Problemlösungskompetenz zuschreiben. Hingegen begünstigt ein moralischer „Entrüstungsjournalismus" eine fatale Berichterstattung, die mit der Wirklichkeit wenig gemein hat. Man denke an den Fall der sächsischen Kleinstadt Sebnitz. Durch diese fatale Berichterstattung ist die Zahl der dortigen NPD-Wähler wahrlich nicht gesunken. Schwarz-Weiß-Bilder entsprechen selten der Realität.

Nähmen Medien „Erfolgsmeldungen" von Rechtsextremisten nicht für bare Münze, wäre viel gewonnen. Die NPD spekuliert auf die Übernahme ihrer Botschaften. Allerdings sollten Medien deren Repräsentanten (vermehrt) interviewen. Die Gefahr, deren Thesen würden dadurch in der Mitte salonfähig gemacht, dürfte niedriger sein als die Chance, dass der mündige Wähler die Scheinlösungen der Interviewten erkennt. Das Dilemma für NPD-Repräsentanten: Einerseits wollen und müssen sie eine kernige Botschaft an ihre Kader übermitteln, andererseits bei ihrer wahrlich nicht durchweg rechtsextrem ausgerichteten Wählerschaft einen seriösen Eindruck hinterlassen. Das kommt einer Quadratur des Kreises gleich. Freilich müssen sich Journalisten stärker mit der Materie vertraut machen.

Vom Autor stammt eine „kleine Gebrauchsanleitung für den Umgang mit der NPD (ebd., S. 208–218), die allerdings nicht frei von repressiven Mechanismen ist. So heißt es etwa: „Wer sich zur NPD bekennt, darf deshalb ausgeschlossen werden. Auch aus dem Sportverein, dem Männerchor, der Gewerkschaft. Es muss abschreckend sein, bei der NPD mitzumachen" (ebd., S. 210).

36 Ekkehardt Oehmichen/Immo Horn/Sylvia Mosler, Rechtsextremismus und Fernsehen: Inhalts- und Rezeptionsanalysen der Berichterstattung im öffentlich-rechtlichen Fernsehen, in: Bertelsmann Stiftung (Hrsg.), Strategien gegen Rechtsextremismus. Bd. 1: Ergebnisse der Recherche, Gütersloh 2005, S. 207, hier S. 150.

3. Wissenschaft

Die Wissenschaft ist gut beraten, wenn sie den vergleichenden Aspekt etwa bei der Einschätzung der Gefahr für den demokratischen Verfassungsstaat nicht vernachlässigt.[37] Doch daran hapert es. Auf diese Weise können die Spezifika des Rechtsextremismus besser erfasst und von anderen extremistischen Formen abgegrenzt werden. Wer für einen Vergleich plädiert, will keineswegs den harten Rechtsextremismus der NPD mit dem weichen Linksextremismus der PDS auf eine Stufe stellen.[38] Aber bei der Erörterung des Gefahrenpotentials für den demokratischen Verfassungsstaat spielt nicht nur die Frage der extremistischen Intensität eine Rolle, sondern auch eine Reihe weiterer Faktoren wie etwa der Erfolg bei Wahlen, die Mitgliederstärke der Partei, das intellektuelle Potential, die Akzeptanz bei den Eliten, die Infiltration in die demokratische Mehrheitskultur.[39] Unter dieser Fragestellung fällt das Ergebnis offenkundig anders aus.

Der Vergleich, der vielfältig strukturiert sein kann (z. B. als inter-lokaler, inter-regionaler, inter-nationaler), ermöglicht bekanntlich beides: Unterschiede herauszuarbeiten und Gemeinsamkeiten zu ermitteln. Rechtsextremismusforschung muss auch, darf aber nicht nur auf Gefahren- und Bekämpfungsforschung hinauslaufen. Ursachenforschung ist ebenso vonnöten wie Interaktionsforschung. Wie reagiert der eine Extremismus auf den anderen? Gibt es eine Eskalationsstrategie? Wie wollen Rechtsextremisten der NPD-Richtung im demokratischen Umfeld Terrain gewinnen, und zeigen die Versuche Erfolge? Liegen demokratischen Abwehrmechanismen akzeptable oder kritikwürdige Maximen zugrunde? Diese Fragen sind bisher eher unterbelichtet untersucht worden.

Bei der Ermittlung des rechtsextremistischen Einstellungspotentials – das ist wichtig für künftige Chancen der NPD – sollte ungeachtet aller unvermeidbaren Abgrenzungsproblematik intersubjektive Nachvollziehbarkeit bestehen. Die Items müssen so ausgewählt sein, dass nicht bereits die Methode ein bestimmtes (hohes) Ergebnis präjudiziert, wie das öfter der Fall ist.[40] Vor allem hat die Politikwissenschaft keinem „Konjunkturrittertum" zu frönen. Dies hält sie stärker von Zeitgeisttendenzen frei. Die Politikwissenschaft kann und soll wegen ihrer Autonomie in einer demokratischen Gesellschaft nicht Politik mit anderen Mitteln sein. Extremismusforschung, also auch die Auseinandersetzung mit der NPD, darf nicht machtpolitischen Querelen und dem Kampf um Deutungshoheiten Vorschub leisten.

---

37 Vgl. Uwe Backes/Eckhard Jesse, Vergleichende Extremismusforschung, Baden-Baden 2005.

38 Insofern rennt der Vorwurf von Toralf Staud in diesem Punkt offene Türen ein. Vgl. ders. (Anm. 35), S. 213 f. – Hingegen ist die Auffassung schwerlich konsensfähig, die Postkommunisten seien „längst eine staatstragende Partei geworden" (ebd., S. 213).

39 Vgl. Uwe Backes/Eckhard Jesse, Extremistische Gefahrenpotentiale im demokratischen Verfassungsstaat. Am Beispiel der ersten und der zweiten deutschen Demokratie, in: Dies. (Hrsg.), Jahrbuch Extremismus & Demokratie, Bd. 3, Bonn 1991, S. 7–32.

40 Vgl. etwa Klaus Schroeder, Rechtsextremismus und Jugendgewalt in Deutschland. Ein Ost-West-Vergleich, Paderborn 2004, S. 226–250.

V. Fazit

Die heftige Kritik an (tatsächlichen wie vermeintlichen) Formen des Rechtsextremismus im Allgemeinen und an einem Vordringen der NPD im Besonderen in die vielberufene „Mitte der Gesellschaft“[41] ist ein Beleg für die mangelnde Plausibilität des Vorwurfs. Wäre es anders, könnte die Schelte nicht diesen Intensitätsgrad annehmen. Dann gäbe es nicht „Rock gegen Rechts“, „Grillen gegen Rechts“ und „Frühstück gegen Rechts“. Die Kritik ist erklärbar mit der nicht zuletzt historisch bedingten Angst vor einer Renaissance des Rechtsextremismus, die Diskrepanz von Realität und Wahrnehmung beträchtlich. Die Last der leidvollen Vergangenheit übt weiterhin eine heilsame Wirkung aus, firmiert als eine schwer überwindbare kulturelle Barriere. Sie bildet eine Art *Rocher de bronze.*

Für die Politik, die öffentliche Meinung und die (Politikwissenschaft gilt die Orientierung an den Prinzipien des demokratischen Verfassungsstaates. Die Auseinandersetzung mit dem Rechtsextremismus im Allgemeinen und der NPD im Besonderen fällt unglaubwürdig aus, wenn sie den antiextremistischen Konsens direkt oder indirekt in Frage stellt. Eine Verharmlosung rechtsextremistischer Bestrebungen verbietet sich ebenso wie ihre Dämonisierung. Nicht Antifaschismus, sondern Antiextremismus ist ein Gebot der wertgebundenen Demokratie. Tatsächlich liegt in mancher Hinsicht eine unterschiedliche Wahrnehmung von Rechts- und Linksextremismus vor.[42] Die mangelnde Äquidistanz gilt für Parteien, Medien und Wissenschaft in ähnlicher Form. Gewiss sind Rechtextremisten deren Feinde aber Demokraten sollten ihnen nicht mit einem ideologisch aufgeladenen und stereotypen Feindbild begegnen. Hingegen benötigen diese für realistische Einschätzungen ein angemessenes „Bild des Feindes“.[43] Von einer „Erosion der Abgrenzung“[44] gegenüber der NPD ist weder bei den Parteien noch den Medien noch der Wissenschaft die Rede.

Wenngleich die NPD einen anderen Eindruck vermitteln will: Sie beeinflusst in Deutschland die politische Willensbildung nicht nennenswert. Die folgende Äußerung Jürgen Gansels ist Autosuggestion: „In Mitteldeutschland findet eine geräuschlose völkische Graswurzelrevolution statt. Mit einem moderaten Ton, zivilem Auftreten und alltagsnahen Themen gelingt es Nationalisten vielerorts zum integralen Bestandteil des gesellschaftlichen Lebens zu werden, während sich die Systemkräfte dem Volk

---

41 Der schwammige Terminus vom „Extremismus der Mitte“ taucht dabei ebenfalls auf. Dessen Verwendung ist ein Beispiel für die wenig sinnvolle Entgrenzung des Extremismusbegriffs. Vgl. Uwe Backes/Eckhard Jesse, Extremismus der Mitte? Kritik an einem modischen Schlagwort, in: Dies. (Hrsg.), Jahrbuch Extremismus & Demokratie, Bd. 7, Baden-Baden 1995, S. 13–26.

42 Vgl. Eckhard Jesse, Die unterschiedliche Wahrnehmung von Rechts- und Linksextremismus, in: Politische Studien 58 (2007), Themenheft 1, S. 8–17.

43 Vgl. ders., Funktionen und Strukturen von Feindbildern im politischen Extremismus, in: Bundesministerium des Inneren (Hrsg.), Feindbilder und Radikalisierungsprozesse. Elemente und Instrumente im politischen Extremismus, Berlin 2005, S. 5–22.

44 In Anlehnung an Wolfgang Rudzio, Die Erosion der Abgrenzung. Zum Verhältnis zwischen der demokratischen Linken und Kommunisten in der Bundesrepublik Deutschland, Opladen 1988.

immer mehr entfremden."[45] Alle tragenden gesellschaftlichen Kräfte sind sich prinzipiell einig in der Ablehnung dieser rechtsextremistischen Gruppierung: Parteien und Kirchen, Gewerkschaften und Unternehmerverbände, Medien und Universitäten, Bundeswehr und Justiz. Taktisch-strategische Gründe spielen dabei keine Rolle. Das ist ein klarer Unterschied zur ersten deutschen Demokratie. Seinerzeit ließ ein Teil der politischen, gesellschaftlichen und wirtschaftlichen Elite nicht nur Sympathien für rechtsextremistische Bestrebungen erkennen, sondern beteiligte sich auch massiv an der Delegitimierung der jungen, ungefestigten Demokratie.

War die Geschichte der NSDAP bis 1933 weithin die Geschichte ihrer Unterschätzung, so sollte die Geschichte der NPD nicht die Geschichte ihrer Überschätzung sein. Wer ohne Kompass ist, verliert die Richtung. Die Neuauflage eines Verbotsantrages gegen die NPD verbietet sich aus prinzipiellen und strategischen Gründen: aus prinzipiellen Gründen deshalb, weil ein Parteienverbot, ein schwerer Eingriff in die Parteienfreiheit, nur eine ultima ratio sein kann und eine solche Notsituation nicht besteht; aus strategischen deshalb, weil drei der Richter des Bundesverfassungsgerichts die rechtzeitige Abschaltung von V-Leuten aus den Vorständen der NPD verlangten, also vor einem Verbotsantrag. Die Hürde für ein Parteienverbot ist damit hoch. Unabhängig vom Ausgang eines solchen Verfahrens: Der Staat würde Schwäche demonstrieren, nicht Stärke.

Eine offene Gesellschaft wie die der Bundesrepublik darf in der Auseinandersetzung mit keiner Form des Extremismus rechtsstaatliche Prinzipien zur Disposition stellen. Deren strikte Einhaltung bietet die beste Garantie dafür, dass eine rechtsextremistische Partei wie die NPD größeren Zulauf nicht erhält. Wenngleich wir derzeit eine „vierte Welle" des Rechtsextremismus nach der ersten Anfang der fünfziger Jahre, der zweiten Ende der sechziger und der dritten Ende der achtziger, Anfang der neunziger[46] nicht zuletzt aufgrund spezifischer Gelegenheitsstrukturen[47] im Osten des Landes erleben, so spricht angesichts der erwähnten stabilisierenden Faktoren in absehbarer Zeit viel für ein neues „Wellental". Die Befürchtung, ein „braunes Jahrzehnt"[48] könnte anbrechen, entbehrt jeder Grundlage. Wer diese Gefahr menetekelhaft an die Wand malt, übernimmt suggestive Parolen aus rechtsextremistischem Mund.

45 So Jürgen Gansel, Die nationale Achse Dresden-Berlin-Schwerin, zitiert nach: Bundesamt für Verfassungsschutz (Hrsg.), Die „Nationaldemokratische Partei Deutschlands" (NPD) als Gravitationsfeld im Rechtsextremismus, Köln 2006, S. 6. Das Zitat wird nur referiert, nicht als realitätsfern zurückgewiesen.

46 Vgl. Ekkart Zimmermann/Thomas Saalfeld, The Three Waves of West German Right-Wing Extremism, in: Peter H. Merkl/Leonard Weinberg (Hrsg.), Encounters with The Contemporary Radical Right, Boulder, Col. u.a. 1993, S. 50–74; Markus Klein/Jürgen W. Falter, Die dritte Welle rechtsextremer Wahlerfolge in der Bundesrepublik Deutschland, in: Jürgen W. Falter/Hans-Gerd Jaschke/Jürgen R. Winkler (Hrsg.), Rechtsextremismus. Ergebnisse und Perspektiven der Forschung (= Sonderheft 27 der Politischen Vierteljahresschrift), Opladen 1996, S. 288–312.

47 Vgl. Kai Arzheimer/Elisabeth Carter, Political Opportunity Structures and Right Wing Extremist Party Success, in: European Journal of Political Research 45 (2006), S. 419–443.

48 In einer Paraphrasierung des Buchtitels von Gerd Koenen, Das rote Jahrzehnt. Unsere kleine deutsche Kulturrevolution 1967–1977, 2. Aufl., Frankfurt a.M. 2004.

In jenen Phasen, in denen der Extremismus der NPD schwächer ausgeprägt war (1964–1965; 1970–1987), wurde sie kaum wahrgenommen. In der Phase, in der sie vergleichsweise stark und offen verfassungsfeindlich ist (seit 2004), fällt der Befund anders aus. Gleiches gilt für die Zeit, in der sie schwach und aggressiv-antidemokratisch (1998–2004) oder – umgekehrt – relativ stark und „bloß" deutschnational-extremistisch war (1966–1969). Gravierende Unterschiede zwischen Parteien, Medien und Wissenschaft fehl(t)en, wiewohl die Wissenschaft insgesamt weniger „konjunkturell" reagiert hat.

Dieser Beitrag sollte verdeutlichen, dass die Auseinandersetzung mit der NPD in vielerlei Hinsicht zu wünschen übrig lässt. Durch ihr provokatives Auftreten fordert sie demokratische Kräfte zur Reaktion heraus. „Die Demokratie muss wie die Sprache immer wieder neu von jeder Generation erlernt und gegebenenfalls verändert werden. Von dieser Warte aus betrachtet, lässt sich der notwendigen Auseinandersetzung mit dem Rechtsextremismus sogar eine positive Pointe abgewinnen – gibt sie den streitbaren Verfechtern des demokratischen Verfassungsstaates doch letztlich die Gelegenheit, die freiheitlichen Grundwerte der Demokratie nicht nur abstrakt gegen einen imaginären Gegner, sondern mit offenem Visier und im Angesicht tatsächlicher Feinde zu verteidigen."[49] Nur muss diese notwendige Auseinandersetzung in einer Weise geführt werden, die sich ihrerseits durch demokratische Prinzipien auszeichnet. Auch in einer streitbaren Demokratie sind Feinde der Freiheit wie die Repräsentanten der NPD nicht ohne Freiheiten.

49 So Katharina Beier u.a., Die NPD in den kommunalen Parlamenten Mecklenburg-Vorpommerns, Greifswald 2006, S. 186.

Die Ursachen des RAF-Terrorismus und sein Scheitern

Die Schreckensbilder und Schrecken des so genannten „Deutschen Herbstes“[1] vor 30 Jahren haben sich tief im kollektiven Gedächtnis der Bundesrepublik Deutschland festgesetzt. Erschütternde Bilder von Toten stehen den Zeitzeugen vor Augen: die zum Schutz des Arbeitgeberpräsidenten Hanns Martin Schleyer abkommandierten drei Polizeibeamten und dessen Chauffeur; der Kapitän der Lufthansa-Maschine „Landshut“ und deren Entführer; die Terroristen in Stammheim; schließlich Schleyer selbst. Kommende Ereignisse, heißt es, werfen ihre Schatten voraus. Dies gilt auch für die Erinnerung an frühere Ereignisse: Die Zahl der jüngst publizierten Bücher zur 30. Wiederkehr des „Deutschen Herbstes“ ist nahezu unüberschaubar, von der überbordenden Fülle an Zeitungsartikeln gar nicht zu reden.[2]

Mit dem voluminösen zweibändigen Werk zur Roten Armee Fraktion (RAF), wie sie sich selbst überheblich nannte, um Kombattantenstatus zu beanspruchen, ist unter der Ägide von Wolfgang Kraushaar ein großer Wurf gelungen.[3] Es spart so gut wie keinen Aspekt des deutschen Linksterrorismus aus und dürfte auf unabsehbare Zeit das Standardwerk zum Thema sein. Butz Peters hat seine umfassende, faktenreiche Gesamtdarstellung zur RAF aktualisiert vorgelegt, Willi Winkler eine eher meinungsfreudige.[4] Die Biographien über Andreas Baader und Ulrike Meinhof[5], nach denen die Gruppe benannt war, können bei allem Bemühen nicht recht erklären, wieso die als sensibel geltende Linksintellektuelle Meinhof von einem nichtsnutzigen Boheme-Typ wie Baader fasziniert war und seinem machohaften Kommando gehorchte. Werfen Martin Knobbe und Stefan Schmitz in kompakter Form einen Blick auf das „Terrorjahr 1977“, so will Sven Felix Kellerhoff Legenden entlarven, die sich um die RAF ranken.[6] Angelika Holderberg lässt ehemalige RAF-Terroristen zu Wort kommen, Anne Siemens, das geschieht zu selten, die Angehörigen von (prominenten) Opfern.[7] Hat Kurt Oesterle den wahrlich nicht schikanösen Alltag der Häftlinge in Stammheim geschildert, stellt nun Ulf G. Stuberger, der seinerzeit keinen Verhandlungstag versäumt hatte, den mitunter hitzigen Prozessverlauf zwischen 1975 und 1977 minutiös

1 Zur Problematik dieses Begriffs vgl. Eckhard Jesse, „Deutscher Herbst“? Die RAF und der linke Terrorismus, in: Mut, (2007) 9, S. 6–13.

2 Vgl. etwa das Interview von Giovanni di Lorenzo mit Helmut Schmidt, „Ich bin in Schuld verstrickt“, in: Die Zeit v. 30. August 2007, S. 17–21.

3 Vgl. Wolfgang Kraushaar (Hrsg.), Die RAF und der linke Terrorismus, 2 Bde., München 2006.

4 Vgl. Butz Peters, Tödlicher Irrtum. Die Geschichte der RAF, Neuausgabe, Frankfurt a.M. 2007; Willi Winkler, Die Geschichte der RAF, Berlin 2007.

5 Vgl. Klaus Stern/Jörg Herrmann, Andreas Baader. Das Leben eines Staatsfeindes, München 2007; Kristin Wesemann, Ulrike Meinhof. Kommunistin, Journalistin, Terroristin – eine politische Biographie, Baden-Baden 2007.

6 Vgl. Martin Knobbe/Stefan Schmitz, Terrorjahr 1977. Wie die RAF Deutschland veränderte, München 2007; Sven Felix Kellerhoff, Was stimmt? RAF. Die wichtigsten Antworten, Freiburg/Br. 2007.

dar.[8] Während Susanne Kailitz mögliche Verbindungslinien zwischen der Frankfurter Schule, der Studentenbewegung und der RAF prüft, analysiert Mario Petri die Anti-Terrorismus-Strategien auf die Herausforderung durch die RAF.[9]

Wie diese Titel verdeutlichen, ist die Zeit des Terrorismus der RAF einerseits weit entfernt, andererseits bedrückend nah. Weit entfernt mutet die Zeit an, da heute kein Ernstzunehmender mehr auf den Gedanken kommt, das Gewaltmonopol des Staates in Frage zu stellen und fahrlässig oder gar vorsätzlich „Gewalt gegen Sachen" zu propagieren. Revolutionäre Phrasendrescherei ist so gut wie verhallt. Die Bereitschaft, Verständnis für die hehren Motive der Terroristen kund zu tun, ist eine Generation später kaum mehr begreifbar. Manche wollen nicht gerne an das erinnert werden, was sie einst zu Papier gegeben haben. Der terroristische Schrecken reicht in die heutige Zeit hinein, weil die Erinnerung an ihn Wunden aufreißt, wie etwa im Frühjahr des Jahres bei der aufgeregten Diskussion um eine mögliche Begnadigung Christian Klars zum Vorschein kam. Sie bleibt noch aus einem anderen Grund nahe. Vor dem islamistischen Terrorismus, der besonders spektakulär am 11. September 2001 sein gewalttätiges Gesicht gezeigt hat, ist auch Deutschland nicht gefeit, gibt es doch für terroristische Islamisten nicht nur den nahen Feind, den regionalen, sondern auch den fernen Feind, den transnationalen.[10]

Dieser Beitrag spürt den Hintergründen für den „Aufstand im Schlaraffenland"[11] nach. Was waren die Ursachen für die Bildung der RAF? Wieso ging der Terrorismus nach der Festnahme der ersten Generation weiter? Wodurch unterschieden sich die „drei Generationen." der RAF? An welchen inneren und äußeren Konstellationen scheiterte der hiesige, die Tötung von Repräsentanten des „Systems" anstrebende Terrorismus?

---

7 Vgl. Angelika Holderberg (Hrsg.), Nach dem bewaffneten Kampf. Ehemalige Mitglieder der RAF und Bewegung 2. Juni sprechen mit Therapeuten über ihre Vergangenheit, Gießen 2007; Anne Siemens, Für die RAF war er das System, für mich der Vater. Die andere Geschichte des deutschen Terrorismus, München/Zürich 2007.

8 Vgl. Kurt Oesterle, Stammheim. Der Vollzugsbeamte Horst Bubeck und die RAF-Häftlinge, Neuauflage, München 2007; Ulf G. Stuberger, Die Tage von Stammheim. Als Augenzeuge beim RAF-Prozess, München 2007.

9 Vgl. Susanne Kailitz, Von den Worten zu den Waffen? Frankfurter Schule, Studentenbewegung, RAF und die Gewaltfrage, Wiesbaden 2007; Mario Petri, Terrorismus und Staat. Versuch einer Definition des Terrorismusphänomens und Analyse zur Existenz einer strategischen Konzeption staatlicher Gegenmaßnahmen am Beispiel der Roten Armee Fraktion in der Bundesrepublik Deutschland, München 2007.

10 Vgl. Guido Steinberg, Der nahe und der ferne Feind. Die Netzwerke des islamistischen Terrorismus, München 2005.

11 So Matthias Horx, Aufstand im Schlaraffenland. Selbsterkenntnisse einer rebellischen Generation, München/Wien 1989. Der Titel meint allerdings die 68er-Generation in toto.

I. Entstehungsursachen der RAF

Wer Antworten auf die Ursachen des deutschen Terrorismus sucht, nicht in Nordirland, nicht in Katalonien, darf keineswegs monokausal argumentieren. In Buchtiteln heißt es: „Hitlers Kinder“[12] (gemünzt auf die analoge Gewalttätigkeit), „Hitlers Enkel“[13] (bezogen auf die „übersteigerte Ideologisierung der 68er-Bewegung als eine unbewusste Antwort auf die Verleugnung der nationalsozialistischen Vergangenheit“[14]), „Hitlers Urenkel“[15] (mit Blick auf rechtsextremistische Gewalttäter). Gewiss ist ohne die prägende Vorgeschichte der NS-Barbarei manche Auseinandersetzung in der Bundesrepublik Deutschland nicht zu verstehen. So betitelt Peter Graf Kielmansegg sein großes Buch über die Geschichte Deutschlands von 1945 bis 1990 „Nach der Katastrophe“, wobei das „nach“ nicht nur eine temporale, sondern auch eine kausale Bedeutung hat: „Wenn ein durch eine selbst verschuldete historische Katastrophe traumatisiertes Volk sich mit der Demokratie vertraut macht – mögen die Bedingungen auch vergleichsweise günstig sein –, dann ist zu erwarten, dass vernünftiges Lernen aus der Vergangenheit und neurotische Prägung durch die Vergangenheit eine eigentümliche Verbindung eingehen, und das nicht nur vorübergehend.“[16] In diesem Sinne wären die Terroristen auch „Hitlers Kinder“.[17]

Vielleicht führen zehn plakativ-symbolträchtige Charakterisierungen weiter, die sich zum Teil ergänzen, zum Teil ausschließen, um die Vielfalt der Ursachen einzufangen: Die Terroristen der RAF waren nicht nur „Hitlers Kinder“, sondern auch „Erhards“, „Brandts“, „Kennedys“, „Albertz'“, „Marcuses“, „Dutschkes“, „Guevaras“, „Habaschs“ und „Mielkes Kinder“. Solchen, auf den ersten Blick paradox anmutenden Zuschreibungen wohnt jeweils eine doppelte Konnotation inne. Sie sind nicht im Sinne einer personellen Schuldzuweisung gemeint. Staatliche Versäumnisse rechtfertigten es nicht, einem irrationalen Gewaltkult zu huldigen.

Der Begriff „Hitlers Kinder“ zielt zum einen in die Richtung, der Linksterrorismus habe in seiner Brutalität der Vernichtungspolitik des Nationalsozialismus geglichen. Zum andern stellt der Terminus auf das – tatsächliche oder auch nur vermeintliche – Versagen bei der „Vergangenheitsbewältigung“ – nach 1945 ab. Terroristen jedenfalls der ersten RAF-Generation sollen von dem behaupteten Versagen und nachträglichen Schweigen ihrer Eltern so angewidert gewesen sein und sich zum „Widerstand“ ermächtigt gefühlt haben, um einen „neuen Faschismus“ zu verhüten. In diesem Sinne

---

12 Vgl. Jillian Becker, Hitlers Kinder? Der Baader-Meinhof-Terrorismus, Frankfurt a.M. 1978.

13 Vgl. Hans-Jürgen Wirth (Hrsg.), Hitlers Enkel oder Kinder der Demokratie? Die 68er, die RAF und die Fischer-Debatte, Gießen 2001.

14 Ders., Vorwort, in: Ebd., S. 10.

15 Vgl. Andreas Marneros, Hitlers Urenkel. Rechtsradikale Gewalttäter – Erfahrungen eines wahldeutschen Gerichtsgutachters, Bern u.a. 2002.

16 Peter Graf Kielmansegg, Nach der Katastrophe. Eine Geschichte des geteilten Deutschland, Berlin 2000, S. 358.

17 Vgl. sinngemäß ebd., S. 342.

sprach der Publizist Walter Boehlich von „Schleyers Kindern", auf dessen SS-Mitgliedschaft anspielend.[18]

Die Wendung von „Erhards Kindern" ist erstens so zu verstehen, als habe der Wohlstand zu Verdruss bei einem Teil der jungen Leute geführt. Jedenfalls speiste sich der hiesige Terrorismus nicht aus sozialen Defiziten, im Gegenteil war die Kritik am „Konsumrausch" der Eltern verbreitet. Bekannt ist das Diktum von Susanne Albrecht: „Ich hatte die dauernde Kaviar- und Lachsfresserei satt."[19] Das Diktum zielt zweitens auf eine als restaurativ empfundene Situation, in der sich wenig zu bewegen schien. Aufbaumentalität überlagerte politische Neuordnungen. Unter dem Motto „Keine Experimente" war die Union Adenauers und Erhards 1957 in den Wahlkampf gezogen; sie kam auf 50,2 Prozent der Stimmen.

„Brandts Kinder" – diese Metapher bezieht sich einerseits auf die größere Liberalität zur Zeit der sozialliberalen Koalition in vielen Bereichen. Die Experimentierfreudigkeit gewann an Bedeutung, die Reformbereitschaft nahm ebenso zu wie politisches Engagement. Andererseits konnte Liberalität in Libertinage übergehen. Autorität schlechthin wurde in Frage gestellt und war verpönt. Gesinnungsethik triumphierte oft über Verantwortungsethik. Der Zeitgeist stand links. Terroristen meinten, der höhere Zweck heilige jedes Mittel.

„Kennedys Kinder" ist eine Formel für Amerikabegeisterung wie für blinden Antiamerikanismus. Der anfänglich idealisierte US-Präsident John F. Kennedy repräsentierte Aufbruchstimmung. In der zweiten Hälfte der 1960er Jahre wechselte das Lebensgefühl eines Großteils der Jugendlichen, nicht nur in Deutschland (Woodstock-Generation). Der weltweite Jugendprotest machte sich an Themen wie dem Vietnamkrieg fest. Das Amerikabild schlug wegen der Diskrepanz von Wirklichkeit und Wahrnehmung um. Nun galten für marxistisch inspirierte Kritiker die USA als Prototyp des ausbeuterischen Spätkapitalismus, der andere Völker unterdrücke.

Das Wortpaar „Albertz' Kinder" berücksichtigt weniger die unglückliche Rolle des Regierenden Bürgermeisters von Berlin im Zusammenhang mit dem Tod von Benno Ohnesorg am 2. Juni 1967[20] als vielmehr dessen gelebten Protestantismus. Moralischer Rigorismus war ebenso verbreitet wie ein zum Teil von Schuldgefühlen getragenes Missionsbewusstsein. Die protestantisch geprägte Widerstandsattitüde gegen die Obrigkeit sprudelte vornehmlich aus zwei gegensätzlichen Quellen: dem Stolz auf den Widerstand der Elterngeneration, dem es nachzueifern gelte; und ihrem Versagen beim „Kampf gegen den Faschismus".

Wer den Topos „Marcuses Kinder" gebraucht, richtet das Augenmerk darauf, dass die Ideologie von Theoretikern wie Herbert Marcuse mit seinem „neuen Menschen" das Argumentationsarsenal der Terroristen anreicherte. Die westliche Konsumgesell-

---

18 Vgl. Walter Boehlich, Schleyers Kinder, in: Tatjana Botzat/Elisabeth Kiderlen/Frank Wolff (Hrsg.), Ein deutscher Herbst. Zustände 1977, Neuausgabe, Frankfurt a.M. 1997, S. 73–75.

19 Zit. in: Butz Peters, RAF. Terrorismus in Deutschland, 2. Aufl., München 1993, S. 229.

20 Vgl. Uwe Soukop, Wie starb Benno Ohnesorg?, Berlin 2007.

schaft galt ebenso als totalitär wie die östliche. Diese Position trug zur Delegitimierung des demokratischen Verfassungsstaates bei.[21] Durch die Koketterie mit der Gewalt und mit der Legitimität des Widerstandsbegriffs brachen die Dämme. Andreas Baader berief sich nach der Frankfurter Warenhausbrandstiftung 1968 vor Gericht auf Marcuses Autorität, sei es als Vorwand, sei es aus Überzeugung.[22]

Die Lesart von „Dutschkes Kindern" meint zum einen den Befund, terroristisches Potenzial habe sich im Wesentlichen aus Teilen der Studentenbewegung rekrutiert. „Gewalt gegen Sachen" wurde gepredigt, „Gewalt gegen Personen" musste die logische Folge dieser verhängnisvollen Parole sein. Rudi Dutschke etwa, obwohl prinzipieller Gegner des individuellen Terrorismus, kokettierte immer wieder damit („Stadtguerilla"), erstmals bei dem so genannten Organisationsreferat auf der SDS-Delegiertenkonferenz im September 1967.[23] Zum anderen war revolutionäre Systemüberwindung beabsichtigt. Die RAF-Terroristen zeichneten sich ihrerseits durch eine groteske Fehlwahrnehmung der politischen Wirklichkeit aus.[24] Sie trauten in ihrer Paranoia dem Staat das zu, was ihrer Ideologie entsprach: kaltschnäuziges Über-Leichen-Gehen.

„Guevaras Kinder" läuft zum einen auf das heroische Vorbild von „Che" Guevara hinaus, der seine hohen Ämter in Kuba niedergelegt hatte, um den Befreiungskampf zuerst im Kongo, dann in Bolivien eigenhändig mit dem Gewehr in der Hand zu unterstützen. Die „Propaganda der Schüsse" (Guevara) faszinierte. Zum anderen weist der Topos auf die Notwendigkeit des antiimperialistischen Befreiungskampfes hier und jetzt hin. Das „Schibboleth des Antiimperialismus" kennzeichnete die RAF-Generation. Guevara galt als „säkularer Heilsbringer für die Dritte Welt"[25], und nicht nur für diese.

„Habaschs Kinder" erinnert an die wichtige, oft unterschätzte Rolle der Palästinenser vor allem für den Fortbestand des deutschen Terrorismus.[26] George Habasch war (neben Wadi Haddad) lange Anführer der terroristischen und marxistisch-leninistischen „Volksfront für die Befreiung Palästinas" (PFLP). Zum einen boten palästinensische Kräfte den deutschen Terroristen mannigfache Hilfe im Bereich der Logistik (Unterstützung bei Aktionen; Gewährung von Rückzugsräumen); zum anderen

---

21 Vgl. Eckhard Jesse, Die Totalitarismuskonzeption von Herbert Marcuse, in: Mike Schmeitzner (Hrsg.), Totalitarismuskritik von links. Deutsche Diskurse im 20. Jahrhundert, Göttingen 2007, S. 355–375.

22 Vgl. Sara Hakemi/Thomas Hecken, Die Warenhausbrandstifter, in: Wolfgang Kraushaar (Anm. 3), Bd. 1, S. 327 f.

23 Vgl. Wolfgang Kraushaar, Rudi Dutschke und der bewaffnete Kampf, in: Ders./Karin Wieland/Jan Philipp Reemtsma, Rudi Dutschke, Andreas Baader und die RAF, Hamburg 2005, S. 13–50.

24 Vgl. Uwe Backes, Geistige Wurzeln des Linksterrorismus, in: Aus Politik und Zeitgeschichte B 3–4/1992, S. 40–46.

25 So Ingo Juchler, Trikontinentale und Studentenbewegung. Antiimperialismus als Schibboleth, in: Wolfgang Kraushaar (Anm. 3), Bd. 1, S. 205, S. 215.

26 Vgl. nun die aus den Quellen gearbeitete Studie von Thomas Skelton Robinson, Im Netz verheddert. Die Beziehungen des bundesdeutschen Linksterrorismus zur Volksfront für die Befreiung Palästinas (1969–1980), in: Wolfgang Kraushaar (Anm. 3), Bd. 2, S. 828–904.

machte sich eine antizionistische Ideologie mit fließenden Übergängen zum Antisemitismus breit.[27] So rechtfertigte Ulrike Meinhof, die dabei ebenfalls freigepresst werden sollte, 1972 den Überfall des palästinensischen „Schwarzen September" auf das Quartier der israelischen Olympiamannschaft.

„Mielkes Kinder" steht zum einen für die vielfältige klandestine Hilfe der DDR (z.B. durch die Benutzung des Flughafens Schönefeld), die Zuträger aus den Reihen der Terroristen besaß, zum anderen für die ideologischen Rückgriffe der Terroristen auf das marxistisch-leninistische Lehrgebäude. Dabei spielte der hehre Grundsatz des Antifaschismus eine durchgängig große Rolle. Das Motto „Der Feind meines Feindes ist mein Freund" machte ungeachtet beiderseitigen Misstrauens partielle Zusammenarbeit möglich.[28] Der kleinste gemeinsame Nenner: die Destabilisierung der westlichen Welt.

Alle genannten Faktoren mögen eine erklärende Funktion haben. Allerdings sind die Zuschreibungen insofern ambivalent, als sie jeweils auch eine gegenläufige Tendenz aufweisen. Die Kehrseite lautet in nuce wie folgt: Die Verbrechen der NS-Zeit waren derart monströs, dass viele deswegen jeglicher Gewalt ohne Wenn und Aber entsagt hatten; das „Wirtschaftswunder" führte zu großer Zufriedenheit bei den Menschen, hemmte revolutionären Enthusiasmus; die Reformzeit der Ära Brandt stand eher dafür, dass sich politisches Engagement innerhalb des etablierten Politikbetriebs auszahlt; die Kennedy-Zeit führte gerade zur Integration eines Teils der Jugend; der Linksprotestantismus schürte nicht den Konflikt, sondern wollte mäßigend auf die Terroristen einwirken, ohne sich mit ihnen gemein zu machen; wer politische Theoretiker wie Herbert Marcuse für Gewaltanwendung zur Verantwortung zu ziehen sucht, verkennt das komplizierte Wechselverhältnis von Theorie und Wirklichkeit, zumal ein führender Verfechter der mitunter gescholtenen Frankfurter Schule wie Jürgen Habermas früh den (später zurückgenommenen) Vorwurf des „Linksfaschismus" artikulierte; die charismatische Gestalt Rudi Dutschke schließlich war nicht bereit, den Weg in den Untergrund zu beschreiten, propagierte statt dessen den „Marsch durch die Institutionen"; für die Anwendung von Guevaras Guerilla-Konzept, das sich auf rurale Zonen bezog, lagen in den „Metropolen" keine hinlänglichen Voraussetzungen vor, fehlte es doch an einer revolutionären Situation; der Zusammenarbeit mit dubiosen palästinensischen Kräften, die zum Teil aus Söldnern bestanden, mangelte es an moralischer Glaubwürdigkeit für den beanspruchten „Internationalismus"; die Staatsicherheit der DDR versuchte, den Terrorismus unter Kontrolle zu halten und ihn nicht anzustacheln, so dass allenfalls von einem Zweckbündnis die Rede sein kann.

Ob eine Person tatsächlich den Schritt in den Untergrund wagte, hing häufig von Zufallskonstellationen und von persönlichen Beziehungsgeflechten ab. Wie biographi-

---

27 Vgl. Wolfgang Kraushaar, Antisemitismus als trojanisches Pferd. Zur antisemitischen Dimension in den Kooperationen von Tupamaros West-Berlin, RAF und RZ mit den Palästinensern, in: Ders. (Anm. 3), Bd. 1, S. 676–695.

28 Vgl. Michael Müller/Andreas Kanonenberg, Die RAF-Stasi-Connection, Berlin 1992.

sche Auswertungen ergeben, stammt ein großer Teil der männlichen und, nicht zu vergessen, weiblichen Terroristen, zu denen überdurchschnittlich viele Studienabbrecher zählten, aus gut situierten, aber zerrütteten Familien.[29] Terroristische Lebenswege haben viele Ursachen. Daneben gab es Helfershelfer der ersten RAF-Generation und ein so breites wie diffuses Sympathisantenumfeld. Dieses speiste sich aus den beschriebenen Motivbündeln.

II. Die zweite und die dritte Generation

Die Abgrenzung der drei RAF-Generationen voneinander ist zwar nicht ganz trennscharf, aber doch möglich. Unterscheidet man nach einer überwiegend neuen Zusammensetzung und einem Strategiewandel, so entstand die zweite Generation zu Beginn des Jahres 1975, als sich die Gruppe dazu entschloss, ihre kriminelle Energie auf die Freipressung der Mitglieder der ersten Generation zu setzen und dabei die gezielte Tötung von Personen in Erwägung zog, anders als dies bei den Begründern der RAF der Fall gewesen war. Der Beginn der dritten Generation dürfte auf das Jahr 1982 mit der Veröffentlichung des „Maipapiers" („Guerilla, Widerstand und antiimperialistische Front") zu datieren sein. Nach einem großen personellen Aderlass ging die Gruppe zu Tötungsanschlägen auf mächtige Prominente aus Politik, Wirtschaft und dem „militärisch-industriellen Komplex" über.

Nach der Festnahme der ersten RAF-Generation 1972 schwor diese ihrem so aussichtslosen wie verderblichen Kampf gegen das demokratische Gemeinwesen nicht ab. Stattdessen entfachte sie Diskussionen über die „mörderischen" Haftbedingungen, „unwürdigen" Zellendurchsuchungen, „inhumanen" Kontaktsperren und „unzumutbaren" Leibesvisitationen. „Komitees gegen Folter" waren ein Rekrutierungsfeld für den Terrorismus. Der französische Philosoph Jean-Paul Sartre hatte sich nach einem Gefängnisbesuch bei Andreas Baader in Stuttgart-Stammheim im Dezember 1974 für die Kampagnen der RAF einspannen lassen. Der französische Dichter Jean Genet äußerte drei Tage vor der Schleyer-Entführung in „Le Monde", der Propaganda des später als Zuträger der DDR-Staatssicherheit enttarnten RAF-Anwalts Klaus Croissant gläubig vertrauend, einen kühnen Satz: „Wir verdanken es Andreas Baader, Ulrike Meinhof, Holger Meins und der RAF im allgemeinen, uns klargemacht zu haben – nicht nur durch Worte, sondern durch ihre Aktionen außerhalb oder innerhalb des Gefängnisses –, dass nur die Gewalt die Brutalität der Menschen brechen kann."[30] Der selbst verschuldete Hungertod von Holger Meins diente zur weiteren Mobilisierung.

---

29 Vgl. Gerhard Schmidtchen, Terroristische Karrieren. Soziologische Analyse anhand von Fahndungsunterlagen und Prozessakten, in: Herbert Jäger/Gerhard Schmidtchen/Lieselotte Süllwold, unter Mitarbeit von Lorenz Böllinger, Lebenslaufanalysen (Analysen zum Terrorismus 2), Opladen 1981, S. 29.

30 Zit. in: Ruthard Stüblein, Der Tempel der Gewalt. Sartre, Genet und die RAF, in: Die Neue Gesellschaft/Frankfurter Hefte 44 (1997), S. 719 f.

„Das Bild des toten Holger Meins werden die meisten, die es kennen, ihr Leben lang nicht vergessen – sicher auch deshalb, weil dieser ausgemergelte Mensch so viel Ähnlichkeit mit KZ-Häftlingen, mit den Toten von Auschwitz hat.“[31] Eine solche Suggestion hervorzurufen war Absicht. Einen Tag nach dem 9. November 1974, dem Todestag von Meins, erschoss die terroristische „Bewegung 2. Juni“ den Berliner Kammergerichtspräsidenten Günter von Drenkmann.

Brigitte Mohnhaupt bildete das Bindeglied zwischen der ersten und zweiten RAF-Generation. In der Haftanstalt von Baader und Ensslin instruiert, ging sie nach ihrer Entlassung im Februar 1977 sofort wieder in den Untergrund und trug maßgeblich zu den Abscheu erregenden Aktivitäten des Jahres 1977 bei („offensive 77“). Die zweite Generation setzte sich als wesentliches Ziel, die Mitglieder der ersten Generation aus den Haftanstalten zu holen. Insofern ist das Wort von „Baader-Meinhofs Kindern“ überaus treffend.[32]

Die dritte RAF-Generation zeichnete sich durch einen beträchtlichen Wandel gegenüber ihren beiden Vorgängern aus. Alexander Straßner hat dies mit den Begriffen der „Entideologisierung“, „Isolierung“, Professionalisierung und „Internationalisierung“ umschrieben.[33] Er siedelt die dritte Generation aufgrund der kaum bestimmbaren Organisation, der schwer identifizierbaren Operationsziele und des rückläufigen Rechtfertigungsbedürfnisses zwischen dem traditionellen und dem neuen Terrorismus an. Das geringe Wissen über diese Terroristen bot willkommenen Anlass für bizarre Verschwörungstheorien im Sinne eines „RAF-Phantoms“[34] Unter dem Deckmantel des Terrorismus könnten finstere Mächte aus der Politik und der Wirtschaft operieren. Als 1993 auf dem Bahnhof in Bad Kleinen Wolfgang Grams und Brigitte Hogefeld gestellt wurden, brach diese ohnehin völlig unglaubwürdige Behauptung wie ein Kartenhaus zusammen. Diese beiden Personen sind nahezu die einzigen, von denen mit Sicherheit die Zugehörigkeit zur RAF der dritten Generation feststeht. 1985 wurde der MTU-Chef Ernst Zimmermann ermordet, 1986 das Siemens-Vorstandsmitglied Karl-Heinz Beckurts und Gerold von Braunmühl, Abteilungsleiter im Auswärtigen Amt, 1989 Alfred Herrhausen, der Vorstandssprecher der Deutschen Bank, und 1991 Detlev Karsten Rohwedder, der Vorsitzende der Treuhandanstalt, jeweils mit waffentechnischer Präzision. Der Anschlag im Jahr 1993 auf den Gefängnisneubau in Weiterstadt, der einen Schaden von über 100 Millionen DM anrichtete, war die letzte spektakuläre Aktion der RAF.

---

31 Birgit Hogefeld, Zur Geschichte der RAF, in: Hans-Jürgen Wirth (Anm. 13), S. 106. Vgl. auch Petra Terhoeven, Opferbilder – Täterbilder. Die Fotografie als Medium linksterroristischer Selbstermächtigung in Deutschland und Italien während der siebziger Jahre, in: Geschichte in Wissenschaft und Unterricht 58 (2007), S. 380–399.

32 Tobias Wunschik, Baader-Meinhofs Kinder. Die zweite Generation der RAF, Opladen 1997.

33 Vgl. Alexander Straßner, Die dritte Generation der „Roten Armee Fraktion“. Entstehung, Struktur, Funktionslogik und Zerfall einer terroristischen Organisation, Wiesbaden 2003, insbes. S. 278–324.

34 Vgl. Gerhard Wisnewski/Wolfgang Landgraeber/Ekkehard Sieker, Das RAF-Phantom. Wozu Staat und Wirtschaft Terroristen brauchen, München 1992; vgl. auch im ähnlichen Jargon: Dies., Operation RAF. Was geschah wirklich in Bad Kleinen?, München 1994.

Charakteristisch für alle drei Generationen der RAF – und mit steigender Tendenz – war eine „Durchhalte-" und „Genickschuss-Mentalität".[35] Gerne versuchte sie sich in die Tradition der entrechteten und verfolgten Juden zu stellen: „Es ist der RAF gelungen, die Geschichte der vernichteten Juden für ihre Zwecke zu nutzen. Mit einer besonderen Sensibilität gegenüber der deutschen Vergangenheit oder dem Beschweigen des Holocausts hat dies nichts zu tun. Es handelt sich dabei um eine wohlkalkulierte Strategie, die allein der Absicht folgt, Nachfolger für den bewaffneten Kampf zu finden. Das gelang. Auf den Tod der ersten folgten eine zweite und dritte Generation Terroristen."[36]

III. Das Scheitern des RAF-Terrorismus

Die Geschichte der RAF ist die Geschichte ihres Scheiterns. „Scheitern" meint dabei zweierlei. Die RAF war politisch schon nach kurzer Zeit gescheitert, stellte sich doch schnell ihre Isolation heraus, moralisch von Anfang an: Es gab keinen, aber auch wirklich keinen Grund, in einem demokratischen Verfassungsstaat der „Propaganda der Tat" das Wort zu reden – der Sprache der Knarre nämlich.

Die inneren und äußeren Gründe für das Scheitern liegen auf der Hand. Die Taten wurden selbst im linksextremistischen Milieu, das das Avantgarde-Konzept der RAF zunehmend als unglaubwürdig ansah, kaum mehr „vermittelbar", die Begründungen dafür immer dürftiger. Durch die Konzentration der zweiten Generation auf die Gefangenenbefreiung („big Raushole") konnte der Eindruck entstehen, als kreise alles nur um die RAF. Dies hinterließ ebenso wenig positive Wirkung im immer schwächer gewordenen Sympathisantenumfeld wie die Ermordung führender Vertreter aus Wirtschaft und Politik zur Zeit der dritten Generation.

Die transnationalen Kontakte des Terrorismus zeigten eine paradoxe Janusköpfigkeit. Auf der einen Seite gewann die RAF. durch vorübergehenden Rückzug in fremde Gefilde größere Stabilität (zumal nach Festnahmen), auf der anderen Seite kamen Sonderkonflikte zur Geltung, die dem angestrebten „Internationalismus" Hohn sprachen. „Die internationale Kopperation machte die RAF stark, aber auch verwundbar."[37] Sie verlangsamte zunächst den Prozess der Auflösung, später beschleunigte sie ihn.

Der Zusammenbruch des kommunistischen Weltsystems war ein schwerer Schlag für den Terrorismus, nachdem das politische Establishment anfangs befürchten musste, der „Anschluss" der DDR könne mobilisierend wirken. Als 1990 Terroristen, die Anfang der 1980er Jahre als „Aussteiger" in der DDR Aufnahme gefunden hatten,

---

35 Wolfgang Kraushaar, Die Aura der Gewalt. Die „Rote Armee Fraktion" als Entmischungsprodukt der Studentenbewegung. Wolfgang Kraushaar im Gespräch mit Jörg Herrmann, in: Ders., Fischer in Frankfurt. Karriere eines Außenseiters, Hamburg 2001, S. 245, 253.

36 Karin Wieland, Andreas Baader, in: Wolfgang Kraushaar (Anm. 3), Bd. 1, S. 349.

37 Christopher Daase, Die RAF und die internationale Kooperation. Zur transnationalen Kooperation klandestiner Organisationen, in: Ebd., S. 929.

unter einer falschen Identität gestellt wurden, verschlimmerte sich die Lage für die „Illegalen" weiter, zumal die „Aussteiger" von der Kronzeugenregelung Gebrauch machten und die Information preisgaben, der „harte Kern" habe am Selbstmord von Baader, Ensslin und Raspe nicht gezweifelt. Selbst für die militante Szene wurde nun ein Festhalten an der Mordversion immer schwerer. Das Ende der SED-Diktatur beschleunigte das Ende des RAF-Terrorismus.

Die internen Konflikte der RAF, die längst keine Einheit mehr bildete, wie z.B. heftige Konflikte zwischen den Inhaftierten signalisierten, nahmen zu. Hatte sie bereits 1992 bekannt gegeben, die Angriffe auf Repräsentanten aus Staat und Wirtschaft unter bestimmten Voraussetzungen einzustellen, so erklärte sie 1998 formell ihre Auflösung. Die Bekundung war voller Selbstgerechtigkeit, nicht frei von Zynismus; auch „strategische Fehler" wie der Verzicht auf den Aufbau einer politisch-sozialen Organisation kamen zur Sprache, allerdings nur halbherzig.[38]

Die Geschichte der RAF ist die Geschichte des demokratischen Rechtsstaates, ungeachtet von Überreaktionen und Schlampereien. Selbst wenn die Parteien über die angemessene Art der Auseinandersetzung zuweilen stritten, kam es weder zu Verstößen gegen rechtsstaatliche Prinzipien auf der einen Seite noch zu Anbiederung an terroristische Kreise auf der anderen. Auf beides hatte die RAF gesetzt. Zu keiner Zeit zeigte der herausgeforderte Staat die „Fratze des Faschismus".

IV. Fazit und Perspektiven

Der Höhepunkt terroristischer Entschlossenheit 1977 leitete in mancher Hinsicht zugleich den Niedergang des Terrorismus ein. Nicht, dass das Morden aufgehört hätte, im Gegenteil. Aber das Sympathisantenumfeld lichtete sich angesichts der Standhaftigkeit des Staates und der in der „Szene" kaum noch nachvollziehbaren Taten immer mehr. Insofern hat Gerd Koenen Recht, wenn er das „rote Jahrzehnt" auf die Zeit zwischen 1967 und 1977 bezieht[39]: Gleichsam im Zeitraffer durchlief die Protestszene einen fulminanten Wandlungsprozess: Die antiautoritär geprägte Studentenbewegung spaltete sich auf. Das Spektrum reichte von Kräften, die in demokratischen Parteien mitarbeiten wollten, über extrem autoritär ausgerichtete maoistische K-Gruppen und die SED-hörige DKP bis hin zu terroristischen Zusammenschlüssen, von denen die RAF, deren Entstehung und Existenz einer Vielzahl an Ursachen entsprang, die bekannteste war.[40]

Erwiesen ist die Herkunft vieler Terroristen aus dem gehobenen Mittelstand. Die Schlussfolgerung, es habe sich damit nicht um einen Linksextremismus gehandelt, son-

---

38 Die Erklärung ist u.a. abgedruckt in: Uwe Backes/Eckhard Jesse (Hrsg.), Jahrbuch Extremismus & Demokratie, Bd. 11, Baden-Baden 1999, S. 130–144.

39 Vgl. Gerd Koenen, Das rote Jahrzehnt. Unsere kleine Kulturrevolution, Köln 2001.

40 Man denke an die „Bewegung 2. Juni" oder an die „Revolutionären Zellen".

dern um einen Extremismus der Mitte, ist allerdings deplatziert. Wolfgang Kraushaar, von dem die Aussage stammt, liefert das entscheidende Gegenargument selber mit: Wer diese These teilt, müsse „die soziale Herkunft von RAF-Mitgliedern wichtiger (nehmen) als ihre ideologische Selbstexplikationen."[41] Davon aber kann keine Rede sein. Die Aussage, „die RAF kam aus der Mitte der Gesellschaft"[42], stellt eine Banalität dar.[43] Woher sollte sie denn sonst kommen?

Die Begriffe „Isolationsfolter" und „Psychoterror" benutzten zum Teil auch jene, die den Terrorismus verwarfen – sei es aus prinzipiellen Gründen, sei es aus strategischen Überlegungen. Wer den Konflikt zwischen dem Staat und den Terroristen als eine Geschichte wechselseitiger Aufschaukelung interpretierte, als unentwirrbare Geschichte von Aktion und Reaktion, unterschlug leicht die Frage nach der Verantwortung und suggerierte zudem eine Äquidistanz. Und manche trauten dem Staat gar einen Mord an den Stammheimer Terroristen zu. Die Propaganda der RAF fiel zeitweise auf fruchtbaren Boden. Doch war sie niemals in der Lage, bei den gesellschaftlich tragenden Kräften größere Resonanz zu finden. Je aggressiver die RAF vorging, umso enger hielten die demokratischen Parteien zusammen.

Die Bilanz fällt düster aus: Von den Mitgliedern der ersten Generation lebt kaum noch jemand. Entweder wurden sie getötet, oder sie schieden durch Freitod aus dem Leben, sei es aus Resignation, sei es zur Anstachelung des „revolutionären Klassenkampfes". Rechtsanwalt Horst Mahler, Gründungsmitglied der RAF, trat nach seiner RAF-Zeit zur maoistischen KPD über, im Jahre 2000 zur aggressiv rechtsextremistischen NPD, die er später wieder wegen deren – behaupteter – mangelnder Radikalität verließ. Heutzutage verficht Mahler, dem Kontakte zum islamistischen Fundamentalismus nachgesagt werden, bizarre Behauptungen, die an seiner Zurechnungsfähigkeit zweifeln lassen. Er saß kürzlich eine neunmonatige Freiheitsstrafe wegen Volksverhetzung ab. Nun steht er wegen des Verwendens von Kennzeichen verfassungswidriger Organisationen (Hitler-Gruß) erneut vor Gericht. Bei allem Wandel seines politischen Koordinatensystems: Der Hass auf die USA ist die Grundkonstante seiner wirren Ideologie.

Auch wenn die RAF nicht mehr besteht, gibt es linksterroristische Ansätze, ohne dass Repräsentanten des „Systems" nach dem Leben getrachtet wird. Im August dieses Jahres etwa nahm die Polizei mutmaßliche Mitglieder einer „militanten gruppe" fest, die von 2001 an für Aufruhr gesorgt hatte. Die Ermittlungsbehörden werfen ihr über zwei Dutzend Brandanschläge gegen öffentliche Einrichtungen und das „Abfackeln" von „Nobelkarossen" vor, vor allem im Berliner Raum. In ausführlichen Selbstbezichtigungsschreiben sorgte sie für „Vermittelbarkeit" im „autonomen" Milieu; daher lehnte sie „Gewalt gegen Personen" strikt ab.

---

41 Wolfgang Kraushaar, Zur Topologie des RAF-Terrorismus, in: Ders. (Anm. 3), Bd. 1, S. 25.

42 Ebd., S. 26.

43 Insofern handelt es sich bei den fremdenfeindlichen Exzessen ebenso nicht um einen „Extremismus der Mitte", wiewohl die Täter meistens keinem verfestigten rechtsextremistischen Milieu entstammen.

Wies diese Gruppe terroristische Strukturen auf, so gilt das nicht für den „Schwarzen Block", der sich bei Demonstrationen vermummt (und dabei gegen das Versammlungsrecht verstößt), durch Aggressivität auffällt, häufig auch durch Straftaten. Der „Schwarze Block", ein Teil der militanten „autonomen Szene", der nach Angaben der Sicherheitsbehörden etwa 6000 Personen zuzurechnen sind[44], agi(ti)ert oft bei Großdemonstrationen und liefert der Polizei Straßenschlachten („Massenmilitanz" heißt der beschönigende Ausdruck), wie zuletzt in Heiligendamm im Juni 2007 beim G8-Gipfel.

Wer den linksextremistischen „Schwarzen Block", der seit Anfang der 1980er Jahre existiert, in die Nähe des Terrorismus rückt, betreibt indes eine Entgrenzung des Terrorismusbegriffs. Die „Autonomen" sind eine Terra incognita der Forschung. Von der RAF, die Vergangenheit ist, lässt sich dies, wie gezeigt, nicht behaupten.

---

44 Vgl. Verfassungsschutzbericht 2006, hrsg. vom Bundesministerium des Innern, Berlin 2007, S. 152.

Drucknachweise

Friedrich Ebert und das Problem der Handlungsspielräume in der deutschen Revolution 1918/19, in: Rudolf König/Hartmut Soell/Hermann Weber (Hrsg.), Friedrich Ebert und seine Zeit. Bilanz und Perspektiven der Forschung, München: Oldenbourg 1990, S. 89–110 (2. Aufl. 1991).

Die Kontroverse zum Reichstagsbrand: Ein nicht endender Wissenschaftsskandal, in: Geschichte und Gesellschaft 14 (1988), Heft 4, S. 513–533.

„Vergangenheitsbewältigung" in der Bundesrepublik Deutschland, in: Der Staat 26 (1987), Heft 4, S. 539–565.

Philosemitismus, Antisemitismus und Anti-Antisemitismus. Vergangenheitsbewältigung und Tabus, in: Uwe Backes/Eckhard Jesse/Rainer Zitelmann (Hrsg.), Die Schatten der Vergangenheit. Impulse zur Historisierung des Nationalsozialismus, Berlin: Propyläen 1990, S. 543–567 (Taschenbuchausgabe: Berlin: Propyläen 1992, S. 543–567).

Der „dritte Weg" vor und nach der Wiedervereinigung, in: Rainer Zitelmann/Karl-Heinz Weißmann/Michael Großheim (Hrsg.), Westbindung. Chancen und Risiken für Deutschland, Berlin: Propyläen 1993, S. 215–241.

Die politikwissenschaftliche DDR-Forschung in der Bundesrepublik Deutschland, in: Heiner Timmermann (Hrsg.), DDR-Forschung. Bilanz und Perspektiven, Berlin: Duncker & Humblot 1995, S. 315–357.

DDR: Die intellektuelle Formierung der Opposition seit den 1970er Jahren, in: Hans-Joachim Veen/Ulrich Mählert/Peter März (Hrsg.), Wechselwirkungen Ost-West. Dissidenz, Opposition und Zivilgesellschaft 1975–1989, Köln/Weimar: Böhlau 2007, S. 65–77.

Zwei verschiedene politische Kulturen in Deutschland?, in: Hartmut Jäckel (Hrsg.), Die neue Bundesrepublik, Baden-Baden: Nomos 1994, S. 97–125.

Berner Republik? Bonner Republik? Berliner Republik? Deutschland? Thesen zum Patriotismus in Deutschland, in: Matthias Rößler (Hrsg.), Einigkeit und Recht und Freiheit. Deutscher Patriotismus in Europa, Freiburg/Brsg. u.a.: Herder 2006, S. 115–131.

Die institutionellen Rahmenbedingungen der Bundestagswahl 1990, in: Hans-Dieter Klingemann/Max Kaase (Hrsg.), Wähler und Wahlen. Analysen aus Anlaß der Bundestagswahl 1990, Opladen: Westdeutscher Verlag 1994, S. 15–41.

Grundmandatsklausel und Überhangmandate. Zwei wahlrechtliche Eigentümlichkeiten in der Kritik, in: Max Kaase/Hans-Dieter Klingemann (Hrsg.), Wahlen und Wähler. Analysen aus Anlaß der Bundestagswahl 1994, Opladen: Westdeutscher Verlag 1998, S. 15–41.

Die Bundestagswahl 2005 im Spiegel der repräsentativen Wahlstatistik, in: Zeitschrift für Parlamentsfragen 37 (2006), Heft 3, S. 513–523.

Koalitionsveränderungen 1949 bis 1994: Lehrstücke für 1998?, in: Zeitschrift für Parlamentsfragen 29 (1998), Heft 3, S. 460–477.

Mehr plebiszitäre Elemente in der Parteiendemokratie?, in: Günther Rüther (Hrsg.), Repräsentative oder plebiszitäre Demokratie – eine Alternative? Grundlagen, Vergleiche, Perspektiven, Baden-Baden: Nomos 1996, S. 170–182.

Parteiensystem im Wandel? Das deutsche Parteiensystem vor und nach der Bundestagswahl 2005, in: Eckhard Jesse/Roland Sturm (Hrsg.), Bilanz der Bundestagswahl 2005. Voraussetzungen, Ergebnisse, Folgen, Wiesbaden/München: VS Verlag 2006, S. 21–41.

Streitbare Demokratie und politischer Extremismus von 1949 bis 1999, in: Sonderheft 30/1999 der Politischen Vierteljahresschrift: 50 Jahre Bundesrepublik Deutschland. Rahmenbedingungen – Entwicklungen – Perspektiven, hrsg. von Thomas Ellwein/Everhard Holtmann, Opladen: Westdeutscher Verlag 1999, S. 583–597.

Demokratieschutz, in: Eckhard Jesse/Roland Sturm (Hrsg.), Demokratien des 21. Jahrhunderts im Vergleich. Historische Zugänge, Gegenwartsprobleme, Reformperspektiven, Opladen: Leske+Budrich 2003, S. 451–476.

Verfassungsschutzberichte des Bundes und der Länder im Vergleich. Zwischen Kontinuität und Wandel, in: Uwe Backes/Eckhard Jesse, Vergleichende Extremismusforschung, Baden-Baden: Nomos 2005, S. 379–396.

Fließende Grenzen zum Rechtsextremismus? Zur Debatte über Brückenspektren, Grauzonen, Vernetzungen und Scharniere am rechten Rand – Mythos und Realität, in: Sonderheft 27 der Politischen Vierteljahresschrift: Rechtsextremismus. Ergebnisse und Perspektiven der Forschung, hrsg. von Jürgen W. Falter/Hans-Gerd Jaschke/Jürgen R. Winkler, Opladen: Wetdeutscher Verlag 1996, S. 514–529.

Die Auseinandersetzung mit der NPD, in: Uwe Backes/Henrik Steglich (Hrsg.), Die NPD. Erfolgsbedingungen einer rechtsextremistischen Partei, Baden-Baden: Nomos 2007, S. 283–298.

Die Ursachen des RAF-Terrorismus und sein Scheitern, in: Aus Politik und Zeitgeschichte. Beilage zur Wochenzeitung Das Parlament B 40–41/2007, S. 15–23.

Personenverzeichnis